全国教育科学"十三五"规划教育部重点课题（课题批准号：DHA160313）

上海市高水平地方高校"初等教育学"战略创新团队研究成果

20世纪中小学写作课程研究

李 重◎著

华东师范大学出版社

·上海·

图书在版编目(CIP)数据

20世纪中小学写作课程研究/李重著. —上海:华东师
范大学出版社,2023
ISBN 978 - 7 - 5760 - 3867 - 5

Ⅰ.①2… Ⅱ.①李… Ⅲ.①作文课—教学研究—中
小学 Ⅳ.①G634.343

中国国家版本馆 CIP 数据核字(2023)第 091447 号

20世纪中小学写作课程研究

著　者　李　重
责任编辑　蒋　将
特约审读　李　鑫
责任校对　张佳妮　时东明
装帧设计　卢晓红

出版发行　华东师范大学出版社
社　　址　上海市中山北路 3663 号　邮编 200062
网　　址　www.ecnupress.com.cn
电　　话　021 - 60821666　行政传真 021 - 62572105
客服电话　021 - 62865537　门市(邮购)电话 021 - 62869887
地　　址　上海市中山北路 3663 号华东师范大学校内先锋路口
网　　店　http://hdsdcbs.tmall.com

印 刷 者　上海华顿书刊印刷有限公司
开　　本　787 毫米×1092 毫米　1/16
印　　张　26.75
字　　数　521 千字
版　　次　2023 年 8 月第 1 版
印　　次　2023 年 8 月第 1 次
书　　号　ISBN 978 - 7 - 5760 - 3867 - 5
定　　价　80.00 元

出 版 人　王　焰

序

　　本书是李重老师主持的全国教育规划课题研究成果，也是他博士论文研究内容的深化探索。十多年前，他选择"清末民国中小学写作教育转型"这一主题开展研究，以文白转化为线索，试图初步勾勒、呈现从文言文到白话文写作教育的转型过程。博士毕业后，李重以博士学位论文研究为基础，申报并获批了全国教育科学"十三五"规划教育部重点课题，研究问题从清末民国时期中小学写作教育转型拓展到 20 世纪我国中小学写作课程的演变历程，从语文教育专题史角度来系统梳理百年来我国中小学写作课程的发展变迁，以尝试发掘并提炼中小学写作课程发展演变的规律和特点，为当下和未来的中小学写作课程理念及实践探索提供参照、借鉴。

　　李重老师沉下心来、甘坐冷板凳，倾尽时间和精力查阅清末以来的学堂章程、课程纲要、课程标准、教学大纲等政策文本，搜集、整理百年来出版发行或自行印制的写作教材乃至学生习作等原始材料，十分难能可贵。更重要的的是，其在分析、研判自己掌握的一手文献资料基础上，努力探究、发现中小学写作课程演变的内在逻辑，力戒人云亦云或空发议论。与此同时，还自觉地将中小学写作课程问题与当时的教育思想、社会政治和经济等因素联系起来，以探究和呈现写作课程演变的深层原因，从不同角度、层面去思考我国中小学写作课程发生和发展的逻辑、特点。

　　毋庸讳言，进行跨越百年的研究，需要勇气，更需要才学和底气，想要把问题看得清楚、抓得准确、想得透彻，实在是太艰难、太富有挑战了。当然，任何研究都存在这样那样的缺憾、留下或多或少的遗憾，本书也必然存在着很多不足、问题，恳请读者、同仁不吝指教、批评。李重能够克服诸多困难，甘于寂寞，上下求索，持续地开展这方面研究，也令人欣慰和赞赏。期待他在未来的研究中取得更多的成果、更大的进步。

李重老师要我为本书作序，作为他的博士论文指导教师难以推辞。以上简单而肤浅的认识，表明我愿意和他站在一起接受更多的指教和批评，为他的朴实和真诚以及多年的刻苦与执着感到由衷的赞赏。

郑国民

北京师范大学文学院教授

2023 年 4 月 26 日

目　录

中篇：民国时期的写作课程变革

下篇：新中国教学大纲时期的写作课程

绪　论

第一节　选题缘起与研究现状

一、选题缘起

光绪二十八年(1902)，《钦定学堂章程》推行分科教育，设置字课、习字、读经、读古文词、作文、词章等课程，标志着现代语文课程的开端。据此，现代语文课程至今已发展了 120 年。整体而言，我国现代语文课程在实施识字教学、阅读教学，推广普通话，形成统一、规范的国家通用语言文字等方面均已取得历史性的进步，为提高国家人民的通用语言能力搭建了坚实基础，也为提升国民素质打底奠基、增强中华民族凝聚力及认同感做出突出贡献。但是就语文课程的内部架构来说，其发展非常不平衡，呈现出狠抓识字与阅读，弱化口语及写作，一手硬、一手软，跛足前行的发展倾向。百年来，我们一直在不断探索中小学写作教育的"真经"，可是付出很多，成效不佳，一个能得到行内认可且经得起实践检验的写作课程框架至今没有建构起来，总体上写作课堂"广种薄收"的局面依旧，问题严峻，合理高效的全国写作教学体系亟待建构。正如王荣生先生所言："这早就不是秘密：在我国中小学的语文课里，几乎没有写作教学"[①]；潘新和先生也认为："'应试'教育仍为写作教育的主流"[②]。这种情形与家长的殷殷期待、学生成长还有相当大的差距。究其根源，还是我们写作课程与教学的理论研究不够，关于儿童写作奥秘的认知尚为肤浅，关于儿童写作课程的一系列问题还亟待研究解决。譬如各学段写作课程及教学的具体目标定位如何？写作课程及教学的内容体系如何选择、组织？与目标、内容相匹配且儿童喜欢的方式方法有哪些？基于儿童发展的写作课程评价系列如何操作？如果对这些基本问

[①] 王荣生. 我国的语文课为什么几乎没有写作教学[J]. 语文教学通讯，2007(35)：4.
[②] 潘新和. 中国现代写作教育史[M]. 福州：福建人民出版社，1997：代前言 1.

题缺乏深刻认知,单凭一线教师的激情探索及想象建构,我们的写作课堂终究难以走出泥淖,难以行稳致远。要解决上述写作课程及教学建设的难题,有多条研究路径:(1)原理研究,致力于研究写作课程及教学的内在机理,系统架构;(2)比较研究,致力于借鉴国外先进的写作课程观点、方法以及成功经验;(3)历史研究,主要是摸清写作课程及教学的来龙去脉,把握现代写作课程及教学经历过的基本史实,以史鉴今,昭示未来。本研究主要是借鉴多个学科的研究成果,试图从写作课程史的角度来研究我国中小学写作课程的基本史实,重点从文言文写作转化为白话文写作的转变视角切入来探索现代写作课程及教学的演变规律,期待为改变现代写作课程长期滞后的状况、实现理性突围提供历史参照。

(一)中小学校写作课程滞后的弊病

1. 缺乏写作能力将限制儿童未来的生存与发展

"会写,这是作为文明社会一员的最本质的成分。在每人都会写的文明社会中,是把不能写出自己感觉的儿童排除在外的。"[①]英国语言学家皮特·科德说过:"一个人的社会行为的自由程度取决于他的常用语言手段的幅度大小。如果不掌握某种代码或某种语体,就会严重限制他在某些方面的行为的自由程度。……我们常用语言手段的不足,可能造成社会生活缺乏保障,就象我们在社会生活技能方面的其他缺陷,可能造成相同的后果一样。"[②]可见,合格的写作能力是现代社会对每一个公民的基本要求,也是公民素质的关键指标。只有学会写作,自由表达,公民才能够较好地适应现代生活,谋求更好发展。缺乏基本写作能力必将长久限制儿童未来的生存与发展。

2. 缺乏写作能力难以造就合格的现代公民

从民主社会建设来说,实现有效沟通的写作能力是现代公民主体素质的必然要求。我国古代汉语向现代汉语转型的根本动力就是为全体国民熟练使用民族共同语、实现有效沟通创造便利条件。通过掌握民族共同语,增强民族国家认同感、参与感,从而建构国家公民角色。随着社会的发展,借助书面表达来实现跨越时空的交往,显得越来越重要。要培养社会主义的合格公民,必然需要注重培养儿童的基本写作能力。试想如果自己的意愿无法通过书写方式,正式向社会公众传达,他怎么能够平等地参与社会公共生活呢?实现自由地表情达意、向世界发出自己的声音,这既是现代公民的基本权利,也是基本要求。由此可知,如果中小学写作课程长期滞后,人们普遍缺乏有效的写作能力,也必将在深层次上制约我国现代社会的全面转型。

---

① 林格伦. 课堂教育心理学[M]. 章志光,译. 昆明:云南人民出版社,1983:308.

② 皮特·科德. 应用语言学导论[M]. 上海外国语学院外国语言文学研究所,译. 上海:上海外语教育出版社,1983:48—49.

综上所述，培养儿童的写作能力不仅仅是语文科的问题，也是国家建设的必然要求、基本责任。要实现民族复兴，国家富强，我们需要强大的国家通用语言文字能力支撑。加强写作能力建设，造就亿万合格公民，这是顺应历史发展大趋势的必然选择。

(二) 培养儿童写作能力的重要意义

1. 儿童写作能力培养属于基础教育改革的战略目标

远在新文化运动时期，胡适曾明确提出中国人的写作能力培养问题，他说："我们主张文学革新的第一个目的是要使中国有一种国语的文学；是要使中国人都能用白话做诗，作文，著书，演说。因为如此，所以要纯用白话。"①随着新文化运动的深入，"五四"运动之后，现代意义的白话文开始大量参与社会公共生活，从此社会生活实践客观上要求培养儿童的写作能力，"纯用白话"来作文、演说，改变社会上流以文言文垄断写作的局面。1920 年 1 月，民国教育部训令全国各国民学校："自本年秋季起，凡国民学校一、二年级，先改国文为语体文，以期收言文一致之效。"②这样社会白话文写作的客观要求转化为基础教育写作课程的自觉要求及长久实践，如何培养儿童的语体文写作能力也就逐渐化为基础教育的核心目标之一。当代基础教育改革承续历史传统，需要将儿童写作能力培养列为育人的战略目标，这属于现代民族国家建设的基础工程，也是现代公民素质的奠基工程。尤其要抓好基础教育阶段 1—9 年级学生的写作能力培养，因为这是人一生写作能力发展的根脉。如果这期间写作教学得法，把语体文写作障碍消除，将有助于实现学生写作能力不断提高。

2. 注重儿童写作能力培养是西方发达国家教育的基本传统

从西方教育历史来看，西欧从中世纪后期开始出现以本族语为教学内容和教学语言的初等学校。这类学校最初被称为"书写学校"（Writing School）、"歌咏学校"（Song School）、"德语学校"（German School，Deutsche School）、"拉丁语学校"（Latin School）、"本族语学校"（Vernacular School）等。最初本族语学校"仅仅是教授本族语的阅读与书写，目的在于记录一些商业往来上的文书和账目"，随着宗教改革的推进，宗教教义逐渐成为这些本族语学校的主要教授内容，"本族语学校的出现标志着近代初等教育机构的产生，也标志着西方近代初等教育的出现"。德国不仅是宗教改革的发源地，而且其初等教育发展也领先于其他欧洲国家，"最早在初等教育领域提出和实践了义务教育、建立了国民教育制度"③。"当时出现的男女生兼收，而不用拉丁语授课的'德语读写学校'，完全是私人设立的；这种学校到中世纪末已普通存

---

① 胡适. 胡适文存（卷一）[M]. 上海：亚东图书馆，1925：153.
② 顾黄初. 中国现代语文教育百年事典[M]. 上海：上海教育出版社，2001：95.
③ 钟文芳. 西方近代初等教育史[M]. 上海：上海科技教育社，2006；引言 8,21,正文 72,71.

在于各大市镇,有时数量还是相当多的。有些地方当局对它们也很关心,并曾制定了管理规章。这些学校乃是现代初等学校的先导。从上所述,似乎可以断定,到了中世纪末期,都市的广大群众,除最下阶层的以外,都有了读书和写字的能力。"① 西方工业革命以来,"3R"(读、写、算)学校逐渐兴起,这与西欧及美国现代教育的发展密切相关。由此可见,西方发达国家早已将儿童写作能力培养化为基础教育的光荣传统。

3. 当代儿童写作能力培养是提升民族创新素质的必然选择

截止到 2001 年底,"全国实现'两基'人口覆盖率超过 85%……全国青壮年文盲由 1990 年的 6 171 万下降到 3 000 万以下,青壮年文盲率下降到 5% 以下","成人识字率由 77.7% 上升到 85.5%,如期实现了'两基'奋斗目标"。② 在这种历史背景下,我们需要乘势而进,加强书香社会建设与儿童写作能力的培养。当今融媒体时代,人们借助多样化的信息媒介进行跨时空的书面交往需求越来越旺盛,这类社会交往需求为我国儿童的写作能力培养提供强大动力,同时也提出更高要求。培养儿童写作创造力、想象力已经纳入写作学研究的视野。董小玉认为,现代写作的第一特征就是个体创造性,"个体创造性,是由写作这种特殊劳动的个体化和主观性决定的……写作的目的就是产生创造性的精神'成品',这一'成品'只有既不重复别人也不重复自己,才是成功的写作……个体创造性是一个贯穿写作始终的特性"③。建设创新型国家,就需要大力培育创新精神、孕育创新能力的肥沃土壤。全面加强儿童写作能力培养,促进个体言语创造力的发展,这是当代中国提升民族创新素质的关键着力点。

有鉴于此,我们必须扭转过于重视阅读本位的思想,坚决改变忽视儿童写作教育的状况,切实将儿童写作能力培养列为当代基础教育改革的战略目标。我们迫切需要跳出语文科的局限,在更高的历史站位,从整个基础教育的宏观视野来看待儿童写作能力培养的战略价值。

(三) 研究百年来我国写作课程演变的价值

我国当代写作课程建设要想继往开来,开拓创新,就要不断回望过去,借鉴历史智慧。历史从哪里开始,逻辑也就从哪里开始。当代写作课程改革固然需要整体创新,但更需要延续过去行之有效的宝贵经验,扎根本土创造性的写作教学经验,以中化西,融通西方写作理论,才有可能实现真正的超越。回首改革开放 40 余年,我国写作课程改革没能取得重大突破,其中一个重要原因,就是我们过于强调改革创新,

---

① 鲍尔生. 德国教育史[M]. 滕大春,滕大生,译. 北京:人民教育出版社,1986:19.
② 中央电视台. 我国"两基"目标如期实现,教育成就世界瞩目[EB/OL]. 2002-10-04. http://www.cctv.com/lm/924/-1/72823.html.
③ 董小玉. 现代写作教程[M]. 北京:高等教育出版社,2000:6.

过于注重引进西方写作方法,但是却没有很好地梳理、总结自家百年来的本土写作教学经验,没有重视汲取前辈们的写作教育智慧。任何课程教学改革创新,如果忽视积淀、传承,终将无法达成创新目标。"当今的考试制度迫使语文教师不得不围绕应试殚精竭虑,所谓的写作教改,基本上是在对前人的写作教育实践及其成败得失所知甚少的情况下进行的,所作的往往是重复性的低效劳动,甚至重蹈覆辙。——对自身历史的忽视和无知,已成为写作学科发展的一大障碍。"①

回望历史,我研究百年来我国写作课程的系统演变,就是希望弥补这个缺憾,也借此机会向百年来写作教改的先驱、前辈致敬。

分析清末民初以来我国写作课程的大转型,是破解我国当代语体文写作教育瓶颈的钥匙。百年来我国中小学校写作课程教学的本土经验,是当代写作课程改革的宝贵资源,也是理性改革实践的有力支撑。

1. 为当代写作课程改革提供新的育人价值参照系

从清光绪二十八年(1902)设置"作文"课以来,我国中小学写作课程可谓变化巨大,比较直观的表现如:从竖排书写、不加标点符号,发展到横行书写、文必加点;从使用毛笔、石笔书写,发展到使用铅笔、钢笔、圆珠笔,现在更是普遍使用电脑写作、网络写作;从采用文言文写作,发展到采用半文半白的汉语文写作,再到采用标准语体文及普通话来写作。更为关键的是,写作教育的根本理念、目标追求都经历了重大转型。研究我国写作课程的演变历程,有助于为当代语体文写作课程改革提供新的育人价值参照系,这可谓关乎写作课程改革的"灵魂"。

清末民初以来,中小学写作课程逐步改变过去的私塾、书院模式,从"师傅带徒弟"的个别教学制,发展为班集体授课制;思想上开始摆脱"代圣人立言"的古老束缚,逐渐被纳入现代公共事业体系。这期间受现代启蒙思潮影响,先后制定或修订10 余部语文课程纲要(标准),提出新的写作课程目标、课程理念,体现全新的价值追求。这是理解我国 20 世纪整个现代写作课程变革的关键。研究百年来我国写作课程的演变,有助于从育人价值层面把握现代写作课程的实质,从而为当代写作课程的目标定位、方向选择提供参照系。

2. 为当代写作课程改革提供宝贵的课程内容资源

百年来先辈们在引进西方写作教育理论,探索新的写作课程方面做出了艰辛努力与可贵探索。据不完全统计,仅清末民国时期参与小学写作教材编写的研究者便达 330 多人次,涉及的出版机构有 90 多家;参与中学写作教材编写的研究者达 240 多人次,涉及的出版机构达 90 多家。其间合计编写的中小学写作教材达 253 册以

---

① 潘新和. 中国现代写作教育史[M]. 福州:福建人民出版社,1997:代前言 1.

上。① 可以说,这是一笔极为宝贵的写作课程资源,为当代写作课程内容研制提供了宝贵经验。通过研究这些写作教材,合理开发、综合利用这笔独特的写作课程资源,可以为当代写作教材建设提供坚实的基础,为研制新的写作课程内容体系、编写新的写作教科书,为写作课程规划等工作提供直接帮助。

3. 为当代写作课程改革,提供丰富的实际教学经验

百年来先辈们在引进西方写作教育理论,改造文言文写作教学,建构语体文写作教学体系方面不仅显示出深刻体验、独到思考,还做了很多新式写作教学实验,积累了大量的写作教学经验。他们是探索现代语体文写作教学的先驱,是建构基于现代汉语特性的写作教学事业的奠基人。他们在写作教学方面的艰辛探索,已经构成我国写作教学的本土经验。在课程的视野下来系统梳理、研究百年来写作教学经验,可为当代写作课堂改进提供重要借鉴。

二、研究现状

(一) 关于写作课程史研究的现状调查

通过调查我国主要的语文教育史专著不难发现,我们在语文教育史领域对现代写作课程史的研究还非常薄弱。除徐林祥、武玉鹏的《语文教育发展史》(山东教育出版社,2008)在下编"中国现代语文教学"设有专门章节介绍"现代写作教学的历程"之外,其他著作都没有集中介绍过写作课程方面的内容,仅涉及一些写作教材、人物的写作教学思想及实践,往往还不够深入。这些语文教育史著作对于写作课程如何从文言文写作教学转化为白话文写作教学集体忽视。

所调查的语文教育史著作信息如下:李杏保、顾黄初《中国现代语文教育史》(四川教育出版社,2000),张隆华《中国语文教育史纲》(湖南师范大学出版社,1991),陈必祥《中国现代语文教育发展史》(云南教育出版社,1987),王松泉、王柏勋、王静义《中国语文教育简史》(社会科学出版社,2002),陈黎明、林化君《二十世纪中国语文教学》(青岛海洋大学出版社,2002),林治金《中国小学语文教学史》(山东教育出版社,1995),李伯棠《小学语文教材简史》(山东教育出版社,1985),饶杰腾《近现代中学语文教育的发展》(广东教育出版社,2008)等。

---

① 说明:这些数据是笔者根据亲眼所见的 253 册清末民国写作教材统计的。不同时期编写人员或出版机构有重叠,同一时期不重复,具体信息是:参与小学写作教材编写的个人或研究者,学堂章程时期有 30 人,课程纲要时期有 150 人,课程标准时期有 150 人,合计 330 人;出版机构,学堂章程时期有 20 家,课程纲要时期有 30 家,课程标准时期有 40 家,合计 90 家。参与中学写作教科书编写的个人或组织,学堂章程时期有 30 人,课程纲要时期有 60 人,课程标准时期有 150 人,合计 240 人;出版机构,学堂章程时期有 16 家,课程纲要时期有 24 家,课程标准时期有 50 家,合计 90 家。

(二) 关于中小学写作课程教学研究的现状

近 30 年来,我国从事中小学写作课程教学研究的力量主要来自三个方面:高校文学院的写作教师群体、语文课程与教学论教师及研究生群体,中小学一线优秀语文教师及各级语文教研员群体。高等院校研究者主要围绕人才培养及学科建设,在写作学理论、写作教学体系、写作测量与评价、写作发展历史、实用写作技法、写作语言、写作心理、写作文化、古代写作理论与实践研究、西方写作理论以及中小学写作课程与教学改革等诸多方面开展广泛、深入的研究。① 这些研究成果为当代中小学写作课程改革提供可供借鉴的理论背景。中小学一线语文教师及教研员也进行了不少关于写作课程改革的实验,围绕写作课堂教学做了广泛的探索,这方面的探索基于经验总结式的研究偏多,揭示写作教育本质规律的学理研究很少,总体而论研究的科学性还有待加强。无论是高校从事写作理论研究,还是中小学教师、教研员从事写作课堂的实践研究,如果缺少对我国现代写作课程发展历史的了解,总是难以走向深刻。

此外,关于汉语写作实践的历史研究,可分为社会性写作实践史和学校写作教育史。社会性写作实践史(包括古代社会性写作实践、现代社会性写作实践)蕴藏汉语写作实践的传统特征和基本规律,这正是汉语写作民族特色之所在,可为当代写作课程改革提供重要的参考借鉴。这方面古人有极其丰富的体认,多散见于各代诗文评,对这方面的研究总结还很不够。在学校写作教育史方面,因我国现代学校出现的时间比较晚,如果从现代学制算起,至今不过百年,以公立学校写作课程演变为研究对象的专门成果还很少见。

就笔者查阅的文献来看,郑国民先生在《从文言文教学到白话文教学——我国近现代语文教育的变革历程》②中首次从语言变革的角度研究我国近现代语文教育的演变,有专门论及文言文及白话文写作教育方面的内容。吕达的《中国近代课程史论》涉及一些清末民国写作课程发展情况。熊明安的《中国近现代教学改革史》也涉及一些清末民国写作教学改革的情况。熊月之的《西学东渐与晚清社会》对教会学校、洋务学堂、新式学堂的写作课程情况有所涉及,还提供了关于"西学东渐与晚清社会"情况的珍贵文献资料。此外,司琦的《小学教科书发展史》,王有朋的《中国近代中小学教科书总目》,洪宗礼、柳士镇、倪文锦的《母语教材研究》(1—4 卷),石鸥、吴小鸥的《百年中国教科书图说(1897—1949)》,闫苹、张雯的《民国时期小学语

---

① "据中国写作学会第五届学术年会统计,自党的十一届三中全会以来,到 80 年代末止,公开出版的各类写作理论著作已超过两千种。其中,基础写作和应用写作理论著作百花争妍,文学写作理论著作也久盛不衰。"来自李景隆为《中国文学写作大全》写的序言,李景隆时任中国写作学会副会长。详见:李学勤等. 中国文学写作大全[M]. 北京:中国工人出版社,1992:序 1.

② 郑国民. 从文言文教学到白话文教学——我国近现代语文教育的变革历程[M]. 北京:北京师范大学出版社,2000.

文教科书评价》，闫苹、段建宏的《中国现代中学语文教材研究》等著作也涉及我国现代写作教材的发展情况，或提供了相关研究线索。

现代写作教育史研究的代表人物是潘新和先生。他的《中国现代写作教育史》是我国第一部对现代写作教育进行系统研究的专著。这部著作较为清晰地勾勒出中国现代写作教育的发展线索，对每一阶段的写作教育作出了准确、简明的描述和评价。全书设有"写作学研究述要""写作学论著简介"，还对陈望道、梁启超、黎锦熙、夏丏尊、胡适、鲁迅、阮真、朱自清、朱光潜、叶圣陶等人的写作教育思想分别作了评价。[①] 这部著作对晚清民国现代写作教育研究具有开创性价值，不过受研究文献局限，这部书对现代中小学写作教材、写作教学改革的研究还比较薄弱。除此之外，还有一些硕博论文、期刊论文也涉及百年来写作教育的相关研究，如刘光成的博士论文《百年中学作文命题研究》等。

文学界从语言维度来研究文学创作的成果近20年越来越多，譬如：钱理群对周作人创作的语言研究，郜元宝对鲁迅语言体验的研究以及对20世纪汉语文学的语言问题系列研究，李敏对鲁迅语言思想及其实践的研究，张颐武对20世纪汉语文学的语言问题研究，高玉对现代汉语与中国现代文学的整体研究，刘琴对现代汉语与现代文学的关联性研究，朱恒对现代汉语与现代汉诗关系的研究，王风对文学革命和国语运动的关联性研究，付丹关于从中国现代文学语言的三次转型看文学语言的发展模式的研究，张昭兵对语言论争与作家的现代汉语体验研究，等等。由此可见，语言变革是理解20世纪现代文学转型的重要维度。

从语言维度来研究写作问题的成果也越来越多，例如：徐中玉《写作与语言》（上海教育出版社，1984年），朱伯石《写作和语言》（四川人民出版社，1980年），何明《写作语言学》（东北师范大学出版社，1998年），徐丹晖《写作与语言艺术教程》（北京传媒大学出版社，2002年），时煜华《写作与语言教程》（中国传媒大学出版社，2010年），刘洪妹《媒体写作与语言艺术》（中国广播电视出版社，2011年）。此外汉语修辞学也特别重视写作与语言的问题。

遗憾的是从语言维度探讨中小学写作教学问题的优秀成果还不太多见。其实，中小学生练习写作的过程同时也是学习掌握语言文字的过程，从语言维度来研究儿童写作是很重要的，每位语文老师都应该有写作语言的自觉意识。因为语言维度的变革会从根本上决定着写作教育的基本面貌。例如随着古代汉语向现代汉语发展，文言文向白话文转变，全社会的写作实践也随之发生根本性的变革。

正如胡适所言："我也知道光有白话算不得新文学，我也知道新文学必须有新思

① 潘新和. 中国现代写作教育史[M]. 福州：福建人民出版社，1997：序言1—3.

想和新精神。但是我认定了：无论如何，死文字决不能产生活文学。若要造一种活的文学，必须有活的工具……有了新工具，我们方才谈得到新思想和新精神等等其他方面。"[①]"文学革命的目的是要用活的语言来创作新中国的新文学，——来创作活的文学，人的文学。"[②]此处的"死文字"是指文言文，"活的工具"指白话文，胡适显然将白话文与新思想、新精神捆绑在一起，创造人的文学，既要表达自己的真性情，又要关涉现实社会人生，而将文言文排除在新文学之外。事实证明，语言变革确实从根本上影响中国文学发展，深刻影响 20 世纪中小学写作教育。白话文写作的教育旨趣与文言文写作根本不是一回事。

第二节　研究问题与研究思路

一、研究问题

在全球化视野下，本研究侧重从语言变革维度来系统研究我国 20 世纪中小学写作课程的演变，尤其突出从文言文写作向白话文写作转型这条主线。本研究主要问题是探讨晚清时期、民国时期到新中国成立以来，我国中小学写作课程在育人价值追寻、写作教材研制、写作教学经验三个方面的迭代、演化。通过探讨中小学写作课程的百年演变，反思现代写作课程的价值坐标及育人方向；思考现代写作教材的基本构成、主要特征；探索现代写作教学的个性特征、基本经验。通过梳理中小学写作课程的百年演变，试图在"古今中西"的分析框架内，系统反思伴随从古代汉语向现代汉语的根本性转型，基于汉语独特性及文化传统的写作魅力何在，育人灵魂何在，百年来在引进与突围过程中，检视我们从西方拿来什么、实际效果如何，我们从古代文言写作经验中传承多少、抛弃什么，现代写作到底应该从文言写作经验中汲取哪些必要元素，如何基于时代语境与文言写作经验建构良性互动关系。百年来在"古今中西"的框架内，写作课程作为彼此碰撞、交流的空间，到底生成、建构了哪些独特的东西？基于现代汉语的中小学写作课程应该如何建构科学的学理基础、基本规律？可以说，从语言变革的角度来审视 20 世纪的中小学写作课程演变，值得追寻、思索的关键性问题还有很多，但是只要抓住了从文言文到白话文的转型，就把握住了理解 20 世纪中小学写作课程演变的总开关。

---

① 赵家璧. 中国新文学大系·建设理论集[M]. 上海：上海良友图书公司，1935—1936：19—20.
② 赵家璧. 中国新文学大系·导言集[M]. 上海：上海良友图书公司，1935—1936：15.

二、研究思路

(一)研究阶段划分

本研究主要是从语言变革的维度来研究 20 世纪中小学写作课程演变,从研究时段来看可分为三大部分:

1. 上篇聚焦在晚清时期的写作课程变革。侧重于清末新政以来(主要是 1902—1911 年段)的写作课程变革。1902 年《钦定学堂章程》设置有"作文"课程,这是现代写作课程的起点。

2. 中篇集中介绍民国时期的写作课程变革。分为前后两个发展时期。民国前期侧重介绍民国课程纲要时期(1912—1927)写作课程的变革,民国后期侧重介绍民国课程标准时期(1928—1949)写作课程的曲折发展。当时语言变革的情况与课程纲要、课程标准分期是一致的。语言学家何九盈认为:"中国语言学的现代化是一个渐进的过程,大体上可分为两个阶段。清末至北洋军阀时期(1912 至 1927 为北洋军阀时期)为一个阶段,20 年代末或 30 年代初至 1949 年为一个阶段。"①经过白话文运动、大众语运动,在民国课程标准时期,从课程层面文言文写作基本上转向白话文写作,可谓大势所趋、人心所向。

3. 下篇重点介绍新中国成立以来教学大纲时期(1949—1999)的写作课程变革。主要阐述该时期写作课程的育人价值转型,基于普通话的写作教材发展,以及教学大纲时期基于普通话的写作教材发展。

(二)具体研究思路

本研究力图跳出语文科的局限,从基础教育变革与社会进步互动的大视角来理解中小学写作课程的迭代演变。语言变革是链接教育变革与社会进步的重要纽带,借助文言文向白话文的转向,从现代社会建构与现代人格养成的角度来理解中小学儿童写作课程的进步,这更符合现代写作教育的本原。要真正理解 20 世纪中小学写作课程的演变,一定要将宏观研究与微观研究结合起来,以开放的思维、更广阔的文化视野来思考写作课程的变化。如果拘泥于语文科目、就写作谈写作,"螺蛳壳里做道场",那就无法获得对写作课程的洞见。

---

① 何九盈. 中国现代语言学史[M]. 广州:广东教育出版社,1995:11. 另外何九盈认为,第一阶段的标志是 1898 年《马氏文通》的问世和 1906 年章炳麟明确提出"语言文字之学"这个新的学科名称。第二、三阶段缺乏统一的标志,各个分支的情况有所不同。如方言学可以 1928 年赵元任的《现代吴语的研究》为起点,语法学一般都以 1936 年王力的《中国文法学初探》为起点,修辞学以 1932 年陈望道的《修辞学发凡》为起点。

从 20 世纪以来现代中国在内忧外患的困境之中逐步发展的进程来看,我国中小学写作课程的转型绝不是一个孤立的教学事件,它是现代中国社会整体结构重建的产物,遭受到工业发展、政治革命、启蒙文化、语言变革、大众传媒等众多复杂因素的综合影响。如果我们对现代写作课程的演变作一个社会还原分析,可以得出一个关于现代写作课程演变的社会重建分析框架,具体如下图绪-1:

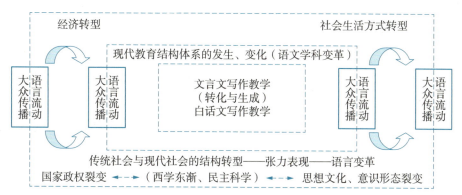

图绪-1 20 世纪现代写作课程演变的社会重建分析框架

本研究试图将写作课程演变还原到社会大变革的历史情境中来理解。主要以语言变革为纽带,连带考虑政权改变、启蒙思潮、大众传媒、技术变革等重要因子来实施多学科、综合性研究,尝试借助跨学科、多视角的方式来透视百年来写作课程演变的内在规律。研究对象主要是清末民初以来的学堂章程、课程纲要、课程标准、教学大纲等政策法规文本,以及中小学各类写作教材(含嵌在语文教科书中的写作内容)、学生模范作文、名家作文选编等文献资料。行文思路按照上文的研究阶段划分展开,将宏观与微观相结合,以写作课程的演变作为社会大转型的缩影,力求以小见大、见微知著。具体思路如下:

第一,以晚清时期、民国时期、新中国成立以来的写作课程演变为纵向的线索,每个时期分别按照育人价值、写作教材、写作教学三个方面依次展开。

第二,在分期呈现的基础上,又将三个发展阶段贯通起来,从共时与历时的角度来比较、考察某一个方面的演变情况,如以育人价值为一条线,可以使晚清时期、民国时期以及新中国成立以来写作课程的育人价值追求前后贯通,彼此呼应。这样每个阶段的三个方面(育人价值、写作教材、写作教学)在纵向上又可以形成三条演变线索,彼此观照,综合把握。

第三节　研究方法、研究意义与概念界定

一、研究方法

（一）历史文献法

通过比较分析清末民初以来的学堂章程、课程纲要、课程标准、教学大纲等政策法规文本，以及中小学各类写作教材（含嵌入语文教科书中的写作内容），学生模范作文、名家作文选编等原始文献资料，参考相关教育类学术期刊、学者论著等。

（二）社会历史文化语境法

要真正理解20世纪中小学写作课程的演变，必然要将中小学写作课程还原到具体的社会历史语境中，注重采用多学科的理论资源，综合考虑政权改变、启蒙思潮、大众传媒、技术变革等重要的社会因素，从综合融通与动态生成的角度来阐释文言文写作向白话文写作的课程演变。本研究主要通过综合利用语文教育史、语文教育学、写作学、中外现代教育史、历史学、语言学、社会学等领域的理论来分析文献资料。历史研究最重要的是深度分析，从而发现历史事实背后的规律，写作课程史研究也是一样的道理。在运用社会历史文化语境来研究的过程中，采用辩证、灵活的比较分析法，追求史论结合、论从史出。只有在通盘考虑写作课程演变的宏观社会历史条件以及微观写作变化细节的基础之上，我们才能够发现影响写作课程演变的历史逻辑及实践逻辑。

二、研究意义

（一）为推进当代写作课程改革提供有益的历史借鉴

中小学写作教育是当今基础教育领域最薄弱的部分之一，也是语文学科教育质量全面提升的"短板"。建构科学、高效的写作课程体系，不仅是提升写作育人质量的迫切需要，也是全面提高语文教育质量乃至基础教育整体质量的关键所在。系统研究20世纪我国中小学写作课程的演变，有助于综合把握历史、现在与未来的关系，从现代社会的客观需求、学生成长的需要与写作课程的特质三者融通的角度来借鉴宝贵的历史经验，为当代写作课程改革实验、大幅度提升写作课程质量提供重要参考。

进入21世纪以来，我国写作课程改革实验过于重视借鉴国外发达国家的写作理论，却相对忽视了接续过去百年来我国本土的写作课程探索。当代写作课程的改

革实验,唯有在汲取历史经验教训的基础之上来谋求改革创新,才能够有效避免重蹈覆辙,掉入历史的陷阱,这正是本研究力求在"古今中西"思维框架内来系统研究百年来写作课程演变的用意所在。现代汉语不断建构生成,基于现代汉语的写作课程必然有一定之规、基本之道。从汉语文的个性特点出发,综合古代文言及现代白话的写作课程资源,探索基于现代汉语的语体文写作育人之道、共性规律,为当代写作课程改革实验服务。

(二)满足语文学科建设发展的客观需要

语文学科建设总归包括基础理论研究、基本事实研究和历史发展研究,历史发展研究可以为前者提供支撑、借鉴。百年来我国语文教育质量总是难以让人满意,几乎每隔十年就有一次关于语文质量滑坡问题的社会性论争。造成这种现象的原因很多,其中一个根本性的原因就是语文学科的基本建设薄弱、基础研究不够。我们不仅比较缺少厚重的语文科理论研究,导致至今还有不少关乎学科发展的基本命题搞不清楚,动辄引发争议,如"工具性与人文性问题",甚至连一些关乎学科发展的基本事实也搞不清楚,如关于现代语文的来龙去脉、前世今生还有许多空白地带,这样如是我们难以形成整体连贯的学科积淀,难以产生"累积效应",情急之下就盲目模仿西方的做法,又因水土不服,只好推倒重来,不断折腾。系统研究20世纪百年来写作课程演变,有助于夯实语文学科建设的根基,唤醒现代汉语写作教学的理性自觉。

三、概念界定

(一)文言文与白话文

作为汉语的书面语形式,文言文与白话文既有联系,也有区别。白话文中有时也会夹杂文言成分,如个别文言字词、成语典故、文言引语等,更为甚者,有人还偏爱写半文半白的文章,可见文言文与白话文不是二元对立关系,而是血脉相连。

1. 文言文:指在先秦口语基础上形成的书面语,最初是言文一致,汉初以后由于过于注重仿照前人的词汇、语法及用法和行文格调,脱离当时的口语发展,从而导致言文分离,形成特殊的汉语书面系统。简要言之,文言文是以古代汉语为基础而经过加工的书面语。[①]

2. 白话文:广义的白话文也叫语体文,包括古白话文和现代白话。古白话都属于一个与文言相对而并存、反映东汉至今历代口语成分的汉语书面语系统,主要指从汉末魏晋以来到清末与口语基本一致的汉语书面语。现代白话文是指以现代

---

① 周有光. 中国语文的时代演进[M]. 北京:人民文学出版社,2009:35.

口语为基础而经过加工的书面语言,实际上就是现代语体文,这是中华民族的现代通用语体。本文所说的白话文主要指狭义概念,即现代白话文(语体文)。现代白话文要求言文一致,也就意味着要达成民族国家内部的口语统一,由此观之民国前期的白话文运动与国语运动是内在一致的过程。按照周有光的说法,清末以来,语体改革经历了"新文体""白话文"和"大众语"的演变过程。"新文体"是夹用俗话的"通俗文言文","五四"时期的"白话文"如小脚放大的"语录体","大众语"倡导口语化的书面语。现代中小学校采用语体文是近现代以来世界的普遍趋势,"欧洲自从放弃'文言文'性质的拉丁文,改用民族语文以后,学生写文章就是'写话'了。日本不但放弃了中国的文言,并且放弃了日本的文言,学生写文章都改为'写话'了。"[1]叶圣陶早在20世纪20年代就提出"作文"应当改为"写话"的主张,也是顺应历史发展趋势。

(二) 国语与国语文

白话、白话文与国语、国语文两两对应,又有所区别。白话不等同于国语,只有最有代表性的一种白话可称为国语,国语体现国家意志。国语统一就是要实现国语的普及,"四海同音",即为推广普通话的目标。有时白话也包含白话文,如胡适在《跋〈白屋文话〉》一文中说:"'白话'是个'中立'的名词,既不含褒贬,又可包括国语的同方言的作品。"[2]白话文与国语文也高度相关,有时彼此借用,可它们的内涵还是有区别的。"在同一政治团体里,多数人民所使用的统一语言叫做国语。由此可以明白用国语写的文是国语文,由此更可以明白我们是教学国语文,不是教学白话文,因为白话文的白话不一定是多数人民所使用的统一语言。"[3]可见,国语、国语文背后有鲜明的政治权力色彩,沈兼士曾说:"同一政治团体之中有势力的多数人民所使用之语言叫作国语。"周铭三认为:"在一国最高的统治权以下所说的所写的统一语言叫作国语。"[4]本书主要是从民族国家共同语建构的角度来理解白话及白话文,不特指白话方言,语义上趋向于国语与国语文。

(三) 写作与写作课程

基于中华文化母体的历史背景,我国写作与写作教育具有深厚的文人传统以及鲜明的历史阶段性。一方面,无论是现代写作,还是古典作文都离不开中华母体文化,都归属于汉语的表情达意,从而具有民族文化的深刻烙印。在这个意义上,现代写作与古典作文可谓同根生长、血浓于水。与印欧拼音文字的写作类型(如英文写

① 周有光. 中国语文的时代演进[M]. 北京:人民文学出版社,2009:39—40.

② 姜义华. 胡适学术文集·新文学运动[M]. 北京:中华书局,1993:177.

③ 周铭三,冯顺伯. 中学国语教学法[M]. 上海:商务印书馆,1926:104.

④ 详见北京大学国学季刊第一卷第一号《国语问题之历史的研究》,第72页,以及中华国语学会女子国语教学部年报《国民怎样学会他的国语文》。

作)比较,汉语写作的个性特征明显。刘锡庆认为,"'汉语写作'(用汉字作文),至少有这样四个特点:1.意向鲜明,具有直观、形象的绘画性,它是有'灵'而艺术的生命语言;2.文化意蕴深厚——众多的成语、典故,本身就具有历史、文化品格,非常有意味;3.它分四声,讲对仗,骈散结合,抑扬顿挫,朗朗上口,掷地有声,有整齐、参差、回环之美(即所谓'文采'),读来极具音乐性;4.词性灵活,无'性'无'格',使用自由,组词造句亦无定法、成规——其表现力及纳新、原创的再生力均十分强大。"①

另一方面,从育人宗旨、价值追求来看,现代写作、现代写作教育与古典写作、古典写作教育又具有本质性区别。在"五四"前后,白话文写作尚处于初步探索阶段,有不少国文先生还是前清的秀才、举人,甚至翰林。作文课上,学生写"今日朝晨",国文先生必改为"今晨",学生写"我能明白他的道理了",又必改作"我知之矣",这些国文老师还不允许学生独立思考,否则就被认作离经叛道,原因就是"教师好古之病"。② 现代写作教育与古典文言写作之间存在的矛盾由此可见一斑,毕竟白话文写作与文言写作所传承的文化支脉不同,国文先生的思想观念、写作习惯也各异。简而言之,我国古代写作教育从属于贵族精英教育,以个别教学为主,是以培养上流社会士人的文言写作能力及提升古典人文素养为主要目的的教学活动。现代写作教育是以现代学制为前提,以公共学校为育人场域,主要采用班级授课制的组织形式,以培养社会公民的国语文写作能力及提升人文素养为主要目的的专业教学活动。现代写作教育的主要载体就是写作课程。

1. 写作。写作属于人的鲜活生命活动,借助语言文字来创制语篇、表达意义、达成交往的人文活动。写作活动包含写作主体、写作客体、写作载体、写作受体等复杂因素,涵盖潜写作(酝酿阶段)、显写作(书写过程)、后写作(修改定稿)三个环节。借用神经生理学来理解,写作活动是经自我意识支配、调节,将复杂的感知觉信号转化为神经脉冲,激活长时记忆系统,在短时记忆工作区实现新输入信息与储藏信息的交互生成,并依据灵活具体的社会情境,输出神经脉冲信号,转化为文字视觉符号,从而创制语篇的过程。

从人的感知觉特征来看,口语表达与书面写作存在比较大的差异。"视觉和听觉的接受能力不相等。听觉能接受较长的'音节串';视觉只能接受较短的'音节串'。较长的'口语'音节串,要分成若干个'书写'音节串,才便于阅读和理解。根据试验,最适合视觉的'音节串'长度是二到三个音节、六到九个字母。巧得很,汉语的语词长度,平均就是二到三个音节、六到九个字母。一连串写下来的单音节词,不便阅读。超过四音节的语词也不便阅读。"③口语表达主要顺应人的听觉接受规律,书

---

① 刘锡庆.基础写作学[M].北京:人民教育出版社,2007:自序 9.
② 胡适.胡适文存(卷一)[M].上海:亚东图书馆,1925:100.
③ 周有光.中国语文的时代演进[M].北京:人民文学出版社,2009:96.

面写作则要充分考虑人的视觉接受心理。白话文追求言文一致,怎么说就怎么写,这主要是相较于文言文而言。其实白话文写作与口语表达也存在比较大的差异。另外,根据上面汉语接受的特点,白话写作也不能追求欧化表达,欧化句式总是让我们读起来别扭,就是因为欧化表达并不符合我们的视觉感知特点以及汉语特性。"用汉字这种以象形、会意等特点造出的方块字,以音、形、义集于一体的表意文字去写作,和用若干声、韵字母为符号去拼音,以人为地'约定俗成'其意义的那种拼音文字去写作,由于其借助的文字符号即书写手段全然不同,故写作的总体感觉、整体效果乃至根本性质等,也就很不相同——简直就像两股道、两码事!"[①]可见,套用外语表达方式或模仿翻译体写作都不妥当。

2. 写作课程。现代写作教育是比较宽泛的概念,其主要形式就是写作课程。作为正式的育人方式,写作课程的灵魂是育人价值,这是写作教学活动展开的起点与方向。在特定育人价值的指引之下,写作课程包括课程目标、课程内容、课程组织、课程实施及课程评价等元素。这里的课程目标体现为写作育人价值,课程内容与组织的物质形态主要是写作教材,课程实施也就是写作教学实践。课程评价既包括写作能力发展,也包括人文素养提升,呼应预设的写作育人价值目标。

现代写作课程是一个开放系统,从社会性维度来看,它受到国家政权、意识形态、伦理道德、审美观念、人文传统、社会关系等复杂因素的影响。作为育人方式的写作课程,绝不只是简单的知识传授与技能训练,否则就将复杂的问题简单化了,从而容易导致学校写作与外界社会情境产生严重隔膜,出现学生在校所学的写作一旦到真实的社会复杂情境下就不灵、失效的现象。这是长期以来写作教改效果不显著的重要原因,也是一些人高喊打倒"伪作文"的背景之一。其实这个问题在晚清以来就一直有人在探讨、思考。光绪三十四年(1908),施崇恩编纂的《蒙学求通虚字实在易》第四册示范练习中就有"未有作者先有思想"一语,也就是说,在写作发生之前已经有思想观念、思维方式在调控着写作过程。伟庐主人在《汉文教授法》中也说过:"志卑者不能为高尚之文也"。[②] 他还曾说:"《诗》、《书》、《仪礼》、《春秋》、《论语》、《大学》、《中庸》、《孟子》,皆圣贤明道之书,虽非为文而设,而文章实出于是。"[③]这些道理在我国文论史上可谓是传统、共识。刘勰提出:论文要本乎道,"道沿圣以垂文,圣因文而明道",故"原道第一""征圣第二""宗经第三"。刘勰所谓的"道","具体内容就是以儒家为主兼采道佛等,适应当时封建皇权的需要","刘勰论文提出原道,主要是为当时的封建皇权服务","宗经就是宗法经书,写作以儒家的经书为标准,效法五经

---

① 刘锡庆. 基础写作学[M]. 北京:人民教育出版社,2007:自序 8.
② 详见伟庐主人. 汉文教授法(卷五)[M]. 上海:商务印书馆,1903:3.
③ 伟庐主人. 汉文教授法(卷四)[M]. 上海:商务印书馆,1903:"古文评语"部分第 1 页.

来作文"。他主张不仅要学习圣人的思想内容,还要学习他们的写作方法。① 刘勰的写作思想对后来的文言写作产生深远影响,内化为文言写作的精气神。事实上,一般而言,古典文言写作是向传统文化、社会生活开放的,文言写作常常与社会政治、道德伦理、集团利益以及个人生活体验息息相关,故有所谓"文史哲不分家"的说法。很可惜,刘勰的这些思想后来被异化、走向僵化,晚清盛行"伪圣化写作",写作的生命独特性被严重遮蔽,甚至作者的独立人格也被消解了。"旧文学,旧政治,旧伦理,本是一家眷属,固不得去此而取彼;欲谋改革,乃畏阻力而牵就之,此东方人之思想,此改革数十年而毫无进步之最大原因也。"②1932 年 10 月 30 日,胡适在北京大学国文系做"陈独秀与文学革命"的主题讲演时也说:"由他(注:陈独秀)才把伦理道德政治的革命与文学合成一个大运动。"③只有将文学革新与伦理道德政治等结合起来才易见效果,写作课程亦然。故本研究打破将写作课程封闭起来操作的陋习,将写作课程还原到近现代中国社会转型的大舞台,以文言文向白话文转化为纽带来链接影响写作课程的各方面因素,思考"古今中西"框架下写作课程的现代化演变。

————————

① 周振甫. 文心雕龙选译[M]. 北京:中华书局,1980:16,18,33.
② 易宗夔. 论《新青年》之主张[J]. 新青年,1918,5(4):135.
③ 陈东晓. 陈独秀评论[M]. 北平:东亚书局,1933:57.

上 篇／

晚清时期的写作课程变革

第一章　晚清写作课程变革的历史背景

第一节　白话文写作教育的起点溯源

晚清虽然还没有出现定型的白话文写作课程,可是白话文写作已经开始渗透到教育系统当中。晚清白话文写作教育的起点何在? 根据笔者已经读到的文献资料,可以推断晚清白话文写作教育的起点主要有两个方面,即杂字书的流通使用与应付日常应用的古白话社会性写作实践。

一、杂字书的流通使用

杂字书的流通使用,预示老百姓在谋生应世的社会活动过程中对文字的需求不断加强。这既包括阅读需要,也包括简易的书写需要。随着历史的发展,杂字书越来越多,间接体现出社会对文字的需求日渐增长。当然这是比较隐蔽的宏观现象,不容易为人所察知,但我们从字典收录汉字的数量递变,可以感知到这个特定趋势。其实随着时代的发展,整个社会对文字的需求都在不断增长。字书中汉字数量不断增长的趋势可以佐证上述判断。例如,中国古代最早的字典《说文解字》(许慎,100年)收录 9 353 字,《声类》(李登,230 年)收 11 520 字,《字林》(吕忱,400 年)收 12 824字,《字统》(杨承庆,500 年)收 13 734 字,《玉篇》(顾野王,534 年)收 22 726 字,《切韵》(陆法言,601 年)收 12 150 字,《唐韵》(孙愐,751 年)收 15 000 字,《韵海镜源》(颜真卿,753 年)收 26 911 字,《龙龛手鉴》(释行均,997 年)收 26 430 字,《广韵》(陈彭年等,1008 年)收 26 194 字,《集韵》(丁度等,1039 年)收 53 525 字,《类篇》(王洙等,1066 年)收 31 319 字,《字汇》(梅膺祚等,1615 年)收 33 179 字,《正字通》(张自烈,1675 年)收 33 440 字,《康熙字典》(张玉书等,1716 年)收 47 043 字。还有很多"碑帖字""手头字"等没有被收入字书,粗略计算,汉字总数超过 6 万。从东汉最初的9 353 个汉字,发展到晚清的 47 043 个,这就是社会对汉字的需求不断增长的宏观态势。① 除字种悄然增长之外,汉字使用频率也在发生变化,一些日常用字的使用频次越来越高,其中就包括许多杂字。根据周有光的研究,因汉字使用频度不平衡,少数字常用,多数字罕用,其中最高频度 1 000 字的覆盖率大约是 90%,以后每增加 1 400 字大约提供覆盖率 10%,这就是"汉字效用递减率"。南朝起形成"千字文"传统、"初学汉字"1 000 字,正是暗合汉字使用的客观规律。② 这 1 000 多个汉字正是杂字书的主要部分,同时汉字的简便化、规范化、有序化也是适应杂字频繁应用的必然要求。"杂字"又称为民间的识字教材,多用来记录俗语俗话,供日常书写之用。"多为日常生活所见事物名称或经验的汇集……它兼有混合、掺杂和聚集的意思。"③可见熟习杂字,有助于习得简单的日常记录、书写,可以归属于广义的白话写作范畴。

(一) 杂字书的发展

杂字书的起源很早,"'杂字'作为书名,早在汉魏时代已有所见,《隋书·经籍志》就著录有多种杂字,如后汉太子中庶子郭显卿的《杂字指》、魏掖庭右丞周氏的《杂字解诂》、邹里的《要用杂字》、密州行参军李少通的《杂字要》之类,这表明早在东汉时期就有了杂字"④。之后杂字书继续发展,"根据现有的记载推断,杂字在宋代已广泛流行,在社会上是有很大影响的","明、清流传的杂字书种类非常多。但是这种书由于特别通俗,一般只流行在当时的中下层社会,仿佛是'正式的'启蒙课本'三,百,千'以外的'非正式'读物"⑤,仅供满足谋生应世之要需,与科举功名并无瓜葛,故使用杂字的书写与文言文作文法也互不关联。

(二) 杂字书的主要分类与应用功能

张志公对"杂字"有过专门的研究,他认为"跟'三,百,千'并行的还有另一路识字课本"⑥,即杂字书。根据他所收集到的十几种"杂字",他认为杂字书的编法大致有四种。(1)分类词汇。"如《益幼杂字》,分五谷、蔬菜、杂货、身体、人物等六十类,共五千多词"⑦,还有清康熙年间王相编的《世事通考杂字》。(2)分类韵语,如明万历二十二年(1594)刊本《鳌头备用杂字元龟》。(3)分类杂言。每一类杂字尽可能连属成文,二言、三言、四言、六言交错运用,如《群珠杂字》《人事类》。(4)杂字韵文。针对特定地区的特定对象来编写,"全书一贯,连属成文,收字不多,不分类,都用四言、五言或六言的韵语"⑧,如《山西杂字必读》《山东庄农日用杂字》《六言杂字》。这类杂

---

① 周有光. 中国语文的时代演进[M]. 北京:人民文学出版社,2009:60—61.
② 同上书,第 63 页.
③ 顾月琴,张红峰. 杂字(中国民间识字教材)在日本的流传及影响[J]. 国家教育行政学院学报,2008(7):80.
④ 顾月琴. 明清时期民间识字教材——杂字[J]. 历史教学问题,2008(2):94.
⑤ 张志公. 传统语文教育初探[M]. 上海:上海教育出版社,1962:27—28.
⑥ 同上书,第 27 页.
⑦ 同上书,第 29 页.
⑧ 同上书,第 30 页.

字书通俗易懂,简单实用,带有显著的地域色彩,"实际上,也确是靠了这一路土教材,才真正解决了中下层社会人家(也包括只想作土财主不怎么巴结功名的上层人家)的子弟只用短时间学会识字,以应付日用需要的问题。任何一种编得好些的杂字书,大致都能用一次(顶多两次)冬学的时间学完;学会那些字,记记账,写写信,看看通俗小说和唱本的确可以对付对付了"①。可见,杂字书产生于特定区域,针对当地人群,以解决当地日常情境下读写使用的实际需要为目的,体现"言文一致"的要求,讲究"工具性""语用功能",并不追求儒家的微言大义、人伦教化。学习杂字书,"记记账,写写信",如此罢了。这与最初白话文写作的要求正好一致。

(三) 杂字书流行的主要原因

杂字书的流行与世俗生活的发展是息息相关的。主要原因如下:

1. 明清以来商品经济的发展拉动。"明清时期商品经济在乡村和城镇都有了一定程度的发展,人们日常经济生活中不可避免地接触到租地、雇工、借贷等活动,这就对民众读写能力的需求日益增长,杂字流行正好顺应了这种经济发展的趋势。"②

2. 科技进步带来闲暇时间的增多。科技发展带动生产效率的提高,民众的闲暇时间普遍越来越多,这在推动俗文学的发展的同时,间接带动了杂字书的流行。"清代除翻刻古书和清人诗文集外,还出版了俗文学、弹词、宝卷、鼓词、子弟书、民歌等小册子,多至数万种,包括在民间流传的各类杂字课本。例如墨海堂于清同治五年(1866)印行《增订日用便览杂字》,南京李光明庄印行《增订释义经书便用通考杂字》等。"③

3. 印刷技术的发展为杂字书的流通提供了可靠保障。印刷技术无论在东方还是西方,对社会文明传播都起到关键性作用。杂字书的流行,推动了社会文化下移。

4. 简体字的广泛使用。"这种通行于平民社会的简体字,在明清以降,今日以前,都是用在账簿、当票、药方、小说、唱本……上面,所谓'不登大雅之堂'者。我们现在应该将它竭力推行,正式应用于教育上、文艺上,以及一切学术上、政治上。"④可见简体字是杂字书的重要品种,简体字的使用促进了杂字书的流通。

总之,"杂字书……在不被'官府'认可的情况之下,在社会上广泛流传,大大扩展了普及识字的对象,使识字教育得以深入城乡中下层百姓之中"⑤,这为晚清民国

---

① 张志公. 传统语文教育初探[M]. 上海:上海教育出版社,1962:32.
② 顾月琴. 明清时期民间识字教材——杂字[J]. 历史教学问题,2008(2):94—97.
③ 同上书,第96页。
④ 钱玄同. 钱玄同文集(第三卷)·汉字改革与国语运动[M]. 北京:中国人民大学出版社,1999:91. 原文刊发于1923年《国语月刊》第1卷"汉字改革专号"。
⑤ 顾月琴. 明清时期民间识字教材——杂字[J]. 历史教学问题,2008(2):97.

推广普及初等教育创造了积极条件。

(四) 杂字书进入新式学堂

随着晚清新式学堂的陆续建成,杂字书逐渐被学堂所采用,这为清末白话文写作萌芽创造了条件。

杂字书与清末学堂章程的旨趣要求相一致。《奏定初等小学堂章程》"中国文字"科规定:"其要义在使识日用常见之字,解日用浅近之文理,以为听讲能领悟、读书能自解之助,并**当使之以俗语叙事,及日用简短书信,以开他日自己作文之先路,供谋生应世之要需**。"①在会写"日用常见之字"的基础之上,正式提出"当使之以俗语叙事,及日用简短书信,以开他日自己作文之先路,供谋生应世之要需"。这就从生活语用与社会交往的角度提出运用"杂字",学习白话写作的目标,作为文言写作教学的补充。

杂字书与简易识字课本相一致。清末简易识字学塾及新式学堂所使用的简易识字课本与过去的杂字书有诸多相通相融的地方,这类识字教材一直沿用到民国时期。人民教育出版社图书馆至今收藏着一些清末民国时期的杂字教材(如表 1-1 所示)。

表 1-1　清末民国时期杂字教材

序号	杂字教材名称	杂字教材属性
1	《绘图中西日用杂字》	天宝书局,清末,蒙学教材
2	《普通最新杂字图本》	出版者不详,清末,蒙学教材
3	《绘图七言杂字》	上海刘德记书局,出版年不详,蒙学教材
4	《绘图四言杂字》	上海刘德记书局,出版年不详,蒙学教材
5	《改良绘图四言杂字》	上海錬石书局,民国 8[1919]年出版,国文课教材
6	《最新绘图六言杂字》	上海錬石书局,民国 8[1919]年出版,国文课教材
7	《益幼杂字》	上海刘德记书局,民国 13[1924]年出版,国语课教材

总之,从汉魏到晚清,杂字书从民间传播到学堂使用,这反映出广大下层民众对文字使用的需求不断上升,这也是初等教育普及的社会动力之一。可见,晚清用俗语叙事,写作白话文,其功劳不能简单归因于少数开明绅士宣传、推广,它有内在的社会动力机制与广泛的群众基础。

---

① 课程教材研究 20 世纪中国中小学课程标准·教学大纲汇编·语文卷[M].北京:人民教育出版社,2001:5—6.

二、古白话的写作发展

与杂字书及简易实用写作相呼应,社会语境下的通俗文、白话文写作不断发展。宋朝平话①就是口语的记录;程颐、程颢、朱熹的讲学记录也属于"半文半白"的语录体;"元朝可说是白话最盛行的朝代,关汉卿、马致远、贯云石等,开始用漂亮朴素的白话文,来编杂剧,写小曲,几乎压倒了历来公认为正统的文言文。但最有趣的是,连那时候的皇帝的诏令,也都满纸土话"②。元末明朝白话小说也开始发达起来,"从元末明初以来,有意用白话来写的小说,也正在开展。《水浒传》就是这时候的作品,胡适称之为标准白话文,要大家采取这里面的白话来应用了"③,《水浒传》出世以后,白话小说在民间广泛流行,历明清而不衰,如《西游记》《金瓶梅》《醒世姻缘》《儒林外史》《红楼梦》等。"这些书里不但有漂亮的北京话,有些还间杂苏白,对于语文虽然算不得积极的贡献……却又不能不说是大胆的尝试,因为它的确捣乱了文言的天下。"④明清时期使用白话文写作的人也越来越多,金圣叹⑤是明末秀才,他"极力推崇通俗文学,曾批点《水浒传》、《西厢记》,并编选历代散文为《天下才子必读书》。他的评点文字,皆通俗浅易,夹杂大量口语词汇"⑥,他的其他文章也很通俗。清代思想家颜元(1635—1704)曾用白话作论说文,他的哲学著作《四存编》有一组文章《唤迷途》,就是用纯白话写的破除佛教迷信的讲稿。郑燮(1693—1765)所作的通俗唱词《道情》,开场白也是纯白话。⑦ 这为晚清以来的白话文写作提供了宝贵的优质社会资源,也为后来的白话文运动提供了厚实的社会基础。

(一)向近代白话写作过渡

太平天国运动推动了白话写作发展。他们"对文言型书面语言进行了从繁到简、从难到易、从贵族化到平民化的改造,使之容易学习,能为劳苦大众所理解和接受,使之成为工农革命的工具"⑧。具体措施包括推行白话文,太平天国的公文、谕告等都用白话文书写;使用标点符号和简化汉字;主张"文以纪实""言贵从心",反对"浮文巧言"。⑨

在内忧外患、危机频发的时代,士人乡绅、开明地主放弃空谈心性,强调经世致

---

① 如宋仁宗要臣子给他讲故事,按照口语一一记录下来,这可算是平话。

② 蓝少成.中国散文写作史[M].南宁:广西教育出版社,1990:43.

③ 同上书,第45页。

④ 同上书,第46页。

⑤ 金圣叹(1608—1661),名采,字若采,明亡后改名人瑞,字圣叹。江苏吴县人(今江苏苏州),秀才,曾将《离骚》《庄子》《史记》、杜诗、《水浒传》《西厢记》合称为"六才子书"。

⑥ 谭家健.中国古代散文史稿[M].重庆:重庆出版社,2006:555.

⑦ 同上书,第555,556页。

⑧ 林治金,等.中国小学语文教学史[M].济南:山东教育出版社,1995:208,209.

⑨ 同上书,第200—210页。

用。曾国藩改造姚鼐"义理、辞章、考据"三端的提法，特意提出"经济"一项，并将"经济"置于治学根本，付诸文字实践，"他的杂著，其内容多为实务应用之属，从淮盐运行章程、房产告示，到军制、营规，包括用方言白话撰写的《陆军得胜歌》《水师得胜歌》《爱民歌》《解散歌》等等，无不亲自创制，**刻意求俗**"①。"刻意求俗"反映出这时期士人心态的变化，社会书面交往从文言书写，开始转为文言与白话书写兼顾的局面，书写所欲传达的内容也开始发生根本性改变，这为后来的文章变革埋下伏笔。

(二) 对接新式学堂教育

务实、求俗的近代白话写作经验开始向新式学堂延伸。1811年以来，第一本中文西书(马礼逊著)，第一个中文印刷所，第一家中文杂志社，第一部英汉字典，第一所新式学校的创办，预示着新型写作时代即将来临。

新式学堂的创建为近代白话写作经验的传播提供了新的制度传播空间。19世纪仍是官学、书院、私塾、社学、义学等传统学校占据主导地位的时代。随着英华书院、马礼逊学堂等教会学校的陆续建立，以及后来洋务学堂、新式学堂的逐渐发展，新型学校与传统学校虽然在一定意义上构成了竞争关系，可是在强大体制束缚之下难以获得发展。19世纪晚期，康有为、梁启超等改良派，张之洞、袁世凯等开明地主派，还有傅兰雅等传教士都以各自的方式积极呼吁废除科举制度。1905年科举制度被紧急废除，新式学校才在全国迅速铺开，原有书院、私塾纷纷改造为新式学堂，传播白话写作经验的全国性制度空间逐渐建构、成形。

科举制的废除为近代白话写作经验的传播扫除了最大障碍。随着新式学堂、教会学校的发展，读经讲经地位下降，"为文"与"道统"开始剥离，这为探索新的写作教育提供了机遇与可能。可是由于科举制度的存在，士子儒生唯有通过科举考试才能获取功名，传统文言写作占据绝对优势地位。科举制废除之后，写作教育不再是"唯庙堂之高"，而是转向世俗生活，为社会书面交往服务。写作的主导动机开始从"科举"转向"语用"，这也就增强了写作教学的技艺属性。故新式学堂写作教育呈现出新的精神面貌，散发出现代气息。

第二节　晚清时期写作教育的新探索

一、鸦片战争之前的写作教育探索

鸦片战争之前，清廷已经建立起相对发达的全国官学网络，"据史籍记载，至

---

① 钱竞. 近思集[M]. 北京：学苑出版社，1999：43.

1825 年,全国有包括府、州、厅、县、旗、卫各类官学 1788 所。"①此外民间办学机构如书院、社学、义学和私塾就更多了。正是凭借官学、民办两套学校系统的运转,清代识字人口大幅提升。根据文献推算,乾隆年间"大致具有进入官学学习所需文化程度的人当占总人口数的 9％左右"②。据此推测,当时具有写作才能的社会成员还非常少,大多数百姓依旧生活在文字世界之外,沉浸于口语文化之中。对今天的人来说那是"无声的存在",是"沉默的历史"。

(一) 对八股文写作的批判

这时期写作教育严重依附于科举制度,"朝廷以科目取士,士亦竭毕生精力沉溺于诗赋时文帖括之中。书院介乎官私之间,虽宜能作养人才,而其所传习,宜不离乎三者",许多书院也沦为八股文写作的训练基地。③ "未几山长以疲癃充数,士子以儇薄相高,其所日夕呫唔者,无过时文帖括,然率贪微末之膏火,甚至有头垂垂白不肯去者"④,八股文章,陈陈相因,相互模仿,难有创新,可谓"今世科场之文,万喙相因,词可猎而取,貌可拟而肖,坊间刻本,如山如海。四书文禄士,五百年矣;士禄于四书文,数万辈矣"。⑤ 在这种教育环境之下,大多数写作练习纯属应付了事,"搭起空心架子",满纸"假、大、空",尽是"伪写作"。"文期将到,先愁明日何题。交卷已完,脱却自家干系。搭起空心架子,或可欺同类之人,究其实在根由,终难对先生之目。"⑥

其实对八股文写作的批判由来已久。明末清初不少开明之士就严厉抨击八股取士,追求经世致用,承续明代中叶以来的实学风气。"明代尤其是晚明学术界给人的印象是侈谈心性,不宗实务。就理学来看确实如此,但明代中叶以来出现的实学风气也不容忽视。此处实学取其狭义,是指与谈人性、个体精神修养相对而注重研究各种实用的科学技术、求学以致用的一种学术思潮,是与理学空谈相对而言的。"⑦在实学思潮背景之下,明清之际出现了学术转型,批判揭示儒学以伦理取代一切的弊病,但是没有突破经学笺注的学问形态。⑧

(二) 经世致用,强调写作技艺

清代出现古文经学派与今文经学派⑨、汉学与宋学的论争。桐城派与阳湖古文

---

① 陈学恂,田正平. 中国教育史研究(近代分卷)[M]. 上海:华东师范大学出版社,2001:4. 转自《钦定大清会典事例》卷 1096。

② 同上书,第 5 页。注:作为参照,日本在明治维新时期(1873 年)学龄儿童的就学率是 28％。(日本文部省编:《学制百年》)

③ 熊月之. 西学东渐与晚清社会(修订版)[M]. 北京:中国人民大学出版社,2011:306.

④ 陈学恂,田正平. 中国教育史研究(近代分卷)[M]. 上海:华东师范大学出版社,2001:6.

⑤ 同上注。

⑥ 缪艮《文章游戏・初编》卷 2:《学堂通弊记》,宏道堂刊本(编印于嘉庆年间),转自陈学恂,田正平. 中国教育史研究(近代分卷)[M]. 上海:华东师范大学出版社,2001:7.

⑦ 张国刚,乔治忠. 中国学术史[M]. 上海:东方出版中心,2006:446.

⑧ 同上书,第 450 页。

⑨ 清代今文经学派始于乾隆末年的常州学派,到康有为将之发展到顶峰后走向衰败。

派写作理论可以归入宋学派。乾隆初年,方苞尊宋学,"与同邑姚范、刘大魁共学文,诵法曾巩、归有光,创立古文义法,号曰'桐城派'"①。桐城派始于方苞,光大于姚鼐。"桐城始祖方苞好述欧阳修'因文见道'之言,以孔孟韩欧程朱以来之道统自任,故可归入宋学一派"②,姚鼐推尊程朱,不认同考据派"不论理之是非"的做法,但他同时也强调要精通考据,主张以考证为文章、义理的附庸,曾欲从学戴震而遭谢绝。与桐城古文派并称的还有常州阳湖古文派,有张惠言、恽敬、陆继辂、董士锡等人,"桐城、阳湖渊源同出唐、宋大家,以求上窥史、汉,皆未标新立异。且两派同不满于汉学家对政治的冷漠态度而倾向积极的经世立场"③。他们尊孔尊道、推崇韩欧的写作思想,对晚清文言写作产生极为深刻的影响。

今文经学派以龚自珍、林则徐、魏源等人为代表,他们在反对原来古文经学的基础上,积极提倡经世致用的思潮。龚自珍持改良主义的文化教育观,他主张"文化教育应当为政治服务,极力反对当时风靡一时的古文经学家的寻章摘句、专事考据、不问政治的不良学风……他要求恢复西汉以前的今文,并且努力寻求古代经典中之微言大义、'经世致用'之学④"。这为写作教育附庸道统、委身于政治话语埋下了伏笔。与梁启超后来讲的"政治为体,艺学为末"相一致,语言文字逐渐沦为社会统治的工具性存在。魏源也主张"废除书法试贴,学习有实用的学问⑤"。"善言心的必须要证之于事,善言人的必须依靠于法,善言古的必须取证于今,善言我的必须依赖于物——一切都应当从现今实际的事物出发。⑥"以叙事来言心,以外物来言我,一切从社会生活实际出发,这对写作教育注重联系社会生活产生深刻影响。后来改良派如康有为、梁启超也积极提倡变法维新,改良社会。在这种经世致用的思潮影响之下,写作教育的社会意义开始发生重大变化,在科举取士、维护封建道统、专制之外,开始注重经世致用,为变法维新、国家富强服务,不再满足于"代圣人立言"。这样写作教育的**技艺功能得以强化,工具理性得以彰显**,"文以载道"的内部结构发生解构与重构。

总之,从今文经学的思想路径来看,其注重从实际出发,倡导经世致用,强调写作的技艺功能,这有助于摆脱"代圣人立言"的痼疾。从一定意义上说,今文经学可谓清末以来现代白话文写作教育兴起的思想源头之一。从强化技艺功能的实用角度来理解写作教育,为日后引进美国实用的写作经验埋下伏笔,也为接受日本生活化写作经验清除障碍。

---

① 张国刚,乔治忠.中国学术史[M].上海:东方出版中心,2006:558.
② 同上书,第558—559页。
③ 同上书,第558页。
④ 陈景磐.中国近代教育史(第2版)[M].北京:人民教育出版社,1983:17.
⑤ 同上书,第19—20页。
⑥ 同上书,第20页。出自魏源《皇朝经世文编》序文。

二、鸦片战争之后的写作教育探索

(一) 教会学校的写作教学

鸦片战争以来,教会学校在我国大陆越来越多,并逐渐从沿海城市向内地延伸。[①] 教会学校普遍重视自然科学技术教学,兼顾"中学"课程。最初多采用"三、百、千"、四书五经等我国传统教材。后来独立编写各科教科书,供全国教会学校使用。1877 年,在华新教传教士在上海举行第一次大会,成立益智书会,负责教科书编写。到 1890 年,益智书会出版学校用书 98 种。除识字、阅读之外,他们也教授中文写作。

1839 年成立的马礼逊学堂,其开设的课程英中兼备,既包括四书、《易经》《诗经》《书经》等,也包括数、理、化、生、史、地等。《马礼逊教育协会章程》:"第三款、课本。1.本校课本旨在教导学生学习阅读、写作、数学、地理及其他科学,并以英语及华语教授,以期获得最佳效果。"[②]在中文阅读课、写作课等方面,他们的探索在新式学堂中文课程设置中发挥了积极作用。

1844 年,女传教士爱尔德赛在宁波创立女塾,开设有圣经、国文、英文、算术等课程。1864 年,长老会狄考文在山东登州设立文会馆,"中学"课程设置情况[③]如表1－2:

表 1－2　山东登州文会馆中学课程设置表

备斋课程表
第一年　官话问答(关于基督教义问答),孟子上,诗经选读一、二;
第二年　孟子下,诗经选读三、四,唐诗选读;
第三年　书经一、二,学庸《大学》与《中庸》,**作文作诗**
正斋课程表
第一年　书经三、四,诗经,论语
第二年　书经全,礼记一、二,孟子
第三年　礼记三、四,诗经,学庸
第四年　礼记一、二、三,经书,左传一、二、三、四,**赋文**
第五年　礼记四,左传五、六,**赋文**
第六年　心灵学,是非学,富国策,易经全,系辞,读文

［根据王元德、刘玉峰所编《文会馆志》(1913 年,潍县广文学校印刷所印行)整理］

其中写作课程包括:备斋第三年的"作文作诗"课程,正斋第四年、第五年的"赋文"课程。

---

① 截止到 1912 年,我国境内的教会学校在校生达 20 万人,曾接受过教会教育的学生数无法统计。见:熊月之.西学东渐与晚清社会(修订版)［M］.北京:中国人民大学出版社,2011:234.

② 熊月之.西学东渐与晚清社会(修订版)［M］.北京:中国人民大学出版社,2011:116.

③ 同上书,第231—232 页。

1881年,林乐知在上海创办中西书院,"中学"课程①"包括讲文、五经、赋诗、尺牍、对联和书法"②,还特别注重文法学习,"练习文法""考查文法";到高年级设有"翻书作文"练习。③

1884年,美以美会④设镇江女塾的课程。"中学"课程⑤如下:

第一年　蒙学捷径初编上、游艺、诗歌。

第二年　蒙学捷径初编下、分字略解、三字经、百家姓、游艺、诗歌、读故事书(地理风俗,训儿真言,识字初阶)。

第三年　蒙学捷径二编、官话问答、三字经、诗歌、读故事书(亨利实录,蒙学浅说,安乐家)。

第四年　蒙学课本、千字文、写字、诗歌。

第五年　蒙学课本、四书易知摘要、读故事书(天路历程)、写字、诗歌。

第六年　蒙学课本、背讲四书摘要、读故事书(女训喻说,郭娜喜传)、写字、诗歌。

第七年　蒙学课本、诗经、读教士列传、尺牍、作论、写字、诗歌。

第八年　背讲左传摘要、大美国史记、尺牍、作论、写字、诗歌。

第九年　左传摘要、尺牍、写字、诗歌。

第十年　背讲古文、尺牍、策论、读万国通史、写字、诗歌。

第十一年　东莱博议、万国通史、尺牍、策论、写字、诗歌。

第十二年　读泰西新史、尺牍、策论、写字、诗歌。

(根据《全地五大洲女俗通考》,1904,第十集,第42—43页编成)

其中写作课程包括:第七年、第八年的"尺牍"课程、"作论"课程,第九年的"尺牍"课程,第十年、第十一年、第十二年的"尺牍"课程、"策论"课程,同时辅之以"读教士列传""背讲左传摘要""左传摘要""背讲古文""东莱博议",另外"诗歌"课程延续12学年。

由上可知,教会学校的中文教学比较注重"官话问答、游艺、读故事书、诗经、诗歌、左传、背讲古文、东莱博议、作文作诗、赋文、对联、尺牍,作论、策论"等诸多内容。这既延续"中学"传统,体现汉语文学习特点,又融入西学精神,呈现西洋教学风格。

---

① 中西书院的课程设置与1876年丁韪良编制的新课程表非常相似。
② 中西书院的中学课程,由林乐知的助手沈毓桂制定。
③ 熊月之.西学东渐与晚清社会(修订版)[M].北京:中国人民大学出版社,2011:230—232.
④ 美以美会(The Methodist Episcopal Church)属于基督教卫斯理宗。
⑤ 李楚材.帝国主义侵华教育史资料:教会教育[M].北京:教育科学出版社,1987:105—106.

如比较重视文法知识学习、"是非学"(逻辑学)课程[①]学习;能够尊重学生的身心发展特点,循序渐进地设置课程,在低年级安排游艺、读故事书等游戏类课程,高年级学习"心灵学,是非学,富国策"等系统知识课程。写作方面主要沿袭过去,略有变化,侧重于作诗赋、对联、尺牍、作论、策论等文体写作,没有安排八股文训练,注重读写结合、研读及揣摩古文写作技法。

(二) 新式学堂的写作教学

随着洋务运动、维新运动相继开展,洋务官员、开明乡绅、维新变法人士积极提倡兴办新式教育,教授科学技术,传播维新思想,培养洋务、维新人才(如翻译、工商、技术人才等),也兼顾启迪民众。新式学堂以同治元年(1862)创办的京师同文馆发端,随后一大批新式学堂陆续建立,如同治二年(1863)成立上海广方言馆;光绪二年(1876)成立格致书院;光绪四年(1878)张焕纶与沈成浩、徐基德等人在上海创办正蒙书院,后改为梅溪小学;光绪二十一年(1895)盛宣怀在天津创办中西学堂,光绪二十九年(1903)改为北洋大学堂;光绪二十一年(1895)钟天纬在上海创办三等公学堂;光绪二十三年(1897)在上海设立南洋公学(上海交大前身);光绪二十四年(1898)吴稚晖、俞复、丁宝书等人仿照日本学制创办无锡三等公学堂;光绪二十五年(1899)叶澄衷在上海创办澄衷学堂[②]。这类新式学堂与私塾、书院风格迥异,具有明显的西化倾向,可谓后期公办学校的前身,为清末新政期间颁布新学制,设置作文、词章、中国文字、中国文学等现代学科创设了积极条件。与新式学堂相伴而生的有译书局、报馆、出版社、研究会等新型组织。据统计,晚清西书出版机构有 100 多家,主要分三类:(1)教会办的,如宁波华花圣经书房、上海墨海书馆、美华书馆、广学会、益智书会、土山湾印书馆;(2)政府办的,如江南制造局翻译馆、京师同文馆、京师大学堂编译局;(3)民间办的,如商务印书馆、文明书局、广智书局。"从维新运动起,开始了一次文化革新运动:大量翻译西书,出版了许多新的书刊,并且采用了一些比较

[①] 西方逻辑学传入中国始于明代,李之藻(1565—1630)与波兰传教士傅汎际(Franciscus Furtado)合作翻译《名理探》(原名《亚里士多德辩证法概论》),1631 年首端五卷先行刻印。清朝末年,又有《辩学启蒙》(1896 年)、《穆勒名学》(严复译,1905 年)等。逻辑学先后被译为"名学""辩学""名辩学""理则学""论理学"等,严复将"logic"译为"逻辑",直到 20 世纪 30—40 年代,"逻辑"这一译名才逐渐通行。见:陈波.逻辑学是什么[M].北京:北京大学出版社,2002:引言 16。清末兴学以来,逻辑推理方面的课程一直比较受重视,1915 年樊炳清著《论理学要悟》,被列为师范学校教学用书。陈宝泉、任曾编辑《新体师范讲义》,内有较多论理学知识。20 世纪 20 年代商务印书馆出版了吴士栋编写的《新体论理学讲义》,供师范讲习所用。1925 年新学制高级中学教科书《论理学》(王振瑄)出版。

[②] 蔡元培曾是该学堂校长,胡适、竺可桢、陆道培、俞梦等曾求学于此,马寅初、章太炎、陶行知、马君武、章士钊、林语堂、杜重任、陈鹤琴、章乃器、夏丏尊、沈颐、刘树屏等曾在此任教,"这是一所进行正规现代教育和班级授课制的新式学堂",一百多年来,"培养了 4 万多学生"。见:石鸥,吴小鸥.百年中国教科书图说 1897—1949[M].长沙:湖南教育出版社,2009:7.

通俗易晓的文体,借以介绍资本主义的文化教育。"①就教科书来说,在商务印书馆②成立之前,文明书局③出版的教科书最多,"是出版教科书的第一家",广益书局次之。光绪二十九年(1903)后,商务印书馆逐渐壮大,各学堂纷纷使用商务版教科书。④

受现代西方思想文化的传播及影响,写作教学方向在变化。过去写作训练是以四书五经、圣贤思想为底色,追求"文以载道""代圣人立言"。维新运动以来,"文以载道"之内涵发生改变,康有为"他们心目中的孔子与洋务派的孔子有很大的不同。他们认为孔子是'改制立法,作六经以治万业'的大圣人(《新学伪经考·序》),是非常重视'民权'的。梁启超还给孔子涂上了浓厚的资产阶级的色彩,说什么孔子的思想是:'进化主义非保守主义,平等主义非专制主义,兼善主义非独善主义,强立主义非爱身主义,博包主义(亦谓相容无碍主义)非单狭主义,重魂主义非爱身主义。'(《论支那宗教改革》)"维新派与洋务派虽然都是尊崇孔子,但实际上却是两个孔子在斗争。"⑤可见虽同为"文以载道",可是康梁改制背景下为文传道已经有了时代特色,写作性质也大为不同。新的写作之道适应维新改良文化的社会语境及思维方式,在写作意图、表达内容等方面都焕然一新,非八股文写作与纯粹雅训的古文写作可以比拟。

1891年起康有为在万木草堂讲学,除与写作有关的课程"词章⑥之学""劄记"(每日课之)外,还重视学生的课外活动,如游历、演说(每月朔望课之)、体操等。⑦ 他教学常用比较法,"每论一学,论一事必上下古今,以究其沿革得失,又引欧美以证明之","万木草堂的学生除听老师讲课外,主要靠自己读书与笔记。每人有一本功课簿,记录读书之心得或疑问,半月呈缴一次,康有为亲自批答,有时还要面授解答。学堂每逢初一、十五举行学习讨论,鼓励学生开展辩论和批评"。⑧ 这已经呈现出现代写作的浓郁氛围。梁启超也重视吸收西方教育经验,针对八岁以上、十二岁以下,中等程度的学童,拟定了一份功课表,规定每天"十一点钟,受文法,师以俚语述意,令学生以文言解答之,每日五句渐加至十句"⑨。这种训练有助于强化方言口语("俚语述意")与文言书写的转化,可见当时小学仍注重文言写作,只是方法有变化,渗透文法知识与口语翻译。可见晚清受西方文化影响,新式学堂写作课开始疏离古典写作的训练规范,呈现新的精神面貌。

---

① 陈景磐.中国近代教育史(第2版)[M].北京:人民教育出版社,1983:112.
② 光绪二十三年(1897)成立,创办人为夏瑞芳、鲍咸恩、鲍咸昌、高凤池等。
③ 1902年由廉泉、俞复、丁宝书创办,编写的《蒙学读本全书》影响很大,1912年并入中华书局。
④ 张煜明.中国出版史[M].武汉:武汉出版社,1994:235.
⑤ 陈景磐.中国近代教育史(第2版)[M].北京:人民教育出版社,1983:106.
⑥ 词章含义较多,如指诗赋。见陈学恂.中国近代教育文选[M].北京:人民教育出版社,1983:105.
⑦ 康有为,楼宇烈.长兴学记·桂学答问·万木草堂口说[M].北京:中华书局,1988:12.
⑧ 陈泽泓.广东历史名人传略[M].广州:广东人民出版社,1998:504—505.
⑨ 梁启超.变法通议·论幼学[M]//陈学恂.中国近代教育文选.北京:人民教育出版社,1983:148—150.

1. 京师同文馆的写作教学

同治元年(1862)设立的京师同文馆是我国近代第一所正式的新式学堂。从课程设置来看,同文馆的教育制度、教学方法确实是学习西方的产物。"19 世纪 70年代以后,学校规模渐渐稳定,先后有几百名学子进入馆内接受西学熏陶,西方近代教育制度①、教学方法被首先在馆内试行",京师同文馆也"成为 19 世纪 60 年代以后传播西学、培养人才的重要基地"②,另外也是晚清译书重镇之一。同文馆外语教学模式是从"识字写字""浅解辞句""讲解浅书""练习文法",到"翻译条子"③(参考《京师同文馆的八年课程表》),基本上属于从字词句到篇章,从阅读讲解、文法知识到翻译写作的教学思路。这种外语写作教学影响了晚清汉文写作教学的路径选择。同文馆也特别重视本国语的经学、写作教学。"京师同文馆在开办 14 年之后制订两份课程表时,还在有关说明中强调:'至汉文经学,原当始终不已,故于课程并未另列。向来初学者每日专以半日用功于汉文,其稍进者亦皆随时练习作文。'"而福建船政学堂,"没有将汉文经学的讲习列为正课,只是作为一般性要求:'每日常课外令读《圣谕广训》、《孝经》,兼习策论,以明义理。'"④由此可见,虽然新式学堂对汉文经书的要求有所降低,可是都非常注重写作教学,策论是当时的常用文体。

当时语文课被称为汉文课程。据就读于同文馆的学生回忆,"汉文授课为《古文评注》、《东莱博议》、《资治通鉴》和《唐诗》,每月作文一次,甲、乙班学生出色的文章选出贴堂,分为三等给予奖励,一等奖一元五角、二等奖一元、三等奖五角。同文馆虽没有明白定出校训,但当局和中国教员经常勉励学生要恪守'孝、悌、忠、信、礼、义、廉、耻',此外则鼓励学生认真学习,准备做钦差大臣,公使、领事。这时期学生为了做官,学习一般是较为认真的"⑤。

2. 上海广方言馆的写作教学

上海广方言馆成立于同治二年(1863),存世 42 年。最初分"经学、史学、算学、

---

① 1873 年出版的《西国学校》(花之安),是比较早介绍西方教育制度的著作;1898 年,广智书局出版日译教科书《速成师范讲义丛书》《中等教育伦理学》等。1899 年,《教育学纲要》出版,日本的剑潭钓徒用中文翻译;1901 年,《教育学》(日本的立花铣锐三郎讲授,王国维译)在《教育世界》上连载,《教授学》(日本的汤本武比古著)、《学校管理法》(日本的田中敬一编,周家树译)分别由教育世界社出版;1902 年,《心理教育学》(日本的久保田贞则编)由广智书局出版,《教育学教科书》(牧濑五一郎著,王国维译)在《教育世界》上连载,见瞿葆奎.中国教育学百年(上)[J].教育研究,1998(12)。在吸收引进的基础上,我国逐渐开始从自身教育问题出发,提出自己的教育理论,如朱孔文编的《教授法通论》(时中学社,1903),王国维编的《教育学》(教育世界社,1905)等,还开始创办教育专业杂志如《教育世界》(1901年)、《教育杂志》(1909 年),刊登教育研究文章,从此中国的教育学科逐渐发展起来。

② 陈学恂,田正平.中国教育史研究(近代分卷)[M].上海:华东师范大学出版社,2001:39.

③ 同上书,第 38 页。

④ 中国史学会.洋务运动(五)[M].上海:上海人民出版社,上海:上海书店出版社,2000:55.

⑤ 噎翁(口述),陈炳瀚(整理).清末广州同文馆、译学馆、两广方言学校回忆[EB/OL].2011 - 11 - 3.http://www.gzzxws.gov.cn/gzws/cg/cgml/cg7/200808/t20080826_4370_1.htm.

词章四类"。根据总办冯焌光、郑藻如新拟《广方言馆课程十条》和《开办学馆事宜章程十六条》,涉及写作内容的有:"五、课文。即做作文,每七日一篇,限即日交卷","七、考核日记①。设立读书、行事日记两本,按日登记,在规定时间交给先生,先生据以了解学生是否遵守馆规"。② 根据母忠华的研究,"日记"一词可上溯到西汉刘向的《新序·杂事一》中的"司君之过而书之,日有记也",他认为东汉马第伯的《封禅仪记》可被看作是最早的日记,写的是作者马第伯于东汉光武帝建武三十二年(56)正月二十八日至二月二十五日侍从光武帝刘秀登泰山,举行祭祀天地的封禅大典的经过,基本上是按日记录其间的一切仪式、活动。宋代日记在汉唐日记的基础上走向成熟,分别有宦游类日记、出使类日记、日常生活类日记、史事类日记等,具体如文天祥《指南录》(1276)。③ 明代刊刻有《新刊明日记大全》,不著撰者姓名,现存9卷,归入类书类。④ 在新式学堂时期,考核日记很普遍,要求学员勤写日记,以备考核。1873年3月,严复与其他同学在远航实习时,就被要求详记日记。严复等留学生从出洋到回国,所有功课、游历见闻以及日用晋接之事,都必须写出详细日记。⑤

日记练习及考核从那时起一直沿用到清末、民国,《钦定小学堂章程》(1902)也把日记列入正式的写作学习内容,如高小第二年"作文"课就要求学习"作日记、浅短书札"。《小学校教则及课程表》(1912)要求"儿童日常闻见与处世所必需者,令记述之",《新学制课程标准纲要小学国语课程纲要》(1923)规定小学毕业的最低要求包括能用语体写日记。

此外,上海广方言馆还兼顾学生时艺及八股作文。由于广方言馆虽属官办,却不能给予功名,要想取得正式功名,还要参加科举考试。广方言馆的毕业生可去做翻译,只是翻译只能谋利,不能获取功名,学堂内不少学生仍热衷于参加科举考试来博取功名。这种情形与同文馆一致,学生表面上研习西学,可骨子里还是想着写好八股文谋取功名、地位。这种情况到1881年林乐知创办中西书院时开始有所改变。中西书院虽然秉持中西并重的宗旨,可是绅商捐资助学,看重的只是西学,学生也对中学缺乏兴趣,"对于西学,亦只关心英国语文,因他们盼望藉此在商业勃兴之上海谋得较好差事"⑥。

---

① 详见皮后锋. 严复大传[M]. 福州:福建人民出版社,2003:13. 日记练习从语文设科到现在一直是常见的写作练习方法,《钦定小学堂章程》(1902)就已经将之作为写作教育内容之一,高小第二年"作文"课程即要求学习"作日记、浅短书札"。《小学校教则及课程表》(1912)要求"儿童日常闻见与处世所必需者,令记述之",《新学制课程标准纲要小学国语课程纲要》(1923)规定小学毕业的最低要求包括能用语体写日记。参见课程教材研究所. 20世纪中国中小学课程标准·教学大纲汇编·语文卷[M]. 北京:人民教育出版社,2001:4,11,15.
② 熊月之. 西学东渐与晚清社会(修订版)[M]. 北京:中国人民大学出版社,2011:269.
③ 母忠华. 宋代日记研究[D]. 成都:四川大学,2006:1—2.
④ 赵含坤. 中国类书[M]. 石家庄:河北人民出版社,2005:355.
⑤ 皮后锋. 严复大传[M]. 福州:福建人民出版社,2013:13.
⑥ 熊月之. 西学东渐与晚清社会(修订版)[M]. 北京:中国人民大学出版社,2011:492.

3. 格致书院的写作教学

格致书院成立于光绪二年(1876)。从光绪十二年(1886)起,格致书院每年举行4次考课。季考是当时书院通行的评价方式,一般都是命题作文,评定等第。格致书院的考课与其他书院最大的区别在于作文内容,"格致书院以讲求科学知识为主,所出考题主要环绕科学与时事,这又与一般书院钻研科举辞赋大异其趣"①,考题如《中国创行铁路利弊论》(1886年冬),《格致之学中西异同论》(1887年春),《食物、环境与人身关系》(1891年春),《水稻品种问题》《中西医理孰长》(1892年秋),《中国能开议院否》《开设技艺书院与技术发明问题》(1893年冬),《西学分科问题》(1894年春),《中国如何取法西方兴办学校》《如何采取西方改良农田》(1894年冬)等。王韬将历次课艺材料,逐年汇集印行,便有《格致书院课艺》(15册)。从《格致书院课艺》来看,当时的作文评价方式也有不小的变化。"王韬、傅兰雅以及各位命题、阅卷人,对课艺采取的是只加评论、眉批,不予改动的方式;对课艺等第的评定,只问其是否言之成理、自成一说,不问其观点是否合乎阅卷人本人的见解。我们在课艺的评语和眉批中,随处可以见到他们对学生意见的反驳、对修辞文法的批评。这种只批不改的存真态度,使我们可以看到当时学生课艺的真实面目。"②从《格致书院课艺》来看,当时格致书院的学生对西学的掌握已经相当深入。比如"1889年,李鸿章在春季特课中,让学生们叙述从古希腊到近代西方科学发展的历程,蒋同寅、王佐才等30人获奖。青年学生从亚里士多德、培根,到达尔文、斯宾塞,叙其生平、述其业绩,旁征博引,娓娓道来"③。可见,19世纪70、80年代,许多青年学生对西学确有心得。

4. 正蒙书院的写作教学

光绪四年(1878)张焕纶在上海开设正蒙书院,后改为梅溪小学,分设国文、诗歌、外语、格致等科目,"并废去一般书院的帖括制义等功课",采用新式教育方法,"这是由中国人私人创办的一所最早的分科设教的新型普通学校"。④ 在当时废弃"帖括制义等功课",革新力度很大。

5. 南洋公学的写作教学

光绪二十三年(1897)盛宣怀在上海设立南洋公学(上海交大前身)。南洋公学的外院即师范院的附属小学,这是1897年11月9日创办的,仿照"日本师范学校有附属小学校之法",主要由师范生轮流任教,这是"近代中国创办最早的一所公立小学校"。⑤ 外院设有国文等学科。师范院招生考试,只考命题作文,这也是当时新式

---

① 熊月之.西学东渐与晚清社会(修订版)[M].北京:中国人民大学出版社,2011:286。

② 熊月之.西学东渐与晚清社会[M].上海:上海人民出版社,1994:363—364.

③ 同上。

④ 陈景磐.中国近代教育史(第2版)[M].北京:人民教育出版社,1983:100.

⑤ 详见西安交通大学档案馆,http://archives.xjtu.edu.cn/News/Show.asp?id=1202,《〈西安交通大学大事记(1896~2000)〉南洋公学时期·1897年》。

学堂常用的招生考试方式。"在 1900 年以前这两所学校是当时'最进步的教西学的学校'。学校中所采用的教学方法也是比较进步的。它也注意到用新法教儿童识字和造句等,不采用完全要儿童死记、死背课文的传统教学方法。"①

此处提到"用新法教儿童识字和造句",从字词的语法功能出发,进行造句练习的写作方法,**这是小学作文向西方学习的产物**。我国古典作文的起始环节是属对训练,即从一字对、二字对……直到五字对、七字对,逐步学会联字积句。实践证明,属对契合汉字特点,注重把握韵律与锤炼语感,走的是感性习得的路径,效果明显。仿照西方的"识字造句法"注重文法知识、语言搭配训练,选择的是语法认知的路径,实践下来抵牾比较多。"识字造句法"与当时马建忠文法研究的思路是一致的。马建忠根据西方语法学,以古汉语语料为研究对象,提炼出一套汉语文法体系,于 1896年完成我国第一部文法书《马氏文通》②。他试图以揭示文法规律来提高汉语学习效率,走科学化道路。这一思想对清末以来的写作教学影响很深。白话文运动时期,胡适也认为白话写作"须讲求文法","文法乃教文字语言之捷径,当今鼓励文法学,列为必须之学科"。胡适的观点就受到马建忠的深刻影响以及英文写作学习的影响,"讲求文法是我崇拜《马氏文通》的结果,也是我学习英文的经验的教训"。他还试图探索出一套标点符号"以求文法之明显易解,及意义之确定不易",为此 1915 年 6月写了《论句读及文字符号》一文,"规定符号十种"。③ 应该说这种以文法知识为纲、采用字词句篇来实施写作训练的思路,是对白话文写作教学独特性、科学化的可贵探索,可是从《马氏文通》开始,至今实验一百余年,其有效性、科学性值得深入反思。

(三) 典型个案:《蒙学读本》写作分析④

清光绪二十四年八月(1898 年 8 月),俞复与裘廷梁、丁宝书、吴稚晖创办无锡三等公学堂,"仿泰东设学之级",分中学、高小、初小三等,第三等初小即日本的寻常小学校,"堂中课程,略仿日本寻常小学校,分修身、读书、作文、习字、算术等科"⑤。光绪二十八年(1902),无锡三等公学堂将所编之《蒙学读本》七编,付上海文澜书局用石印发行,同时请官厅存案,载明为寻常小学堂读书科生徒使用教科书。这套读本是在比对中西教育优劣、汲取西方经验的基础上,按照德育、智育、美育三大部分来设计的,

① 陈景磐.中国近代教育史(第 2 版)[M].北京:人民教育出版社,1983:113.详见福开森.中国政府学校[J].教育季报,1909(6 月号)。

② 在《马氏文通》出现之前已经有传教士在研究汉语文,马歇曼的《中国言法》(1814),马礼逊的《中文语法》(1815),《中文会话与断句》(1816),《字典》(1823),《广东省土话字汇》(1828),麦都思的《福建土话字典》(1832)、《中、朝、日语对照》(1835)、《中英词典》(1842),戴尔的《福建土话字汇》(1838)、《中文最常用三千字》(1834),郭实腊的《厦门话标志》(1833),《中文语法指南》(1842),裨治文的《广州土话注音》(1841),还有《官话文法》,见熊月之.西学东渐与晚清社会(修订版)[M].北京:中国人民大学出版社,2011:72,456.

③ 赵家璧.中国新文学大系·建设理论集[M].上海:上海良友图书公司,1935—1936:5—6.

④ 这部分内容曾发表于《语文建设》2014 年第 8 期,题为《清末〈蒙学读本〉的写作内容及理念》。

⑤ 俞复.蒙学读本(第 8 次印刷)[M].上海:文明书局,1904:序 1.

"此读本实为我国自有教科书以来之最完备者"①，"光绪二十八年后流行于全国"②。

基于读写结合的整体设计理念，全书前三编从学生的生活经验出发，注意兴趣和实用读写能力培养。后三编以智力开发为基础，从"修辞"与"达理"两个方面推进，最后通过研读、诵习、领悟有兴会的古典佳作，实现拓展提升；这一部分一直注重"论理学"知识的运用、注重学生的逻辑思维训练，富有现代写作色彩。第四编课程编制具有单元教学雏形。"循《论语·弟子》章次第"，分纲提目，设置先后课次；每一课其实就是一个单元，含一则《弟子》章义理，三五篇短文（印证义理的历史故事等），小结（"每课示以指归"），还补充一些国外材料，"并译东西前哲懿行，示良知良能，为中外古今所同具"。第四编还从德育、修身角度，对文章写作提出根本性要求，延续古典写作教育传统观念。全书呈现循序渐进、螺旋上升的设计思路，不仅注重提高学生阅读能力，更有助于引导学生提高写作能力。不过相比现在的小学教科书，这套教科书内容容量太多，难度较大，超出一般小学生的接受能力。虽然这套教科书供读书科之用，可是它自始至终贯彻一个根本理念，即读写结合，以读促写，透过这套读本能够了解当时写作课程的情况。

以读写结合来编写教材，可谓我国语文的基本传统。《昭明文选》是我国现存最早的文章选集。向来士子读此书，主要是为了模仿作文，应付科举。宋代有谚语"《文选》烂，秀才半"。此后文选教材可谓长盛不衰，出现如《唐文粹》《文章正宗》《古文观止》《唐诗三百首》《御选古文渊鉴》《古文辞类纂》《经史百家杂钞》《十八家诗钞》《骈体文钞》《续古文辞类纂》《钦定四书文》《明文海》《百二十名家选》等。使用这类教材的学习方法多为背诵、揣摩、领悟、模仿、写作，读写融通，指向作文。应该说《蒙学读本》虽借镜于日本，但基本上还是延续了我国古典文选的主流模式。

1. 《蒙学读本》的写作课程理念

（1）学习日本经验，注重联系儿童生活，培养学习兴趣。

"日本儿童作文，往往令叙述眼前事物，因其体会真切，能发达自己经验也。是编略登《说牛》《说犬》等十数首，品察物情，状写形模，略示作文之程度，兼为物理学一科，示之先导。"③也就是说，小学低年级写作教育要引导学生从对周围世界的感知、体验入手，从而一开始就将写作内容与日常生活联系起来。为此，《蒙学读本》在选文上注重联系儿童生活、激发学习兴趣。"前三编多就儿童游戏细事，及眼前浅理指示之，附入故事、短笺数首"④，从第一编前七课编目来说，总体上也开始体现从

① 李桂林、戚名琇、钱曼倩. 中国近代教育史资料汇编·普通教育卷[M]. 上海：上海教育出版社，2007：169.

② 熊明安. 中国近现代教学改革史[M]. 重庆：重庆出版社，1999：23.

③ 俞复. 蒙学读本（第8次印刷）[M]. 上海：文明书局，1904：三编约旨.

④ 同上书，序1.

"我"出发,然后逐渐向周围人际关联拓展的编排思路。第六编"仍就儿童心裁所有"安排内容,考虑到儿童学习的特点、需要。插图设计①上,注意激发儿童的学习兴趣。可见,这套读本的编写吸收现代教育学、心理学的滋养,一定程度上体现了尊重儿童、培养学习兴趣的教育理念。这应该是19世纪后半期我国语文教材编写的普遍特点。

（2）注重智力开发,引进论理学知识,努力探索逻辑思维能力培养与论说文写作教育相结合。

《蒙学读本》以论说文为主要写作文体,在论说文写作教育过程中注意融入逻辑学知识。《蒙学读本》第五编注重启迪思维,开发智力,为学习"论理学"打基础。第六编"前半为修词,后半为达理"②,"为学作论断文之引导"。第七编研习名篇名作,特别突出引起儿童兴会,"开张意境"。

"第五编专重智育;采辑《子部》喻言,每课系以答问,剖理精晰,引儿童渐入思想阶级。第六编前半为修词,以奥衍富丽之文,写游戏习惯之事,为儿童读'史汉'巨篇之引;后半为达理,即以游戏之事命题,演为议论之文,为学作论断文之引导。第七编,选'史汉通鉴'最有兴会之文,暨'左国周秦诸子'隽美之篇,以及唐宋迄近代名家论说。"③

图 1-1　无锡三等公学堂《蒙学读本》五、六、七编的编写思路图

2.《蒙学读本》的写作课程内容

（1）应用文写作内容。第三编从第61课到70课,附有"附入启事便函",内容涉

---

① 该书由丁宝书绘画。"《蒙学读本》是出版的第一部有图画的教科书,文图并茂,内容新颖、楷书石印,有书画文三绝之称,故盛行一时,不及三年,已重印十余次。"张煜明. 中国出版史[M]. 武汉:武汉出版社,1994:235.

② 这兼顾了表达内容与表达语言两个方面的要求,颇有见地。这里其实触及语文教育的几个根本性问题,包括文道关系、"理胜与词胜"的关系、言语内容与言语形式的关系、工具性与人文性的关系等,都是历来争论不休、摇摆不定的问题。"文章课本,溯自秦汉以降,文学繁兴,击其大端,可分两派,一以理胜,一以词胜。凡奏议论说之属,关系于政治学术者,皆理胜者也。凡词赋记述诸家,争较于文章派别者,皆词胜者也。兹所选择一以理胜于词为主,部析类从,以资诵习,冀得扩充学识,洞明源流。凡十家八家之标名,阳湖相城之派别,一空故见,无取苟同。"俞复. 无锡三等公学堂蒙学读本[A]. 舒新城. 近代中国教育史料(第二册)[C]. 上海:中华书局,1933:255. 对于文与道,叶圣陶、朱自清持辩证观点。叶圣陶于1944年提出,课文中有政治性文篇,有文学作品,不可能不谈政治与文学之理,"故凡篇中之内容,决不可随意放过";但是"以为国文教学的目标只在灌输固有道德……等等,而竟忘记了语文教学特有的任务,那就很有可议之处了"。朱自清在《〈国文教学〉序》中认为"专重精神或思想一面,忽略了技术的训练,使一般学生了解文字和运用文字的能力没有得到适量的发展,也未免失掉了平衡。"而蒋伯潜《中学国文教学法》中把掌握语文知识、语文技能定为正目的,把思想教育定为副目的。详见何以聪. 语文教学评论集[M]. 上海:学林出版社,1989:350—351.

③ 俞复. 蒙学读本[M]//舒新城. 近代中国教育史料(第二册). 上海:中华书局,1933:253.

及学生如何给老师写请假函,如当时对老师的称呼是"夫子大人""某师老爷",自称受业。在书信范文内还提到"塾中规矩极严"等;如何给父母、爷爷奶奶、叔伯、兄弟、姑父姑母、舅父舅母、表兄弟、同学等写信。如第66课是如何给姑父姑母写信,特别提到"凡寄女人信,信面住址必须格外详细注明,因不若男人之有名字可问也"①。应用文不仅介绍写作格式(正文格式、信封面格式、信封背格式),称呼知识,各类规范的信函,还介绍需要注意的事项,培养学生简单应用文的写作能力。第二编还提到应用文写作教育,"坊间所刻书牍,半多芜秽,不适于用,是编列入启事便函十首,务取通俗,不涉鄙俚,书函编入读本,例仿于东西洋,惟彼则分列,此则并列,取其便也"②。可见,应用文写作课程的内容编排吸收国外经验,注重实用,还涉及白话文使用。

(2)写作知识内容。涉及文字知识、文法知识,造句训练等。如第一编末所附的《字类备温》包括单字、词组等。"文字归类:是编共六十课,单见之字约逾四百。每课之前,既列单字,以便讲解;复于篇末,总汇诸字,分隶七类,备终卷之后,温习演句之用";将400多单字分为七类,可以用来做造句练习。

(3)文体内容安排。第一编多为叙述、描写类的句子,由短句发展到长句、短篇,不超过50字,注意营造话语的情境及意趣,"酌采韵语","间杂歌谣,便小儿口诵",而不像"坊间蒙书多用短句、散语,殊少意趣,小儿诵而思倦"③。第二编主要是记叙类短文,一般也是50字以内,第三编既有记叙文,又有议论文,为以后学习论说文做准备。第四、五、六编主要是论说文,第七编是诸子散文、唐宋古文,还有策论文。

(4)读本语言为浅近文言。"日本寻常小学读本一、二编,皆用国音白话;然彼有通国所习之假名,故名物皆可用之。我国无假名,则所谓白话者,不过用这个、那个、我们、他们助成句语。儿童素未习官音者,与解浅近文言,亦未见有难易之别。况儿童惯习白话,后日试学作文,反多文俗夹杂之病。是编一用浅近文言,不敢羼入白话。"④参照日本国小学采用"国音白话",鉴于当时我国白话文不成熟,词汇量太少等实际,虽然仍采用浅近文言,"不敢羼入白话",但是相比当时主流的文章观念,已算不小的进步,在使用文言方面开始松动。吴汝纶⑤在《与严复书》一文中提出是"鄙意与其伤洁,毋宁失真。凡琐屑不足道之事,不记何伤。若名之为文,而俚俗鄙浅,荐绅所不道,此则昔之知言者无不悬为戒律","世人乃欲编造俚文,以便初学。此废弃

---

① 俞复.蒙学读本(第8次印刷)[M].上海:文明书局,1904:三编49.
② 同上书,三编约旨。
③ 同上书,一编约旨1。
④ 同上书,一编约旨。
⑤ 吴汝纶(1840—1903),安徽桐城人,为桐城派末代宗师,京师大学堂总教习,1902年创办桐城中学,朱光潜为该校第八届毕业生,他在文章中提到自己的写作能力是在桐城中学练就的,对该校语文教育质量很赞赏。《蒙学读本全书》由吴汝纶负责鉴定,并题写书名。

中学之渐,某所私忧而大恐者也"①。由此可见,当时士大夫的主流看法并不认可白话文,所以提出"与其伤洁,毋宁失真"的观念。

(5)选文选材范围。第七编所选择的篇章,绝大部分来自《左传》《史记》《汉书》《后汉书》《通鉴》《国策》以及唐宋八大家的文章,此外还包括一些策论。编者在文中加注,文后有案语(一般都是从内容层面,提炼中心,升华主题)。这里所选择的篇章,至今读来仍然意味盎然。从模范选文来看,当时以文言文写作教育为主。

3. 启示与借鉴

无锡三等公学堂及其课程体系是仿照日本寻常小学校建立起来的,全套《蒙学读本》是在仿照、汲取日本及泰西教科书编写经验基础上形成的,但不是照搬,既体现中西融合的编辑思路,又体现出独立探索的精神,注意比较其与我国传统蒙学的差别,然后从实际出发来确定教科书内容。如第一编,虽了解到"日本寻常小学读本一、二编,皆用国音白话",但考虑到我国具体情况仍采用浅近文言,"不敢羼入白话"。第二编在教科书编写形式上学习日本,而思想内容上则取我国原有资源,这样才容易引起儿童兴趣,切合我国文化心理。课后设置问答题也是学习泰西教科书编写制例的结果。第三编学习日本教科书推广爱国主义教育经验。第四编学习日本修身教科书经验。第五编充分汲取泰西读本"多喻言,趣博而旨显"的优点,选取我国古代故事、寓言,精心设计问答,来启迪学生思维。第六编注意从泰西吸取论理学知识,训练学生的逻辑思维能力。第七编回到我国古典名篇佳作。其主要启示如下:

(1)德行修养是根本,写作学习是衍生,写作与修养相互滋养。

《蒙学读本》沿袭古典教育观念,体现"忠孝"的根本观念,并将这种"忠孝"观念深刻地融入写作教育过程中,提出文人要以修行为基。语言既是人的本能,也是需要后天习得的,写作学习亦然。任何写作学习都需要依托母体文化系统,不同的母体文化体系具有不同的写作规范及内涵要求。此处是延续古代传统,将儒家文化中的"忠孝"与写作教育捆绑在一起,通过儒教话语系统的复制来维系封建礼仪和道统文化,从而维持封建家国天下的政治统治秩序。爱德华·萨丕尔曾分析过"走路"和"语言"这两种人类活动,他认为:走路是人类遗传的生物功能,而语言却是在社会环境中后天习得的能力,人"出生在社会怀抱之中,而社会一定会,大概一定会,领导他走向社会传统。没有了社会……可以肯定,他永远不会说话,就是说,不会按照某一社会的传统来传达意思";"言语这一人类活动……它纯然是一个集体的历史遗产,是长期相沿的社会习惯的产物"。②

---

① 吴汝纶.致严复书[M]//王栻.严复集.北京:中华书局,1986:1564.
② 萨丕尔.语言论:言语研究导论[M].陆卓元,译.北京:商务印书馆,2009:3—4.

如第四编"约旨"部分提到"古人事实,见知见仁,随学者之寻求。惟儿童识量有限,裁判决择,茫无畔岸。是编每课加以结尾,发明书中目的,举一反之,即为后日论事之助"①。这里实质上是致力于打通德育与写作之间的关联,通过在每课结尾处"发明书中目的",从而为学生以后"论事之助"。以此方式,将"忠孝"等观念引入学生写作立意的过程。又如第四编第5章节"行有余力则以学文"部分,从正反两方面来表达编者的写作教育观。第19课《文行兼美》提出理想的学生应是"读书能解大义",这才是"顺子""贤弟子"。第20课《有文无行》从反面立意,讲到"赵姓儿能作文,书算敏捷",但在同学之间显得骄傲,父母的话也不听,师长的教导也不接受,结论是"其所谓有文无行,终为人所贱弃者与"②。编者的观点是"余力犹言暇日,文谓诗书六艺之文,德行本也,文艺末也"③,"行有余力则以学文","章句之儒,有志者羞为之矣"④。可见,在编者看来,德行修养是根本,写作仅仅是附庸。

时代不同,"文以载道"也有了现代内涵。培养独立人格、自由思想已经成为现代教育的方向,学生个体也拥有言说自我的权利。随着信息社会的来临,这种自我言说功能得到无限放大,"微博""微信"等软件随时随地、瞬息之间,使个人言论影响成千上万的人,影响公众生活。在这样的背景下,如何培养学生负责任地表达、理性写作,成为学校写作教育必然要面对的问题。将德行修养与写作教育打通,以现代人格塑造为基础,培养、训练学生的写作能力,显得尤为必要。写作不仅仅是一项技艺,也是学生记录生活、反思生活的主要途径之一。通过写作活动,学生进行深入思考,理清个人的观念和态度,能有效促进学生健康人格的养成。"心理学的研究发现,一个人在他生命成长历程中,只要经历过或体验过的事情,尤其是使他的内心世界发生过'震荡'的事,他就有将其表达出来的愿望,并从'事情'发生之后,他就处在各种可能的解释、说明以及'观照'自己的空间中。如果他的这种需要通过生命叙事得以满足,便有助于形成一个人的情感素质。"⑤生命叙事模式也成为现代学校德育的主要方式之一。总之,现代写作教育需要以现代人文内涵为基础,使学生的人格养成与写作实践结合互通,相互促进。

(2) 关注儿童的主体接受心理,渐已成为现代写作教学的新传统。

《蒙学读本》作为清末影响全国、内容"最完备"的语文教科书,已然注重关注儿童的主体接受心理,从多个方面促进儿童的语文学习。这种尊重儿童主体地位的理念,一反古代教育忽视儿童心理的传统,对现代写作育人观念的形成产生深远的

---

① 俞复.蒙学读本(第8次印刷)[M].上海:文明书局,1904;四编约旨.
② 同上书,四编 10。
③ 同上书,四编 9。
④ 同上书,四编 42。
⑤ 段鸿.现代德育——理论与实践[M].上海:上海教育出版社,2012;155.

影响。

全书整体上呈现循序渐进、螺旋上升的设计思路,不仅注重提高学生阅读能力,更有助于引导学生提高写作能力。在写作课程理念上,尊重儿童主体地位,从儿童生活出发,注重学习兴趣的培养。如引导小学低年级学生从对日常生活的感知经验入手,然后以"我"为出发点向外拓展,注重密切联系儿童生活。在写作课程内容的选择上,从叙述、描写类的句子起步,注重营造儿童话语情境及意趣,然后过渡到记叙类短文,再往后学习记叙文、议论文、论说文,最后才学习诸子散文、唐宋古文、策论文。在范文选择上,特别留意"有兴会的古典佳作",入选作品即使现在读来也兴味盎然。另外,吸收国外写作教育经验,写作教育应考虑到儿童谋生应世之需,满足他们日后世俗生活的需要,注重培养简单应用文写作能力,还涉及白话文的使用。

(3) 将现代知识引入写作课程,开辟汉语写作教育新航道。

《蒙学读本》一方面延续古代写作经验,非常注重读写结合、以读促写,全书也是基于读写结合来整体设计的。另一方面重视将现代逻辑知识、文体知识、语言知识引入写作课程,开始改变着古典写作学习模式。如将 400 多单字分七类,供造句练习用;按照记叙文、描写文、议论文、论说文等文体知识来编排相关内容。逻辑学知识的引入,为现代议论文写作创设了积极条件。逻辑学知识当时称为"论理学",属于从西方引进的现代知识类型,这将学生逻辑思维训练提供了有利条件,也是议论文写作课程不可或缺的知识基础。为开展逻辑学知识引入到写作课程中来,为现代汉语写作教育提供了新的路径选择。

当然,这套教科书受时代局限,在培植封建道统的同时,对一些现代启蒙观念予以反击。如第四编提到"今年少诸生,气质为纯者,略涉外国语言文字,辄以傲其父母昆弟,一若东西诸国,无亲无长者然","少年轻薄者略涉旁行文字,辄挟其无父无君之概,凌轹老成,岂知员舆之大","大哉圣言,合全球而为不易之公理也已"。① 并希望通过"文以载道"的方式来延续、坚守封建道统文化。

---

① 俞复.蒙学读本(第 8 次印刷)[M].上海:文明书局,1904:四编.

第二章 清末新政以来的写作课程变革(1902—1911)

第一节 清末新政以来写作课程的育人价值

一、清末影响写作课程育人价值的主要因素

思考育人价值是理解写作课程变革的根基性问题,直接关系到写作课程变革的灵魂与方向,任何时代、任何国家的课程变革都会充分体现对育人价值的追寻。可见从育人价值这个层面来研究与反思写作课程变革是必要且重要的。百年来我国写作课程建设一直效果不彰,写作教学不仅"浑身软塌塌",而且还迷失在"虚假的繁荣"当中,其中一个重要原因就是缺乏写作课程改革的价值自觉。所以有必要来探寻百年来我国写作课程育人价值的"河床与地基"。叶澜先生首次从课堂变革的层面提出"育人价值"的概念,并将"育人价值"作为"新基础教育"的标志性概念与理论主张。"学科、书本知识在课堂教学中是'育人'的资源与手段,服务于'育人'这一根本目的。"[1]同时我们也应看到,育人价值丰富、复杂的内涵,必然受到来自社会多方面因素的影响。清末正处在风雨飘摇之际,渴望借清末新政力挽狂澜,在风云激荡的历史背景下,清末新政以来影响写作课程育人价值的变革因素异常复杂。

(一)社会思潮的革新与对八股写作的批判

晚清社会思潮变革有两个源头:一是国内思想界针对明代理学空谈心性、义理的陋习而兴起的实学思潮,以及后来的今文经学,求真务实、通经致用的改良维新思潮等;二是"西学东渐"背景下兴起的启蒙文化,以科学理性和人的解放为特征,追求平等、自由、博爱、民权等观念。晚清社会思潮的变革,正是造成八股文写作危机,乃至整个文言写作式微的思想源头。在很长一段历史时期内,文言八股写作一直居主导地位,为科举考试练习八股写作被视为天经地义的事情,学童从小开始诵读四书

---

① 叶澜.重建课堂教学价值观[J].教育研究,2002,23(5):4.

五经,练习属对,学作八股文,为的是在科考中能够一战成名、光耀门楣。随着国家走向衰败,强敌入侵,文言八股写作的意义开始不断遭到质疑与批判。

1. 实学思潮对文言八股写作的影响

明朝中叶出现了追求"经世致用"的实学思潮,明清之际实学思潮得到充分的发展。罗钦顺、王廷相开实学先河,"提出将物质性的气作为本体,取代精神性的理,否定精神、心性的第一性地位"①,为重视社会实践提供理论依据。延续实学思想的还有吕坤、李贽等人。明末清初王夫之、顾炎武、黄宗羲等对宋明理学进行了猛烈批判,他们激烈反对死啃书本,皓首穷经,死记注疏,倡导关心社会与民生,立功济事,谋利求实。

鸦片战争以来,林则徐、魏源、徐继畬等人见识过洋人的"船坚炮利",开始全面搜集、介绍西方的各类科学知识,讲究实务,注重翻译人才的培养。19世纪70年代开始出现改良主义思想,冯桂芬、容闳、王韬、薛福成、马建忠、何启、胡礼垣、陈虬、郑观应等人是早期改良主义思想的代表,后来还有严复、康有为、梁启超等人。他们揭示科举制度的很多弊病,积极提倡西学,要求改良封建教育,其中就包括对文言八股写作的批判。

郑观应将"废时文"与国家富强联系起来,"中国文试而不废时文,武试而不废弓矢,所学非所用,所用非所学,平日之所用,已与当日之所学迥殊矣。……以此而言富强,是欲南辕而北其辙耳!"②他主张将文科分设文学、政事、言语、格致、艺学、杂学六科,其中文学科、言语科属于语文教育学科。"格致、制造等学,其本也,(各国最重格致之学,英国格致会颇多,获益甚大,讲求格致新法者约十万人)语言文字其末也。"③后来,梁启超在《学校总论》中阐发对新式教育的总体设计④时也谈到了这个问题:"其所谓艺者,又不过语言文字之浅,兵学之末,不务其大,不揣其本,即尽其道,所成已无几矣。"⑤可见在改良维新派看来,语文科归属于艺科,这可算是较早地认识到语文科具有工具技艺属性的观点。这时期对文言八股写作的批判主要是基于经世致用的实际考虑,这种实用主义倾向的写作教育观深刻影响百年来我国写作教育的走向。

---

① 张国刚,乔治忠. 中国学术史[M]. 上海:东方出版中心,2006:446.
② 郑观应. 考试(下)[A]. 陈学恂. 中国近代教育文选[C]. 北京:人民教育出版社,1983:44.《考试》写于1884年.
③ 郑观应. 西学[A]. 陈学恂. 中国近代教育文选[C]. 北京:人民教育出版社,1983:53.《西学》写于1892年.
④ 梁启超提出了系统的具有现代意义的教育体系发展规划,并拟定教育章程。他将新式教育系统分为三总纲("教""政""艺")及十八分目,其中第十分目为"文字",第三分目为"师范",第五分目为"幼学",第六分目为"女学",可见梁启超对发展女子教育、儿童教育及师范教育的重视。
⑤ 梁启超. 变法通议·学校总论[M]//陈学恂. 中国近代教育文选. 北京:人民教育出版社,1983:131.《学校总论》写于1896年.

2. 启蒙文化对文言八股写作的影响

随着西学东渐的全面推进及由此带来的科学理性、自由人权、民主平等观念的全面输入,启蒙文化逐渐成为影响文言八股写作的另外一个思想源头。可以肯定地说,如果没有西方科学知识的海量输入,万难撼动封建义理的根基,万难动摇四书五经的独尊与权威,这样也就难有追求自由表现的现代性写作。

利玛窦(Matteo Ricci,1552—1610)、马礼逊(Robert Morrison,1782—1834)、米怜(William Milne,1785—1822)、傅兰雅(John Fryer,1839—1928)、李提摩太(Timothy Richard,1845—1919)、林乐知(Young John Allen,1836—1907)等传教士的来华,不仅带来了西方宗教,还带来了西方的科学技术、思想文化、价值观念。他们通过翻译书籍,设立报馆,开设学校来传播西方文化。他们也不认可八股取士的科举制度。如李提摩太不赞同科举制度,林乐知在《中西关系略论》(1876)中对科举进行了尖锐的批判:"中国士人何食古不化若斯哉?终年伏案功深,寻章摘句以为束身于名教中也,而实为八股文章束缚其身耳。天下所望于士者安在哉?……中国开科取士,立意甚良,而惟以文章试帖为专长。其策论则空衍了事也,无殊拘士之手足而不能运动,锢士之心思而不能灵活,蔽士之耳目而无所见闻矣。"①

严复在启蒙文化的传播上功不可没。他翻译了一大批西方的人文社会科学名著,为解放国人思想,传播新的文化,立下赫赫功勋。梁启超说过"西洋留学生与本国思想界发生关系者,复其首也"②,胡适也说:"严复是介绍西洋近世思想的第一人"③。自1895年至1908年,他先后翻译了赫胥黎(T. H. Huxley)的《天演论》(1898年)、亚丹·斯密(A. Smith)的《原富》、斯宾塞(H. Spencer)的《群学肄言》、约翰·穆勒(J. S. Mill)的《群己权界论》与《名学》、甄克斯(E. Jenks)的《社会通诠》、孟德斯鸠(Montesquieu)的《法意》④(商务印书馆,1904年)、耶芳斯(W. S. Jevons)的《名学浅说》、卫西琴的《中国教育议》(1914年)、马尔萨斯(Thomas Robert Malthus)的《人口原理》(1798年)等著作。严复还认真研读过康德的《纯粹理性批判》及黑格尔哲学,他发表过《述黑格儿唯心论》⑤(1906年8月)。他"比较系统地传播了西方资产阶级哲学、经济学、政治学、逻辑学,以及西方资产阶级的教育",并且还是将西

---

① 林乐知. 中西关系略论·论谋富之法[M]//李天纲. 万国公报文选. 北京:生活·读书·新知三联书店,1998:180.

② 梁启超. 清代学术概论[M]. 天津:天津古籍出版社,2004:86.

③ 姜义华. 胡适学术文集·新文学运动[M]. 北京:中华书局,1993:106. 这是胡适于1923年2月发表在《申报》五十周年纪念刊《最近之五十年》上的文章。

④ 《法意》(On the Spirit of Law)今译为《论法的精神》,该书出版于1748年,是法国启蒙主义思想家孟德斯鸠一生研究的理论总结,提出关于立法、行政、司法"三权分立"的理论。它对法国的《人权宣言》、美国宪法都产生了深远影响,也是民国初期宪法和法制的理论来源之一。

⑤ 这是我国最早介绍黑格尔哲学的文章。

方社会学理论输入中国的第一人①,"严复的文章,特别是译文,曾影响了整整一个时代的青年知识分子"②。

《天演论》是国内第一部系统介绍进化论的专著,一定意义上可被视为中国近代思想转型的分水岭。在《天演论》的影响下,西方哲学社会科学理论开始被大量介绍到中国,这也是从以应用科学和自然科学输入为主转向以哲学社会科学理论输入为主的转折点。严复的"天演哲学"(如"物竞天择,适者生存"),给历史上占统治地位的"天道观"以毁灭性的打击,为人们观察、解释社会人生问题提供了全新的视角,进而取代旧的"天道观"成为新的世界观和方法论。受《天演论》影响的人很多,如康有为、梁启超、孙中山、陈天华、邹容、陈独秀、李大钊等都把进化论作为自己的世界观和方法论。

《天演论》所传递的思想观念会从根本上改变了写作教育的精神面貌。严复以进化论打破"天不变道亦不变"的铁锁,"道"不再是神圣权威之物,于是所谓"道器""体用""本末"之争也基本平息。所谓"道""体""本"其主要内容是"三纲五常",它作为专制政治的根本原则与基础原本是不可更易的,但在《天演论》中的科学思想广泛传播之后,这些争论也就停止了,在变革"专制制度"这个"体",使之转变为"自由民主"之政体上,思想界基本达成共识,只是在转变方式,即选择和平改良还是暴力革命上还存在争议。这种社会思想状况,对以"文以载道"为基本原则的文言八股写作教育必然产生根本性的冲击,动摇"代圣人立言"的正当性、合法性。可见,文言写作并不仅仅是技艺之学,它具有自身的"世界观""方法论"以及语言基础,也具有体制依赖性。《天演论》对学校教育的影响很大,曾被众多的中小学堂选作教材,有些语文教师还拿"物竞天择,适者生存"作为作文题目。此外,生存竞争、优胜劣汰的原理还被人编入启蒙教材,如庄俞编撰的《蒙学初级修身教科书》(文明书局,1903年)。1902年,鲁迅在南京读书时买了《天演论》来阅读,并沉迷其中。另外《原富》也曾被南洋公学选为教材。③

严复于1900年前译完《论自由》(On Liberty),初名为《自由释义》,1903年改为《群己权界论》出版。《群己权界论》是英国哲学家约翰·斯图亚特·穆勒(John Stuart Mill,1806—1873)1859年出版的作品,他阐发了18世纪启蒙运动中卢梭、密尔顿等人关于民主和自由的思想。他认为,为了防止民主政治下可能产生的"多数人的暴政",政府和社会应当保障公民享有三大自由:一为言论自由和出版自由;二为自己追求个人趣味和志趣的自由,即个性自由;三为个人之间相互联合的自由。

---

① 严复延续孔德(Auguste Comte,1778—1857)的观点,强调采用实证科学方法研究社会问题,试图建立一门科学的社会学,他批判神意说、英雄史观、意志自由论等理论。
② 陈学恂.中国近代教育文选[M].北京:人民教育出版社,1983:170.
③ 皮后锋.严复大传[M].福州:福建人民出版社,2003:191—196,200,203.

严复认为,崇尚自由是西洋社会最深层的文化底蕴,民主也只是捍卫自由的一种手段。"以自由为体,以民主为用"是近代西方社会运作的基本框架精神。比较而言,严复认为中国社会的万恶之源是君主专制制度,这是中国被动挨打的最根本原因。自由思想的传播,对现代性写作教育发展产生至为重要的影响。

严复高度重视西方人的逻辑学,曾引培根的话说,逻辑学是"一切法之法,一切学之学",认为逻辑学是"革新中国学术最要之关键"。他翻译的《名学》(又名《穆勒名学》,*A System of logic*),《名学浅说》(*A Primer of Logic*)都属于逻辑学著作。《名学浅说》曾被列为中小学堂教材,如上海商务印书馆 1920 年第 9 次印刷该书时即注明"师范学堂小学堂用"。严复认为,我国旧学的根本问题是不从对客观事物的观察和归纳出发,也不用客观的事实去验证,偏爱演绎;他认定我国旧学一是"无实",二是"无用","其为祸也,始于学术,终于国家",为此他批判了宋学、考据学、词章学等三大学问。可以说,严复是我国第一个系统介绍西方逻辑学的人,还成立了中国第一个名学会,系统宣讲西方逻辑。[①] 在他的影响下,我国思想界开始重视经验和实证,重视观察、归纳,重视逻辑实证思想,也为我国现代性写作教育提供了重要的思想基础。

需要补充说明的是,我国先秦时期出现了逻辑学思想的萌芽,如名家思想、后期墨家的逻辑学知识等,这主要归功于自由争鸣的文化氛围:"秦汉时代建立了中央集权专制制度以后,上下级只有服从的关系,平等自由的争鸣被皇帝裁决所取代,刚刚萌芽的逻辑学就被扼杀了。"东汉的王充曾运用逻辑学知识去批驳当时流行的错误思想,但是无法抵抗封建专制的强大威力。"多数文人从尊圣读经中寻找出路,而逻辑学却被长期地冷落了。"[②]这种民族文化的缺失,深刻地影响了我国传统文学(社会性写作),颜元叔在《朝向一个文学理论的建立》一文里说,"大体而言,中国的传统纯文学大都缺乏理智基础与哲学深度","传统的中国文学看重的是情感,此外,便是看重文学中的美学成分"。对此夏志清非常认同颜元叔的观点,他认为,自古以来,很多作者的写作目的往往是"载道"或"言志",或者是娱乐大众等。[③] 应该说,西学东渐以来引进的逻辑学知识体系,逐渐在深刻影响、改变着民族的精神气质,也在深刻影响着中小学写作教育的思想基础。

严复借助启蒙文化的传播,深刻抨击文言八股写作的弊病。甲午海战惨败后,严复在天津《直报》(1895 年 2 月 4 日至 5 月 1 日)连续发表《论世变之亟》《原强》《辟韩》《原强续篇》《救亡决论》五篇政论,宣传启蒙文化,希图维新变法,救亡图存。严复从发展科学、培养新型人才的角度,猛烈抨击科举八股取士制度,深刻剖析八股写

① 徐洪兴. 中国历代王朝光衰启示录(清朝)·残阳夕照[M]. 长春:长春出版社,1997:399—400.
② 周桂钿. 中国传统哲学[M]. 北京:北京师范大学出版社,1990:283—284.
③ 夏志清. 人的文学[M]. 沈阳:辽宁教育出版社,1998:184.

作及诗赋写作潜在的严重弊病,倡导科学理性的思想。他提出废除八股取士和训诂词章之学,学习西方的自然科学和社会科学,他在《原强》中提出:"是故欲开民智,非讲西学不可;欲讲实学,非另立选举之法,别开用人之涂,而废八股、试贴、策论诸制科不可。"①他主张学习西方"先物理而后文词,重达用而薄藻饰","贵自得而贱因人,喜善疑而慎信古"②等思想方法,以西学来代替封建旧文化。他认为,变法维新最急迫的莫过于废八股,"夫八股非自能害国也,害在使天下无人才"③。其大害有三:第一,"锢智慧"。无视儿童的接受能力,强令其死记硬背,待做写作练习时,满足于抄袭模仿,"剽窃成章,一文之成,自问不知何语"④。第二,"坏心术"。八股之士,沉湎于抄袭,掠他人之美,薄于羞耻之心;"专制统治者还以科举制度牢笼天下,使天下士子从做童生之日起便开始因袭剽窃作伪之事,羞恶之心全无"⑤。第三,"滋游手"。"语言文字二事,系生人必具之能",唯独"中国以文字一门专属之士","始翘然以知书自异耳"⑥。而这些"文士",务虚不务实,不能解决社会实际问题,"是故士者,固民之蠹也"⑦。可见在严复看来,写作就是要解决社会实际问题,具有强烈的事功之心。可以说,这是强调写作的社会性功能的先声。

3. 维新思想对文言八股写作的冲击

光绪二十四年(1898年6月),康有为在《请废八股试贴⑧楷法试士改用策论折》⑨中提出"立废八股""改试策论"的主张。"惟垂为科举,立法过严,以为代圣立言,体裁宜正,不能旁称诸子而杂其说,不能述引后世而谬其时;故非三代之书不得读,非诸经之说不得览,于是汉后群书,禁不得用,乃至先秦诸子,戒不得观。"⑩可见,康有为认为:采用八股取士,代圣人立言,其实就是从维护皇权及封建集权统治出发,树立儒家经典的绝对权威,以此来限制作者的思想自由,进而消解作者的独立人格。此外通过限制阅读,也就在更深层次上限制了思想自由、写作自由,这可谓文言八股写作的致命缺陷,于是有了"谢绝学问,惟事八股"这一自然结果。从上述意义来看,文言八股写作教育存在某种反智倾向,是封建愚民教育体制对写作教育过程的全面压制。这种倾向容易导致文言八股写作徒具形式、只是"空心架子",并不能真正培养作者的真才实学。文言八股写作"以窃科第"为目的,难以造就现代国际化

---

① 陈学恂,中国近代教育文选[M]. 北京:人民教育出版社,1983:178.
② 严复. 原强[M]//陈学恂. 中国近代教育文选. 北京:人民教育出版社,1983:177.
③ 严复. 救亡决论[M]//陈学恂. 中国近代教育文选. 北京:人民教育出版社,1983.188.
④ 同上.
⑤ 皮后锋. 严复大传[M]. 福州:福建人民出版社,2003:122.
⑥ 严复. 救亡决论[M]//陈学恂. 中国近代教育文选. 北京:人民教育出版社,1983:190.
⑦ 同上.
⑧ 试贴,即试律诗,一般规定五言八韵,童试时减去两韵.
⑨ 康有为. 请废八股试贴楷法试士改用策论折(1898)[M]//陈学恂. 中国近代教育文选. 北京:人民教育出版社,1983:101—105.
⑩ 同上书,第102页.

背景下中西会通、具有创新精神的写作人才。

梁启超对文言八股写作的批判也很犀利。他认为，科举八股写作教育空疏无用，不仅于世无补，还戕害人才，祸害国家富强之大业。"国有大学，省有学院，郡县有学官……而问其所以为教，则曰制义①也，诗赋也，楷法也"②；"然而妇女不读书，去其半矣，农工商兵不知学，去其十之八九矣，自余一二占毕呫哔③以从事于《四书》《五经》者，彼其用心，则为考试之题目耳，制艺之取材耳，于经无与也，于教无与也"④；所以"聚千百帖括卷折考据词章之辈，于历代掌故，瞠然未有所见，于万国形势，瞢然未有所闻者，而欲与之共天下，任庶官，任新政，御外侮，其可得乎？"；"制艺楷法，未尝有人奖劝而驱策之，而趋者若骛，利禄之路然也"⑤。这里梁启超把19世纪晚期文言八股写作的取材内容、写作方法、考核方式及写作动机等方面存在的诸多弊病都揭示得一览无遗。简要言之，天下士子拼命学作文言八股，不过为奔利禄之途；皓首穷经，研习程朱理学，不过为对付八股考试题目及准备写作材料罢了，文言八股写作只是批量生产"帖括词章⑥之辈"。这种写作教育究其根源，实乃为封建专制统治服务的愚民政策使然。"故秦始皇之燔诗书，明太祖之设制艺，遥遥两心，千载同揆，皆所以愚黔首，重君权，驭一统之天下，弭内乱之道，未有善于此者也。"⑦于是，从"开民智、育人才"⑧的角度，梁启超提出写作教育改革的建议，如反对过于注重论说文，提倡注重叙事文字，培养观察能力、科学思维能力等。

此外，梁启超对民权思想的传播也严重冲击着文言八股写作。光绪二十二年（1896），梁启超在上海创办《时务报》，"自著《变法通议》，批评秕政，而救蔽之法，归于废科举、兴学校，亦时时发'民权论'，但微引其绪，未敢昌言"⑨。可见，19世纪末期已经开始向大众传播民权思想。后来梁启超接受了卢梭的天赋人权学说、民约论（上海译书局于1899年2月出版了日本人中江笃介用汉语译注的《民约通议》）以及

① "制"指古代帝王的命令，应帝王之命而作的文章称为应制文。由于元代要求考试文体在形式上"体用排偶"，讲求声韵，故被称为制艺。而制义就是没有考虑考试文体在形式上的特殊要求而作的称谓。吴伟凡认为，制艺体现了明清科举文章的主要文体特征——体用排偶而讲究文采，归有光、方苞等人被称为"制艺大家"。所以八股文其实就是制艺。详见吴伟凡. 明清制艺今说[M]. 北京：学苑出版社，2009：9.

② 梁启超. 变法通议学校总论[M]//陈学恂. 中国近代教育文选. 北京：人民教育出版社，1983：126.

③ 占毕：看书、读书；呫哔：读书声。

④ 梁启超. 变法通议学校总论[M]//陈学恂. 中国近代教育文选. 北京：人民教育出版社，1983：130.

⑤ 同上书，第127—133页。

⑥ 帖括，即帖经，"主试者将经书任揭一页，蒙住两边，中间只开一行，再用纸帖盖三字，令试者填写。后来专帖孤章绝句，疑似参互之处，以迷惑应试士子"。词章，即诗赋。见：陈学恂. 中国近代教育文选[M]. 北京：人民教育出版社，1983：105.

⑦ 梁启超. 变法通议学校总论[M]//陈学恂. 中国近代教育文选. 北京：人民教育出版社，1983：127.

⑧ 由此可见，在西学东渐背景下，19世纪后期康有为等对人才的内涵有了新的理解，追求中西会通的知识结构，这也必然反映在写作教育过程中，写作的时代语境由封闭走向了开放，由回溯我国古代，走向世界文化背景。

⑨ 梁启超. 清代学术概论[M]. 上海：商务印书馆，1930：86.

斯宾塞的社会进化论(甲午海战惨败后,严复于1895年3月在天津《直报》发表了《原强》,他吸收斯宾塞的理论,第一次从正面介绍了进化论思想,提出强国富民的三条根本措施,即"鼓民力、开民智、新民德",并首次提出改造国民劣根性问题;梁启超受其影响,写了《新民说》,以后改造国民劣根性成为焦点问题),他在《国家思想变迁异同论》(1901年)一文中说:"人权者出于天授者也,故人人皆有自主之权,人人皆平等。国家者,由人民之合意结契约而成立者也,故人民当有无限之权,而政府不可不顺从民意,是即民族主义之原动力也。"①维新变法失败之后,梁启超逃亡至日本,开始全面研读西方哲学思想,先后写下了《卢梭学案》(1901)、《霍布士学案》(1901)、《斯片挪莎学案》(1901)、《论希腊古代学术》(1902)、《亚里士多德之政治学说》(1902)、《进化论革命者颉德之学说》(1902)、《近世文明初祖二大家之学说》(1902)、《天演学初祖达尔文之学说及其略传》(1902)、《法理学大家孟德斯鸠之学说》(1902)、《乐利主义泰斗边沁之学说》(1902)、《近世第一大哲康德之学说》(1903)、《政治学大家伯伦在理之学说》(1903)等,从此他的思想为之大变。

受改良维新思想影响,光绪帝于二十四年五月初五日(1898年6月23日)诏令下科始废八股为策论,后来又下诏对科举制度进行改革。维新变法失败后,清政府恢复八股取士制度。虽然失败了,"但它为人民思想进一步解放创造条件。经过这次斗争,封建伦理纲常开始发生动摇,'民权'思想深入人心,为旧民主主义革命准备了一些有利条件。当时维新人士的'维新觉世之功',在我国近代文化教育上是不容忽视的"②。这也给文言文写作教育带来根本性的冲击,预示了文言八股写作的严重危机。

(二) 翻译文章的流行与白话文写作的兴起

随着新式学堂越来越多,我国翻译人才队伍逐渐成长,他们大致可以划分为三类:第一类是中述人才,如李善兰、王韬、徐寿、华蘅芳、徐建寅、赵元益、钟天纬、沈毓桂、蔡尔康等;第二类是西译人才,如袁德辉、严复、马君武、周桂笙、伍光建、舒高第、颜永京、李杕等;第三类是日译人才,如樊炳清、戢翼翚、梁启超、杨廷栋、章宗祥、麦鼎华、赵必振、张相文、范迪吉、陈国镛、吴启孙、罗普、孟森、丁福保等。林纾属于中译中述。③ 大量翻译人才的崛起,为广泛译介西学、传播西学提供了根本条件。从此大批西学翻译作品开始涌入国内,这不仅大力推动着现代汉语的形成,也为白话文写作提供了基础条件,并发挥着关键性作用,不仅提供了崭新的思想参照系,还创制了大量现代汉语词汇、句式等,这为白话文写作提供了思想内容及语言形式方面的

---

① 陈书良. 梁启超文集[M]. 北京:北京燕山出版社,1997:146.

② 陈景磐. 中国近代教育史(第2版)[M]. 北京:人民教育出版社,1983:112.

③ 熊月之. 西学东渐与晚清社会(修订版)[M]. 北京:中国人民大学出版社,2011:556. (原始来源:谭彼岸. 晚清的白话文运动[M]. 武汉:湖北人民出版社,1956.)

基础条件,这对文言写作而言可谓釜底抽薪。

"特别是 1898 年(戊戌)的资产阶级改良主义运动前后,'变法'的中心人物和一些开明人士曾经把西方民主主义的理论和一般西方文化传播进来,于是汉语词汇里更需要增加大量的哲学上、政治上、经济上、科学上和文学上的名词术语";"现代汉语新词的产生,比任何时期都多得多。佛教词汇的输入中国,在历史上算是一件大事,但是,比起西洋词汇的输入,那就要差千百倍"。① 现代汉语的新词大多数在西洋语言的影响下诞生,"多数的新词是由新的概念产生的","现代汉语中的意译的词语,大多数不是汉人自己创译的,而是采用日本人的原译。换句话说,现代汉语吸收西洋词语是通过日本语来吸收的"②,因为"中国早期留学生以留学日本的为多,他们很自然地把日本的译名搬到中国来","其次,中国当时为西洋语言(特别是英语)编词典的人们由于贪图便利,就照抄了日本人所编的西洋语言词典的译名。这样,利用日本译名就成为一种风气了"。③

作为翻译大家,因读者对象主要是士大夫群体,严复翻译时虽然仍采用文言文,但他已经充分意识到文言与白话为写作所带来的内在制约作用,他认为要传达"精理微言",须"用汉以前字法句法,则为达易";如果用世俗白话,则"求达难见"。④ 也就是说,在严复看来,文言与白话具有不同的表达功能,文言文(尤其是先秦文言字法、句法)适合于表达精细微妙的圣人至理,而世俗白话则不具备这样的表意功能。这是笔者见到的最早的从语体形式角度,提出文言与白话具有不同表达功能的论述。与此相关,白话写作教学与文言写作教学也就具有不同的要求及理路。此外,严复提出"信、达、雅"的翻译文标准,其中"雅"某种意义上确实与桐城派古文相呼应。严复认为,桐城派古文才是"文章"正轨,⑤他还曾向桐城派吴汝纶学习古文写作。这时期白话文尚处于边缘状态,白话文写作为士大夫所不屑或干脆鄙视。

虽然严复仍以文言形式来翻译西学名著,但是他的翻译文与文言八股文差异巨大,两者所蕴含的认识论假设与文化概念完全不同。

(1) 认识论假设差异。写作实践内在包含认识论的前提假设。写作活动存在一个信息输出过程,需要对外在信息进行综合摄入和加工整理,可将之理解为认识过程。作者的认识观念、认识习惯、认识方法策略及认识水平等方面的诸多差异,都会有意无意地反映在写作过程及其结果之中。

严复的文言翻译和文言八股写作在认识机理上具有不同的内涵特征。严复强

---

① 王力. 汉语史稿(重排本)[M]. 北京:中华书局,2004:598.
② 同上书,第 599—601 页。
③ 同上书,第 599—602 页。
④ 严复.《天演论》译例言[M]//王栻. 严复集. 北京:中华书局,1986:1321—1322.
⑤ 沈苏儒. 论信达雅——严复翻译理论研究[M]. 北京:商务印书馆,1998:49.

调观察实证、归纳分析,强调事实的力量和逻辑的力量,其认识机制属于科学反映论,明显具有西方认识论背景。而文言八股写作讲究"文以载道",以道驭文,强调记忆领悟,演绎推理,强调义理道德、沿袭道统及"述而不作"(对经典的阐发),其认识机制属于"社会道德认识论"(侧重明道、体道)。比较而言,严复倡导的写作认识论具有现代性价值,如刘锡庆认为:"由事物到认识,再由认识到表现——这就是写作过程所必须完成的所谓'双重转化'……它可以说是写作过程的本质属性,是启开写作奥秘的一把钥匙。"① 相反文言八股写作更侧重于道德教化。谭家健认为,"中国认识论的第一个特点,是与伦理道德修养紧密结合",主张"主客合一","西方哲学教人求知,目标是成为智者。在中国古代哲人看来,认识,求知,只是手段和道路,道德教化才是目的和实质"。② 文言八股的"伪圣化"写作与古典的伦理道德修养紧密结合。

(2) 文化概念的差异。封建统治者所推崇的文言八股写作,要求儒生士子日夜捧读四书五经,以宗经为要、义理为先,借"代圣人立言",图钳制思想之实,最终剿灭独立人格,以培养奴性来为维护封建专制统治秩序服务。但是严复的翻译写作,却是以大力倡导西学为要,推崇科学理性,推崇自由民权,宣扬逻辑实证,宣扬平等博爱;整个写作过程灌注为救亡图存而"鼓民力、开民智、新民德"的精神追求,致力于为现代民族国家转型服务。这种浸透现代启蒙思维的文言写作,给文言八股文写作带来了巨大的文化冲击。从这个意义上看,严复是借助雅致的文言形式,打入"敌人内部",在士大夫心中播下"革命的种子",从而消解文言八股写作被赋予的神圣性、权威性。事实证明,他的启蒙活动是极有成效的。借助大众传媒的力量,这种现代启蒙文化因子逐渐渗透到社会生活的各个角落。

除了严肃的启蒙读物,翻译文章还包括大量的小说读物。翻译大家如林纾(1852—1924)翻译的外国文学著作达170余种(各家所说不等,因散佚之作无法确计),如《巴黎茶花女遗事》("这是欧洲文学名著输入中国的第一部")、《黑奴吁天录》《王子复仇记》等。这些翻译作品中有大量的外来词汇和欧化句法,如用"弗朗"代表法国货币 franc(法郎),用"礼拜"代表 week(星期)等,对很多人名和地名,林纾几乎都是直接音译,这无论在内容还是形式方面都直接促进了新文学创作,"五四前后开始从事文学活动的中国文学家,几乎没有人没受过林纾小说的影响"③。有很多作家正是读了林纾的翻译文学作品才步入文坛并成为大作家,如钱钟书。④

---

① 刘锡庆. 基础写作学[M]. 北京:人民教育出版社,2007:6.
② 谭家健. 中国文史哲汇通[M]. 济南:齐鲁书社,2009:194.
③ 熊月之. 西学东渐与晚清社会(修订版)[M]. 北京:中国人民大学出版社,2011:572—573.
④ 朱安博. 归化与异化:中国文学翻译研究的百年流变[M]. 北京:科学出版社,2009:64,65,66.

（三）大众传媒的发展与社会公共话语空间的建构

印刷媒介的发展以及公共话语空间的建构，也是影响清末写作课程育人价值的重要潜在因素。

1. 白话报刊的流行

随着现代印刷技术的改进及推广，19 世纪末至 20 世纪初，先后有 170 多种白话报刊（见蔡乐苏《清末民初的一百七十种白话报刊》）问世，最早的白话报是光绪二十三年（1897 年 11 月 7 日）创刊于上海的《演义白话报》。① 同时期的白话报刊还有《无锡白话报》（1898 年 5 月 11 日—1898 年 8 月 21 日），《杭州白话报》（1901 年 6 月 20 日—1910 年 2 月 10 日），《中国白话报》（1903 年 12 月—1904 年 10 月），《安徽白话报》（1904 年 1 月—1905 年秋），《直隶白话报》《京话日报》《天津白话日报》《江西白话新报》，此外湖北、湖南、四川、山西、山东、福建、广东、广西、蒙古、新疆等地皆有白话报刊出版。② 白话文章越来越广泛的流通，加速了报刊文章的通俗化趋势，读者群体也在发生变化。最初报刊的主要读者对象是士大夫、贵族，乃至皇室成员，后来逐渐面向普通儒生、社会大众。加上版税制度的推行，使报刊撰文的作者从依附权贵③逐渐转向独立写作，面向大众说话。其实西方也有过这类社会性写作现象，"文人逐渐脱离贵族或出身并不高贵的保护人的赞助，转而由那些形同读者大众代理人的出版商提供支持。……在英国，豢养制度在十八世纪初期已明显地开始崩溃。有一个时期，文学由于丧失了其早期的支持者而又未能得到读者大众的充分支持，因此就在经济上陷入了困境。……到了十九世纪，当司各特和拜伦对大众的趣味和舆论产生巨大影响的时候，作家才得到经济上丰厚的报偿。伏尔泰（Voltaire）和歌德大大地提高了作家在欧洲大陆的威望和独立性。读者大众的日益增多，像《爱丁堡评论》和《季刊》等大型评论刊物的创刊，使文学日渐成为一种几乎是独立的'事业'。而巴郎特（P. Barante）在他的 1822 年出版的一本书中则声称，文学的独立性在十八世纪就逐渐形成了。"④随着现代思潮、大量科技著作的广泛输入，以及读者对象的变化，现代意义的新名词、术语越来越多，旧的文言体式也难以表达这些丰富的现代知识内容，总之诸多因素都促成了清末白话写作的发展。

2. 白话小说的流行

与启蒙思想传播、白话书刊发行相呼应的是晚清白话小说的流行。胡适在《五十年来中国之文学》一文中说："这五十年的白话作品，差不多全是小说。直到近五

---

① 谭家健. 中国古代通俗文述略［J］. 衡阳师范学院学报，2006（1）：39.

② 谭家健. 中国古代散文史稿［M］. 重庆：重庆出版社，2006：558—560.

③ 如我国古代曾出现过的养士风气，另建安文学时期，曹操所主持的文人集团也大致属于这种现象。

④ 详见韦勒克·沃伦. 文学理论［M］. 刘象愚，邢培明，等，译. 北京：生活·读书·新知三联书店，1984：97—98.

年内,方才有他类的白话作品出现。"北方多是评话小说,语言生动漂亮,南方的多为讽刺小说。① 1922 年,他曾说:"这五十年之中,势力最大,流行最广的文学——说也奇怪——并不是梁启超的文章,也不是林纾的小说,乃是许多白话的小说。"②如北方的《七侠五义》《儿女英雄传》《小五义》等,南方的《老残游记》《官场现形记》《文明小史》《二十年目睹之怪现状》《恨海》《九命奇冤》等。"这一段小说发达史,乃是中国'活文学'的一个自然趋势","一千年来,白话的文学,一线相传,始终没有断绝"。③ 这反映出清末市民阶层对白话小说的消费持续增长。此外晚清还出现了科学小说的翻译与创作,如光绪二十六年(1900)出版的法国的儒勒·凡尔纳的科幻小说《八十日环游记》(逸儒译,秀玉笔记,世文社出版),光绪三十年(1904)发表了我国最早的科学小说《月球殖民地小说》(荒江钓叟,连载于《绣像小说》),之后还有徐念慈等人的《新法螺》(1905),支明的《生生袋》(1905),萧然郁生的《乌托邦游记》(1906),毅汉、天笑的《发明家》(1914)等。④ 白话小说的流行与清末市民社会的兴起趋势是一致的,这也反映出教育世俗化的趋势,这一趋势为白话小说、白话报刊流行创设了有利条件。在世俗化过程中,不可能要求老百姓茶余饭后去阅读"四书五经",而通俗类的白话小说等正好满足不少市民的日常精神需求。这无形中为白话文写作的萌芽、发展创造了一定的群众基础,也是探讨清末新政以来写作课程育人价值的社会前提。

3. 社会公共话语空间的建构

随着清末白话报刊、白话小说的流行,社会公共话语空间不断拓展,重心逐渐下移,越来越多的下层百姓开始了解社会公共事件,参与社会公共话语,也逐渐渴望表达自己的利益诉求,了解更广阔的世界。社会公共话语空间的建构,也带来了现代性话语形式的不断普及,越来越多源自西方的词汇开始流行,如"人民""预备立宪""平等""权利""义务"等,还出现了半文半白、欧化句式等语言形式。在审美情趣上,开始不再追求雅驯、高古、深奥等风格,即便是文言写作范文也开始走向浅近,反映市井生活。随着语言形式的变化,社会主导的思想观念、思维方式也渐渐发生改变。严复、林纾等早期翻译家,借镜日本,把西方自然科学、人文社科的相关书籍大量译介到国内,这既为社会公共话语空间的建构提供了大量词汇语汇,又对人们的思想观念、思维方式产生了巨大影响。

(四) 封建王朝的危机与"中体西用"的宗旨

影响写作课程育人价值的宏观因素,还包括清末王朝所面临的危机,以及中体

---

① 详见胡适. 胡适文存二集(卷二)[M]. 上海:亚东图书馆,1925:166.
② 同上书,第95页。
③ 同上书,第96页。
④ 钱振纲. 清末民国小说史论[M]. 石家庄:河北人民出版社,2008:30—31.

西用的治国宗旨。作为基础教育系统的基本要素,官方性质的写作课程必然与当时的政权性质及意识形态相一致,也会体现历史背景与时代需求。自鸦片战争以来,清王朝就不断走下坡路,在帝国主义列强的侵略之下,尤其是遭遇甲午海战之后,清王朝政权处在风雨飘摇之中。为挽救严重的统治危机,清末当权者曾经试图推行新政,积极改革。当时采取的治国宗旨是"中学为体,西学为用",以维护皇权统治的根本利益。为此在教育宗旨上推行"忠""孝"为本,以维护家国同构的皇权天下。这些都深刻影响着清末写作课程的价值取向。

二、清末写作课程设置的基本情况

晚清政府先后于光绪二十八年(1902)、光绪三十年(1904)颁布《钦定学堂章程》《奏定学堂章程》。上述章程设置的写作课程,是我国现代最早的汉语文写作课程,这标志着现代写作教育①的发端。光绪三十三年(1907)、三十四年(1908),清政府分别对学堂章程进行修订。现代写作教育是基于现代学制而设置、实施的分级分科的写作课程形式,本文仅指中小学的写作课程与教学。现代写作课程以《奏定学堂章程》中"作文科"的设定为起点,一直延续至今。

(一)《钦定学堂章程》中的写作课程

光绪二十八年(1902),清廷颁布由张百熙主持制定的《钦定学堂章程》,又称为"壬寅学制"。这是我国参照西方制度制定的第一个现代学制,在借鉴日本学制的基础上,设计出完整的现代公共学校教育体系。《钦定学堂章程》的出台,可谓从维护皇权集团统治出发而采取的自救行为,以"中体西用"之宗旨为指导思想。在"中体西用"的思想框架内,清廷政府极为重视儒家经典的灌输,将"读经讲经"列为各门学科之首,②体现以"中学"为本的宗旨观念,也很注重语文学科教育。当然,随着对外国的依赖的增强,对英语、日语的社会需求剧增,外语课程的地位随之上升,与语文

---

① 现代写作教育是基于现代学制而设置、实施的分级分科的写作教育形式,包括基础教育、高等教育、职业教育等阶段的写作教育,本文所指的是基础教育阶段的写作教育。由于现代教育内在要求民族共同语的普及,所以现代写作教育也需要言文一致的语体文写作。见周有光.中国语文的时代演进[M].北京:人民文学出版社,2009:14.从时间跨度来看,有人以1919年作为现代教育的分界线,将1840—1919年视为近代教育时期,1840年之前算古代教育时期。本文以现代学制的建立为标志,将1902年《奏定学堂章程》的制定设为现代语文教育的起点,一直延续至今,1902年以前设为古代或近代语文教育的发展阶段。

② 1866年12月11日,总理衙门大臣奕䜣等人,奏请同文馆添设一馆,专习天文、算学,朝廷批复照办,结果引起士大夫的强烈反对,其理由如"应保持科甲正途官员的纯洁性,即读孔孟之书,学尧舜之道,明体达用","国家自强根本,不在技巧艺节,而在纪纲气节"(山东道监察御史张盛藻);"窃闻立国之道,尚礼义不尚权谋;根本之图,在人心不在技艺",强调义理、精神在国家生活中的支柱作用(大学士倭仁)。由此可窥见,清廷极为重视"读经讲经"教育的用意所在,以孔孟之书,尧舜之道治人心以治天下。见熊月之.西学东渐与晚清社会(修订版)[M].北京:中国人民大学出版社,2011:256—258.

学科构成竞争关系,也影响到写作课程的长远发展。①

1.《钦定学堂章程》对写作课程的设置

《钦定学堂章程》包括6个章程系列,前后设计20年的教育年限,初等教育10年②,中等教育4年,高等教育6年,学生入学年龄自6—7岁至10岁。蒙学堂(4个学年)设置字课、习字、读经等课程;寻常小学堂(3个学年)安排读经、作文、习字等课程;高等小学堂(3个学年)安排读经、读古文词、作文、习字等课程;中学堂(4个学年)安排读经、词章等课程。可见,基础学段(含蒙学堂、小学堂、中学堂)共设置6门与汉语文学习密切相关的课程,即"字课、习字、读经、读古文词、作文、词章",从而建构起我国最初的现代语文课程结构。一些人不主张将读经纳入语文课程范畴,认为读经是独立的。其实从课程内容来看,古代语文的核心就是经书,而且经书还深刻影响着古代写作教学,延续这个理路,清末将读经纳入语文课程结构并不为过。

中小学堂设置的"作文""词章"可谓是我国最早的现代写作课程。③ 蒙学堂设置的"字课""习字"属于写作预备课程,"字课"包含一些写作课程内容因素,比如前3学年教学生实字、静字、动字、虚字知识,第4学年教"积字成句法",为寻常小学堂作文教学做准备。另外在检测学习效果时,也包含写作练习,"凡考验蒙童之法,皆取其平日曾经讲授之字课等项,随举问之,使之口答或笔答;第三四年学过句法之后,可以纯用笔答。以上考问,须常日或间一日用之,以提醒孩童之知识"④。这里的"笔答""纯用笔答"都属于日常写作练习。可见写作教学其实是从蒙学贯通中学。

虽然清末还没有统一关于语文的课程名称,语文课程设置显得比较随意、散乱,但相比过去笼统的古代语文教育(含经史子集等)已经迈出了一大步。这种分级分科的语文课程设置标志着现代语文学科诞生,"作文""词章"课程的设置标志着现代意义的写作课程诞生。

---

① 1864年,长老会狄考文在山东登州设立蒙养学堂,后发展为文会馆。与沿海其他教会学校最大的不同是,文会馆不设外语课程。狄考文一直到1907年仍反对内地教会学校设置英语课,他认为:学习英语将导致不可避免的后果,即"中国的学术标准将下降,学习英语将使掌握中国古典文学受到致命的影响"。转自顾长声.从马礼逊到司徒雷登——来华新教传教士(修订版)[M].上海:上海人民出版社,1985:289—290.

② 初等教育年限太长,后来遭到很多人的批评,如陆费逵等提出缩短初等教育年限,以便更多的人接受最基本的教育,后来学制修订时初等教育年限逐渐缩短。

③ 不同时期的写作课程名称多有变化,如《钦定学堂章程》规定小学堂称为"作文",中学堂称为"词章";《奏定学堂章程》中写作课程并入"中国文字"和"中国文学"课程,称为"缀法"或"作文";1923年新学制课程纲要时期,小学混用"作法"和"作文"(《小学国语课程纲要》),中学称为"作文"(《初级中学国语课程纲要》《高级中学公共必修的国语课程纲要》);1929年课程标准时期,小学称之为"作文"(《小学课程暂行标准小学国语》),中学称之为"习作"或"作文"(《初级中学国文暂行课程标准》《高级中学普通科国文暂行课程标准》);"作文"这个课程名称一直沿用到1949年(1950年起称之为"写话""写作")。

④ 舒新城.中国近代教育史资料[M].北京:人民教育出版社,1961:401.

2. 写作课程的内部结构

《钦定学堂章程》对各学级的写作课程分别提出具体的学业要求及内容安排。

表 2-1 《钦定学堂章程》对各学级写作课程的基本要求情况表(1902 年)

寻常小学堂——作文课程	第一年教以口语四五句使联属之
	第二年授以口语七八句使联属之
	第三年作记事文七八句
高等小学堂——作文课程	第一年作记事文短篇
	第二年作日记、浅短书札
	第三年作说理文短篇
中学堂——词章①课程	第一年作记事文
	第二年作说理文
	第三年学章奏传记诸文体
	第四年学词赋诗歌诸文体

(备注:根据课程教材研究所编的《20 世纪中国中小学课程标准·教学大纲汇编·语文卷》第 3、4、267 页整理)

可见,《钦定学堂章程》中写作课程已经涉及"口语",如"第一年教以口语四五句使联属之""第二年授以口语七八句使联属之"。显然这里的"口语介入"只是为降低写作教学难度,更好地从口语向书面语过渡,最终为文言文写作"铺路搭桥"。具体方法可能包括:(1)教师说几句俗话,要求学生用文字记录下来,属于白话文写作练习;②(2)教师以口头形式说几句文言句子,要求学生用文言贯通起来,属于文言文写作练习③;(3)教师以口语形式说几句俗话,然后让学生把这些俗话转化为文言形式,属于俗话转文言的翻译练习法,为文言记事短篇的写作练习服务。这种翻译练习法是训练学生将口语、俗话转化为文言句子的技能,通过反复进行这种言文互译练习,为以后的文言文写作打好基础。由此推断,教师说的是俗话、俗语,再要求学生依据俗话意义翻译为文言文,通过这种"文白互译"练习不断提高文言写作能力,为高年

---

① 词章作为一门课程,早已有之。清光绪二十四年(1898)钟天纬自编《读书乐》(12 册)教科书,其中包括词章和字义、歌谣、喻言、故事、格言、史略、文粹等。词章有时候指诗赋写作,这里的理解更宽泛,包括记事文、说理文、章奏传记诸文体、词赋诗歌诸文体等。教学文体的变化也值得关注,作文三大文体形成于民国时期。

② 小学堂六年的写作课程安排,主要是培养学生文言文写作能力,前两年特意练习白话文写作的可能性不大。

③ 郑国民. 从文言文教学到白话文教学——我国近现代语文教育的变革历程[M]. 北京:北京师范大学出版社,2000:32. 如"从其前后衔接的情况推断,寻常小学作文是用文言的形式,而非俗话。如上所述,尽管其中有'口语'二字,也只能认为是教师用口头的方式,说出文言句子,学生把几个文言句子写下来并联贯成一段文言文","可以推断出这里的小学堂作文是用文言文,也就是说,从积字成句到连句成章,自始至终都是文言"。

级接受专门的文言写作训练打下基础。

这种"俗话翻译文言"练习法很可能是在西书翻译模式的影响下形成的。明末清初西学输入之际,利玛窦就开创了中西结合的译书方法,他与徐光启、李之藻等合译了《几何原本》《同文算指》等书籍,从此中西结合的译书模式一直沿用下来。清末民初傅兰雅与徐寿、伟烈亚力与李善兰都合译过化学、数学西书,后来才有中国学者独立译书,如颜永京、严复、马君武等。"在晚清的大部分时间里,西译中述是西书中译的基本模式,即由外国学者口译西书意思,由中国合作者润色加工,条理成文。"①总之,这种俗话翻译文话的写作练习属于清末常用的写作教学方法之一,在《奏定学堂章程》中已经针对不同年级提出过明确要求,进而运用俗话作文。

根据《钦定学堂章程》的课程规划,蒙学堂(4个学年)的写作练习属于预备阶段,正规写作练习从寻常小学堂开始。在中学高年级,还具有"高级"应用文写作和古典诗词歌赋写作课程内容,如"第三年学章奏传记诸文体","第四年学词赋诗歌诸文体",这与古典写作教学关联密切。中小学堂(10个学年)写作课程的内容流程设计如下:

表2-2 《钦定学堂章程》中小学堂写作课程内容流程设计表(1902年)

预备期	字法句法习字	序列1	句子练习	序列2	记事文	序列3	日记书札
	蒙学堂1—4学年		第1、2学年		第3、4、7学年		第5学年
序列4	说理文	序列5	章奏传记	序列6	词赋诗歌	无	无
	第6、8学年		第9学年		第10学年		无

蒙学堂(1—4学年)阶段学习字法、句法、习字,为小学接受正规写作练习做准备。从寻常小学堂到中学堂,写作课程内容从句子练习起步,以记事文、日记书札、说理文等写作练习为主体,以章奏传记诸文体写作、词赋诗歌诸文体写作为高阶教学目标,整个课程流程设计都是文言文写作教育。章奏传记诸文体写作属于高级应用文写作练习,词赋诗歌诸文体写作属于古典文学写作练习,这些属于古代士大夫必备的写作技能。

小结:寻常及高等小学堂"作文"设置6学年,中学堂"词章"设置4学年,故写作课程在基础教育中连续设置10个学年,如果包括蒙学堂4学年的写作预备期,长达14学年。

3. 写作课程的外部关联

实施《钦定学堂章程》时期,写作课程与字课(4个学年)、习字(10个学年)、读古文词(3个学年)、读经(14个学年)密切关联。

---

① 熊月之.西学东渐与晚清社会(修订版)[M].北京:中国人民大学出版社,2011:14,34—35.

（1）写作取向的字课设计。《钦定学堂章程》在处理写作课与字课关系上与随后的《奏定学堂章程》有很多不同之处。

表2-3 《钦定学堂章程》中写作课与字课的关系表

字课	实字,凡天地人物诸类,实字皆绘图加注指示之。	静字、动字,兼教以动、静字加于实字之上方法。	虚字	积字成句法

"字课"设计思路是"实字—实字结合之法—虚字—积字成句法",实字包括名字、代字、动字、静字、状字;虚字包括介字、连字、助字、叹字,从实字起步,虚字过渡,最终落实在积字成句。"构文之道,不外虚实两字,实字其体骨,虚字其神情也。"[1]这是典型以写作为取向的字课设计,与当代以阅读为本位的识字思路明显不同。在"字课"学习的同时辅之严格的习字与读经。经过4学年"字课"训练,学生(如果6岁入学,此时是10岁)才开始接受写作训练,从识字、写字向写作转化。这与属对异曲同工,绝不止步于识字,还关联用字练习,修辞、语法练习,为书面表达打好基础。可见这种"字课"、习字与读经彼此渗透的蒙学结构,为寻常小学堂的写作课质量奠定了坚实的基础,也深得古典文言写作的精髓。

（2）为写作立魂的读经讲经。《钦定学堂章程》设计连续14学年的读经课程,学习时间量居各门课程之首。"义理"源自四书五经,统御全篇,既体现"文以载道"的写作传统,又体现清末桐城派注重"义理、考据、辞章"的特点。读经课程除自身的价值目标之外,还为"作文""辞章"提供"义理"基础,为"代圣人立言"做铺垫,这与现代写作教学的理路是相悖的。当时八股写作传统对写作课影响巨大,占主导地位的文言论说文写作必然需要遵从八股写作规范、延续八股写作遗风,继续扛起"文以载道""宗经征圣"的大旗。如果缺乏严格、系统的读经训练,缺乏"义理"根基,那么文言论说文写作必然难以下笔成文。因为文言论说文的写作规范是以阐发义理为主,行文追求"代圣人立言",以"圣人"的口吻来阐发道理。总之,"读经讲经"不仅为文言论说文写作预设了价值前提,而且为文章立意提供了基本规范,可谓当时写作课的灵魂。

（3）写作特征明显的读古文词。《钦定学堂章程》安排3个学年来读古文词,这是学习古典写作精义的必要参考。通过研读、背诵古文词,揣摩为文章法,模仿练习,这是古文写作的传统方法。清末中小学堂延续了这个优良传统,特别注重引导学生揣摩唐宋八大家的文章,模仿借鉴,发挥传承。当时选编或翻印了很多供模仿练习的文章读本,如《古文辞类纂》《古文观止》《经史百家杂钞》《东莱博议》《古文渊

---

① 马建忠. 马氏文通[M]. 北京:商务印书馆,2008:15—23.

鉴》等,林纾还著有《韩柳文研究法》等。当时唐宋八大家的文章经常被选作阅读范本,也供写作模仿之用,也许是因为唐宋八大家的文章多为"载道"之文。

(4)为写作添彩的习字课。《钦定学堂章程》连续设置10个学年的习字课,在正常情况下足以保证学生写出一手好字。科举时代,考生能否写出一手漂亮的字,是直接关系到是否被录取的关键,所以习字训练历来是作文极为重要的事项,当时也不例外。① 康有为在光绪二十四年(1898年6月)给光绪的奏折《请废八股试贴楷法试士改用策论折》中所提到的"楷法",就是当时习字教学的重要内容。楷法是"殿试对策所用的标准书法,当时以'黑大方光'为好"②,为练好这套标准书法,可能需要10年时间,甚至更长。"殿试"又称为廷试,皇帝亲临殿廷。可见"楷法"是写给皇帝看的,故要求最为严格。

4. 写作课程在基础教育体系中的地位

《钦定学堂章程》所设计的基础教育体系,不仅与现代语文直接或间接相关的课程都与写作课发生有机关联,而且独立设置的写作课程贯穿中小学教育始终,可见当时写作课程绝非边缘或可有可无。这种重视写作课程的观念一直延伸到《奏定学堂章程》,《奏定学堂章程·译学馆章程》之"学科总义章第一"的规定中:"向来学方言者,于中国文词,多不措意,不知中国文理不深,则于外国书精深之理,不能确解悉达。且中文太浅,则入仕以后,成就必不能远大。故本馆现定课程于中国文学,亦为注重。"③由此可见,如中文不扎实、不通透,学习、理解"外国书"也"不能确解悉达";如"中文太浅",即便有幸做官,"成就必不能远大",这些论断不可不谓深刻。从这个角度看,当时古典文言写作实在是备受重视。

从师范生选拔标准看写作课的重要性。从《初级师范学堂章程》(湖北学务处本)选录的初级师范生的标准规章来看,当时政府对写作能力高度重视。"选初级师范生入学之定格,须取品行端谨,文理优通,身体健全者"④,其中"文理优通"是必备条件,还特别强调"考取初级师范学生,专以中国文理优通为主。文理为百事之根,他项学问,即使全然不解,自可于入堂后按课学之,不在乎粗通算学西学,一知半解也。若文理未通,此堂所讲中国文,皆止浅近功夫,该生入堂后,必无暇自行深造,则永远不能读中国之书,又焉能教人乎。初基既坏,谬种流传,将使此等师范生所教各学堂,无一人能通中国文理者,为害不可救药矣。故考选初级师范学生者,尤宜深知

---

① 我在图书馆翻阅清末写作教科书时,发现书上的书法遒劲有力,神采飞扬,虎虎有生气,有些显得极为秀丽,令人长久感叹。当时教科书的印制多采用石印技术,可能是用毛笔写好之后再复制,所以教科书还保留着个人书写风格。小学语文课本的生字呈现方式,其实应该多采用人亲笔写的书法,少用机器印刷符号,因为印刷符号属于纯技术符号,无法携带人的生命气息,缺乏艺术(美感)。
② 陈学恂. 中国近代教育文选[M]. 北京:人民教育出版社,1983:105.
③ 张之洞. 奏定学堂章程·译学馆章程[M]. 台北:文海出版社,1985:3.
④ 张之洞. 奏定学堂章程·初级师范学堂章程[M]. 台北:文海出版社,1985:312.

此意"①。这里强调"文理为百事之根"，即便其他学问都不行，只要"文理优通"，照样可以"入堂后按课学之"，否则"必无暇自行深造"，"为害不可救药矣"。为此录取初级师范生，"专以中国文理优通为主"。这里从师范生选拔角度强调中文功底、写作能力的极端重要。

从课文内容选择看写作课的重要性。《绘图文学初阶》（1905年）第5卷第66课《父与子书》："凡与他人之书，必须自署其名，惟父与子之书，则不须署其名也，其措辞亦与他人之信不同，兹设例如下：某儿览汝在小学堂读书，**务以考究文学为最要，盖文理不通之人，无论何项学问，均不能入门也**……以后每逢休息日，务当写一信寄我。"②其中强调"文理不通之人，无论何项学问，均不能入门也"，还将"文理不通之人"比作"推车、担粪之人"③，颇有不屑之意。又如《桐城吴氏文法教科书》，吴闿生在"叙"中写道："中国文教之国也，后生为学苟文事之不知，则其才智不开而莫由责效于世用。"④这里强调写作不行，智力得不到开发，难以成为社会有用之才。

综上所述，当时极为重视语文，尤其重视写作能力。这应该与我国固有的文化传统、价值观念，以及自隋唐以来形成的文官选拔、科举取士制度密不可分。中国是诗的国度、文章大国，历来重视文章写作。"盖文章，经国之大业，不朽之盛事……是以古之作者，寄身于翰墨，见意于偏籍……而声名自传于后。"⑤以科举取士为特征的文官选拔制度更是文言文写作教学的强大推动力，可谓"一文定终身"，写作决定了家族命运。从应付科举考试出发，识字、习字、读古文词、读经讲经等，最终都归结为服务文言写作。如是自然形成以文言写作为龙头的古代语文教学模式。

虽然1901年废除了八股取士，"1901年8月29日，清政府命自明年始，乡会试及岁科试策论，以中国政治史事及各国政治艺学命题，不准用八股程式，并停止武生童考试及武科乡会试。"⑥可是科举制度尚存，而且长达1300余年所积聚形成的惯性作用还非常强大，短期内是绝不可能消解的，所以清末基础教育体系对文言写作教学的极度重视也就不难理解了，这完全延续了我国古代语文教学的特征。

虽然有人说《钦定学堂章程》完全抄袭日本学制，可是从语文课程设置、文言写作特征等方面分析，《钦定学堂章程》还是保存了我国古典文言写作的民族特色，延续了我国古代语文教学的优良风范。事实上一个民族的言说实践、书写传统，是最

---

① 张之洞. 奏定学堂章程·初级师范学堂章程[M]. 台北：文海出版社，1985：312—313.

② 杜亚泉. 绘图文学初阶（卷五）[M]. 上海：商务印书馆，1905：29.

③ 这是当时封建等级观念的错误反映，"推车、担粪之人"属于光荣的劳动者，新中国成立以后终于翻身做主人。

④ 吴闿生. 桐城吴氏文法教科书[M]. 上海：文明书局，1904：叙1.

⑤ 曹丕. 典论·论文[M]//霍松林. 古代文论名篇详注. 上海：上海古籍出版社，1986：89.

⑥ 陈学恂. 中国近代教育大事记[M]. 上海：上海教育出版社，1981：6.

具民族特性的存在,必然深入民族文化的骨髓,一般情况下不可能也不应该完全否定或任由其消逝。真正对文言书写传统造成重创的是"五四"以来的文白对立,文言开始淡出,古典文言表达经验逐渐流逝。当时文白势不两立,一定程度上导致了后来的白话文写作教学不尊重古典文言写作智慧及文化底蕴,不善于汲取古典文言表达的宝贵经验。这可能是百年后白话文写作教育面临危机的根源之一。

(二)《奏定学堂章程》中的写作课程

光绪三十年(1904)《奏定学堂章程》正式颁布实施,成为我国颁布并实施的第一个学制文本。《奏定学堂章程》规定,学堂办学宗旨是"以忠孝为本,以中国经史文学为基,俾学生心术壹归于纯正,而后以西学瀹其知识,练其艺能,务期他日成才,各适实用"①,宗旨即"中学为体,西学为用",特别注重读经讲经教育。这一学堂章程典型反映了"家国同构"的政治体制及权力关系,体现以"忠孝立国"的统治思想,其之所以强调"以中国经史文学为基",是因为经史文学经过改造加工后能够集中体现忠孝本位文化,具有维护专制统治秩序的独特功能。这从宏观上为写作课程奠定思想基调。

依据"中学为体,西学为用"的思想宗旨,《奏定学堂章程》对学校系统、课程设置、办学管理作出具体规定。整个学制分为三级七段,第一阶段为初等教育(9学年),分为蒙养院、初等小学及高等小学三级,第二阶段为中等教育(5学年),第三阶段为高等教育(6—7学年)。一般蒙养院入学年龄是3岁,初等小学入学年龄是6—7岁,教育年限为20—21年。这从根本制度上为写作课程确定了时间结构。

迫于巨大的政治压力,为加快推广新式学堂,《奏定学堂章程》颁布的第二年(1905年),清廷正式废除科举取士制度,这从动力机制上改变了写作课程的根本动力及前进方向,对白话文写作课程的大转型产生了深远而巨大的影响。其实废除科举取士,如同釜底抽薪,从根本上改变了当时整个教育系统的动力结构。总之,科举制度的废除预示着原来那一套教育体系即将瓦解,新的教育秩序亟待探索建构,也预示着现代写作教育开启了新的转型之旅。

1.《奏定学堂章程》对写作课程的设置

《奏定初等小学堂章程》规定:初等小学堂有5个学年,设置读经讲经、中国文字、中国文学等语文类课程。没有单独设置写作课程,写作课被纳入中国文字、中国文学。不过从这时期出版的写作教科书来看,当时写作教育具有相对独立的课程形态,并不依附于其他语文课程。与《钦定学堂章程》一致,读经讲经仍然被视为语文教育,乃至整个基础教育的首要目标(修身课程与读经讲经课程性质相似,也被列为最重要的课程)。

---

① 《中国百科大辞典》编委会. 中国百科大辞典·第3卷(第2版)[M]. 北京:中国大百科全书出版社,2004:1898.

表2-4 初等小学堂课程分年表

	第一学年	第二学年	第三学年	第四学年	第五学年
读经讲经	读《孝经》《论语》每日约四十字,兼讲其浅近之义。	读《论语》《学》《庸》每日约六十字,兼讲其浅近之义。	《孟子》每日约读一百字,兼讲授其浅近之义。	《孟子》及《礼记》节本,每日约读一百字,兼讲其浅近之义。	《礼记》节本每日约读一百二十字,兼讲其浅近之义。
中国文字	讲动字、静字、虚字、实字之区别,兼授以虚字与实字联缀之法,习字即以所授之字告以写法。	讲积字成句之法,并随举寻常事实一件,令以俗话二三句,联贯一气,写于纸上,习字同前。	讲积句成章之法,或随指日用一事,或假设一事,令以俗话七八句联成一气,写于纸上,习字同前。	同前学年。	教以俗话作日用书信,习字同前。

(根据舒新城,《中国近代教育史资料》,人民教育出版社出版,1980年版,第417—420页整理)

下面是《奏定学堂章程》写作课程各学段的基本要求。

表2-5 《奏定学堂章程》写作教育各学段的基本要求表(1904年)

初等小学堂(中国文字) 5学年	第一年讲字法
	第二年讲句法
	第三、四年讲篇法
	第五年学写书信
高等小学堂(中国文学) 4学年	第一年用俗话翻译文话十句左右
	第二年用俗话翻译文话二十句左右
	第三年学作百字以内的记事文①
	第四年学作两百字内的记事文和说理文
中学堂(中国文学)5学年	开设五年,每年开设的中国文学均含作文一项

(1) 以写作为轴心的中国文字课。中国文字课与《钦定学堂章程》中的"字课"类似,兼顾识字、习字等内容,总体而言以写作为轴心,具体内容是由"字(识字、联字、习字)—句(积字成句、寻常记事)—章(积句成章、日用写作)—书信写作"四个层次构成。从内容设计来看,与《钦定学堂章程》所拟定的相差不大,都是从"字"开始,利用5个学年来帮助学生掌握记事文、书信、日记等简单应用文的写法,满足日常应世交往之需。

———————————

① 根据前后要求可知,高等小学堂第三年"学作百字以内的记事文"以及第四年所要求的说理文,其写作语言都是浅近文言文。

中国文字课的设计思路:注重延续传统的写作实践经验;突出为日常应世交往服务,强调写作技艺功能。《奏定初等小学堂章程》规定"中国文字"的要义是,"当使之以俗语叙事,及日用简短书信,以开他日自己作文之先路,供谋生应世之要需"①,并结合年级分别提出具体要求。如初等小学堂第一学年,在指导学生读经时,"按诸实事,譬以物理,晓以俗情,期于童子能解;万不必涉于高深,是为浅近之义";第二学年,"随举寻常事实一件,令以俗话二三句,联贯一气";第三学年,"讲积句成章之法,或随指日用一事,或假设一事,令以俗话七八句联成一气";第五学年,"教以俗话作日用书信"等。② 由此可见,从"谋生应世之要需"的书面交际出发,开始从过去注重为科举服务转向日常书面表达与交往,从而为未来的社会交往实践做准备,致力于缩短学校与世俗生活的距离。

(2)以写作为目标的中国文学课。在接受完 5 学年的初等小学写作训练之后,学生理应学会以"俗话作日用书信",具备简单的书面交往能力,随后升入高等小学堂、中学堂,学习"中国文学"课程。写作训练是中国文学课最重要的板块或目的所在。《奏定高等小学堂章程》要求:"其要义在使通四民常用之文理,解四民常用之词句,以备应世达意之用"③。《奏定中学堂章程》要求:"作文,以清真雅正为主:一忌用僻怪字,二忌涩口句,三忌发狂议论,四忌用报馆陈言,五忌以空言敷衍成篇"④。由上可见,高等小学堂 4 个学年的写作训练追求"通四民常用之文理"⑤;中学堂 5 个学年的写作目标在于形成"清真雅正"的文风⑥。连续 9 个学年的中国文学课的目标从高小的"应世达意"走向"清真雅正",要求"忌涩口句""忌发狂议论""忌用报馆陈言""忌以空言敷衍成篇"⑦,当时写作课目标所在还是典雅古朴的文言写作。总之,当时在初小、高小与中学堂的写作课目标并非前后一体,而是各有侧重,前者指向实用,以求谋生应试之需;后者回归古典传统,追求典雅清正。从一定意义上说,这种写作课目标的结构性矛盾属于西学东渐以来受外力挤压造成的错位,或可理解为现代性语境下中文写作课的派生性矛盾。这种矛盾形成的内在张力一直延续至今,从文言写作向白话写作转型,试图以实用交际的应世性动力消解古典写作惯习及审美体验,从而希望化解中文写作的现代性纠结。可是结果并不理想,也不会理想,因为完全追求应世交往的外部实用动机在无形中容易架空或掏空中文写作的历史积淀与传统文脉。

---

① 课程教材研究所.20 世纪中国中小学课程标准·教学大纲汇编·语文卷[M].北京:人民教育出版社,2001:5—6.
② 同上书,第 6 页。
③ 同上书,第 9 页。
④ 同上书,第 269 页。
⑤ 同上书,第 9 页。
⑥ 同上书,第 269 页。
⑦ 同上。

2. 写作课程的外部关联

《奏定学堂章程》延续《钦定学堂章程》的思想及做法,在处理写作课与识字习字、听说、阅读(含读经讲经)等的关系上,设计思路大体一致。只是《奏定学堂章程》对语文课程结构作了进一步的调整,除读经讲经之外,将字课、习字、读古文词、作文、词章等归类合并为中国文字、中国文学课程,语文课程内容显得更为紧凑。如中国文字课的内容远远超越《钦定学堂章程》中"字课"的范围,不仅包括识字(实、虚)、习字,还包括写作训练。总之在语文课程框架内,写作课的内部结构呈现出新的形态,虽然写作课不再单独设置,可是写作在语文课,乃至整个基础教育体系内的地位并未被撼动。这与日后写作课被日渐弱化、空心化不可同日而语。

从掌握书面语的角度来看,主要涉及阅读及写作学习,阅读方面除诵读唐宋八大家的文章供写作模仿之外,最主要的是读经讲经。虽然当时的读经讲经课并不为语文设置,可它是阅读及写作的根基或"灵魂"。下面重点介绍读经讲经与写作课的关系。

(1) 设计精致的读经讲经课。读经讲经课围绕"四书五经"展开,课程内容非常精细,教学规定极为严格,教授经验丰富老到。比如初等小学堂5个学年的读经讲经课,对每一学年、每个教学日应读的内容、字量、时间都作出精细切分,对具体的读经方法也有详细规定。"现在定以《孝经》《四书》《礼记》节本为初等小学必读之经,总共五年,每年除假期外以二百四十日计算。第一年,每日约读四十字,共读九千六百字;第二年,每日约读六十字,共读一万四千四百字;第三四年,每日约读一百字,共读四万八千字;第五年,每日约读一百二十字,共读二万八千八百字。总共五年,应读十万一千八百字。"[①]教育时间控制方面,"读经讲经时刻,计每星期读经六点钟,挑背及讲解六点钟,合共十二点钟。另有温经钟点每日半点钟,在自习时督课,不在表内。若学堂无自习室,则即在讲堂督课"[②]。读经讲经还注意因材施教,针对学生差异提出个性化教学要求。

(2) 读经讲经的写作意义。读经讲经的目标非常明确,即通过背诵经文,灌输义理,塑造专制的意识形态,维护专制王朝的统治秩序。"令圣贤正理深入其心,以端儿童知识初开之本。每日所授之经,必使成诵乃已。"[③]从常理来讲,14年极其严格、封闭系统的读经讲经训练,足以摧毁绝大多数人的独立人格、自由意识及反思批判精神,从根本上改造儿童的思维方式及价值观念系统,而这正是儿童写作的底层系统。

---

① 课程教材研究所.20世纪中国中小学课程标准·教学大纲汇编·语文卷[M].北京:人民教育出版社,2001:5.

② 同上。

③ 同上。

此外,长期严密的读经讲经很大程度上也会决定或制约儿童写作的语言形式。通过死记硬背,积累大量的"忠孝词汇""忠孝句式",习得负载其上的思维、审美及情感体验,这些都会内化为学生写作的"记忆库存",从而实现"忠孝话语"再生产,批量产出奴性写作人才。总之,读经讲经与写作课水乳相融,要实现从古典写作向现代写作的跨越,必然需要开门办学,废除读经讲经的至尊、唯一地位,以中化西,再造人文根基,否则毫无希望。当然这主要是新文化运动之后的事情了。

(三) 清末对写作课程的修订

光绪三十一年(1905)一月,清廷设立学部并废除科举制度。李提摩太在1888年出版的译作《七国新学备要》(上海,广学会)中提出:国家必须先立学部;国家每年至少要拨银一兆两以办新学。1895年之后,维新运动时期,李提摩太曾向翁同龢递交条陈,其中包括"成立教育专部,全国设立新式普通学堂及专门学堂","发刊报纸杂志,介绍新知识,启发民智",翁同龢后转呈光绪皇帝。[①] 学部的设立对现代写作教育产生了极其深远的影响。光绪三十三年(1907)一月颁布《女子小学堂章程》,规定设立女子小学堂及女子师范。女子小学堂以"养成女子之**德操**与必须之**知识技能**并留意使身体发育为宗旨"[②],设置国文学科,所有就读小学的女学生都有机会接受写作训练。特别值得注意的是,此处提出"知识技能"的教学要求,并强调"知识技能"与"德操""身体发育"相互联络。这影响了当时写作课程的观念与实践。癸卯学制颁布后,小学堂课程分别于1909年和1910年进行过两次较大的修订。"宣统元年(1909年),分初等小学为三类:照旧五年毕业者称完全科……完全科课程将历史、地理、格致3科并入国文科内成为6种必修科目……读经一科的学时也有减少。"[③]此处提出"将历史、地理、格致3科并入国文科",可见当时语文学科独立或封闭的意识并不强,相反语文与其他学科整合融通的意识比较明显。语文与其他学科的相互关系到底应该如何建构,这个问题困扰语文界一百年,至今没有解决。

表2-6 清末小学堂课程修订后学程比较表[④]

学科	年级	癸卯旧章(1904年)	己酉旧章(1909年)	庚戌新章(1910年)
中国文学	一	讲动静虚实字虚实字联缀法、习字	单字单句短文分别虚实字之用法、书法、联字	读法写法
	二	造句译俗习字	造句、联字、作文、书法	读法写法作文

① 姚崧龄. 影响我国维新的几个外国人[M]. 台北:传记文学出版社,1971:110—111.

② 朱有瓛. 中国近代学制史料·第二辑(上)[M]. 上海:华东师范大学出版社,1987:657.

③ 熊明安. 中国近现代教学改革史[M]. 重庆:重庆出版社,1999:19.

④ 参考熊明安. 中国近现代教学改革史[M]. 重庆:重庆出版社,1999:21—22.

学科	年级	癸卯旧章（1904 年）	己酉旧章（1909 年）	庚戌新章（1910 年）
	三	联句译俗习字	较前年稍进	同上
	四	同上	短篇文法及应用之知识、书法、作文	同上
	五	日用言语、习字	较前年更进	○

（说明：造句联句 1904 年、1909 年的学堂章程中都明确提出的，1910 年的没有专门提及。属对教学功能已经发生转向，为实用写作教学服务）

三、清末写作课程的价值追求

（一）小学段写作课程的价值追求

初等小学阶段的写作课"教四民常用之文"，文体多是书信、简单记事文等应用文及实用文，只在高小最后 1 学年才学习简单的说理文，以便和中学堂过渡衔接。写作课注重满足日常书面交往的实用目的，突出简易的工具技能性。出于实用理性的考虑，写作语言允许口语、俗话、俚语等介入，这又属于早期白话文写作的萌芽。

高等小学阶段"中国文学"课程规定："其要义在使通四民常用之文理，解四民常用之词句，以备应世达意之用"[①]；还专门安排"俗话翻译文话"表达训练，降低写作难度，帮助学生沟通口语、俗话与文话之间的关联，兼顾浅近文言写作教学。可见高小阶段的写作目标还是指向"应世达意"的实用目的。此外，高等小学阶段还特别注重听说教学，连续设置四年"习官话"课程，"习官话者即以读《圣谕广训》直解习之，其文皆京师语，每星期一次即可"[②]。这是向日本学习的结果，1902 年吴汝纶去日本考察，看到日本语言统一和教育普及的效果，回国后即上书张百熙，"极力主张用北京官话'使天下语音一律'"。之后张百熙、张之洞等主持制定的《奏定学堂章程》之"学务纲要"中就有"以官音统一天下之语言，故自师范以及高等小学堂，均于国文一科内附入'官话'一门"的规定，随后几年，官话字母"传习至十三省境"[③]，可谓我国现代听说教学的缘起。

从写作价值追求来看，设置系统的"习官话"课可以拉近与社会现实生活的联系，也可以促进言文一致的白话文写作发展。因为"习官话"课"并使习通行之官话，

---

① 课程教材研究所. 20 世纪中国中小学课程标准·教学大纲汇编·语文卷［M］. 北京：人民教育出版社，2001：9.

② 同上。

③ 详见赵家璧. 中国新文学大系·建设理论集［M］. 上海：上海良友图书公司，1935—1936：导言 8—9.

期于全国语言统一,民志因之团结"①,也方便养成"言文一致"的书写方式。总之,小学段写作课总体上注重追求实用价值,供谋生应世之需,侧重于工具技能性。

(二) 中学段写作课程的价值追求

中学堂侧重学习文言论说文写作,与古典写作经验一脉相承,体现"天人合一""文以载道""文道统一"的写作观念,注重彰显古典人文价值及专制道统文化。由此可知,中学写作课追求为文与为人的融会贯通,注重文章写作与修身养性融为一体。这可谓"学作文与学做人"观念的源头,只是其观念的内涵特征与后来有所不同罢了。后来写作课演化为"机械训练","为文"与"为人"脱节,这可谓写作课在追求现代性过程中的严重"异化",从源头来看是受西化不良影响的"苦果"。

从一定意义上说,中学堂文言论说写作课的价值追求,注意对接古典经学,追求纯正、雅驯、深厚,具有浓郁的古典基调,还能体现古代士大夫的精神境界及审美旨趣。从个性自由解放来看,当时写作课也是对学生的束缚。如《奏定中学堂章程》规定:"用字必有来历(经史子集及近人文集皆可),下字必求的解,虽本乎古亦不骇乎今。此语似浅实深,自幼学以至名家皆为要事。"②这实际上是从写作内容及语言表达两方面来限制学生的思想自由,即"写什么"必须"本乎古",写作文字"必有来历",而且"文法备于古人之文"③,于是写作训练为"求文法""必自讲读始",首先要求学生读"经史子集中平易雅驯之文","《御选古文渊鉴》最为善本","如乡曲无此书,可择较为大雅之本读之"④。显然选读《御选古文渊鉴》这类文章的目的,就是作"清真雅正"之文。这类文章有"五忌",即"忌用僻怪字""忌涩口句""忌发狂议论""忌用报馆陈言""忌以空言敷衍成篇"⑤,通过"五忌"可将写作过程牢牢控制在封建义理范围之内,从而固守清廷统治集团所希冀的"忠孝"本位。总之,中学段写作课程的价值追求是以儒教义理为基,以"忠孝"为本,侧重于封建伦理道德的价值要求,体现为培养奴性写作人才的价值倾向。

小结:无论是小学段还是中学段的写作课都奉行"中学为体,西学为用"的根本宗旨,可是在育人价值层面却具有结构性矛盾。小学段的写作课侧重追求简易的书面应用表达,培养用俗话来书写日常应用文、简要记事文的实用写作能力,其育人追求从属于工具实用理性。中学段的写作课侧重培养士大夫或朝廷官吏,注重为仕途晋升做准备,其价值追求可从属于封建伦理的人文价值理性。总体而言,清末写作课的育人价值可以归结为臣民写作能力取向,既包括诵读《御选古文渊鉴》,能作"清

---

① 课程教材研究所. 20世纪中国中小学课程标准·教学大纲汇编·语文卷[M]. 北京:人民教育出版社,2001:9.

② 同上书,第268页。

③ 同上。

④ 同上书,第268—269页。

⑤ 同上书,第269页。

真雅正"文章的臣子家奴,也包括能写简易应用文章,为封建皇权集团所驾驭的普遍百姓。清初散文家魏叔子曾批评过类似的写作现象:"吾辈生古人后,当为古人之子孙,不可为古人之奴婢。为子孙则有得于古人之真血脉,为奴婢则依傍古人作活而已。又曰古人亦有病,学古文者,当知古人之病处,极力洗刷,方能步趋,否则我自有病,又益以古人之病,便成一幅百丑图。"①

(三) 清末写作语言的变迁

前文提及初等小学堂的写作课"使之以俗语叙事,及日用简短书信"②,可见初等小学段已经提出白话写作要求。写作语言可以使用"俗语",写作任务是学会如何用白话来写作简单的记事、记言文章。高等小学堂的写作课,第一、二学年训练"俗话翻译文话",第三、四学年训练浅近的文言写作技能,即先练习百字以内的文言短篇(记事文),再练习两百字以内的记事文及说理文写作技能。中学堂的写作课,注重练习纯正的文言写作技能。从写作语言来看,前后 14 年的写作课呈现出"俗语"—"浅近文言"—"纯正文言"的结构序列。高小 4 年的写作课是中介桥梁,起到衔接过渡的功能,帮助学生从"俗语"写作向"纯正文言"过渡。这个课程序列特别注重"读写结合",发挥阅读文本的铺垫作用,比如高小第 1 年"读浅显古文,即授以命意遣词之法",第 2—4 年"读古文",拾级而上,为文言写作奠定基础。

写作语言不只是媒介或工具,语言也是"本体""世界观"。应用什么语言写作,就意味着在什么样的意义世界中思考,或用什么样的眼光来看待宇宙人生。清末写作语言的变迁与写作课的价值追求是一致的,终归是臣民的价值取向。小学写作课虽然允许使用口语、俗话、俚语来表达,适应现代世俗社会的实际需要,可是这只是权宜之策。当时实用写作技能要服从封建义理规范,不得与圣贤之道相抵触。《奏定高等小学堂章程》规定:"十二岁以后,为知识渐开、外诱纷至之时,尤宜令圣贤之道时常浸灌于心,以免流于恶习,开离经叛道之渐;每日所授之经,亦必使之成诵。"③可见即使侧重于实用交际的小学写作课也逃不出"圣贤之道"的"浸灌"。从当时流行的儿童读物中也可得到侧面印证,"胡适、鲁迅、周作人幼年时期,《二十四孝图》是流行最普遍的儿童读物,他们对这类故事深表厌恶,也是理所当然的","这类故事"即如"王祥卧冰""郭巨埋儿"等。④ 中学堂写作课训练文言论说文写作,讲究"清真雅正",并不允许独立思考,训练符合封建义理框架的奴性写作技能,彰显"忠孝"的价值本性。当然在审美情趣上也延续了古典审美旨趣。

---

① 伟庐主人. 汉文教授法(卷五)[M]. 上海:商务印书馆,1903:6.
② 课程教材研究所. 20 世纪中国中小学课程标准·教学大纲汇编·语文卷[M]. 北京:人民教育出版社,2001:3—4. 注:这一理念彰显写作教育的世俗价值、实用功能,体现清末写作教育发展的新趋势,可视为生活化写作教育思想的源头之一,具有现代意义。
③ 同上书,第 8 页。
④ 夏志清. 人的文学[M]. 沈阳:辽宁教育出版社,1998:180.

第二节 清末文言文主导的写作教材

"初等教育,对人的一生影响最早,对整个社会影响最广。初等学校教材的变迁,在一定程度上,可以视为整个社会文化变迁的重要因素。"①我国教科书作为现代教育发展的产物,是学习借鉴西方的结果。一般认为,我国现代意义的教科书起始于教会学校。1877 年 5 月,基督教传教士在上海开会,成立学校教科书委员会,又名益智书会,傅兰雅、狄考文等负责编写教科书。新的教科书逐渐代替原有的启蒙读物,"教科书"这个名称也逐渐流传开来。中国自编教科书始于 19 世纪 90 年代。清末是现代写作教科书的起步阶段,这时期以文言文教科书为主导,也有少量的白话教科书。当时出版白话教科书最著名的机构是施崇恩于光绪二十九年(1903)创办的彪蒙书室。1905 年,"杭州彪蒙书室率先用白话文印行了各种初级蒙学用书,如《绘图蒙学识字实在易》《中国地理实在易》等"②。另外白话文教材之前已出现,"光绪二十一年(1895 年),钟天纬在上海办三等学堂,以语体文编教本,开国语教科书之先声"③。虽然这些不是专门的写作教材,可是依据当时写作在语文中居主导地位推测,最早以语体文编的教本应该包含写作内容。如从白话文写作经验的社会传播角度看,早期传播白话写作经验的流行读物(广义教材),胡适认为是《水浒传》《红楼梦》《西游记》《儒林外史》之类的小说。"我写的白话差不多全是从看小说得来的。我的经验告诉我:《水浒》、《红楼》、《西游》、《儒林外史》一类的小说早已给了我们许多白话教本,我们可以从这些小说里学到写白话文的技能",为此胡适建议道:"我大胆的劝大家不必迟疑,尽量的采那些小说的白话来写白话文。其实那个时代写白话诗文的许多新作家,没有一个不是用从旧小说里学来的白话做起点的。那些小说是我们的白话老师,是我们的国语模范文,是我们的国语'无师自通'速成学校"④。只是当时的白话写作教材还处在边缘地位。

一、学堂章程时期的写作教材概貌

(一)沿用传统蒙学教材与古典文言选文

作为教科书的起步阶段,清末一方面继续沿用"三、百、千、千"等传统教材,为引

---

① 熊月之. 西学东渐与晚清社会(修订版)[M]. 北京:中国人民大学出版社,2011:537.
② 石鸥,吴小鸥. 百年中国教科书图说 1897—1949[M]. 长沙:湖南教育出版社,2009:5.
③ 张煜明. 中国出版史[M]. 武汉:武汉出版社,1994:234.
④ 赵家璧. 中国新文学大系·建设理论集[M]. 上海:上海良友图书公司,1935—1936:导言 23—24.

起学生兴趣，加以适当改造，如绘制插图、添加注释、更新内容、调整体例等，另一方面增添新品种，如《三字经图说》①《绘图增释百家姓》②《千字文图说》《绘图增注千字文》《绘图千字文》《新增绘图一万字文》《三百千神合璧》《千家诗音释》③。茅盾在自传中提及了这类教材，他五岁（1901 年）开始念书，"我们大家庭里有个家塾，已经办了好多年了。我的三个小叔子和二叔祖家的几个孩子都在家塾里念书。老师就是祖父。但是我没有进家塾，父亲不让我去。父亲不赞成祖父教的内容和教学方法。祖父教的是《三字经》、《千家诗》这类老书，而且教学不认真，经常丢下学生不管……父亲就自选了一些新教材如《字课图识》、《天文歌略》、《地理歌略》等，让母亲来教我"。其中《字课图识》是当时上海澄衷学堂的新教材，《天文歌略》《地理歌略》抄录于《正蒙必读》。④ 直到新文化运动之后，随着文言向白话转化，这些"三、百、千、千"传统教材才渐渐淡出学校语文教材领域，在民间流传延续。因为随着现代学制的建立与完善，这类教材很难融入分科分级的体系，此外学习白话文与这类教材存在扞格。当然也有少数地区将其重新改造，继续在新式学堂使用，绵延很长时间，如 1913 年 8 月上海鸿才书社出版《五族共和新百家姓》（陆肇鼎编），1918 年学福堂梓出版《千字文》，1919 年上海锦章图书局出版《龙文鞭影·初集》，1927 年 1 月上海中原书局出版《绘图白话注解千字文》（高馨山编），1934 年上海沈鹤记书局出版《三字经注解备要》。1939 年 5 月河北昌黎美令小学教育股出版《教学做儿童千字课》（王耀真主编，戴珍珠校阅），北师大馆藏有第 2 册（93 页）、3 册（106 页）、4 册（106 页），1940 年再版，供小学语文教学使用。另外沈百英还编写过《民众千字课本》，时间不详。

清末"三、百、千、千"传统教材主要面向小学低年级，《东莱博议》《古文观止》《古文笔法》《昭明文选》、唐宋诗词、唐宋八大家作品等传统文选教材继续为小学高年级、中学堂所普遍使用。根据 1910 年清学部颁布的《学部第一次审定中学初级师范学堂暂用书目凡例并表》规定，中学文学课程"应遵奏定章程择读《御选古文渊鉴》。此外如蔡选《古文雅正》、唐选《古文翼》、姚选《古文辞类纂》、黎选王选《续类纂》、梅选《古文词略》、曾选《经史百家杂钞》、贺选《经世文编》，皆可选读，不复列入书目"。⑤ 通过这种方式接续古代选文的文言书面表达经验。其实清末文选教材里的许多选文，在文白转化以后以单篇形式编入语文教科书的文言文部分，成为语文文言教学的基本篇目，如《左传》、《史记》选文，还有韩愈、柳宗元、欧阳修等的选文，一直沿用至今。

---

① 王应麟. 三字经图说[M]. 上海：上海春记书庄，1906.

② 作者不详. 绘图增释百家姓[M]. 上海：上海公兴铅板印书局，1906.

③ 古吴墨浪子辑. 千家诗音释[M]. 上海：文池堂梓，1904.

④ 茅盾. 我走过的道路（上）[M]. 北京：人民文学出版社，1997：30，70. 后来收录于《茅盾全集》。

⑤ 王建军. 中国近代教科书发展研究[M]. 广州：广东教育出版社，1996：168—169.

(二) 借鉴西方,尝试编写新式教材

借鉴国外(如日本、美国)教科书编写体例,尝试编写的新式教材,包括识字教科书、文法教科书、蒙学读本、国文教科书、尺牍教科书、女子教科书等,涉及识字、习字、阅读、写作、文法、听说等各种类别,还包括不少没有严格学级分类的蒙学课本。1897年,南洋公学朱树人按照德、智、体三类编写的《蒙学课本》,影响比较大,其中包括故事60课,德育30则,智育、体育各15则。上述语文教材类别繁多,形式不同,可大多与写作有千丝万缕的关联。

当时语文教材名称非常混乱,缺乏统一规范。这显然难以与现代学制的教学体系相适应。现代语文从独立设科到独立成科,经历了曲折、漫长的过程,对教科书编写也提出了越来越高的要求。各种分项教材(如识字、习字、阅读、写作、文法等)特别注重相互关联、彼此呼应,这为后世语文教科书编写的科学化奠定了基础。

北京师范大学图书馆和人民教育出版社图书馆作为我国收藏中小学各学科教科书的重点单位[①],其馆藏有大量中小学普通语文教科书(含写作教科书)。本书以北京师范大学和人民教育出版社图书馆珍藏的中小学写作教科书及普通语文教科书为主,通过整理分析,试图勾勒出我国中小学写作教科书的发展概貌,并以此为背景,尝试研究写作课程的发展演变。下文统计、分析的写作教科书及普通语文教科书,除特别说明外,均以本人亲眼所见为依据。

(三) 清末小学写作教科书的出版情况

从光绪二十八年(1902年3月)无锡三等公学堂编纂的《蒙学读本全书》(1—7编)由上海文明书局出版,到宣统三年(1911年4月)学部编译局编纂的《高等小学国文教科书》(第1—8册)由北京京华印书局出版,清末的10年间出版且现存的小学语文教科书至少有70种220册,其中写作类教科书至少有18种43册,分别占总数的25.7%和19.5%。这时期写作类教科书大多数是文言文,包括文言文法、虚字法、造句法、蒙学尺牍、论说文、作文教授法等多种类型,其中论说类写作教科书居主流,笔者亲见有9种28册。这期间参与编纂语文教科书的人包括朱树人、朱维梁、吴闿生、王绍翰、王建善、王立才、张元济、高凤谦、庄俞、蒋维乔、陈大复、庄景仲、施崇恩、程宗启、程宗裕、钱宗翰、戴克让、戴克敦[②]、顾倬、杜亚泉、何明生、俞复、丁福保、丁宝书、李士贞、黄守孚、何琪、华国铨、陆基、陶守恒、何荣桂、严良辅、褚奇澜等,参与编纂的机构包括学部编译图书局、彪蒙编译所、国民教育社、城东女学社、无锡三等公学堂、育材书塾编辑处、上海春风馆、国学保存会等。相关主要出版机构包括

---

① 上海辞书出版社也收藏了千册以上的清末民国时期的中小学教科书。

② 戴克敦又名戴懋哉,是中华书局第二任编辑所所长,也是中华书局的创办人之一。中华书局第一任编辑所所长是范静生(源廉),第三任是陆费逵(伯鸿),第四任是舒新城。

上海文明书局、上海商务印书馆、上海广益书局、上海南洋官书局、上海南洋公学、上海作新社、上海新学会社、上海会文学社、文池堂梓、上海国粹学报馆、上海(或杭州)彪蒙印局、上海春记书庄、上海公兴铅板印书局、上海学部编译图书局、上海中国图书公司、上海国粹研究会、浙江学务公所、上海时中书局、上海科学书局、北京京华印书局等。清末小学阶段语文教科书及专门写作类教科书分年度出版发行情况,可见下面的表格。教科书详细目录可见附录1:清末小学阶段的语文教科书目录(1902—1911)。

表2-7 清末小学语文教科书出版情况年度统计表(1902—1911年)

年度(年)	教科书种类	教科书册数	写作类种类	写作类册数
1902	2 种	9 册	缺	缺
1903	3 种	7 册	缺	缺
1904	6 种	13 册	2 种	3 册
1905	13 种	49 册	5 种	12 册
1906	8 种	18 册	1 种	2 册
1907	4 种	24 册	缺	缺
1908	9 种	30 册	2 种	5 册
1909	7 种	12 册	3 种	6 册
1910	12 种	37 册	2 种	5 册
1911	6 种	21 册	3 种	10 册
合计	70 种	220 册	18 种	43 册

(四) 清末中学写作教科书的出版情况

从光绪二十八年(1902年8月),杭州东文学社出版日本的猪狩幸之助的《汉文典》(仁和、王克昌译),到宣统二年(1910年11月)吴曾祺评选的《中学堂国文教科书》(第1—5册)由上海商务印书馆出版发行,清末现存的中学语文教科书至少有25种57册,其中写作类教科书有7种10册,分别占总数的28%和17.5%。写作类教科书多为文言文,主要包括文言文法、尺牍、作文教学法、作文选等,其中有3种尺牍写作教科书专供女子使用(如《最新应用女子尺牍教科书》《中等女子尺牍教本》《最新商务尺牍教科书》,均出版于1907年)。清末的10年间参与编纂中学语文教科书的人包括张美翊、伟庐主人、许贵、苏民、陈东极、许朝贵、许贵、杨千里、丁福保、江起鹏、王纳善、廉泉、潘博、吴筠、董金南、顾鸣盛、周天鹇、周嗖、杜芝庭、马仿周、吴曾祺、许国英、唐文治、缪文功、蔡国璜、林纾、汤振常、章士钊、薛福成、(日)猪狩幸之助、仁和、王克昌等。涉及的出版机构有上海文明书局、上海商务印书馆、上海(杭州)彪蒙书室、上海中国图书公司、杭州东文学社、上海南洋公学、上海新学会社、上海会文学社、上海群学会、上海广智书局、上海时中书局、上海会文书局、绍兴奎照楼书坊、绍兴聚奎堂、北京茹蕙书室、萧山陈光淞石印等。清末中学段语文教科书及专门写作类教科书分年度出版发行情况,可见下面表格。相关教科书详细目录见附录2《清末中学阶段的语文教科书目录(1902—1911)。

表 2-8　清末中学语文教科书出版情况年度统计表(1902—1911 年)

时间(年)	教科书种类	教科书册数	写作类种类	写作类册数
1902	1 种	1 册	1 种	1 册
1903	3 种	4 册	2 种	3 册
1904	1 种	5 册	缺	缺
1905	4 种	5 册	缺	缺
1906	4 种	9 册	缺	缺
1907	4 种	7 册	3 种	5 册
1908	2 种	5 册	缺	缺
1909	4 种	15 册	缺	缺
1910	2 种	6 册	1 种	1 册
1911	缺	缺	缺	缺
合计	25 种	57 册	7 种	10 册

(五) 清末中小学写作教科书出版的总体情况

根据清末小学语文教科书出版情况年度统计表(1902—1911 年)、清末中学语文教科书出版情况年度统计表(1902—1911 年),可以得出清末中小学写作教科书出版的总体情况。

表 2-9　清末中小学写作教科书出版的总体情况表(1902—1911 年)

学段	教科书种类	教科书册数	写作类种类		写作类册数	
			数量	占总品种的比例	数量	占总册数的比例
清末小学	70 种	220 册	18 种	25.7%	43 册	19.5%
清末中学	25 种	57 册	7 种	28%	10 册	17.5%
合计	95 种	277 册	25 种	26.3%	53 册	19.1%

依据目前所搜集到的文献,清末写作类教科书有 25 种 53 册,大多是文言类。下面就查阅过的清末中小学写作教科书目录做个汇总归类,具体如下:

表 2 - 10　清末中小学写作教科书目录(1902—1911 年)

时间(年)	中小学写作教科书目录
1902 年	● 19《汉文典》,(日)猪狩幸之助著、仁和、王克昌译,杭州东文学社。
1903 年	● 20《南洋公学课文汇选——作文选》,张美翊,上海南洋公学。 ● 21《汉文教授法》(1—2 册),伟庐主人编译,上海商务印书馆。
1904 年	1.《速通文法教科书》(上下),王绍翰编辑,上海新学会社。 2.《桐城吴氏文法教科书》,吴闿生,上海文明书局。
1905 年	3.《论说入门》(1—4 册),程宗启,上海彪蒙书室。 4.《绘图蒙学造句实在易》(1—4 册),作者不详,上海彪蒙书室。 5.《绘图速通虚字法　初编》(第 1 册),施崇恩,上海彪蒙书室。 6.《绘图速通虚字法　续编》(第 5 册),施崇恩,上海彪蒙书室。 7.《蒙学文法教科书》(上、中),朱树人,上海文明书局。
1906 年	8.《蒙学尺牍教科书》(中下册),彪蒙编译所,上海彪蒙书室。
1907 年	● 22《最新应用女子尺牍教科书》(上下编),杜芝庭,上海会文学社。 ● 23《中等女子尺牍教本》,顾鸣盛,上海文明书局。 ● 24《最新商务尺牍教科书》(正集、下集),其中正集,周天鹏著,绍兴奎照楼书坊出版;下集,周嗳著,绍兴聚奎堂出版。
1908 年	9.《论说入门二集》(1—4 册),彪蒙编译所,上海彪蒙书室。 10.《初等小学中国文学教科·文法总教授法》,刘师培,上海国粹研究会。
1909 年	11.《论说入门·三集》(1—2 册),彪蒙编译所,上海彪蒙书室。 12.《论说入门·四集》(1—2 册),程宗裕,钱宗翰,上海彪蒙书室。 13.《论说入门·五集》(1—2 册),程宗裕,钱宗翰,上海彪蒙书室。
1910 年	14.《论说入门初集》(1—4 册),程宗启,上海彪蒙书室。 15.《最新作文教科书教授法》(第 2 册),戴克敦,上海商务印书馆。 ● 25《国文教科文典》,汤振常编,上海中国图书公司。
1911 年	16.《论说启悟集·初编》(上下册),程宗启,上海彪蒙书室。 17.《论说启悟集·二编》(1—4 册),程宗启,上海彪蒙书室。 18.《论说启悟集·三编》(1—4 册),程宗启,上海彪蒙书室。

说明:小学写作教科书 18 种,中学写作教科书(● 标识)7 种,合计 25 种。

　　除上述笔者亲见的写作教科书之外,还有相关研究专家提供的一些有价值的文献信息,如郑国民先生的《从文言文教学到白话文教学——我国近现代语文教育的变革历程》收录了 1902 至 1935 年出版的中小学语文教科书目录[1],王有朋的《中国近代中小学教科书总目》[2]一书,亦收录了清末写作教科书目录信息。经细致比对后,关于写作教科书的文献信息补充如下:

---

① 郑国民.从文言文教学到白话文教学——我国近现代语文教育的变革历程[M].北京:北京师范大学出版社,2000:135—139.
② 王有朋.中国近代中小学教科书总目[M].上海:上海辞书出版社,2010.

表 2‑11　清末中小学写作教科书补充信息表一（1902—1911）

时间（年）	写作教科书目录	页码
1902	1.《文法》二卷，朱树人编，上海文明书局。 2.《论文集要》，薛福成纂，萧山陈光淞石印。	136 页
1905	3.《造句实在易》四册，杭州彪蒙书室。	137 页
	4.《蒙学虚字法》四册，杭州彪蒙书室。	137 页
	5.《绘图蒙学论说实在易》四册，程宗启编，彪蒙书室。○	195 页
1906	6.《最新作文教科书教授法》第 2 册，余锡震、杜芝庭编纂，上海会文学社。○	203、204 页
1907	7.《中等国文典》一册，章士钊著。	138 页
1908	8.《最新论说范本》第 1 册，上海会文学社。○	195 页
	9.《最新作文教科书》，戴克敦编纂，上海商务印书馆。○	202 页
	10.《最新作文教授法》，戴克敦，上海商务印书馆。○	204 页
	11.《中等作文教科书》，俞固礼编著，上海文明书局。○	520 页
1909	12.《中学国文示范》，缪文功等编，中国图书公司。	138 页
	13.《最新简明尺牍教本》，程荫亭辑，上海月纪书局。○	198 页
1910	14.《新教育尺牍教本》，曹铨，上海文明书局。○	198 页
1911	15.《最新小学虚字教科书》二册，褚奇澜，杭州彪蒙书室。	139 页

来源于王有朋的《中国近代中小学教科书总目》收录的写作教科书信息，采用○标识，其余来自郑国民先生书中的 1902 至 1935 年出版的中小学语文教科书目录。

此外，还搜集到一些信息不全的清末写作教科书，具体如下：

表 2‑12　清末中小学写作教科书补充信息表二（1902—1911）

序列	清末中小学写作教科书补充信息
1	《绘图蒙学论说实在易》（1—4 册），程宗启，上海彪蒙书室，出版时间不详。
2	《新撰小学论说精华》（1—3 册），著者不详，上海广益书局，出版时间不详。
3	《蒙学求通虚字实在易》（1—9 册），施崇恩编，上海彪蒙书室，出版时间不详。
4	《蒙学文法教科书》（卷上），作者不详，上海文明编译书局，出版时间不详。
5	《新撰女子尺牍》（上），著者不详，上海商务印书馆，出版时间不详。
6	《最新商务特别改良——普通应用教科尺牍》，著者不详，上海商务印书馆，出版时间不详。
7	《改良维新——普通应用商学问答教科尺牍》（下册），笔者不详，出版信息不详。
8	《改良维新——商务简易尺牍教科书》（下册），著者不详，出版信息不详。

序列	清末中小学写作教科书补充信息
9	《最新商务特别改良普通应用教科尺牍》,上海商务印书馆,出版信息不详。
10	《近世名人尺牍教本》,著者不详,出版信息不详。
11	《初等女子尺牍教本》《中等女子尺牍教本》《高等女子尺牍教本》,著者不详,上海文明书局,出版时间不详。

备注:上述写作教科书补充信息均来源于人民教育出版社图书馆。

小结:根据上述统计分析,清末写作类教科书(不含出版信息不全的)有 25 种 53 册,分别占语文类教科书总量的 26.3% 和 19.1%。其中小学段写作教科书有 18 种 43 册,中学段有 7 种 10 册。如果对中小学写作教科书进行比较,小学段写作教科书的品种和册数分别是中学的 2.6 倍和 4.3 倍。参照相关背景材料推测,清末小学段写作(尤其是初等小学)被列为优先发展地位。光绪三十二年(1906),学部成立"编译图书局",教科书编辑章程规定:"编译教科书,初等小学最先,高等小学次之,中学与初级师范又次之。"①事实上小学段写作课程发展速度也比较快。总体而言,清末中小学以文言写作课程为主导,包括基础类写作知识(字法、句法)、文法知识类、论说文类、应用文类、女子写作、模范作文选本等。

需要说明的是,清末写作课程不仅借助写作教科书来实施,普通语文教科书也较多涉及写作内容。当时语文教科书名称多样,显得散乱,写作课程内容难以严格区分,遑论形成体系。加上受"文史哲"不分家等传统观念影响,写作课程与读经讲经、修身、历史、地理等诸多课程多有关联,甚至于宣统元年(1909)初等小学还"将历史、地理、格致 3 科并入国文科内"成为小学五年制学生 6 种必修科目之一。②

从写作语言来看,文言写作课程居主导地位。白话文写作尚处萌芽状态,主要在小学阶段,为满足应世谋生之需,提高日常书面交往能力。

下列文献资料提供清末及民国时期写作教科书及语文教科书的学术信息,供参考使用。

1. 吴艳兰. 北京师范大学图书馆馆藏师范学校及中小学教科书书目(清末至 1949 年)[M]. 北京:北京师范大学出版社,2002.

2. 王有朋. 中国近代中小学教科书总目[M]. 上海:上海辞书出版社,2010.

3. 京师大学堂. 暂定各学堂应用书目[M]. 湖广督署,1903.(内有字课作文、词章等 16 个门目的教科书)

---

① 熊明安. 中国近现代教学改革史[M]. 重庆:重庆出版社,1999:24.

② 同上书,第 19 页。

4. 教科书之发刊概况[M]//教育部编.第一次中国教育年鉴·戊编.上海：开明书店,1934:120.

5. 黎锦熙,王恩华.三十年来中等学校国文选本书目提要[M].北京：国立北平师范大学文学院,1937.

6. 司琦.小学教科书发展历史[M].国立编译馆主编.台北：华泰文化,2005.

7. 中华书局.中华书局图书馆基本教育图书教具展览目录[M].上海：中华书局,1947.

8. 北京图书馆.民国时期总书目(1911—1949)[M].北京：书目文献出版社,1986.

9. 张静庐.中国近现代出版史料·近代初编·近代二编·现代甲编·现代乙编·现代丁编(上、下)·现代丙编·补编(8册)[M].上海：上海书店出版社,2003.

10. 陈江.中国出版史料·现代部分(第一卷·上、下册)[M].武汉：湖北教育出版社,2006.

11. 汪家熔.中国出版史料·近代部分(第一、二、三卷)[M].武汉：湖北教育出版社,2004.

12. 汪家熔.民族魂——教科书变迁[M].北京：商务印书馆,2008.

13. 张志公.传统语文教育教材论——暨蒙学书目和书影[M].上海：上海教育出版社,1992.

14. 郑国民.从文言文教学到白话文教学——我国近现代语文教育的变革历程[M].北京：北京师范大学出版社,2000.

15. 洪宗礼,柳士镇,倪文锦.母语教材研究(1—4卷)[M].南京：江苏教育出版社,2007.

16. 王建军.中国近代教科书发展研究[M].广州：广东教育出版社,1996.

17. 毕苑.中国近代教科书研究[D].北京：北京师范大学,2007.

18. 石鸥,吴小鸥.百年中国教科书图说(1897—1949)[M].长沙：湖南教育出版社,2009.

19. 闫苹,段建宏.中国现代中学语文教材研究[M].郑州：文心出版社,2007.

20. 闫苹,张雯.民国时期小学语文教科书评价[M].北京：语文出版社,2009.

二、学堂章程时期的写作教科书分析

文言写作教科书包括基础知识类(字法、句法)、文法知识类、叙事文类、应用文类、论说文类、女子写作类、文言名篇范文等多种类型,其中文言论说类写作教科书居主导地位。

(一) 基础知识类写作教科书

基础知识类写作教科书主要为文言文写作打基础而设计,包括字法(尤其是虚字)、句法(尤其是文言文法)等基础知识和基本训练。笔者查阅过的包括《蒙学求通虚字实在易》(施崇恩,上海彪蒙书室,1—9册),《蒙学文法教科书》(朱树人,上海文明书室,上、中、下册),《最新小学虚字教科书》(褚奇澜,杭州彪蒙书室,2册),《蒙学虚字法》(杭州彪蒙书室,4册),《绘图速通虚字法·初编》(施崇恩,上海彪蒙书室,第1册),《绘图速通虚字法·续编》(施崇恩,上海彪蒙书室,第5册),《造句实在易》(杭州彪蒙书室,4册),《绘图蒙学造句实在易》(上海彪蒙书局,现存1—4册)等。一般普通语文教科书也较多涉及写作基础知识。此外清末教科书广告页也见有其他写作基础知识教材,如《中等国文典》(章士钊,出版信息不详,1册),《汉文典》[(日)猪狩幸之助著,仁和、王克昌译,杭州东文学社],《桐城吴氏文法教科书》(吴闿生,出版信息不详),《速通文法教科书》(王绍翰,上海新学会社,上下册),《国文教科文典》(汤振常,上海中国图书公司),《初等小学中国文学教科·文法总教授法》(刘师培,上海国粹研究会)等。其中,文法基础知识类写作教科书呈现出偏重文法知识传授和偏重文法技能训练两种倾向。

在《钦定学堂章程》颁布之前,有些蒙学教材如字课用书,往往也会考虑写作教学的实际需要,如1901年出版的《澄衷蒙学堂字课图说》,编者态度严谨,编写水平很高,影响比较大。这套书的结构包括"目录、凡例、检字附检字、类字、图说卷一、图说卷二、图说卷三、图说卷四"。这套书在选字时注重从世俗生活需要及应用文写作的角度来设计,如"选字共选3千余字,皆世俗所通行及书牍所习见者"[①],从而为日后写作提供文字储备。识字习字之后,主要是学习文法知识,这是19世纪末期以来在《马氏文通》影响之下形成的编写趋势。

《马氏文通》最初对写作教材或教学的影响并不大,"近有《马氏文通》一书,盖模仿泰西文法书而作者,其义至正,而其例至详,惜其书未大行"[②]。后来在不少文法教科书的仿效之下,《马氏文通》的影响力越来越大。吕叔湘认为,马建忠没有"把自己

---

① 刘树屏,吴子城.澄衷蒙学堂字课图说[M].上海:澄衷蒙学堂,1901:凡例.
② 伟庐主人.汉文教授法(卷一)[M].上海:商务印书馆,1903:序1.

局限在严格意义的语法范围之内,常常要涉及修辞","语法和修辞是邻近的学科。把语法和修辞分开,有利于科学的发展;把语法和修辞打通,有利作文的教学。后者是中国的古老传统,也是晚近许多学者所倡导的,在这件事情上,《文通》可算是有承先启后之功"。① 时隔六年,来裕恂受《马氏文通》影响,将语法、修辞和文章学结合起来,写成了《汉文典》,由上海商务印书馆出版。② 从语文教授来看,戴克敦《汉文教授法》之"例言"中有:"是书于汉文则采诸《马氏文通》、《蒙学课本》、《文学初阶》等书,于西文则采诸司温吞氏、耐司非耳氏、麦格司活耳氏、克赖格氏、门由耳诸文法书,虽双语单词间参臆说,而宏纲钜目,悉有折衷的"③,另外王绍翰的《速通文法教科书》④、朱树人的《蒙学文法教科书》、施崇恩的《蒙学求通虚字实在易》等都明显受到《马氏文通》的影响。当然,还出现对《马氏文通》的质疑和批判,如《速通文法教科书》编者王绍翰(光绪甲辰孟夏)认为,中国向来没有文法教科书,《马氏文通》虽有文法,可是不合教科书体例,不适合蒙童使用,"中国向无文法书,实为学界之一大缺点。自马氏著文通,而中国始知讲文法。可谓思想特别之作矣。但其书引据宏博,辨释精微,不合教科书体例,而于蒙学教科之程度尤相去甚远"⑤。

清末结合文法知识传授,还出现过对文言与白话表达效果的比较,可见当时白话文的文法知识及写作经验也在积蓄。下面介绍几套典型的基础知识类写作教科书。

1.《速通文法教科书》

由王绍翰编纂,光绪三十年(1904)十一月由上海新学会社出版。王绍翰认为,文法知识是小学教科书的要素,学习文法是小学写作学习的捷径,于是专门编写《速通文法教科书》,供入塾学习一二年,已经认识千余字的学生使用。这是目前笔者所见最早的探讨如何教授白话文写作的小学教科书。

(1)采用白话解说。从方便童蒙接受的角度出发,《速通文法教科书》开始采用白话解说。《速通文法教科书》例言第一条即"此编既为训蒙而作,不得不求粗浅,故全用白话解说,但求易知,不嫌其措词之土俗也"⑥。正是考虑到童蒙的学习需要,才"全用白话解说",以便学生理解学习。

(2)文法知识与写作教学。在文法知识与写作教学的关系上,王绍翰认为文法就是"作文字的道理","作文字"就是作文活动,可见文法即作文法则;主张借助文法规律,实现读写发展,最终实现学会读书、学会写作。部分观点摘录如下:

---

① 马建忠. 马氏文通[M]. 北京:商务印书馆,2008:序1,2.

② 马庆株.《马氏文通》一百年[N]. 中华读书报,1999 - 12 - 01(6).

③ 戴克敦. 汉文教授法[M]. 上海:劝学会社,1903:例言1.

④ 王绍翰. 速通文法教科书[M]. 上海:新学会社,1904.

⑤ 同上,序1.

⑥ 同上,例言1.

问:何谓文法?

答:作文字的道理,谓之文法。

问:何谓作文字?

答:大凡人要发达心中的思想,所以有语言,要传播口中的语言,所以作文字。

问:何故讲文法?

答:文字中的字眼,个个都有法则,因为文法不通,不能通晓文字的道理,便不能看书,看书尚且不懂,哪能自己作文字,所以读书最要讲文法。

问:通文法有捷诀否?①

答:用平常说的语言,学做粗浅文句,再从粗浅文句中,寻他文字的道理,然后所读所看的书,渐渐明白起来,就是自己亦能作文字了。

问:文字与语言何以不同?

答:文字是文话,语言是白话,文话说得雅,白话说得土,字句间自然不同。

问:文话与白话道理相同否?

答:白话要说得有理,文话亦要说得有理,道理总是一样的,有如白话火最热,冰最冷,天最高,地最厚。若说道火最冷,冰最热,天最厚,地最高,便错了。或说道火不热,冰不冷,天不高,地不厚,又错了。文话亦是这样的。

问:文话与白话语气相同否?

答:白话要说得通气,文话亦要说得通气,语气总是一样的。

问:文话与白话句式相同否?

答:文话的奥秘无穷,不比白话的便捷,若单单讲一句话,总是相同的居多,试列表如左,以示大略。

(白话句式):1. 你要吃酒么? 2. 十岁以里的小孩子。 3. 一个小孩子进学堂里。 4. 他很会读书。 5. 是什么缘故?

(文话句式):1. 尔欲饮酒乎? 2. 十岁以下之小儿。 3. 一小儿入学堂中。 4. 彼甚能读书。 5. 是何故耶?

问:文话与白话字句长短相同否?

答:话的长短,本无一定,有时白话只一句,文话可说得多句,有时白话多句,文话只说得一句,便可赅括了。若单单就一句话比来,白话总不如文话的减

---

① 通文法的捷径部分,其实就是在介绍白话文的写作方法,步骤是:(1)"用平常说的语言,学做粗浅文句",即话怎么说,就怎么写,言文一致;(2)"再从粗浅文句中,寻他文字的道理",即文成法立,揣摩文句,领悟文法;(3)"然后所读所看的书,渐渐明白起来,就是自己亦能作文字了",即多读多想,多练习,以读促写。下文从风格、功能、语气、句式、长短、文法等方面对文言与白话表达进行多方面的比较,供写作教育参考。

省,试列表如左。

(白话长句式)1.是哪一个人笑? 2.鸟儿飞进树林里去。3.巴结的人不怕用力。4.小孩子在路上赶来赶去。5.张先生会讲英国话。

(文话短句式)1.谁笑? 2.鸟飞入林。3.勤者不畏劳。4.小儿相逐于道。5.张生通英语。

问:单句文字与叠句文字相同否?

答:这个字和那个字相连成为句,这几句和那几句相连成为段,总不外上下联属之一法。

问:何谓联属?

答:上下一气,谓之联属。有如白话你既要读书,为什么这样懒惰呢?是两句话一气的。若说道你既要读书,为什么这样巴结呢?是上下气贯隔断了,便是不联属。

问:用文法的功夫先后若何?

答:先解字,次分类,三辨用,四造句。

问:何谓解字?

答:一个字必有一个解说,先要识得某字作某解,解得字字通透,才有用处。

问:何谓分类?

答:一个字必有一个种类,既识得某字作某解,又要识得某字属某类,分得字字清楚,才有把握。

问:何谓辨用?

答:一类字自有一类的用场,有如要描摹人的形容,须用形容字,要表明人的动作,须用勤作字,这便是辨用。

问:何谓造句?

答:就是造成单句叠句的文字。

问:文法字类有几?

答:细目甚多①,非数语所能说完。②

(说明:在《速通文法教科书》原本里面,每句话的每个句读之间都以空格符自然隔开,而不用任何标点符号,这与当时其他语文教科书的编排方式很不相同)

上文提到了白话文写作的许多文法知识。其中提到通文法的"捷诀",其实就是

---

① 后面列举了名字、代字、动字、状字、副字、接字、转字、止字8类。
② 王绍翰.速通文法教科书[M].上海:新学会社,1904:绪论1—5.

在介绍白话文的写作方法：①"用平常说的语言，学做粗浅文句"，即话怎么说就怎么写，言文一致；②"再从粗浅文句中，寻他文字的道理"，即文成法立，揣摩文句，领悟文法；③"然后所读所看的书，渐渐明白起来，就是自己亦能作文字了"，即多读多想，多练习，以读促写。随后又从风格、功能、语气、句式、长短、文法等多个方面对文言与白话写作进行比较分析，供作文学习参考。平心而论，1904 年的作者能有这些认识实属不易，虽然白话作文全面推开是 16 年之后的事情，不过这里表明当时文言作文与白话作文已构成竞争关系。

（3）文法书的编写体例。根据《马氏文通》及其他中国文法书（关于字词分类知识），来分类编排，最后以造句结束。具体章节目录为：第一章绪论，第二章《名字》，第三章《代字》，第四章《动字》，第五章《状字》，第六章《副字》，第七章《接字》，第八章《转字》，第九章《止字》，第十章《造句略说》。对于这套文法教科书，王绍翰认为："此编不及叹字者，以其非紧要字也"①，此外还认为静字、介字、助字等也不甚重要。从实字、虚字的语言功能及童蒙学习的特点出发，王绍翰提出"此编详虚字而略实字"②的观点。

（4）文法的教学方法。主要包括问答法、讲解分析法、辨别字类法、仿造句式法等，试图通过"教以文法之结构之体例"，掌握文法知识，仿造句式，实现"以触发其文字之理想"③，从而收到事半功倍的效果。可见清末最初的白话作文教学法包括问答法、讲解分析法、辨别字类法、仿造句式法等，这显然与文言作文法迥异。传统文言作文法强调积累背诵、揣摩领悟、勤加练习，注重字法、章法及起承转合，并不会强调文法知识的讲解分析之类。此外，白话作文教学还注重知识讲解与技能训练的有机结合，如"教者将此编逐条讲解以后，必须令童蒙练习或举数实字以令其分别字类或举数虚字以令其仿造句式，如此方见功效"④。

2.《蒙学文法教科书》

光绪二十九年（1903）六月，朱树人编纂的《蒙学文法教科书》⑤（上、中、下册）由上海文明书局出版。包括名字、静字、动字、代字、介字、状字、连字、助字等类别，每一类别又根据文法特点，归纳提炼各类字词的语式类型，在同一种语式类型内部还注意文言体表达与白话体表达之间的差异特点。可见《蒙学文法教科书》也是早期探讨白话写作教学的教科书之一。

---

① 王绍翰. 速通文法教科书[M].上海：新学会社，1904：例言 1。

② 同上。

③ 王绍翰. 速通文法教科书[M].上海：新学会社，1904：序 1。

④ 同上书，例言 1。

⑤《蒙学文法教科书》的版本信息：光绪 29 年 6 月初版，光绪 30 年正月修正再版，光绪 30 年 4 月三版，光绪 30 年 9 月四版，光绪 31 年正月 5 版，光绪 31 年 4 月 6 版。最后一页印有钦差大臣袁世凯保护版权的文告，落款时间为光绪 28 年 12 月。

《蒙学文法教科书》(上册)第一课介绍的是两名字并列的语式类型,采用的方式是文言体与白话体两名字并列语式对照的形式。首先呈现具体语料。第一行是文言体两名字并列语式:"江河、草木、鸟兽、楼阁、冠带、笔砚、父母、男女。"第二行是白话体两名字并列语式:"太阳和亮月、花和木、桃花和杨柳、笔和墨、衣服和鞋子、哥哥和弟弟、主人和客人、牛和羊。"①其次示范文言体两名字并列语式的翻译,还要求学生模仿练习,如"(译例)长江和黄河、草和木 ◎日月、花木"②。最后以按语总结两名字并列语式的文法知识。

《蒙学文法教科书》特别注意同一语式、不同表达之间的相互比较,既包括文言体之间,也包括文言体与白话体之间的细微比较,这对于提高语言敏感性及驾驭力都很有帮助。此外能够从复杂多变的语言现象中将基本语式提炼出来,这本身就表明当时对文言表达与白话表达的差别已经有深入的研究,在《马氏文通》的基础上有所发展。

3.《蒙学求通虚字实在易》

光绪三十四年(1908),施崇恩所编《蒙学求通虚字实在易》③(1—9册)由上海彪蒙书室出版。这是清末很有代表性的一套虚字教科书。此书中有几点值得注意:全书以纯粹的白话编写;从举例说明、示范练习所列举的语句来看,本书集中体现传统文化和启蒙文化相互杂糅的特点;编排很有特色,每句话的每个句读之间都用空白符自然分隔,不用任何标点符号,与王绍翰《速通文法教科书》的编排方式相类似,这种编排方式在当时极少见。

(1)虚字知识要目④包括:分量词、代名词、推量词、命令词、过去词、未来词、层复词、抉择词、设想词、疑问词、直拒词、断定词、禁止词、接续词、转折词、停顿词、指定词、赞叹词、根究词、急迫词、舒缓词、原谅词、历经词、总结词等共计 24 类 343 个。正文部分根据虚字要目,依次展开介绍。

(2)教科书编写模式。先介绍文法知识,再依次举例说明、示范练习、仿造练习。第二册以来所列举的语例和练习逐渐增多,编者试图通过呈现大量真实且富有变化的语例,帮助学生理解虚字的使用变化及表达效果,通过设计仿造练习,巩固所学知识,并促进虚字知识向语言表达的转化,为写作教学服务。

《蒙学求通虚字实在易》试图将文言虚词运用之妙以知识体系的形态表现出来,以讲授、练习等方式供学生学习,体现科学理性的精神。透过《蒙学求通虚字实在易》,可以看到文言虚词之复杂,要在文言写作中做到准确领会、灵活运用,难度确实

---

① 朱树人.蒙学文法教科书(上)[M].上海:文明书局,1903:1.

② 同上。

③《蒙学求通虚字实在易》(石印本)出版时间不详,有一种说法是光绪三十四年(1908)。

④ 施崇恩.蒙学求通虚字实在易[M].上海:彪蒙书室,1908:目录页.

非常大。可见由于写作语体的不同,文言写作与白话写作之间存在巨大的差异。

《速通文法教科书》《蒙学文法教科书》《蒙学求通虚字实在易》等文法教科书偏重于传授文法基础知识,另外还有一些文法教科书侧重于文法基础练习,如戴克敦的《汉文教授法》。

4.《汉文教授法》(戴克敦)

光绪二十九年(1903),戴克敦的《汉文教授法》由劝学会社出版发行。这套书注重将文法知识与基本练习有机结合,为写作能力奠基。这套书原分上下二编,上编设有 138 课,主要包括"识字造句、分类辨用诸法"①,按中等程度的学生 6 个月学完的进度来编写。"果课课不忘,定能阅粗浅者,各报各书,作句写信哉。"②这册书主要从实用读写技能来设置文法知识,特别注重文法知识的练习设计。下编包括"句中之字、句中之句、句中各字之排列、句中各字之联属诸法"③。这套书有明确的儿童意识,注意从儿童学习需要出发,循序渐进,"是书专为童蒙而设,故各字、各句皆就浅易立说,并无艰深之语,即入后稍有一二普通学语,亦曾递而进,极易领会"④。目前只见到上编。下面以名词知识为例来介绍该书的练习设计。

(1) 一般学习九类词,进行分辨练习,识别名词词性,掌握名词知识。

《汉文教授法》(上编)第 1 课到第 13 课,先将"名词、形容词、代词、动词、副词、后词⑤、接续词、助词、叹词"等九类词,以举例加解释的方式过一遍,让学生"略明大概";再以此为基础来设置变式练习,"学者试将以下所列各字,指明某字属何类,或以口答,或以笔写均可",下面在第 14、15、16 课分别列举 14 个各类词(原文称"字"),如"千、石、高、也⋯⋯",供学生分辨练习,培养其识别词性的能力。第 17 课对前面所学的名词知识内容,作了一个总结、提升,这是名词知识学习的第一层次。例如第 1 课与第 17 课之比较。

第一课 名词

凡地名人名及事物之名皆谓之"名词"

天 月 水 花 石 国⑥

第十七课

名词 名字分两类,曰特别名词,曰普通名词。

---

① 戴克敦. 汉文教授法[M]. 上海:劝学会社,1903:例言 1.

② 同上书,例言 2。

③ 同上书,例言 1。

④ 同上。

⑤ "凡虚字用法于名词及代词之后,或上下两句之间者皆谓之后词",如"自、以、届、于、之、与"等词。见戴克敦《汉文教授法》(劝学会社,1903 年)第 3 页。

⑥ 戴克敦. 汉文教授法[M]. 上海:劝学会社,1903:1.

凡专指一人、一地、一物、一时之名,谓之特别名词,如尧、舜、杭州等字是。

凡泛指各人、各地、各物、各时之名,谓之普通名词,如钱、币、墙、叶等字是。

问:名字分几类?何谓特别名词?何谓普通名词?

试各随举一句以明之,或自撰引书中成句均可。

(说明:这里列举的是第17课第1部分,原文没有标点符号)

（2）深入学习各类特别名词,分类辨析。

随后4课围绕着各类特别名词,引导学生深入学习。如第18课"人类特别名词、地类特别名词",第19课"物类特别名词、时类特别名词",第20课"人类普通名词、地类普通名词",第21课"物类特别名词、时类特别名词",每类名词都列举4—6个实例加以说明,这是名词知识学习的第二层次,分类辨析各类名词。

（3）名词知识分项练习。

掌握名词知识之后,进入知识练习层次,分别设置名词知识分类识别练习;名词知识填空练习;名词知识改错练习;名词知识整理练习;名词造句练习五个层次。

从第1课到31课都围绕名词知识,从多个层面,循序渐进地展开,由名词知识学习,到名词知识的变式练习,最后是名词造句练习,这就是戴克敦在"例言"中提到的"识字造句、分类辨用诸法"。从《汉文教授法》第1课至第31课的设计来看,其已经具备了单元教学的雏形,围绕着名词知识,第1课到第21课是名词知识层面的学习,第22课到第30课是名词知识的变式练习,第31课是名词造句练习。通过几个阶段的学习,帮助学生实现由学习名词知识向掌握名词造句技能的跨越,这显然具有大单元教学的特征。① 这是目前笔者所见最早的单元教学设计。

从第32课到第50课都围绕形容词知识展开,编写体例同上。作者注意比较中西文的差别,**发现汉语文的文法独特性**,如第45课,"上文已将形容词大略言明,然所言皆就单字而论尚有'双字双叠字'二类为西文所无,而汉文所有者,因亦列入"②,包括"双平形容词"和"双叠形容词",如"精明、坚固"和"高高明明"。此处对汉文独特性的自觉意识非常可贵,值得继续挖掘及发扬。中文与西方分属不同语系,不同书面语类型、不同语言文化传统,必然带来不同的写作特点。在模仿借鉴西方写作教学经验的同时,切不可自我蒙蔽,食洋不化。伟庐主人在《汉文教授法》中已经提

---

① 张鸿苓在《关于"单元教学"的探讨》中认为,单元教学最早出现在19世纪末20世纪初,是欧美"新教育运动"的产物。(见《教学研究》1985年第2期)朱绍禹在《中学语文教育概说》中认为,"五四"运动后,单元教学法传入我国。傅泽江在《单元教学 前景广阔》中认为,20世纪20年代,梁启超提出"分组教学法",反对单篇文章讲授,这是我国单元教学的发轫。一般认为,20世纪30年代,叶圣陶、夏丏尊的《国文百八课》将"文话""文法""修辞"系统打通,体现了单元教学的成形。转引饶杰腾先生《中学语文单元教学模式》第1—4页。本文认为,光绪二十九年(1903)出版的《汉文教授法》(戴克敦),就预示了单元教学的出现。

② 戴克敦. 汉文教授法[M]. 上海:劝学会社,1903:12.

出了一些汉语文写作的特点，如"汉文有一字易所，而义理大不相类者"，例如"不敢视"与"敢不视"；还有"字句易处，而义意不殊，仅有本末之差者"，如"无用者不许入此门、不许无用者入此门、此门不许入无用者"；还有文言文写作体现"文简而理周"。① 在诵读古诗文杰作时，也常能感受到一字传神，字字珠玑，神韵悄然而生的绝妙。

（二）叙事类写作教科书②

在字法、文法知识教学之后，一般会过渡到叙事类写作学习。因为按照学堂章程的规定，当时一般的写作教学顺序是：作文基础知识练习，记事类写作练习，应用类写作练习，论说类写作练习，章奏、诗赋类写作练习。可是有人提出不可先学叙事的主张，"叙事以记实事，议论以发胸臆，初学不可先学叙事。日报拙堂氏曰：叙事如造名堂，辟雍，门阶户席，一楹一牖，不可妄为移易，其议论如空中楼阁，自出新意，可谓知言"。如果从叙事文写作出发，"初学先用直笔为安"③。

《钦定小学堂章程》规定寻常小学堂第三学年，高等小学堂第一学年进行文言记事文写作教育；《奏定初等小学堂章程》规定初小第二、三、四学年进行日常俗话的记事文写作教育，高小第三、四学年还要进行文言记事文写作教育。

1.《汉文教授法》（伟庐主人）

光绪二十九年（1903），伟庐主人译辑《汉文教授法》④（卷一至卷十二），由上海商务印书馆出版发行铅印本。王云五对这套书的评价很高："作文之学中国向少法程，初学恒以为苦。是书遍采古大家名文，辨别体裁，区分门类；由句法而段法而篇法，逐一讲明，条理清晰，教授之法此为捷诀"⑤。这套书注重借鉴日本的有益经验，"余独居多暇，乃降求日本人之读吾中国书者，而编辑之。"⑥主要供文言文写作教学之用。

这套书将文体分为叙事类、议论类、辞令类、诗赋类四个方面，"此书于上三者，盖详言之，诗赋一体，姑从缺如"⑦。可见清末写作课程已经显露实用化趋向，诗赋写作逐渐淡出。这套书延续传统的文章写作观念，推崇前秦两汉文章，"唐文绌于汉，宋文绌于唐，自兹以下，作者盖鲜"⑧。

叙事类文章被划分为"记""序""叙事""引""传""纪事""墓志铭""墓表""行状"

---

① 伟庐主人. 汉文教授法（卷五）[M]. 上海：商务印书馆，1903：5.

② 专门的叙事类写作教科书很少，这里介绍含有叙事内容的写作教科书。

③ 伟庐主人. 汉文教授法（卷五）[M]. 上海：商务印书馆，1903：3—4.

④ 另有一套戴克敦编《汉文教授法》，由劝学会社于光绪二十九年（1903 年 5 月）出版发行。见顾黄初《中国现代语文教育百年事典》，第 997 页。

⑤ 王云五. 王云五文集（第五卷）·商务印书馆与新教育年谱[M]. 南昌：江西教育出版社，2008：23.

⑥ 伟庐主人. 汉文教授法（卷一）[M]. 上海：商务印书馆，1903：序 1.

⑦ 同上书，第 1 页。随着诗赋地位下降，属对练习无形中也受到影响。

⑧ 伟庐主人. 汉文教授法（卷一）[M]. 上海：商务印书馆，1903：序 1.

九类,并逐一作了解释:(1)记。"记者,记事之文也。祖于《禹贡顾命》《戴记学记》,实为滥觞,其文以叙事为主,唐宋韩苏以下,记体为之一变,其别体有三"①,分别是"托物寓意","始序而闲以韵语""题记"②。(2)序。"序者,绪也,亦作叙,叙次事理,而以言系之其体二。"③(3)叙事,包括"正叙""变叙"。(4)引。"唐以前无以引,名其文者,班固作《典引》矣,然实为符命之文,唐时始有此体……杂褚命题,各用己意,引文之类是已。"④(5)传。如史传、家传、托传、假传,还有变体如列传。(6)纪事。"纪事者,记志之别名,野史之流也。"⑤(7)墓志铭。(8)墓表。始于东汉安帝元初元年。(9)行状。

2.《绘图文学初阶》(1—6卷)

光绪二十八年(1902),杜亚泉的《绘图文学初阶》(1—6卷)由上海商务印书馆出版。"此书由浅入深,先以二三字联缀成简短之句,逐次增长至以数句联属成文,略成片段而止,学生读毕是书,则浅近之文学不难自解矣。"⑥这套书不仅沿用并改造了原先的属对练习,还设计了多种练习形式,由分项到综合,可以帮助学生掌握基本的叙事能力。

(1)属对练习的现代性转化

《绘图文学初阶》第1—2卷专门设置属对训练,依据新的需要,对属对进行改造。属对形态开始发生很大变化,原先采用《声律启蒙》《笠翁诗话》等专门的教材进行个别化教学,随着属对被编入蒙学教科书,实施集体教学,就需要结合其他内容进行改造。属对训练的功能,也开始从过去为诗赋写作服务转向为应用文写作做准备。"作对者,旧法也。然教法不同,则旧者可以翻新。盖名词、动词、静词,界限既清,则作对较易。"⑦就形式而言,出现了"二名词拼法""三名词拼法""四名词拼法"等。从《绘图文学初阶》第3卷开始不再设置专门集中的属对练习,多为课后练习题或安插在课文内容之间。总之,此时属对开始从过去的书馆、家塾向新式学堂渗透。下面对属对练习的改造略作介绍。

《绘图文学初阶》第1—2卷设置属对练习。

第1卷属对练习设计。第1卷有120课,从第2课开始便设置属对练习。第2课课文内容是:"白、黄、头、尾;白羊、黄牛、羊头、牛尾",课文后面有练习设计,"法问:白○、大○(凡字旁有圈者,令学生属对,不能者教之)"这里属对练习以课后练习

① 伟庐主人.汉文教授法(卷一)[M].上海:商务印书馆,1903:序1.

② 同上。

③ 同上。

④ 同上。

⑤ 同上书,序2.

⑥ 杜亚泉.绘图文学初阶(卷一)[M].上海:商务印书馆,1905:编辑大意1.

⑦ 刘师培.初等小学中国文学教科·文法总教授法(第一册)[M].上海:国粹研究会,1908:2前后.

题的形式出现。随后课文中，属对练习非常普遍，如第 3 课、第 4 课、第 5 课、第 6 课、第 11 课……第 21 课、第 22 课、第 24 课、第 28 课……都设置有属对练习。不过一直到第 80 课，还是"一字对"。

第 82 课开始设置"二字对"，如用"梧桐""小屋""红花"来让学生进行属对练习。第 98 课开始出现"三字对"，如用"白蔷薇""珊瑚树"来做属对练习，第 98 课围绕属对还设计了问题，如"法问：白蔷薇、珊瑚树，对玫瑰花"。

属对练习编排体现螺旋式上升的特点，第 99 课、第 101 课重新设计"二字对"，起到复习巩固的效果。不过从第 98 课开始逐渐过渡到以"三字对"为主。

第 2 卷属对练习设计。第 2 卷第 1 课设计"三字对"，如要求学生以"一本书""书一本"属对（此时属对不全用文言），第 3 课、第 7 课分别要求学生以"昨夜月""水涓涓"属对。第 26 课出现"四字对"，"法问：园内奇花"属对。第 30 课又是"三字对"，"法问：合我心"属对，第 50 课是"江滨白鹭"属对。第 62 课出现"五字对"，如以"青青园中槐"属对。"五字对"以后，《绘图文学初阶》第 3 卷里面单纯的属对练习极少见，逐渐过渡到句子及篇章练习，模仿造句、仿写短篇是常见的形式，在这过程中有时也会安插属对练习。第 3 卷第 83 课要求学生模仿、续写句子，《雨》："细雨绵绵，吾凭窗而观雨景，拈花一枝，疏雨萧萧，吾登楼而听雨声，吟诗一首"练习设计"于各段下再续一句。"这种仿写、续写练习侧重于基本语式的灵活运用，与过去局限于死记硬背经书，再依据圣贤经典的腔调、语句来练习写作的价值意义是完全不同的。仿写、仿造练习特别注重"仿中创"，意义表达是开放的，鼓励写出个性化的句子。死记经书，模仿应用，意义表达是封闭的。总之，形成属对练习、句子练习、篇章练习的叙事练习模式，从模仿造句、仿写短篇，过渡到书写短篇训练。

（2）其他叙事练习设计

◆ 根据文法，设计填空练习、删字练习或换字练习。填空练习，第 2 卷第 24 课："法问：或肥或（　），或（　）或智。"注意提供具体情境，贴近生活实际。换字练习，如第 2 卷第 74 课："我常误以此箸为笔。仿末句法造句，换去箸字与笔字。"删字练习，如第 2 卷第 83 课："我颇疑汝之所言（此句中欲删二字，何字可删）。"

◆ 调整字序，排列成句练习。第 1 卷第 34 课："法问：桃李可以联用，松李联用可乎？"[1]第 2 卷第 13 课："法问：（楼而登望）（行而马骑），括弧内之字令学生排好成句。"随着学生表达能力的提高，后来要求学生进行调整句序，排列短篇练习。第 2 卷后半部很多课的练习设计思路是，围绕一个基本句式，设计很多变形，要求学生熟悉、仿造。

◆ 仿造示范句法，改写句子。第 2 卷第 17 课："法问：洗衣以水（有二直线），旁

---

① 杜亚泉.绘图文学初阶（卷一）[M].上海：商务印书馆，1905：9.

有二直线者,令学生仿此句法,将课中各句均改换之。"

◆ 综合多种练习设计,帮助学生发现文法知识之间的相互关联,逐步由字词、句子走向短篇。如第2卷第31课:"法问:若干钱(仿此句式,造句练习);(否其轻物)括弧内之字令学生排好成句。"这还属于比较简单综合的层次。第2卷第55课开始设计变式综合题,引导学生比较句式之间的异同。第2卷第93课很有意思,课文短篇:"打狗:人打狗,此人打一狗,一狗为此人所打,狗被人打,此即打狗之人,此即被人所打之狗,狗为人之所打,狗被打于人。"[1]随文还配了非常有趣的插图,练习设计:"牵牛,以此二字为题,照各句仿造。"这就要求学生模仿各种句式,来编织短篇。[2] 提供课文即提供一个情境模式,引导学生在特定情境中生成句子。第2卷第93课是一个转折点,从这课之后,一般要求学生仿写短篇。

(3) 篇章练习设计

《绘图文学初阶》第3卷有107课,这一卷围绕儿童生活来选材,每课均有一个主题,还列有标题(以前各册都没有),借助一个有意义的篇章形式,综合设置第1卷、第2卷提出的各种练习形式,如属对,填空,调整字序、句序,仿写句子等,培养学生把握篇章的能力。此外,还开始设计新的写作练习。

◆ 练习写想象作文。第3卷第28课《图》,呈现一幅插图,练习设计:"门前停一车,车前系二马。以此意仿造此课。"

◆ 侧重思维训练的作文设计。第3卷第30课《高》,课文:"……地之有山,则山高于地矣。"练习:"如能反而言之,以低为题则妙矣。"(逆向思维训练)第3卷第96课《譬如》,课文:"人之心思,愈用则愈灵,譬如剑之愈磨而愈利也;人之学问,愈进而愈邃,譬如井之愈凿而愈深也。"练习设计:"剑愈磨愈利,犹心思之愈用愈灵也。仿此改第二节。"(隐喻思维训练)第3卷第101课《鸿雁麋鹿》,课文:"麋与鹿相似,大者曰麋,小者曰鹿,鸿与雁相似,大者曰鸿,小者曰雁。"练习设计:"以糖与盐为题,仿造此课。"(类比思维训练)第3卷第104课《知与能》,练习设计:"以不知者为知,以不能者为能,是欺人也。"(科学思维训练)

◆ 以学生体验到、观察到的日常生活来设计写作练习,如文字写生练习。第3卷第52课《寒暄语》,"试将今日天气造句",第3卷第54课《鸟》,"试将汝所知之鸟名写出"。第3卷第59课《目所见》练习设计:"将汝此时所见者,随写数物。"第3卷第60课《耳所闻》练习设计:"戏园中何所闻……"这其实就是写观察日记文章。第3卷

---

[1] 清末有很多语文教科书收录了有关猫、狗、牛、公鸡、狐狸等的白话短文,主要是为了引起儿童的兴趣;这种语言材料却不利于儿童书面语言的发展。现代白话文还处于萌芽时期,可供选择的白话文作品很少,所以被选为课文的白话文篇目显得粗俗浅陋,这是林纾等士大夫鄙视白话文选文的重要原因。一直到1934年大众语运动兴起,复古派还在抨击白话文的这一弱点。

[2] 第2卷第93课有明确的教学目标,有课文、插图、练习设计等,具有微型单元教学的特征。

第82课《居家》,练习:"汝居家作何事,答:……"《绘图文学初阶》第4卷开始转到议论文写作练习,不过还间隔地设计叙事类练习,供温习、巩固之用。

◆ 课堂表演练习。第3卷第56课《坐与立》,"试以二人,一为兄,一为弟,照此课演之"。

◆ 日记写作练习。日记写作是叙事类传统项目,新式学堂一般都要求学生写日记、记书札,教员还要检查、修改。清末虽然没有见到专门的日记写作教材,可是有不少普通语文教科书都安排了日记写作训练。第5卷第41课《日记》:"凡人每日所作之事,当书于一小簿以记之,作日记有三益:能查检往日所作之事,一益也;藉此练习记事之文,二益也。如有不可告人之事,为日记中所不可写者,则戒之不可为,藉此以检束身心,三益也"①。第42课《续前〈日记〉》:"兹摘录他人所写日记一条,以示作日记之法"②。两篇课文结合,将日记写作的知识教学与基本训练统一起来,辅之以教师的检查、督促,确保学生学会写日记。重视日记写作教学反映出当时的写作训练已经很注重与学生的生活世界对接,让学生写出自我。

◆ 口头问答,文白互译练习。第3卷第57课《苏州》,全课通篇是问答体,如"汝曾在苏州乎?……",练习设计要求学生联系实际,"本课中答语,任汝改换一句"。

参照第3卷整册书的篇目,从课文内容及练习设计来看,编者有意引导学生用自己的独特视角来观察世界,鼓励学生书写自己的观察以及切实感受,而不是上来就"征圣""宗经""代圣人立言"。于是学生的生活体验逐渐成为写作题材的主要来源,这与后来叶圣陶等提倡的作文生活化思想其实是一脉相承的。

上述各种练习的语言材料以文言文为主(包括一些浅显文言文),还有少量白话文。这套蒙学教科书已经显示出文言文与白话文相互沟通、转化的意图。如《绘图文学初阶》第1卷第25课:"法问:'腹'就是什么? 答就是'肚'。"第1卷第36课:"法问:'观'字、'视'字之意,与何字相似?"第1卷第119课:"法问:'花开矣'三字俗语如何说法? 答花开了。"第3卷第51课《而已矣》:"而已矣三字试以俗语解之。"

在阅读《绘图文学初阶》的时候,笔者能强烈感受到言文对照是主编杜亚泉的一个兴奋点,整套书涌现出许多"言文对照"的例子,不过从全书来看,由于当时白话文的势力还很弱小,还不能判断杜亚泉具有文言文要向白话文转化的明确观点。当然《绘图文学初阶》设计文言与白话的转化练习,与当时注重文字普及的时代趋势分不开,也是汲取诸多蒙学教科书编纂经验的结果。"蒙学一事不但为学生一身德行知识之基础,实为全国人民盛衰文野之根源,所关甚钜。"③教学建议方面,《绘图文学初

---

① 杜亚泉.绘图文学初阶(卷一)[M].上海:商务印书馆,1905:17.
② 同上。
③ 同上书,叙言1.

阶》还注意到尊重各地方言、风俗等特殊情况，"训蒙之法，须随本地之语言风俗事物以为权度，我国幅员广大，语言风俗事物错杂不齐，教师课读是书，如遇书中字句有为本地所罕见者，即宜随时改易，编辑是书者所切望也"①。

(三) 应用类写作教科书

《钦定学堂章程》规定：高小第二学年开始学习写日记、书札；中学第三学年开始学习写章奏传记等。《奏定学堂章程》规定，初小第五学年开始学习写日用书信；中学"当就各学科所授各项事理及日用必需各项事理出题，务取与各学科贯通发明"②，联系生活，培养实用写作能力。就应用类写作教科书而言，笔者见到最多的是各类尺牍教科书，有蒙学尺牍、初等尺牍、中等尺牍及高等尺牍，此外，商务尺牍、女子尺牍也特别多。具体如：《蒙学尺牍教科书》《初等女子尺牍教本》③《中等女子尺牍教本》(顾鸣盛，上海文明书局，1907年)、《高等女子尺牍教本》④《最新应用女子尺牍教科书》(杜芝庭，上海会文学社)、《新撰女子尺牍》(上海商务印书馆)、《最新商务特别改良——普通应用教科尺牍》(著者不详，上海商务印书馆)、《改良维新——普通应用商学问答教科尺牍》《改良维新——商务简易尺牍教科书》《最新商务特别改良普通应用教科尺牍》(上海商务印书馆)、《最新商务尺牍教科书》(周天鹏、周嗳，绍兴奎照楼书坊、绍兴聚奎堂)等。

在古代，尺牍仅为"文艺余事，故古人不入本集"⑤，可是清末对尺牍写作的需求旺盛，学校兴起尺牍的教学热潮，"自欧化输入我亚大陆，而函简亦列入学科。盖亲罄欵，通疑曲，缩重洋于咫尺，为益智之根源。书信实交通之机关也"⑥。从这句话来看，书信作文纳入学校教学是受"欧化输入"的影响。此外除专门的尺牍教科书之外，很多普通语文教科书也安排了书信写作内容。杜亚泉编写的《绘图文学初阶》第3卷第87课《写信》，设计的练习是"每人写家信一封，以三句为限"⑦，这显然是以文言文形式来写。过去书信写作一般是男子的事情，可是清末供女子学习的尺牍教材很多见。

1. 女子尺牍教科书

女子尺牍写作发达源于女性社会地位的提升。**1844年，传教士爱尔德赛在浙江**

---

① 杜亚泉. 绘图文学初阶(卷一)[M]. 上海：商务印书馆，1905：叙言 1.

② 课程教材研究所. 20 世纪中国中小学课程标准·教学大纲汇编·语文卷[M]. 北京：人民教育出版社，2001：269.

③ 供女学堂用的尺牍范本，或自修使用，定价每册大洋一角。

④ 这册教材见顾鸣盛《中等女子尺牍教本》(文明书局，1907年)背后的广告页，"是书乃丁女士一人所著，共四十余首，藻思绮合，清丽芊绵……女士名善仪，号芝仙，无锡人，少工书法，善诗词，娴绘事，有三绝称。故是书断非市侩之浅陋尺牍所能望其项背也。每部定价大洋两角"。

⑤ 顾鸣盛. 中等女子尺牍教本[M]. 上海：文明书局，1907：广告页.

⑥ 同上。

⑦ 杜亚泉. 绘图文学初阶(卷三)[M]. 上海：商务印书馆，1905.

宁波开办女塾,就笔者所阅读的文献来看是我国最早的女子学校。之后在大中城市相继出现教会女子学校。"到 1876 年时,全国已有女日校 82 所,学生 1 300 多人;女寄宿学校 39 所,学生近 800 人。"[1]清末梁启超、陈子褒积极提倡男女平等,倡导女权和女子教育。1907 年,晚清颁布《女子师范学堂章程》《女子小学堂章程》,女子教育有了合法地位。这时清廷准许设立女学[2],只是禁止男女同校。由于适用于男子的尺牍教科书,并不见得适用于女性学习,于是便有了专门供女子自修之用的尺牍教科书。因清末社会文化因素投射到男女尺牍交际差异上,造成男女尺牍教科书的明显区别。"吾国旧俗女子不得有阃外之交际,故舍致书其夫与其亲属外,其他音讯殆罕通焉。款式一切是用不讲。方今女学大兴,文化渐启资于函牍者,日益夥本馆既撰为女子尺牍,以示模范。然犹虑款式称谓之未谙悉也。爰就专属女子之事,修列一二以为取法。"[3]

女子尺牍教科书具有以下特点:

(1) 语言多为浅显文言,为方便自学,有些还特别添加评注。如光绪三十三年(1907 年)出版的《最新应用女子尺牍教科书》属于文言文尺牍,为降低学习难度,采用白话或近似白话来解释,这为后来编制白话文尺牍教科书创造了条件。尺牍教科书一般内容简单,有详细的分类说明及格式示范。

(2) 女子尺牍教科书的内容选择对接我国宗族文化。不少女子尺牍教科书就是根据家族人伦关系来设置课程内容,多以"家庭""亲戚""友朋"三类为主,其中又以"家庭"偏多。

(3) 女子尺牍教科书的内容编排模式。第一、从读者(女子)的交往关系出发,按照交往对象的重要程度,从主到次来确定学习序列。据此可以了解清末女子社会交往关系。如光绪三十三年(1907)出版的《中等女子尺牍教本》(顾鸣盛,上海文明书局)反映的多是同性交往。第二、按照女子的交往事项来安排尺牍内容。

(4) 女子尺牍写作格式要求非常苛刻,折射出当时女子地位的卑微。尺牍教科书对女子写作的称呼、措辞、落款等的要求,反映出女子的社会关系及身份特征。《最新应用女子尺牍教科书》详细列举了"抬头相呼"的种种情形:

◆ "女子不得称阁下足下,执事对于尊长,可用尊右慈鉴,对于平辈可用妆次雅

---

[1] 石鸥,吴小鸥.百年中国教科书图说 1897—1949[M].长沙:湖南教育出版社,2009:43.

[2] 女学后来的发展:民国成立后,规定小学可以男女同校,但主要局限在初小。"民国初年的教科书,已经注意到对男女平等、女子上学且男女同校的新教育理念的推广。"(石鸥,吴小鸥.百年中国教科书图说 1897—1949[M].长沙:湖南教育出版社,2009:150)新文化运动及五四运动对封建礼教的批判,推动了女子教育的发展;1917 年,全国教育会联合会提出了扩大女子教育的议案,1918 年获得教育部批准;1919 年,高小男女可以同学同班;1920 年北京大学正式招收女生,中等学校男女同学之风兴起。

[3] 著者不详.新撰女子尺牍(上)[M].上海:商务印书馆,1907:1.

鉴等字样。至于书中陈事对其人之称如尊长称大人称长者。平辈称左右之类尚可通用";

◆ "弟子之于业师,近世多称夫子大人,惟女子似不宜用,仍以称先生或业师为妥";

◆ "女子适人古时候称其夫为夫子或称谓伯(如诗伯也……),今世有称外子者,自称曰妾,亦有互称别号者,似以称外子为雅";

◆ "妇女无叩头跪拜之礼,故旧书信煞尾,不用顿首拜手等字样,只用检衽二字或庄肃谨启之类以示区别";

◆ "尺牍中常用之词语,有不宜用之女子者,如盼望来客则曰企足以待,喜闻某事则曰距跃三百,若此之类,用之皆有语病,临文时最宜斟酌";

◆ "中国女子旧时多无名子,即有亦不著与函简。近自女界开通,女子俱以姓名著,则下款不妨署名"。[①]

从这些"抬头相呼"来看,当时社会对女子尺牍的要求十分苛刻,折射出清末畸形的社会文化。可见作文不是真空书写,特定文化环境必然渗透进作文教学过程之中。

2. 商务尺牍教科书

清末商务尺牍教学发达,商务尺牍教科书一般按商务交往性质门类安排教材内容,主要解决"办什么事""如何写""如何答复"等问题,以方便商务书信往来。一般仅仅提供实用尺牍范本,很少见到讲解相关尺牍知识。

3. 尺牍写作词汇

笔者还发现一种特别的应用尺牍教科书,专为写信提供各类专门词汇,如《最新商务特别改良·普通应用教科尺牍》(著者不详,上海商务印书馆)。作为小学写作教材,按照专门分类,提供常见的尺牍写作词汇,并加以解释或提供例句。目前找到四册,即《写信必读》(卷三)、《写信必读》(卷四)、《写信必读》(卷五)、《写信必读》(卷九),分别提供问候类、请托类、求恳类、契约成规等方面的尺牍写作常用词汇及各种称呼用语。

(四) 论说类写作教科书

文言论说类写作一般在小学堂高年级"作文"课中就已出现,重点安排在中学堂"中国文学"课中,一直居主导地位。这种情形直到民国成立后废除读经讲经科才得以改变。

笔者查阅过的文言论说类写作教科书包括:《汉文教授法》(伟庐主人,上海商务印书馆,1—2册),《论说入门》(程宗启,上海彪蒙书室,1—4册),《论说入门·初集》

---

① 著者不详. 新撰女子尺牍(上)[M]. 上海:商务印书馆,1907:2.

（程宗启，上海彪蒙书室，1—4册），《论说入门·二集》（彪蒙编译所，上海彪蒙书室，1—4册），《论说入门·三集》（彪蒙编译所，上海彪蒙书室，1—2册），《论说入门·四集》（程宗裕、钱宗翰，上海彪蒙书室，1—2册），《论说入门·五集》（程宗裕、钱宗翰，上海彪蒙书室，1—2册），《论说启悟集·初编》（程宗启，上海彪蒙书室，上下册），《论说启悟集·二编》（程宗启，上海彪蒙书室，1—4册），《论说启悟集·三编》（程宗启，上海彪蒙书室，1—4册），《最新作文教科书教授法》（戴克敦，上海商务印书馆，第2册）等。

1.《汉文教授法》（伟庐主人）

伟庐主人译辑的《汉文教授法》（卷一）对议论类文体作了说明。"议者，宜也。周爰咨谋，以审事宜也。大要遵经析理，审时度势，文主辨洁，不尚繁缛，事贵明核，无取深隐。其类二：奏议之类　私议之类。"[①]清末论说文写作的核心目的是学会作"奏议之类"文章，以图仕途亨通。

"论者，议也。又纶也，弥纶群言，以研求一理者也，其名始于《论语》[②]"，"其条列分为四品，释经宜注疏合体，辨史宜评赞一机，注文当叙引共轨，陈政当议说同科"[③]，这里提出"四品"，不仅将论文分为"释经""辨史""注文""陈政"四类，还对每类写作要点加以说明……按论文体裁分类，可得七类，分别是"政论、经论、史论、文论、讽论、寓论、设论"[④]等。

"说者，所以解述也。解释义理，以述己意，其名始于《说卦》，其体传经义，更明己见，抑扬纵横，以详瞻为上，与论大异。"[⑤]可见"说者"最初和议论密切相关，后来又有分化，"后世又有名说、字说之别，以与说异，故别为一类"[⑥]。可见，说明文可能是从议论文转变过来的。

除"议者""论者""说者"三者之外，清末议论类写作还包括"解""辨""释""原""赞""箴""铭""戒""规""对""题"等诸体。其中"原者，本也，推论其本原也"[⑦]，也就是探求本源、回溯类的文章。"规者，规其阙失也"，"问对者，文人假设之辞也"，"跋、书、读、题跋者，简篇之后语，凡经传子史诗文书图之类，前有序引，后有后序，后之贤者，或应人之请求，或因有所感，则撰词以缀简末，其名四：曰题、曰跋、曰书、曰读某题者，谛也，审谛其义也"[⑧]。在诸多文体中，清末写作教学是以论说文或议论文为主流正统。

---

① 伟庐主人. 汉文教授法（卷一）[M]. 上海：商务印书馆，1903：3.
② 原文用（）来表示《》。
③ 伟庐主人. 汉文教授法（卷一）[M]. 上海：商务印书馆，1903：3.
④ 同上。
⑤ 同上。
⑥ 同上。
⑦ 同上书，第4页。
⑧ 同上书，第5页。

2.《绘图文学初阶》

《绘图文学初阶》[杜亚泉,光绪二十八年(1902)]第 4 卷除温习前 3 卷的内容之外,开始转向议论类写作内容。第 4 卷前面几课比较简单,主要围绕选文内容,引发学生对一些自然现象、生活现象的思考。第 4 卷第 3 课,课文大意是桃树开花,结果而采,练习设计:"汝等知桃子如何结成,有开红花而不结桃子者乎?"第 4 卷第 26 课,练习设计:"喜鹊欲使巢中柔软,当用何法?"这类侧重于课文理解的练习设计,一直延续到第 4 卷第 30 课,注重针对因果关系设问,同时渗透一些科学知识或科学观念,可算是为议论类写作打基础。

之后便安排简单的议论片段练习。如第 4 卷第 36 课,课文大意是介绍山羊的特点,并将山羊与绵羊比较;练习设计:"论绵羊之用,前课参看,限做三句。"第 4 卷第 62 课,课文:"鸡能司晨,犬能守夜……"练习设计:"汝辈应作之事何在?"

《绘图文学初阶》第 4 卷的编写模式①是,首先列举课文,引起学生思考,然后围绕课文,设计议论文片段练习。例如:第 4 卷第 44 课《论口之用途》;第 4 卷第 48 课《论秋景之美》;第 4 卷第 50 课《论过劳之害处》;第 4 卷第 54 课《论顽童之非》;第 4 卷第 55 课《论讲故事之益处》;第 4 卷第 57 课《记留声机器》;第 4 卷第 61 课《论读书以解说其意为要》;第 4 卷第 65 课《论父母之恩》等。

由上可见,《绘图文学初阶》的写作课程设计已经在挣脱文言写作教学的传统规范,注重从社会实际出发来安排作文练习,注重体现科学精神与尊重儿童的现代教学理念。除《绘图文学初阶》之外,清末还有不少写作教科书开始全面渗透来自西方的各类科学知识、自由民主观念、爱国主义等。比如光绪三十四年(1906)彪蒙书室出版的《蒙学论说实在易》(4 册),虽然只是一本蒙学阶段的作文读本,但其中大量引进了有关科学、民主的现代词汇。"作者在编排例文时,十分注意引入科学、民主以及强国富民的内容。如《空气有各种能力论》、《万物始于质点论》……等关于自然科学方面的。《植国之要在法律论》、《欧西政治多博爱主义论》、《泰西国民有议政权论》……等是关于民主与政治学科的。"②还有一些外国翻译作品,被选入语文教科书,如《绘图文学初阶》(1905 年)第 5 卷第 57 课《二友》,就来自《伊索寓言》的徒步者(The Hikers)。

文言论说类写作注重延续古典作文经验,如讲究字法、句法、章法,讲究起承转合的篇章结构练习。这一点笔者在翻看这类教科书时感受很深。

为方便写作教学,清末还有一些文章选本供学生揣摩、模仿之用。如陆基所编《初级古文选本》(10 册),由中国图书公司出版发行。奋翮生选编的《祖国文苑》,

---

① 从编写思路来看,有点类似于现在的材料作文形式。

② 石鸥,吴小鸥. 百年中国教科书图说 1897—1949[M]. 长沙:湖南教育出版社,2009:24.

"奋翮生取古代佳文,按深浅分为 4 卷。卷 1 以平畅为主,卷 2 以谨严为主,卷 3 以渊雅为主,卷 4 则取《史记》及最佳词赋数篇,以备研究高深之助"①。林纾所编《中学国文读本》、廉泉所编《国粹教科书》、吴曾祺所编《中学堂国文教科书》都是文言作品选。林纾所编《中学国文读本》(上海商务印书馆,1908 年)是清末最有影响力的文选之一,全套 8 册,共选取从秦汉三国到清代文言作品 309 篇,其中杂记类 70 篇,书牍类 46 篇,论辩类 44 篇,诗歌及骈文没有入选②。吴曾祺所编《中学堂国文教科书》(上海商务印书馆,1908—1911 年出版),全套 5 册,共选取从先秦到清代的文言作品 709 篇,作者达 266 人,不选诗歌和骈体文。目前北师大馆藏第 2 册,自金至明的选文 127 篇,入选文章最多的是归有光,入选 14 篇。第 2 册文体包括游记、碑记、书序、赠序、人物传记、家训、墓志铭、寓言、书信等。③ 此外《南洋公学课文汇选——作文选》(张美翊,1904 年),由上海南洋公学出版发行,作为中学写作教材使用。

第三节　学堂章程时期的写作教学

一、学堂章程时期的写作教学概貌

明末清初西学东渐以来,知识教学观念开始输入我国,过去的教学方法逐渐松动。我国古代教学方法建立在传统的哲学观念基础之上,受"性""命""理""气"等范畴影响,教学过程注重体验、涵泳、虚静、持志、领悟、直觉等。教学内容太过玄奥、远离生产实践,特别强调死记硬背的学习方法。从写作教学来看,为适应"文以载道""征圣""宗经"的精神旨趣,体现"代圣人立言""发乎情止乎礼义"的要求,逐渐形成"以读代写"的写作教学观念。此处的"以读代写"意指"写"的形式化,作者的意义被掏空,满纸"圣人言",造成"作者主体不在场","圣旨圣意"不断复写的再生产。这种"以读代写"造成的后果就是,写作主体的异化,写作自由的消逝。这种现象在八股文写作中比较常见。西方传教士推行的新式教法呈现新的面貌。"新式学校集中体现了西方近代科学、文化精神,体现了西方教育风格"④,"在教学方法上,教习们将西方的注重理解、发挥学生个性等教学原则带了过来,不强求学生死记硬背。学生按

---

① 王建军. 中国近代教科书发展研究[M]. 广州:广东教育出版社,1996:186.
② 闫苹,段建宏. 中国现代中学语文教材研究[M]. 郑州:文心出版社,2007:6—7.
③ 同上书,第 1—2 页.
④ 熊月之. 西学东渐与晚清社会(修订版)[M]. 北京:中国人民大学出版社,2011:225.

知识程度分班,教习根据学生的不同程度,授以不同的教材"①。道光十九年(1839),马礼逊学堂开学,首任教师布朗在1840年4月报告中写道:"这不仅是教学,而且是一个教育团体,目标是训练整个的人,包括德、智、体。遵照这个目标,我安排学生们半天读中文,半天读英文。早晨六点钟开始,到晚上九点钟结束,其中读书八小时,其余三、四小时在户外场地上运动和娱乐。……孩子们和我的家庭融合在一起,我们待他们如同自己的孩子,鼓励他们对我们产生亲密无间的信任,成为我们最好的朋友。"②新的教学环境在整体上影响着写作教育的方法选择,西式教学法比较注重学生主体的兴趣、爱好,注重学生个性的自由发挥,相反古代文言写作教学法建立于师生封建等级关系上的,缺乏儿童意义世界的建构,"代圣人立言",强调"道统"亦在情理之中。写作教学的生态环境对写作教学法有根本性的影响,"戴着镣铐跳舞"可谓是文言写作教学的常态。

在西方科学思潮的影响之下,我国写作教学呈现出科学转型的发展态势,其突出特征就是写作知识受到尊重,正式构成写作课程内容。随着心理学、教育学的输入,我国现代写作教学开启科学化的探索历程,开始区别于过去官学、书院、私塾的教学法,注重尊重学生的主体与个性,使用贴近学生的教学方法,教学内容对接儿童生活。总之,在西学东渐的影响下,清末写作教学出现新的发展契机,面临现代转型。

(一) 写作教学的组织形式

借鉴西方学制,清末中小学堂改变了原来的个别教学制度(私塾教学、书院教学),转向分组教学、分班教学,班级授课制度成为中小学堂的基本教学组织形式。写作教学由原来的"学徒制"转向集体教学,过去适用于个别教学的文言写作教学方式、方法,现在难以推行,开始探索新的写作教学方法。如属对教学,过去私塾先生根据学生水平差异分别教学,进度不一。如鲁迅1926年在《从百草园到三味书屋》中回忆幼年接受属对训练的情形。新式学堂采用班级授课制以后,开始尝试班级模式下的作文教学法。

(二) 师生关系与写作教学

教学组织形式的改变带来师生关系的变化。清末学堂的师生关系主要还是延续过去的封建等级关系,学生称呼老师为"老爷""夫子大人",还要行跪拜礼等。只是在一些新式学堂及具有维新进步思想的教师那里,师生之间才冲破固有的等级关系,开始建构新型的民主型师生关系。在私塾教学中,实行个别教学制。随着分组教学、分班教学的推行,教师与学生由原来一对一的关系,转化为一对多("组"或

① 熊月之.西学东渐与晚清社会(修订版)[M].北京:中国人民大学出版社,2011:98.
② 顾长声.从马礼逊到司徒雷登——来华新教传教士(修订版)[M].上海:上海人民出版社,1985:96.

"班"集体）的关系，需要加强师生互动、调动学生，写作教学法如问答法、翻译法的运用及课堂小练习越来越多。当时还特别强调教师对文法、章法等写作知识的讲解、举例及组织练习，过去私塾老师中只强调背诵，不讲解文意的会遭到批判，还可能被斥为"懒惰"。《奏定学堂章程》规定中国文字科第二学年"讲积字成句之法，并随举寻常事实一件，令以俗话二三句，联贯一气，写于纸上"，第三、四学年"讲积句成章之法，或随指日用一事，或假设一事，令以俗话七八句联成一气，写于纸上"①。这要求综合应用讲授法、问答法、翻译练习法（口语与书面语之间的转换练习）、想象法等多种写作方法。

（三）写作教学内容的变化

废除八股取士制度以来，士人的生存方式向现代转型，很多读书人开始从"官场"转向"职场"，如进外企洋行、创办报馆、进入工商业等。学生对写作教学的需求更加多样化，更重视社会交际、职场生活所需要的写作技能，写作教学向实用化、知识化发展。如是写作的技艺属性得到强化，原有的"写作养气"、注重精气神的观念渐渐淡化。总之，清末写作教学注重对接儿童生活经验，从实用目的出发来设计作文练习，训练应用性、交往性的作文技能。此时还不习惯于分科教学，写作教学还特别注重与其他学科的联络与整合，与修身科、物理化学等关系密切。

（四）写作教学方法的变化

文言写作教学更多沿袭古代作文经验，有些写作教授书采用新的思想方法，进行系统的整理、归纳，呈现文言写作教学的集大成状态，当然这无法挽救文言写作教学的式微。在现代语境下，文言写作教学的改造势在必行，文法知识助推写作教学已成趋势。随着社会性白话写作实践的发展，俗话、口语参与作文过程，出现白话写作教学的萌芽，清末写作教学呈现出新的面貌与生命力。总之，清末以文言写作教学为主导，白话写作知识混杂在文言写作教材里面，实施文言与白话的混合式教学。

小结：在西学东渐的背景下，清末社会的综合环境发生巨大变革，人们的生命体验、审美观念也急速变化。在翻译文学的推动下，清末社会性写作实践开始转型，古典文学开始往现代文学转向，写作所要传达的意义世界已经和古代社会的写作实践渐行渐远，人们的精神生活正在发生整体性的变迁。基于此，挣脱文言写作教学的束缚，白话文写作教学逐渐萌芽。从消极方面来说，因清末"忠孝"为本的教育宗旨，写作教学与封建伦理、修身教育混杂，以忠孝义理为本，写作主体性缺失。从积极方面来看，写作教学吸纳现代心理学、教育学的基本精神，注重儿童身心发展特点，尊重儿童的实践经验及兴趣特点，借助写作知识来组织教学，呈现写作教学科学化的

---

① 课程教材研究所.20世纪中国中小学课程标准·教学大纲汇编·语文卷[M].北京：人民教育出版社，2001：6.

发展倾向。总体而言,清末学堂的写作教学呈现古今杂糅、中西兼备的混合特征。

二、学堂章程时期的分类写作教学

贯彻"忠孝"为本的宗旨立场,清末写作教学呈现出"中体西用"的精神面貌,形成以基础知识类教学、记叙类写作教学、应用类写作教学、论说类写作教学为主的总体架构。具体来说,分为三个层面,即底层是基础知识类教学,中层是记叙类与应用类写作教学,高层是文言论说写作教学,致力于训练臣民的写作能力。白话写作教学已经萌芽,主要往基础层、应用层渗透。

表 2-13　清末中小学写作教学结构表(1902—1911 年)

层级	写作教学类型		培养目标: 臣民的写作能力
3 高级层	文言论说写作教学 (策论、说理文)	高级应用文写作教学 (章奏)	官吏的写作能力
2 应用层	记叙类写作教学 (记事文)	应用类写作教学 (尺牍、日记、书札)	百姓的写作能力
1 基础层	基础知识类写作教学 (字法、句法、章法、属对)		
人文基础	诵读四书五经,发扬忠孝文化		

(一) 基础知识类写作教学

基础知识类写作教学主要是为各类文体写作打基础、做铺垫,要学习字法(词法)、句法、章法、篇法即文法知识辅助写作教学。原来的属对教学逐渐被改造,侧重为应用类作文服务,从而融入新的教学结构。

文法知识辅助写作教学是受西方文法知识教学的影响,追求习作教学效率的结果。19 世纪晚期及 20 世纪初的文法知识生产状况,也为之提供了可能性。在《马氏文通》的影响之下,有一系列的文法知识研究成果问世,如金兆梓的《国文法之研究》《实用国文修辞学》(时间不详),沈颐与黎锦熙合编的《国语文法系统表草案》(1920年)等。① 不少人开始采用西方语言学研究法,编写文法知识教材,为写作教学服务。原来单一的属对教学开始瓦解②或重新被改造、利用,融入文法知识教材。应该说,文法知识辅助教学揭开了现代写作教学的新篇章,从此我国写作教学逐渐被引导着

---

① 石鸥,吴小鸥. 百年中国教科书图说 1897—1949[M]. 长沙:湖南教育出版社,2009:124—166.

② 千百年来沿用的属对教学,顷刻间被瓦解、改造,简直不堪一击,其根本原因就是属对教学仅仅满足于经验教学,"师傅带徒弟",没有自己的学理、学统,所以在有学理根基的西方文法知识教学面前,很快败下阵来。

走上知识化、技能化之路。[①]

现代写作教学的知识化、技能化,是受西学东渐长期影响积淀的产物。与过去的八股文写作相比,新式学堂(如京师同文馆)的写作教学,配合翻译人才的培养,强调经世致用,开始倾向于技艺属性。《马氏文通》是一个关节点,开始生产文法知识,致力于为写作学习提供便捷高效之路。受《马氏文通》启发,陆续有不少文法知识教材出版问世,如前面提及的戴克敦的《汉文教授法》、王绍翰的《速通文法教科书》、朱树人的《蒙学文法教科书》、施崇恩的《蒙学求通虚字实在易》、杜亚泉的《绘图文学初阶》等都明显受到《马氏文通》的影响。在这些文法知识教材的影响下,逐渐出现"识字造句,分类辨用诸法"[②],围绕词性分类、识别、运用,学习句子结构、功能;还围绕篇章起法、承法、转法、结法设计诸多练习方法。此外,还结合具体选文来评析、学习,结合实际问题来练习短篇写作等,写作教学的知识化、技能化趋势明显,开始走出盲目摸索、耗时低效的困境。

(1)清末文法知识概貌。清末文法知识主要为文言写作教学服务,大致属于文言文的文法知识,包括马建忠提炼出来的九类字(词),即"名字、代字、动字、静字、状字、介字、连字、助字、叹字",名字(词)等各类词的二级分类;各类字(词)的组词造句功能。在上述文法知识板块中,虚字知识功能特殊,掌握难度很大,被列为文法知识教学的关键性知识,有不少文法教材专攻虚字文法知识。还有各种句式知识、语式知识,文章章法知识。除虚词之外,造句练习在当时也被特殊对待,有专门的造句教材,设计系统的造句训练。写作技能知识有时也被收录到文法知识教科书中,包括审题技法,起笔技法,点题技法,照应技法,转承技法,结语技法等。除文言文的文法知识之外,随着白话文写作实践的发展,清末还出现了一些白话文文法的探索,在一些文法教科书里面常能见到将文言语言现象与白话语言现象对照、比较,从而提出语言使用的建议。

由于文法知识生产方法的变化,原来的"小学知识"(音韵、文字、训诂)前景式微,新的文法知识自从《马氏文通》之后蓬勃发展、日渐增多。在这种情形下,属对教学发生巨变,"作对者,旧法也。然教法不同,则旧者可以翻新。盖名词动词静词,界限既清,则作对较易。凡授课之余,可以将授过之名词,随举一二字,令学生作对。如一学生不能答,则再令一学生答之。倘终无一人能答,则教者即代作一对,以示之。此时在学生一面,或不拘平仄亦可。惟能解平仄者,必加记分数,以资鼓励,实国文入门之要诀也(以下二三四册俱仿此)"[③]。

---

① 造句法也属于知识、技能化写作教育范畴。
② 戴克敦. 汉文教授法[M]. 上海:劝学会社,1903:例言 1.
③ 刘师培. 初等小学中国文学教科·文法总教授法(第一册)[M]. 上海:国粹研究会,1908:7.

（2）虚字（词）教学法。虚字（词）教学法一般按照文法教科书安排，以虚字（词）知识为纲目来确定教学序列，通过举例说明、分辨识别、示范练习，学生变式练习进行教师检查、指导、督促等方式来推进。虚字学习过程还会安排复习、巩固环节。这属于专门的知识型虚词教学法，另外还有一种虚字教学法比较通行，即在学习文选过程中，依据阅读提示或虚字本身的重要程度，随文讲解，帮助学生领会虚字运用的佳妙之处。这两种虚字教学法都区别于过去单纯死记硬背、全赖学生领悟的方法。

（3）造句法教学。造句法教学是文法知识辅助写作教学的重要内容之一。我国原来没有造句训练法，造句法是借鉴西方，从外语写作教学中借用、移植过来的写作教学法。光绪三十年（1904）颁布的《奏定学堂章程》及宣统元年（1909）颁布的己酉旧章都明确提出"造句、联句"的写作训练法。光绪三十一年（1905），彪蒙编译所编撰专门的造句教科书，即《绘图蒙学造句实在易》，全书分16法，每法冠以白话解说，并加比喻，明其作用。具体如"一字拼一字法""一字拼三字法"。①

甲午海战之后，清廷开始创办新型的公立普通学校，其中比较知名的有盛宣怀在天津创办的"中西学堂"（光绪二十一年即1895年，1903年改为北洋大学堂）和在上海设立的"南洋公学"（光绪二十三年即1897年，上海交大的前身）。南洋公学的外院即师范院附属小学，设有国文课程。"在1900年以前这两所学校是当时'最进步的教西学的学校'。学校中所采用的教学方法也是比较进步的。它也注意到用新法教儿童识字和造句等，不采用完全要儿童死记、死背课文的传统教学方法。"②可见这时候已经有识字、造句的教学方法。

造句法要求依据字或词的语法分类，根据字或词的句法功能来仿写或造句。这种教学思路在《马氏文通》中有所体现。"凡字相配而辞意已全者，曰句"③，"凡有起词、语词而辞意已全者曰句，未全者曰读。起词者，即所志之事物也；语词者，事物之动静也。故欲知句读之所以成，当先知起词、语词之为何"④。总体而言，"是书本旨，专论句读，而句读集字所成者也。惟字之在句读也必有其所，而字字相配必从其类，类别而后进论夫句读焉"⑤。可是以前没有关于字类及其语法功能的研究，"夫字类与句读，古书中无论及者，故字类与字在句读所居先后之处，古亦未有其名"⑥。所以，"是书所论者三，首正名，次字类，次句读"⑦。于是马建忠依据大量的文言例句，

---

① 石鸥,吴小鸥.百年中国教科书图说 1897—1949[M].长沙:湖南教育出版社,2009:23.
② 陈景磐.中国近代教育史(第2版)[M].北京:人民教育出版社,1983:113.详见福开森.中国政府学校[J].教育季报,1909(6月号).
③ 马建忠.马氏文通[M].北京:商务印书馆,2008:24.
④ 同上书,第385页。
⑤ 同上书,第15页。
⑥ 同上。
⑦ 同上。

"大约有七千到八千句"①，提出一套系统的汉语文法知识体系，以供童蒙学文之用，从而避免暗中摸索、费时低效之弊病②，"童蒙入塾能循是而学文焉，其成就之速必无逊于西人"③。马建忠提出的这套汉语文法知识，试图揭示文言写作的奥秘，供文言文写作教学之用。

> "格郎玛者，音原希腊，训曰字式，犹云学文之程式也。各国皆有本国之格郎玛，大旨相似，所异者音韵与字形耳。童蒙入塾，先学切音而后授以格郎玛，凡字之分类与所以配用成句之式具在。明于此，无不文从字顺，而后进学格致数度，旁及舆图史乘，绰有余力，未及弱冠，已斐然有成矣。"……如果研究透了此书，"不惟执笔学中国古文词即有左宜右有之妙"。④

这种根据分析、提炼，形成文法知识，再依据文法知识来搭配、组合及生成句子的方法，反映出西方分析型的思维方式。这与我国注重整体、综合的传统思维方式差异较大。⑤"马建忠与当时欧洲流行的普遍唯理语法非常合拍"，而且"认为无论中外古今，语法的大纲都是'概无不同'的，于是基本采用拉丁语语法的框架来写汉语语法，因为认为上古汉语与后世汉语的差别不大，就把从先秦到唐代文言的语法看作一个系统，把历时语法当共时语法来描写"⑥。与马建忠的文法知识体系相互呼应，造句法所走的路子也是"普遍唯理语法"，偏重语言形式，比较忽视作者意义世界的复杂变化。

（4）章法的教学。古文写作注重章法，清末写作教材也有不少章法知识。从章法知识教学来看，主要包括两种设计思路：一是以间接的方式来学习章法知识，即通过学习古文名篇注疏来领会文章章法的运用。因为名篇佳作蕴含鲜活的文法知识，教师以此作为文本依据，通过分析、诵读、体会、提问等方式，可以帮助学生理解、领悟章法知识。如吴闿生编写的《桐城吴氏文法教科书》就为学习章法知识提供了方便。"曩刻先君所选古文读本，为初学善本第疏释，不具读者病。诸保定两江公立小

---

① 马建忠.马氏文通[M].北京:商务印书馆,序 1。这是吕叔湘于 1980 年 5 月 10 日为《马氏文通》重印作的序言。
② 至今还有人认为，写作"不可知""不可言""不可教"，写作能力是学生摸索、领悟的结果。马建忠就是试图改变个体盲目摸索的过程，提高学文的科学性。这也是现代写作教育的必然追求。20 世纪 80 年代出现的刘锡庆的《基础写作学》、林可夫的《基础写作概论》、吴伯威的《基础写作教程》就是试图推进写作的科学化、现代化。
③ 马建忠.马氏文通[M].北京:商务印书馆,2008:13.
④ 同上书,例言 15。
⑤ 借助马建忠提出的文法知识来进行造句练习，在我国试行了近百年，21 世纪初新课程改革时，对这种造句训练方式有所淡化。如何来看待百年来的造句练习法，还值得深入研究。
⑥ 马庆株.《马氏文通》一百年[N].中华读书报,1999-12-01(6).

学堂既成,请文法教科书。于余因取读本中韩非诸难粗加诠次,益以史公序赞若干首,本于庭训,不惜详且尽慰蒙求也。"①吴闿生选注的篇目是《韩非子难解第一》《史记序赞解第二》。这种章法教学比较多见。二是直接传授章法知识,提供适切的篇章加以解释。教师以这种教学方法帮助学生理解什么是章法知识,有哪些章法知识,具体运用还需要学生自己去体会和实践。这种直接的教学方式出现得稍晚。

总之,经过长期的探索,逐渐形成了以识字、联字、组词、造句、章法为特征的文法知识辅助教学模式。在这种教学模式的影响下,写作开始注重文法知识等语言基础知识对写作的教学价值,如在识字教学环节,进行精细分析、合理排序,考虑有关字的词性、字的音节特征、字的使用情况,学生接受情况,当时的学习环境等众多因素。应该说清末学堂章程时期,文法知识辅助教学已经具有一定水平。从商务版《最新初等小学国文教科书》的设计来看,文法知识教学中还注意到了写作基本技能的训练。

(二)记叙类写作教学

清末记叙类写作教学有一个非常宝贵的特点,就是开始注重联系儿童的日常生活来设计写作练习。这个特点在学堂章程、写作教科书及写作教学中都有所体现。不少写作教科书(主要适用于低年级)非常注重与儿童生活相联系,设计写作练习,如上文介绍过的《绘图文学初阶》等。从实用型写作目标出发,也必然需要将写作教学与儿童生活关联起来,这其实反映出清末基础学科教学的一般思想倾向,比如《奏定学堂章程》规定:地理学科第一年"讲乡土之道里建置、附近之山水以及本地先贤之祠庙遗迹等类";第二年要求同上;第三年"讲本县本府本省之地理山水,中国地理之大概";第四年"讲中国地理幅员大势及名山大川之梗概";第五年"讲中国幅员与外国毗连之大概名山大川都会之位置"②。

记叙类写作教学与儿童生活关联的主要方式如下。

1."普通例文 + 评析"的教学方式

记叙类写作教学注重与生活相互关联,一个非常突出的例子就是《课蒙文引初二三编》,编者就眼前事物来写文章、评析,然后教给学生。这种叙事写作教学可以概括为"普通例文 + 评析"的教学方式。此处的"普通例文"不是"经典名篇"或语文教科书选文,而是普通教师、学生或其他人写的文章,这种文章的作者与学生关系亲近,或者水平相差不是特别大,所叙之事也是学生已有经验。这种教学方式利用教师与学生共有的生活背景,有助于引导学生更加关注语言文字的表达层面;由于例文的作者与学生的交集较多,所以例文所含的写作经验更加有助于学生领会、吸收。

---

① 吴闿生.桐城吴氏文法教科书[M].上海:文明书局,1904:叙1.
② 熊明安.中国近现代教学改革史[M].重庆:重庆出版社,1999:14—16.

当然如《课蒙文引初二三编》这样的例子在当时并不普遍,但是它预示了一个新的发展方向。

2. 日记、书札写作教学

记叙类写作与儿童生活相互关联的教学方法多种多样,除"普通例文＋评析"的方式之外,常见的还有日记、书札写作,有些老师还会认真批改。蔡元培在《我在教育界的经验》一文中说,"我35岁(前十一年)任南洋公学特班教习。那时候南洋公学还止有小学中学的学生;……学生自由读书,写日记,送我批改","每月课文一次,也由我评改","我在南洋公学时,所评改之日记及月课,本已倾向于民权女权的提倡,及到学社,受激烈环境的影响,遂亦公言革命无所忌"。[①] 可见通过日记、书札写作教学,学生、教师与时代生活沟通起来了,社会上的一点风吹草动,都可能通过学生的日记,进入到写作课堂。

3. 记叙类写作与儿童生活关联的练习设计

《绘图文学初阶》第3卷主要涉及叙事类的写作内容,它非常注重通过练习设计来加强与生活的联系。如第3卷第52课《寒暄语》,"试将今日天气造句。"第3卷第59课《目所见》练习设计:"将汝此时所见者,随写数物。"第3卷第82课《居家》,练习:"汝居家作何事,答:……"。第3卷第78课《忧》,"学问无成,忧之大者也,其何以解吾忧乎? 国家将亡,忧之甚者也,其何以释吾忧乎?"练习设计:"汝有所忧乎?答:……"。如第4卷第41课,课文大意:今日之事,今日应尽力去做……练习设计:"汝试将今日学堂中应作之事写出。"这里的练习设计,有的是沟通直接的生活世界,有的是通过书本来沟通间接的生活世界,只要教学设计巧妙,善于找准课文材料与学生心思的关切点,激活学生的思维,就可以收到较好的效果。此外教学中还可以先提问,后要求学生笔答,这可算联系现场环境来设计作文练习。

(三) 论说类写作教学

论说类写作教学结合文法知识教学,从课文内容出发,设计议论短篇写作练习。此外,比较常见的还有批注、评点写作教学。这主要是从读写结合的角度,在解读范文的基础上分析、提取文章的写作技法、写作策略,以便模仿借鉴。清末论说写作教材大多沿用传统的批注法,也常常结合当时的社会思潮、社会事件或学校生活等,教师临时命题,要求学生练习论说表达。

1. 批注、评点写作教学

批注、评点式写作教学属于我国文言写作教学的传统方式,适用于文选型教材。编者通过批注、评点的方式将文章读法、写法及切己体会、感受添注在选文中间或页眉处,一般短文后还有小结或小问题。学生通过阅读选文及编者批注、评点来获得

---

① 华东师范大学教育系. 中国现代教育文选[M]. 北京:人民教育出版社,1998:42—43.

写作经验,逐渐从阅读理解转向写作学习。一些名家的批注、评点往往可以揭示选文的精粹所在,帮助学生领会文章妙处。批注、评点式写作教学在课程纲要时期已经发生了改变,其原因之一是新文化背景下儿童地位上升,考虑到儿童作为初学者,接受能力有限,为了降低难度,培养兴趣,于是多采用逐句解说的方式,代替了随文眉批。如邵伯棠在《初学论说文范》(第 1 册,1914 年,上海会文堂粹记)的"撰述大意"中说:"所以不列眉批者,以初学于孰为一调,孰为一段,尚苦无从摸索,故取逐句逐节解说,而眉批则略焉。"①

清末仍然沿用《昭明文选》《古文观止》等传统教材,另外一些语文教材总体上也属于旧式古文选本模式,如《中学堂国文教科书》②(吴曾祺编,1908 年)、《中学国文读本》(林纾编,1908 年)等。

《中学国文读本》是清末最有影响力的教科书之一。1900 年,林纾在北京五城中学③任中文总教习。林纾比较推崇唐宋古文,"纾生平读书寥寥,左、庄、班、马、韩、柳、欧、曾外,不敢问津"④。他的古文论"以桐城派提倡的义法为核心,以左、马、班、韩之文为'天下文章之祖庭',以为'取义于经,取材于史,多读儒先之书,留心天下之事,文字所出,自有不可磨灭之光气'"⑤。

《中学国文读本》共 8 册,选取秦汉至清代文言文 309 篇,选文由清代往秦汉逆推,各册按照文体分类编排。全书含杂记、书牍、论辩、序跋、奏议、赠序、诏令、传状、碑志、箴铭、颂赞、辞赋、哀祭等文体,其中杂记类入选 70 篇,书牍类入选 46 篇,论辩类入选 44 篇。唐宋选文合计有 4 册,其中韩愈选文 29 篇,柳宗元选文 23 篇,另有归有光选文 9 篇,姚鼐选文 9 篇。⑥ 对选文采用传统的分析评点方法,给精彩文句加圈点,评点文章作法。由于林纾对这些选文很有研究,所以他的评点、批注常能给予学生有益启迪。

以读带写,读写结合是我国传统的写作教学思路,通过文本批注来沟通阅读与写作活动是其中重要的教学方法,即"文本阅读—文本批注—文本写作"。要运用这种写作教学方法,教科书编制上有相应的要求,比如从写作角度来选择可供模仿、借

---

① 邵伯棠. 初学论说文范(第 1 册)[M]. 上海:上海会文堂粹记,1914:撰述大意 2.

② 商务印书馆于 1908 年至 1911 年出版了《中学堂国文教科书》,一套共 5 册,选文 709 篇,都是文言文,注重经世致用的文章,不选诗歌和骈体文,是当时影响较大的教科书。北京师范大学馆藏《中学堂国文教科书》(第二册)(1908 年出版),选文 127 篇(其中归有光的文章达 14 篇),含游记、碑记、书序、赠序、人物传记、家训、墓志铭、寓言、书信等文体,都是古文。每篇或加注,或点评写法,或添加阅读心得,精当之处加圈,属于单篇教学。参考闫苹,段建宏. 中国现代中学语文教材研究[M]. 郑州:文心出版社,2007:1—4.

③ 北京五城中学即北京师范大学附属中学的前身。

④ 林纾.《震川集选》序[M]//薛绥之,张俊才. 林纾研究资料. 福州:福建人民出版社,1983:77. 另外 1949年 4 月世界书局版《春觉斋著述记》收录此文。

⑤ 韩兆琦. 中国古代散文专题[M]. 北京:高等教育出版社,2008:257.

⑥ 闫苹,段建宏. 中国现代中学语文教材研究[M]. 郑州:文心出版社,2007:5—9.

鉴的经典文章,清末比较常见的是以唐宋八大家的文章为主要选文来编制语文教科书,供学生习作参考。

批注的内容非常广泛、灵活,包括:注音,注释(给一些生字词、典故做注,或提供一些背景性知识,以疏通文意,指明出处),提要(随文总结段意,领悟作者思路),批语(记录编者的感受、见解等,如"妙""极妙"等),警语等。作为写作教科书的批注,主要包括两个部分,一是语文基础知识,一是围绕文章的思想脉络、写作技巧、写作策略、写作特色等,编者借助批注来谈自己的见解、感受。批注内容都批写在书中的空白处,或在文章中间添加一些符号,以圈点(如○或●,有双圈、单圈等)为多,文章段落起结之处(当时的文章不分段落,就是一整块),也常常有圈点等标识。根据批注的位置不同,批注分以下几种:"眉批"(批在书页顶端),"旁批"(字、词、句的旁边,书页左侧),还有"尾批"(批在一段或全文之后)。通过文章批注的形式,以帮助学生理解、领悟为文之道,从而延续古代写作教学经验。按照批注法编写的写作教科书,一直到民国仍在沿用,如许国英《国文读本评注》(1914 年 11 月)。

2. "经典范文 + 领悟"的文言写作学习方式

在批注、评点式写作教学影响之下,逐渐形成以"经典范文 + 领悟"为主的文言写作学习方式。文言写作讲究"文以意为主",不仅需要领悟"微言大义",做到"代圣人立言",而且还要揣摩、仿造原有的语式、章法,尽可能在义理上"宗经",符合儒家规范、教义,词章上有法度(字法、句法、章法、篇法),内容上需要历史典故、考据材料等。[1] 总之,从表达思想、表达形式、写作材料等诸多方面对文言论说写作提出烦琐的规范要求。为遵循这些烦琐的作文规范,学生必然需要遵照"经典范文",反复揣摩、诵读、记忆,还要坚持不懈地进行表达练习。"经典范文 + 领悟"的学习方式正好适应文言论说写作要求,包括"熟读、背诵 + 揣摩、领悟 + 模仿、练习"等操作环节。

从一定意义上说,桐城派也是这类作文教学思路,以唐宋八大家名篇为经典文范,要求学生熟读、背诵,领悟其义法,以此为基础设计写作练习。桐城派古文与唐宋八大家的古文有相似之处,陈独秀曾说:"所谓桐城派者,八家与八股之混合体也。"[2]"唐宋八家的古文和桐城派的古文的长处只是他们甘心做通顺清淡的文章,不妄想做假古董。学桐城古文的人,大多数还可以做到一个'通'字;再进一步的,还可以做到应用的文字。"[3]当然,梁漱溟于 1915 年撰文反对选唐宋八大家的文章,他主张(1)"国文教科取材以汉魏文为最宜。"(2)"不取世所谓古文辞。"(3)"不取骈文。"

① 这要求不仅要背诵四书五经,熟读古文词(如唐宋八大家的文章),还要学习历史典故、史书等,从而在文章立意、语言表达、内容材料等方面构成一个综合性的写作教学体系。
② 陈独秀. 文学革命论[M]//童庆炳. 二十世纪中国文论经典,北京:北京师范大学出版社,2004:80.
③ 胡适. 胡适文存二集(卷二)[M]. 上海:亚东图书馆,1925:102.

(4)"不取诗歌。"(5)"取材家数宜少,时代宜相去不远①。"

采用"经典范文＋领悟"的学习方式,其教学质量取决于选择什么样的"经典范文",如何"领悟"等关键环节。这种文言写作方式能有效延续古典写作经验,在桐城派思想引领下确实富有效果,当年朱光潜在安徽桐城中学读书时就把古文写通了。当然八股文写作教学硬逼着士子整天去揣摩应试文章,领悟八股话语,导致他们丧失了表达自我的能力,自然滑入"伪作文"状态。比较而言,桐城派写作教学思想要高明许多。

(四) 彪蒙书室与白话文写作教学萌芽

清末在文言写作居主导的情形之下,开始出现白话写作教学的萌芽,彪蒙书室为此创设积极条件,推动白话写作教学。光绪二十九年(1903),施崇恩在杭州创办彪蒙书室,光绪三十一年(1905)彪蒙书室迁往上海。彪蒙书室编印大量白话教科书,"关于大量白话教科书的编印,前后有两个人贡献最多,一个是近代中国小学教科书的始创人陈荣衮,一个是编印许多白话教科书的施崇恩"②。比如"出版有用白话译文对照的《四经新体速成读本》(销行二十多版,各地小学都用作课本,清朝政府曾经通令禁用③,认为白话译经史传播'维新'思想),《绘图中国白话地理》④、《绘图中国白话史》《绘图幼学白话句解》等。这类用白话写的教学用书,据统计在当时有五十多种⑤,还包括《绘图外国白话史》(1—4册),钱宗翰、戴克让合编,光绪三十一年(1905)出版,供小学历史课教学参考使用,《绘图四书速成新体白话读本》一套,施崇恩等编。彪蒙书室还出版了不少小学教科书,"彪蒙书室历年出版的各种小学教科书不少于75种⑥,其中包括语文教学系列用书,如识字课本、造句课本和作文课本等:"编有《绘图识字实在易》(有'白话解说'和'文话解说'两部分)、《速通虚字法》(1903年出版,把虚字分为二十五类,每一类虚字先用白话问答体解说清楚)、《白话字汇》、《绘图蒙学造句实在易》(1905年出版,1913年16版,有造句法十六条,每条有白话解说)等。程佑甫编有《论说入门》(有《白话序》和作文法十四条⑦,每条都用白话解说)"⑧。其中《速通虚字法》,1903年出版,把虚字分为二十五类,每一类虚字先用白话问答体解说清楚,"最可贵的是,把所有虚字的解释,用图画表示在旁,使人

---

① 梁漱溟. 国文科取材私议[J]. 甲寅,1915(10):35.
② 谭彼岸. 晚清的白话文运动[M]. 武汉:湖北人民出版社,1956:17.
③ 之后不久,彪蒙书室就停业了。
④ 程佑甫. 绘图中国白话地理(1—4册)[M]. 上海:彪蒙书室,1905.
⑤ 倪海曙. 清末汉语拼音运动编年史:切音字运动[M]. 上海:上海人民出版社,1959:169.
⑥ 石鸥,吴小鸥. 百年中国教科书图说 1897—1949[M]. 长沙:湖南教育出版社,2009:23.
⑦ 郑逸梅认为是"全书包括作文法十四项",参见郑逸梅. 艺海一勺续编[M]. 天津:天津古籍出版社,1996:46.
⑧ 倪海曙. 清末汉语拼音运动编年史:切音字运动[M]. 上海:上海人民出版社,1959:169.

从启蒙中即可领会到文言中虚字的用法,真可谓煞费苦心"①。然后举例做练习,把文言虚字嵌在俗语里说明用法。茅盾读小学时用的就是《速通虚字法》与《论说入门》,他说:"《速通虚字法》帮助我造句,《论说入门》则引导我写文章。"《论说入门》"这是短则五六百字,长则一千字的言富国强兵之道的论文或史论"。茅盾在浙江乌镇的立志小学读书,当时的国文教师是沈听蕉。后来转入植材高等小学,"半天学英文,半天读古文",教材是《礼记》《易经》《左传》《孟子》,国文教师既有老秀才,又有留日学生。②

由此可见,清末已经出现白话写作教学的发展趋势。其实之前已经有了一定的基础,比如明朝吕得胜、吕坤父子编的《小儿语》和《续小儿语》,"语言则极浅易,可以说基本上是白话的,并且句句通畅顺口,没有一点牵强的地方。明清以来,备受封建统治者所推重,在社会上流行也广泛"③。光绪四年(1878),张焕纶创办上海正蒙书院,课本采用俗语(白话文)写成。"光绪二十一年(1895),钟天纬在上海办三等公学堂,以语体文编辑课本,为国语教科书的先河。"④光绪三十一年(1905)出版俗语注解《小学古文读本》二卷(吴芝瑛编,上海文明书局)。所有这些因素都为清末白话写作教学萌芽创造了有利条件。

小结

清末小学要求写论说文,还以文言论说文写作为主导,有违现代教学的一般观念。宣统元年(1909),沈颐意识到这个问题,对此提出批评。"至于一般同蹈之病,则好为策论文字,上说千古,横说五洲,不问其言论之合于事实与否,而徒求其文章之可喜,卒之文章愈奇,其去事实也愈远。试思小学生徒见闻既隘,智识无多,安足与论议之林,授以布帛粟菽之文字而不必语以清庙明堂,则真国民教育之旨也。旧日文人,有下笔千言,而不能作记事与寻常之家信者。奈何以身任教育之人,亦甘蹈其覆辙哉。"⑤从国民普及教育宗旨及讲求实效的视角,沈颐认为当时写作教学存在严重弊病,即"好为策论文字""不问其言论之合于事实与否"。从人格塑造的角度,梁启超对中学教作文不重记叙,只偏论说也极其不满,他认为八股科举只重论说,"结果学生腹笥空洞,信口评论,养成轻率刻薄,不负责任等等毛病,反不若练习记叙文可培养观察分析、客观记录之能力,塑造健全之人格"。不重叙事表达,过早重视

---

① 郑逸梅.艺海一勺续编[M].天津:天津古籍出版社,1996:46.
② 茅盾.我走过的道路(上)[M].北京:人民文学出版社,1997:71,72,75,77.
③ 张志公.传统语文教育教材论——暨蒙学书目和书影[M].上海:上海教育出版社,1992:56—57.
④ 熊明安.中国近现代教学改革史[M].重庆:重庆出版社,1999:23.
⑤ 沈颐.论小学校之教授国文[J].教育杂志,1909(1):12.

论说写作,这可能是我国古代作文教学的通病。这样容易疏离生命体验,脱离事实依据,倾向于高谈阔论,结果或是陈义甚高,或是空疏无用。由此观之,从现代理性价值维度来看,清末写作教学依附于封建伦理本位,建构文言论说教学体系,具有比较大的局限与不足。学生容易陈义甚高,论点直接指向封建伦理道德的至高境界,或指向安邦定国的宏大议论,而不是从儿童生活、社会实践的实际问题出发,缺乏分析问题、解决问题的思维过程,从而造成无根的论述。当然从清末忠孝为本的宗旨立场来看,这有利于训练臣民的奴性表达习惯与价值导向,有助于培养封建官吏或塑造意识形态,巩固皇权统治。这种"变味"的论说表达显然与现代普及教育所需要的理性表达、自由表达格格不入。

中 篇／

民国时期的写作课程变革

第三章 课程纲要时期白话文写作课程确立 (1912—1927)

课程纲要时期(1912—1927),从文言写作课程向白话写作课程的转型,可划分为两个阶段:

第一阶段是 1912—1919 年。民国成立以来,现代思想变革催生了新文化运动及白话文运动,这为社会性的写作转型提供了新的人文思想基础。高瑞泉说:"从数量与争鸣的激烈程度来看,戊戌与'五四'堪称近代社会思潮的双峰,以此为坐标,我们可以大致划出思潮运动的主流。它可以分为几个层次:世界观(包括历史观)层面,是从变易史观经过进化论思潮转变到唯物史观成为主导的意识形态;从人文精神而言,是从人道主义经过自由主义的喷发期转折为中国化的马克思主义,以及自由主义的时起时伏;从政治—文化心理而论,保守主义步步退却,激进主义渐占上风,并最终控制全局;同时民族主义贯穿了近代全过程,在抗日战争前期达到了史无前例的高峰。"[1]甲午海战的惨败,戊戌变法运动,激起对传统经学的反思,对"天不变,道亦不变"的思想由质疑走向批判,"祖宗不足法",必须从大的制度、思想观念上改良维新,才可能挽救民族于水火之中。在这种思想激荡的背景下,传统文言八股写作遭遇严峻危机,社会大众写作需求发展,白话文写作开始兴起。为满足社会应用写作的需要,在小学低年级开始将"口语""俗话""民权"等元素纳入写作教学系统,辅助学生日后应世谋生,体现实用价值。辛亥革命爆发,读经讲经被废除,经过新文化运动、"五四"白话文运动,白话文写作的思想文化障碍得以破除。1920 年国语科设立,白话文写作课程的合法性得以确立。总之,课程纲要时期,白话文写作课程已经具有新的人文思想基础,这是现代性白话文写作课程的魂魄。

第二个阶段是 1920—1927 年。1920 年,国文改为国语,新学制("壬戌学制")的建立,使得白话文写作课程获得正统地位,步入快速发展阶段,从小学段迅速向中学写作课程渗透。1923 年颁布的《新学制课程标准纲要初级中学国语课程纲要》规定,

---

① 高瑞泉. 中国近代社会思潮[M]. 上海:上海人民出版社,2007:14.

"作文语体文体并重"[①];《新学制课程标准纲要高级中学公共必修的国语课程纲要》规定,毕业最低限度的标准是"能自由运用语体、文体发表思想"[②]。这时期白话文写作课程已经改变清末以文言论说为主导的局面,被列为优先发展位置。

第一节 课程纲要时期写作课程的育人价值

一、白话文运动与文化革新

(一) 社会性写作转型与白话文运动

1912年中华民国成立,共和体制取代封建王朝,中国开始从封建帝国向现代民族国家转型,从法理意义上赋予每一位国民言说自我的权利,思想独立的自由。在公共场合以理性方式恰当表达自己的意愿构成基本人权的内容,从此国民实现社会性现代写作的国家体制障碍得以破除,白话社会性写作步入快车道。在这种历史语境下,发展新的社会写作需要从根本意义上推动白话写作课程的普及推广。

1. 社会性写作转型的思想基础

(1)废除"读经讲经"的进步意义。废除"读经讲经"不仅是现代共和体制的内在需要,也给现代新型国家的意识形态开辟了价值空间。新文化运动、白话文运动都可以被视为重建国家价值的探索与尝试。甲午战争之后,傅兰雅于1896年1月在英文版《教务杂志》上发表《一八九六年教育展望》,他说:"外国的武器,外国的操练,外国的兵舰都已试用过了,可是都没有用处,因为没有现成的合适的人员来使用它们。这种人是无法用金钱购买的,他们必须先接受训练和进行教育……中国最大的需要,是道德的或精神的复兴,智力的复兴次之。只有智力的开发而不伴随道德的或精神的成就,决不能满足中国永久的需要,甚至也不能帮她从容地应付目前的危急。"[③]傅兰雅的观点振聋发聩,至今仍给人以启发。现代意义的白话文写作与"道德的或精神的复兴"紧密相关,当然也与"智力的复兴"关联。

(2)新文化运动促进白话文写作发展。为建设现代意义上的民族国家,民国成立后不久便掀起一场影响深远的新文化运动。针对袁世凯四处传布尊孔复古的思想,1915年9月15日,陈独秀在上海创办《青年杂志》(后改为《新青年》),标志着新

① 课程教材研究所.20世纪中国中小学课程标准·教学大纲汇编·语文卷[M].北京:人民教育出版社,2001:275.

② 课程教材研究所.20世纪中国中小学课程标准·教学大纲汇编·语文卷[M].北京:人民教育出版社,2001:279.

③ 译文见顾长声.从马礼逊到司徒雷登——来华新教传教士(修订版)[M].上海:上海人民出版社,1985:244—245.

文化运动的发端。以陈独秀、胡适、鲁迅、李大钊等人为代表,现代思想前驱们大力宣传民主与科学,反对封建专制,大力提倡新道德,反对旧道德,大力提倡新文学,反对旧文学,从而掀起一场反封建文化的高潮。新文化运动喊出"打倒孔家店"的口号,对孔孟之道、经学文化给予重创,带来一场思想飓风。思想文化的革新必然带来话语方式的变化。1917 年,胡适、陈独秀、钱玄同、鲁迅等人发动了一场声势浩大的白话文运动,发表《文学改良刍议》(胡适)、《文学革命论》(陈独秀)等系列文章,形成以白话文取代文言文的趋势。新文化运动与白话文运动交织在一起,经过激烈的思想争锋,以文言为载体的经学文化败下阵来,白话文学大获全胜,被称为"文学革命"。文学革命的胜利,意味着白话文写作获得进一步发展,这为白话文写作课程得以确立赢得力量源泉。

(3) 新文化运动赋予写作课程新的生命力。经过新文化的现代洗礼,在青年学生及拥有新思想的老师眼里,写作被赋予全新的意义。老舍曾在《"五四"给了我什么》一文中写道:"'五四'给我创造了当作家的条件。首先是:我的思想变了。'五四'运动是反封建的。这样,以前我以为对的,变成了不对。我幼年入私塾,第一天就先给孔圣人的木牌行三跪九叩的大礼;后来,每天上学下学都要向那牌位作揖。到了'五四',孔圣人的地位大为动摇。既可以否定孔圣人,那么还有什么不可否定的呢? 他是大成至圣先师啊! 这一下子就打乱了二千年来的老规矩。这可真不简单! 我还是我,可是我的心灵变了,变得敢于怀疑孔圣人了! 这还了得! 假若没有这一招,不管我怎么爱好文艺,我也不会想到跟才子佳人、鸳鸯蝴蝶有所不同的题材,也不敢对老人老事有任何批判。'五四'运动送给了我一双新眼睛。"[1]"反封建使我体会到人的尊严,人不该作礼教的奴隶;反帝国主义使我感到中国人的尊严,中国人不该再作洋奴。这两种认识就是我后来写作的基本思想与情感。……若没有'五四'运动给了我这点基本东西,我便什么也写不出了。这点基本东西迫使我非写不可……这就是我的灵感,一个献身文艺写作的灵感。"[2]"'五四'运动也是个文艺运动。白话已成为文学的工具。这就打断了文人腕上的锁铐——文言。不过,只运用白话并不能解决问题。没有新思想,新感情,用白话也可以写出非常陈腐的东西。新的心灵得到新的表现工具,才能产生内容与形式一致新颖的作品。'五四'给了我一个新的心灵,也给了我一个新的文学语言。"[3]

新文化运动给了每一位作者"新的眼睛""新的心灵""新的语言",并将写作从封建桎梏中拯救出来,如凤凰涅槃获得了新的生命力。白话文社会性写作随之迅猛发展,向社会生活各领域全面渗透,白话文写作规范也逐渐赢得广泛的认可、接

---

① 胡絜青. 老舍写作生涯[M]. 天津:百花文艺出版社,1981:86—87.
② 同上书,第 87 页。
③ 同上书,第 86—87 页。

受。这为日后白话文写作课程奠定了社会基础及群众基础,"五四"思想启蒙也成为白话文写作课程的思想底色。1920年国语科设立,白话文写作课程正式确立,终于迎来生命的春天,这是从文言写作向白话写作教育转型的拐点。"五四"新文化运动以后,文言写作教育虽然依旧延续,可是它所承载的历史文化意义发生了根本改变。

2. 社会性写作转型的语言基础

推广民族共同语即中华民族共同语(民国初年称为"国语"),包括口语和书面语两种形式。从推广通用的口语形式出发,有国语运动;从推广通用的现代书面语出发,有白话文运动;"言文一致"要求将国语运动与白话文运动联系起来,二者相得益彰。国语运动是白话文运动的前提,白话文运动可以巩固、深化国语运动,二者其实是一个过程的两个方面。经过近20年的发展,白话社会性写作转型的语言条件大体具备,通过国语运动,推动口头语言的变革,标准民族共同语得以确立;通过白话文运动,推动书面语言的变革,言文一致的书面语言逐渐形成。推广民族共同语及白话社会性写作转型,为课程纲要时期白话文写作课程提供必要的政策条件、语言基础。如果缺少现代民族共同语的语言基础,在全国学校教育系统内普及白话文写作课程将是一件不可想象的事情。

(1)国语运动与标准民族共同语的确立。建设现代民族国家①,确定及推广民族共同语是必然的选择。推广民族共同语也是工业革命的需要,社会大生产模式要求所有社会成员学习共同语,接受义务教育。"把推广共同语作为一项基本的教育政策,开始于民国初年。'五四'时期(1919年及前后)是一个高潮。20世纪50年代又是一个高潮。……推广普通话以学校为重点,学校以语文课为重点。"②如何使现代汉语发展为真正统一的民族共同语,如何实现汉语文规范化,这些问题从清末以来就凝聚了很多人的不懈探索。

一般认为我国汉语有七大方言区,各方言区内部语音差异也极为复杂,③要实现

---

① 梁启超于20世纪初把西方的"民族"概念介绍到中国,"民族"一词便通行起来。参见施雪华. 政治科学原理[M]. 广州:中山大学出版社,2001:261. 斯大林给"民族"下过定义:"民族是人们在历史上形成的一个有共同语言、共同地域、共同经济生活以及表现在共同文化上的共同心理素质的稳定的共同体。"中共中央马克思恩格斯列宁斯大林著作编译局编. 斯大林选集(上卷)[M]. 北京:人民出版社,1979:64. 其中共同语言,是民族形成的重要标志。"所谓民族国家是指随着近代资产阶级革命或民族独立运动的胜利建立起来的,以一个或几个民族为主建立起来的国家。"参见施雪华. 政治科学原理[M]. 广州:中山大学出版社,2001:294.
② 周有光. 中国语文的时代演进[M]. 北京:人民文学出版社,2009:17.
③ 汉语方言的差异,一直延续了几千年,直到现代,方言间的差别仍然十分显著。春秋战国时期,齐言、楚语及吴越等地方言已经很有名,唐代以来,各方言大致可以分为"南音"与"北音"。同时共同语的趋势也存在,宋元之时,"中原之音"流传日渐广泛,晚清以来现代民族共同语逐渐形成。近几十年来,随着汉语共同语的大力推广,出现了汉语方言特点逐渐被"消磨"的现象。详见李新魁. 近代汉语南北音之大界[J]. 中国语言学报,1997(8):75—78.

现代口语的语言统一,实现公民之间面对面的自然交流,是一件非常艰难的事情。实现现代汉语口音统一,技术上需要一套注音工具或注音方法,方便将汉字的标准音记录下来,也方便借助这个工具来矫正发音,从而促进民族共同语的推广。19 世纪后半期,基督教传教士设计出拼读汉方言的方法,20 世纪初卢赣章、王照等人又发起"切音字运动",推广官话,取得一定效果。民国成立后,改官话为国语,开展国语运动。① 1913 年吴稚晖②主持、制定国音注音字母方案,1918 年正式颁布,这样就形成了"标准音"。这是以北京音为主、"折衷南北,牵合古今"的"联合音系",被称为"人造国音",也就是所谓的"老国音"。1924 年,国语统一筹备会决定放弃"老国音",改用北京语音作为"国音"标准,由此确立了"新国音"。标准国语的确立,为标准化民族共同语的形成、推广创造了必要条件,也为白话文发展为标准语体文提供了可能。

(2)白话文运动与汉语文书面语的变革。随着"官话"转为"国语",文言文逐渐向白话文转化。19 世纪后期以来,经过黄遵宪、梁启超、裘廷梁、陈子褒等维新改良人士的不懈努力,白话文已经通过新闻报馆、出版组织、新式学堂等传媒产业、教育机构不断向社会各行各业渗透,到辛亥革命时,每天有海量的白话报刊杂志、普通白话书籍、白话教科书在社会生活中流通使用。这为新文化运动、新文学运动创设了有利条件。需要特别说明的是,民国时候使用白话文的性质与清末有着根本上的不同,清末创办白话报刊、使用白话文只是希望广开民智,普及教育,面对的是下层百姓,士大夫之间还是不屑使用白话文的,所以清末白话文顶多充当文言文的辅助手段或工具,并不曾想到要用白话文取代文言文。

民国以来随着形势的发展,当时的文化精英采取二元对立的思维方式来看待文白问题,他们认为,文言文与白话文不可并存,必择其一。胡适、陈独秀等认为,"白话并不单是'开通民智'的工具,白话乃是创造中国文学的唯一工具。白话不是只配抛给狗吃的一块骨头,乃是我们全国人都该赏识的一件好宝贝"③,从前那些人只是"哀念小百姓无知无识,故降格做点通俗文章给他们看","但这些'人上人'自己仍旧应该努力模仿汉魏唐宋的文章"④,"他们的失败在于他们自己就根本瞧不起他们提倡的白话。他们自己做八股策论,却想提倡一种简易文字给老百姓和小孩子用"⑤。

---

① 黎锦熙在《国语运动史纲》中将近代国语运动分为四期:1. 切音运动时期,卢赣章的"切音新字";2. 简字运动时期,王照的"官话字母";3. 注音字母与新文学联合运动时期,读音统一筹委会;4. 国语罗马字与注音符号推进时期,涉及"文白之争""小学读经之争""小学改国文科为国语科"等。

② 吴稚晖(1865—1953),原名朓,江苏武进人,1889 年入江苏南菁书院读书,1912 年任国语读音统一会会长,后来任教育部国语统一筹备委员会主席,编制《汉语拼音表》《注音符号》等通俗教材,致力于推广国语事业。石鸥,吴小鸥. 百年中国教科书图说 1897—1949[M]. 长沙:湖南教育出版社,2009:10.

③ 姜义华. 胡适学术文集·新文学运动[M]. 北京:中华书局,1993:149.

④ 姜义华. 胡适学术文集·新文学运动[M]. 北京:中华书局,1993:223.

⑤ 同上。

他们在对儒教文化及固有传统猛烈抨击的同时,力图把文言文一并打倒。总之,白话文、新思想与新文学构成"铁三角"关系,相互交织在一起。

3. 社会性写作转型的研究基础

随着白话文运动的推进,使用白话文的人越来越多,不少白话文"弄得非驴非马,不成模样"。从宏观来看,当时白话文写作(含国语文学)还很稚嫩,存在诸多弊端亦属正常,"中国的国语文学,正当发轨期,中国的国语尚是不定形,一切的缺陷,当然极多;又为着中国文言白话分离,已经中国文言白话分离,已经二千年,文言愈趋愈晦,白话愈变愈坏,到了现在,真成了退化的语言"[①]。其弊端如"文典学上的缺陷""言语学上的缺陷""修词学上的缺陷"[②]。这些"缺陷"都需要通过研究加以改进。于是深入探讨白话写作,提升社会性白话写作品质成为发展的必然趋势。

(1)《文学改良刍议》与白话文写作改进

胡适《文学改良刍议》[③](1916 年 11 月)"虽然是向文学方面建议的,却也可以算作白话文的写作条件"[④],其基本精神是打碎陈旧的外在枷锁,用"活的语言"来写真人、真事、真性情。白话写作要努力做到:1)言之有物。作文要反映作者自己的情感与思想,而不是追求所谓的"文以载道"。胡适说:"吾所谓'思想',盖兼见地、识力、理想三者而言之","思想之在文学,犹脑筋之在人身"[⑤]。"思想"正是摧毁"文以载道"之力量,因为"思想"背后是理性的觉醒,而启蒙正是要唤醒这股力量。海德格尔认为:"然而人却把能思看成自己的本质,且当之无愧。因为人是理性的生物。但理性(ratio)是在思中展开自身的。作为理性的生物,人必须能够思,只要他愿意思的话","只是当我们喜爱那本身即是应思虑的东西,我们才能够思","只要我们留心所要思虑的东西,我们就是在学习这种思","我们现在把那本身即是应思虑的东西称为激发思的东西"[⑥]。康德于 1784 年 12 月发表了《什么是启蒙?》,他说:"启蒙运动就是人类脱离自己所加之于自己的不成熟状态。不成熟状态就是不经别人的引导,就对运用自己的理智无能为力。……要有勇气运用你自己的理智!这就是启蒙运动的口号。"[⑦]现代白话写作需要理性思考,更需要用独立人格来支撑,这需要依靠正确的教育,启蒙理性的教育。"人要么是仅仅被驯服、被调教、被机械地训导,要么是真正地得到启蒙。人们驯服了狗和马,也就可以驯服人。但靠驯服是达不到教育的目的的,问题首先在于让孩子们学会思考,对那些一切行动由之而出的原则进行思

---

① 傅斯年. 怎样做白话文[J]. 新潮,1919,1(1):180.

② 同上。

③《文学改良刍议》发表于 1917 年 1 月 1 日《新青年》第 2 卷第 5 号。

④ 张鸿苓. 简明语文教育辞典[M]. 长春:吉林教育出版社,1992:50.

⑤ 姜义华. 胡适学术文集·新文学运动[M]. 北京:中华书局,1993:20.

⑥ 海德格尔. 海德格尔选集[M]. 孙周兴,译. 上海:上海三联书店,1996:1205—1206.

⑦ 伊曼努尔·康德. 历史理性批判文集[M]. 何兆武,译. 上海:商务印书馆,1996:22.

考。"①优秀的白话写作既是学会思考的标识，也是学会思考的过程，而不是简单地复制他人的思想判断，貌似"文以载道"。2）不模仿古人。"语语须有个我在"②，不必极力模仿古人，"观今之'文学大家'，文则下规姚曾，上师韩欧，更上则取法秦汉魏晋，……皆为文学下乘"③。其病根即由于"奴性""惟作我自己的诗"，"惟实写今日社会之情状，故能成真正文学"④。3）要讲文法⑤。在倡导白话文的早期阶段，受各地方言差异影响，白话写作缺乏必要规范，胡适提出文法规范，预示白话写作走向新的阶段。4）"不作无病之呻吟"，"务去烂调套语"，追求"人人以其耳目所亲见亲闻所亲身阅历之事物，一一自己铸词以形容描写之"⑥。写作过程中唯有珍视自己的眼光，融入自己独特的审美心理、性格特征，才容易写出个性风格，找到文字质感。5）不用典⑦。清末"用古文写的小说，最流行的是蒲松龄的《聊斋志异》"，内夹有不少典故，"古文到了桐城一派，叙事记言多不许用典故，比《聊斋》时代的古文干净多了。所以林纾译的小说，没有注释典故的必要"。可见，当时典故已经在逐渐淡出。这里强调"不用典"，其实也就是追求用自己的话来写作，追求自主、有创造性的表达，不可袭用陈言，拾人牙慧。6）不讲对仗。反对因为文字形式，束缚作者思想之自由。7）"不避俗语俗字。"胡适认为，"甚至于欧化的白话，只要有艺术的经营，我们也承认是正当的白话文学"，"用官话叙述，用苏州话对白，我们也承认是很好的白话文学"。⑧

　　胡适后来主张将口语和书面语结合起来，做"国语的文学"⑨。白话文写作要以"标准国语"为依据⑩，而"标准国语"的形成还需要白话文学的发展，由此实现口语和书面语相互促进的效果。其实胡适的上述观点也是在借鉴意大利、法国、德国等经验的基础上提出来的，反映现代民族国家建设的一些共通性特征，"我这几年来研究欧洲各国国语的历史，没有一种国语不是这样造成的"⑪。

　　（2）《怎样做白话文》与白话文写作改进

　　傅斯年认为，"欧化的白话文"才是理想的白话文，其特征包括：要有逻辑条理，

---

① 伊曼努尔·康德. 论教育学[M]. 赵鹏,何兆武,译. 上海:上海人民出版社,2005:101.

② 姜义华. 胡适学术文集·新文学运动[M]. 北京:中华书局,1993:17.

③ 同上书,第21页。

④ 同上书,第22页。

⑤ 在倡导白话文的早期阶段,受各地方言差异影响,白话写作缺乏必要规范,胡适提出文法规范,预示着白话文写作向新的阶段发展。

⑥ 姜义华. 胡适学术文集·新文学运动[M]. 北京:中华书局,1993:23.

⑦ 赵家璧. 中国新文学大系·建设理论集[M]. 上海:上海良友图书公司,1935—1936:导言4.

⑧ 同上书,导言24—25页。

⑨ 姜义华. 胡适学术文集·新文学运动[M]. 北京:中华书局,1993:152—153.详见胡适《建设的文学革命论》,提出"国语的文学,文学的国语"的口号,发表于1917年4月。

⑩ 20世纪30年代,胡适发展了这个观点,"用那'国语的文学'来做统一一全民族的语言的唯一工具"。参见姜义华. 胡适学术文集·新文学运动[M]. 北京:中华书局,1993:254.

⑪ 姜义华. 胡适学术文集·新文学运动[M]. 北京:中华书局,1993:44—45.

能表现科学思想;结构严密,能表达"最深最精思想"①;善于表达深挚的情感。可见,白话文写作的发展要求主动学习西方,积极欧化。从"欧化的白话文"的理想出发,白话散文如何作呢? 1)留心说话。"主张留心说话作为制作白话文的利器"②,就是抓住白话文"言文一致"的特征,将"说话"与"作文"统一起来。"第一流的文章,定然是纯粹的语言","文学的精神,全仗着语言的质素"③,正如常说的,好文章总是明白如话、深入浅出,读起来如促膝谈心、娓娓道来。从说话与作文相统一的观点出发,"说话多,作文少,留心说话,直是练习作文的绝对机会","要想文章充量发展,必须练习说话的发展,当做预备"。④ 2)"直用西洋词法。"⑤如果要做"有创造精神的白话文",就需要"直用西洋文的款式,文法,词法,句法,章法,词枝(Figure of speech),一切修词学上的方法"。

胡适也赞同白话文欧化,他说,"旧小说的白话实在太简单了,在实际应用上,大家早已感觉有改变的必要了";"初期的白话作家,有些是受过西洋语言文字的训练的,他们的作风早已带有不少的'欧化'成分";"凡具有充分吸收西洋文学的法度的技巧的作家,他们的成绩往往特别好,他们的作风往往特别可爱。所以欧化白话文的趋势可以说是在白话文学的初期已开始了"⑥。陈独秀也特别赞同从欧洲文学中汲取营养,他对法国的雨果、左拉,德国的歌德、霍普特曼,英国的狄更斯、王尔德等的文学作品尤其推崇。鲁迅本人受日本文学的影响很大。总之,从语言与思维的关系出发,要做好白话文,还需要"借思想改造语言,借语言改造思想的责任"⑦。

如何改进白话文写作? 胡适认为要从"说话"和"欧化"两个方向来改进,"直到最近时期,才有一些作家能够忠实的描摹活的语言的腔调神气,有时还得充分采纳各地的土话。近年的小说最能表示这个趋势。近年白话文学的倾向是一面大胆的欧化,一面又大胆的方言化,就使白话文更丰富了。傅先生指出的两个方向,可以说是都开始实现了"⑧。由此观之,口语表达开始全面影响书面表达。另外胡适认为,古汉语作文经验不足以支撑现代社会性的写作运作,推进白话写作必然要依靠西方的写作经验。"二千五百年前的希腊戏曲,一切结构的工夫,描写的工夫,高出元曲何止十倍","更以小说而论,那材料之精确,体裁之完备,命意之高超,描写之工切,

① 傅斯年.怎样做白话文[J].新潮,1919,1(1):181.
② 同上书,第174页。
③ 同上书,第175页。
④ 傅斯年.怎样做白话文[J].新潮,1919,1(1):181.
⑤ 同上书,第182页。
⑥ 赵家壁.中国新文学大系·建设理论集[M].上海:上海良友图书公司,1935—1936:导言24.
⑦ 傅斯年.怎样做白话文[J].新潮,1919,1(1):180.
⑧ 赵家壁.中国新文学大系·建设理论集[M].上海:上海良友图书公司,1935—1936.导言24.说明:此文作于1935年9月3日。

心理解剖之细密,社会问题之透彻,⋯⋯真是美不胜收"①。所以"就是赶紧多多的翻译西洋的文学名著做我们的模范",加快白话文"欧化"。现代文学的表达艺术与古代文学相比有本质区别,此处可见端倪。总之,在吸收、借鉴西方写作方法的基础上,创造新的白话写作经验,可为白话写作课程提供新的资源。

（3）《文学革命论》与白话写作改进

1917 年 2 月,陈独秀发表《文学革命论》②,提出推倒"贵族文学""古典文学""山林文学",建设"平民文学""写实文学""社会文学",并把文学革命纳入反封建思想文化的范畴。此文刊发之后,李大钊、钱玄同、罗家伦、刘半农等纷纷回应。1)否定文以载道观。"文学本非为载道而设,而自昌黎以迄曾国藩所谓载道之文,不过抄袭孔孟以来极肤浅、极空泛之门面语而已","余尝谓唐宋八家文之所谓'文以载道',直与八股家之所谓'代圣贤立言',同一鼻孔出气"③。2)否定桐城派文章。"归方刘姚之文⋯⋯摇头摆尾,说来说去,不知道说些什么。此等文学,作者既非创造才,胸中又无物,其伎俩惟在仿古欺人,直无一字有存在之价值。"④这里是抨击明代归有光,清代桐城派方苞、姚鼐、刘大櫆等四人的文章。3)承续传统文学精华。主张延续《国风》《楚辞》,魏晋五言诗,唐代的"韩、柳、元、白",以及明代以来的马致远、施耐庵、曹雪芹等所代表的旧文学里活的传统,⑤关怀人生与社会,以此革新文学、革新政治。

胡适、陈独秀、鲁迅等身体力行,坚持用白话文写作。胡适的《尝试集》(1920 年)是我国文学史上第一本白话诗集。随着白话写作在现代诗歌和小说方面取得成功,白话文作为正式的书面交往形式得以确认,白话书报也迅速增长。如 1918 年冬天,陈独秀创办的《每周评论》,北京大学学生傅斯年、罗家伦、汪敬熙等创办的《新潮》《国民公报》都采用白话体。1920 年一些著名刊物如《东方杂志》《小说月报》等改用白话。据统计,当时各种白话小报已达四百多种。⑥

4. 社会性写作转型的课程意义

白话文的社会性写作实践为现代写作课程提供了新的语言基础,这是根本性的影响。

（1）写作词汇方面。新文化运动以来,留日学生大批回国,他们积极翻译外国作品,为现代汉语输入大量新词语,这些新的词语长久地活跃在人们的笔尖。"现在在一篇政治论文里,新词往往达到百分之七十以上。从词汇的角度来看,最近五十

① 姜义华.胡适学术文集·新文学运动[M].北京:中华书局,1993:53.
② 原载于 1917 年 2 月《新青年》第 2 卷第 6 号。
③ 陈独秀.文学革命论[J].新青年,1917,2(6):2.
④ 同上书,第 2—3 页。
⑤ 夏志清.人的文学[M].沈阳:辽宁教育出版社,1998:178.
⑥ 何九盈.中国现代语言学史[M].广州:广东教育出版社,1995:24.

年来汉语发展的速度超过以前的几千年。"①新产生的词语促进民族共同语的形成。"新产生的复音词层出不穷,这种词都是超方言的,所以对民族共同语的形成是有利的。"②新产生的词语扩大了汉语文的表意空间,显著增强汉语文的现代意义及跨语际交往功能。刘禾于1995年提出"跨语际交往"(translingual practice)的概念,试图从语言与文化的角度,探讨"东西方之间跨文化诠释和语言文字的交往形式究竟有哪些可能性"③,现代汉语是在与英语、现代日语以及其他外国语言发生接触、交往中逐渐积累形成的,很多浓缩了西方现代性的词语、句法逐渐被现代汉语所同化,由此可见,现代汉语所蕴含的概念、思维方式在本质上是对古汉语的超越,具有现代性特征、跨文化性质,现代汉语内蕴的时间、空间关系也从根本上超越古汉语,从这个意义上说,现代汉语写作课程本质上具有区别于古代汉语写作课程的历史文化意义。"词汇国际化,每一个新词都有了国际上的共同定义,这样就能使它的意义永远明确严密,而且非常巩固","任何复杂的和高深的思想都可以用汉语来表达","汉语词义的国际化,对国际文化上的交流是非常有利的"。④ 更为重要的是,"汉语大量地吸收外语的词汇,对汉语的本质毫无损害"⑤。

(2) 写作语法方面。语言形式的整体性变革,必然带来语法的深刻变化。随着白话文社会性写作实践的发展,逐渐形成白话文语法规范。"五四"白话文运动之前,多是文言语法著作。随着白话文社会性写作实践的深入发展,出现了一批白话文语法著作。"1920年,陈浚介的《白话文法纲要》⑥,李直的《国语文法》,王应伟的《实用国语文法》,杨树达的《中国语法纲要》;1921年,胡适的《国语文法概论》,孙怅工的《中国语法讲义》;1924年,黎锦熙的《新著国语文法》⑦等等,都是用白话文写的白话语法著作,在这个时期出版的这些语法专著中,要算黎锦熙先生的《新著国语文法》的影响最大,这本书为现代汉语语法研究奠定了基础。"⑧由此有学者推论,"现代

---

① 王力. 汉语史稿(重排本)[M]. 北京:中华书局,2004:598.
② 同上书,第47页。
③ 刘禾. 跨语际实践——文学、民族文化与被译介的现代性(中国,1900—1937)(修订译本)[M]. 北京:生活·读书·新知三联书店,2008. 英文版在1995年由美国斯坦福大学出版社出版。
④ 王力. 汉语史稿(重排本)[M]. 北京:中华书局,2004:598.
⑤ 同上书,第612页。
⑥ 这本书的书名引用错误,应改为《白话文文法纲要》。1920年《白话文范》第一册的广告页刊载有《白话文文法纲要》的信息:"白话文看似容易做,容易学,其实文法上也有种种严密的惯例,学的人应该寻个路径去学,教的人也应该研究个方法出来。这本书是研究白话文文法的,坊间从没有哪个出过,可算是白话文法书开了一个新纪元了。"系1920年8月出版,洋装一册,定价二角。详见洪北平、何仲英《白话文范》,商务印书馆出版,第一册广告页。1933年5月国难后第一版,由吴研因校对,仍由商务印书馆出版。
⑦ 黎锦熙,毕生从事于推广国语工作。《新著国语文法》反对《马氏文通》的模仿体系,反对《马氏文通》的词本位体系,提出"依句辨品、离句无品"的观点,提倡句本位体系,从此词本位与句本位之争便成了现代汉语语法研究的学术难题。
⑧ 陈垂民. 陈垂民语法方言论集[M]. 广州:暨南大学出版社,1997:112.

汉语形成于'五四'时期,重要的证据就是白话文开始在此时正式取代文言"①。其实在白话文语法著作产生之前,随着白话文的发展,已经有人开始对文言与白话进行各方面的比较研究,胡适于 1916 年 7 月 6 日写了《白话文言之优劣比较》一文,他认为文言是半死的文字,白话是活的语言,白话是文言之进化,从文法上来看:1)从单音的进而为复音的。2)从不自然的文法进而为自然的文法。3)文法由繁趋简。4)文言之所无,白话皆有以补充。"今日所需,乃是一种可读,可听,可歌,可讲,可记的言语。"②

(二) 语言变革、思想革新与人的解放③

从文化符号哲学的角度,德国哲学家恩斯特·卡西尔(Ernst Cassirer)探讨了人的本质问题。他认为人的本质不是一种实体性的概念,没有抽象而永恒的本质,而只是一种功能性的概念。"理性能力确实是一切人类活动的固有特性","对于理解人类文化生活形式的丰富性和多样性来说,理性是个很不充分的名称","人与其说是'理性的动物',不如说是'符号的动物',亦即能利用符号去创造文化的动物"④,所以恩斯特·卡西尔提出"我们应当把人定义为符号的动物(animal symbolicum)来取代把人定义为理性的动物"⑤。

从人的符号本性出发,恩斯特·卡西尔认为,动物生存于自然环境(物理世界),只能按照物理世界发出的"信号"(signs)来行事,而除自然环境之外,人还生活在社会环境(文化世界)之中,"只有人才能够把这些'信号'改造成为有意义的'符号'(symbols)",并通过"符号"活动,创造出符合人自身需要的"理想世界",过一种可能的生活。⑥ 卡西尔拓展符号的范围,将神话、艺术看作和语言相等的符号形式,⑦他认为,人类的全部文化(包括神话、宗教、语言、艺术、历史、科学等)都是"人自身以他自己的符号化活动所创造出来的'产品',而不是从被动接受实在世界直接给予的'事实'而来"。由此可知,"真正的人性无非就是人的无限的创造性活动",人性是"人自我塑造的一种过程","只有在创造文化的活动中才成为真正意义上的人,也只有在文化活动中,人才能获得真正的'自由'",而"作为一个整体的人类文化,可以被

---

① 刁晏斌. 现代汉语史[M]. 福州:福建人民出版社,2006:21.

② 姜义华. 胡适学术文集·新文学运动[M]. 北京:中华书局,1993:7—8. 据《藏晖室札记》卷 13(亚东图书馆 1939 年版)。

③ 梁启超认为,龚自珍提出的"尊情""尊史"为核心的文学"大变"论,具有启蒙性质,反映了"人"的意识的觉醒和精神解放的要求。见钱竞,王飚. 中国 20 世纪文艺学学术史(第一部)[M]. 上海:上海文艺出版社,2001:228.

④ 卡西尔. 人论[M]. 甘阳,译. 上海:上海译文出版社,1985:中译本序 4.

⑤ 同上书,第 34 页。

⑥ 同上书,中译本序 4.

⑦ 朱狄. 当代西方美学[M]. 武汉:武汉大学出版社,2007:110.

称作人不断解放自身的历程"①。

社会性写作实践作为人类一项基本的符号交往形式,也是展示人性创造性发展程度的主要窗口,写作发展的历程也是人类不断追求精神解放的历程,是人类自我塑造的反身性活动。马克思曾经将人的历史生成过程划分为三个阶段②:第一阶段是自然形成的"人的依赖关系"。这时候虽然人已经脱离动物家族,但是并没有摆脱对自然关系的依赖,他们只能结成共同体以发挥人的主体性,所以属于群体本位的大写的"人"。就中国的情况来说,最初也体现出人的类本质状况,后来随着宗法制度的建立,个人逐渐转向依附家族(皇族是其特殊形式),故有封建家长制的说法。这种人身依附关系使得个人的自主性、创造性遭到严重的限制和束缚。第二阶段是"以物的依赖性为基础的人的独立性"③。随着社会化大生产,商品经济形态逐渐代替以土地为标志的自然经济状态,人与人之间的依附关系转变为商品的交换关系,人身依附关系逐渐被瓦解,个人获得解放,追求自主、独立的主体人格。当然个人又受到物质(金钱)的支配,这限制了人的自由本性。第三个阶段是"建立在个人全面发展和他们共同的社会生产能力成为他们的社会财富这一基础上的自由个性"④,这属于人类的自为形态。

与上述人的历史生成过程相对应,我国社会性写作实践反映出阶段性的特征,原始社会先民主要通过"结绳记事",或借助"图画文字"来表情达意,沟通信息。随着社会生产的发展,系统的甲骨文形成,甲骨上的卜辞便成为现存最早的文章,巫师、史官自然成为最早的作者。最初写作主要是记言、记事,反映出言文一致的特征,写作主题反映的是神的意志或族群的整体意志(后来以部落族长或"王"的意志来体现)。随着国家的产生,宗族制度的形成,特别是秦汉以后中央封建专制帝国的建立,文字系统几乎为统治阶级所垄断,写作是归于统治集团的特权,其特征是言文分离,普通老百姓多不识字,更不会作文。这时期写作所反映的是封建统治集团的意志,精英写作集团依附于皇权或封建贵族势力,科举制度下的写作实践(如八股文)典型反映了这种封建的人身依附关系,作者不允许在八股文中表现自由意志。夏志清曾比较古今读书人的区别,他说:"我们在自由世界里生活……看到任何不公不平的事情,至少没有人来剥夺我们的发言权,古代读书人生在专制政权下,在皇帝手下讨饭吃,而且只有做官这一条正当出路。他们虽然受了孔孟教育,想做一个知识分子的大丈夫,事实上往往做不到。"⑤可见受历史局限,封建文言写作时代,学校

---

① 卡西尔. 人论[M]. 甘阳,译. 上海:上海译文出版社,1985:中译本序 5.
② 中共中央马克思恩格斯列宁斯大林著作编译局编译. 马克思恩格斯全集·第46卷(上)[M]. 北京:人民出版社,1980:104.
③ 同上。
④ 同上。
⑤ 夏志清. 人的文学[M]. 沈阳:辽宁教育出版社,1998:184.

写作难以培养学生的独立人格、健全人格。在封建专制的超稳态结构中,这种写作惯习绵延千年,保持"有常""相因",也是"复古为本"论的根源。① 随着明清以来资本主义商品经济萌芽,鸦片战争以来超稳态结构开始被打破,职业分途,拥有一定知识、技能的劳动者越来越多,日常读写技能逐渐成为谋生应世之需,这促成了白话文社会性写作实践的迅速发展。

1912 年,中华民国建立,封建王朝为共和国所取代,这为文言文向白话文转型扫除了体制性障碍。新文化运动以来,白话文运动深入发展,原有的封建人身依附关系开始松动,逐渐被消解,这必然带来社会结构的改变,"文学是一种社会性的实践,它以语言这一社会创造物作为自己的媒介。诸如象征和格律等传统的文学手段,就其本质而言,都是社会性的。这些手段是只有在社会中才能产生的通例和准则"②,产生文学"准则"、表现文学的语言形式逐渐发生巨大变革,这必然加剧社会性写作实践的转型。总之,汉语文书面语言的变革,开启了现代中国人追求独立、自主的新型人格之路,通向不断有利于获得思想解放、表达自由的未来。

语言变革带来"人的解放",从现实的社会机制来说涉及社会书面表达系统的重建,即从文言文社会性的交往体系转换为白话文社会性的交往体系。社会性书面交往体系的重构,不仅是语言文字媒介的变化,更重要的是使用语言文字媒介的规则,支配语言文字媒介运作的观念(社会文化)发生革命性的变革,由此带来参与社会交往的所有人的解放。正如恩斯特·卡西尔所言,人是符号的动物,人通过掌握语言符号、参与言语活动而归属于特定的社会生活。掌握语言不仅是个人身心发展的必要条件,也是适应社会生活的基本要求,而社会正是通过建构、维持言语交往体系而联成一个整体。

封建社会以文言文为载体建构一个属于统治精英的超稳定、封闭型言语交往体系,参与、分享这个言语体系的是皇帝、贵族、官吏及士大夫等极少数"劳心者"。口语方面,春秋战国时期形成"雅言",可算最初的官话。清朝康熙年间,专门设立正音学院,方便方言区官吏学习官话。文言书面语方面,隋唐以来逐渐形成科举取士制度,不断产生具有较高文言读写能力的士大夫阶层,维持文言话语体系及书面交往惯习。这套官方文字交往体系功能不断健全、完善,保证封建王朝的政治运转及意识形态再生产等客观需要。

在官方言语交往体系之外,由广大农民、手工业者组成的被统治阶级属于"劳力者",没有形成全国一致的言语交际系统。他们各自以当地方言进行交往,他们也没有自主的文字交往能力,如果有文字交际需要,往往由少数下层文人代笔。在广大

---

① 钱竞,王飚. 中国 20 世纪文艺学学术史(第一部)[M].上海:上海文艺出版社,2001:239.
② 韦勒克、沃伦. 文学理论[M]. 刘象愚,邢培明,等,译. 北京:生活·读书·新知三联书店,1984:92.

农村地区,至今还活跃着不少"文书",他们负责解决民间对文字表达的需要。随着城市发展、商业繁荣,越来越多的地方出现既有闲暇又有文化消费需求的市民阶层,他们是促进古白话书面语发展的重要力量。于是逐渐形成以古白话为书面载体的言语交往系统,主要参与者是市民阶层,消费品如唐的变文、宋的弹词等。

文言书面交往体系与古白话书面体系,自秦汉到明清在很长时间内有隔阂,各自独立发展,文言书面交往主要为官府服务,古白话书面交往侧重为民间服务。在特殊时期,二者走向短暂的重合,如元朝很多公文通过白话文来传递。随着时间的变化,高度封闭、超稳态的官方版文言书面交往系统逐渐走向僵化、丧失活力,而古白话书面交往却迅速发展起来,明、清章回演义小说都以古白话文为载体,《红楼梦》所使用的话语和民国时代的北京话已经差不多了。古白话书面语言不断走向成熟,意味着日渐僵化的文言书面语言系统要向古白话书面语言汲取营养,二者逐渐走向融合,这是历史规律。

鸦片战争以后,民族危机日益深重,民族意识逐渐觉醒。甲午海战以后,在维新派及其他有识之士的推动下,开启了一场以救亡图存为主旨的民族自救运动,在欧美各国列强的倒逼之下,我国逐渐走向现代民族国家建设之路。现代民族国家的发展,不仅需要形成统一的经济生活秩序,统一的安全防御系统,更需要构筑全国统一的言语交往体系。实现全体国民都感到便捷的话语表达与沟通,分享关于民族国家共同体的知识信息及情感体验,进而建立每一位国民对民族国家的心理认同感、文化认同感,在此基础上逐渐形成居主导地位的国家意识形态。

从新的社会功能来看,以文言为媒介的言语交往体系仅仅局限于统治集团内部参与,难以成为整个民族国家的交往机制。随着"国民"观念的形成,现代国家势必要建构适合全体国民交往的语言文字交往系统。随着清末预备立宪的推进、"新教育"的实施,国语运动、白话文运动也逐渐发展起来,最初的推动者主要是先进乡绅、士大夫及留学生、维新派、革命派等人士,他们渴望复兴强国,又接触了新的思想观念。这样全国通行的"国语"逐渐形成,使用白话文作为书面语言的人越来越多,现代白话文书面交往体系逐渐形成,经过近半个世纪的发展,最终超越文言书面交往体系,在社会言语生活中居主导地位。在"现代民族共同语"的传播、文言文向白话文转变的过程中,现代中小学校教育体系发挥了基础性、战略性的作用,其中现代语文教育尤其功不可没。现代语文教育虽然在不同时期承担不同的社会功能,但是对培养一代代国民正确使用现代汉语(口语及书面语),发挥了自身独特的教育功能。从文言文写作课程转为白话文写作课程,也是语文教育现代转型的应有之义。

从语言变革的角度来看,"人的解放"不能停留在思想观念层面,还应该落实到社会交往层面。随着白话文逐渐普及,过去极少人垄断的跨时空书面交往开始向每一位国民开放,这意味着社会话语权力的重新分配,每一位国民在法律意义上获得言说自我、表达自我的公共权利。随着普及教育的推进，人人接受读写教育，这为人人实现自己的话语权利提供了更大的可能性。掌握读写技能的国民越来越多，必然将"人的解放"从思想观念层面转为社会现实；社会也终将因更多主体人格的参与而获得新的发展活力，新的建设力量。

清末民初以来，社会话语权利重新分配的过程也是士大夫阶层的话语权威性、独断性遭遇普遍质疑的过程。新型知识阶层取经西方，"盗来火种"，借助理性力量、启蒙话语向旧的世界发起攻击，依靠现代启蒙精神试图唤醒沉睡的人们。新文化运动时期，鲁迅、胡适等新型知识精英激烈反击、批判封建文化，他们对启蒙大众、促进"人的解放"产生巨大的推动力量。1918 年 5 月 15 日，鲁迅在《新青年》上发表第一篇白话短篇小说《狂人日记》，发出"礼教吃人"的控诉！发出"救救孩子"的呐喊！1918 年 12 月 15 日，周作人在《人的文学》[①]中提出新文学就是"人的文学"；十五世纪的欧洲，由于人的觉醒，有了宗教改革与文艺复兴，后来还有法国大革命。而"女人与小儿的发见，却迟到十九世纪，才有萌芽"[②]；他提出以个人的自由意志，对抗封建礼教，"中国文学中，人的文学，本来极少，从儒教道教出来的文章，几乎都不合格"[③]，他提出多译介外国作品，"眼里看见了世界的人类，养成人的道德，实现人的生活"，真是石破天惊，"个人主义"也就横空出世。他提出要"革除一切人道以下或人力以上的因袭的礼法，使人人能享自由真实的幸福生活"[④]，这可谓是现代"个人解放"的宣言。1922 年 3 月 3 日，胡适于《五十年来中国之文学》中提出，"古文学的共同缺点就是不能与一般的人生出交涉"，"那无数的模仿派的古文学，既没有我，又没有人，故不值得提起"。[⑤] 1921 年由郑振铎、沈雁冰、叶绍钧等人发起成立了文学研究会，提出"为人生"的现实主义文学创作观，对现代写作课程(甚至整个语文教育)产生深远影响。

二、国民价值取向下的写作课程设计

以培养国民素养为目标的教育思想始于 19 世纪后期的维新改良运动，"康有为、梁启超等人开始突破洋务教育人才观的思想框架，从推动中国政治近代化的角度出发，提出了培养具有近代政治意识和思想觉悟的国民这一新教育的根本目标"，康有为、梁启超等人借鉴欧美、日本教育改革经验，提出"远法德国，近采日本，以定

---

① 《人的文学》发表于《新青年》第 5 卷第 6 号，1918 年 12 月 15 日。
② 周作人. 人的文学[M]//童庆炳. 二十世纪中国文论经典. 北京：北京师范大学出版社，2004：83.
③ 同上书，第 86 页。
④ 同上书，第 85 页。
⑤ 胡适. 胡适文存二集(卷二)[M]. 上海：亚东图书馆，1925：165.

学制"的教育方针;戊戌变法期间,康有为还向光绪皇帝上书,建议将三级学校体制创建与书院改革相结合。比较而言,在推动国民教育方面,康有为的贡献"主要在于规划三级学校教育体制,从而试图创立国民教育制度",而梁启超的贡献则主要在于"导入欧美、日本国民教育思想,通过塑造'新民'形象来阐明近代国民教育的理念"。[①] 梁启超认为,国民教育的要旨是"使其民备有人格,享有人权。能自动而非木偶,能自主而非傀儡,能自治而非土蛮,能自立而非附庸……此则普天下文明国教育宗旨之所同,而吾国亦无以易之者也"[②]。光绪三十二年(1906)成立"编译图书局",教科书编辑章程规定,"编纂教科书,宜恪遵忠君、尊孔、尚公、尚武、尚实之宗旨,以实行国民教育",只不过这里是以"忠君、尊孔"为根本宗旨的满清帝国的"国民教育"。[③] 陆费逵在《民国普通学制议》(1912年1月)中提出"教育三分法"的设想,"学堂系统,当谋联络而祛重复,且国民教育、人才教育、职业教育,三者必当并重。盖无国民教育,则国家之基础不固;无人才教育,则兴办事业乏指挥整顿之人;无职业教育,则在下者生计艰困,在上者辅助乏力",要求三方面协调统一。陆费逵还对理想的国民内涵作了描述,他说:"民国行共和政体,须养成共和国民","务养成独立、自尊、自由、平等、勤俭、武勇、绵密、活泼之国民,以发达我国势,而执二十世纪之牛耳"。[④] 民国建立之后,以塑造新国民为取向成为写作课程育人价值的核心目标。

(一)"五四"运动之前的写作课程设计

1. "五四"运动以前的教育宗旨

民国共和政体的建立,使基础教育进一步世俗化、国家化,教育宗旨也发生根本性变革。1912年1月19日,民国教育部颁发《普通教育暂行办法》和《普通教育暂行课程标准》。

这个暂行办法及课程标准是由陆费逵、蒋维乔共同起草,"内容大体根据我三年中所研究的结果,如缩短在学年限,减少授课时间,小学男女共校,废止读经等,均藉蔡先生采纳而得实行。[⑤]《普通教育暂行办法》规定,"凡各种教科书,务合乎共和民国宗旨。清学部颁行之教科书,一律禁用";"凡民间通行之教科书,其中如有尊崇满清朝廷,及旧时官制、军制等课,并避讳、抬头字样,应由各该书局自行修改""如学校教员遇有教科书中不合共和宗旨者,可随时删改。[⑥] 1912年7月,教育部正式颁布的教育宗旨是"注重道德教育,以实利教育,军国民教育辅之,更以美感教育完成其

① 陈学恂,田正平. 中国教育史研究·近代分卷[M]. 上海:华东师范大学出版社,2001:446—448.
② 梁启超. 饮冰室合集(10)[M]. 上海:中华书局,1936:61.(《论教育当定宗旨》写于1902年)
③ 熊明安. 中国近现代教学改革史[M]. 重庆:重庆出版社,1999:24.
④ 详见《教育杂志》第3卷第10期,1912年1月. 另见璩鑫圭,唐良炎. 中国近代教育史资料汇编·学制演变[M]. 上海:上海教育出版社,1991:620—627.
⑤ 吕达. 陆费逵教育论著选[M]. 北京:人民教育出版社,2000:104.
⑥ 璩鑫圭,唐良炎. 中国近代教育史资料汇编·学制演变[M]. 上海:上海教育出版社,1991:596—597.

道德"①。比较而言，清末教育宗旨是从封建王朝统治集团的根本利益出发，而共和时代的教育宗旨要以新国民的根本利益为依据，二者有本质上的区别。根据教育部颁布的《小学校令》（1912 年 9 月）"总纲"第一条就是"小学校教育以留意儿童身心之发育，培养国民道德之基础，并授以生活所必需之知识技能为宗旨"。② 同时颁布的《中学校令》第一条中也规定"中学校以完足普通教育、造成健全国民为宗旨"③。可见，为共和国培养合格国民是基础学校的核心价值目标，也是共和教育体制的客观需要。一般情况下，城镇乡立初等小学校不征收学费，县立高等小学校的经费由县经费支给，省立中学校经费由省经费支给，其他中学征收学费额，要按照教育部制定的规程标准。④ 这种公办义务教育的国民教育体制，为写作课程的现代化转型奠定了价值基础。

1912 年 9 月 3 日颁布实施《学校系统草案》，称为"壬子学制"。这时候教育部试图学习欧洲（主要是德国），力图摆脱模仿日本学制的影响。1913 年 8 月，教育部对"壬子学制"进行修订并重新颁布，这被称为"壬子·癸丑学制"，又称为 1912—1913 年学制。"壬子·癸丑学制"是民国初年的中心学制，据此建立全国学校体系及相应的课程设置，其中规定初等小学 4 年为义务教育，学生一般 6 岁入学，从小学到大学的学习年限为 18 年。遵循新的教育宗旨，1912 年 11 月教育部订定《小学校教则及课程表》，重视知识技能的学习，"智识技能，宜择生活上所必需者教授之，务令反复熟习，应用自如"，"凡所教授，必适合儿童身心发达之程度"。⑤

1918 年，蔡元培曾撰文分析"新教育与旧教育之歧点"。"吾国之旧教育以养成科名仕宦之材为目的"，然后根据这个预定目的，强迫儿童就范。"新教育则否，在深知儿童身心发达之程度，而择种种适当之方法以助之。"⑥可见，旧教育是以仕为"诱饵"，迫使儿童放弃自我意志，消磨其独立人格，致力于培养听命于封建皇权的臣民，而新教育却恰恰相反，"必以实验教育学为根柢"⑦，以"劳工神圣"为灵魂，致力于培养各类平等的劳动者。蔡元培在北京参与庆祝协约国胜利大会时，发表了"劳工神圣"的主题演讲，以"劳工神圣"代替了"孔教神圣"的价值光环。蔡元培对此处的"劳工"作了解释，他说："我说的劳工，不但是金工、木工等等，凡用自己的劳力作

① 王凤喈. 中国教育史（下）[M]. 福州：福建教育出版社，2011：29.
② 舒新城. 中国近代教育史资料（中册）[M]. 北京：人民教育出版社，1961：449. 原载于《教育杂志》第 4 卷第 8 号，1912 年 11 月。原文为"小学校以留意儿童身心之发育，授以道德教育、国民教育之基础，并其生活所必需之普通智识、技能为宗旨"。后来就"并其生活"之"其"字应改为"公民"或"国民"，颇费讨论。见璩鑫圭，唐良炎. 中国近代教育史资料汇编·学制演变[M]. 上海：上海教育出版社，1991：644.
③ 舒新城. 中国近代教育史资料（中册）[M]. 北京：人民教育出版社，1961：526.
④ 同上书，第 454—526 页。
⑤ 同上书，第 455 页。
⑥ 蔡元培. 蔡元培选集[M]. 北京：中华书局，1959：58.
⑦ 同上。

成有益他人的事业,不管他用的是体力、是脑力,都是劳工",如农民、工人、教师、著述家、发明家等,"我们要自己认识劳工的价值,劳工神圣!"①进而提出培育健全人格,实施个性教育,培育学生的创造精神,"因而知教育者,与其守成法,毋宁尚自然;与其求划一,毋宁展个性"②。这与清末的教育宗旨具有根本的区别。新旧教育在根本宗旨上的分野必然全面渗透到写作课程的过程之中。民国初年针对写作提出"养成发表思想之能力""能自由发表思想"的新要求③,已经超越清末以"忠孝"为魂的教育体系。允许、鼓励每一个学生追求思想,学会自由表达,这是写作教育史上的大突破、大跨越。这可以看作从以"臣民"为价值取向的写作课程转向以"国民"为价值取向的重要标识。"臣民是指君主统治下的所有官吏和百姓,也就是说,一国之内君主以下,所有的人都是臣民","君主和臣民是一对相对概念,相互依存","臣民的奴性与服从性,即从属性或曰非独立性,是臣民所包含的深层涵义"。④ 相反,现代国民根本上不同于臣民。一般认为"国民"是一个中性词,指国家的成员,是随着国家出现而产生的,一般强调的是人的地域、国籍归属。⑤ 可是这里的国民有特殊的价值内涵,19世纪末20世纪初"国民"常与"奴隶"对举,它是与现代民族国家兴起相关的概念。这个词在1899年到1903年前后开始风行,并成为知识界最常用的词汇之一。梁启超在《新民说》中说:"有国家思想,能自布政治者,谓之国民"⑥,综合诸多看法,"国民"之内涵"大都涉及参政权、爱国心、独立、自由、责任、义务等内容,概括起来即'国民'是国家的一分子,既享独立、自由等权利,也承担有义务"⑦。

随着时代风尚的改变,阅读文本的选择也不再盲目迷恋古文,而是从现实生活出发来选择白话文阅读材料,反映不断进化的社会发展观,"国文首宜授以近世文,渐及于近古文,并文字源流、文法要略、及文学史之大概"⑧,这反映出具有现代意义的语文知识已经被引入到语文课程体系之内。

2. "五四"运动以前的写作课程设计

《普通教育暂行课程标准》(1912年1月19日)规定:"小学读经科一律废止",将"中国文字""中国文学"统一更改为"国文"科,标志着现代统一的语文科得以确立。

① 蔡元培.蔡元培选集[M].北京:中华书局,1959:65.

② 同上书,第59页。

③ 课程教材研究所.20世纪中国中小学课程标准·教学大纲汇编·语文卷[M].北京:人民教育出版社,2001:272.详见《中学校令施行规则》(1912年12月)。

④ 施雪华.政治科学原理[M].广州:中山大学出版社,2001:451—452.

⑤ 赵晖.社会转型与公民教育:中国公民教育目标与内容体系的建构[M].北京:人民教育出版社,2007:34.

⑥ 梁启超.饮冰室合集·专集之四[M].北京:中华书局,1989:16.

⑦ 郭双林,龙国存."国民"与"奴隶"——对清末社会变迁过程中一组中坚概念的历史考察[J].中国文化研究,2003(春之卷):125—126.

⑧ 舒新城.中国近代教育史资料[M].北京:人民教育出版社,1961:527.

这时期中小学连续设置 12 学年的国文课,其中初小、高小及中学均为 4 学年。根据每学年每周的授课时数安排①,如果每学年以 10 个月计,中小学阶段(12 学年)共安排 4 640 个课时的国文课,写作课被称为"作法"课程。②

(1)小学段写作课程要求

《小学校教则及课程表》认为"国文要旨,在使儿童学习普通语言文字,养成发表思想之能力,兼以启发其智德"③。以此依据对不同学段的写作课提出不同的写作要求。

1)针对初等小学段提出的写作要求

"初等小学校首宜正其发音,使知简单文字之读法、书法、作法,渐授以日用文章,并使练习语言"④,从"正音"开始,到练习简单文字作法,培养日用文章的写作能力。注重写作的实用功能,体现"言文一致"的写作特点,"练习语言"可以促进白话文写作。

2)针对高等小学段提出的写作要求

高等小学主要练习普通文的写作能力。写作教学注重与其他学科的联络,与儿童生活的关联,"国文作法,宜就读本及他科目已授事项,或儿童日常闻见与处世所必需者,令记叙之,其行文务求简易明了","凡语言文字,在教授他科目时亦宜注意练习"⑤。注重读写结合,"读本文章,宜取平易切用可为模范者",另外还追求"读法书法作法联络一致,以资熟习"。⑥

3)小学段写作课程的特征分析

《小学校教则及课程表》(1912 年 11 月)是具有法规性质的教育文献,从其对小学各学段的写作要求可见,这时期的写作课程与清末有本质上的区别。这时期的写作课程挣脱圣贤经典、义理本位的束缚,开始走向儿童生活,培养其"自由发表思想"的写作能力。清末的写作课程往往将儿童视作工具性、手段性的存在。此外这时写作课程接续清末注重实用和"读写作"相联络的理念,只是在"写什么""用什么写"方面已经发生根本性变革,继续推进白话文写作。

---

① 《普通教育暂行课程标准》中各学年每周授课时数安排:初小,第 1、2 学年 10 课时,第 3、4 学年 15 课时;高小,第 1、2 学年 10 课时,第 3、4 学年 10 课时;中学校,第 1、2 学年 8 课时,第 3、4 学年 5 课时。见璩鑫圭,唐良炎.中国近代教育史资料汇编·学制演变[M].上海:上海教育出版社,1991:598.

② 民国教育部.小学校教则及课程表[M]//舒新城.中国近代教育史资料(中册).北京:人民教育出版社,1961:456.

③ 舒新城.中国近代教育史资料(中册)[M].北京:人民教育出版社,1961:456.

④ 课程教材研究所.20 世纪中国中小学课程标准·教学大纲汇编·语文卷[M].北京:人民教育出版社,2001:11.详见《小学校教则及课程表》,1912 年 11 月颁布。

⑤ 同上。

⑥ 同上。

表3-1 《小学校教则及课程表》写作教育的要求表(1912年11月)

年级	写作教育要求
初等小学(4学年)	宜首正其发音,使知简单文字之作法,渐授以日用文章,并练习语言。
高等小学(3学年)	首宜依前项教授渐及普通文之作法,并使练习语言。
教学要项	1. 读本文章,宜取平易切用可为模范者,其材料就修身、历史、地理、理科及其他生活必需事项择其富有趣味者用之。 2. 国文作法,宜就读本及他科目已授事项,或儿童日常闻见与处世所必需者,令记叙之,其行文务求简易明了。 3. 教授国文,务求意义明了,并使默写短句短文,或就成句改作,俾读法书法作法联络一致,以资熟习。 4. 凡语言文字,在教授他科目时亦宜注意练习。 5. 教授商业,须与国文所授事项联络,兼授简易之商用簿记。 6. 各科目教授之目的方法,务使正确,并宜互相联络以资补助。
舒新城. 中国近代教育史资料(中册)[M]. 北京:人民教育出版社,1961:456—457,460—462.	

表3-2 《小学校教则及课程表》写作课程的设置表①(1912年11月)

学级	第一学年	第二学年	第三学年	第四学年
初等小学	日用文章之作法、语法	日用文章之作法、语法	简单文字及日用文章之作法、语法	简单文字及日用文章之作法、语法
高等小学	日用文字及普通文之作法	日用文字及普通文之作法	日用文字及普通文之作法	无
舒新城. 中国近代教育史资料(中册)[M]. 北京:人民教育出版社,1961:535.				

(2)中学阶段的写作课程要求

《中学校令施行规则》(1912年12月公布,1914年1月修订)对写作课程的规定。

表3-3 《教育部公布中学校课程标准》写作课程的设置表②(1913年3月19日)

学级	第一学年	第二学年	第三学年	第四学年
中学	作文	作文	作文、文法要略	作文、文法要略
舒新城. 中国近代教育史资料(中册)[M]. 北京:人民教育出版社,1961:535.				

---

① 根据《小学校教则及课程表》的设计,初等小学国文科每周课时数分别为10、12、14、14,高等小学国文科每周课时数分别为:10、8、8。中学国文科每周课时数分别为:7、7、5、5。如果以每学年10个月计,中小学校国文科(11学年)共设置了4000个课时。

② 这时候的阅读课也称为讲读课,另外小学阶段称为语法,中学称文法。

另外,陆费逵在《民国普通学制议》①中对中小学写作课程有过系统考虑,具体情况如下:

1)《初等小学课程表》设置 4 个学年的"作法"课程,没有提出各学年的具体课程要求。

2)《高等小学课程表》设置 4 个学年的"作法"、"作文"课程,具体要求为:

第一学年:普通文之作法,作文约百字以下。　　第二学年:作文约百字以下。

第三学年:作文约二、三百字。　　　　　　　　第四学年:作文约三、四百字。

3)《中学校课程表》设置 4 个学年的"作文"、"文法"课程,没有提出各学年的具体课程要求(这时期读文课程涉及各体文字)。

"五四"新文化运动之后,1922 年颁布新学制,即"壬戌学制"。这段时期开始从"以日为师"转向注重学习美国。总体而言,课程纲要时期虽然有袁世凯复辟等政治闹剧,有复古思潮、读经运动,但是大方向还是追求现代化,"五四"新文化运动之后民主、科学的思想观念深入人心,推动着写作课程的发展。

(二)"壬戌学制"以来的写作课程设计

1."壬戌学制"时期的教育宗旨

"五四"新文化运动以来,国内外形势发生深刻变革,为反映新的价值诉求,确立新的教育宗旨,1922 年制定新的学制方案,即"壬戌学制"。

1920 年,蔡元培在《普通教育和职业教育》中提到:"前年我国审查教育会,把普通教育的宗旨,定为:(一)养成健全人格,(二)发展共和的精神。所谓健全的人格,内分四育,即:(一)体育,(二)智育,(三)德育,(四)美育","学校教育注重学生健全的人格,故处处要使学生自动"②。之前根据《教育调查会第一次会议报告(节录)》(1919 年 4 月),已经提出"教育宗旨研究案","谨拟'以养成健全人格,发展共和精神'为宗旨"③,从而顺应现代世界大潮流,"当采英、法、美三国之长,故拟以养成健全人格,发展共和精神为教育宗旨"④。新的教育宗旨吸收了杜威的教育思想,于清末"忠君""尊孔"之思想有根本性的超越。

1922 年颁布《学校系统改革案》,即"壬戌学制"。采用"六三三"制度,即小学 6 年(义务教育年限暂以 4 年为准),初中 3 年,高中 3 年。1923 年,颁布新学制课程标

① 璩鑫圭,唐良炎.中国近代教育史资料汇编·学制演变[M].上海:上海教育出版社,1991:622—625.另见《教育杂志》第 3 年第 10 期,1912 年 1 月。
② 蔡元培.蔡元培选集[M].北京:中华书局,1959:150—153.
③ 璩鑫圭,唐良炎.中国近代教育史资料汇编·学制演变[M].上海:上海教育出版社,1991:843—844.原载于《教育杂志》第 11 卷第 5 号。
④ 关于"健全人格、共和精神"的具体内涵,详见璩鑫圭,唐良炎.中国近代教育史资料汇编·学制演变[M].上海:上海教育出版社,1991:844.原载《教育杂志》第 11 卷第 5 号。其中"知识技能"变成"健全人格"要素。

准纲要,其中国语科包括《新学制课程标准纲要小学国语课程纲要》(吴研因起草,委员会复订),《新学制课程标准纲要初级中学国语课程纲要》(叶绍钧起草,附表胡适起草,委员会复订),《新学制课程标准纲要高级中学公共必修的国语课程纲要》(胡适起草),《高级中学第一组必修的特设国文课程纲要》(胡适起草)。这一系列课程纲要对中小学写作课程进行新的规划设计,追求健全人格的培养,注重联系学生生活,促进个性发展,也注重训练女子写作。

新学制写作课程体现全新的价值追求及新文化的精神底蕴,这不仅受时代教育思潮的深刻影响,而且直接得益于"五四"新文化运动及文学革命。1918年,教育部国语统一筹备会召开第一次大会,胡适、刘复、钱玄同等要求把"国文读本"改为"国语读本",国民学校全用国语,不杂文言,高等小学酌加文言,以国语为主,其他学科的教科书也要全部改为国语编辑。[①] 1920年,教育部训令全国各国民学校自当年秋季起,"凡国民学校一二年级先改国文为语体文,以期收言文一致之效"[②]。后来修订教育法规,将小学三、四年级课程也改用国语。各科文言教科书分期作废,改用语体文编写。这项改革措施在"壬戌学制"颁布以后全面推行,修正的《国民学校令》将"国文"科改为"国语"科。

1920年"国语"科诞生,"是中国现代语文教育史上继'国文'单独设科以来又一件具有里程碑意义的大事"[③]。这意味着白话文获得合法身份、正统地位,为白话文全面进入基础学校领域提供政策依据。这也是现代写作课程史上的里程碑,从此白话文写作课程顺理成章地成为语文的正式内容,终于打破文言写作一统天下的局面。修正的《国民学校令施行细则》明确规定国语科的宗旨,即"在使儿童学习普通语言文字,养成发表思想之能力,兼以启发其智德"[④],还规定初等小学四年间纯用语体文。教育部还令文言教科书分期作废。

2. "壬戌学制"的写作课程设计

根据"以养成健全人格,发展共和精神"的教育宗旨,按照《学校系统改革案》(1922年11月1日)的新要求,语文科先后制定《新学制课程标准纲要小学国语课程纲要》(1923年,吴研因起草)、《新学制课程标准纲要初级中学国语课程纲要》(1923年,叶绍钧起草,附表胡适起草)、《新学制课程标准纲要高级中学公共必修的国语课程纲要》(1923年,胡适起草)等教育法规。

① 熊明安.中国近现代教学改革史[M].重庆:重庆出版社,1999:66.
② 朱有瓛.中国近代学制史料·第二辑(上)[M].上海:华东师范大学出版社,1987:158.
③ 李杏保,顾黄初.中国现代语文教育史[M].成都:四川教育出版社,2000:68.
④ 课程教材研究所.20世纪中国中小学课程标准·教学大纲汇编·语文卷[M].北京:人民教育出版社,2001:12.

（1）小学阶段的写作课程

《新学制课程标准纲要小学国语课程纲要》(吴研因起草,1923 年)规定小学阶段国语课程的总目的是"练习运用通常的语言文字,引起读书趣味,养成发表能力,并涵养性情,启发想像力及思想力"①。"五四"运动以来白话文逐渐流行,"国语"科诞生,要求小学低年级学习白话文,此处的"通常的语言文字"也就是言文一致的白话文。可见白话文写作已经成为小学写作课程内容。从儿童成长出发将白话文写作能力与"涵养性情,启发想像力及思想力"相统一,体现养成健全人格的宗旨观念。这与清末仅要求死命读经、学写简单应用文相较显然具有明显的进步与根本性的超越。新学制白话文写作着眼于从内到外,从根本处入手,培养趣味,陶冶情操,推动着每一位学生(含女童)自身力量的成长,导向儿童健全人格的发展,写作课程的育人功能得以充分彰显。

1）小学写作课程与听说课程的关系。由于白话文写作讲究言文一致,《新学制课程标准纲要小学国语课程纲要》注重听说练习、诵习教学,讲究"以听说带动写作",这与传统的写作教学过于依赖阅读、背诵,甚至"以读代写"的情形相比有了很大的进步。如第一学年注重"演讲语练习,简单会话,童话讲演""儿歌,谜语等的诵习"。第二学年注重"会话和童话讲演""儿歌,谜语的诵习"。第三学年注重"童话,史话,小说等的演讲""童话,传记,剧本,儿歌,谜语,故事,诗,杂歌等的诵习"。第四学年注重"普通的演说""传记,剧本,小说,儿歌,民歌,谜语,故事,诗等的诵习"。第五学年注重"辩论会的设计,练习"。第六学年,"注重演说的练习","酌加浅易文言的诗,文的诵习"②。"初年多用演进法,以后多用会话,讲演,表演。"③当然"以读代写"的观念还在延续,影响不小,如邵伯棠《高等小学论说文范》(第 1 册):"此文范之所作也。前编按初学程度,字数以二百为限,此则递相衔接,短者仍二百字,长者迤三四百字,令高等小学生诵之。日夕揣摩,到执笔时,自汩汩乎来矣。"④从生命书写来看,"以读代写"弊端明显。

2）小学写作课程与阅读课程的关系。与清末相比,此时的阅读内容发生巨大的变化。清末安排连续 14 年的读经教育,要求学生熟读、背诵自己根本不理解的四书五经。新学制时期,小学生阅读内容丰富多样,如童话、传记、剧本、谜语、小说、故事、诗、民歌、杂歌、儿歌等。另外报刊已经成为小学生平时的阅读内容,成为课程资源,第四年"指导阅儿童报和参考图书",第五年"注重指导阅报和参考图书",第六年

---

① 课程教材研究所. 20 世纪中国中小学课程标准·教学大纲汇编·语文卷[M]. 北京:人民教育出版社,2001:13.

② 同上书,第 13—14 页。

③ 同上书,第 14 页。

④ 邵伯棠. 高等小学论说文范(第 1 册)[M]. 上海:上海会文堂粹记,1911:撰述大意 1.

"注重指导阅普通的日报"①。报刊属于大众传媒，能迅速反映社会动态。将报刊纳入阅读渠道，可为写作练习提供新鲜素材，从源头上改变文言写作教学的路径依赖。报刊资源被接受，大量进入写作资源，可谓当时的一个热点。1913年，费有容在《共和论说升阶》(下册)第4卷"走机类"第7课《办报原始》中提到："新闻记者之价值，欧美各国优待恒达于极点。故有总统退位，高爵辞职而为之者，然其基本富足，记载翔寔，诚极一时之盛也。中国报纸倡于粤东之香港、澳门一带，洪杨以后，沪渎始印行一纸号曰：申报。数典思祖，其敢忘耶。嗣后而汉而津而粤而浙，始露其一鳞一爪之伟业。诚有非异人能任者，专制之毒变，为共和。吾知秃笔一枝，胜于毛瑟十万者，非虚语也。不将今日有负初心愿，智者审之。"②由于非常看重报刊的价值，"五四"运动以后，报刊资料全面进入语文课程资源，也成为学生写作素材的重要来源之一。邹登泰在《初学论说轨范》第2册第13课《说报纸》中提到："报纸者，传播文明之利器也。西人以一纸报章比三千毛瑟。两军交战有时而败，一纸报章潜入智识，印入脑筋，以之制造军国民，有常胜而不败者，日试数万言，风行五大洲，尤其余事也"，编者小结是："西人以报纸行销之多寡，验社会程度之涨缩。"③另外《新撰小学论说精华》(上海广益书局，出版信息不详)，第1册第4课《说阅报之益》中提到："谚云：不出户知天下，其此之谓欤。"④第3册第6课《说日报日记皆有裨于智识》中提到："文字之关系系于智识，亦多端矣。而其最浅近者，曰日报日记。日报者，采访世界一日所闻之事，以笔之于篇，复举其成败利害而评论之，则何异古之陈诗也"，同时提出要边读边写，不可以"虚阅"，"故凡日报日记，虽为浅近之文字，而阅者与作者必各从其类，以求知行之并进，乃可不虚所阅，不负所作而大有裨于智识也"。⑤由此可见，当时报刊对写作的价值得到充分的肯定。

阅读报刊品种从"儿童报"发展到"普通的日报"的梯度结构，从侧面体现出写作课程向社会开放、与生活关联的特点。这方面毕业的最低要求是：初级"能用字典看含生字百分之五的语体的儿童书报"；高级"能用字典看与'儿童世界'或'小朋友'程度相当，生字不过百分之十的语体文，及与日报普通记事程度相当，生字不过百分之十的文体文"。可见，编者具有学以致用的观念，从阅读实际来设定阅读教学目标，给学生与教师带来明确的方向感，对阅读教学可以起到校正作用。这比抽象地谈能力要求效果要好，也更本质。

3) 白话文写作文体教学。包括实用文、记叙文、说明文、议论文，从"简单语言的

---

① 课程教材研究所. 20世纪中国中小学课程标准·教学大纲汇编·语文卷[M]. 北京：人民教育出版社，2001：13—14. 另初中的课程纲要也将日报纳入语文课程资源。
② 费有容. 共和论说升阶(下册·卷四)[M]. 上海：上海神州图书馆，1913：7.
③ 邹登泰. 初学论说轨范(第2册)[M]. 上海：上海天一书局，1914：10.
④ 陆树勋. 新撰小学论说精华(1)[M]. 上海：广益书局，1917：4.
⑤ 陆树勋. 新撰小学论说精华(3)[M]. 上海：广益书局，1917：9，10.

记录发表"起步,到简单议论文的作法研究、练习、设计,这与清末小学段的文言论说写作已经有较大的不同。写作教学方法建议包含三个方面:①"注重应用文的设计,研究和制作"。②"前三年读文与作文写字合并教学;并与他科联络设计。后三年注重自学辅导"。③"语言可独立教学,或与作文等联络教学。"①

4) 小学毕业对写作能力的要求。毕业最低标准:"初级:能作语体的简单记叙文,实用文,(包含书信日记等)而令人了解大意""高级:能作语体的实用文,记叙文,说明文,而令人了解大意"。②

表3-4　新学制时期小学国语科写作教育各学年的基本要求表(1923年)

年级	基本要求
第一学年	简单语言的记录发表。
第二学年	同上。
第三学年	通信,条告,记录的设计,和实用文、说明文的作法,研究、练习。
第四学年	同第三学年。注重实用文、说明文的作法,研究、练习。
第五学年	实用文、记叙文、说明文、议论文③的作法研究、练习、设计。
第六学年	同第五学年。

根据《新学制课程标准纲要小学国语课程纲要》整理,来源于课程教材研究所.20世纪中国中小学课程标准·教学大纲汇编·语文卷[M].北京:人民教育出版社,2001:13—15.

(2) 初级中学的写作课程

《新学制课程标准纲要初级中学国语课程纲要》(1923年,叶绍钧起草,附表胡适起草)规定初中段国语科总目的是:"使学生有自由发表思想的能力;使学生能看平易的古书;引起学生研究中国文学的兴趣。"④从写作语言来看,"本科旨在与小学国语课程衔接,由语体文渐进于文体文,并为高级中学国语课程的基础"⑤。可见,此处学生自由发表思想采用的是语体文写作,文言写作教学在初中第二、第三学年虽然也有所要求,可是整个初中阶段还是以语体文写作为最基本的内容。对文言文学习从清末的读写并重,转向通过阅读课来承担,错位发展,这个趋势影响了语文科以后的整体走向。

---

① 课程教材研究所.20世纪中国中小学课程标准·教学大纲汇编·语文卷[M].北京:人民教育出版社,2001:14.

② 同上书,第15页。

③ 这是笔者目前所见最早将实用文、记叙文、说明文、议论文并称的文献,其中就有后来通行的"三大文体"。

④ 课程教材研究所.20世纪中国中小学课程标准·教学大纲汇编·语文卷[M].北京:人民教育出版社,2001:274.

⑤ 同上。

1) 初中写作课程的主体内容。包括定期的作文,无定期的作文和笔记,定期的文法讨论,定期的演说辩论。[①] 在白话文运动的推动下,口语表达也被纳入写作课程的大体系,初中写作课程主要是书面表达,也涉及口头表达。这意味着基于文言写作经验而建立起来的写作及写作教学概念开始被解构,从"言文一致"的特点出发,新的写作及写作教学概念正在逐渐建构。

新的写作课程结构包括"作文和笔记""文法讨论""演讲辩论"。与清末相比,前两项是共同的,第三项是新发展的;按照学分衡量权重,"作文和笔记"占四学分,文法讨论占三学分,演讲辩论占三学分。[②] "演讲辩论"的加入是写作课程内容的重大突破,体现出从纯粹的"文字型"写作(文言文)向"言文一致"的白话写作课程转型的必然趋向,吴研因、胡适、叶圣陶、黎锦熙等是新趋势的开拓者、奠基人。

2) 初中写作课程与阅读课程的关系。这时期阅读课开始发生重大变化,文言选文大撤退,白话文著作、外国翻译著作大量涌入阅读课程内容体系之中。1913年,费有容在《共和论说升阶》(下册)第4卷"走机类"第8课《译书原始》中提到:"中国之大译家今已数数观矣,然其输入欧化以造成我译材者,李提摩太、傅兰雅、林乐知之功不可没也。中国学子昔时识英法文字者,百人皆不得其一。即或有之亦不过供官厅之翻译而已。"[③]课程纲要时期可供选择的翻译作品已经很多,在白话作品还不发达的情况下,外国翻译作品进入语文体系是必然趋势。

从初中国语课程纲要规定的"毕业生最低限度的标准"推荐的略读书目来看,小说部分共13类,白话文系列有6类,如《西游记》、《三国志演义》、《上下古今谈》(吴敬恒)、《点滴》(周作人)、《短篇小说》(胡适)、《小说集》(尚未出版,鲁迅)等。外国翻译系列有7类,如《侠隐记》(法国大仲马)、《续侠隐记》(法国大仲马)、《天方夜谭》(有文言译本)、欧美小说译丛(周作人)、《域外小说集》(周作人)、《阿丽思梦游奇境记》(赵元任)、林纾译的小说若干种。[④] 这些翻译作品或采用文言,或采用白话,即便是文言译本,从文化思想来看与古代文言作品也不是一个概念。戏剧多是白话体或西洋剧本,如《易卜生集》第一册,易卜生是对中国话剧早期影响最大的西方戏剧家,"五四"时期引进西方戏剧的主要目的,是把它作为"启蒙""救亡"的工具。散文略读选本包括梁启超、章士钊、胡适等人的选文,或文学革命问题讨论集、社会问题讨论集等;从文体来看,以议论文选本、传记文选本、描写文选本为主。反映最新动态的

---

① 课程教材研究所. 20世纪中国中小学课程标准·教学大纲汇编·语文卷[M]. 北京:人民教育出版社,2001:274.

② 同上书,第274—275页。

③ 费有容. 共和论说升阶(下册·卷四)[M]. 上海:上海神州图书局,1913:7.

④ 课程教材研究所. 20世纪中国中小学课程标准·教学大纲汇编·语文卷[M]. 北京:人民教育出版社,2001:276.

报刊也被纳入语文阅读内容体系中,"阅读普通参考书报,能了解大意"①。不厌其烦地列举这些内容是想说明,作为写作基础的阅读活动和过去大不一样了,过去以四书五经、古文选文为主体内容的阅读内容模式已经开始向现代转型。以白话文为载体,反映现实人生、社会问题的文章,以及反映世界各民族精神文化的翻译文章日渐增多,逐渐成为阅读课的主流材料。这为初中学生思考社会人生问题、提高白话文写作能力创设了重要的条件。这时期阅读课采用略读与精读相结合的形式,略读要求读整部的名著,写读书笔记,以学生自修为主,课堂讨论为辅。精读由教师选定书本,学生详细诵习、研究,以课堂讨论为主。读书笔记结合集体讨论,有利于促进学生独立思考、多角度思维。集体讨论法的兴起,意味着班级教学制度在逐渐发展。这与清末课堂教学不一样,清末还在提倡教师的讲解分析。

3) 初级中学毕业最低限度标准。"作普通应用文,能清楚达意,于文法上无重大错误"②,这显然体现出写作教学讲究学以致用,反映出现实主义的写作发展倾向。

表3-5 新学制时期初级中学国语科③写作教育各学年的基本要求表(1923年)

年级	基 本 要 求
第一学年	命题的或不命题的作文,文体译作语体的译文④,及笔记、演说、辩论等;并随时用比较和归纳的方法,作文法的研究。作文以语体为主,兼习文言文。
第二学年	作文、译文、笔记、演说、辩论和归纳的文法研究。作文仍以语体为主,兼习文言文。
第三学年	作文、译文、笔记、演说、辩论和系统的文法研究⑤,兼及修辞学大意⑥。作文语体、文体并重。
根据《新学制课程标准纲要初级中学国语课程纲要》整理,见课程教材研究所.20世纪中国中小学课程标准·教学大纲汇编·语文卷[M].北京:人民教育出版社,2001:274—276.	

(3) 高级中学的写作课程

《新学制课程标准纲要高级中学公共必修的国语课程纲要》(1923年,胡适起草)规定高中学段国语课程的总目的是:"培养欣赏中国文学名著的能力。增加使用古书的能力。继续发展语体文的技术。继续练习用文言作文。"⑦高中阶段写作延续初

---

① 课程教材研究所.20世纪中国中小学课程标准·教学大纲汇编·语文卷[M].北京:人民教育出版社,2001:276.
② 同上。
③ 同上书,第274—276页。
④ 清末是俗话翻译文言,这时逆转,只因为写作语言的变革。
⑤ 文法与写作的关联从清末一直延续下来,大概从新课改以后呈现淡出趋向。
⑥ 当时修辞学纳入写作是新的事物。
⑦ 课程教材研究所.20世纪中国中小学课程标准·教学大纲汇编·语文卷[M].北京:人民教育出版社,2001:277.

三学级写作教学要求,语体文写作与文言文写作兼备,不过对语体文写作的要求更高,要达到自由运用的层次。这个课程纲要没有提出每学年写作教学的明细要求,只是从"作文""文法"两个方面作了总的说明,如"作文:应注重内容的实质和文学的技术。精读名著的报告或研究,可代作文",写读书报告也是作文练习之一。"文法:注重语体文和古文文法的比较的研究。最好是用学生所习的外国文和本国文作文法的比较研究。修辞学不必独立教学,可于读书时随时提出讨论。"①开始注重"外国文和本国文作文法的比较研究"②,可以想象现代汉语欧化已经很明显,而清末注重文言与语体的文法比较研究。从文法源头来看,现代汉语文法的深处当然与古汉语一脉相承、相通相融,而从时代表层来看,现代汉语在迅速吸纳外国文词汇句法、表达方式、思维方式中不断模仿、调整,即其文法在不断欧化,这是跨语际交往的必然结果。现代汉语文法变化必然内在地规约言语思维与书面表达,所以比较语体文和古文、外国文和本国文之间的文法关系也就很有必要。

表3-6　新学制时期高级中学国语科③写作教育的总体要求表(1923年)

项目	总　体　要　求
作文	应注重内容的实质和文学的技术。精读名著的报告或研究,可代作文。
文法	注重语体文和古文文法的比较的研究。最好是用学生所习的外国文和本国文作文法的比较研究。修辞学不必独立教学,可于读书时随时提出讨论。
根据《新学制课程标准纲要高级中学公共必修的国语课程纲要》整理,见课程教材研究所.20世纪中国中小学课程标准・教学大纲汇编・语文卷[M].北京:人民教育出版社,2001:277—279.	

高中写作课程与阅读课程的关系。与写作教学要求相对应,这时期阅读方面分别提出语体文阅读及文言文阅读的不同要求,如推荐阅读《水浒传》《儒林外史》《镜花缘》《古白话文选》《近人长篇白话文选》等白话读物。与初中阅读比较,文言阅读分量大大增加,如荐读诸子文萃、四书(节本)、古史家文萃(《国策》《左传》《史记》《汉书》《后汉书》《晋书》),王充、韩愈、欧阳修、王安石、苏轼、朱熹、王守仁,清代经学大师文选,崔述,曾国藩,以及严复的译文,林纾的译文等。还包括《诗经》(节本)、古乐府、唐诗选本,唐以后的诗选本(注重苏轼、陆游、范成大、杨万里、李东阳等),词与曲选本,戏曲等。④ 供阅读的古书都要加以整理,以便学生自修之用,如1)标点,2)分

---

① 课程教材研究所.20世纪中国中小学课程标准・教学大纲汇编・语文卷[M].北京:人民教育出版社,2001:278.
② 同上。
③ 同上书,第277—279页。
④ 同上书,第278页。

段,3)校勘,4)简明注释,5)详明的引论。①可见这时候古文读本与清末相比已经有了很大的不同。清末学生使用的古籍大多是竖排且无句读的,阅读古籍的第一项技能就是"点读"能力,把古文点断得清楚无误,大致就算读懂了。

高级中学毕业最低限度标准。高级中学设置"能自由运用语体、文体发表思想"②的毕业最低限度标准,这里没有提文言文写作能力的问题,可见即便是高中写作课程,它的重心仍然是白话文写作。这与清末中学堂的写作课程有根本上的区别,清末写作课重心毫无疑问是文言文写作。这意味着经过 20 年的时间,全国中小学写作课程重心从文言文写作转到白话文写作,变化甚大。与此相关,写作课程从过去仅注重文字表达,转向口头表达与书面表达的统一,口语表达也被纳入写作课程范围;从过去仅注重适应外在的社会性规范,转向尊重学生内心体验;从过去注重"代圣人立言",转向注重自由表达"我"的思想情感。经过 20 年的努力,写作教学对象、写作主体——学生获得巨大的解放。随着现代社会的结构重构,人类文明进程、共和政治终于在话语权力重新分配的过程中赋予儿童更多的表达权、言论自由的权利,尤其是女童终于摆脱封建专制的束缚,逐渐获得与男生一样接受写作教育的权利。正是从上述意义上说,写作课程往往成为一个民族文明程度的缩影,也是一个现代国家基础教育质量的大窗口。每个现代公民具备基本的书面表达力,是近现代历史发展的必然趋势。

第二节　言文兼备的写作教科书

一、课程纲要时期的写作教科书概貌

民国成立后,读经讲经课被废除。1912 年"中国文字""中国文学"被统一改为"国文"科。特别是 1920 年"国文"科改为"国语"科,这标志着现代语文步入白话文时代。遵照"养成健全人格,发展共和精神"的教育宗旨,国语科以儿童为本位,将写作教育与涵养性情、健全人格统一起来,以训练国民的白话文写作为主要目标。这时期纯粹的文言写作教科书开始遭遇冲击,言文对照的写作教材大量出现。特别是"五四"新文化运动以后,白话文写作教科书的合法地位、正统地位得以确立。当然文言文写作教科书(尤其是影响大的)仍然延续了下来。

---

① 课程教材研究所. 20 世纪中国中小学课程标准·教学大纲汇编·语文卷[M].北京:人民教育出版社,2001:277.

② 同上书,第 279 页。

（一）课程纲要前后小学写作教科书的出版情况

从1912年费有容的《共和论说进阶》（1—3册）由上海神州图书局出版发行，到1927年8月《新时代国语教科书》（第1—8册）由新时代教育社出版，课程纲要时期的16年间出版且现存的小学语文教科书至少有243种1103册，其中写作类教科书至少有38种87册，文言教科书、白话教科书混杂在一起，此外还出现了言文对照教科书。专门的写作类教科书包括文法类、应用类（含女子尺牍）、论说文、作文范本、语体作文材料、综合类等多种类型（记叙类写作在其他写作教材或普通语文教科书中都有），其中1920年以前论说类写作教科书仍居多数，有17种45册，分别占写作教科书总数的44.7%和51.7%，1920年以后只发现1种1册小学论说文教科书（《言文对照高等论说新范》，秦同培，世界书局，1923年），1922年发现有以语体文命名的教科书（中学阶段1920年就有洪北平、何仲英编纂的《白话文范》4册，商务印书馆发行），这就是《语体作文材料》（第1—4册，作者不详，上海广益书局）。课程纲要时期，笔者尚未发现一本专门的虚字教材，虚字知识在写作教科书中仍然存在，虽然还是写作教学内容，但是相比清末已经大为弱化。总之，课程纲要时期，小学段文言文写作课程的根基已经被严重削弱，这预示着小学段开展白话写作教学势所必然，这也为国语科全面推行白话文写作教学做好了铺垫。

课程纲要时期的16年间所使用的小学教科书（含写作教材），主要由以下人员（或组织机构）参与编纂，他们是费有容、胡朝阳、孔宪彭、何振武、汪渤、汪家栋、吴廷璜、许昭、王鸿飞、庄俞、蒋维乔、沈颐、秦同培、华鸿年、朱树人、张继熙、张步青、何维朴、张荫椿、戴克敦、张元济、高凤谦、邵伯棠、屠元礼、杨喆、方钧、李步青、向大锦、谭廉、刘傅厚、刘传厚、庄适、张景良、陆肇鼎、樊炳清、缪徽麟、华国铨、郑朝熙、陈宝泉、郭成爽、邹登泰、施崇恩、李味青、宋文蔚、费焯、杨喆、钱巩、董文、唐文治、王永炘、刘復厚、许国英、诸宗元、范源廉、徐俊、雷瑊、王藐、江山渊、吴研薇、俞粲、林景亮、邓庆澜、广仓学宭、林纾、吕思勉、周世勋、周本培、谢开勳、蒋昂、范祥善、顾树森、施毓麒、吕珮芬、胡君复、严渭渔、陆保璇、江燿堂、杨宝森、吴研因、黎均荃、陆衣言、杨达权、胡舜华、王国元、顾倬、黎锦熙、戴杰、许德邻、曹载春、刘大绅、黎锦晖、任熔、周服、沈圻、樊平章、顾公毅、田广生、易作霖、周靖、李直、周尚志、王芝九、郑士杓、朱文叔、范天英、刘佩琥、陆费逵、马昌期、陈醉云、朱经农、计志中、周予同、高梦旦、缪天绥、魏冰心、朱麟、张祖贤、周祝封、张云石、黄克宗、逾復、张景文、刘藻、蒋昂、严会、陈和祥、唐钺、张肇熊、姜长麟、胡仁源、戴渭清、王岫庐、胡怀琛、戴标、陈白、刘完如、高馨山、胡贞惠，圣教杂志社、北京师范大学附属小学校教科书编纂会、北京师范大学附属小学校编辑、广文书局编辑所、上海徐家汇圣教杂志社、文明书局、北京教育图书社、中国图书公司编著、彪蒙编译所等，合计150多人（或组织机构）。主要的出版机构是：上海神州图书局、新学会社、上海会文堂粹记、中华书局、商务印书馆、上海中国图书公司、武昌共和编译社、上海广益书局、上海彪蒙书室、上海文明书局、上海鸿才书社、上海天一书局、上海新新书局、苏州振新书社、广益书局、扫叶山房、民强书局、学福堂梓、苏州振新书社、上海鍊石书局、上海锦章图书局、上海广文书局、上海徐家汇土山湾印书馆、上海崇文书局、普文学会、上海世界书局、上海刘德记书局、北京平民书局、土山湾慈母堂、上海国民书局、无锡光华书局、上海中原书局、新时代教育社 30 多家。课程纲要时期小学段语文教科书及写作教科书分年度出版发行情况,可见下面表格。详细教科书目录见附录 3《课程纲要时期小学阶段语文教科书目录(1912—1927)。

表 3-7　课程纲要时期小学语文教科书出版情况分年度统计表(1912—1927 年)

年度(年)	教科书种类	教科书册数	写作类种类	写作类册数
1912	23 种	112 册	3 种	5 册
1913	34 种	179 册	6 种	15 册
1914	24 种	95 册	6 种	16 册
1915	19 种	97 册	5 种	9 册
1916	12 种	54 册	0 种	0 册
1917	7 种	26 册	1 种	3 册
1918	5 种	18 册	1 种	1 册
1919	13 种	43 册	5 种	12 册
1920	15 种	82 册	1 种	4 册
1921	21 种	108 册	3 种	9 册
1922	6 种	29 册	1 种	4 册
1923	15 种	60 册	3 种	3 册
1924	14 种	59 册	0 种	0 册
1925	19 种	62 册	2 种	5 册
1926	11 种	54 册	1 种	1 册
1927	5 种	25 册	0 种	0 册
合计	243 种	1 103 册	38 种	87 册

(二) 课程纲要前后中学语文教材的出版情况

从 1912 年 8 月《中等新论说文范》(第 1—4 册)由上海会文堂书局出版发行,到 1927 年 3 月《应用文》(全一册)由商务印书馆出版发行,课程纲要时期的 16 年间出版且现存的中学语文教科书至少有 70 种 197 册,其中写作类教材有 24 种 58 册。主要包括论说文、应用文(含尺牍)、戏剧、学生作文选、文法(语法)、修辞等类型。这时期清末流传下来的中学论说文写作教材大为减少,而反映时代生活的学生模范作文选大量增加,发现有 13 种 41 册。这意味着随着文言文向白话文转型,写作练习从过去诵读、研习、模仿古文选本的传统模式转向为模仿、借鉴反映时代生活的时文或学生优秀作文。写作范文从过去的《春秋》《左传》《史记》《汉书》以及唐宋八大家之古文,或《昭明文选》《古文观止》等古文,转向时文或学生优秀作文,这是历史性的转向。1920 年,洪北平、何仲英选编《白话文范》(第 1—4 册),由商务印书馆出版发行,新的文法教材也开始问世,1922 年章士钊的《中等国文典》(1 册)由商务印书馆出版发行,这套书于 1907 年 4 月初版,到 1925 年 1 月已经是 12 版,主要供中学及中等师范作教材之用。1921 年《共和国教科书文法要略》(第 1—2 册)由商务印书馆出版,庄庆祥编纂,蒋维乔校订。1923 年孙俍工的《中国语法讲义》(1 册)由亚东图书馆出版。从"文典""文法"到"语法"教材的变化,侧面反映出文言写作向白话写作转型。1926 年董鲁安的《修辞学讲义》[①](上册)由文化学社出版发行,这时期修辞学知识进入国语写作知识体系。

课程纲要时期 16 年间所使用的中学教科书主要由以下人员或组织机构参与编纂:刘法曾、姚汉章、陆基、许国英、张元济、潘武、林纾、吴曾祺、谢蒙、范源廉、刘宗向、黎锦熙、刘翰良、戴克敦、张之纯、庄庆祥、邹登泰、蒋维乔、梁启超、王梦曾、谢无量、王文濡、王璞、陈恩荣、苦海余生、洪北平、何仲英、江蔭香、朱毓魁、章士钊、金兆梓、毕公天、孙俍工、王岫庐、周予同、范祥善、叶绍钧、顾颉刚、沈星一、王梦曾、方宾观、章寿栋、刘儒、沈仲九、秦同培、凌独见、张廷华、唐文治、庄适、郑次川、吴遁生、钱基博、雷瑨、刘大白、穆济波、董鲁安、张须、胡适、交通图书馆、北京孔德学校等 60 余人(或组织)。参与中学语文教材出版的组织主要有:上海会文堂书局、中华书局、中国图书公司、商务印书馆、宏文图书社、苏州振新书社、上海扫叶山房、上海进步书局、交通图书馆、注音字母报社、中华编译社、广文书局、上海国学书局、上海世界书局、亚东图书馆、民智书局、大东书局、天一书局、文化学社、北京孔德学校二十家。

表 3-8　课程纲要时期中学语文教科书出版情况分年度统计表(1912—1927 年)

年度	教科书种类	教科书册数	写作类种类	写作类册数
1912	4 种	12 册	1 种	4 册
1913	5 种	26 册	0 种	0 册
1914	5 种	15 册	0 种	0 册
1915	4 种	17 册	3 种	8 册
1916	3 种	9 册	1 种	4 册
1917	1 种	4 册	0 种	0 册

---

① 陈望道. 修辞学发凡(上下册)[M]. 上海:大江书铺,1932.

年度	教科书种类	教科书册数	写作类种类	写作类册数
1918	3 种	3 册	1 种	1 册
1919	2 种	2 册	0 种	0 册
1920	3 种	10 册	1 种	4 册
1921	2 种	3 册	2 种	3 册
1922	5 种	11 册	5 种	11 册
1923	10 种	36 册	3 种	14 册
1924	10 种	29 册	2 种	3 册
1925	7 种	14 册	3 种	4 册
1926	3 种	3 册	1 种	1 册
1927	3 种	3 册	1 种	1 册
合计	70 种	197 册	24 种	58 册

根据上述课程纲要时期小学语文教科书出版情况分年度统计表(1912—1927年)、课程纲要时期中学语文教科书出版情况分年度统计表(1912—1927年),可以知道课程纲要时期中小学写作教材出版的总体情况。

表 3-9　课程纲要时期中小学写作教材出版的总体情况表(1912—1927 年)

学段	教科书种类	教科书册数	写作类种类		写作类册数	
			数量	占总品种的比例	数量	占总册数的比例
小学	243 种	1 103 册	38 种	15.6%	87 册	7.9%
中学	70 种	197 册	24 种	34.3%	58 册	29.4%
合计	313 种	1 300 册	62 种	19.8%	145 册	11.2%

就目前所搜集到的文献材料来看,课程纲要时期专门的写作类教科书有 62 种 145 册,分别占全部语文教科书的 19.8% 和 11.2%,1919 年以后供白话文写作使用的教科书越来越多,言文对照的写作教科书也有增多,课程纲要时期文言文写作教育逐渐向白话文写作教育过渡转型。下面就查阅过的课程纲要时期中小学写作教科书目录作汇总归类,具体见下面表格。

表 3-10　课程纲要时期中小学写作教科书目录(1912—1927 年)

时间(年)	中小学写作教材目录
1912	1.《共和论说进阶》(1—3 册),费有容,上海神州图书局。 2.《第一简明论说启蒙》(下卷),胡朝阳,新学会社。 3.《初学论说必读》(1),孔宪彭,上海会文堂粹记。 ● 39.《中等新论说文范》(第 1—4 册),作者不详,上海会文堂书局。

时间(年)	中小学写作教材目录
1913	4.《新撰女学生尺牍》(上册),广益书局编辑部,上海广益书局。 5.《女子论说文范》(第1—4册),邵伯棠,上海会文堂粹记。 6.《共和论说升阶》(上、下册),费有容,上海神州图书局。 7.《论说入门二集》(第1、3、4册),彪蒙编译所,上海彪蒙书室。 8.《论说入门初集》(第1—4册),彪蒙编译所,上海彪蒙书室。 9.《最新作文教科书》(第1册),戴克敦,商务印书馆。
1914	10.《初学论说轨范》(第1—4册),邹登泰,上海天一书局。 11.《最新小学作文捷径》(下册),施崇恩,上海新新书局。 12.《初学论说文范》①(第1—4册),邵伯棠,上海会文堂粹记。 13.《高等小学作文示范》,嵇毅复、李味青,商务印书馆。 14.《高等小学作文示范》(第中、下册),宋文蔚,商务印书馆。 15.《高等小学论说文范》(第1—4册),邵伯棠,上海会文堂粹记②。 ● 40.《江苏各校国文成绩精华》(第1—6册),邹登泰,苏州振新书社、上海扫叶山房。 ● 41.《湖北省学校国文成绩》(1册),作者不详,上海进步书局。 ● 42.《江苏省学校国文成绩》(第6册),作者不详,上海进步书局。
1915	16.《新撰初学论说指南》(第1册),作者不详,广益书局。 17.《初学论说轨范》(第3、4册),邹登泰,出版者不详。 18.《论说新编初集》(第1、3、4册),雷瑊,扫叶山房。 19.《小学文法初阶》(上、下册),王薇,商务印书馆。 20.《作文初步》(第1册),江山渊,上海文明书局。
1916	● 43.《常识文范》(1—4册),梁启超,中华书局。
1917	21.《高等小学作文范本》③(第1—3册),林景亮,中华书局。
1918	22.《初学论说入门》(第2册),彪蒙书室,民强书局。 ● 44.《国文模范·吴下英才集》(甲编1册),交通图书馆。
1919	23.《小学作文入门》(1—3册),秦同培、胡君复编辑,商务印书馆。 24.《女子实用尺牍教本》(第3册),严渭渔,苏州振新书社。 25.《共和论说进阶》(第1、4册),费有容,上海神州图书局。 26.《小学论说精华》④(第1—4册),胡君复,商务印书馆。 27.《初学论说文法规范》⑤(第3、4册),陆保璇,广益书局。
1920	28.《言文对照初等作文新范》(1—4册),作者不详,上海广文书局。 ● 45.《白话文范》(第1—4册),洪北平、何仲英,商务印书馆。

---

① 根据王有朋《中国近代中小学教科书总目》,上海辞书出版社2010年出版,第204页所述,《初学论说文范》在1912年曾出版过。

② 《高等小学论说文范》在1912年已经出版过,这里是再版。

③ 《高等小学作文范本》在1914年已经出版过,这里是再版。详见王有朋《中国近代中小学教科书总目》第197页。

④ 根据王有朋《中国近代中小学教科书总目》,上海辞书出版社2010年出版,第205页所述,《小学论说精华》在1916年曾出版过。

⑤ 根据王有朋《中国近代中小学教科书总目》,上海辞书出版社2010年出版,第205页所述,《初学论说文法规范》在1917年曾出版过。

时间(年)	中小学写作教材目录
1921	29.《言文对照初学新文范》(1、2 册),作者不详①,上海广益书局。 30.《作文百法》(第 1—3 册),许德邻,上海崇文书局。 31.《作文秘诀》(第 1—4 册),曹载春,普文学会。 ● 46.《全国学生国文成绩》(上卷),作者不详,出版者不详。 ● 47.《共和国教科书文法要略》(第 1—2 册),庄庆祥编纂,蒋维乔校订,商务印书馆。
1922	32.《语体作文材料》(第 1—4 册),作者不详,上海广益书局。 ● 48.《中等国文典》(1 册),章士钊,商务印书馆。 ● 49.《国文法之研究》(1 册),金兆梓,中华书局。 ● 50.《全国学校国文成绩大观》(上下册),毕公天,上海国学书局。 ● 51.《详注中华高等学生尺牍》(下册),中华书局。
1923	33.《言文对照女子新尺牍》(1 册),广文书局编辑所,世界书局。 34.《言文对照高等论说新范》(1 册),秦同培,世界书局。 35.《国民尺牍教本》(1 册),范天英,苏州振新书社。 ● 52.《全国中学国文成绩学生新文库》(乙编卷一至卷二、乙编卷三至卷四、乙编卷九至卷十三),作者不详,世界书局。 ● 53.《全国学校文府》(第 1—4 册),邹登泰,出版者不详。 ● 54.《中国语法讲义》(1 册),孙俍工编,亚东图书馆。
1924	● 55.《中学国文成绩精华》(第 4 册),张廷华,大东书局。 ● 56.《读文法》(上、下册),唐文治,天一书局。
1925	36.《绘图儿童白话尺牍》(第 2 册),作者不详,世界书局。 37.《言文对照高等作文新范》②(第 1—4 册),张祖贤、周祝封、秦同培等,世界书局。 ● 57.《戏剧作法讲义》(全一册),孙俍工,亚东图书馆。 ● 58.《初中模范文读本》(第 1、2 册),刘大白,世界书局。 ● 59.《新著国语文法》(全一册),黎锦熙,商务印书馆。 ● 60.《中等国文典》(全一册),章士钊,商务印书馆。
1926	38.《新学制作文教科书》(第 3 册)③,计志中,商务印书馆。 ● 61.《修辞学讲义》(上册),董鲁安,文化学社。
1927	● 62.《应用文》(全一册),张须编纂,庄适校订,商务印书馆。

说明:小学写作教材 38 种,中学写作教材(● 标识)24 种。

　　还有一些研究专家提供了有价值的科研信息,如郑国民先生《从文言文教学到白话文教学——我国近现代语文教育的变革历程》附录"1902 至 1935 年出版的中小

---

① 根据王有朋《中国近代中小学教科书总目》,上海辞书出版社 2010 年出版,第 197 页所述,此书由张兆瑢编纂、陆保璿校阅。根据 205 页,《言文对照初学新文范》由沈元起、蔡其清著。

② 根据王有朋《中国近代中小学教科书总目》,上海辞书出版社 2010 年出版,第 197 页所述,《言文对照高等作文新范》在 1920 年也出版过。

③ 根据郑国民《从文言文教学到白话文教学》第 143 页、王有朋《中国近代中小学教科书总目》第 203 页,《新学制作文教科书》在 1923、1925 年已经出版过,这里是再版。

学语文教科书目录"①,王有朋《中国近代中小学教科书总目》②收录的课程纲要时期中小学写作教科书目录信息,经过细致比对,关于写作教科书的文献信息补充如下:

表 3-11　课程纲要时期中小学写作教科书补充信息表(1912—1927 年)

时间(年)	写作教科书目录	页码
1912	1.《初等小学论说模范初编》(十四卷),彪蒙编译所编辑及校阅,上海彪蒙书室。○	195 页
	2.《中等新论说文范》,蔡郴著、邵希雍校,上海会文堂。○	196 页
	3.《高等小学论说文范》,邵伯棠,上海会文堂粹记。○	196 页
	4.《高等小学论说模范》,彪蒙编译所编辑及校阅,上海彪蒙书室。○	196 页
	5.《高级小学白话评注三民主义文范》,上海广益书局。○	198 页
	6.《少年的书信》,骆风和,出版者不详。○	199 页
	7.《中华初等尺牍》,章瑞兰编辑,上海中华书局。○	199 页
	8.《初小尺牍课》,上海世界书局。○	201 页
	9.《高级作文之友》,周阆风编辑,上海百新书店。○	203 页
	10.《言文对照女子作文新范》,上海广文书局。○	207 页
	11.《新式论说文范本》,上海世界书局。○	207 页
	12.《儿童新尺牍》,上海广益书局。○	210 页
	13.《言文对照学生新尺牍》,上海世界书局。○	210 页
	14.《新撰女子尺牍》,上海商务印书馆。○	210 页
	15.《我的国语习作》,吴拯寰主编,上海三民图书公司。	212 页
	16.《改良最新商务简易尺牍教科书》,出版者不详。○	520 页
	17.《言文对照作文新范》,刘铁冷著,许德邻译,上海崇新书局。○	523 页
	18.《中学生模范日记》,储苏民编,上海文光书局。○	524 页
	19.《文言白话新法作文捷径》,上海世界书局。	529 页
	20.《中学模范作文》,吴拯寰编,上海春江书局。	524 页
	21.《初中模范作文》,秦粹英编辑,上海三民图书公司。	524 页
	22.《论说文范》,许汝案著,天津益智书店。	524 页
	23.《全国学校国文成绩文库:甲编》,卢寿篯选辑,上海中原书局。	526 页
	24.《全国学校成绩新时代国文大观》,上海世界书局。	526 页
	25.《中华高等学生尺牍》,中华书局编。	527 页

① 郑国民. 从文言文教学到白话文教学——我国近现代语文教育的变革历程[M]. 北京:北京师范大学出版社,2000:139—151.
② 王有朋. 中国近代中小学教科书总目[M]. 上海:上海辞书出版社,2010.

时间(年)	写作教科书目录	页码
	26.《文言白话新法作文指南》,上海世界书局。	529 页
	27.《新体女子白话尺牍》,上海广文书局。	527 页
	28.《作文文法指导合编》,俞焕斗编,上海商务印书馆。	530 页
	29.《全国中学国文成绩学生新文库》(乙编初集),作者不详,蔡元培鉴定,上海中央编译局。	526 页
	30.《中等论说模范》,彪蒙编译所编辑,彪蒙书室。○	522 页
1913	31.《最新商务尺牍教科书:正集》,商务印书馆编。○	520 页
1914	32.《最新论说范本》,杜翰生,上海会文堂粹记。	197 页
	33.《高等小学作文范本》,林景亮编,刘传厚评注,中华书局。○	197 页
	34.《评注论说轨范》,上海商务印书馆。○	197 页
	35.《论说范本二集》,邵希雍,上海会文堂粹记。○	205 页
	36.《小学作文入门初集》,秦同培评选,上海商务印书馆。○	210 页
	37.《小学作文入门二集》,胡君复评选,上海商务印书馆。○	210 页
1915	38.《小学作文入门三集》,胡君复评选,上海商务印书馆。○	210 页
	39.《文法要略》一册,庄庆祥编,商务印书馆。	141 页
	40.《论说新编二集》,雷瑊,扫叶山房。○	196 页
	41.《论说新编三编》,雷瑊,扫叶山房。○	522 页
	42.《言文对照高等新论说》,朱贞白著,王行一评,上海崇文书局。○	207 页
	43.《江苏各校国文成绩精华》,邹登泰评选,毕公天校对,苏州振新书社。○	524 页
	44.《江苏省学校国文成绩》,进步书局编,编者刊。○	525 页
	45.《湖北省学校国文成绩》,进步书局编,编者刊。○	525 页
	46.《初学对类引端》,砚香书屋主人编,第七甫五桂堂。○	211 页
1916	47.《小学论说精华》,胡君复评选,上海商务印书馆。○	205 页
1917	48. 高级小学国文教学用《评注论说轨范》,林任编,商务印书馆。	141 页
1918	49.《国民尺牍教本》,范天英,苏州博文出版社。○	199 页
	50.《初学论说入门二集》,彪蒙书室编辑,广益书局。○	205 页
	51.《湖南省学校国文成绩》,进步书局编,编者刊。○	525 页
	52.《新撰高等论说指南》,沈慧编著,陆保璇校订,广益书局。○	207 页
1919	53.《绘图儿童尺牍启蒙》,胡寄尘,上海广益书局。○	200 页
	54.《评注中华普通学生尺牍》,中华书局,上海编者刊。○	526 页
	55.《江苏各校国文成绩精华·三集》,邹登泰评选,邹登瀛校阅,苏州振新书社。○	525 页

时间（年）	写作教科书目录	页码
1920	56.《言文对照高等作文新范》，周祝封、张祖贤，上海世界书局。○	197 页
	57.《国语文类选》四册，朱毓魁编，中华书局。	142 页
	58.《蒙学尺牍》，上海广益书局编辑并校订。○	208 页
	59.《白话学生尺牍》，凌善清编，中华书局。○	208 页
1921	60.《言文对照新时代学生文范》，黄克宗、张云石，世界书局。○	197 页
	61.《初等白话文范》，张云石，上海广文书局。○	205 页
	62.《全国学校国文成绩大观：上编》，毕公天选辑，章太炎鉴定，上海国学书局编辑部校订，上海国学书局。○	525 页
	63.《全国学生国文成绩》，王敬成编，上海学海书局。○	526 页
	64.《言文对照初学新文范》，沈元起、蔡其清著，上海广益书局。○	205 页
	65.《浙江省学校国文成绩》，进步书局编，编者刊。○	526 页
	66.《福建省学校国文成绩》，进步书局编，编者刊。○	525 页
1922	67.《中学白话文范》一册，何仲英编，商务印书馆。	142 页
	68.《历代文选》四册，缪而纾，云南教育厅出版。	142 页
	69.《全国学校国文成绩大观：中编》，毕公天选辑，章太炎鉴定，上海国学书局编辑部校订，上海国学书局。○	526 页
	70.《中学国文成绩精华》，张廷华评选，上海大东书局。	526 页
	71.《广东省学校国文成绩》，进步书局编，编者刊。○	525 页
	72.《江西省学校国文成绩》，进步书局编，编者刊。○	525 页
	73.《安徽省学校国文成绩》，进步书局编，编者刊。○	525 页
	74.《奉天省学校国文成绩》，进步书局编，编者刊。○	525 页
	75.《直隶省学校国文成绩》，进步书局编，编者刊。○	525 页
	76.《言文对照高等新法文范》，凌善清，沈镕校，上海大东书局。○	197 页
	77.《新的男女学生尺牍》，进化书局。○	201 页
1923	78. 小学校初级用《新学制作文教科书》，计志中编，商务印书馆。	143 页
	79.《全国学校国文成绩大观：下编》，毕公天选辑，章太炎鉴定，上海国学书局编辑部校订，上海国学书局。○	526 页
	80.《书翰文作法》，沈镕编纂，上海大东书局。○	528 页
	81.《评注中学论说新范》，秦同培编，世界书局。○	522 页
1924	82.《言文对照初小新文范》，秦同培，世界书局。○	196 页
	83.《作文新教本》，王一鸣，上海大东书局。○	202 页
	84.《言文对照初学论说文范》，邵伯棠撰，邵人模语译，上海会文堂书局。○	205 页
	85.《初等作文新范：言文对照》，周祝封编辑，世界书局。○	207 页

时间(年)	写作教科书目录	页码
	86.《作文题目五千个:言文对照》,吕云彪、杨文菀编,广益书局。○	521 页
1925	87.《绘图儿童白话尺牍》,广文书局编辑所编辑,世界书局。○	208 页
	88.《国文作法》,高语罕,上海亚东图书馆。○	528 页
	89.《普通应用尺牍教本》,窦警凡编辑,上海文明书局。○	904 页
	90.《作文研究》,胡怀琛编著,商务印书馆。○	521 页
1926	91. 初级中学《应用文》,文化学社。	145 页
	92.《评注中华高等学生尺牍》,中华书局编,上海编者刊。○	527 页
	93.《言文对照女子新尺牍》,世界书局编辑所,编者刊。○	208 页
1927	94.《言文对照初学论说精华》,陆保璇著,王心湛修订,广益书局。○	206 页
	95.《初等论说文范》,文明书局编辑,编者刊。○	207 页
	96.《初中记事文教学本》,张九如编纂,蒋维乔、庄适校订,商务印书馆。○	521 页

来源于王有朋的《中国近代中小学教科书总目》的写作教科书信息,采用○标识,其余都来自郑国民《从文言文教学到白话文教学》书中的 1902 至 1935 年出版的中小学语文教科书目录。

小结

根据上文整理的课程纲要时期中小学写作教材出版的总体情况表(1912—1927年)、课程纲要时期中小学写作教科书目录(1912—1927 年),课程纲要时期专门写作教材(不含出版信息不全的教科书)有 62 种 145 册,分别占语文教科书品种总数的 19.8％和总册数的 11.2％。其中小学段写作教材有 38 种 87 册,中学段有 24 种 58 册。中小学段写作教材相比,小学段写作教材的品种和册数分别是中学段的 1.58 倍和 1.5 倍。相比于清末相应比例的 2.6 倍和 4.3 倍来说,课程纲要时期中学阶段写作教材有很大增长,其中增长品种较多的是学生模范作文选、语法教材、修辞教材等。

这种情况和课程纲要时期的"五·四"新文化运动、白话文运动有着密切关系。随着封建礼教遭遇严厉批判,儒教逐渐没落,科学民主的思潮广泛传播、深入人心;妇女、儿童被发现,开始受到尊重;"养成健全人格,发展共和精神"的教育宗旨得以确立,加上杜威实用主义教育思潮的影响,儿童本位的教育观逐渐形成,这为学生模范作文选的大量出现提供了有利条件。伴随从文言文向白话文转向,原来的古文选本已经不太适合用来学习白话文写作,于是如何选择既能激发学生趣味,又适合模仿学习的白话文范文材料成为新的问题。依据上述分析,学生模范作文选自然是比较理想的材料,同龄人写的文章更能激发学生的兴趣,可供白话文写作教学选用。另外由于白话社会性写作逐渐普及、流行,加上受欧化影响,白话文字的组合搭配规律与文言文法已经有了很大改变,关于白话语法及修辞的教材也越来越多,逐渐超越或部分取代过去关于文言文的文法知识教材。修辞教材的出现也与文白转化有关系,也是学习借鉴国外的结果。美国人希尔(Adams S. Hill)的《修辞学原理》(1878 年于纽约出版)一书对我国写作教学的影响较大,其中提出文体四分法,即描写文、记叙文、说明文、议论文。[①] 这是笔者所见的最早提出的现代写作文体分类。总之,这些新知识教材主要供白话文写作教学使用。

课程纲要时期,中学段写作教材不断增长,一定程度上反映出中学写作有了进一步发展,也更加受重视。这或许与清末优先发展初等小学有关,那时候的小学生到民国初年已经开始读中学了,如茅盾、朱光潜等,原来的小学生人数多,也推动了后来中学教学的发展。

综上可知,课程纲要时期主要供白话文写作学习的教材发展迅速。现代文化、人的解放以及白话文自身的发展都是主要的推动力量。白话文写作教学的目的,从清末的"应世谋生之需"转向"使学生具有自由发表思想的能力"[②],促进学生健全人格成长。从清末到民国,写作课程终于实现从奴性臣民写作转向面向现代国民的儿童写作,回到儿童生活世界。

二、课程纲要时期的写作教科书分析

根据上文的统计分析,课程纲要时期的写作教材有很大变化,白话文写作教材逐渐往主流趋向发展,民国成立以后文言虚词教材急速减少,在笔者所查阅的课程纲要时期的 1 300 册中小学语文教材当中没有发现 1 册专门的文言虚字教材,这与清末重视虚字教学的情况显著不同。在 1 300 册教材的广告页有专门的虚字教材广告,如施崇恩《最新小学作文捷径》(上海新新书局,1914,下册)的广告页载有《绘图速通虚字法·初编》《绘图速通虚字法·续编》(三编,即出)的信息。许德邻的《作文百法》(上海崇文书局,1921 年,卷一至卷三)也重视虚字,"编辑大意"有言:"我国文词之奥秘,纯以虚字为枢机,而章法结构千变万化,本编对于此点各加以极精确极详晰之说明,可使学生自悟"。课程纲要时期不仅虚字如此,就连文法类的教材也极少,只发现 1 种 2 册,是王蓴的《小学文法初阶》(上、下册),1915 年由商务印书馆出版发行。这与民国以来语文教育界对清末文法教学的反思批判有关系(或许与民国

---

① 李景隆,高瑞卿. 应用文体写作概要[M]. 沈阳:辽宁人民出版社,1983:5.
② 课程教材研究所. 20 世纪中国中小学课程标准·教学大纲汇编·语文卷[M]. 北京:人民教育出版社,2001:274.

初年教育界从亲日转向学习德国、美国的整体趋势也有关系),邵伯棠《初学论说文范》(第3册)第22课《与友人论文书》:"顷阅文法书,多未了解,念吾国文学远轶欧美,今渐不振,可为寒心。(编者解说:四句何等矜练)仲尼曰:志有之,言以足志,文以足言,不言谁知其志? 言之无文,行而不远。然则文学者,不朽之业,经国之略,易所谓形而上者也。岂徒于迹象间求之哉。(编者解说:可谓知言)愿各努力,毋中画。"注释:"中画,即中道而止也。"民初以来,随着认知参照系由日本转向欧美,文法书的使用没有能够促进国人文章写作事业的发达,顿有复古之心思。《周易·系辞上》(十三)有言:"形而上者谓之道,形而下者谓之器。"文章写作是要讲究"传道"的,唯此才堪称"不朽之业,经国之略",也就是说,文章写作追求的是形而上之道(如好文章常谓自然天成,妙手偶得,神来之笔),而不是形而下之器,**而文法研究对象是文字之"迹象"**,而"为文之道","**岂徒于迹象间求之哉**"。另外,孔子也说,"志有之,言以足志,文以足言","书不尽言,言不尽意",语言文字只是记录、传达"志"、"意"的载体、工具,文法仅仅研究"载体、工具",如何能够探求"志""意"之源头呢? 文以意为主,诗言志,而"志""意"不去研究,仅仅研究"载体、工具",如何能够指导学生写作呢? 由此轻视"文法书"的价值,提出要延续古代写作经验。在《与友人论文书》的最后,编者点评道:"近处文法书,徒拾东人唾馀,支离破碎,令人昏闷,欧阳公曰,为文无他术,祇是多看、多读、多做而已,古人岂欺我哉。"在邵伯棠看来,当时的文法书,只是照搬国外经验(日本),却忽视了千百年的写作经验,只会徒劳无功。"为文无他术","多看、多读、多做而已",回到古代感性实践的道路上去。① 邵伯棠《高等小学论说文范》(第2册)第21课《与友人论作文书》有言:"熟读此作,便有无数文法,开吾智慧,此外文典诸书,可付之一炬。"② 邵伯棠《初学论说文范》(第4册)第2页第2课《答友人论文书》:"某亦尝谓吾国自六经语孟以迄,左、国、庄、骚、马、班、韩、柳诸作所谓互万古,悬日月,而不刊者也。惜近出文法书,糅杂芜秽,未能沟而通之,殊令人孟闷。"点评:"古人为文法在文成之后,然则文无定法,**祇是读书多,积理富,自然滔滔汩汩,如长江大河,摆设百折不穷,岂有一定死规矩哉**。"文言虚字知识在综合类写作教材中有所体现,如江山渊《作文初步》(1915年12月,上海文明书局)第2卷就有系统的字法知识,还有句法、章法。江山渊在"编辑大意"中说:"坊刻文法书,夥矣。不失诸浅即失诸深,谬种流传,为害非细。此编由浅入深,语无躐等,惨淡经营,适合高小中学之用……作文大体揭示首章至字法、句法、笔法之讲求,尤为学文必经之阶级,三章递阐,一线贯穿……按图索骥,事半功倍。"这是他历年讲授、为文的心得总结。

"五四"运动、特别是国语设科以后,从清末沿袭下来的文言论说类写作教材急

---

① 邵伯棠. 初学论说文范(第3册)[M]. 上海:上海会文堂粹记,1914:19.
② 邵伯棠. 高等小学论说文范(第2册)[M]. 上海:上海会文堂粹记,1914:21.

速减少,反映白话文语言知识的语法教材、修辞知识教材开始出现,专门教语体文的写作教材逐渐增多,供学生模仿、研习的优秀学生作文选(或成绩汇集)急速增长,大量出现。在这种形势之下,清末文言论说写作已经风光不再,白话文写作课程从早期的萌芽状态向主流方向探索前行。

(一)议论类写作教科书

随着共和政体的建立,封建君权制度轰然坍塌,随之而去的还有与封建君权制度相伴而生、相依相存的封建专制意识形态。当时对共和概念的理解对议论类写作教科书(乃至整个语文课程)产生了根本性的影响。邵伯棠《高等小学论说文范》(第3册)第23课:"今日之所谓共和国者,乃以人民为主体,非以政府为主位也。大抵合全国之民族曰共,全国民族之政见曰和,共和国体是西历十八九世纪之新产物也。彼法与美曾为共和国之先导矣。南美多共和国而立法未良,不能与法美相埒意者。共和国之制度固亦有优劣耶。吾国今日亦以共和国自居,外人有窃笑之者,以为吾国民无共和程度故也。"①邹登泰《初学论说轨范》第3册第1课《共和原始》:"共和者,专制之对也。专制国家主权属之君主,共和国家主权属之国民。""全球各国政体有三:曰共和,曰立宪,曰专制。"②这时期国家概念也在发生变化,民族国家逐渐建立,如邹登泰《初学论说轨范》第3册第2课《释国家》:"夫国家之立也,有一定之疆土,有一定之人民,而复有一定之主权者也……然则主权者,国家之脑髓耳。"国家主权是现代民族国家的根本属性及最重要的国家利益,国家主权是各国永恒的原则。由《释国家》可知,民初现代民族国家的观念已经很普遍,这必然从深层结构上影响写作课程设计及教科书的编审。③ 清末封建专制政权缺乏共和政体及现代民族国家的观念,才会强制五六岁的儿童连续14年死命读经,全力灌输"忠君""尊孔"等封建义理,在幼小心灵毫无抵抗之际就强行树立君王、圣贤的权威形象,培植"忠孝仁义"的封建心理,从而达到巩固以封建皇权为核心的专制权力结构的目的,与此相应的是小学极力强化文言论说文写作。推翻满清帝国,建立共和政体,积极建构新型的意识形态,宣传民主共和精神,这是编撰写作教材,尤其是编撰议论类写作教材的底色或基调。如邹登泰《初学论说轨范》第1册例言所说:"民国成立,政尚共和国,尚法治,爰将共和之大体,法治之初津,稍稍说明,使学生略知梗概,以冀培成将来民主立宪之人格。"④这是《初学论说轨范》教材编写的指导思想。随着写作教材的语言载体从文言转向白话,论说文写作教材编写及其所体现的思想内容,已经建立在新的

① 邵伯棠.高等小学论说文范[M].上海:上海会文堂粹记,1914:25.
② 邹登泰.初学论说轨范(第3册)[M].上海:上海天一书局,1914:1.
③ 同上.
④ 邹登泰.初学论说轨范(第1册)[M].上海:上海天一书局,1914:例言1.另这套书于民国3年2月初版7月再版,无锡邹登瀛,校订者李联珪,在苏州、上海、无锡、常州、常熟、奉天等地大书店发行.

人文科学及权力结构之上。

　　然而随着文言文写作教材的地位被严重削弱，欧化的汉语文、白话逐渐取代文言，"文至今日敝矣，非尘俗即支离，求其直抒胸臆，针对时事，而略有古人谿径者，什不二三焉"①，白话文章的品质普遍下降，受到文言复古派的抨击。于是一些人又开始起来维护古文写作传统，捍卫汉语文的民族特性，力图重振中国文统。邵伯棠在《高等小学论说文范》中对汉语文的欧化、文言的衰败非常忧心，不仅反反复复强调汉语文的民族特性，强调国文的重要性，还强调古文魅力，我在翻看这套书的时候对此感触很深。如《高等小学论说文范》(第 1 册)第 26 页第 27 课《答友人论文学书》："**惟一国之语言文字，所以代表民族之精神，而发扬其国辉者也**。于此而轻蔑之，唾弃之，非茅塞其心，必其人天然有奴性者也。"《高等小学论说文范》(第 4 册)第 10、11 页第 9 课《论文字之用》："**一民族之精神，寄之于文字，至文不文，字不字，其民族之衰落可知也**。"点评时说："**真爱国者，未有不爱己国之文字也**"。《高等小学论说文范》(第 3 册)第 20 页第 19 课《尊重国文论》："呜呼，今之最可骇怪者，明明中国之人而不知尊重其本国之文字也。**夫国家之强必有与立国文者。一国之精粹，立国之原素，国民思潮之机关，而传布文明之利器也**。试纵观列强有一不葆爱其国文者乎？故亡人国者，必先灭其文字。文字灭而后国乃真亡矣。**文字与爱国心，默相维系，读本国文字未有不油然生其祖国之感者**。且祖国一切教育政治风俗人情等无不恃其固有之文字，而发表其精神，其文字之传布愈远者，则其势力范围愈大，其文字之功用愈广者，则其国家荣誉愈增，观夫英文之于商业，法文之于法学，盖可知已。迺者吾国少年偏轻视国文，重视他国文，几疑吾国文字为无用。呜呼，轻视国文是轻视本国也。轻视本国，是轻视自己也。夫人至轻视自己未有不与奴隶为伍者也。愿我少年铲此恶习焉。"《高等小学论说文范》(第 3 册)第 32 页第 32 课《论不通国文不能通科学》："文字者，语言之精微也。""科学之奥赜，理之奥赜也，惟宿于国文者"。另外，嵇毅复、李味青在《高等小学作文示范》第 5 课《**爱国者必爱其国之文字说**》中提出"**文字者，智识之源泉也**……普及教育之不可以已也"，"若置国文于不讲，而惟求外国之文字，以为吾学在是"，则遁入歧途了。② 许德邻《作文百法》(上海崇文书局，1921 年，卷一至卷三)的"编辑大意"中说："**故国文者，各种科学之母也**"。在翻阅这些写作教材时，笔者常常深切地感受到许多前辈学人真是将"国文"视为自己的性命与前途，将中文写作看作人生价值的凝聚点，沉醉其间，且将国文教学与民族命运、国家前途捆绑在一起，所以新文化运动时期有人提出要废除汉字，拼音化，要全面欧化，这就必然会激起他们全力反击，强烈反感，甚至斥责其"祸国殃民"，笔者在不少

① 邹登泰. 初学论说轨范(第 1 册)[M]. 上海：上海天一书局，1914：1.
② 嵇毅复，李味青. 高等小学作文示范[M]. 上海：商务印书馆，1914：9—10.

写作教材中都看到类似的话语。"凡有国则必有文字,文字灭而其国始亡矣,而其人真奴矣。……欧风东渐,其无识新生或有厌薄祖国之文字,而不愿潜心探讨者,彼诚自居,何等耶夫。"①

1.《共和论说升阶》

民国初年,费有容编纂《共和论说初阶》《共和论说升阶》《共和论说进阶》系列小学作文教材,其中《共和论说初阶》没有找到,《共和论说升阶》②分上、下册共4卷,1913年由上海神州图书局出版,③《共和论说进阶》(版本信息不详)有3册,1912年9月由上海神州图书局出版,教材语言文白夹杂。这里的"论说"的含义非常广泛,综合叙事、描写、抒情、议论、修辞等多方面练习,只是以议论类写作为主,可能当时没有形成严格的作文教学文体分类。如《共和论说升阶》包括知人、评事,记实、翻空,言情、行气,炼意、修辞,抒怀、蓄势,说理、走机,感时、鉴古等14类,《共和论说进阶》包括清矫、浑灏、奇横、曲折、发皇、流利、寄托等20类。

(1)超越桐城派的写作教材标准

费有容《共和论说升阶》"序"言④:"韩柳欧苏,古之所谓文家也……胶柱鼓瑟,殊负绳墨,有容涉猎,旧籍鲜所心印,而新理增长又不能不互相研索。"⑤清代桐城派影响很大,"他们标榜孔、孟、程、朱的'道统',韩、柳、欧、苏的'文统',以及二者结合的所谓'义法'"⑥。"韩柳欧苏"是桐城派甚为推崇的,被视为"文统"。在共和政治背景下,经过启蒙思潮,"道统"发生变革,费有容感觉"韩柳欧苏"之文已经难以再作为文之"绳墨","旧籍鲜所心印,而新理增长又不能不互相研索"。可见《共和论说升阶》正是在新的人文基础上,按照新的眼光选编的论说文范本。

(2)《共和论说升阶》的主要内容

全书共有120篇,分为"知人、评事,记实、翻空,言情、行气,炼意、修辞,抒怀、蓄势,说理、走机,感时、鉴古"等14类,共有4卷。下面以第1卷为例来说明。

◆ 第1卷主要内容,包括"知人类、评事类、记实类、翻空类",合计4部分36课。

知人类。提供"通体褒笔""通体皆用贬笔""褒中寓贬笔""贬中寓褒法""前后褒中寓贬法""前后贬中间褒法""两人均褒法""两人均贬法""一褒一贬法""两头一脚法""一头两脚法"⑦等12种知人类写作手法。

评事类。提供"通体褒法""一褒一贬法""先贬后褒法""先褒后贬法""一褒一贬

① 邵伯棠.高等小学论说文范(第4册)[M].上海:上海会文堂粹记,1914:10.详见第9课《论文字之用》。
② 《共和论说升阶》于1912年9月初版,1913年3月第9版,编者吴兴、费有容,校阅者神州图书局编辑所,在奉天、广州、杭州、直隶、汉口、长沙等地发行。
③ 这套书由广益书局发行,发行范围包括北京、广东、汉口、长沙、开封等。
④ "序"的落款是"壬子五月,吴兴费有容,序",可见写于1912年5月。
⑤ 费有容.共和论说升阶(上册)[M].上海:上海神州图书局,1913:序1.
⑥ 舒芜.舒芜集(第二卷)[M].石家庄:河北人民出版社,2001:333.
⑦ "一头两脚法"大概意思是,从一处起笔,然后从两个方面来展开,相互对应。

法""通体褒法"等 8 种评事类写作手法。

记实类。提供"感叹法""排纂法""疏落法""考据法""峭劲法""曲折法""寄托法""问答法"8 种记实类写作手法。

翻空类①。提供"奇横法""警练法""圆转法""流利法""廉悍法""雄健法""夭矫法""静穆法"8 种翻空类写作手法。

翻空类选取《读孟子》、《读老子》、《读庄子》、《读墨子》等篇目,从西学东渐、中西方文化交融碰撞的角度,用新的眼光重新阐释古文经典,通过提出新的见解来融通中西,缓解二者的差异,以此来建构新的文化。如《读孟子》一文就是借用西方启蒙思想来重新解释孟子的思想,得出孟子其实早就提倡人人平等。从文章立意来看,这其实属于西学东渐的路数,小结点评:"此奇横法也,笔力过人百倍。"②

《共和论说升阶》设计"翻空类"课程内容,通过范文,演示翻空写作手法,主要着眼于文章"立意"的创新,这与过去多主张"代圣人立言"、"述而不作",已经有了根本上的区别。这启发学生在论说文写作过程中要讲究观点的独创性,不要因袭他人的陈见,人云亦云。这教导学生要独立思考,学会用批判的眼光来分析问题。这与培养健全人格的国民是相通的。

◆ 第 1 卷编写模式。第 1 卷第 1 类"知人类",每课呈现的一般模式是:1)呈现范文;2)页眉批注,包括文章特色、文章笔法、文章思路、编者心得及相关背景知识等;3)结尾综合点评。

第 1 课《帝舜论》在呈现范文之后,设有眉批"丹朱不肖,不加过甚之词,识见何等高超","再进一层","言有尽而意无穷"③等。小结点评:"此通体褒笔也,补足丹朱一层足徵读书得间。"④

2.《共和论说进阶》

1912 年 9 月,费有容⑤的《共和论说进阶》(1—3 册)作为小学作文教材,由上海神州图书局出版。就选文来看,此书反映"共和"政治的特点,也体现世界文化的眼光,显示出鲜明的时代特征,区别于清末说类教材。

(1) 写作教学理念。费有容在"叙"言中说:"性之所近,每不能强承学之士,亦各

① "翻空,无中生有也",翻空就是推翻成见,另立新说的意思。详见伟庐主人. 汉文教授法(卷三)[M].上海:商务印书馆,1903:10.
② 费有容. 共和论说升阶(上册·卷一)[M]. 上海:上海神州图书局,1913:13.
③ 同上书,第 1 页。
④ 同上。
⑤ 费有容,吴兴人,著有《共和论说初阶》、《共和论说升阶》、《共和论说进阶》、《分类清代人物论》、《唐诗研究》《现代新函牍分类大全》,曾经参与校勘、增补《幼学琼林》、《介子园画谱》,翻译《古兰经》,此外,《饮冰室文集全编》的订正分类,由费有容校订。费有容在当时算是有名的学者,可是他的生平资料极难找寻。

随其趋向所至,以专精于一涂。工者未必速,速者未必工。一人求备非所以知文也。"①写作文体种类繁多,不同文体各有其写作规范,对写作者亦有不同的能力、情性等多方面的要求,没有任何一个作者可以写好每一种文体。在掌握一般共通写作技艺的基础上,能够擅长一种文体就很不错了。所以需要分析学生的才情禀赋,因材施教,引导学生写好一种文体。另外写作能力不可追求速成,需要顺势而进,这是经验之谈。

(2)教材主要内容。根据文章的风格特征,全书分出"清矫、浑灏、奇横、曲折、发皇、流利、寄托、坚劲、秾郁、雄健、圆转、警辟、排序、精湛、辨驳、感慨、峭厉、纯静、翻跌,凡二十类"②。每类一般选取5篇课文来示范、阐释。

3.《初学论说文范》

1914年,邵伯棠的《初学论说文范》(1—4册)由上海会文堂粹记再版③发行,这是一套小学写作教材,"此区区四卷者,实初学之津梁,而文库之秘藏也"④。

(1)写作教学理念。邵伯棠认为,没有适宜的教材是导致写作教学不得法、学生为文艰苦的主要原因。"吾国学校,开办亦数年矣……莫不以国文为最苦,且其进步亦较他科学为缓。是非教者之不得法,乃由无适宜之本为之前导,譬如瞽者之无相,欲东而适西,致足慨耳。"⑤

针对当时文法教材不适用的情况,邵伯棠结合自身体会,在借鉴传统写作教材(如文选型教材)优点的基础上,加以改造更新,最终编写成这套论说文写作教材。

(2)教材编写思路。邵伯棠觉得小时候使用《东莱博议》《古文观止》《古文笔法》等传统写作教材,对他帮助很大,"惟其所批评,所训释,则实能开发人无穷之心思,知如何措词,如何运笔,而后可与言作文也"⑥。但是从儿童接受能力和培养写作兴趣出发,《东莱博议》等书又有诸多缺点,"且博议等书,类多长篇大论,初学于吾国四千余年事迹,尚未明了。故虽赏之,而不无隔膜之苦"⑦。

于是,邵伯棠从培养儿童兴趣出发,综合二者长处编写了这套小学论说文教材,"今为之立一格,其事实则取之小学各种教科书,其批评、其训释则取之博议等书"⑧,

① 费有容. 共和论说进阶(第一册)[M]. 上海:上海神州图书局,1912:叙 1.
② 同上.
③ 邵伯棠的《初学论说文范》1914 年 8 月已达第 10 版。总发行机构为上海会文堂粹记,分发行机构包括广东会文堂、奉天会文堂、天津会文堂、汉口会文堂。可以肯定这套书在 1912 年 5 月之前已经编写完毕,因为孔宪彭仿照这套书的体例,另外编写了《初学论说必读》四册,而《初学论说必读》"撰述大意"的落款时间是"民国元年五月"。
④ 邵伯棠. 初学论说文范(第 1 册)[M]. 上海:上海会文堂粹记,1914:广告页.
⑤ 同上书,撰述大意 1.
⑥ 同上书,撰述大意 1—2.
⑦ 同上书,撰述大意 2.
⑧ 同上.

"至字义之音释，尤为国文之命脉之所系。不通乎此，虽能下笔千言，仍一门外汉也"①。可见，这套书主要是为文言写作教学服务，不过从题材内容的选择安排上已经具有现代气息。写作教科书的现代化是以实用功能为起点，从思想内容的革新切入而逐渐展开的。

在写作教材的技术上，仍然沿用过去的"圈点勾勒"之法。

此外，课程纲要时期有不少女子论说文写作教科书在流通使用，这类写作教材在清末不多见。自从 1907 年正式推行女子教育以来，清末女子尺牍教材比较多见。民国以来，女子论说文写作更加被重视，相关的论说类写作教材也有所增多，后来还出现文白对照的女子论说文写作教材。

（二）记叙类写作教材

根据上文中的分析，论说类写作教材的内容非常广泛，也涉及叙事类写作练习，如邵伯棠《初学论说文范》第 4 册第 13 课《开学记》，就记叙某年某月，某校开学，开学那天做了哪些事等内容。文末点评："凡作记有全写事实者，有插入议论者。此则起首数行，记开学时情景。次即将校长训辞奎涌写出，有此校长，有此学生，中国何忧不强乎？"②又如彪蒙编译所《论说入门二集》（第 1 册）第 9 课《游宗园记略》，第 21 课《上海游记》，第 22 课《某名士记》，第 24 课《隐君子记》等。总之，叙事类文章在论说类写作教材中还是比较多见的；即使是以议论类为主的文章，也多涉及叙事或说明或描写等元素。

此外，记叙类文章更多是通过综合类写作教材来承载、体现。如《高等小学作文示范》（嵇毅复，李味青，商务印书馆）、《高等小学作文示范》（宋文蔚，商务印书馆），《最新小学作文捷径》（施崇恩，上海新新书局）等。大体说来，记历史事件、历史人物、学生生活、游览见闻等题材的文章相对较多。

从一般经验来看，小学写作宜使用记叙类写作教科书入门，而不是议论类写作教材。首先要帮助儿童把简单事实的原委本末写清楚，写通达，而不是发议论或下判断。课程纲要时期特别是国语设科以后，开始转到小学以记叙类写作练习为主，促进了小学记叙类写作教科书的发展。

1. 《高等小学作文示范》（嵇毅复、李味青）

1914 年，无锡嵇毅复、上海李味青的《高等小学作文示范》③由商务印书馆出版

---

① 邵伯棠.初学论说文范（第 1 册）[M].上海：上海会文堂粹记，1914：撰述大意 2.

② 邵伯棠.初学论说文范（第 4 册）[M].上海：上海会文堂粹记，1914：12.

③ 这册书是笔者所看到的第一本用铅字排版印刷的写作教材，和读现在的书的感觉差不多，只是还没有标点符号，仍是竖排。以前的写作教材多是用毛笔书写、石印。另外这教材开头没有设计编辑大意，直接是目录，接下来是正文，这也是与以前教材的不同之处。这册书的广告页刊有商务印书馆出版的《新国文教科书》《新国文教授书》各六册的信息。另外，由邹登泰《初学论说轨范》第 3 册第 5 课《论印刷之便利》，可见这时候印刷技术更为普及。

发行。这套写作教材发行范围极广,包括北京、保定、奉天、吉林、成都、重庆、长沙、南昌、桂林、广州、潮州、云南、香港等 24 个地区。

这套写作教材包括很多记叙类的文章,特别突出的是采用了同题异作的比较呈现法,如第一课《述华盛顿开国始末》采用三种不同的方法来写同题文章。

第一篇《述华盛顿开国始末》采用的是"就题生情法",先呈现原文如"今我中华方建造新邦,将欲举中外伟人以为世法⋯⋯此诚我民国人人之模范也"①,文末点评:"(就题生情法)就题生情法者,以题中之情取为借鉴。一经影射可以提起阅者之感情也。吾人读书作文首贵乎有兴味。兴味由感情而来,今本书首篇即以此命题,而适为读过民国成立始末之后,其感情自有发于不自知者。作法但须将华盛顿可敬可慕之事,逐一叙出,而于首尾均提出借鉴之意,则文情自跃跃纸上矣。"②

第二篇《述华盛顿开国始末》采用的是叙事法,文末点评:"(叙事法说明)叙事法者,叙题中应述之事也。无论作何题,皆含有其性质,不过有完全叙事及但叙题事之别耳。但叙题事,已见手笔之高下。完全叙事,则非失之烦,即失之略,须将其原有事实,扼要提纲,移入吾文,简括之中,暗寓褒贬。昔人谓文章以叙事为最难,学者首宜注意于此。以图循序渐进也。"③

第三篇《述华盛顿开国始末》采用的是进一层法,文末点评:"(进一层法说明)进一层者,题本浅而反深言之,大抵多从反面着笔,故意勘入深处,而仍归之于浅,则题意自显豁呈露。"④

可见以《述华盛顿开国始末》为题的三篇文章,各有侧重,分别是"主情""叙事""立意",这对于开拓学生思维很有好处。

2.《高等小学作文示范》(宋文蔚)

1916 年宋文蔚的《高等小学作文示范》(中册)由上海商务印书馆出版发行。这册写作教材有部分内容供记叙文写作教学之用。

第 1 课《飞车行空说》介绍"推原法"和"比兴法"。其中推原法:凡说一事必发明其原因。比兴法:"援异类之物为比,即以其作用兴起本题之作用"⑤,这也是汉语文传统的写作手法之一,《诗经》中便有了。

第 2 课《游衡山记》介绍"即景生情法""逐段分写法"。即景生情法说明:"从景中写情,如篇中儿孙罗列笑靥迎人及结句山灵引手相招等类,皆是学者触类引申,兴趣横生其妙无穷。"⑥逐段分写法说明:"有补叙,有带叙,有从远望中叙出山景错综变

---

① 嵇毅复,李味青. 高等小学作文示范[M]. 上海:商务印书馆,1914:1.
② 同上。
③ 同上书,第 3 页。
④ 同上书,第 6 页。
⑤ 宋文蔚. 高等小学作文示范(中册)[M]. 上海:商务印书馆,1916:2.
⑥ 同上书,第 4 页。

化,用法不穷其妙处,在于用笔也。学者当取以为法。"①

第 3 课《游济南胜迹序》介绍"串叙兼议论法"。

3.《作文教科书》

国语设科以后,编纂出版一批单项教材,"当时的国语包括语言、读文、作文、写字,作文单独编写了教科书"②,其中作文单项教材有 1924 年 5 月,计志中编纂,朱经农、王云五校的新学制《作文教科书》,供小学校初级使用。这套小学教材设计了丰富多样的写作练习。《作文教科书》第 3 册具体内容设计如下:

表 3-12 计志中编《作文教科书》第 3 册具体内容项目表③

课序	课题	练习形式	课序	课题	练习形式
1	吹喇叭	图画故事说明	2	单字造句	造句
3	小兔儿找地方	填字	4	问题笔答	笔答
5	仿作	仿作	6	猫逃走了	图画故事说明
7	加字	每句加一字或两字	8	问题笔答	笔答
9	减字	每句减一字或两字	10	帆船	看图作文
11	猫打破镜子	图画故事说明	12	复字造句	造句
13	鸟和鸡	填字	14	问题笔答	笔答
15	老鼠偷油吃	图画故事说明	16	问题笔答	笔答
17	加字	每句加一字或一字以上	18	问题笔答	笔答
19	减字	每句减一字或一字以上	20	游花园	看图作文

(三) 应用类写作教材

这时期依旧非常重视应用类写作,教材以尺牍偏多,特别是女子尺牍教材。根据上文的统计分析,已经找到且出版信息较全的尺牍教材目录如下:《新撰女学生尺牍》(作者不详,上海广益书局,上册),《女子实用尺牍教本》(严渭渔,苏州振新书社,第 3 册),《详注中华高等学生尺牍》(中华书局,下册),《言文对照女子新尺牍》(广文书局编辑所,世界书局,1 册),《国民尺牍教本》(范天英,苏州振新书社,1 册),《绘图儿童白话尺牍》(作者不详,世界书局,第 2 册),《应用文》(张须,庄适,商务印书馆,全 1 册),其中供中学使用的只有《详注中华高等学生尺牍》和《应用文》两种。需要特别说明的是,应用类写作教材除为数不多的专门应用类写作教材之外,论说文写

---

① 宋文蔚. 高等小学作文示范(中册)[M]. 上海:商务印书馆,1916:5.
② 石鸥,吴小鸥. 百年中国教科书图说 1897—1949[M]. 长沙:湖南教育出版社,2009:176.
③ 同上注。

作教材、记叙类写作教材或综合类写作教材,甚至普通语文教科书内,一般都有应用类写作内容。下文以尺牍类写作教材为例,重点介绍。

尺牍教材的需求从清末到课程纲要时期都比较旺盛,"尺牍为社会交际必要之品,然必须恰合近日社会情形,方为适用"①。课程纲要时期,尺牍类写作教材属于常规写作教材,一般中小学都需要接受尺牍写作训练。女子写作又有较大发展,女子尺牍教材比较多见。

1. 从文言文尺牍到白话文尺牍

除前文列举的已经找到的尺牍教材之外,从当时国文、国语教科书及写作教材的广告页所载信息来看,当时还出版过大量的尺牍教材,如1925年出版的《绘图儿童白话尺牍》(作者不详,世界书局,第2册),其广告页所登载的信息如下:

表3-13 《绘图儿童白话尺牍》广告页所刊载的尺牍教材信息(1925年)

序列	尺牍教材	册数	序列	尺牍教材	册数
1	《言文对照儿童新尺牍》	2册	2	《言文对照初等新尺牍》	2册
3	《言文对照学生新尺牍》	2册	4	《言文对照商业新尺牍》	2册
5	《言文对照女子新尺牍》	2册	6	《言文对照普通新尺牍》	6册
7	《新式初等尺牍范本》	2册	8	《新式学生尺牍范本》	2册
9	《新式商业尺牍范本》	2册	10	《新式女子尺牍范本》	2册
11	《新式普通尺牍范本》	2册	12	《绘图儿童白话尺牍》	2册
13	《新体初等白话尺牍》	2册	14	《新体学生白话尺牍》	2册
15	《新体商业白话尺牍》	2册	16	《新体女子白话尺牍》	2册
17	《新体初学白话信范本》	1册	18	《新时代学生尺牍大全》	1册
19	《普通尺牍大观》	1册	20	《高等尺牍大观》	1册
21	《谋生秘诀 自荐尺牍》	1册	22	《一见便明 写信秘诀》	1册
23	《得心应手 写信百法》	1册	24	《广注小仓山房尺牍》大字本	4册
25	《新体广注秋水轩尺牍》大字本	2册	26	《新体广注秋水轩尺牍》普通本	2册
27	《新体广注 雪鸿轩尺牍》普通本	2册	28	《广注秋水轩雪鸿轩 尺牍合璧》普通本	4册
29	《言文对照广注尺牍句解》	1册	30	《言文对照广注写信必读》	1册

① 雷瑊. 论说新编初集(第4册)[M]. 上海:扫叶山房,1917.

表3-14　其他写作教材广告页所刊载的尺牍教材信息

1	《民国女子分类尺牍》 来源：施崇恩《最新小学作文捷径》（下册），上海新新书局，1914：广告页。
2	《女子尺牍教本》 来源：胡朝阳《第一简明论说启蒙》（下卷），新学会社，1912：广告页。
3	《言文对照小学生新尺牍》（合订本） 来源：《言文对照小学生新尺牍》（上、下册），王一鸣，上海大东书局，出版时间约为20世纪20年代初期。
4	《新撰学生尺牍》2册，《语体学生尺牍》初编2册、续编4册，《通俗新尺牍》1册 来源：《评注论说轨范》（二集上卷）广告页①，林任，商务印书馆，出版时间约为20世纪20年代中期。

根据上述尺牍教材出版情况可大致推断出，以1920年国语设科为分界线，之前尺牍教材多是以文言文或浅近文言文为语言载体，之后言文对照尺牍教材逐渐增多，纯白话尺牍教材也逐渐增多。根据《课程纲要时期中小学写作教科书目录（1912—1927年）》，言文对照尺牍教材（《言文对照女子新尺牍》）出版于1923年，儿童白话尺牍教材（《绘图儿童白话尺牍》）出版于1925年，综合类男女通用的应用文写作教材出版于1927年（张须《应用文》）。可见课程纲要时期（1912—1927年）尺牍写作教材逐步实现从文言文向白话文的转型，尺牍教材所反映的内容主题也随之发生深刻变化，开始体现现代气息。

2. 尺牍教材内容的现代转型

随着文言尺牍教材向白话尺牍教材发展，尺牍教材所反映的人际交往关系发生深刻变迁，以血缘关系为主导的书面交往关系逐渐向血缘、学缘等多元关系转移，社会书面交往的关系越来越丰富、多样，这是由农业型社会向工业型社会转移的必然表现。

（1）王一鸣《言文对照小学生新尺牍》（上海大东书局，上下册）②，共分三类，即"父党亲族""母党亲族""师友"，每一类选录十篇例文。具体如下：

表3-15　王一鸣《言文对照小学生新尺牍》刊载尺牍例文

课序	父党亲族	课序	母党亲族	课序	师友
1	子在家寄父	11	寄外祖父	21	请假
2	孙在家寄祖父	12	寄舅父	22	缴学费
3	父在外寄子	13	寄姨母	23	送先生花木

---

① 《评注论说轨范》（二集上卷）广告页还有其他应用类的写作范本信息，如《应用文件举要》1册，《酬世文柬指南》1册，《商业文件举隅》1册。当时的应用文写作课程内容已经比清末的要更加广泛、丰富。

② 出版年不详，大致在20世纪20年代初期。

课序	父党亲族	课序	母党亲族	课序	师友
4	寄胞兄	14	寄外祖父家寄母	24	寄同学借书
5	寄从兄	15	寄舅表姊	25	还书
6	寄伯父	16	复表姊	26	约同学游园
7	寄叔父	17	寄姨表姊	27	允约
8	寄侄	18	寄舅母	28	托同学买书
9	寄姑母	19	寄姨表兄	29	还同学雨伞
10	寄姑表兄	20	复信	30	和同学研究算术

可见，《言文对照小学生新尺牍》所反映的人伦关系很简约，反映家庭生活中血缘关系的尺牍例文是第1—20课，反映学校生活中的学缘关系的是第21—30课，这两方面的比例是2∶1。其中反映"父党亲族"的是第1—10课，反映"母党亲族"的是第11—20课，显然民国成立以来，随着女子社会地位的提高、女学教育的发展，反映女性交往需要的尺牍例文已经有了大幅度增长，在数量上与反映男性交往的尺牍例文等同。

（2）《儿童新尺牍》①划分为5大部分，如"家属类"（选录18篇例文），"亲戚类"（选录12篇例文），"师长类"（选录8篇例文），"朋友类"（选录14篇例文），"便条类"（包括便条式、明信片式、卡片式），另外附有信封式、称谓表。其中以学校生活为主题的例文有17篇，占全部例文的32.7%。《详注中华高等学生尺牍》②（上下）分为"问安类、庆贺类、慰唁类、馈送类、借索类、恳托类、预约类、劝戒类、介绍类、思慕类、论学类、唱酬类"十二类。

（3）《绘图儿童白话尺牍》③（1925年11月）由上海世界书局出版，供小学写作教学之用。这套写作教材第2册的具体内容如下：

表3-16　《绘图儿童白话尺牍》（第2册）具体内容表（1925年）

课序	尺牍课名称	事项	课序	尺牍课名称	事项
1	与外祖父	告父亲出门	2	与外祖母	送月饼
3	与舅父	问外祖母病状	4	与姑母	祖母生日请吃面
5	与姑母	请看提灯会	6	与姨母	弟弟周岁请吃酒
7	与姨母	借表弟的鞋样	8	与姊丈	母病请姊回家

---

① 这册尺牍教材出版信息不详，出版时间大致在20世纪20年代。

② 同上注。

③ 作者不详，仅找到第2册，彩色封面。

课序	尺牍课名称	事项	课序	尺牍课名称	事项
9	与姊丈	说姊姊要多住几天	10	与表兄	请看游艺会
11	与表兄	请吃蟹	12	与表兄	托买国语会话读本
13	与表弟	请来伴读	14	与表姊	托结绒线手套
15	与表姊	送运动会入场券	16	与校长	因病请假
17	与校长	告邻家小友要到校读书	18	与教习	说改校的缘故
19	与教习	问病	20	与同学	贺年
21	与同学	问候	22	与同学	请赏菊
23	与同学	劝勿相打	24	与同学	劝勿说谎
25	与同学	约游公园	26	与同学	约拍皮球
27	与友	劝学国语	28	与友	送家园蜜桃
29	与友	送别	30	与友	辞约看赛会
31	便条式	无	32	写明信片式	无

《绘图儿童白话尺牍》第 2 册中第 1—15 课反映的是家庭血缘关系,如与祖父母的关系、与姨父母及姑母的关系、与兄弟姊妹的关系等。第 16—30 课反映的是学缘关系,如与校长教习的关系、与同学的关系、与朋友的关系等,总体来说这两个方面持平衡状态。

(4)尺牍教材比较:现代人际交往关系建构。在人际交往关系方面,清末与课程纲要时期的尺牍教材有很大的差距。光绪三十三年(1907),杜芝庭的《最新应用女子尺牍教科书》(上海会文学社,上编)总共有 33 课(不含附答),反映家庭生活中血缘关系的有 28 课,占到总数的 84.8%,反映学校生活中学缘关系的仅有 5 课,占15.2%。光绪三十三年(1907),顾鸣盛的《中等女子尺牍教本》(上海文明书局)总共有 51 课,其中反映家庭生活中血缘关系的有 48 课,无反映学校生活中学缘关系的课文,还有 3 课反映的是封建等级关系,如第 49 课《妾禀家主》,第 50 课《寄妾》,第 51 课《示婢》,其他课也有浓厚的封建气息。另外清末还有《新撰女子尺牍》(上海商务印书馆第 6 版,上册)共 47 课,反映的全是家庭生活中的血缘关系。

比较可见,从清末到课程纲要时期,尺牍教材所反映的人伦关系发生了巨大变革,清末尺牍教材以家族血缘关系占据绝对主流地位,学校生活中的学缘关系只是陪衬、点缀。课程纲要时期随着文言文向白话文的转型,尺牍教材所反映的人际交往关系逐渐转向家族血缘关系、学校学缘关系共同发展。此外清末尺牍教材所包孕的封建文化逐渐为民主、科学的现代文化所冲淡、稀释,尺牍教材所反映的人际交往生活更加广泛、多元。总之,随着封建时代超稳定、封闭式的社会结构逐渐解体,现代人际交往关系逐渐得以建构,尺牍教材也随之发生性质上的变化。社会大环境的变迁、人际交往需求的变革,正是尺牍教材发生变化的根本原因,这种现代文化趋向的写作教科书变革才刚刚起步。

3. 典型尺牍教材:《言文对照小学生新尺牍》

王一鸣的《言文对照小学生新尺牍》(上下册合订本)由上海大东书局出版,"本书是供初学儿童学习尺牍,得言文一贯的妙用,所以定名叫言文对照小学生新尺牍"①,"除附录不计外,言文共一百课,适合国民学校三四年级的应用"②。这套尺牍写作教材有如下革新之处:

(1) 注重从儿童接受能力出发,将白话信放在文言信之前,区别于一般尺牍教材。"本书白话信列前,文言信列后,和普通出版的言文对照书本不同。须知儿童学习文字,白话易,文言难,自然从白话入手。况且言文对照四个字,言字在前,也是白话居首列的意思。"③

(2) 注重体现"国语统一、言文一致"等精神,"本书文字,都用简洁浅显的白话文和文言文,使儿童学习通行全国的国语,和普通适用的书信文"④,这种自觉追求显然代表了写作教材的发展方向。

(3) 尺牍写作材料的选择与学生经验密切联系,体现"儿童本位"的理念。"本书材料,全从儿童日常见闻上着想,使触目了解,易于记忆而应用"⑤;"本书分类,先后儿童切身的父党、母党、亲族起,推及学校、社会、职业,计分五类,每类白话文言各十课"⑥。

(4) 尺牍写作的称呼格式全面革新,体现现代文化精神。"本书称呼格式,扫去从前陈腐的、笼统的,不经济的通套语;一律改用合理的、浅显的新体例。"⑦

(5) 加强实践练习,添加注释,方便学生自修使用。"本书白话信,每课之后,附列习题,备儿童练习。文言信中有难解的字句,附注信末,便学者参考","本书末后,附录信封和明信片写法,便儿童模仿练习。"⑧

(6) 使用新式标点符号。"本书白话信,都用新式标点符号,很清楚,很醒目;文言信因从惯例,不用。"⑨

(四) 白话类写作教材

在"五四"新文化运动的推动下,白话文获得合法、正统地位,得以迅速发展。

---

① 王一鸣. 言文对照小学生新尺牍(上下册合订本)[M]. 上海:上海大东书局,1933:例言 1.
② 同上书,例言 2。
③ 同上书,例言 1。
④ 同上注。
⑤ 同上注。
⑥ 同上书,例言 2。
⑦ 同上书,例言 1—2。
⑧ 同上书,例言 2。
⑨ 同上注。

1920 年国语设科以来,培养学生语体文写作能力便成为时代发展的必然趋势。在这种形势下,为白话文写作教学服务的教材也就应运而生。不过当时可供选择的白话文课程资源实在太少,限制着白话文写作教材的编制及质量提升。胡适认为:"就是白话'文学'的运动果然抬高了社会对白话的态度,因而促进了白话教科书的实现。"[1]"但是在那个时代,白话的教材实在是太不够用了,实在是贫乏的可怜!中小学的教科书是两家大书店编的,里面的材料都是匆匆忙忙的搜集来的;白话作家太少了,选择的来源当然很缺乏;编辑教科书的人又大都是不大能做好白话文的,往往是南方作者勉强作白话;白话文学还没有标准,所以往往有不很妥帖的句子。"[2]这也是当时白话文写作范文遭到复古派诟病的主要原因之一。

就目前所搜集到的文献来看,课程纲要时期专门的白话文写作教材还不多,相对比较多的是言文对照的写作教材,或以文言文为主的写作教材中随机融入白话文写作元素,或本来就是文言、白话混为一体的写作教材。

1. 白话文写作课程资源

(1) 白话文的文选资料。1920 年 4 月,朱毓魁、朱麟公的《国语文类选》(第 1—4 册)由中华书局出版,供中学写作教学使用。1920 年 5 月,洪北平、何仲英的《白话文范》(第 1—4 册)由商务印书馆出版发行。《白话文范参考书》(第 1—4 册)是《白话文范》一书的注释及名词解释,供教员或中学生自学参考使用。1920 年,吕云彪、朱麟公的《白话文轨范》由上海大东书局出版。这套书分"文谈"与"文例"两个部分。"文谈"部分介绍白话文的定义、要素、语句、段落篇章及写作方法等;"文例"分议论、表抒、记叙、说明、叙跋、传记、小说、应用文 8 类,以李大钊、陈独秀、蔡元培等 26 人的 30 余篇白话文作品作为例文。1922 年 11 月,金山陈君馥的《语体作文材料》(1—4 册)由上海广益书局出版、发行,供小学写作教学使用,封面题词是"初学应用语体作文材料",编者不详。编者在"例言"中交代了这套书的编制意图,"本书搜集通行'谚语'和中外'格言',编缀而成;专供初小学生做语体时为参考书的用,所以叫做语体作文材料"[3]。

(2) 学生模范作文。课程纲要时期可供选用的白话文范文资源有限,于是有不少学生的优秀作文,经过整理加工后被纳入写作范畴,供模仿、学习之用。如 1914 年,邹登泰所编《江苏各校国文成绩精华》(苏州振新书社、上海扫叶山房,第 1—6 册),《湖北省学校国文成绩》(上海进步书局,第 1 册),《江苏省学校国文成绩》(上海进步书局,第 6 册)。1918 年《全国学生国文成绩》(上卷),作者不详,出版者不详。1922 年毕公天《全国学校国文成绩大观》(上海国学书局,上下册),1923 年《全国中

---

① 姜义华.胡适学术文集·新文学运动[M].北京:中华书局,1993:223.

② 同上书,第 224 页。

③ 陈君馥.语体作文材料[M].上海:广益书局,1922:例言 1.

学国文成绩学生新文库》(世界书局,乙编卷一至卷二、乙编卷三至卷四、乙编卷九至卷十三),邹登泰《全国学校文府》(第1—4册),1924年张廷华《中学国文成绩精华》(大东书局,第4册),以上这些都供中学生写作教学之用。

这类关于白话文的文选、语言材料及知识参考书陆续问世,这在现代写作课程史上具有里程碑式的意义。过去一直以揣摩、模仿古代文言选文为主的写作教育时代一去不复返,精选的白话文章或白话语言材料逐渐成为学生揣摩、模仿的主要对象。这也为兴起不久的社会性白话文写作经验向学校写作课程、课堂写作经验转化开辟了新的航道。于是陈独秀、胡适、鲁迅、蔡元培、李大钊等人的白话文章陆续被选入语文教材,供学生模仿学习。

2.《国语文类选》

1920年4月①,朱毓魁②、朱麟公的《国语文类选》(第1—4册)由中华书局出版,供中学生使用。《高等小学作文范本》(第二册)的广告页中有《国语文类选》的信息:"新文化的先锋,白话文的大观。""这部书是浙江女子师范学校教员朱文叔先生撰的","文字的内容分文学思潮,妇女哲理,伦理社会,教育政法经济科学十门","研究

---

① 《国语文类选》的出版时间就笔者所见的文献记录来看,绝大多数都搞错或不准确。《中国出版通史·民国卷》:"在小学国语教科书出版之后,'总是能得风气之先'的商务印书馆又赶在1920年,出版了第一部中学国语教科书——中等学校用《白话文范》4册……随后不久,中华书局编写的《国语文类选》等中学国语教科书也相继出版了。"详见王余光,吴永贵[M].北京:中国书籍出版社,2008:338.人民教育出版社馆藏电子文献认定的时间是1920年9月,胡乐乐认为是1920年7月(见胡乐乐.近现代语文课程教育[J].书屋,2005(9):63.),多数文献认定的时间是1920年,但是认为《国语文类选》的出版时间比《白话文范》要晚,1921年《教育杂志》第13卷第6期的广告页上说《白话文范》在当时"要算唯一的白话文教本了"。笔者核对了《国语文类选》第4册的版权页,出版时间是"民国九年四月印刷,民国九年四月发行","例言"第2页的落款时间是"九,四,六,编者志",显然是1920年4月6日落的款;而《白话文范》第1册的版权页印有"中华民国九年五月初版,十年四月六版",由此可以推断《国语文类选》要比《白话文范》早一个月出版发行。另外,《陆费逵与中华书局》:"编者朱文叔(毓魁)从《新青年》、《新潮》、《每周评论》等报刊选录李大钊、陈独秀、胡适等有关政治、哲学、教育、文学、经济等方面论文编辑而成,深受读者欢迎,从1920年4月至1930年10月,曾印行14次之多。"详见俞筱尧,刘彦捷.陆费逵与中华书局[M].北京:中华书局,2002:258.由此可以断定,《国语文类选》的出版时间要早于《白话文范》一个月,可能是目前为止可以确认的第一部中学白话文语文教科书。另外需要说明的是,第一套系统的小学白话文语文教科书是《新体国语教科书》。在新文化运动的影响和普及教育的呼声之下,"商务印书馆在1919年8月出版了由庄适编纂、黎锦熙等校订的《新体国语教科书》8册,并逐步推出各科新体教科书一套。这是第一套系统的白话教科书。语文教科书由'国文'改为'国语'自这套教科书始"。详见石鸥,吴小鸥.百年中国教科书图说1897—1949[M].长沙:湖南教育出版社,2009:139.胡适早在1918年就在探讨用白话作文学之后,是否该用国语教科书;用了国语作教科书,古文的文学该占什么比例。详见姜义华.胡适学术文集·新文学运动[M].北京:中华书局,1993:71.郑国民先生在《从文言文教学到白话文教学——我国近现代语文教育的变革历程》(北京师范大学出版社,2000年)一书中也专门研究了这个热点问题。如何处理语文教科书中的文言文与白话文的选文问题,不仅关系到阅读或写作教学,而且关系到现代语文教育的全局。

② 朱毓魁(1896—1965),浙江桐乡人,字文叔,1917年毕业于浙江省立第一师范学校。曾前往日本留学,归国后在浙江一师任教。1921年后在上海中华书局任编辑、教科书编辑部部长,并在上海大夏大学附中和东吴大学兼课。1949年调往华北人民政府教育部任教科书编审委员会委员。1950年调往人民教育出版社任副总编辑。详见中国出版工作者协会编.中国出版年鉴1985[M].北京:商务印书馆,1985:296.

新文化的人和研究国语文的人,读这一部书比读几十种杂志日报差不多;检查翻阅还要便当的多咧!"①这套《国语文类选》比较全面地反映了当时社会性白话文写作的最新成果。作为现代语文教育发展史上第一部中学白话文教科书,对白话文写作教学的影响是内在而深远的。

(1)《国语文类选》的主要内容

《国语文类选》采用现代学科分类框架,将全部 110 篇白话文划分为 10 大类,其中属于自然科学类的有 5 篇,社会科学类 48 篇,人文科学类 57 篇。第一册包括文学、思潮、妇女三类。第二册包括哲理、伦理二类。第三册包括社会、教育二类。第四册包括政法、经济、科学三类。

有 3 篇反映古代中国的思想文化,《老子的政治哲学》《祖先崇拜》《中国人的劣点》,反映西方社会生活及思想观念的选文占绝大部分。

有 5 篇反映"科学"的主题选文,宣扬科学精神。

有 6 篇反映"杜威思想"的主题选文,如《杜威之伦理学》《杜威哲学的根本观念》《杜威的教育哲学》《杜威之道德教育》《杜威论思想》《美国之民治的发展》。

有 7 篇反映"社会主义"的主题选文:《社会主义简明史》《我们为什么要讲社会主义》《基尔特社会主义》《社会主义的误解》《马克思学说》《马克思学说的批评》《阶级与道德学说》等。

有 10 篇反映"妇女解放"的主题选文,如《美国的妇人》《妇女解放》《女子解放当从那里做起》等。

此外还包括《托尔斯泰人生观》《克鲁泡特金的道德观》《罗塞尔的政治理想》《斯宾塞尔的政治哲学》《近世哲学的新方法》《实验主义》《罗塞尔到自由的几条捷径》《无治主义学理上的根据》《三大民权》《选举权理论上的根据》《实行民治的基础》《日本的新村》《欧战与哲学》《爱德华卡彭塔对于现代社会改造的意见》《人类之将来》《人类之夸大狂》《现代教育的趋势》《中国知识阶级的解放与改造》等。

上面的文章都是从《新青年》《新潮》《每周评论》等报刊挑选出来的,"文字的著作人有胡适、蔡元培、陈独秀、蒋梦麟、张东荪、张一麐、陶履恭、胡汉民、罗家伦、朱希祖、周作人、刘叔雅、李大钊、戴季陶、沈谦士、高一涵、陶行知、任鸿隽、周建人等六十多家","所选的文字都是最近的国语文学可以做模范的……都是新文化的结晶体"。②

(2)《国语文类选》的价值分析

由上可见,通过新文化运动、文学革命等生产出的白话文作品被大量输入语文

---

① 林景亮.高等小学作文范本(第 2 册)[M].上海:中华书局,1920:广告页.
② 同上注。

课程的内容体系,这些白话文章比较全面地反映出西方自文艺复兴以来的文学观念、政治经济思潮、科学知识,强烈体现出自由、平等及客观科学等现代人文精神、人文理想,这些方面凝结出了人类现代文明的结晶。作为白话文载体的《国语文类选》与作为传统文言载体的《昭明文选》《东莱博议》《古文观止》等选文教材相比,体现出完全不同的精神境界、价值追求及人文理想;在知识基础、思维方式、审美趣味、精神气质等方面也都有根本上的差异;更为彻底的是二者所内蕴的时空概念有本质上的不同。传统文言选文如《昭明文选》等所承载的时空概念是以"天下"为特征的封闭型的"大陆空间"概念,和以"祖先崇拜"为特征的回溯性的社会时间概念。现代白话选文如《国语文类选》所蕴藏的时空概念是以"世界"为特征的开放型的"海洋空间"概念,和以"进化论"为特征的朝向未来的社会时间概念。通过时空概念的解放,以及社会主体人的解放,《国语文类选》实现了向现代性文选型教材的转型。由《国语文类选》之类的现代文选教材衍生出来的白话文写作教学必然从本质上区别于以往任何的文言文写作教学。这些白话文写作课程资源,必然会在根本上长久地影响白话文写作教学。阅读这些反映现代社会生活及观念的白话文章,对于改造学生的思维方式,培养他们开放的胸怀和批判的眼光非常有帮助;对于帮助他们摆脱封建文化的消极影响,培养健全的人格意识、独立的人生态度非常有帮助;对于刺激他们跳出"本乡本土"的思维模式,以世界的眼光来反观自身及民族传统,培养他们有意识地汲取人类优秀的文化成果,也有积极的推动作用。所有这些素养的提升正是白话文写作的基础条件及思想准备。如果没有接受这些文化熏陶,学生也就难以写出具有现代气息的白话文章。从白话文写作本身来看,在研读、揣摩这些现代白话文选的过程中,学生逐渐可以学到白话文表达所需要的词汇语法、表达方式、表达技巧,等等。

第三节　课程纲要时期的写作教学

一、课程纲要时期的写作教学概貌

民国建立以来,从文言为载体的古典文化向以白话为载体的现代文化全面转型。以"忠君、尊孔"为特征的封建教育宗旨被废除,读经讲经随之废除,"养成健全人格,发展共和精神"成为基础学校新的宗旨观念。国家政权的巨变、教育宗旨的转型,必然带来整个基础教育体系的重建,写作教学开始新的探索,转向尊重儿童的身心发展。写作教学的育人价值,从清末追求臣民价值取向转向追求国民价值取向;写作教材,从文言写作教材主导转向文言白话兼备,言文对照写作教材逐渐增多,呈现倾向白话写作教材发展的态势。在这样的历史背景下,课程纲要时期白话文写作教学的探索之路真正开启了。

(一) 探索白话文写作教学的根本意义

随着文学革命的大力推进,外国翻译作品大量译介,社会性白话文写作实践迅猛发展,涌现出胡适、鲁迅等早期白话文写作名家。相比古汉语写作时代,课程纲要时期先辈们不仅创造出大量新鲜的白话文写作经验及作品,还开始思考、探索白话文写作方法等问题。除上文已经提及的胡适的《文学改良刍议》、傅斯年的《怎样做白话文》、陈独秀的《文学革命论》等之外,鲁迅也力挺白话文写作,"反对复古"。

1. 反对文言文的写作价值

鲁迅在《无声的中国》一文中说:"文明人和野蛮人的分别,其一,是文明人有文字,能够把他们的思想,感情,藉此传给大众,传给将来。中国虽然有文字,现在却已经和大家不相干,用的是难懂的古文,讲的是陈旧的古意思,所有的声音,都是过去的,都就是只等于零的。"[1]"将文章当作古董"的结果就是"我们受了损害,受了侮辱,总是不能说出些应说的话"[2],这正好体现鲁迅的人道主义思想,用文字向世界说话、向未来说话,这是现代文明人生命尊严的表现。人作为符号的动物,却不能向同伴公开传达自己的思想情感,"可以说,是死了。倘要说得客气一点,那就是:已经哑了"[3]。胡适也曾主张"宁鸣而生,不默而死"。正是在这个意义上,鲁迅、胡适等都反对文言文写作。

2. 反对"文以载道"的意义

鲁迅还反对学"韩愈苏轼他们","我们却并非唐宋时人,怎么做和我们毫无关系的时候的文章呢。即使做得像,也是唐宋时代的声音,韩愈苏轼的声音,而不是我们现代的声音"[4]。"我们要活过来,首先就须由青年们不再说孔子、孟子和韩愈、柳宗元们的话。时代不同,情形也两样,孔子时代的香港不这样,孔子口调的'香港论'是无从做起的。"[5]古人写作追求"宗经""征圣",讲究"文以载道",鲁迅对此显然是反对的。他说,"我们要说现代的,自己的话;用活着的白话,将自己的思想,感情直白地说出来"[6],"青年们先可以将中国变成一个有声的中国。大胆地说话,勇敢地进行,忘掉了一切利害,推开了古人,将自己的真心的话发表出来"[7],"只有真的声音,才能感动中国的人和世界的人;必须有了真的声音,才能和世界的人同在世界上生活"[8]。

---

① 鲁迅先生纪念委员会.鲁迅全集(第4卷)·三闲集[M].上海:鲁迅全集出版社,1938:23.
② 同上注。
③ 同上书,第24页。
④ 同上注。
⑤ 同上书,第27页。
⑥ 同上注。
⑦ 同上书,第27—28页。
⑧ 同上书,第28页。

3. 白话文写作教学的根本意义

从这里可以强烈地感受到,现代白话文写作具有与文言写作截然不同的精神气质,不同的文化内涵;现代白话文写作言说的是自己的精神生命、切身的体验感受,文言文写作诉说的却是"死人的魂灵",所以鲁迅非常赞赏胡适提倡的"文学革命",并进一步提出思想革新。"我们不必再去费尽心机,学说古代的死人的话,要说现代的活人的话;不要将文章看作古董,要做容易懂得的白话的文章。然而,单是文学革新是不够的,因为腐败思想,能用古文做,也能用白话做。所以后来就有人提倡思想革新。思想革新的结果,是发生社会革新运动"①,"我们此后实在只有两条路:一是抱着古文而死掉,一是舍掉古文而生存"②。由此可见,鲁迅是从文明社会发展的角度,从人道主义的立场出发来思考白话文写作,其动机和胡适、陈独秀等一样,都是致力于"将文字交给大众",为了建设一个现代文明的中国。

鲁迅还说,"要恢复这多年无声的中国,是不容易的","拿文章来达意,现在一般的中国人还做不到。这也怪不得我们;因为那文字,先就是我们的祖先留传给我们的可怕的遗产。人们费了多年的工夫,还是难于运用"③。所以要将文言改为白话,让现代中国变为一个有声的中国,"一般的中国人"都能"自由发表思想",这正是白话文写作教学的根本意义所在。

(二) 白话文写作教学的基本特征

设国语科之后,要求全国的国民学校推行白话文写作教学。与社会性白话文写作经验相适应,语文教学界开始全面推进白话文写作教学,系统深入研究白话文写作教学理论,于是一批相关成果相继问世,如陈望道的《作文法讲义》④,黎锦熙的《新著国语教学法》,叶圣陶的《作文论》,夏丏尊、刘熏宇的《文章作法》⑤,吴研因的《小学国语教学法概要》等。当然,这时期还有很多人专门研究白话文阅读教学理论,如袁哲的《国语读法教学原论》,还有不少综合性语文教学法研究,如黎锦熙的《新著国语教学法》,王森然的《中学国文教学概要》,刘儒的《国语教学法讲义》等,由此奠定现代语文教育的学理基础。总之,现代写作教学呈现出现代化气息,具有现代性的教学形态。

1. 写作教学目标

课程纲要时期,写作教学开始追求培养具有独立人格的国民素养,不仅注重传授写作知识,训练写作技能,还追求能够自由地表达思想。这是全然超越清末写作教学的地方。如 1923 年《新学制课程标准纲要小学国语课程纲要》设定的毕业最低

---

① 鲁迅先生纪念委员会.鲁迅全集(第4卷)·三闲集[M].上海:鲁迅全集出版社,1938:27.
② 同上书,第28页。
③ 同上书,第22—23页。
④《作文法讲义》于1921年9月在《民国日报》副刊《觉悟》上连载,1922年由上海民智书局出版。
⑤《文章作法》脱稿于1922年,1926年8月由上海开明书店出版。

限度标准是:(1)初级:"能作语体的简单记叙文,实用文,(包含书信日记等)而令人了解大意。"(2)高级:"能作语体的实用文,记叙文,说明文,而令人了解大意。"①这其实是培养学生的文字交往,关涉到基本的社会生存能力,满足学生立身处世之需。1923 年《新学制课程标准纲要初级中学国语课程纲要》对写作教学的目标设定是"使学生有自由发表思想的能力",《新学制课程标准纲要高级中学公共必修的国语课程纲要》的目标设定是"继续发展语体文的技术"。② 中学阶段要求使学生具备"自由发表思想的能力",这个标准是比较高的,达到这个目标的毕业生开始具备参与社会公共生活的基本素质。这时候"言论自由"的观念也为越来越多的人所接受,1905 年出版的程宗启《论说入门初集》第 3 册"翻空法"系列第 6 课就是《言论自由论》③,"言论自由"的理念直到民国时期才被广为接受,才具备正当、合法的社会条件,这些现代理念能够有效促进白话文的写作教学发展。

2. 写作教学内容

课程纲要时期,写作教学开始抛弃传统文言写作教学模式,致力于探索适应新社会需要的教学内容体系。随着文言向白话转型,属对教学逐渐淡出;自《马氏文通》以来兴起的文法教学(特别是虚字知识)也有所降温。与此相关,此时文言文法知识教学的合理性遭到质疑,有些人提出复古的传统想法,要求回到古代的多读、多写、多想的路子上去。不过随着"文法"内涵的改变,白话文阶段也非常重视"文法"或"语法",这不在降温之列,如李劼所说:"胡适在《刍议》中的八条主张,总括起来其实是二个要点,一是口语,二是文法。"④又如 1923 年《新学制课程标准纲要初级中学国语课程纲要》就很注重文法教学,如规定进行"定期的文法讨论""系统的文法研究"。此外,"章奏传记诸体"等带有封建色彩的文体写作逐渐被取消,"词赋诗歌诸体文"作文亦随着文言文的淡化而淡出。与之相应,口语表达被纳入写作教学内容板块,以"言文一致"为特征的白话文写作教学体系,逐渐建立在多样化的"国语表达练习"基础之上,呈现出由口语表达向书面语表达过渡的教学过程;语法知识、修辞知识逐渐参与到写作教学中来,并有替代"文法教学"的态势。**清末时期的写作教学文体逐渐被新的文法分类所取代,李景隆认为,新的文体分类源自美国人希尔的《修辞学原理》(Adams S. Hill,*Principles of Rhetoric*,New York,1878)**⑤。相比之下,

---

① 课程教材研究所. 20 世纪中国中小学课程标准·教学大纲汇编·语文卷[M]. 北京:人民教育出版社,2001:15.

② 同上书,第 274,277 页。

③《论说入门初集》由上海彪蒙书室出版,1913 年再版。

④ 李劼. 中国语言神话和话语英雄　论晚近历史[M]. 西宁:青海人民出版社,1998:66.

⑤ 以清末、民国时期颁布的学堂章程、课程纲要等正式教育文件所采用的教学文体称谓为比较依据,课程纲要时期继续沿用了清末不少写作教材,所以还有尺牍、论说文、策论等教学文体称谓,可是在正式课程纲要文件中没有出现这些文体称谓,而是采用了新式的教学文法分类。参见李景隆,高瑞卿. 应用文体写作概要[M]. 沈阳:辽宁人民出版社,1983:5.

清末教学文体显得比较乱,如策论、记事文、说理文、日记、书札、尺牍、日用书信、章奏传记诸体、词赋诗歌诸体文等,到了课程纲要时期,教学文体逐渐规范、统一,1923年采用实用文(包括书信、日记)、记叙文、说明文、议论文,或通称语体文。女子写作教学内容也有变化,清末女子写作教学内容多是女子尺牍之类,而课程纲要时期除女子尺牍教材之外,还有较多的女子论说类教材,可见课程纲要时期强化了女子论说写作教学。从写作教学内容的侧重点来看,清末的写作教学内容总体上偏重文言论说文及尺牍写作,而课程纲要时期的写作教学内容更偏向记叙文、议论文及书信写作。

3. 写作课程资源

与清末比较,课程纲要时期的写作课程资源有完全不同的来源、途径。一般来说,写作教学内容往往都来源于写作课程资源,不同来源、不同类型的写作课程资源必然带来写作教学内容的根本区别。写作课程资源内涵复杂,这里主要从"写作范文"这一项来考察。自古以来,研读范文,模仿练习是写作学习的基本方法,"写作范文"的选择也就关系到写作教学的源头。

(1) 之前的写作课程资源以文言写作为主导。清末时期"写作范文"主要有以下来源:

1) 经书。如《孝经》《论语》《孟子》《大学》《中庸》,《春秋·左传①》《春秋·公羊传》《春秋·谷梁传》,《礼记》(如《仪礼》②或《仪礼》中的《丧服经传》《周礼》③,江永的《礼记约编》,近人的《礼记训纂》等)、《易经》(讲解时即用程传)、《诗经》④(讲解时即用朱子集传)、《书经》(讲解时即用蔡沈集传)⑤、《尔雅》等。从写作学习的角度来看,读这类经书主要是模仿其"思想立意",也就是桐城派所谓的"义理",学生写作"立意"就要往这方面靠近或提升,这样才会比较合乎文章写作的正统规范。

2) 诗词歌赋。如《古诗源》《古谣谚》,还有郭茂倩的《乐府诗集》,李白、孟郊、白居易、张籍、杨维桢、李东阳、尤侗等人的乐府,"暨其他名家集中之乐府有益风化者读之。又如唐宋人之七言绝句词义兼美者,皆协律可歌,亦可授读,皆有合于古人诗言志、律和声之旨"⑥等。读这类诗词歌赋,有助于培养作者的审美情趣,陶冶作者的性情,合乎礼乐文化,学生写作"文辞"往这方面靠近,有助于写出文采斐然、声情并

---

① 讲读《左传》应该选用武英殿读本。
② 讲读《仪礼》选用《仪礼郑注句读》。
③ 讲读《周礼》应该选用《周官精义》,其注解直接从钦定《周礼义疏》中摘要节录。或用黄叔琳的《周礼节训本》。
④ 湖北局刻朱子《诗传》,"此本尤善"。
⑤ "三经宋元之注,自明及今功令皆已通行,儒士多习此本。"见课程教材研究所. 20 世纪中国中小学课程标准·教学大纲汇编·语文卷[M]. 北京:人民教育出版社,2001:8.
⑥ 课程教材研究所. 20 世纪中国中小学课程标准·教学大纲汇编·语文卷[M]. 北京:人民教育出版社,2001:7.

茂的文章。

3）古文名篇。如《史记》《汉书》《后汉书》，还有唐宋八大家、明代归有光等的文章，主要选本如《钦定古文渊鉴》《昭明文选》《东莱博议》《古文辞类纂》《古文观止》等。读这类古文名篇有助于掌握古文写作的章法等写作技巧，积累成语、典故等语言知识及文章材料等。桐城派非常看重揣摩、模仿这些古文篇章。此外还有科举考试的应试文章即时文或制艺，随着科举制度被取消，这类文章也渐渐不再风行。

（2）课程纲要时期的写作课程资源以白话写作为主导。课程纲要时期，白话文写作课程资源有重大改变。白话文写作的课程资源主要有三大源头：

1）古白话作品。如《西游记》《三国演义》《水浒传》《红楼梦》《镜花缘》等，还有一些古白话文选、近人长篇白话文选。

2）新文学作品。维新运动以来、特别是新文化运动以来的白话（或近白话）作品。如梁启超的文章，胡适、陈独秀、鲁迅、李大钊、叶圣陶、朱自清等人的文章。

3）翻译文作品。如严复、林纾的翻译作品（虽是采用文言形式，还是有可借鉴的地方），以及新文化运动以来的大批翻译作品。通过翻译，安徒生、莎士比亚、都德、大仲马、托尔斯泰、夏目漱石、儒勒·凡尔纳等人的作品被介绍到中国；培根、斯宾塞、卢梭、伏尔泰、孟德斯鸠、达尔文、赫胥黎、洛克、密尔、约翰·穆勒、约翰·密尔、康德、黑格尔、马克思、尼采、叔本华、杜威等人优秀的思想输入中国。这些翻译作品不仅给白话文写作提供了新的思想资源，还提供了大量系统的现代词汇，以及新的语法规范、表达手法等宝贵的写作课程资源。

4. 写作教学组织形式

课程纲要时期的写作教学组织形式呈现多样化发展的态势。清末以来主要是私塾教学制、分组教学制、班级授课制等，写作教学也逐渐由过去的个别教学组织形式转向集体教学组织形式，在教学方法上更加注重讲解、分析。课程纲要时期的写作教学组织形式，仍然以班级授课制为基本形式，不过随着教育思潮的变革，在杜威教育哲学的影响下，开始尝试探索新的教学组织形式，如提倡设计教学，注重学生的写作活动设计；还进行了道尔顿教学实验。

5. 写作教学师生关系

现代国家建立以来，教师角色的社会功能发生了根本性的变化。

（1）之前师生之间封建等级关系非常明显。如学生给教师写信，用的称呼是"老爷"，自称"受业"；开学之初，拜完孔子，学生都要拜老师。这些都会反映在写作教学过程中。《初学论说文范》（第 4 册）第 13 课《开学记》："某年某月，某校开学，某时行谒圣礼毕，行师生相见礼毕，行同学相见礼毕。"[①]接下来是校长的训话。在教学

_____

① 邵伯棠.高等小学论说文范（第 4 册）[M].上海：上海会文堂粹记，1914：12.

方法上,特别提倡讲解,强调师生互动以及教师的引导启发。如1904年颁布的《奏定初等小学堂章程》规定,"凡教授之法,以讲解为最要,讲解明则领悟易","凡教授儿童,须尽其循循善诱之法,不宜操切以伤其身体,尤须晓以知耻之义;夏楚只可示威,不可轻施,尤以不用为善","若强责背诵,必伤脑力,不可不慎"①。《奏定初等小学堂章程》:"学童至十三岁以上,夏楚万不可用。"②可见,经过维新改良运动及启蒙思想的早期传播,清末时期的师生关系相比以前有所改善,但本质上还是封建等级关系。

(2)课程纲要时期师生间的民主平等关系逐渐建构。按照蔡元培的观点,共和国时代,"劳心者""劳力者"与统治阶级、被统治阶级的对立消解,教师已经属于脑力劳动者,与学生在法律关系上是人格平等的关系。不仅如此,还以培养学生的健全人格、独立精神作为整个基础教育的最终目标,这是一大历史跨越。

新文化运动以来,随着人的解放,妇女、儿童被"发现",男女同学关系逐渐成为常态,③学校生活中的人际关系也在加速重构,师生关系朝民主的方向不断发展,在教学过程中更加注重演讲、讨论,集体教学日趋活跃。另外学生社团迅速发展起来,学生的课外生活非常活跃,学生作为一个群体已经登上历史舞台,有些学生开始从事参政议政活动,有些学生参与文学社团活动。学校也会组织一些集体活动,如演讲比赛、课堂剧表演、春游远足、参观名胜等,这些都有助于写作活动的开展。如《初学论说文范》第4册第25课《春日旅行记》:"旅行何为也,所以扩学生之闻见,而发舒其精神也。夫学校一严密之地也,功课又至剧,几几无隙暇焉。"④此外,雷瑊《论说新编初集》⑤第4册第28课《春日游园记》,第4册第29课《观某女校成绩展览会

---

① 课程教材研究所.20世纪中国中小学课程标准·教学大纲汇编·语文卷[M].北京:人民教育出版社,2001:7.

② 同上书,第10页。

③ 1905年出版的程宗启的《论说入门初集》第1册第2课《东西男女皆入塾读书论》还在提倡女学教育,《论说入门初集》由上海彪蒙书室出版,1913年再版。1907年,清廷颁布了《女子小学堂章程》和《女子师范学堂章程》,允许设立女子小学和女子师范学堂,虽然"尚未达到林乐知等西教士所要求的男女享有平等受教育权的地步……它毕竟向女子打开了入学教育的一扇小门"。孙邦华.女学乃今日振兴中国刻不容缓之急务——晚清来华西方新教传教士对女子教育的呼吁[J].河北师范大学学报(教育科学版),2010,12(1):26.这与晚清来华的西方新教传教士对女子教育的呼吁有分不开的关系,林乐知、花之安等西教士主要从天赋人权、相夫教子、国家强盛等方面来论述女子教育的重要意义,不过他们的最终目的是传播基督教。详见孙邦华.女学乃今日振兴中国刻不容缓之急务——晚清来华西方新教传教士对女子教育的呼吁[J].河北师范大学学报(教育科学版),2010,12(1):20,26.为了推进女学教育,清末出版了女子尺牍写作教材,到课程纲要时期女子写作教材的类型越来越广泛,开始出现大量的女子论说类、言文对照的女子写作教材,1912年《第一简明论说启蒙》(下卷)广告页还有专门的"女学校书"的信息,如《女学修身古诗歌》《初等女子家政教科书》《中学校暨师范学校·家政学教科书》《四明王女史函稿》《女子尺牍教本》《新编女子历史教本》等,参见胡朝阳.第一简明论说启蒙(下卷)[M].上海:新学会社,1912:广告页.

④ 邵伯棠.高等小学论说文范(第4册)[M].上海:上海会文堂粹记,1914:25.

⑤ 雷瑊.论说新编初集[M].上海:扫叶山房,1915.

记》,第4册第30课《秋日旅行记》,秦同培《小学作文入门》(初集)①第1册第11课《约友春假出游书》,第4册第17课《远足会记》等都反映了这方面的情况。②

这时候阅读报刊也已经进入普通学生的生活世界,一般学生都能够比较方便地接触浏览,学生们所关注的事情已经不仅仅局限于本乡本土,而是开始了解全国乃至全世界的新闻事件。学生这种生活状况,在清末就已经初显端倪,民国以后学生社团生活更加丰富,他们的思维更趋活跃。学生社会角色的变化、生命体验的变革,对他们的写作活动产生内在、深远的影响。杜威教育哲学输入之后,我国教育界接受儿童本位的教育观,教师角色的教学功能开始发生根本性的变化,由过去的权威形象、强调讲解灌输,转向注重鼓励学生、指导学习活动及设计学习活动、加强组织教学等。在清末,"灌输"式教学非但没有贬义,还有积极意义,得以提倡。如1905年出版的程宗启的《论说入门初集》第4册"感叹法"系列第7课《师以智识灌输我论》就反映了这种积极的教学观念。③

6. 从写作教学的学理基础来看

课程纲要时期的写作教学活动有了新的教育理论基础和心理学基础。清末写作教学活动的教育理论基础主要是赫尔巴特的教育学,而课程纲要时期的教育理论基础主要是杜威的实用主义教育学。二者的学理逻辑差别很大,属于不同的教育理论体系。赫尔巴特的教育学强调以教育目标为起点、导向,推行的是五步教学法,这时期的写作教学也注重写作知识(如文法知识)的系统讲解及与练习相结合。课程纲要时期以来,随着新文化运动的推进,特别是杜威来华演讲,1920年前后我国教育教学活动的理论基础,逐渐由赫尔巴特教育学转变为杜威的实用主义教育学。④ 主张教育无目的论,提出以学生经验为起点、导向,以儿童为本位,主张"学校即社会""教育即生活""做中学"等教育思想。

在心理学基础方面,随着清末师范教育的发展,心理学课程成为师范生的必修课,科班毕业的语文教师一般都懂一些心理学知识,蒋维乔还曾编写了两册心理学著作,并以心理学为指导编写了一套语文教科书。可是,这时候的心理学与写作教学的关系如何,还不清楚。到了民国时期,随着儿童地位的提升、心理学的发展,研究儿童学习心理的需求更为强烈。有不少人从心理学的角度来探索写作教学的问

---

① 秦同培. 小学作文入门(初集)[M]. 上海:商务印书馆,1919.

② 相比清末,课程纲要时期的学校生活更加丰富。1905年出版的程宗启的《论说入门初集》第2册第7课《男女孩有二苦曰读书、曰缠足论》,部分地反映了清末学校情况,《论说入门初集》由上海彪蒙书室出版,1913年再版。

③ 《论说入门初集》由上海彪蒙书室出版,1913年再版。

④ 从写作教学的教育理论背景来看,清末与课程纲要时期属于不同的时代,清末主要以赫尔巴特的教育学为主,从民国初年开始以美国教育学者如杜威、克伯屈、孟禄的为主。一个是从教学目的出发,一个是从儿童经验出发,二者的差异矛盾,几乎成为整个20世纪中国教育论争的起点,并贯穿整个20世纪。新课程改革的很多论争,其实也是这个源头矛盾的反映。

题。比较早从心理学角度探索写作教育问题的有姚铭恩，他在《小学作文教授法》中提出作文教授要关照到儿童的心理发展。"作文教授，须一方面令儿童熟练读本，培养其原动力；一方面令儿童自由发表，发展其自动力。"①

小结：总体而言，课程纲要时期正处在新旧文化交替的阶段。文言文与白话文交锋之后，虽然败下阵来，但没有立即退场，在政府公文系统、正式社交场合等诸多"高级"场景中仍然以文言文写作为正统，白话文写作实践的主要区域还停留在大众传媒、日常社交、中小学校等"普通"言语交际领域。这意味着课程纲要时期文言写作或白话写作都有社会需要，这两方面的写作教学都具有生命力。

在这种过渡状态下，由于当时师范院校规模非常有限，科班毕业的语文教师数量并不多，很多私塾先生、前清秀才举人都成为语文教师，严重制约了白话文写作教学的发展。"现今中学里的国文先生，大半是那前清的老秀才，老翰林，吃过'十年窗下'的苦味，所以一言一动，多含着八九分酸气"②，他们习惯性地传递着文言写作经验，要求学生多练习策论作文，而且还要用文言写作要求限制学生的语言表达。具体如："我尝调查现今③小学校之作文题矣。'华盛顿论'，'王安石论'……以及各种策论，及古奥之说明文等，竟数见不鲜……又观教者之所订正者，则'今日朝晨'必改为'今晨'；'我能明白他的道理了'必改作'我知之矣'。"④胡适于1925年9月29日在武昌大学演讲时说："小学生读书作文时，如果写一句'未见之也'，先生一定要勾上来作'为之见也'，问他是甚么原因，他也讲不出来，只说古人是这样做的，这般老先生们，不晓得文法，只晓得摹仿。"⑤文言写作经验就是通过教师的语感、习惯，传递下来，可是这种语感、习惯反而影响白话文写作教学的推进。可见，当时的一些学校并没有跟进白话应用文的写作趋势，还是坚持文言策论写作教学路径。

"总之，现今我国之小学教育，表面上虽云普及实用，其内容仍不免带此科举时代意味。虽非养成一般咕哔咿唔之士，实不能立其科学知识之基础，以提倡有裨实用之学，此我所敢断言者。而推究其源，则皆由吾国文字艰深，及教师好古之病，以育成之也。"⑥所以说，在写作师资、写作教材及历史惯性等诸多综合因素的影响之下，课程纲要时期的写作教学总体上处在文言文写作教学向白话文写作教学的过渡阶段，白话文写作教学尚处于探索状态。

① 顾黄初，李杏保.二十世纪前期中国语文教育论集[M].成都：四川教育出版社，1991：53.
② 姜义华.胡适学术文集·新文学运动[M].北京：中华书局，1993：58.
③ 《盛兆熊原书》一文写于民国7年4月4日（1918年4月4日），是给胡适的私人信件。
④ 胡适.胡适文存（卷一）[M].上海：亚东图书馆，1925：100.
⑤ 详见《晨报副刊》1925年10月10日，转自姜义华.胡适学术文集·新文学运动[M].北京：中华书局，1993：174.
⑥ 姜义华.胡适学术文集·新文学运动[M].北京：中华书局，1993：58.

二、课程纲要时期的写作教学发展

(一)写作教学呈现出阶段性特征

1. 国文教学阶段:文言写作与白话写作并存

写作教学继续沿用不少清廷时期的写作教材,尤其以上海会文堂书局、上海彪蒙书室的写作教材为多,例如邵伯棠《初学论说文范》①(第1—4册),宣统二年(1910)三月十日初版,"中华民国八年七月六十二版",笔者找的是1914年8月出版的版本。邵伯棠《高等小学论说文范》②(第1—4册),宣统三年(1911)出版,1914年10月订正印行出版。邵伯棠《女子论说文范》③(第1—4册),宣统二年(1910)出版,1913年10月再版。这些都由上海会文堂书局出版。民国初年上海会文堂书局推出新的写作教材,如孔宪彭的《初学论说必读》(第1—4册)于1912年5月出版。通过继续沿用清末出版的写作教材,课程纲要时期继续推行文言文写作教学,也接续清末白话文写作教学萌芽,如上海彪蒙书室作为清末出版白话文教科书最有名的机构,由它出版的写作教材往往含有不少白话文写作内容。民国以来继续沿用上海彪蒙书室出版的写作教材,如程宗启的《论说入门初集》(1—4册),光绪三十一年五月(1905)初版,1913年2月再版;《论说入门二集》(1—4册),光绪三十四年八月(1908)初版,1913年2月再版。

国文教学阶段呈现出文言写作教学与白话写作教学并存的特征,这是顺其自然的结果。随着新文化运动、白话文运动的开展,文言写作教学占主导地位的状况被打破。"五四"运动以后,社会性白话写作经验发展迅速,教育性白话写作获得合法的正统地位。当然无论是社会性白话写作,还是教育性白话写作,都还存在许多问题,还很不成熟,为此学界还专门研究探讨过白话文写作的系列问题,如什么是白话文,如何作白话文,白话文写作与欧化的关系等。

2. 国语教学阶段:白话文写作教学发展迅速

中小学写作教学开始面临全面转型,整个中小学逐渐以语体文写作为主导目标,在中学高年级兼顾练习文言文写作,从此千百年来以文言写作为主导的时代一去不复返。白话文写作成为中小学写作教学的主攻方向、重大目标,现代写作教学的基本形态已经基本确立,现代写作教学登上新的发展平台。

---

① 邵伯棠《初学论说文范》的版权信息,很多文献记载有误,所以注释如下:"民国纪年元年二年三月一日印刷,民国纪年前二年三月十日出版,中华民国八年七月六十二版。撰述者:山阴邵伯棠。印刷者:上海会文堂书局。发行:上海会文堂书局。"这套书后来做了改进,以《言文对照初学论说文范》为名出版。
② 《高等小学论说文范》"编辑大意"的落款是"宣统三年二月　山阴邵伯棠廉存甫　识"。
③ 《女子论说文范》"编辑大意"的落款时间是"时宣统二年仲秋"。

在新的形势下,言文对照类型的写作教材迅速增多,还开始出现少量的白话文写作教材,语文教学界也开始转向白话文写作教学研究,比如庾冰、胡适、陈独秀、傅斯年、黎锦熙、吴研因[①]、叶圣陶、夏丏尊、朱自清等。在国外写作经验的影响之下,发表了一批关于白话文写作教学的研究成果,如庾冰《言文教授论》(1912),陈望道《作文法讲义》,叶圣陶《作文论》,夏丏尊、刘熏宇《文章作法》,黎锦熙《新著国语教学法》,吴研因《小学国语教学法概要》等。1923年颁布的《新学制课程标准纲要高级中学公共必修的国语课程纲要》规定,高中毕业生接受了12年教育之后,其最低限度的写作能力标准是"能自由运用语体、文体发表思想"[②]。在这个基础上,还要求学生从初中二年级开始练习文言文写作,一直到中学毕业。所以当时不少中学毕业生,不仅能够把白话文写好,还可以把文言文写通。

小结:总体而言,课程纲要时期的写作教学还处于过渡状态,以白话文为主体的写作教学发展框架已经建立起来,只是尚处于早期发展阶段。这时期围绕"国民的写作能力"培养,逐渐形成以口语表达教学、实用类语体文写作教学、记叙文写作教学、说明文写作教学、议论文写作教学以及包括译文、笔记、演说、辩论等多种形式的语体类写作教学为主导,兼顾文言文写作教学的写作教学总体结构,整个写作教学贯穿"养成健全人格,发展共和精神"的宗旨,体现"人格独立、思想自由"的精神气质。

总体来看,这个写作教学框架的最大特点是从头到尾都坚持、体现"言文一致"的价值追求,将口语表达、文字表达融为一体,比较好地诠释了现代社会对写作教学概念的全新理解,散发着浓郁的现代性气息。我国第一个以语体文为主体的写作教学框架,由四个层面构成,第一个层面是口语表达教学,第二个层面是简单的实用类语体文写作教学,第三个层面是记叙文、说明文写作教学,第四个层面是议论文、译文、笔记与演说、辩论等书面表达与口语表达相统一的混合教学,培养学生自由发表思想的能力。其结构框架,详见下面的表格。

表3-17　课程纲要时期写作教学发展结构表

层级	写作教学类型	培养目标:国民的写作能力
4 高级层	各种文体(特别是议论文)、译文、笔记、演说、辩论等语体类写作教学(含系统的文法研究、修辞学知识),兼顾文言文写作教学	中学阶段

---

① 吴研因是现代白话文教育的探索者,是现代白话文写作教育的开拓者。

② 课程教材研究所.20世纪中国中小学课程标准·教学大纲汇编·语文卷[M].北京:人民教育出版社,2001:279.

层级	写作教学类型		培养目标：国民的写作能力
3 中级层	记叙文写作教学	说明文写作教学	
2 应用层	简单的实用类语体文写作教学（书信日记便条等）		小学阶段
1 基础层	口语表达教学		
人文基础	养成健全人格，发展共和精神①		

(二) 口语表达教学的发展

受国语运动、白话文运动的影响，这时期非常注意将口头表达与书面表达结合起来，综合考虑。1923 年吴研因起草《新学制课程标准纲要小学国语课程纲要》，将口语表达练习置于首要目标，系统设计 6 学年的小学口语表达练习体系，从演讲语练习、简单会话、童话讲演到史话、小说等的演讲，从普通的演说到辩论会的设计、练习，同时还注重儿歌、谜语、童话、传记、剧本、故事、小说、诗、民歌、杂歌等的诵习活动。在这样的背景下，第一阶段写作教学从清末注重围绕"文字"起步，转向这时期围绕"口语表达"展开，可见文言写作教学与白话写作教学的逻辑起点的差异。

1. 口语表达为书面表达打基础

(1) 写作教学的第一步是口语表达训练。1912 年，庾冰发表《言文教授论》，较早地探讨了白话文写作教学的基本问题。② 人世间万事万物，唯有人的思想最重要。人的思想要表达，"则必藉语言以为机关"③。"语言者，听官上一时之符号，而文字者，视觉上永久之符号也"，从"言文一致"的关系来看，"教授文字，莫不由语言入手"。④ 但是当时多数教员的教学经验还直接来自文言写作实践，根本不懂白话写作教学是怎么一回事，也缺乏引导学生写白话文章的自觉意识。"今之充教员者，大抵以教授文字为职务，而于语言上应如何注意、如何应用，绝无经验，且不置研究。学生文字上进步之濡滞，实由于此。"⑤ 由此，庾冰大胆提出"教授文字当以教授语言为第一步"⑥，白话文写作要从口语表达过渡到书面语

---

① "养成健全人格"要求学生养成独立思考、独立判断、批判性思考的习惯，"发展共和精神"要求学生具有爱国精神、民主意识、科学理性等品质。
② 在庾冰发表此文之前，很少有人做专门的研究。"言文教授，我国向无专书。而身任教育之人，亦罕有特别研究，使学生得敏速之进步。坊间刊行之各科教授法，仅三四种，大抵译自东籍。余偏览之，以白作霖氏译著之本为较佳。"
③ 庾冰. 言文教授论[J]. 教育杂志，1912，4(3)：37.
④ 同上书，第 38 页。
⑤ 同上注。
⑥ 同上注。

表达。

根据上述论理，庾冰对清末以来在新式学堂推行的文言写作教学体系进行了根本性的质疑，试图对白话文写作教学的合理性、优先性进行理论论证，"故小学校中之教授作文，当先教授白话体而后教授文言体"①。

（2）口语表达的类型与教学要求。"教授语言，又当分为自语、听语、会话三种。"②自语，就是发表自己的意思，"以明爽为主，以顺序为归"；听语，要求能领会他人的意思，"以聪敏为主，以别择为归"；会话，能够相互交流意思，"以问答为主，以判断为归"③。口语教授，应当循循善诱，"或示以模范，或导以途径语言为度，进而教授文字，庶乎事半功倍矣"④。这样就能突破文言写作时代形成的以"文字为限"的古典写作观，从言文一致的角度给写作概念注入新的活力。

（3）口语表达教学与白话写作教学相统一。"语言与文字实一贯者也。盖语言中，以此自语、听语、会话为三体，以明爽、顺序、聪敏、别择、问答、判断为六法。而文字中亦缺一不可者也。"⑤也就是说，口语表达的理想标准与书面表达有一致性，都要求"明爽、顺序、聪敏、别择、问答、判断"。从口语表达与文字表达相统一可知，口语表达教学可为书面语表达奠定基础。小学生都会母语，"就其已能之事，导之以习未能之事，此乃教授法之定例"⑥。考虑到我国方言复杂的实际，"善教授者，可由教授语言进而教授文字。不善教授者，宁舍语言而专教文字反易奏功"⑦。如果教员不能借语言而助文字教授，干脆就专教文字可也，何必多此一举呢？小学校以口语表达为白话写作教学的"导线"或"过渡"，关键取决于教师的设计⑧。另外，"语言上所用之普通字，与文字上所用之普通字，各不相谋"，即便"教授语言，虽有成功，仅能用于一方，不能通行于各地，经年累月，茹苦含辛，仍无绝大之效用"⑨。可见统一国语，发展标准语体文是必然趋势。

（4）口头表达的教授方法。关于口语表达的教学法，可从问答教学与话语类型及其特征两个方面来探讨。

◆ **问答教学**。这是口语表达教学的主要内容。

---

① 庾冰. 言文教授论[J]. 教育杂志，1912，4(3)：39.
② 同上注。
③ 同上注。
④ 同上注。
⑤ 同上注。
⑥ 同上注。
⑦ 同上注。
⑧ 同上注。
⑨ 同上注。

表3-18 问答教学的种类及教学要求图示(庚冰,1912年)

序列	问的类型	问的要求	答的类型	答的要求
1	习问	习问,有温习之意,问的是学生已知内容。	杂答	学生杂答,未必尽能合度,教员宜随时矫正而指导之。
2	提问	提要发问,问学生程度相当之事物。	选答	学生可选其知之者依次作答,不知者由教员述明之。教师事前示范。
3	正问	就其应问之意义发问。	正答	正面回答。
4	反问	就其应问之意义,从反面发问。	正答	正面回答,反答则未能适用。
5	复问	就繁杂之事物,再三发问。	简答	只须简单作答。

庚冰. 言文教授论[J]. 教育杂志,1912,4(3):40—42.

◆ **话语类型及其特征**。在问答教学的基础上,对话语类型进行分析,"进而区辨语言之性质及其类别"①。

表3-19 话语的类型及其特征图示(庚冰,1912)

序列	话语类型	含义	教法要求
1	称谓语	事物及人的称谓。"凡一物一事,一地一人,莫不有一定之称谓也。"	1. 同一事物在不同的时间、地点有不同的称谓或人在不同社会情境下也有不同的称谓。2. "此种语言,学生未易明悉,教员宜教以辨别之方法。"
2	单独语	"其所述之意思,一语可了者也。"	"教授语言,当首由单独语注意之,以学生易于辨别,且易于仿效也。"
3	连续语	"其意思非一语可了,必连续至二语以上也。"	"教员当于顺序上先为厘定,次则于语法注意之。"
4	自动语	"其意思发生于自己者也,此种语言,关系至大。"	"如何而扼要,如何而适宜,何如而令人易于入耳,教员当于发语之际,留意教授。"
5	被动语	"因人之意思而发表己之意思者也。"	"此种语言,关系非大,要能语语中肯,方为合格。"

庚冰. 言文教授论[J]. 教育杂志,1912,4(3):42—43.

小结:口语教授,重在问答练习;教授之道,重在引导学生分辨话语类型及其特征,突出要点,依次练习。"小学生之语言文字,自有小学生之口吻,教授者当渐次导之上进。"②另外口语表达练习,注重与生活世界联络,庚冰提出要充分利用方言资源,"我国而以北京语为国语,实则一方之语言,不足以代表全国。故教授小学生之

---

① 庚冰. 言文教授论[J]. 教育杂志,1912,4(3):42.
② 同上书,第50页。

语言,不妨各就其方言为入手,渐导以普通之国语,是乃一定之步骤"①,另外"在教员与学生谈话之时,及学生与学生谈话之时。苟能于此随时矫正,随时指导,则收效于无形,有非意料所能及者在矣"②。

2. 口语表达教学方法

"从第一学年起,就应教学说话,使儿童练习运用本国的标准语,以为表情达意的工具,而期全国语言相通。"③在口头发表练习的基础上,培养学生运用"平易的语体文"表情达意的能力。要注重从多方面入手创造条件,发挥儿童在写作活动中的能动作用。"小学作文教学首先重要的是给儿童提供作文的环境,激发儿童写作的动机和冲动。只有当儿童有写作的需要和冲动的时候才会有较好的文字表达。让儿童在自然表达的需求下进行作文写作。"④写作教学过程中训练语言的第一步,是在师生问答中,共同矫正语病,进行遣词造句的基本练习。第二步是练习演讲,要求讲得头头是道,详略得当。第三步是练习辩论,师生共同设计可正可反的问题,分正反两组辩论。⑤

(三) 应用类写作教学

此处的"应用文"与我们平时提到的应用文教学文体不是一个概念,这里指的是实用类文章。课程纲要时期应用类写作教学与清末相比,根本区别就是写作语言发生了变化。清末应用类写作教学仍然以文言文为主导,课程纲要时期应用类写作开始探索以白话文为载体的写作问题。虽然当时政府公文、民间请柬等仍沿袭文言写作传统,但是白话文的应用类写作教学还在不断增强。

1. "以语言为标准"

1912年,潘树声发表《论教授国文当以语言为标准》⑥,提出"文取应用而已"⑦,主张用白话文来作应用文章。从国民基础教育来看,对"一般之国民"不可能也不必提出过高要求,将国文视为传承国粹的根本,希望"人人能为贾、董、韩、欧之文而后快"⑧,这是不现实的理想。中小学国文学习,首当注重应用,应用之文"惟求能叙事述意而已"⑨。潘树声提出用白话文进行应用文写作,符合现代写作的内在规律,他进而提出"以说促写"的教学思路。"在专授文言的时代,提出以语言为标准、以语言

① 庾冰. 言文教授论[J]. 教育杂志,1912,4(3):43.
② 同上注.
③ 苏金如. 中国现代小学语文教育的探索者——吴研因[D]. 上海:华东师范大学,2007:46.
④ 同上书,第58页.
⑤ 同上注.
⑥ 刊发于《教育杂志》第4卷第8号.
⑦ 顾黄初、李杏保. 二十世纪前期中国语文教育论集[M]. 成都:四川教育出版社,1991:20.
⑧ 同上书,第19页.
⑨ 同上书,第23页.

为中介,当视为一时之新说。"①

从"语言标准"出发,潘树声提出要按照"语言标准"来选择、设计教学方法。从读本方面来看,提出"首选义""次选词""次选字"的原则,②他认为如萧选之文,"去语言远矣",不可选;"当选今人之文,若契约,若书契,若公牍,搜集式样,以资应用"③。另外"择语言常用之字,分别为最重、次要,应儿童之程度而讲授之"④;而于一篇之后,更依本文缀以白话。作文教学方面,提出"谋联络""定范围""分程度"⑤。

2."应用文之教授"

(1)定位:"能作应用文章。"1918年,刘半农发表《应用文之教授》⑥。从读写关系出发,应用文教授当先从阅读入手,阅读是基础,而阅读的"选""讲"都有相应的标准。然后提出应用文教授之定位就是要"能作应用文章"。"选、讲","其实都是个'作'字的预备而已"⑦,也就是说,选读应用文仅仅是"起点、手段","写应用文"才是目的。总之,应用文教授最简单的目的就是"人人能作通人应作之文,及其职业上所必作之文"⑧。可见,应用文写作教学体现的是工具价值理性,注重培养学生的应用文写作技能。从这个意义上,刘半农将应用文写作教学与文学文写作教学严格区分开来,"应用文与文学文,性质全然不同"⑨。应用文写作教学侧重于"字义、文法、论理学",追求的是沟通交往技能。

(2)应用文写作教学的注意事项。对学生的学习要求⑩:要求学生每次作文都要取来看一遍。如:认清题目,把握要点。文要分段,按层次表达意义。下笔之前打好腹稿,"先将全篇大意想定"。时时检查:字义是否妥当? 文法是否正确? 意义与论理学是否一致?"作文要有独立的精神,阔大的眼光","勿落前人窠臼,勿主一家言,勿作道学语及禅语"。"勿用古字僻字";用字要准确;字有古今义的时候,要用今义。"不避俗字俗语,即全用白话亦可;要以记事明畅,说理透澈为习文第一趣旨。""勿打滥调,勿作无谓之套语,勿故作生硬语;实用文最宜明白晓畅。"引文要注明出处,引用西文,要列译文及原文。实用文写作要追求效率,500字以内,限2小时完成。篇幅不限长短,"要以不漏不烦,首尾匀称,精神饱满为合格"。书写要清楚,"不必过求工整,免费时刻"。

① 顾黄初,李杏保.二十世纪前期中国语文教育论集[M].成都:四川教育出版社,1991:19.
② 同上书,第23页。
③ 同上注。
④ 同上注。
⑤ 同上书,第23—24页。
⑥ 原文载于1918年《新青年》第4卷第1号。
⑦ 顾黄初,李杏保.二十世纪前期中国语文教育论集[M].成都:四川教育出版社,1991:65.
⑧ 同上书,第61页。
⑨ 同上书,第60页。
⑩ 同上书,第65—66页。

对教师的教学及出题要求①如："出一记事文或论文题目,由学生自由作文(这是老法)。""说一段文字,令学生笔述,不许增损原义。""译白话为文言,或译文言为白话。""化韵文为散文。"结合各学科教学情况,令学生撰写论文或笔记。整理冗长文字练习,"其字数至多不得逾原文三分之一"。"就其专习之科目,出种种应用题目,令学生实地研习",比如记载实验、解析学理、辩论、批牍、商业通信、订立合同等。虚字填空。修改文章练习。"以一篇不通之文字,——或文理不通而意义尚佳之小说杂记等,——令学生细心改订,不许搀入己意。"调整文序。"以一篇文字,颠倒某段落字句,令学生校订之。"扩写练习。"以一段简短之文字,令学生演绎成篇。"要学生做读书笔记。

作文批改要求:"每作一文,必批改二次,讨论一次。"②具体方法③为:初次批改,只使用约定的记号,将文中的"毛病"标示出来。必要时用"眉批"加以说明。让学生按照记号标示,相互研究改正。有困难的地方,教师再指导。待学生修改后,再誊写一遍,老师再进行第二次批改。这次老师可以"涂抹添削",还要根据两次效果,评判分数。二次修改后仍有不清楚的地方,教师指导。此外,刘半农还准备编写一部《文典讲义》,供写作教学参考,其中包括"助字"用法,语法知识,修辞学知识,论理学知识等。

总之,这时期应用文写作教学正在摆脱文言写作教学规矩的负面影响,从"言文一致"出发,注重发挥儿童的能动作用,充分利用口头语言对书面语言的带动、提升功能。从写作内容来看,注意从学生的生活体验及社会生活的客观需要出发,以工具理性为主导,追求写作活动的效率。这时期的应用文写作教学主要以相关知识传授、技能训练为主。

(四) 记叙类写作教学

随着新文化运动的推进及人的理性的觉醒,记叙类写作教学发生了重大的变革。言文一致的白话文写作,要求怎么说就怎么写,于是通过"日常话语"将学生个人的家庭生活、学习体验、社会见闻等感性的内容带进记叙文写作。这是文言记叙类作文不容易办到的事情,也不鼓励如此去写,因为文言书写与学生鲜活的个体生活总是隔了一层。从白话记叙类写作教学的实际出发,需要对文言主导的写作教材进行大胆革新,如果没有大量文质兼美的白话记叙作品供学生揣摩、模仿,那么要加速推进记叙类写作教学转型几乎是不可能的事情。

1. 提供丰富多样的白话记叙文写作课程资源

课程纲要时期小学语文教科书从文言向白话的过渡,为白话记叙文写作提供了

---

① 顾黄初,李杏保. 二十世纪前期中国语文教育论集[M]. 成都:四川教育出版社,1991:66—67.
② 同上书,第67页.
③ 同上书,第67—68页.

丰富的课程资源和广阔的发展空间。吴研因认为"清朝末年跟民国六年以前的小学教科书,都是文言"①,1917年以后小学语文教材书逐渐向白话文转化,"民国六年左右,我们觉得文字是一种工具,文言白话功用差不多,但是白话文是用语言写出来的,读时容易明瞭,不必花去翻译讲解的工夫,作文也容易,要说什么就写什么。因此,主张小学用白话文编教科书"②。这时候已经有一些教科书开始插入白话课文,"坊间教科书,首先加入一两课白话课文的,就是中华的《新式教科书》,办法很不彻底"③。"五四"运动以后,白话文迅速发展,"北京教育部也竭力提倡国语。于是民国九年以后出版的小学教科书,例如商务的《新法教科书》,中化的《新体教科书》等,就都用白话编辑。文言教科书就渐渐地自然淘汰了,现在文言教科书几乎完全绝迹,即使有一两本被书坊私卖,保守派私用,但是力量究竟薄弱得很"④。吴研因这篇文章写于1936年,此处的"现在"指的是1934年大众语运动之后,由此可见,从"五四"白话文运动、国语设科以来,小学语文教材逐渐实现从文言文向白话文转变。

2. 从组词造句到图画故事、成篇短文

在新的教学形势之下,吴研因就白话记叙写作教学率先做了可贵的探索,他以"兴趣主义"和"儿童本位"为指导思想,提出将小学语文教材"文学化"的设想,改变过去以说明文、议论文为主体的单调的语文教材编排体例,将说明文、议论文改换为生动、有趣的记叙文,还加入很多带有幻想性的故事、神仙传说、童话、戏剧以及民间剧本等多种形式的课文。⑤ 这种探索和国语读本的发展趋势是一致的,这个时期"国语读本从单字起进而为从整段的故事起"⑥;从前的国文教科书第一册开头往往是"天地日月""人尺刀弓"等许多不成语句的单字,缺乏有趣的故事情节,难以引起儿童的阅读兴趣;后来便改成"大狗叫、小狗跳"或者"来,来,来看"等,这样就具体丰富得多了;⑦再后来又改成图画故事开头,还在故事图画中插入一些成句的文字,例如"小红上学图",旁边配有一句"小红上学"供儿童阅读。至于成篇的课文,往往设计为相对完整的故事形式。⑧ 有人提出"文字教学从整段的故事入手,不用单字单句入手"⑨,总算逐步达到了,"普通人看不惯现在的教科书,以为从'天'到'人',从'人'变'狗'……愈趋愈下,这实在是一种绝对外行的话"⑩。这种语文教科书的编排方式、

---

① 吴研因. 清末以来我国小学教科书概观[M]//张静庐. 中国出版史料补编. 北京:中华书局,1957:150.
② 同上注。
③ 同上注。
④ 同上书,第150—151页。
⑤ 苏金如. 中国现代小学语文教育的探索者——吴研因[D]. 上海:华东师范大学,2007:22.
⑥ 吴研因. 清末以来我国小学教科书概观[M]//张静庐. 中国出版史料补编. 北京:中华书局,1957:157.
⑦ 同上注。
⑧ 同上书,第158页。
⑨ 同上注。
⑩ 同上书,第157页。

选文体系的变革,大量记叙文的入选,为开展白话记叙文写作教学改革创造了非常有利的条件。

小学语文教科书文体从说明文、议论文改换为生动、有趣的记叙文,教科书内容设计从不成语句的单字,到"大狗叫、小狗跳"之类的生动句子,再到图画故事(常配成句的文字),最后到有相对完整故事情节的成篇短文,其实已经把课程纲要时期小学记叙文写作教学的特色生动地呈现出来了。这时期记叙文写作教学开始注重以成篇的材料入手,注意儿童的兴趣和材料的情境设计,改变清末从练习单字、组词造句来练习记叙文的思路,后者容易脱落具体的语言环境,陷入抽象、机械训练的泥淖。从组词造句到图画故事、成篇短文的跨越,是记叙文写作教学现代化发展的标志。

3. 记叙文写作教学体系化探索

黎锦熙的《新著国语教学法》①重点探讨白话文写作教学问题,②提出一个小学六年制的写作教学体系(黎称之为缀法教学),第一、二学年"注意'音字'",第三、四学年注重"作文两个要素",第五、六学年注重"四种文体"的写作,还提出相应的写作教学实施方法并举例说明,"基本上形成了国语作文的全新的教学法构架"③。就记叙文教学来说,黎锦熙认为:"记叙文重在客观的描写,以'真实'为第一要义。"④具体教学安排及教学要点如下:"第一学年作文的开始,就是简单语言的记录发表,第三学年也规定有'记录的设计',可见运用文字,起首就是记叙的机会多。到此,便渐要讲究谋篇布局,构成完全的'记叙文'。记叙文的教学,必须先有事实,再整理儿童对于这种事实的经验,然后就这些事实的各方面多设题目。简言之,就是先观察,次讨论,次出题。例如'纪念日之所见闻','学艺会或旅行之经过情形','某人言论之记载','自然界之描写','耳闻故事之笔述',以及'平时之日记',等等,都不可凭空在教室里临时出题,使儿童茫无依据,专造谣言。"⑤

由上可见,此处的"记叙文"追求的第一要义是"真实","客观的描写",这与清末桐城派代表吴汝纶提出的"宁可失真,不可伤雅洁"的写作观完全不同。从教学安排体系来看,口语表达是记叙文教学的起始点,从第一学年到第三学年都安排了"语言的记录"练习。第三年开始写正式的记叙文,要讲究谋篇布局。

总体来说,白话文的记叙文教学必须从事实、经验出发,所以黎锦熙提出"日札

---

① 《新著国语教学法》,1924年7月商务初版,1930年12月订正三版,1933年9月国难后第一版。
② 黎锦熙非常注重白话文写作教育问题,他提出的语文教学"三原则"分别是"写作重于讲读,改错先于求美,日札优于作文"。参见黎泽渝,马啸风,李乐毅. 黎锦熙语文教育论著选[M].北京:人民教育出版社,1996:298.
③ 潘新和. 中国现代写作教育史[M].福州:福建人民出版社,1997:136.
④ 黎锦熙.国语的作文教学法[J].教育杂志,1924,16(1):16.
⑤ 同上注。

优于作文"的口号,反对脱离学生的经验系统,"凭空在教室里临时出题",因为这样容易导致学生"专造谣言"。从某个角度来看,20世纪20年代的白话记叙文写作教学已经脱离文言记叙文写作教学的原有路径,走向学生的生活深处,帮助他们借助语言文字来表现自己所感知到的生活世界。

4. 设计教学法与记叙文写作教学

20世纪20年代,设计教学法对写作教学的影响最大。"在旧中国,曾先后介绍和或多或少地试行过来自西方资本主义国家的许多'新教学方法',如自学辅导法(Supervised Study)、分组教学法(Groups of Study,当年称为分团教学法)、蒙台梭利教学法(Montessori Method)、设计教学法(Project Method)、道尔顿实验室制(Dalton Laboratory Plan)、社会化教学法(Socialized Roaction Method)、德可乐利教学法(Decroly Method)、莫礼生单元教学法(Morrisonian Cycle Plan)、文纳特卡制(Winnetka System)等,其中以设计教学法在其理论上最为系统,在其实践上对旧中国的影响为最大。"[1]上述"新教学方法"几乎都对语文教学产生过直接影响,其中设计教学法对语文教学,特别是对写作教学的影响更大些。设计教学法有很多不同的流派,"就其定义、种类,据说大约有二十种之多"[2],其中对我国影响较大的是克伯屈(W. H. Kilpatrick,1871—1965)的"设计教学法",另外还有设计教学法的一个变种的"协同教学法"。

1921年,克伯屈给出的"设计"的定义是:"任何自愿的经验单元,任何自愿活动的事例,其占支配地位的自愿是一种内在的驱策,(1)确定行动的目的,(2)指导行动的过程,(3)提供行动的动力、行动的内在动机。"[3]

1918年秋,南京高等师范学校附小,"以乡土一科为中心,其他的文艺、唱歌、游戏、工艺等科都以乡土科的中心问题为标准,去选择材料"[4],然后安排读写等相关学科的活动。"有些学校以自然科或社会科作中心。例如研究'猪的生活':阅读就教'三只猪的故事',作文就写'小猪的快乐',算术就计划'猪肉的卖价',美术就画'老猪和小猪',手工就做泥猪和用篾做猪圈,唱歌就唱'小猪争食'……"[5]这种写作教学就是围绕着主题活动,将阅读、写作、算术、手工、艺术等打通,相互补充、配合。

在设计教学法的基础上生长出"协同教学法"。协同教学法采用课堂教学的形式,上午按照设计教学进行"处世活动、康乐活动"等,下午安排60分钟的"愤悱活

① 瞿葆奎,丁证霖."设计教学法"在中国[J].教育研究与实验,1985(3):72.

② 同上注。

③ 同上书,第72—73页。另外克伯屈的教学理论可见威廉・H.克伯屈.教学方法原理——教育漫谈[M].王建新,译.北京:人民教育出版社,1991.

④ 瞿葆奎,丁证霖."设计教学法"在中国[J].教育研究与实验,1985(3):73.

⑤ 同上书。另外参考沈百英.设计教学演讲集[M].商务印书馆,1931.

动"，对上午的活动进行补充学习，"如语文科回忆郊游，就要写作文、报告"①等。有些学校为试行协同教学法，专门设置"作文作业室"。按照协同教学法进行写作教学，追求将学生的"知、情、意、行"统合到一块，以求表现完整而独特的生命体验。②

黎锦熙在《新著国语教学法》第三章"国语教材和教学法的新潮"中，非常详尽地介绍了设计教学法在国语教学中的应用，其中包括在写作教学中的应用。还列举了一个偶发事件（一个学生在教室里捉了一只麻雀），来详细展示设计教学中写作与读法、话法、写法如何连成一体，国语与其他学科教学如何打成一片。③ 通过这个写作教学案例来展示黎锦熙所认为的"上品教学"，即以儿童为本，将教学视为经验的改造，将学校环境当作社会生活的一部分，通过设计学习活动，"从做中学"；随着学习活动的推进，达到"精神、思想，声音（语言）、符号（文字）自由自动地在里边运用着"的状态，经过老师的辅导，从而不断生产出鲜活的"记叙文章"，学生的作品也即是他们的阅读材料。可见，这种记叙文写作教学就是与学生的生命活动、生命体验相生相长的"活"的教学。

（五）议论类写作教学

随着科学理性的启蒙，过去以论说文为主导的教学格局被打破，记叙类写作教学开始兴起。与此同时，对论说文写作教学反思质疑的声音越来越多。其实早在清宣统元年（1909），沈颐就对当时"好为策论文字"的现象提出了批评，后来梁启超在《为什么要注重叙事文字》④一文中也深刻批判了论说类写作教学的种种弊端，那些"八股""策""论"写作都是在"睁着眼睛说瞎话"，"胡编乱造"。虽然清廷倒台，民国成立，可是这些消极影响还是延续了下来，远没有断根。联系当时学校议论文写作教学现状，梁启超说："学校专教做论事文，全是中了八股策论的余毒。"⑤其弊端如下：

1. "奖励剿说"，"从前是把孔夫子的话敷衍成文，现在是把教科书或教师平日说讲的话敷衍成文，句句都说得对，却没有一句是自己的"⑥。这种议论文写作缺乏独立思考，没有自己的见解。

2. "奖励空疏及漂滑"，"做这些说空理发空论的文章，并不要什么正确资料为基本"⑦。这种议论文写作没有实地观察或客观研究为底子，"空发议论"。

---

① 瞿葆奎，丁证霖."设计教学法"在中国[J]. 教育研究与实验，1985(3)：78.
② 同上书，第79页。
③ 教学大致情形详见黎泽渝，马啸风，李乐毅. 黎锦熙语文教育论著选[M]. 北京：人民教育出版社，1996：416—419.
④ 这篇文章刊发于1926年出版的《饮冰室文集》之四十三，第81—85页。
⑤ 董方奎，陈夫义. 梁启超论教育[M]. 海口：海南出版社，三环出版社，2007：118.
⑥ 同上注。
⑦ 同上书，第119页。

3. "奖励轻率"，不经过多方面的客观考察，或多次试验，随意"判断一项事理，提出一种主张"，还"不许人质疑"，"唐宋以来的文家，大率如此"①。这种议论文写作脱离"实证"，轻率立论，容易使人轻浮、气躁、不严谨。

4. "奖励刻薄及不负责任"，"一人有一人的环境，一事有一事的曲折，所以对于人与事的批评是很不容易的"，可是现在国文读本里面"最通行的什么'管仲论'、'范增论'等等，开口便说'我若是他便怎样办'，其实和那时候的时势实全不相应，说的都是风凉话"②。"青年学惯了这种文，便只会挑剔别人是非，一面却使自己责任心薄弱，不问做得来做不来的事一味瞎吹瞎说。"③

5. "奖励偏见"，一些善作八股策论的人，喜作翻案文字，这种做法容易使人"养成强词夺理的习惯，专喜欢改变客观的事情来就自己的偏见，结果也会养成一个刚愎乖谬的人"④。

6. "奖励虚伪"，"现在学校里这类国文功课，学生并没有什么新理经自己发明要说出来，教师却出一个题目叫他说这种道理；学生并没有什么真感情真议论一定要发泄，教师也指定一个题目像榨油似的去榨出他的感情议论。学生为分数起见，只好跟着混，你要我论辩，我便信口开河；你要我抒情，我便声随泪下"⑤。

总之，学生经过学校十几年的教育，"在作文课内养成这种种恶习惯，焉能不说是教育界膏肓之病"，"宋明以来，士大夫放言高论，空疏无真，拘墟执拗，叫嚣乖张，酿成国家社会种种弊害，大半由八股策论制造出来，久已人人公认了。现在依然是换汤不换药"，很多人由此"养成不健全的性格"，"国家和社会之败坏，未始不由于此"⑥。由此可见，过去的那种论说文写作教学真是误人子弟，祸害不浅！

随着理性启蒙，学生主体地位得以确立，议论文写作教学终于迎来新生。"议论文的要点又和记叙文、说明文不同，重在批评的精神，以'有见解'为第一义。"⑦将"有见解""有思想"作为议论文写作教学的首要目标、首要评判标准，是顺应时代要求的重大突破。清末时期以读经尊孔、忠君报国为目标，推行的是文言论文类写作教学，这类写作并不鼓励学生表达个性化见解，以"文以载道"的方式来压制"非道统""非主流"的观点，推崇"代圣人立言"，这实质上就是"伪圣化"作文，文章并非独立思考的产物。经过启蒙思潮的洗礼，人的思想观念获得大解放，用自己的头脑来思考问题，用自己的声音来写作，逐渐成为现代学子的

---

① 董方奎，陈夫义. 梁启超论教育[M]. 海口：海南出版社，三环出版社，2007：119.
② 同上注。
③ 同上注。
④ 同上注。
⑤ 同上注。
⑥ 同上书，第 120 页。
⑦ 黎锦熙. 国语的作文教学法[J]. 教育杂志，1924，16(1)：16.

共识。

就议论类写作命题来看，要在学生已经了解、熟悉的范围内来设计题目，让学生有话可说，养成发表"负责任的言论"的习惯。黎锦熙认为："程度渐高，非联络他科，验其所得，不可轻易命题。例如'论某事之利害'，必须先使对于某事作多方的考究和口头上的讨论。议论文之后，不妨课以建设的文字，就是使对于所论的某事作一个新的'计划书'。这是养成他们不徒尚空谈而务求实施的习惯，所谓负责任的言论。"①

总的来说，发挥学生的主体作用，启发独立分析、批判性写作，成为白话议论类写作教学的自觉追求。从激发学生写作主体作用的角度，议论文写作教学从过去注重文法、章法的传授，转向注重写作活动设计、习作模仿练习、培养学生的兴趣爱好。这个转向从邵伯棠《初学论说文范》到孔宪彭《初学论说必读》的变化中可以明显地体现出来。两种写作教材的变化，可以反映出一个写作教学观念的重大转变。

邵伯棠的故友萧山孔宪彭，根据教育部颁布的《普通教育暂行办法通令》的要求和写作教学的实际情况，针对邵伯棠《初学论说文范》存在的问题，重新编写了一套新的小学写作教材《初学论说必读》，原书本有4册，现只找到第1册。彪蒙编译所出版的《论说入门初集》(1—4册)也存在类似问题，如第1册分别以"点题法""起法""承法"为主题项，每项选编7—8篇选文来展示主题。试图先教文法知识、章法知识，然后在阅读选文的过程中熟悉、领会，体现出教学理性的色彩，与赫尔巴特教育学思想相通。而孔宪彭的《初学论说必读》试图先从感性经验出发，体现的是活动教学的思想，与杜威教育学思想相通。《初学论说必读》仿照《初学论说文范》的体例，重新调整写作教材的指导思想、编写思路，降低文法知识的内容，更加注重培养儿童写作练习的兴趣。孔宪彭在"撰述大意"中说："按教育部普通教育暂行办法通令……初等三四年级之国文科……诵读温课作文习字亦不过十二小时耳。"②"若教员终日讲授，不出教科书教授法之范围，则讲者生厌，听者生倦，而文法一道仍茫然无所得焉，且儿童思路极窄，若骤令其联络文字，势必无从著想，鄙意以为教初学作文，不妨授以题之相似者使摩仿而类推之，即所以导其门而引之入也。"③相比清末，课程纲要时期用于写作教学的时间锐减，要在有限的时间内培养习作兴趣，提高写作能力，极其富有挑战性。总之，为改变清末写作课堂多讲授文法的状况，转向以模仿、练习活动为主，孔宪彭编写的这套《初学论说必读》，所选文章都非常短，结构简约，内容有趣，非常有益于借鉴。

---

① 黎锦熙.国语的作文教学法[J].教育杂志，1924，16(1)：16.
② 孔宪彭.初学论说必读(第1册)[M].上海：上海会文堂粹记，1912：撰述大意1.
③ 同上注.

余　　论

　　课程纲要时期，社会性白话文写作实践获得迅速发展，白话文逐渐向更广阔的社会生活渗透、拓展。针对社会性白话文写作中存在的主要问题，胡适、傅斯年、陈独秀、鲁迅等进行了深入探讨；新学制以来，白话文大量涌入写作教科书，白话文写作教学逐渐发展起来。于是白话文写作教学存在的问题又浮出水面。如何将社会性白话文写作经验转化为白话文写作教学资源，如何显著提高学生的白话文写作能力，便成为当时亟待研究的重要课题。

　　20 世纪 20 年代以来，围绕着中小学写作教学这个主题出现了一批研究成果[①]，诸如陈望道的《作文法讲义》，高语罕的《国文作法》，叶圣陶的《作文论》，夏丏尊、刘熏宇的《文章作法》，张震南等人的《中学国文述教》，梁启超的《中学以上作文教学法》，张须的《师范国文述教》等专著。另外黎锦熙的《新著国语教学法》，赵欲仁的《小学国语科教学法》等综合类著作里面也设有专门的写作教学内容。以上著作多数是探索白话文写作教学的理论。梁启超的《中学以上作文教学法》虽然偏重浅近文言文写作教学，但是全文贯穿现代思维方式，所以可算是从文言文写作教学向白话文写作教学过渡的产物。之前多是专门讲授文言文作法的书籍，如明清以来有归有光的《文章指南》，吕祖谦的《古文关键》，姚永朴的《文学研究法》，林纾的《韩柳文研究法》等。

　　从白话文写作教学理论的来源来看，课程纲要时期非常注重从日本汲取写作教学经验，如陈望道的《作文法讲义》，夏丏尊、刘熏宇的《文章作法》，范祥善的《缀法教授之根本研究》等均与借鉴日本写作教学经验分不开。由此推断，现代日本写作教学经验是我国白话文写作教学理论探索的一个重要源泉。

---

① 这些写作教学相关科研信息参考了潘新和. 中国现代写作教育史［M］. 福州：福建人民出版社，1997：128，137，146，153. 1. 高语罕的《国文作法》，1922 年 8 月由上海亚东图书馆出版，全书分为两大部分。(1)通论：国文作法的意义，作文的初步，文字的要素，文字的节律，文字的美质，文字的精神，文字的构造等。(2)文体：叙述文，描写文，解说文，论辩文。还有书信的写法，标点符号的使用。2. 张震南等的《中学国文述教》，由商务印书馆于 1925 年 4 月初版，"这是一本介绍一校实际国文教学情况的著作"，作者提出了作文有三项根本，即"文字、文法、学识"；认为写"札记"是学生练习写作的最好办法。3. 张须的《师范国文述教》。张须即张震南，1927 年商务印书馆出版。作文教学内容多在最后一篇"责效篇"，包括"作文易犯之弊""作文标准""论改作""小学级法订正"。他认为，师范生作文易犯之病有：喜欢摹古，喜欢说套话，追求表面形式。《师范国文述教》与《中学国文述教》的指导思想一致，堪称姊妹篇。4. 赵欲仁的《小学国语科教学法》，1927 年由商务印书馆出版，供师范生使用，该书第 3 章即"作文教学法"。作者将"说话"教学纳入作文教学；作文教学的先决条件是"国语统一"和"言文一致"，作文教学的材料也分口述方面和笔述方面。作文教学的方法包括：口述、表演、笔写、时间、用具等。笔写从"做布告条子"入手，然后包括直观描写法，表演法，对图作文法，讲故事会，读书札记，做日记，做书，写信，做新闻，起草演讲稿，编辑剧本等。写作能力进步的程序是：说话能力—造句能力—联缀能力—修辞能力。

第四章　标准语体文导向的写作探索(1928—1949)

第一节　课程标准时期写作课程的育人价值

一、标准语体文与大众语运动

(一)社会性白话写作的新发展与大众语运动

1. 现代民族国家对通用语言的需要

现代通用语与古代的"雅言""通语""官话"有点类似,又有根本性的不同。现代通用语"要求有严格的语音标准,并且把普及共同语作为实行全民义务教育的条件。这是建设现代化国家的基础工程"①,也是现代写作课程走向成熟的前提条件。"言文一致"是现代语体文写作的基本特征,如果没有共同的语音标准,缺少共同语的普及推广,那么想要在现代民族国家范围内做到"我手写我口""言文一致"是不可能的事情。

为适应现代民族国家及现代社会生活的语言需要,现代语文运动从清末以来一直没有中断,"现代语文运动是指清末开始出现的白话文运动、汉语拼音运动、国语统一运动。这三大语文运动,是三项伟大而又艰巨的语言文字工程","他们有一个共同出发点:为了适应现代社会、现代生活、现代科学文化的需要,中国的语言文字必须进行调整、变革,必须向现代化方向迈进。语言文字问题关系到整个社会、整个国家,没有一个广泛的群众运动,这样的工程是无法实现的"②。何九盈认为,新中国成立之前,"白话文运动成绩较为显著,拼音运动有一定的成效,至于'国语统一'则收效甚微"③。从现代书面语来看,经过白话文运动,"30年代的大众语运动,对现代

---

① 周有光. 中国语文的时代演进[M]. 北京:人民文学出版社,2009:2.
② 何九盈. 中国现代语言学史[M]. 广州:广东教育出版社,1995:13.
③ 同上书,第13—14页。

书面汉语的形成具有决定性的作用”①。

2．大众语运动与大众语建设

（1）文言文影响现代共同语的形成

20 世纪 20 年代末和 30 年代初，国民政府经过“北伐战争”“东北易帜”，经历宁汉分立、宁粤分立、中原大战等之后逐渐确立起来，②全国政治格局发生重大变革，完成了形式上的统一，大众语运动在这个背景下逐渐展开。

尽管“五四”运动以后，白话文迅速参与到广阔的社会生活中，“1919 年，《每周评论》式的白话小报，有四百余种之多。1920 年以后，一些著名刊物如《东方杂志》《小说月报》等也改用白话”③。可是 20 世纪 20 年代以来，文言文并没有退出社交舞台，在社会语文中还是“老资格”，根基很深。虽然“教育部屡次下令禁止小学讲习文言，并且明令初中各科教科书，除国文一小部分之外，不得用文言编撰。但教育部如何敌得过许多‘豪杰之士’主持的政府机关，教育机关，考试机关，舆论机关的用全力维持古文的残喘？”④1928 年 9 月 22 日，胡适在给刘大白的《白屋文话》作序时又提到：“我们试看近时中央与各省政府发出来的许多‘不成话’的骈俪电报，再看各地报纸上的鬼话社论，和‘社会新闻’栏里许多肉麻的鬼话，便可以知道鬼话文的残余势力还不可轻视。”⑤

1928 年，胡适为了改变这种状况，曾给他的学生，已经当上国民政府要员的罗家伦写信，希望政府能发布规定，以后一切命令、公文、法令、条约都必须用规范统一的语体文书写，还必须添加标点、分段等。⑥ 但是现实令胡适大失所望，政府的公文依旧采用文言。可见文言文的势力在当时社会语文生活中盘根错节，不可小视。

（2）标准语体文发展的实际需要

1934 年，龚启昌从社会需要的角度呼吁白话文的普及推广，他说：“报纸影响于社会心理者最大，应能提倡语体才好。其他如官场的文告，来往的公事，虽是加上了新式标点，内容依旧是文言……就在教育界本身也还有种种矛盾的现象。日前看见报上载江苏省会考试题议决一律用文言。现在国内各大学的考试，及考试院举办的考试，更非用文言不可。试问读了六年白话的小学生，读了六年一半白话一半文言的中学生，怎样能应付得过去。从前人‘十年窗下，仅能通文’，无怪乎现在的中学生轻便甚而小学生，你不教他文言，他还要求你要教他文言。这都是事实……中学、大学入学试验的影响于学生心理与态度，比了行政机关的一纸号令，或文人的两三篇

---

① 何九盈．中国现代语言学史［M］．广州：广东教育出版社，1995：15．

② 冯开文．中华民国教育史［M］．北京：人民出版社，1994：80．

③ 何九盈．中国现代语言学史［M］．广州：广东教育出版社，1995：24．

④ 姜义华．胡适学术文集·新文学运动［M］．北京：中华书局，1993：222．

⑤ 同上书，第 177—178 页．

⑥ 郑国民．胡适对白话文教学的贡献［J］．教育研究，1999，20（5）：66．

文字,不知要大多少。所以我的意思,是我们既是认定了语体为提高国民文化的轻便工具,我们应当再请政府来澈底的革一下命,否则虽是十年百年也还没有结果。"①可见中小学校虽然开始教授白话文,可是文言文仍然在社会生活中流通使用,阻碍白话文写作的发展。"语体文在小学里的地位,当然毫无异议。不过应当使社会尊重语体文,广为推行,一切报章公文一律改过(怕因为用了语体,篇幅太不经济,所以不容易),尤其是中学、大学入学试验也要能提倡(这是一个重要问题),否则一部分人提倡语体,又有一部分人在那里提倡文言,以致青年无所适从了。至于语体文学的本身,应当早日自谋健全,自求标准化。"②标准化正是语体文发展的大方向。

(3) 大众语运动促进标准语体文发展

1) 总体情况

总体来看,"五四"白话文运动的成绩虽然远远超越晚清,涌现出一批"善作白话者",但是 20 世纪 20 年代以来,文言文写作的"核心地盘"没有太大变化,文言文写作的势力还不可小觑。因为文言文的普遍使用妨碍了现代共同语的普及推广,加上白话文写作确实还存在一定缺陷,在此历史背景下,"1934 年 5 月在南京、上海又展开了一场大规模的文白之战"③。这场语文改革运动的主旨就是从提倡"大众语"到实行"拉丁化"。1930 年和 1932 年的文艺大众化讨论,先在左联成员之间展开,参与者基本上是左翼作家和批评家。1934 年 5 月底 6 月初,大众语讨论开始,到年底,讨论的热潮逐渐回落。这次讨论超越左联阵营,成为当时整个知识界关注的大事,参与人数之众、影响之大,是前两次难以比拟的。讨论的中心刊物有《申报》《中华日报》等,讨论的主题涉及文言、白话和大众语三者之间的论辩,据统计,就发表的文章数量来说有近 500 篇。④ 我国拉丁化新文字是瞿秋白、吴玉章等人在苏联汉学家的帮助下制定的,这个方案被用来拼写北方方言(以山东话为标准),一般简称为"北拉"。1929 年,瞿秋白在苏联出版《中国拉丁化字母》,吴玉章、林伯渠、萧三等人制定《中国的拉丁化新文字方案》,鲁迅也写过《汉字和拉丁化》《关于新文字》等文章。1931 年、1932 年在海参崴召开过两次中国文字拉丁化大会,1933 年翻译了萧三的《中国语书法之拉丁化》,从此拉丁化运动在国内逐步兴起。1934 年的"大众语"讨论中,张庚、叶籁士等人主张"大众语写法拉丁化",上海、西安、汉口、香港等地先后成立拉丁化新文字研究团体,新四军、陕甘宁边区也有类似的研究组织。⑤ 这方面的论著有黎锦熙的《国语运动史纲》(1934),罗常培的《国音字母演进史》(1934),倪海曙

① 龚启昌. 读了《禁习文言与强令读经》以后[J]. 时代公论,1934,113(9):25.
② 同上书,第 27 页。
③ 何九盈. 中国现代语言学史[M]. 广州:广东教育出版社,1995:25.
④ 李永东. 语体文的欧化与大众化之辩——评 1934 年的大众语论争[J]. 湘潭大学学报(哲学社会科学版),2007(5):107.
⑤ 何九盈. 中国现代语言学史[M]. 广州:广东教育出版社,1995:55.

的《中国拼音文字运动史简编》（1948），此外还有陈望道的《中国语文的演进和新文字》《中国拼音文字的演进》《拉丁化北音方案对读小记》《语文运动的回顾与展望》等。此外，陈望道还编制了《拉丁化汉字拼音表》。虽然有些主张现在看来显得极端、偏激，可是经过这次"大众语"运动①，现代书面语获得进一步发展。

2）大众语运动过程

1934年2月，蒋介石在南昌发动、推行"新生活运动"，提倡读经，保存文言。在这个背景下，1934年5月，汪懋祖在南京的《时代公论》（第6期）上发表《禁习文言与强令读经》。对于"文言"与"读经"问题，汪懋祖的基本观点是"以折中至当"。他认为：强令读经与禁习文言，都是少数人的私见，不足为据。在他看来，从小学高年级开始便需要教读文言经书，加大文言教材的容量，如初中可读《孟子》等。"现代语体文，乃新文化运动之产品"②，如"洪水猛兽"，对礼教文化造成了巨大的破坏，由此显示出明显的复古思想倾向。

1934年《时代公论》第13期还发表了许梦因的《告白话派青年》。"余尝两次著论告国人，谓白话必不可为治学工具。今用学术救国，急应恢复文言，言皆根据事实。"③白话仅是低端的原料，而文言才是白话进化之产物，这与胡适等人的观点正好相反。在许梦因看来，只有文言"无往不宜"，而白话仅是"平面的"，"不能贯彻过去与未来"④。

汪懋祖、许梦因等人的上述观点，必然招来白话文运动先锋、骨干们的反击。吴研因⑤立即起来辩驳。汪懋祖又写文章回应，第一篇回应文章是《中小学文言运动》（《时代公报》第114号），其中提出"文言文为语体文之缩写"，提倡学习文言文。这样一场"复兴文言"与"拥护白话"的论战就开始了。

在上海，陈望道、乐嗣炳积极策划、发起对"复兴文言"的讨伐。于是六月中旬，这场论战就扩大到了上海。"《申报》副刊'自由谈'，《中华日报》副刊'动向'，《大晚报》副刊'火炬'，《晨报》副刊'晨曦'，以及其他各刊物，都陆续发表了许多关于这个问题的文章。除'晨曦'之外，其他几个副刊上面的文章，大体都是站在反对'文言复兴'和'拥护白话'的一面的。"⑥到1934年7月为止，这一次的"大众语"论争先后持

---

① 反映大众语运动的相关文献有：陈子展《文言、白话、大众语》，任重《大众语论战》，陈望道《关于大众语文学的建设》，高荒《白话与大众语的界限》，若生《建设大众语文应有的认识》，胡适《关于大众语文》，魏猛克《普通话与大众语》，寒白《大众语的产生和发展》，樊仲云《关于大众语的建设》，夏丏尊《先是白话文成话》，陈颐《对于"文言""白话""大众语"应有的认识》，鲁迅《文艺的大众化》，周作人《国语文学谈》，周作人《圣书与中国文学》，王文元《论文言文与白话文的转型》等。

② 汪懋祖. 禁习文言与强令读经[J]. 时代公论，1934，110(6)：12.

③ 许梦因. 告白话派青年[J]. 时代公论，1934，117(13)：26.

④ 同上注。

⑤ 吴研因当时任南京教育部职员，前商务印书馆附属小学校长。

⑥ 李何林. 近二十年中国文艺思潮论(1917—1937)[M]. 上海：生活书店，1948：370.

续了三个多月，影响之大"是'五四'时代那次论战以后的第一次"①，对标准语体文的形成产生深刻影响。经过大众语运动，白话文使用范围更加广泛，并且逐渐渗透到社会生活最核心的地带，对此，周有光说："经过二十多年时间，白话文运动大功告成。"②

3）大众语的发展

1934年6月18日，陈子展在《申报·自由谈》上发表《文言、白话、大众语》，③首先提出"大众语"问题，这次论争从"复兴文言"与"拥护白话"发展到关于"大众语运动"的论战阶段。④"从前为了要补救文言的许多缺陷，不能不提倡白话，现在为了要纠正白话文学的许多缺点，不能不提倡大众语"⑤，文言—白话—大众语呈现出不断进化的态势。

大众语文学。"大众语文学在诗歌小说戏曲三类，说、听、看三样都须顾到，尤其要注重听，叫人听得懂……听得懂就是深入大众的一个必要条件"⑥，根据这些特征，提出"大众语"的基本内涵。

"大众语"的概念内涵。当时对大众语的内涵并没有形成一致的科学理解，黎锦熙从语言学本身看到大众语与国语、白话的一致性，胡适从大众意识的角度来理解大众语内涵。吴稚晖从便捷性角度来理解，与白话、文言相比，大众语"便是一种最容易最普通的语言"，吴稚晖说："文言，白话，大众语，有容易普遍与不容易普遍之分。当然白话比文言容易普遍，大众语一定更比白话容易普遍。"⑦（《大众语万岁》，见《申报·自由谈》）

陈子展与陈望道对大众语内涵的阐述的影响比较大。陈子展认为，"所谓大众语，包括**大众说得出，听得懂，看得明白的语言文字**。标准的大众语，似乎还得靠将来大众语文学家的作品来规定"⑧；陈望道对"大众语"内涵作了补充，"只提出说、听、看三样来做标准，我想是不够的，写也一定要顾到。写的简便化，这几年来已经有好多人研究，也是一种进步的现象"，要符合大众"说得出，听得懂，写得顺手，看得明白的条件，才能说是大众语"⑨。相比陈子展注重"听、说、看"，陈望道还强调"写"的重

---

① 复旦大学语言研究室.陈望道语文论集[M].上海：上海教育出版社，1980：228.

② 周有光.中国语文的时代演进[M].北京：人民文学出版社，2009：35.

③ 陈子展前后还发表了相关文章，例如《古文运动之复兴》（《青年界》，1933年第4卷第4期），《大众语与诗歌》（《社会月报》，1934年第1卷第3期），《与徐懋庸论骈文书》（《社会月报》，1934年第1卷第5期），《青年读经与中国文化》（《现代》，1935年第6卷第3期），《谈古文与八股之关系》（《人间世》，1935年第23期）等。

④ 李何林.近二十年中国文艺思潮论（1917—1937）[M].上海：生活书店，1948：370.

⑤ 文振庭.文艺大众化问题讨论资料[M].上海：上海文艺出版社，1987：209.

⑥ 同上注。见陈子展在《申报·自由谈》上发表的《文言、白话、大众语》。

⑦ 复旦大学语言研究室.陈望道语文论集[M].上海：上海教育出版社，1980：230.

⑧ 文振庭.文艺大众化问题讨论资料[M].上海：上海文艺出版社，1987：209.

⑨ 同上书，第212页。详见陈望道在《申报》副刊《自由谈》上发表的《关于大众语文学的建设》（1934年6月19日）。

要性,追求"写的简便化"。从"听说读写"统一的角度来理解"大众语",从而真正超越"言文分裂"的文言体,有效地促进标准语体文的发展。

另外"这里所谓大众,固然不妨广泛的说是国民的全体,可是主要分子还是占全民百分之八十以上的农民,以及手工业者,新式产业工人,小商人,店员,小贩等等"①。这就改变了"五四"以后白话文局限于少数知识分子的现象,"大众语"开始面向全体公民,"大众语"写作实践也就具有了新的群众基础。可是当时教育普及极其有限,工商从业人员的识字率与过去相比大幅增加,底层劳苦大众依旧无缘写作。

大众语的建设。"一方面要适合大众用的语言文字,一方面还得提高大众语的文化水准。倘若语言文字上有欧化的必要,不妨欧化……有采用文言字汇的必要不妨采用……"②可见"大众语"是一个开放性概念,需要从大众俗语、欧化文、文言三个方面来吸收有益元素,发展汉语书面语,从而满足百姓日常交往需要和适应民族国家的建设需要。

陈望道对此做了进一步补充,他说:"将来大众语的语汇里头一定不免有外路语输入,但必须用本国文字写它的音,让大家说得出。照过去的经验看来,输入些外路语或起用些古典语,在大众也并不觉得十分不便,只是确实是当时大众所必需的。如摩登,摩托,冰淇淋,手续,引渡之类。这类语汇实际时时在变换……"③可见大众语的建设要从现实需要出发,"洋为中用,古为今用",如同一条生命之河,适时更新,方便每一个人的生活。就具体方法来说,"大众语的修练只能靠平时,不能靠临时。一切的规律,一切的强制,在临时缠住心头,都会妨害了笔头的自由抒写。在写成的文字上显出了不自然的痕迹"④,所以"要建设大众语文学,也须实际接近大众,向大众去学语言","单单躲在书房里头不同大众接近,或同大众接近不去注意他们的语言,都难以成就大众语文学家作家"⑤。总结上述要点可知,要建设大众语文学就需要注重平时的积累,需要自由抒写,深入社会生活,学习大众语言。陈望道特别强调大众语言的学习,"大众的语言确实是值得学习的。尤其是文法。它有好些地方都已经变得比文言更整齐,更巧妙,更自然"。更为可贵的是,陈望道能够跳出语言本身,从人主体修养的角度来谈大众语的建设,"不过文学并非单有语言就行的。一切的文学都需要会得看现实,看现实又需要有一定的态度。**态度的修养,实际又比语言的修养更重要。**有些语言上的问题,也需要从态度上去选择,去决定"⑥。这其实意味着"语言上的问题"还仅仅是皮相,它是由人的态度、修养来生产、制造的,一个

① 文振庭.文艺大众化问题讨论资料[M].上海:上海文艺出版社,1987:209.
② 同上注。见陈子展在《申报·自由谈》上发表的《文言、白话、大众语》。
③ 同上书,第212页。
④ 同上注。
⑤ 同上注。
⑥ 同上书,第212—213页。

人修养的好坏、学养的深浅，会从根本上限制他的语文生活。

3. 大众语运动与标准语体文的发展

大众语运动中存在三大阵营，即"大众语""文言文""（旧）白话文"。"大众语派主张纯白，文言文派主张纯文，旧白话文派，尤其是现在流行的语录体派，主张不文不白。主张不文不白的这一派现在是左右受攻"①；而大众语派主张"用语言来统一文字"，从而实现语言和文字统一，而"文字不能统一语言"②。从这个角度来看，"当然白话比文言容易普遍，大众语一定更比白话容易普遍"，大众语"便是一种最容易最普通的语言"③。要真正做到最容易最普遍的地步，陈望道提出"三种统一"的学说。"（一）是语言和文字统一，这样笔头写的便是口头说的，不另学一种不必说的语言，自然省事省力，容易普遍"，"（二）是统一各地的土话，这里写的别的地方的人也看得下，这也是容易普遍的一个条件"，"（三）是统一形式和内容，不止语言形式接近大众，就是意识内容也接近大众，说的不是违反大众需要的话，也是容易普遍的一个条件"④。实现"三种统一"——统一口语，统一语言与文字，统一话语的形式与内容，这其实就是实现标准语体文，建设民族共同语。

何九盈曾评价道："应当肯定：陈望道的'三种统一'代表了这次大众语讨论的最高水平。"⑤在文言统治千年的国家，要建设一套新的现代汉语书面系统，确实是一项复杂、艰巨的事业。"书面汉语的现代化，不只是推倒文言就算了事，还要'统一各地的土话'，也就是确立标准语，推广普通话，还要在意识内容方面做一番清扫工作。现代书面汉语的形成，之所以要经历三项大的运动，的确是因为这项工程太艰巨、太复杂了。"⑥

总之，大众语运动推动社会性写作的新发展。从社会性写作的角度来看，经历清末现代性白话文写作的萌芽，"五四"白话文运动、文学革命运动之后，白话文写作的合法性、正统性得以确认，并且在"五四"运动以后迅速发展，但是总体而言仍具有很多局限性。课程标准时期，随着大众语运动的兴起，我国社会性写作又步入新的发展阶段。周有光认为："清末以来，文体改革经历了'新文体'、'白话文'和'大众语'三个发展阶段。清末的'新文体'是夹杂俗话的'通俗文言文'。'五四'时期的'白话文'有时像小脚放大的'语录体'。30年代的'大众语'提倡口语化的书面语，文体改革趋于成熟。"⑦这意味着"经过二十多年时间，白话文运动大功告成"⑧。在这

---

① 复旦大学语言研究室.陈望道语文论集[M].上海：上海教育出版社，1980：229.

② 同上注.

③ 同上书，第230页。原文见吴稚晖《大众语万岁》，载于《申报·自由谈》。

④ 同上书，第230—231页。

⑤ 何九盈.中国现代语言学史[M].广州：广东教育出版社，1995：27.

⑥ 同上书，第27—28页。

⑦ 周有光.中国语文的时代演进[M].北京：人民文学出版社，2009：41.

⑧ 同上书，第35页。

个背景之下,大多数人都采用语体文来写作。"白话文运动的最大成功表现在小说和话剧上。小说可以说是达到了'语体文'的要求。话剧可以说是达到了'文体语'的要求。"①这意味着在大众语运动的推动下,口头语言与书面语言实现良性互动发展,口头语言不仅降低了书面语言的难度,而且给书面语言注入新的生命活力;另一方面书面语言又规范、提升了口头语言的品质;这正好有利于发挥"言文一致"的优势和特点。

当然现代汉语书面语还不是很完善,直到今天还存在各种各样的问题,"应该承认,现代书面汉语还很年轻,它的稳定程度也比不上口语,方言土语的干扰,文言的干扰,还比较严重。一些被推崇为'典范的白话文著作',无论是词汇体系还是语法结构,都存在不少矛盾现象。为促进现代书面汉语健康发展,还应不断地进行规范、调整"②。

(二) 社会性写作实践的公民价值追求

整体来看,影响全国③的文白之争,学术探讨的味道比较浓,参与双方的学理意识都比较强,这方面比"五四"时期的文白论争要有进步。从参与者来说,如汪懋祖、胡适、陶行知均曾在美国哥伦比亚大学留学,师从约翰·杜威(John Dewey),陈望道、鲁迅、夏丐尊曾在日本留学,陈子展当时已经是复旦大学教授,茅盾、叶圣陶、傅东华、乐嗣炳等都非同小可。还有不少专攻语言学的著名教授如王力也参与了讨论,这为"大众语"问题的深入研讨提供了充分的学术支持。从实际效果来看,1934年"大众语"论争通过学术辩论、问题探讨的方式改造、提升了人们的认识水平、思想观念,从而有效地推进了白话文运动的发展。

课程纲要时期的白话文运动显得理论准备不足,文白论争的思维方式过于偏激、简单,而且在1917年之前,胡适、陈独秀、钱玄同等对要建设什么样的现代汉语书面语(如现代汉语书面语的本质内涵问题),如何建设现代汉语书面语体系等问题(比如怎样科学处理文言文、白话文及欧化问题)都缺乏仔细的思考及系统研究,他们的主要精力集中在如何放倒"文言文"上面,至于放倒"文言文"的科学论证以及之后应该如何建设,还无暇顾及。倒是刘半农在这方面还有些思考④,他没有采取当时流行的"二元对立"的思维方式来对待文言与白话的问题,提出沟通文言与白话,从而建设白话文的设想。另外,"五四"白话文运动以来,"向旧小说里学得来的白话文,依旧还是知识分子独占的工具,和大众几乎不发生什么关系。有人批评'五四'以来的白话文,以为不过把原来的'之乎者也'换了'的了吗呢',完全是一种不成话

---

① 周有光. 中国语文的时代演进[M]. 北京:人民文学出版社,2009:46.
② 何九盈. 中国现代语言学史[M]. 广州:广东教育出版社,1995:28.
③ 1934年6月中旬以后,积极参与大众语讨论的基本上是上海一带的学者,北方学者不太热衷于此。
④ 参见1917年5月,刘半农在《新青年》(第3卷第3号)上发表的《我之文学改良观》。

的劳什子。所以,到了1934年,又有人提出大众语文的口号,以求文章的口语化"①。可见"大众语"运动的兴起,是白话文自身实现提升的客观需要。

课程标准时期,经过十余年的白话文实践,大量的经验材料被积累下来,而且有充足的时间来观察酝酿、沉潜反思。另外这个时候科学研究方法也不断走向成熟,一大批优秀学者参与讨论,这使得人们对"大众语与文言文、白话文"的认识不断走向深刻,通过"大众语"建设,促进标准语体文的形成,从而适应现代社会生活的交往需要。

大众语运动中,人们围绕"大众语"的内涵特征进行深入探讨,通过挖掘"大众语"新的内涵属性,在学理意义上区分大众语与文言文、白话文,扬弃白话文运动以来一些片面的观点,在更本质的意义上把握"大众语"。随着"五四白话文"向"大众语"的转化,人们对现代书面语性质的认识日渐深入,随着"大众语"逐渐走向社会写作过程,社会性写作也就被赋予了全新的价值追求。相比课程纲要时期的国民价值取向,"大众语"导向的社会性写作体现了公民价值取向的追求。

如上文所述,"这里所谓大众,固然不妨广泛的说是国民的全体,可是主要分子还是占全民百分之八十以上的农民,以及手工业者,新式产业工人,小商人,店员,小贩等等"②,而大众语就是供这些"大众"使用的书面语言,即"大众说得出,听得懂,看得明白的语言文字"③。陈望道还补充了"写的简便化",只有"听说读写"统一化、简便化了,才是真正的"大众语"。④ 大众语"便是一种最容易最普通的语言"⑤。

由此可见,从工具性的角度来看,大众语方便每一位公民便捷高效地使用汉语书面语。正如胡适所说,大众语是具有大众意识的书面语言。由此可见,可将"大众语"理解为具有标准语音、代表大众意识、形式和内容相统一的现代汉语书面语。

文学革命是"市民语和贵族语的论战","当时对文言争市民权的笔头语,是包括着教士语和大众语两种语"⑥,而大众语代表书面语发展的新方向。可见,话语与权力往往交织在一起,"五四"时期的文白之争,不仅仅是语言工具的问题,背后实质上涉及复杂的权力斗争,话语权是"市民权"的基本内容,从"贵族语"过渡到"市民语",是人类社会文明的"里程碑";从"市民语"发展到"大众语",也是历史的进步。从这个意义上说,大众语运动提高了"大众"的政治地位、社会影响。言论自由权是每一位公民的基本权利,也是民主社会的基本要求及基础保障,从这个意义来看,"大众

---

① 张鸿苓. 简明语文教育辞典[M]. 长春:吉林教育出版社,1992:55.
② 文振庭. 文艺大众化问题讨论资料[M]. 上海:上海文艺出版社,1987:209.
③ 同上注。
④ 同上书,第212页。
⑤ 《大众语万岁》,见《申报·自由谈》,参见复旦大学语言研究室、陈望道语文论集[M]. 上海:上海教育出版社,1980:230. 这是吴稚晖的观点。
⑥ 文振庭. 文艺大众化问题讨论资料[M]. 上海:上海文艺出版社,1987:207.

语"相比"五四"白话而言又是进步的,这意味着"大众"有机会享受自由写作的权利,这也对现代学校写作提出了新的要求。

在大众语运动期间,茅盾始终坚守、维护"五四"精神,他除了写作《'买办心理'与'欧化'》《白话文的清洗与充实》之外,还著有《不要阉割的大众语》。茅盾提出一个怪现象,即提倡文言复古的汪懋祖也赞成大众语,"汪懋祖赞成的是被阉割了的大众语,其目的是要打倒白话文,因为白话文是携带'德先生'、'赛先生'等文化密码的语体形式"①。

不仅要采用白话文的形式,更要关注白话文的精神实质,即"白话文的清洗和充实,实际上暗示大众语就是白话文经过清洗和充实后的大众语"②。大众语运动不是要一脚踢开白话文,而是要改良白话文。③ "所谓大众语文,就是一种排除了没落意识,以大多数人口头活生生的话为基础的一种文章。"④可见,从"白话文"到"大众语"意味着将民主与科学的精神实质向最广泛的大众渗透、传播,而不再如"五四"时期一般局限于少数知识分子及青年学生。从使用范围的角度,黎锦熙对"大众语"的内涵进一步阐发,从语言的工具性本身来看,"大众语"这个名词与"国语""白话"的差别不大,而从语言的使用范围来看,"大众语"更具有普遍意义,"'国语'是对'外国语'说的,'白话'是对'文言'说的,'大众语'是对'小众语'说的——限于某一阶级(如所谓'买办式的白话'或'职业用语之类'),或某一地方(如方言)的语言只好称为'小众语'了,但'大众语'也得限于某一时代(如宋元话本、明清白话小说之类,大都是根据当时的'大众语'做的,但到现在却有许多不但不能说而且不能懂了,现在的'大众语'也是与年俱进,与时为变的)并且限于某一国家或某一民族(若打通国界的'大众语',那便是'世界语',不在这个讨论的范围了),那么一国全民族大多数的人同时彼此都能听得懂、说得出的语言,就叫做'大众语'"⑤。可见,"大众语"就是一种现代民族国家大多数人"同时彼此都能听得懂、说得出的语言",区别于特定阶级、特殊行业的语言,区别于某个地方、特殊时代的语言,这也就是现代民族国家的通用语言,也就是公民使用的语言。相比而言,"国语""白话"不具备这些内涵特征。建设一个方便全体公民便捷交往的社会言语交往系统,是现代民族国家建设的必然要求,显然"大众语"比"国语""白话"更适合承担这项功能。

从上面的论述可见,这里的"大众语"已经具有一些现代书面语的典型特征,比如从工具性来看,"大众语"要求"最容易最普通"、方便每一位公民使用;从人文性来

---

① 李永东.语体文的欧化与大众化之辩——评1934年的大众语论争[J].湘潭大学学报(哲学社会科学版),2007(5):110.
② 同上注。
③ 同上注。
④ 张鸿苓.简明语文教育辞典[M].长春:吉林教育出版社,1992:53.
⑤ 黎锦熙.国语运动史纲[M].上海:商务印书馆,1934:序7.

看,"大众语"坚守民主与科学等现代价值理想;从使用范围来看,"大众语"追求的是整个民族国家的通用语言。由此可见,此处的"大众"某种程度上已经具有现代公民的内涵意义,"大众语"作为"一种最容易最普通的语言",就是为方便每一个公民参与社会生活,更好地从事听说读写的言语实践。如果以"大众语"作为写作语言,那么相应的"大众语"写作实践也就具有了体现公民价值追求的现代写作文化。这显然区别于清末时期臣民价值取向的写作和课程纲要时期国民价值取向的写作。"国民"本来就是一个中性词,不涉及法律意义上的权利与义务的关系,此处国民价值取向的写作也是在特定的历史背景下出现的一个过渡性状态,可以说它和公民价值取向的写作不构成一种对应关系,而臣民价值取向的写作与公民价值取向的写作才具有特定的对应关系。只可惜当时公民价值取向的写作实践还局限于"小众",而非真正意义上的"大众"。真正意义上的"大众"写作有待新中国成立之后的探索。

现代公民具有主体意识和精神独立的品格,也就是说现代公民要求以独立主体的身份来参与社会生活,进行人际交往,这必然要求具有独立的写作能力。"真正的公民,应该参与国家管理,进行政治参与","公民通过政治参与成长为更理想的具有民主意识的公民","没有广泛的政治参与,就没有人的全面发展即人的解放"①。而公民参与政治的前提基础是具有相当的读写能力。由此可见,无论是现代民族国家的健康发展,还是现代公民人格的养成,都需要配有相应的现代写作训练,需要有合宜的现代书面语系统。从这个意义上说,大众语运动促进"白话文"向"大众语"发展,即为公民写作课程提供更加适用的现代书写语言。换句话说,用"大众语"进行的写作实践,一定意义上体现了公民价值取向的精神品质。

二、公民价值取向下的写作课程设计

课程标准时期的写作课程变革分为两个阶段,第一阶段是 1928—1936 年,这时期民国政府完成全国形式上的统一,政治格局发生变化,社会经济文化生活步入新的阶段。"一般认为,从 1928 年至 1936 年抗日战争爆发,南京十年是民国社会发展和建设事项较多、较有成效的时期。与前相比,教育上根本的变革就是以三民主义为指导思想,政治性加强。"②这个阶段教育投入增加,教育体制逐渐改善,民国教育进入定型时期。同时,国民党随着政治地位的巩固,开始排斥、清洗异己,在文化上趋于保守、反动。1934 年,蒋介石发动"新生活运动",提倡复古读经,为巩固政权服务。这一时期的写作课程设计属于课程标准前期的写作课程设计。第二阶段是

---

① 施雪华. 政治科学原理[M]. 广州:中山大学出版社,2001:475—476.
② 石鸥,吴小鸥. 百年中国教科书图说 1897—1949[M]. 长沙:湖南教育出版社,2009:207.

1937—1949 年,经历了抗日战争、解放战争,整个国家兵荒马乱,处于非正常状态,教育教学工作被打乱。在这种情况下,写作教育遭受冲击,写作课程的总体发展水平并没有超越之前的阶段。这一时期的写作课程设计属于课程标准后期的写作课程设计。

从语文课程标准的制定来看,课程标准时期先后 6 次颁布或修订国语、国文课程标准,如 1929 年的《小学课程暂行标准小学国语》《初级中学国文暂行课程标准》《高级中学普通科国文暂行课程标准》等。1932 年的《小学课程标准国语》《初级中学国文课程标准》《高级中学国文课程标准》。1936 年的《小学国语课程标准》《初级中学国文课程标准》《高级中学国文课程标准》。1940 年的《修正初级中学国文课程标准》《修正高级中学国文课程标准》。1941 年的《小学国语科课程标准》《六年制中学国文课程标准草案》,1948 年的《国语课程标准》《修订初级中学国文课程标准》《修订高级中学国文课程标准》。其中属于课程标准时期第一阶段的课程标准包括 1929 年、1932 年、1936 年三套,属于课程标准时期第二阶段的课程标准包括 1940 年、1941 年、1948 年三套。综合比较分析后发现,在第一个发展阶段,现代写作课程的主体框架已经大致成形,第二个阶段的调整、修订已经不多,所以集中分析第一阶段课程标准关于写作课程的规定,可以较好地反映课程标准时期的写作课程特征。根据 1929 年的暂行课程标准,“经过各地三年的实验、总结,对暂行课程标准进行了一定的修订,从而形成了新课程标准。根据这些课程标准和相关的法令,可以看出,国语教学到此时在中小学语文教学中的地位已经非常稳固,同时,对国语教学各个方面的规范也基本完成。尤其是在这时形成的国语教学的格局一直到解放前没有多大变化。所以说,这时期的国语教学发展到了巩固并趋向成熟的阶段”[1]。“30 年代是我国现代写作教育的成型期”,“在写作教学方面新的规范已大致成型,至少在教学法规上是如此。因此,我们可以把 30 年代的写作教育称为‘成型期’的写作教育”。[2] 下面主要介绍课程标准时期第一阶段(1928—1936)的写作课程发展情况。

(一)课程标准前期的写作课程设计

1. 课程标准前期的教育宗旨

1927 年 8 月,国民党政府教育行政委员会在议决的《学校施行党化教育办法草案》中规定,“要把学校的课程重新改组,使与党义不违背又与教育学和科学相符合,并能发扬党义和实施党的政策”[3],从而“推行‘一个党,一个主义’的专制教育”[4]。

---

① 郑国民. 从文言文教学到白话文教学——我国近现代语文教育的变革历程[M]. 北京:北京师范大学出版社,2000:67.
② 潘新和. 中国现代写作教育史[M]. 福州:福建人民出版社,1997:213.
③ 熊明安. 中华民国教育史[M]. 重庆:重庆出版社,1990:107.
④ 石鸥,吴小鸥. 百年中国教科书图说 1897—1949[M]. 长沙:湖南教育出版社,2009:7.

1928年2月,教育部颁布《小学暂行条例》,规定初小开设"三民主义、公民、国语……党童子军、图画、手工等共13科,高小加设职业科目"。与新学制小学课程相比,政治意识形态大大加强。1928年5月,中华民国大学院召开第一次全国教育会议,认为"党化"二字太空泛,取消"党化教育",通过《三民主义教育宗旨说明书》,确定"三民主义"教育思想,会议还通过了《中华民国学校系统》,并组织中小学课程标准起草委员会。1929年,国民党第三次全国代表大会通过《中华民国教育宗旨及其实施方针》,制定"三民主义"的教育宗旨。1929年11月又公布了《教科图书审查规程》,强调"以三民主义为教科书的中心思想"①。教育宗旨变革必然带来课程标准的调整、教科书的改革。此外,与大众语运动相适应,写作课程出现新的变化。

2. 课程标准前期的写作课程设置

1929年8月,国民政府教育部颁发《中小学课程暂行标准》(试行了8年),这是我国第一部以政府教育部名义颁布的课程标准。这个课程标准对中小学写作课程进行全面的设计,其中小学国语由说话、读书、作文、写字四项构成。小学(1—6年级)设置"作文"课程,包括口述、笔述等练习,也包含作文知识等(如普通文、实用文的格式结构,文法修辞等知识)。初级中学(7—9年级)设置"习作"课程,包括作文练习、口语练习、书法练习②。其中作文练习又包括命题、记录、笔记、应用文件、翻译、野外写生等多种形式。高级中学(10—12年级)设置"作文练习"课程,包括命题作文、翻译、读书的笔记、游览参观的记载、专题研究、文学作品等形式。总体而言,根据1929年颁布的《小学课程暂行标准小学国语》《初级中学国文暂行课程标准》《高级中学普通科国文暂行课程标准》中关于写作课程的有关规定,这时期写作课程的主要内容包括各种形式的写作活动(当时称为"作业"练习),这些写作活动一般都围绕学生的生活实践来安排、设计,包括多种形式的口语表达活动、书面表达活动,连写作知识也以研究活动的形式呈现,体现鲜明的"从做中学"的理念。特别需要说明的是,并非所有的口语表达都属于作文练习范畴,如《小学课程暂行标准小学国语》中除作文练习项目之外,还设置独立的说话练习项目。作文练习项目之内的口语表达,体现"言文一致"的要求,为配合、提升书面语表达而设置,不过《小学课程暂行标准小学国语》强调"口述和笔述并重。低年级口述多于笔述,高年级口述可少于笔述。但在教学标准语的学校,口述的分量可减少"③。当时对口语表达的重视程度由此可见一斑。当然在写作课程之中,哪些属于独立的说话项目,哪些属于作文练习

---

① 石鸥,吴小鸥.百年中国教科书图说1897—1949[M].长沙:湖南教育出版社,2009:7.

② 书法练习常常独立于写作课程之外,不过八股文考试时期,书法与作文的关系非常密切,新文化运动、"五四"白话文运动以来,书法教育明显弱化,课程标准时期又将书法练习列入写作课程结构之内。

③ 课程教材研究所.20世纪中国中小学课程标准·教学大纲汇编·语文卷[M].北京:人民教育出版社,2001:20.

的口语表达，本身也是很模糊的，并没有明确界限。总之，相比文言文写作时代口语表达与书面语表达泾渭分明的状况，在民国时期白话文写作课程中，口语表达与书面语表达逐渐走向融合，相互促进，"研究口述应和笔述常相联络，例如同一题材，先演讲（口述），继以记述（笔述），再继以讨论（研究）；或先演讲，继以记述；或先记述，继以讨论"①。到课程标准时期特别强调使用标准的国语，如"口述的用语，以近乎标准的语言为原则"②，用标准语作为口头教学语言，以便于向全国各地的学校推广、使用。搭建这样一个适合于现代民族国家内部使用的口语交往平台，显然与公民写作教育的要求是相适应的。在表达的内容上面，体现以每一位儿童为本的理念，从过去文言表达时代注重外在强大的表达行为规范，转向从每一位儿童的经验或想象本身出发，如"口述笔述的材料，以儿童经验所及或想像所及的为依归"③；"无论口述或笔述，都要注重内容的价值，而不仅着眼于方式"④。这与清末文言写作更加注重模仿形式有所不同。如前文所述，清末吴汝纶在《与严复书》一文中提出："鄙意与其伤洁，毋宁失真。"从文言写作向白话写作转型，从偏向文章形式向偏向文章内容发展，从关注模仿古人佳作，向关注表达"我"的独立思想、见闻感受过渡，这适应现代写作偏向表达自我的发展趋势，与封建专制时期的写作特别注重顺从外在的形式规范是不同的。

3.《小学课程暂行标准小学国语》（1929年）对写作课程的设计

（1）小学写作课程的目标设定：1）"练习运用本国的标准语，以为表情达意的工具，以期全国语言相通"⑤，这显然是为推行现代汉语共同语，方便每一位公民的语言使用。2）"运用平易的口语和语体文，以传达思想，表现感情，而使别人了解"⑥，这是从言语交往的视角来理解小学写作课程。

（2）小学写作课程的作业系统：1）口述、笔述练习。"口述的由师生商定范围，练习以国语表情达意，重在矫正语法，整理思想，以为作文的辅助"，"笔述的随机设计，或临时命题，或自由发表⑦，练习以语体文表情达意"⑧。可见，无论口述之不是笔述练习都是利用通用语言，以表情达意、方便交往为目标。这适用于每一位公民。2）研究类练习。这里的研究类练习就是要让学生通过分析研究的方式，来学习各类

① 课程教材研究所. 20世纪中国中小学课程标准·教学大纲汇编·语文卷［M］.北京：人民教育出版社，2001：20.

② 同上注。

③ 同上注。

④ 同上注。

⑤ 同上书，第16页。

⑥ 同上注。

⑦ 这和1923年的课程纲要的精神是一样的。

⑧ 课程教材研究所. 20世纪中国中小学课程标准·教学大纲汇编·语文卷［M］.北京：人民教育出版社，2001：17.

写作知识,比如"普通文、实用文的格式结构,文法修辞等"。这里强调的学习方式属于发现式学习。"普通文"这个概念非常重要,它确立了三大教学文体的共同体。关于三大教学文体,笔者最早见到的专门表述为:"普通文为记叙文、说明文、议论文的总称,或称'通用文'。"[1]这里的"实用文"是指书信条告的总称,或称特用文。[2] 其中仍有文法修辞,可见文法修辞知识已经被纳入写作教学的常规性知识。

（3）小学各年级写作课程的内容要项:《小学课程暂行标准小学国语》对小学各学级的写作课程提出了不同的学业要求及内容设置,具体情况如下。

表4-1 《小学课程暂行标准小学国语》对各学级写作课程的基本要求情况表(1929年)

学级	写作作业要项	每周时间
第一、二学年	1. 图画故事的口述[3]或笔述说明。 2. 故事和日常事项的口述或笔述(包括日记)。 3. 简易记叙文实用文的练习研究。 4. 其他作文的设计练习。	作文及写字共270分钟
第三、四学年	1. 图画、模型、实物、实事等的口述和笔述说明。 2. 故事和日常事项偶发事项的记述(包括日记)。 3. 读书笔记[4]。 4. 儿童刊物拟稿。 5. 普通文实用文(注重寻常信札的练习)的练习研究。	作文一项90分钟[5]
第五、六学年	1. 日常事项和偶发事项的笔述(包括日记)。 2. 读书笔记。 3. 儿童刊物和学级或学校新闻的拟稿。 4. 演说辩论稿的拟具。 5. 剧本的编辑。 6. 对于某事的计划。 7. 普通文实用文的练习研究。	作文一项120分钟

（4）小学写作课程的教学方法要点。除上文提及的之外,小学写作课程的教学

---

① 课程教材研究所.20世纪中国中小学课程标准·教学大纲汇编·语文卷[M].北京:人民教育出版社,2001:18.

② 同上注。

③ 清末时期,俗话、口语是为书面语写作服务,尤其是为文言文写作服务。这里的口述是独立的发表练习,已经独立出来了。

④ 读书笔记、日记、书信一直是写作练习项目。洋务学堂时期就是如此。

⑤ 参照阅读教学时间为第三、四学年每周120分钟,第五、六学年120分钟,可见阅读、写作时间相差不大。另外,写字课程的教学时间,第三、四、五、六学年每周120分钟,非常重视写字练习。1929年以后写作时间大量减少了。

要点还包括以下方面:1)注重实用文、普通文的教学。"作文的研究材料,须以可做模范(思想无误,层次清楚,格式恰合……)的实用文,普通文为主",体现实用的价值追求。2)改进文法语法教学。"文法语法的研究,要用归纳的过程,把国语文中已习过的材料做基础,并搜集类似的材料,比较研究。"这种文法语法知识教学思维显然与最初的演绎讲授法在本质上是不一样的。强调通过实践的方式来掌握文法语法知识,"为矫正巨大的错误起见,可将容易错误的文法句法,用听写法、仿作法等充分练习"[①]。3)注意发挥学生写作活动的主体性,使其养成良好的写作习惯。"要养成思想贯注和起腹稿的习惯","如命题:一应取有趣味的,二应多题目,以备选择,三应常由儿童自己命题"[②]。4)写作教学要发挥班集体教学的优势,发挥教师的积极作用,"低年级作文的指导可多用'助作法',中年级可多用'共作法'"。这是适应班级授课制度的写作教学法。

(5)小学写作课程的总教学原则。1)从实际需要出发来激活学生的写作活动动机,这样写作作业就不会变形、走样,增加学生的负担。"各种作业都须有自然的动机,明确的目的;作文写字,尤需以实际的需要为动机。"[③]2)注重写作教学的练习化、多样化、平衡化。"语言文字多须充分的练习。练习的方法要多变换,练习的机会要普遍均匀。"[④]3)写作知识的教学注意从学生经验出发,活学活用。"语法文法作文法格式等一切规则,要在发生困难或实际需要时,从已经熟习的材料中指点,不要死教。"[⑤]4)写作教学体现科学化的价值追求。"读书作文写字等各项作业成绩的批评指导,应充分利用现成的量表,使儿童知道自己的程度和进步量"[⑥],如初小毕业要求作文标准测验分数在 4.5 以上,高小毕业要求作文标准测验分数在 6.5 以上。另外还对默读速度、默读标准等提出要求。

(6)小学写作课程的质量标准。小学毕业生写作课程学习方面应达到的最低限度如下。

初级结束:"作文能作语体的书信和简单的记叙文,而文法没有重大的错误。或作文标准测验分数在 4.5 以上。"书写方面能写"正书和行书","依照俞子夷书法测验(商务印书馆出版)快慢能达到 T 分数 48,优劣能达到 T 分数 45"[⑦]。这是为满足普通公民的日常交往需要。

高级毕业:"作文能作语体的实用文、普通文而文法没有错误,或作文标准测验

① 课程教材研究所.20 世纪中国中小学课程标准·教学大纲汇编·语文卷[M].北京:人民教育出版社,2001:20.
② 同上注。
③ 同上注。
④ 同上注。
⑤ 同上注。
⑥ 同上注。
⑦ 同上书,第 21 页。

分数在 6.5 以上。"这里的普通文就是现在常说的记叙文、说明文、议论文。实用文就是书信条告等应用文。① 可见现在中小学写作教学一般格局,即"三大文体写作"＋"应用文写作",在 1929 年的小学语文课程标准(暂行)当中就已经有了明确规定,而且当时提出的写作教学要求明显高出很多,小学阶段就要求能够用语体写作"记叙文、说明文、议论文和应用"等文章。当然这种教学要求受过去文言文写作时代的影响比较深,小学阶段就要求能够写议论文,当代议论文写作已经延迟到初三开始教学。另外在书写方面能用行书写普通的书信,"依照俞子夷书法测验,快慢能达到 T 分数 54,优劣能达到 T 分数 45"②。

(7) 写作课程设计的特色分析。

1) 写作语言方面,这个时候提出了标准语的写作要求。从小学到高中都提到"养成运用语体文"来"叙事说理及表情达意"。另外小学阶段最低限度的要求是,每一位儿童都能够运用国语进行交流、演说等。还要求能够自由使用国音字母和浅易的字典。③ 这和课程纲要时期一般意义上提倡国语相比有所进步,标准国语适用于全国各个方言区域。按照言文一致的要求,写作教学也要求运用标准语进行。

2) 在说话作业方面,也特别提出尽可能地使用标准语,还分别对各年级的说话作业事项进行了设计,这是现代语文设科以来第一次。④ 这时期口语表达也被纳入写作课程内容体系,明确提出将作文分为口述、笔述两种。说话作业包括日常的、临时的,要求使用标准语,而且中小学各科教学都要求使用标准语。"要全国语言相通,所以这一项作业,专教学标准语,仿佛和教学外国语一般,应聘确能操标准语的人为教员,日常教授……在可能范围内,应充分用和标准语相近的语言,做各科教授用语。"⑤

3) 在写作教学理念方面,注重突出学生主体地位的写作实践,将写作课程内容全部"作业"化,分项分年级安排设置,而且注重利用课外社团活动来促进写作教学,如组织学生办各类刊物等。随着学生主体地位的提升,写作活动的人文色彩得到增强,这时候儿童文学作品有所增加,"低年级诗歌居多"⑥。相比晚清,文学教育开始好转。

4) 非常注重读写结合。如"一二学年读作写作业应混合,所以上表一二作业要

---

① 课程教材研究所. 20 世纪中国中小学课程标准·教学大纲汇编·语文卷[M]. 北京:人民教育出版社,2001:18.

② 同上书,第 21 页。

③ 同上注。

④ 当时已经有了专门的说话教科书,如 1933 年,齐铁根编辑出版了《复兴说话教科书》,该书依据标准国音编辑,内容有日常会话、故事讲述、普通演说、辩论练习等。

⑤ 课程教材研究所. 20 世纪中国中小学课程标准·教学大纲汇编·语文卷[M]. 北京:人民教育出版社,2001:16.

⑥ 同上书,第 19 页。

项从一至十三顺次排列,时间也不分别";"第三四年起读作写虽分列,但仍可混合教学,如实行分别教学时,也应互相联络"①。这时期写作教学与阅读生活、听说活动联系紧密,体现语文教学的综合性、实践性特点。对阅读材料也提出了新的要求,如"是流利的国语的语体文","合于儿童学习心理,并便于教学",要能够"不背本党主义,或足以奋兴民族精神,启发民权思想,养成民生观念的"②。

5) 写作课程与学生的生活联系更加密切,新闻稿、演说辩论稿、剧本等新的文体进入写作课程内容体系。此外,在课程标准中提出了阅读报纸的要求。③ "能阅读小朋友和其他类似的书报","能阅读少年杂志和普通的日报"④,通过报纸等大众传媒,学生的写作活动与社会生活的联系更加紧密。还积极利用课外活动,如讲演会、读书会、展览会、作文比赛、刊物投稿等来提高学习的效率。

6) 非常注重学生写作兴趣的培养。儿童语文学习的兴趣问题,从清末就已经比较重视了,"五四"运动以后,随着杜威教育思想的传播、接受,将儿童兴趣问题提到了历史制高点。如"会话的语料,要集中于一件有趣味的事情上,而且有一个有趣味的题目。故事的语料,要含有儿童文学趣味"⑤。要"合于儿童学习心理,并便于教学"⑥。作文命题也要求"一应取有趣味的"。当时全面贯彻儿童兴趣原则,从会话的语料、阅读的内容、作文命题等方面,注重从学习兴趣出发,将儿童世界与成人世界区别开来,"要注意儿童语和成人语的不同"⑦。

4. 《初级中学国文暂行课程标准》(1929 年)对写作课程的设计

(1) 初级中学写作课程的目标设定:"养成运用语体文及语言充畅地叙说事理及表达情意的技能。"⑧从毕业的最低限度来说,"能用语体文作充畅的文字,无文法上的错误"⑨。这时期初中语文教育只提出语体文写作教学的要求。

(2) 初级中学写作课程的作业系统:这个学段的写作课程称为"习作",包括三个部分,即作文练习,口语练习(演说或辩论),书法练习(楷书要求熟悉掌握或行书、草书试习),可见口语、书法等练习也被纳入到写作课程内容体系之内。其中作文练习的时间是每周两小时。

作文练习包括命题、记录、笔记、应用文件等多种形式。命题作文要求取材于现

① 课程教材研究所. 20 世纪中国中小学课程标准·教学大纲汇编·语文卷[M]. 北京:人民教育出版社,2001:18.
② 同上书,第 19 页。
③ 同上书,第 17 页。
④ 同上书,第 21 页。
⑤ 同上书,第 19 页。
⑥ 同上注。
⑦ 同上注。
⑧ 同上书,第 282 页。
⑨ 同上书,第 285 页。

实生活,且多取记叙、描写等体裁。记录包括故事、传说、演说及新闻记录等。笔记与学习生活联系密切,如上课听讲的笔记、课外读书笔记。口语练习,包括演说、辩论等,教师要提供相应的方法和材料。

(3) 初级中学写作课程的教学要求:1)作文练习的方法应该多变化,以激发学生的写作兴趣。如多样化命题,翻译练习(将文言文译为语体文,古诗歌译为语体散文或语体诗歌),整理材料练习(给学生一堆零碎材料,让学生整理出一篇系统的文字),缩写扩写练习(也就是变易文字的繁简练习,让学生把一篇长文,整理成短文,或将一篇简要的文字,扩充为长文),野外写生练习,还有笔记等。2)每次作文练习之后,必须给予积极的反馈。如"必须有个别的或共同的批评,订正,或先加批指,使自行订正"①等。3)专门的口语练习,安排在课外进行,如演说练习,组织辩论会等。也要给予积极反馈,如发现学生说话有文法上的错误,要及时纠正。4)阅读教学中有不少写作练习的因素。如精读教材文体的排列与写作教学有机配合,初一偏重记叙文抒情文,初二偏重说明文抒情文,初三偏重议论文应用文。② 这样集中有序地安排阅读文体,有利于写作教学的安排。如在选择略读材料时,要注意以下几个方面:加深学生对国文知识与技能的理解,促进作文能力的发展;有助于学生品性的涵养,辅助作文能力的发展。从阅读教学的测试方面来促进写作能力发展,如每完成一个单元之后,需要考查测试一次,采用的方式有复讲、示题(口答或笔答)、默写、轮流报告及讨论、检查笔记等,这就需要完成从阅读能力到写作能力的转化。5)利用文法、修辞知识为写作教学服务。如发现学生作文卷有文法、修辞上的谬误,要让学生改正;注意辨析语体文法及文言文法的区别。

5.《高级中学普通科国文暂行课程标准》(1929 年)对写作课程的设计

(1) 高级中学写作课程的目标设定:"继续养成学生运用语体文正确周密隽妙地叙说事理及表达情意的技能,并依学生的资性及兴趣,酌量兼使有运用文言作文的能力。"③可见,高中写作教育的主要目标还是提升语体文的写作水平。毕业最低限度是"能自由运用语体文及平易的文言文作叙事,说理,表情达意的文字"④。

(2) 高级中学写作课程的作业系统:作文练习包括"读书笔记,专题研究,游览参观的记录,和各种文学体裁的试作等项。教员应于课外指导学生继续练习演说和辩论"⑤。可见,这里对写作作业的理解不仅视野开阔,而且与学生的学校生活联系紧密。此外,还要学习文法及修辞知识。1)文法应注重语体文与文言文的文法异

---

① 课程教材研究所. 20 世纪中国中小学课程标准·教学大纲汇编·语文卷[M]. 北京:人民教育出版社,2001:285.
② 同上书,第 283 页。
③ 同上书,第 286 页。
④ 同上书,第 288 页。
⑤ 同上书,第 286 页。

同，"参采方言的文法及外国语文法"①，为加深现代汉语文法的理解提供参照背景。2)修辞应"注重文的组织法和体制，遣辞的各种方式，辞格的类型"②。从时间上来看，"课堂上作文练习及评论作文"③，间隔一周举行一次，每次两小时。另外还有专门讨论读物及文法、修辞的时间，这也有助于提升写作能力，每周三小时。

（3）高级中学写作课程的教学要求：1)作文练习，包括命题作文、翻译练习、读书笔记、游览参观的记载、专题研究、尝试文学作品创作活动。命题作文包括课堂内作文和课堂外作文，课堂内主要是要养成作文敏捷的习惯，课堂外主要是养成作文详密的习惯。这时候翻译练习的范围有所拓展，如文言文与语体文互译，古韵文译为语体的散文或韵文，外国短篇文章译为中国文言文或语体文，这样就将文白及汉英等翻译练习都纳入写作练习范畴。这时认为翻译方式，"最可以训练精确的作文技术"④。读书笔记方面，要注意有条理、成片段，还要注意"养成怀疑不苟且，不潦草的习惯"⑤。游览参观的记载方面，要注重养成"观察的能力，材料采集的能力，判断的能力，描写的能力"⑥。专题研究方面，要注意训练材料的搜集、排比及整理能力，还有批判性思维习惯。文学作品包括小说、诗歌、戏剧、各种散文，都可以令学生尝试创作，"其有特别天才者，当就其性情所近，指示他多读名家作品，以作模范"⑦。2)阅读教学中渗透培养写作能力的因素，如通过学生的发表来考查读书成绩，"如检阅笔记，轮流报告及讨论"⑧等。3)文法及修辞教学，注意随机教学与系统教学相结合。一方面，随时比较外国语文法及中国语文法的异同，"学生的口语有文法上的错误，教员也应随时纠正"⑨。另一方面，在"课堂讲读时间内，间三四周，将文法或修辞作一次归纳的有系统的演述。约各十数讲"⑩。另外课外推荐关于文法或修辞的参考书，供学生自由阅读或平时阅读参考之用。

1932年，教育部委任夏丏尊、周予同等人重新审核，正式颁布《中小学课程标准》，其中《小学课程标准》分别对初小、高小的课程目标、课程内容作了规定，要求将"党义"课教材融于国语、自然等科目中，另设有"公民训练"课，实施训育。

---

① 课程教材研究所. 20世纪中国中小学课程标准·教学大纲汇编·语文卷［M］. 北京：人民教育出版社，2001：287.

② 同上注。

③ 同上书，第286页。

④ 同上书，第288页。

⑤ 同上注。

⑥ 同上注。

⑦ 同上注。现在有些人以中小学语文不培养"作家"为由，排斥文学写作教学，实为不妥。学校乃育人机构，因材施教是本分，有文学天赋者，学校理应创造特殊条件，允许、促进他们发展。

⑧ 同上注。

⑨ 同上注。

⑩ 同上注。

6.《小学课程标准国语》（1932 年）对写作课程的设计

（1）小学写作课程的目标设定。1）口语写作方面，要求"指导儿童练习运用国语，养成其正确的听力和发表力"①。2）书面语方面，指导儿童运用平易的语体文，练习作文，养成发表情意的能力。3）指导儿童练习写字，养成正确、敏捷的书写能力。可见，对小学生的写作教育非常重视。

（2）小学写作课程的作业系统。1）从写作语言来看，口语发表要求使用标准语教学："这项作业，应用标准语教学，以期全国语言相通。倘师资缺乏，不能用标准语时，亦应充分用近于标准语的口语教学。"②这其实就是在推广现代民族共同语，以建构全新的公民言语交往平台。2）"利于环境随机设计，使儿童口述或笔述，练习叙事、说理、达意"③，体现出小学写作练习与生活世界的密切联系。3）"使儿童对于普通文、实用文的格式、结构、文法、修辞、标点等，能理解和运用。"④4）书写方面，"规定时间练习正书、行书，并随机设计习写应用的书信、公告等"⑤。

（3）小学各年级写作课程的内容要项。《小学课程标准国语》对小学各学级的写作课程提出了不同的学业要求及内容设置，具体情况如下：

表 4 - 2　《小学课程标准国语》对各学级写作课程的基本要求情况表（1932 年）

学级	写作作业要项	每周时间
第一、二学年	1. 图画故事的说明。 2. 故事和日常事项的口述或笔述（包括日记）。 3. 简易普通文、实用文的练习。 4. 其他作文的设计练习。	作文及写字共 330 分钟
第三、四学年	1. 图画、模型、实物等的笔述说明。 2. 故事和日常事项偶发事项的记述。 3. 读书报告。 4. 儿童刊物拟稿。 5. 普通文、实用文（注重寻常书信）的练习。 6. 普通标点符号的运用练习。	作文一项 90 分钟
第五、六学年	1. 日常事项和偶发事项的笔述和讨论。 2. 读书笔记。 3. 儿童刊物和级报或学校新闻的拟稿。	作文一项 90 分钟

---

① 课程教材研究所. 20 世纪中国中小学课程标准·教学大纲汇编·语文卷［M］. 北京：人民教育出版社，2001：22.

② 同上注。

③ 同上注。

④ 同上注。

⑤ 同上书，第 23 页。

学级	写作作业要项	每周时间
	4. 演说辩论的拟稿。	
	5. 诗歌、故事、剧本等的试作。	
	6. 普通文、实用文(注重计划书和报告书)的练习。	
	7. 标点符号的运用练习。	
附注	1. 读书项精读的教材,以儿童文学为中心,兼及含有文学性质的普通文和实用文。	
	2. 第一、二学年说话、读书、作文、写字应混合教学。	
	3. 第三、四学年起,说话、读书、作文、写字仍可混合教学。如分别教学,也应互相联络。	

说明:根据 1932 年颁布的《小学课程标准国语》整理,详见课程教材研究所. 20 世纪中国中小学课程标准·教学大纲汇编·语文卷[M]. 北京:人民教育出版社,2001:23—24.

各种文体说明。1)普通文。普通文包括记叙文、说明文、议论文,其中记叙文的种类比较多:①生活故事,要求以儿童为主角,记叙现实生活中的故事。②自然故事,关于自然物的生活及特征的故事,包括科学发明的故事。③历史故事,符合史实的记人或记事的故事,包括传记逸事、发明家个人事迹等。以上几类都要求从儿童主体的角度出发,追求真实性,也反映了科学价值追求。④童话,超自然的假设故事。⑤传说,包括民间传说故事、原始故事等。⑥寓言,包括含有道德意义的简短故事。⑦笑话。⑧日记。⑨游记等。2)实用文,包括书信、布告等,实用文要求从学生生活实际需要出发,如书信是指"儿童和家属亲朋教师同学等往来的信札",布告是指"学校或儿童自治团体等的通告广告"①。

从读本教材的分量比例中,可以发现写作教学对不同文体的重视程度。《小学课程标准国语》(1932 年)规定,实用类文体(普通文和实用文)与文学类文体(含诗歌、戏剧)在各年级中所占的比例如下:

表 4-3 《小学课程标准国语》所规定的文体容量分配表(1932 年)

年级 类别		一、二学年	三、四学年	五、六学年
实用类文体	普通文	70%	70%	70%
	实用文	0	10%	15%
文学类文体	诗歌	30%	15%	10%
	戏剧	0	5%	5%

说明:根据课程教材研究所. 20 世纪中国中小学课程标准·教学大纲汇编·语文卷[M]. 北京:人民教育出版社,2001:25 整理。

---

① 课程教材研究所. 20 世纪中国中小学课程标准·教学大纲汇编·语文卷[M]. 北京:人民教育出版社,2001:25.

由此可见,实用类文体与文学类文体相比,占绝对优势,第一、二学年占 70%,第三、四学年占 80%,第五、六学年占 85%,重视程度逐级上升,体现了明显的实用理性的价值取向。在实用类文体内部,普通文(记叙文、说明文、议论文)又占绝对优势。与此相应,小学阶段普通文写作教学占绝对优势,写作教学主要是以实用为目的。这与《小学课程标准国语》的教学要求也是一致的,如"作文的范例,须以模范的实用文、普通文为主"①。

读本教材的内容比例,可以间接地反映出写作教育的价值追求。

表 4-4 《小学课程标准国语》所规定的教材内容分配表(1932 年)

类别＼年级	一、二学年	三、四学年	五、六学年
公民	30%	30%	30%
自然	35%	20%	10%
历史	0	20%	25%
文艺	20%	10%	5%
党义	10%	10%	15%
卫生	5%	5%	5%
地理	0	5%	10%

说明:根据课程教材研究所.20 世纪中国中小学课程标准·教学大纲汇编·语文卷[M].北京:人民教育出版社,2001:26 整理。

根据读本教材的内容比例可知,反映"公民"内容的教材居首位,由此可见当时的写作课程也需要突出公民价值,具体包括"关于奋发民族精神的故事诗歌","关于启发民权思想的故事诗歌"②,体现"打破君权的信仰和封建思想、封建残余势力"的内容,还有关于民权运动,倡导平等、互助,以及"关于养成民生观念的故事诗歌"③。教材的选择要依据儿童心理,切于儿童生活。教材的语言要求严格,"依据运用标准语学习语体文的原则、文字组织等,以标准语法为准,诗歌押韵等,以标准音韵为准"④,可见当时的写作教学也体现使用标准语的导向。

(4) 小学写作课程的教学要求。1)突出内容的价值。"无论口述或笔述,都要着眼内容的价值,而不仅着眼于方式"⑤,语体文写作教学突出内容的价值,是必然趋势;比较而言,文言文写作教学更加注重写作形式方面。2)口语表达与书面表达互

---

① 课程教材研究所.20 世纪中国中小学课程标准·教学大纲汇编·语文卷[M].北京:人民教育出版社,2001:29.
② 同上书,第 26 页。
③ 同上书,第 27 页。
④ 同上注。
⑤ 同上书,第 28 页。

相促进。"口述应和笔述常相联络"①，如同样的题材，先演讲（口述），再记述（笔述），或再讨论（研究）。3）体现儿童本位的写作教育观。如命题性质方面，要"合于儿童生活"，"便于儿童发挥"，"富于兴趣"；在命题方法方面，要善于利用时机命题，"常由儿童自己命题"，"多出题，以备选择"；在习作批改时，要"多保留儿童本意"，给予"儿童共同批改研究的机会"②，到了高年级要尽量让儿童自己修改。从儿童本位出发，在写作文体上，"开始练习作文时，就应指导儿童练习日记"③，这样入手写作容易合于儿童的生活，反映真实的内容。

7.《初级中学国文课程标准》（1932年）对写作课程的设计

（1）初中写作课程的目标设定。"养成用语体文及语言叙事说理、表情达意之技能"④。没有提出文言文写作的具体要求。

（2）初中各年级写作课程的内容要项。1）文章作法知识，如语法文法知识（句式、词位、词性），文章体制知识（取材、结构及描写法）。要求在习作时间内讲授，习作时间是每学年每周2学时。2）从写作文体先后序列来看，与阅读教学相匹配。精读教材的文体排列是，"第一学年偏重记叙文、抒情文，第二学年偏重说明文、抒情文，第三学年偏重议论文及应用文件"⑤。

（3）初中写作课程的教学要求。1）文章作法知识。①注意从感性材料出发，采用归纳法来提炼文章作法知识。文章材料来源，可以由教师根据学生需要来选择，然后由学生自由研究，教师定期讲解及讨论；也可以就学生习作来分析、发现问题，令学生改正；所举典型材料，要与精读文联络比较，以便学生充分地练习与理解。②注意语体文法及文言文法的比较。2）作文练习方式要时有变化，如命题作文、翻译、整理材料、变易文字的繁简、写生、笔记、记录、应用文件、书札、契据、章程、广告及普通公文程式等。每次练习之后，要提供积极的反馈，让学生自行修改。3）口语练习。教师在课外指定学生演说、辩论等。4）书法练习。

8.《高级中学国文课程标准》（1932年）对写作课程的设计

（1）高中写作课程的目标设定。1）"除继续使学生能自由运用语体文外，并养成其用文言文叙事说理、表情达意之技能。"⑥高中阶段提出了文言文写作教学要求。2）"培养学生创造新语、新文学之能力。"⑦这其实就是培养儿童的言语想象力、创

---

① 课程教材研究所. 20世纪中国中小学课程标准·教学大纲汇编·语文卷［M］. 北京：人民教育出版社，2001：26.
② 同上书，第29页。
③ 同上注。
④ 同上书，第289页。
⑤ 同上书，第290页。
⑥ 同上书，第293页。
⑦ 同上注。

造力。

（2）高中写作课程的教学要点。1）注重文章作法知识教学。①文章作法包括文法知识、修辞学和辩论术，这些都要求在习作时间内讲授，其中习作分配的时间是每周1学时。②文法知识应注重语体文与文言文的比较。③修辞应"注重文章之组织与体制，遣词之方式，词格之类例"①。④辩论术，应注重辩论的方式，证据搜集、判断方法等，使学生养成明晰的头脑。2）作文练习。①命题作文，注意培养学生敏捷的思维、作文缜密的思想。②翻译。③读书笔记，养成勤勉审慎的习惯。④游览参观的记载。⑤专题研究，提出研究题目，让学生搜集材料，尝试写论文。⑥应用文件。⑦文学作品，如小说、诗歌、戏剧等，让学生试作。

1936年6月颁布了修正的《中小学课程标准》。

9.《小学国语课程标准》（1936年）对写作课程的设计

要求"指导儿童体会字句的用法，篇章的结构，实用文的格式，习作普通文和实用文，养成其发表情意的能力"②。小学写作课程的内容包括：1）"应用的普通文、实用文格式、结构、文法、修辞等的理解和运用。"2）"经历、计划、感想等的叙述抒发。"3）"普通文、实用文等的习作。"③

表4-5 《小学国语课程标准》对各学级写作课程的基本要求情况表（1936年）

学级	写作作业要项	每周时间
第一、二学年	1. 对照图片实物等的口述或笔述。 2. 日常生活、偶发事项、游戏动作、集会、故事等的口述或笔述。 3. 简易说明文、书信等的分析并试作。	作文及写字共360分钟
第三、四学年	1. 对照图画、模型、实物等的笔述。 2. 日常生活、游戏动作、偶发事项、集会、故事、时事、读书要点等的记述。 3. 对于家庭、学校、社会的建设改进计划或感想的发表。 4. 书信等的分析试作。 5. 普通标点符号的运用练习。	作文一项90分钟
第五、六学年	1. 日常事项、偶发事项、读书心得等的笔述。 2. 各种小问题的评述。 3. 继续第三、四学年第三项。 4. 演说辩论的拟稿。	作文一项90分钟

---

① 课程教材研究所.20世纪中国中小学课程标准·教学大纲汇编·语文卷［M］.北京：人民教育出版社，2001：294.

② 同上书，第30页。

③ 同上书，第31页。

学级	写作作业要项	每周时间
	5. 应用的普通文、实用文(注重书信报告书)的分析习作。	
	6. 文艺文的试作。	
附注	1. 读书教材,应以儿童文学为主体。	
	2. 第一、二学年说话、读书、作文、写字以混合教学为原则。	
	3. 第三、四学年起,说话、读书、作文、写字仍可混合教学。如分别教学,也应互相联络。	

说明:根据1936年颁布的《小学国语课程标准》整理,详见课程教材研究所. 20世纪中国中小学课程标准·教学大纲汇编·语文卷[M].北京:人民教育出版社,2001;31—32.

根据《小学国语课程标准》(1936年)可知,读书教材以儿童文学为主体,而且从各学级写作课程的基本要求来看,写作练习都是围绕着学生的家庭生活、学校生活,及其参与的社会生活来展开,这里体现了以儿童为主体的思想。写作教学为培养儿童服务,也就是为培养未来的社会公民服务。在基本思想上和1932年的小学课程标准对于写作教学的设计思路完全一致,体现了公民价值教育。

10.《初级中学国文课程标准》(1936年)对写作教育的设计

在**写作课程的目标设定**上,要求"养成用语体文及语言叙事、说理、表情、达意之技能"[①],没有提出文言文写作的要求。在**写作课程内容的设计**上,这时候的处理相比以前要精细很多。可以从选文的详细情况来分析这时期处理写作课程内容的做法,因为选文与写作课程内容具有某种相关性。"选文之原则,注重各种文章体裁之示例。使学生明了各种文体之性质与其作法,及一种文体内各种不同之作法","第一学年所选文言文之文字尤应与语体接近,以期语体文言之逐渐沟通"[②]。课程标准还对精读选材的比例作出了详细的规定:

表4-6　《初级中学国文课程标准》规定精读选材文体容量分配比例表(1936年)

类别 \ 学年	第一学年	第二学年	第三学年
记叙文(包括描写文)	30%	30%	30%
说明文	20%	20%	20%
抒情文(包括韵文)	10%	10%	10%
议论文	10%	15%	15%
小说、诗歌及戏剧	15%	15%	15%

[①] 课程教材研究所. 20世纪中国中小学课程标准·教学大纲汇编·语文卷[M].北京:人民教育出版社,2001;296.

[②] 同上书,第297页。

续　表

类别＼学年	第一学年	第二学年	第三学年
应用文	5％	5％	5％
文章法则	10％	5％	5％

来源：课程教材研究所. 20世纪中国中小学课程标准·教学大纲汇编·语文卷［M］. 北京：人民教育出版社，2001：297.

这个精读选材的文体容量分配比例与初级中学注重记叙文、说明文、议论文、应用文写作教育的情况是相吻合的，的确体现了精读教学与写作教学的高度一致性。另外与1932年的《初级中学国文课程标准》相比，在精读选材的文体容量分配比例方面是差不多的，这便说明这个精读选材的文体容量分配比例，比较典型地反映了当时的认识水平。在选文的语言上也是如此，1932年、1936年的初级中学课程标准都实行语体文与文言文并选的方式，然后语体文递减，文言文递增，三学年的分量约为7：3，6：4，5：5。

初中阶段的文章法则知识，安排在略读时间讲授，包括语体文法（词性、词位、句式），文章体裁（如记叙文、说明文、议论文、应用文等体裁的性质、取材及结构等）。

初中写作课程的教学要点：1）教授作文的方法，要时有变化，"但不论记叙或议论，均以实质为对象，力避空泛，玄虚之习气"①。这句话切中现代写作教学的关键点，在科学背景下建立起来的现代写作课程，需要适应现代民主社会生活的客观需要，从这两点出发就必然要求写作实践坚持"真实性"原则，要"以实质为对象"，言之有物，方便交往沟通，为现实人生服务。从这个要求出发，文章选材"须取有关于现实生活而偏重记叙描写并与精读文之文体有切实关联者"②，还安排写生、笔记（课堂听讲及课外读书之笔记）、记录（日记、游记、演说及新闻等的记录）、应用文件等。这些写作练习方式有利于学生从现实生活出发来从事写作活动，避免闭门造车、胡编乱造之弊。2）写作练习时间，以每星期一次为原则，安排在课内进行。每次练习都要给予积极反馈，引导学生自行修改。3）口语练习安排在课外进行。如由教师命题指定学生演说，或由学生自由发表意见，或组织辩论会等。口语练习之后，"应批评其国音上语法上理论上及姿态上之错误，予以纠正"③。4）书法练习。

11.《高级中学国文课程标准》（1936年）对写作教育的设计

（1）高中写作课程的目标设定。1）"除继续使学生能自由运用语体文外，并养成

---

① 课程教材研究所. 20世纪中国中小学课程标准·教学大纲汇编·语文卷［M］. 北京：人民教育出版社，2001：299.

② 同上注。

③ 同上书，第300页。

其用文言文叙事说理、表情达意之技能"，高中阶段提出了培养文言文写作能力的要求。2)"培养学生创造国语新文学之能力"，这个要求难度较大，现在已经将其遗忘或丢弃了。

（2）高中阶段的文章法则知识。包括文法、修辞学，各体文章作法等内容，安排在略读时间讲授。这时期高中写作课程的教学要点与 1932 年的《高级中学国文课程标准》的规定比较，相差不大。这时期的习作，每星期一次，安排在课堂之内进行。以上就是课程标准前期的写作课程设计情况，这时期基本上形成了现代写作课程的基本格局。

（二）课程标准后期的写作课程设置

1937 年，国民政府对 1936 年修正过的课程标准再次进行修订，在 1941 年 11 月公布了《小学国语科课程标准》。按照这个课程标准，小学初级各学年教材的内容范围，排在首位的是"关于个人生活的"内容，其次是"关于学校生活的""关于家庭生活的""关于乡土生活的""关于民族国家的""关于世界人类的"。这种教材内容的排列序列显然体现了儿童个体优先的原则。这与封建专制时代将"帝皇""至圣先师"等置顶是根本不同的。小学高级各学年教材的内容范围，排在首位的是"关于公民的"，其次是"关于历史的""关于地理的""关于自然的"，显然体现了公民价值优先取向。

抗战胜利后，国民政府重新修订课程标准，于 1948 年公布《修订初级中学国文课程标准》《修订高级中学国文课程标准》两个文件。从这两个文件对教材内容的选择安排来看，明显反映出公民价值的写作教育视角。比如《修订初级中学国文课程标准》规定，在教材内容"解说方面"，排在第一位的是"公民道德的"内容，其次是"史地人文的""自然现象的"内容。[①]《修订高级中学国文课程标准》规定，"凡一般公民在日常生活中，须要阅读的写作的语文部分，均以高中国文教材之对象"[②]，在教材内容"解说方面"，排列第一位的也是"公民道德的"内容。这里就体现出"一般公民"的选材视角。

第一，从课程标准文本本身来说，课程标准后期（1937—1949 年）的写作课程设置基本上延续了前一时期的教育经验，要求使用标准国语进行写作，注重口语表达与书面表达之间相互促进与转化的作用，注重培育、发挥学生的主体性功能，注意将写作练习、写作题材与学生的生活实践紧密联系，基本上形成以学生生活为本位的写作课程体系，体现以公民价值为取向的写作教育发展趋势。另外，根据国内外形势的发展态势，课程标准后期的写作课程设计也有相应的发展变化。

---

① 课程教材研究所. 20 世纪中国中小学课程标准·教学大纲汇编·语文卷［M］. 北京：人民教育出版社，2001：318.

② 同上书，第 320 页。

第二,在写作课程目标设定上,课程标准后期强化"爱护国家民族的意识和情绪","唤起民族意识与发扬民族精神","深切了解固有文化,并增强其民族意识"①,以适应抗日战争形势的需要。抗日战争结束以后,又提出"唤起爱国思想与民族意识,发挥大同精神","唤起爱国家、爱民族意识,发扬大同精神"②,以适应新的国内形势发展需要。在写作教学本身,高中阶段提出培养学生文言文写作能力、文学创作能力等目标。

第三,在写作课程的内容方面,课程标准后期以学生生活为本位的写作课程内容体系得以延续巩固、发展提高,形成以标准国语为导向,以口语表达为起始,以语体文写作为主体,分阶段、有梯度的写作课程内容体系。

(1) 小学阶段,写作课程内容设计以多样化作文练习为主体,鼓励学生自由发表,通过写作实践,多途径、多方面地反映儿童的生活世界。在练习形式方面,包括看图说话、对照实物口述、故事的口述、日常生活的口述、游戏动作的口述、偶发事项的口述、故事的笔述、日常生活的笔述、偶发事项的笔述、集会的笔述、时事的笔述、读书札记、简易记述文、简易说明文、布告书信收据等实用文写作等。还有简要的文法语法知识,如字和词的用法、单句的构造、标点符号的使用等。小学写作教学方法上提倡听说读写混合的教学模式,注重语文学科内部之联络,注重各学科之间的联络。

(2) 初中阶段,写作课程内容设计明确提出"三大文体",附加实用文的写作教学格局,即第一学年以记叙文为中心,第二学年以说明文为中心,第三学年以说明文、议论文为主体的写作教学体系。在实用文写作教学方面,主要包括通用的言语交往写作文体,如书信、日记、收据、便条、契据、公文、章程、广告、新闻稿等。另外还包括口语练习,如学生演说、分组辩论等。文章法则包括语体文法(词性、词位、句式),文章体裁知识等。

(3) 高中阶段,写作课程内容设计除继续采用初中阶段的作文练习之外,又有新的发展,比如增加了专题论文写作练习、研究性写作练习。③ 研究性写作练习包括阅读专书,就阅读心得、批评、研究等撰写论文;还可以由教师提出研究题目,学生围绕专题进行材料搜集,尝试论文写作。还提出文学写作的尝试,如小说、戏剧、诗歌的写作练习,古文诗词的仿作练习等。高中阶段还在语体文写作练习基础之上,提出文言文写作练习项目。这时期文章法则知识包括文法、修辞、各体文章作法等知识结构框架。

---

① 课程教材研究所.20世纪中国中小学课程标准·教学大纲汇编·语文卷[M].北京:人民教育出版社,2001:40,304,309.
② 同上书,第318,320页。
③ 同上书,第311页。

总而言之，课程标准时期的写作课程发生了很大的变革，学生写作与生活世界的联系更加紧密，白话文写作课程走向以标准语体文为导向的写作教育新时代，追求公民价值取向的写作课程逐渐确立。语体文写作教学研究也获得进一步发展，阮真、叶圣陶、夏丏尊、朱自清等提出新的写作教学思想，白话文写作教育的基本模式逐渐成形。

第二节　标准语体文导向的写作教科书

一、课程标准时期的写作教科书概貌

大众语运动促进写作教科书的发展。从工具性角度来看，大众语方便每一位公民便捷高效地使用书面语言；从社会政治意义来看，大众语意味着每一位公民可能有机会拥有自由写作的权利；从人文价值来看，大众语便于将民主与科学的精神向大众中间渗透、传播，不再局限于少数知识分子及青年学生。经过大众语运动，民族共同语的推广、普及事业进入新阶段。这必然深刻地影响写作教科书的发展。1929年以来，语文学科的名称也有新的变化，小学称为"国语"，中学称为"国文"。随着以"大众语"为基础、追求公民价值取向的写作教育时代的到来，原先的文言写作教科书、言文对照的写作教科书越来越少，学生的模范作文、修辞类教材，还有针对三大教学文体（记叙文、说明文、议论文）的写作教材，以及应用文写作教材越来越多，以标准语为导向的写作教科书逐渐发展。

随着白话文运动向纵深发展，课程标准时期中小学写作课程逐渐形成以标准语体文为导向的发展方向，以培养学生具有借助语体文自由发表思想的写作能力。只有在掌握语体文写作能力的前提之下，才在高中阶段提出文言文写作教学的要求。而在课程纲要时期从初中阶段起就提出"作文语体、文体并重"的要求，高中阶段又提出"继续练习用文言作文"的要求。[①] 比较而言，课程标准时期文言写作教育的目标要求急剧下降，只剩下一个"尾巴"，在这种背景之下，课程标准时期没有发现一本专门的虚字教材，涉及虚字知识的也很少。总体而言，课程标准时期语体文写作课程大致上取代文言文写作教育。

（一）小学写作教科书的出版情况

从1928年4月李步青编纂的《新小学国语文学读本》（第1—8册）由中华书局出

---

① 课程教材研究所.20世纪中国中小学课程标准·教学大纲汇编·语文卷［M］.北京：人民教育出版社，2001：275，277.

版发行,到 1949 年 3 月叶圣陶编纂的《儿童国语读本》(第 4 册)由开明书店出版,课程标准时期的 22 年间出版且现存的小学语文教科书至少有 232 种 859 册,其中写作类教科书至少有 10 种 19 册。就目前所搜集到的 19 册小学写作类教科书来说,除有 1 册延续过去的言文对照论说教材①之外,多为白话文写作教材,如日记作法、日用文作法、书信作法课本、初级儿童白话信范文,还有文法和修辞、标点符号的使用、其他模范文等。从时间上来说,现在搜集到的这些写作教科书多集中在 1935 年、1936 年出版,占 80%,主要是以国语副课本或写作课本的形式出现。

课程标准时期的 22 年间,小学教科书主要由以下人员(或组织机构)参与编纂,他们是李步青、黎明、胡贞惠、王祖廉、魏冰心、朱剑芒、陈蔼麓、朱文叔、马国英、黎锦晖、吴稚晖(吴敬恒)、沈白华、王志瑞、方钦照、喻守真、蔡元培、王云五、吕伯攸、范祥善、马静轩、张君南、顾诗灵、吴研因、张国人、薛天汉、沈百英、戴洪恒、王鸿文、殷叔平、沈荣龄、陆费逵、陈鹤琴、盛振声、邱祖深、陈棠、张相、叶绍钧(叶圣陶)、丰子恺、李少峰、韦息予、沈秉廉、何炳松、丁毂音、赵欲仁、黎锦熙、齐铁恨、张令涛、白涤洲、赵景深、周作人、朱翊新、林兰、陈伯吹、孙世庆、杨复耀、俞焕斗、冯鼎芬、蒋息岑、顾君璞、顾志贤、黄人济、钱耕莘、金润青、施仁夫、王向、陈剑恒、刘德瑞、梁士杰、徐晋助、尚仲衣、苏兆骧、蒋品珍、周刚甫、关实之、卢芷芬、吴增芥、胡赞平、皇甫钧、瞿芑丰、杨振华、彭惠秀、朱震西、徐则敏、谢广详、廉行、戴渭清、宗亮晨、喻守真、张匡、汪漱碧、黄晋父、陶孟和、蒋镜芙、于卫廉、刘瑞斌、赵玉笙、高念修、马精武、卢冠六、席涤尘、盛幼宣、白桃、王耀真、戴珍珠、赵景源、徐亚倩、孙铭勋、陆维特、吴子我、正木求、田泽芝、白动生、吴鼎、徐子长、王修和、钱君匋、余再新、金兆梓、陆静山、杨明志、文慕超、蒋志贤、朱炳熙、李文浩、王杏生、宗亮寰、潘仁、于人骙、赵徐动、许书绅、德俯、秦征、徐逢伯、韦息予、刘松涛、彦涵、东方明、小学教科书改进社、国立北平师范大学附属第二小学、国立编译馆、教育总署编审会、教育部编审会、教育部教科用书编译委员会、大学院、中国教科书研究会、战时儿童保育会、东北政委会编审委员会、华北人民政府教育部教科书编审委员会、华北日本教育会北京分会等,计 150 余人或组织机构。

涉及的主要出版机构有:上海儿童书局、新国民图书社、商务印书馆、开明书店、民智书局、北新书局、中华书局、世界书局、中央书店、上海亚东图书馆、广益书局、大众书局、大川书店、大东书局、正中书局、华中印书馆、新民印书馆、上海生活书店、四川省教育厅、成都普益图书公司、国定中小学教科书七家联合供应处(上海)、上海万叶书店、实验书店、新华书店、春秋书社、国立编译馆、中国文化服务社、建国书店、春明书店、基本书局、东北书店、新国民书社、青光书局、上海沈鹤记书局、国立北平师

---

① 陆保璿. 言文对照初学论说精华(1—4)[M]. 上海:广益书局,1937.

范大学附属第一小学出版编委会、国立北平师范大学附属第二小学（编者自刊）、维新政府教育部、教育部编审委员会（编者自刊）、教育部教科用书编译委员会、昌黎美令小学教育股（河北）等40多家出版机构。小学阶段语文教科书及写作教材的具体出版情况，见下表。另外详细教科书目录见附录5：课程标准时期小学阶段语文教科书目录（1928—1949）。

表4-7　课程标准时期小学语文教科书出版情况年度统计表（1928—1949年）

年度（年）	教科书种类	教科书册数	写作类种类	写作类册数
1928	3 种	19 册	0 种	0 册
1929	12 种	55 册	0 种	0 册
1930	2 种	5 册	0 种	0 册
1931	13 种	56 册	0 种	0 册
1932	14 种	56 册	0 种	0 册
1933	36 种	178 册	0 种	0 册
1934	15 种	84 册	0 种	0 册
1935	23 种	43 册	5 种	6 册
1936	10 种	21 册	3 种	8 册
1937	12 种	32 册	1 种	4 册
1938	6 种	32 册	0 种	0 册
1939	8 种	23 册	0 种	0 册
1940	7 种	16 册	0 种	0 册
1941	4 种	7 册	0 种	0 册
1942	2 种	4 册	0 种	0 册
1943	4 种	20 册	0 种	0 册
1944	1 种	5 册	0 种	0 册
1945	3 种	15 册	0 种	0 册
1946	8 种	17 册	0 种	0 册
1947	23 种	74 册	1 种	1 册
1948	18 种	65 册	0 种	0 册
1949	8 种	32 册	0 种	0 册
合计	232 种	859 册	10 种	19 册

（二）中学写作教科书的出版情况

从1928年8月《女学生模范日记》（1册）由上海国光书店出版发行，到1949年9月《新编初中精读文选·文章作法篇》由文化供应社出版发行，课程标准时期的22

年间出版且现存的语文教科书至少有 202 种 654 册,其中写作类教科书有 31 种 36 册,主要包括记事类、描写类、应用类、文法(语法)修辞类、学生模范作文等诸多类型。清末主流的文言论说写作教材没有发现,而文法(语法)、作法、修辞类的教材有 11 种,应用写作类的教材比较多,共有 9 种;反应学生生活的模范作文或标准文选比较多,有 7 种。可见,课程标准时期写作教材总体上呈现生活化、实用化、技能化特征。

课程标准时期的 22 年间,所使用的中学教科书主要由以下人员或组织机构参与编纂,他们是凤玉贞、陈棠、乐嗣炳、张九如、蒋维乔、庄适、郑次川、吴遁生、魏冰心、顾颉刚、陈彬龢、朱剑芒、赵景深、沈颐、喻璞、江恒源、董鲁安、穆济波、戴克敦、张相、姜亮夫、陈望道、王侃如、徐公美、张同光、宋云彬、蒋伯潜、王伯祥、周振甫、陈霭麓、范祥善、胡怀琛、张须、王易、沈星一、张鸿来、卢怀琦、洪超、陆翔、钱基博、徐蔚南、贺凯、孙俍工、周颐甫、蔡元培、陈椿年、林轶西、史本直、朱宇苍、王德林、张弓、秦同培、杜天縻、戴叔清、舒新城、崔新民、高远公、黎锦熙、高远公、朱绍曾、孙怒潮、汪懋祖、孟宪承、汪定奕、周祜、黄骏如、汪震、王述达、施蛰存、傅东华、罗根泽、刘大白、张文治、李慎言、韩霭麓、韩慰农、沈荣龄、夏丏尊、薛无兢、柳亚子、刘劲秋、张石樵、潘尊行、马厚文、吕思勉、何炳松、颜友松、叶楚伧、叶溯中、许梦因、郑业建、马崇淦、林轶西、黎明、马国英、瞿世镇、卢冠六、王云五、林景亮、方阜云、叶绍钧、陆殿扬、洪为法、徐世璜,、桑继芬、朱自清、吕叔湘、张裕光、王任书、朱文叔、宋文翰、陆费逵、沈维钧、汪馥泉、谭正璧、陈介白、余再新、陈伯吹、朱平君、吴拯寰、周予同、徐调孚、国立编译馆、南开中学、江苏省教育厅、江苏省教育厅修订中学国文科教学进度表委员会、河北省省立北平高级中学、正中初中国文教科书编辑委员会、志成中学国文学科编辑委员会、特种教育社、中等教育研究会、无锡县立中学、教育总署编审会、教育部教科书编辑委员会、中华书局、北平文化学社、北师大附中、江苏省扬州中学国文分科会议、江苏省中学国文学科会议联合会、开明书店编译所、江苏省立镇江中学国文学科、众教学会、崇慈女子中学(北平)、北平师大附中国文丛刊社等计 150 余人或组织。

参与出版中学语文教材的主要机构有:上海中央书店、大华书局、商务印书馆、中华书局、正中书局、大东书局、上海中学生书局、立远书局、世界书局、民智书局、立达书局、济印书局、开明书店、国立编译馆、上海国光书店、新国民图书社、北新书局、南开中学(编者自刊)、文化学社(北平)、南京书店、上海新亚书店、北平师大附中国文丛刊社、青光书局、新国民书社、神州国光社、上海汉文正楷印书局、大众书局(上海)、文艺书局(上海)、震东印书馆、勤奋书局、开明函授学校(上海)、河北省省立北平高级中学、教育总署编审会、无锡县立中学、春江书局、光华书局、华北书局(天津)、救亡出版部、特种教育社、重庆国定中小学教科书七家联合供应处、东北书店、三民图书公司、大中国图书局、儿童书局、大光书局、贝满女子中学(北平)、中等教育研究会等40多家。中学阶段语文教科书及写作教材的具体出版情况,见下表。另外详细教科书目录见附录6:课程标准时期中学阶段语文教科书目录(1928—1949)。

表4-8 课程标准时期中学语文教科书出版情况年度统计表(1928—1949年)

年度(年)	教科书种类	教科书册数	写作类种类	写作类册数
1928	3 种	8 册	1 种	1 册
1929	6 种	25 册	1 种	1 册
1930	7 种	33 册	0 种	0 册
1931	25 种	85 册	2 种	2 册
1932	25 种	82 册	5 种	5 册
1933	21 种	73 册	1 种	1 册
1934	26 种	90 册	2 种	2 册
1935	17 种	56 册	1 种	1 册
1936	12 种	37 册	4 种	7 册
1937	7 种	25 册	0 种	0 册
1938	5 种	7 册	1 种	1 册
1939	5 种	14 册	2 种	3 册
1940	0 种	0 册	0 种	0 册
1941	0 种	0 册	0 种	0 册
1942	0 种	0 册	0 种	0 册
1943	2 种	2 册	1 种	1 册
1944	8 种	15 册	3 种	3 册
1945	1 种	1 册	0 种	0 册
1946	12 种	37 册	3 种	4 册
1947	7 种	25 册	1 种	1 册
1948	10 种	31 册	1 种	1 册
1949	3 种	8 册	2 种	2 册
合计	202 种	654 册	31 种	36 册

　　根据上述课程标准时期小学语文教科书出版情况年度统计表(1928—1949年)、课程标准时期中学语文教科书出版情况年度统计表(1928—1949年)二表,可知课程标准时期中小学写作教科书出版的总体情况。

表4-9 课程标准时期中小学写作教科书出版的总体情况表(1928—1949年)

学段	教科书种类	教科书册数	写作类种类		写作类册数	
			数量	占总品种的比例	数量	占总册数的比例
小学	232 种	859 册	10 种	4.3%	19 册	2.2%
中学	202 种	654 册	31 种	15.3%	36 册	5.5%
合计	434 种	1513 册	41 种	9.4%	55 册	3.6%

就目前所搜集的文献来看,课程标准时期专门的写作教科书有41种55册,分别占全部语文教科书的9.4%和3.6%。相比于清末写作教材书的出版情况[①],课程标准时期写作教科书在语文教科书整体板块中的地位显著下降,这从一定意义上反映出写作教学在语文教育板块中的地位下降,相应地阅读教学的地位上升。清末语文教育以写作教学为主导的格局,在半个世纪后逐渐转化为以阅读教学为主导的局面。下面对课程标准时期中小学写作教科书做个汇总归类,见下表。

表4-10 课程标准时期中小学写作教科书目录(1928—1949年)

时间(年)	中小学写作教科书目录
1928	● 11.《女学生模范日记》(1册),凤玉贞,上海国光书店。
1929	● 12.《初中记事文教学本》(1册),张九如编纂,蒋维乔、庄适校阅,商务印书馆。
1930	缺
1931	● 13.《中等国文法》(1册),汪震著,文化学社(北平)。 ● 14.《修辞学》(1册),董鲁安著,文化学社(北平)。 (供高级中学、旧制中学、师范学校选科国文之用)
1932	● 15.《应用文》(1册),张须,商务印书馆。 ● 16.《初级中学应用文》(1册),张鸿来编著,文化学社。 ● 17.《最新应用文》(1册),胡怀琛编著,世界书局。(高中大学适用) ● 18.《初中写景文教学本》(1册),张九如,商务印书馆。 ● 19.《修辞学》(1册),王易著,商务印书馆。(新学制高级中学参考书)
1933	● 20.《应用文教本》(1册),林轶西编辑,上海汉文正楷印书局。(中等学校适用)
1934	● 21.《文章作法》(1册),朱绍曾,上海中央书店。 ● 22.《初中应用文教本》(1册),胡怀琛编,大华书局。(遵循新课程标准,供本书备初级中学或简易师范、初级职业学校等作教本之用)
1935	1.《日记作法》(第1、2册),吴增芥,商务印书馆。 2.《小学中年级国语副课本——日用文作法》(1册),胡赞平。 3.《小学高年级国语副课本——怎样作文》(1册),皇甫钧,中华书局。 4.《小学高年级国语副课本——文法和修辞》(1册),皇甫钧,中华书局。 5.《小学高年级国语副课本——怎样使用标点符号》(1册),皇甫钧,中华书局。 ● 23.《开明实用文讲义》(1册),张石樵编,开明函授学校(上海)。

[①] 清末出版的写作教科书分别占全部语文教科书的25.5%和18.9%。

时间(年)	中小学写作教科书目录
1936	6.《书信作法课本》(第 1—7 册),张匡,北新书局。 7.《初级儿童白话信》(1 册),汪漱碧,中央书店。 8.《模范作文》(1 册),黄晋父,出版信息不详。 ● 24.《全国现代初中作文精华》(第 1—4 册),马崇淦,勤奋书局。 ● 25.《应用文教本》(1 册),林西轶,汉文正楷印书局。 ● 26.《国语文法》(1 册),黎明,中华书局。 ● 27.《新式标点符号使用法》(1 册),马国英,中华书局。
1937	9.《言文对照初学论说精华》(第 1—4 册),陆保璿,广益书局。
1938	● 28.《叙述文范》(1 册),谭正璧,中华书局。
1939	● 29.《模范作文读本》(1 册),瞿世镇,春江书局。 ● 30.《古今名人书牍选》(第 1、2 册),王云五,商务印书馆。
1940	缺
1941	缺
1942	缺
1943	● 31.《新体编制初级应用文》(1 册),洪为法,正中书局。
1944	● 32.《国文作法》(1 册),谭正璧,世界书局。 ● 33.《国文文法》(1 册),谭正璧,世界书局。 ● 34.《国文修辞》(1 册),谭正璧,世界书局。
1945	缺
1946	● 35.《初中模范日记》(1 册),瞿世镇,三民图书公司。 ● 36.《中学模范作文》(1 册),朱平君,上海国光书店。 ● 37.《标准文选》(第 1、2 册),吴拯寰,三民图书公司。
1947	10.《低年级作文练习书》(第 3 册),作者不详,上海广益书局。 ● 38.《初级应用文》(1 册),洪为法,正中书局。
1948	● 39.《文章法则》(1 册),宋文翰,中华书局。
1949	● 40.《新编初中精读文选·文章作法篇》(1 册),王任书等编辑,文化供应社。 ● 41.《新编初中精读文选·语法篇》(1 册),王任书等编辑,文化供应社。

说明:小学写作教科书 10 种 19 册,中学写作教科书(● 标识)31 种 36 册。此处列举的书目以实物为准,出版时间不一定为初版时间。

小结

　　根据上文整理出来的课程标准时期中小学写作教科书出版的总体情况表(1928—1949 年)、课程标准时期中小学写作教科书目录(1928—1949 年),课程标准时期专门的写作教材(不含出版信息不全的教科书)有 41 种 55 册,分别占全部语文教科书品种总数的 9.4% 和总册数的 3.6%。其中小学段写作教材有 10 种 19 册,中学段有 31 种 36 册。比较中小学段写作教材,小学段写作教材的品种和册数分别是中学段的 0.32 倍和 0.53 倍。相比于课程纲要时期小学段与中学段的写作教材相应比例 1.58 倍和 1.5 倍、清末的相应比例 2.6 倍和 4.3 倍,可见小学段的写作教科书呈现明显的锐减趋势,或许可以说随着文言文向白话文转化,中小学写作教育重心由小学向中学位移,到课程标准时期中学段写作教科书获得快速发展,远远超越小学,于是形成中小学写作教育"头重脚轻"的现象,这是标准语导向的语体文写作课程时代出现的新情况。由此推断,课程标准时期,随着白话文由小学段向中学段发展,经过一段时间的酝酿,白话文写作教育逐渐取代原来文言文写作教育的主导地位,于是白话文写作教育发展的重心逐渐从小学转向中学阶段。不过整体来说,课程标准时期语体文写作课程的地位显著下滑,白话文写作教育潜伏着诸多危机。如果说从清末的写作教育向课程纲要时期的写作教育的转化,意味着人的解放和写作现代化的发端,从此写作教育由帝皇圣贤话语回归到儿童的生命本身,那么从课程纲要时期的写作教育向课程标准时期的写作教育的转化,则意味着写作教育从面向少数人发展到了面向"大众群体",开始面向每一位现代公民。不过课程标准时期的写作教育也由前期的"使学生具有自由发表思想的能力",转向运用语言文字为现实生活服务的实用功能,主要内容是普通文、实用文的写作教学,坚守的是实用工具性价值理性。

二、课程标准时期的写作教科书分析

根据上文的统计分析,课程标准时期的写作教科书相比课程纲要及清末时期又有了很大的变化,白话文写作教科书稳步发展,呈现出标准语体文写作教学导向的趋势。清末时期居主导地位的文言论说类写作教科书、文言虚词教材均已日趋式微。[①] 这时期实用型的写作教材发展得比较快,比如记事类、描写类、应用类(日记、书信、日用文)等,还有介绍白话文写作知识的文法(语法)、作法、修辞类的教材比较多,另外反映时代生活、供模仿学习的学生模范作文也逐渐增多,而文言文时代居主流地位的唐宋八大家文选之类的"模范文"相对比较少。总之,这时期标准语体文导向的白话文写作教科书获得较大发展,并形成以记叙文、说明文、议论文三大教学文体写作为主干,以应用文和文法(语法)、修辞知识教学为辅助的写作课程体系。与此相应,出现了专门的记叙类、说明类、议论类及应用类、文法(语法)修辞知识类等诸多写作教材,还有一些综合类的写作教材,不仅涉及上述各类写作教学内容,还包

---

① 文言论说类写作教科书还在部分学校继续沿用,但是其影响力越来越小。如《评注论说轨范》(初集),林任编,胡君复校,上海商务印书馆,1917 年 12 月初版,1939 年 5 月第 8 版。

括文学类写作教学，普通语文教科书，甚至专门的阅读教科书也涉及相关写作内容。下面按照记叙类、说明类、议论类及应用类写作教材的顺序来介绍课程标准时期写作教材的一般特点，也会涉及相关综合类写作教材、普通语文教科书，甚至阅读教科书。

（一）记叙类写作教材分析

课程标准时期的小学段，论说类文章逐渐让位给记叙类文章，相应的文言虚字教材、属对教学渐渐淡出，以反映学生个体生活的口语表达、看图写话、记言记事等类的作文练习越来越受到重视，贴近学生生活的记叙类写作逐渐成为中小学写作教育的第一文体。大众语运动以来，纯语体文的记叙类写作教材陆续增加。笔者已经找到且出版信息较全的记叙类写作教材包括：《日记作法》①（吴增芥，商务印书馆，上下册），《女学生模范日记》（凤玉贞，上海国光书店，1 册），《初中记事文教学本》（张九如、蒋维乔、庄适，商务印书馆，1 册），《初中写景文教学本》（张九如，商务印书馆，1 册），《叙述文范》（谭正璧，中华书局，1 册）等。另外，记叙类写作教材内容更多地包含在普通语文教科书里面。

课程标准时期，记叙类写作课程越来越受到重视，彻底改变了过去以文言论说为主导的局面。1939 年 9 月，瞿世镇编纂的《模范作文读本》由上海春江书局出版，供初中学校写作教学之用。《模范作文读本》所提供的范文的文体结构，不仅能够充分体现记叙类文章在中学写作课程系统中所处的地位，也能够反映课程标准时期初中写作教学的题材选择情况。

表 4 - 11 《模范作文读本》的文体结构（瞿世镇，1939 年）

	序号	范文题目	文体	序号	范文题目	文体	序号	范文题目	文体
《模范作文读本》上编范文系统	1	我校开学的新气象	记叙文	2	初秋的早上	记叙文	3	夜	不详
	4	乘凉快谈	记叙文	5	可爱的小朋友	说明文	6	望月	记叙文
	7	月话	记叙文	8	废历的中秋	记叙文	9	蟹的教训	寓言
	10	我之良友	说明文	11	妇女国货年应做之工作	说明文	12	约同学投稿校庆特刊小启	书信
	13	理想之园	记叙文	14	秋夜舰忆	记叙文	15	慈母的悲哀	记叙文
	16	我之小史	记叙文	17	我的读书法	说明文	18	月白风清下的扬子江	诗歌

---

① 日记体裁比较自由，不限于记叙文，还包括议论文、说明文等，不过从《日记作法》的具体内容来看，主要是记叙类，所以把它归在这里。

序号	范文题目	文体	序号	范文题目	文体	序号	范文题目	文体
19	绿衣人来了	记叙文	20	霜晨	记叙文	21	我对于音乐的趣味	说明文
22	学生的本分	说明文	23	女子职业问题	议论文	24	我有何长处及短处	说明文
25	骤寒之夕	记叙文	26	不识字的害处	演讲	27	可怜的呼声	记叙文
28	勇敢	寓言	29	从吃饭说到农夫	说明文	30	到农村去	记叙文
31	可爱的小猫咪	记叙文	32	我的爸爸	记叙文	33	春来了	记叙文
34	春天的早上	记叙文	35	在家的一天	记叙文	36	到龙华去	记叙文
37	勇敢的姑娘们	诗歌	38	春光好	记叙文	39	溺爱	故事
40	读谪书和游戏	说明文	41	新生活运动的意义	说明文	42	春假中的祭扫	记叙文
43	昆山旅行记	游记	44	司马光的少年时代	传记	45	模范村	故事
46	春去了	记叙文	47	蚕的自述	自叙	48	衡山游记	游记
49	母爱	记叙文	50	笔和砚	说明文	51	春雨	诗歌
52	理想中的居处	记叙文	53	毕业期到了	说明文	54	中国工商业不发达的原因	议论文
55	拟国货公司开幕宣言	宣言	56	纳凉消夏记	记叙文	57	送毕业同学的语	序
58	宝惜光阴	说明文	59	傍晚的海滨	记叙文	60	毕业以后的我	说明文
61	日记是什么怎样记法有何好处	说明文	62	珠江的展望	记叙文	63	庐山的真面目	记叙文
64	致老师——述自己品性的改善	书信	65	夏天的卫生	说明文	66	夏晨（上海初中会考首选）	记叙文
67	夏天的雨	记叙文	68	夏夜纳凉记（上海初中会考首选）	记叙文	69	前题（上海初中会考首选）	记叙文
70	新开发的黄山	记叙文	71	我理想中的一个学校	说明文	72	灯	说明文
73	我永别了一个朋友	哀词	74	开会　清洁运动	记叙文	75	小朋友再会吧	说明文
76	母姊会	记叙文	77	牵牛花	说明文	78	姊姊和妹妹的猜谜	说明文

序号	范文题目	文体	序号	范文题目	文体	序号	范文题目	文体
79	我们的教室	记叙文	80	怎样做个好学生	说明文	81	钟声	记叙文
82	我的故乡北平	记叙文	83	游泰山的一天	记叙文	84	山西的特产	说明文
85	两湖的风土	说明文	86	昆明湖的一瞥	记叙文	87	新秋月下	记叙文
88	静	说明文	89	初秋晚上的山野生活	记叙文	90	约友中秋赏月	书信
91	种牛痘	说明文	92	游独秀峰记	游记	93	三峡风光	记叙文
94	伤心的回顾	记叙文	95	菊花	说明文	96	我的星期利用法	说明文
97	交友为什么要谨慎	说明文	98	阅报的利益	说明文	99	笔的自述	自叙
100	怎样救济灾民	说明文	101	请姑母观赈灾游艺会	书信	102	人工致雨法	演讲
103	前进	诗歌	104	正当的娱乐	不详	105	体育与卫生	说明文
106	往事的回忆	记叙文	107	小妹妹的猫	记叙文	108	深夜的火	记叙文
109	秋天的依恋	说明文	110	少年时代的孟子传	记叙文	111	书病梅馆记后	议论文
112	首都的观光	记叙文	113	我的前途	说明文	114	慈母	记叙文
115	冬天早上的素描	记叙文	116	寒天的乞丐	记叙文	117	一个黄包车夫的话	记叙文
118	陇海路车中	记叙文	119	天寒冰雪中的黄河铁桥	记叙文	120	太阳	说明文
121	哥哥和弟弟的玩具	记叙文	122	雪人	记叙文	123	一个工人的儿子	剧本
124	小音乐会	记叙文	125	日历	记叙文	126	可爱的春天到了	记叙文
127	快乐的春天	记叙文	128	农村的春朝	记叙文	129	节省和吝啬	说明文
130	最近生活的俭讨	记叙文	131	最快乐的农家	记叙文	132	读书的目的	说明文
133	致同学报告游园的信	书信	134	苏州游记	游记	135	劝市民植树	通告
136	写在万里寻兄记的后面	议论文	137	春假中的笔记	记叙文	138	吊季华雨先生	诗歌
139	鸟的快乐	说明文	140	我的故乡溆浦	记叙文	141	春寒	记叙文

	序号	范文题目	文体	序号	范文题目	文体	序号	范文题目	文体
《模范作文读本》下编范文系统	142	游杭日记	日记	143	青年应有的思想	说明文	144	劳动	诗歌
	145	记插秧图	看图作文	146	霉雨	记叙文	147	鼓浪屿	诗歌
	148	夏天在青岛	记叙文	149	西瓜	诗歌	150	冰	说明文
	151	夏夜	记叙文	152	送别同学习商的信	书信	153	毕业时的心	说明文
	154	六年来的我	说明文	155	毕业式的答词	演说词			
《模范作文读本》特编范文系统	156	我的救国意见	议论文	157	对于兴复征兵的几句话	议论文	158	一封讨论救国问题的信	书信
	159	我们的级训爱国	记叙文	160	人生的目的	说明文	161	中国青年的责任	说明文
	162	首创青天白日旗的陆皓东烈士	传记	163	沙场的一幕	记叙文	164	提倡国货信条	标语
	165	战地征鸿	书信	166	二一二	记叙文	167	三百个勇士	故事
	168	新生活与民族复兴	说明文	169	看"拒毒画"后的感想	说明文	170	夏晨（上海初中会考首选）	记叙文
	171	我们怎样庆祝国庆	说明文	172	儿童年开幕致词	说明文	173	摩西山的四十日	故事
	174	怒吼吧，睡狮	寓言	175	现代青年所要求的文学	说明文	176	普及图书馆的重要	说明文
	177	夏的势力	诗歌	178	蔡锷小传	传记			
附录：1. 新式标点使用法。　　2. 各种词类国语文言对照举例表。 　　　3. 作文练习题目三百个。　4. 批改作文日记符号表。									

说明：根据瞿世镇编纂的《模范作文读本》（上海春江书局，1939）目录页整理。

　　根据上表可知，《模范作文读本》范文系统共有178篇范文，其中记叙文77篇，说明文50篇，应用文15篇（书信有8篇，序、哀词、剧本、通告、日记、标语、看图作文各有1篇），议论文6篇，诗歌9篇，寓言3篇，故事4篇，演讲（宣言）3篇，传记3篇，游记4篇，自叙2篇，文体不详的有2篇（第3课《夜》，第104课《正当的娱乐》）。由此可见，明确标明记叙文体的作文范文有77篇，占范文总量的43%，而议论文只有6篇，占范文总量的3%。这种情况与学堂章程时期到课程标准时期，中学写作由首重文言论说文体，转向首重白话记叙类文体的总体趋势是相一致的；中学写作的题材选择也从宏大、空泛的人伦道德、圣贤帝皇、治国安邦等主题，转向与学生的生活世界关系密切的题材；前者反映的多是封建专制社会所必需的忠孝文化，后者开始注重反映现代社会所必需的平等、自由的文化。另外，1948 年 3 月，赵馀动、卢冠六编纂的《春秋文选》由春秋书社出版，供小学语文教学之用。就目前搜集到的《春秋文选》第三册来说，全书 20 课几乎都是记叙、描写类文章，其间还插入 10 篇句法指导课，文章取材多围绕学生能够感知的生活世界展开。从编写思路来看，《春秋文选》与《模范作文读本》完全相通，体现"以切于儿童生活为经，以适于儿童应用为纬，材料务求崭新，思想务求活泼"①的特征，这显然与清末时期追求臣民价值取向的写作教材风格迥异。1936 年 9 月，马崇淦编辑的《全国现代初中作文精华》（1—4 册）由勤奋书局出版，记叙文位居全书首位，其他文体依次是说明文、议论文、读后感、描写文、小品文、传状文、应用文、小说、诗歌、话剧等，其中选录记叙文范文 55 篇，议论文范文 21 篇，记叙文是议论文范文的 2.6 倍。

1935 年 10 月，吴增芥等编纂的《日记作法》（第 1、2 册）由商务印书馆出版，②供小学作文教学之用，从主体内容来看属于记叙类写作教材。《日记作法》的封面印有"小学生作文指导丛书"，"编著者吴增芥、王允文、汪重光、曹懋唐、柳民元、陈履周，殷佩斯校订"③字样。根据"编辑大意"中的介绍，这套"小学生作文指导丛书"是供"五、六年级课外阅读及教师指导儿童作文之用"，暂分 11 种，如书信作法、日记作法、剧本作法、诗歌作法、笔记作法、说明文作法、议论文作法、公告作法、应酬文作法、游记作法、小说作法；其特点有：1. "取材力求适合儿童兴趣。"2. "文字力求浅显，以便儿童课余自习。"3. "编辑方法，每种开始，均有总指导；总指导之后，再分类详细指导。所举例文中的生字词，均加注释。每篇之末，均附有练习题。"④

《日记作法》"总说"部分，采用教学故事等形式来导入，较系统地介绍了日记写作的教学知识。主要内容包括记学校的事、记社会的事、记国家的事、记言、记游、记行为、记景物、记参观、记摘录、记集会、记常识、记操作、记回忆、记通讯、记杂感、记人事、记纪念日、记读书心得、记应用、记时令、记疾病、记日常琐屑 22 课。每一课都设置丰富内容。下面以《日记作法》第 1 册，第 1 课《记学校的事·小运动会》完整的课例结构为例，示范说明如下：

1. 呈现《记学校的事·小运动会》日记格式范文，开头是"三月二十七日、星期六、天晴"，然后介绍小运动会的事实概貌。

2. 重点词语的注音、解释。

3. 日记作法指导。（1）关于学校的事，记些什么。甲："记本级内发生的事。"乙：

---

① 席涤尘. 文范（第四册）［M］. 上海：大众书局，1938：凡例 1.

② 这套写作教材和现在竖排版的书，在外在形态上面相差无几。另外，1935 年 10 月是初版，12 月再版。

③ 吴增芥. 日记作法（第 1 册）［M］. 上海：商务印书馆，1935：封面页 1.

④ 同上书，编辑大意 1.

"记儿童自治机关内发生的事。""一个学校里,一定有儿童自治的机关。他们每天的工作中,很有许多可以记载的。"①丁:"记校中一般的事。"(2)学校的事怎样记法。甲:"先把为什么要有这件事情发生的缘故记出,再叙述事情的的经过和感想。"②乙:"直叙事实,不加批评和议论。"

4. 修辞。"写这种文字,最重要的便是清楚,不能噜苏。"③

5. 练习④。

总之,从《日记作法》第1课《记学校的事·小运动会》来看,课文层次多样,内容充实,包括范文示范,语言文字知识,作法指导,修辞知识,练习设计等部分;这有利于学生全面、扎实地掌握这一类题材的日记作法,实现"由篇达类"的写作教学理想。其他课文也采用相类似的文本结构。

(二) 说明类写作教材分析

与科学思潮的广泛传播相一致,说明文体写作不断受到重视,1936年9月出版的马崇淦编辑的《全国现代初中作文精华》(1—4册)收录说明文235篇,而记叙文只有55篇,议论文有21篇。可是从课程标准时期中小学写作教科书目录(1928—1949年)来看,却没有发现任何一本专门的说明文写作教材。据此推断,说明文写作内容可能主要包括在综合类的写作教科书内。

从《全国现代初中作文精华》(1—4册)选录的说明文范文来看,课程标准时期的说明文多与社会生活、学生生活联系密切,多属于事理说明文,关于自然客体的说明文、逻辑类说明文比较少。从这些选录的事理说明文来看,有不少属于宣传说教类型的说明文,如《集中力量首在服从领袖说》《非常时期的青年学生》《非常时期的初中学生》《处此非常时期中青年应怎样训练自己》《非常时期青年应有之正当态度》《非常时期中等学生应有的认识与觉悟》《现代青年应有的精神》《现代青年应有的修养》《中学生应有的态度》等,还有不少宣传爱国主义精神的说明文,如《青年救国的途径》《爱国不忘求学说》《学生精神与民族生存》《国难严重声中国人应有的醒觉》《读书救国说》《论读书救国》《吾人应如何救亡国存说》等。这与当时(1936年9月)的国内外形势有密切关系。1946年10月出版的朱平君编纂的《中学模范作文》专门收录20篇说明文,其中也有一些宣传说教类型的范文,如《青年的处世精神》《青年的修养原则》《怎样做个好学生》《新女性的三格》《恋爱的意义》《选择配偶的标准》等。

(三) 议论类写作教材

从目前所搜集到的文献来看,议论类、说明类的写作教材很少见,有不少议论

---

① 吴增芥. 日记作法(第1册)[M].上海:商务印书馆,1935:15.
② 同上书,第16页。
③ 同上注。
④ 《日记作法》的日记练习题的设计富有特色,呈现情景化、生活化、活动化的特点。

类、说明类的写作内容包括语文教科书及模范作文被选中。此外,这时期还继续再版了一些清末以来的文言论说文,比如吕珮芬编写《分级古文读本》(包括甲编上下、乙编上下、丙编上下、丁编上下,共 8 册),供小学写作教学之用。这套《分级古文读本》于光绪三十二年(1906 年)初版,到 1934 年 4 月是第 11 版,搜集到的本子是 1932 年 11 月出版的。

《分级古文读本》选录了不少文言论说文,供模仿写作练习之用,其编写模式有点像单元组合式。《分级古文读本》(甲编):"古之教人者,先德行而后文艺,今合德行文艺而并教之。""爰择子史中之嘉言懿行可为世法者,分孝悌忠信礼义廉耻八类以汇辑之,每类十二课。课凡九十有六,足供初学一年之用焉。犹是每课之后,必系之以说何也,义有因浅见深者,推演之则其义益显。"[1]也就是以孝、悌、忠、信、礼、义、廉、耻八类为主题,选择一组 12 篇选文,一组选文之前会集中阐释"孝"等主题意义,每篇选文之后附有点评,以解说文章理法,"每课之后,皆系以说(大旨已详,甲编序中),如读者能因吾之说,以求通古人之文,更取古人之文,以求合吾之说,积而久焉,自悟作文之法矣,既知其法,然后以丙丁编进之,则教者易为功,学者亦不难为力"[2]。可见,《分级古文读本》各册之间相互关联,有系统设计之努力。另外还有《言文对照初学论说精华》(第 1—4 册),陆保璿,于 1937 年由广益书局再版。

不过,课程标准时期议论文写作教材的主流方向是采用标准语体文。1939 年 9 月出版的瞿世镇编纂的《模范作文读本》收录了 6 篇议论文,分别是第 23 课《女子职业问题》,第 54 课《中国工商业不发达的原因》,第 111 课《书病梅馆记后》,第 136 课《写在万里寻兄记的后面》,第 156 课《我的救国意见》,第 157 课《对于兴复征兵的几句话》。1946 年 10 月出版的朱平君编纂的《中学模范作文》收录了 10 篇议论文,即《学生的使命》《爱国与爱家》《怎样找寻出路》《怎样选择职业》《怎样服务》《青年与道德的训练》《改革教育的意见》《解决青年烦闷的商榷》《妇女解放的要求》《论妇女解放的途径》。从这些议论文所反映的主题来看,爱国主义、职业问题、工商业发展、妇女解放等逐渐成为新热点,这与过去"修身齐家治国平天下"等主题显然有本质上的区别。总之在思想主题方面,课程标准时期的议论类写作教材总体上已经实现从"忠孝""仁义礼智信"等经学话语,向民族国家、职业发展、妇女解放、民主科学等话语的现代转型。

还有一些写作教材专门介绍议论文的写作知识。如朱绍曾编纂的《文章作法》,这部写作教材于 1934 年 10 月由上海中央书店出版,供中学写作教学之用。《文章作法》在"绪论"一章介绍了文章的定义、分类及起源、文章特质及文章作法等知识;

---

① 吕珮芬. 分级古文读本[M]. 上海:中华书局,1932;序 1.
② 同上书,甲乙编总例 2.

然后特别介绍了"文章与作者",包括"作者的人生观""作者的经验""作者的态度""作者的情绪""作者的时代背景""作者的地域"等内容,这种注重"作者"的意识与过去仅仅强调文章蕴含的社会规范、道统等已经有了很大区别;随后依次详细介绍"论说文"及其他"叙事文""记事文""小品文"等文体的写作知识。

1936年9月,马崇淦编辑的《全国现代初中作文精华》(1—4册)由勤奋书局出版,其中也包括议论文、读后感等范文,不过选录的记叙文范文最多,占55篇,而议论文范文只有21篇,议论文范文只占记叙文的38.2%。

(四) 应用类写作教材分析

课程标准时期,随着大众语运动的推进,应用类写作教学获得进一步发展。之前的尺牍写作教学改名为书信写作教学。课程纲要时期比较多见的专门的女子尺牍教材,到了课程标准时期已经难觅踪迹。这时候出现了针对普通儿童的白话书信教材,如《初级儿童白话信》(汪漱碧,中央书店,1936),另外综合类应用文写作教科书也比较多见。根据上文的统计分析,已经找到且出版信息较全的应用类写作教材如下:《小学中年级国语副课本——日用文作法》(胡赞平,1册),《书信作法课本》(张匡,北新书局,7册),《初级儿童白话信》(汪漱碧,中央书店,1册),《应用文》(张须,商务印书馆,1册),《初级中学应用文》(张鸿来,文化学社,1册),《最新应用文》(胡怀琛,世界书局,1册),《初级应用文》(洪为法,正中书局,1册),《初中应用文教本》(胡怀琛,大华书局,1册),《开明实用文讲义》(张石樵,上海开明函授学校,1册),《应用文教本》(林西轶,汉文正楷印书局,1册),《新体编制初级应用文》(洪为法,正中书局,1册),《应用文教本》(林轶西,上海汉文正楷印书局,1册)等。另外,普通语文教科书里面也有应用类写作课程内容。

1936年5月,张匡的《书信作法课本》(第1册)由上海北新书局出版,供三年级上学期使用。《书信作法课本》的"编辑大意"中提到,这套书属于国语科补充课本,"容纳儿童日常应用之各种实用材料,补国语科教科书之不足"①。这套国语科补充课本,分为书信作法课本、日记作法课本、应用文作法课本三种,"书信八册,供小学三年级上学期至六年级下学期,每学期一册之用","应用文四册,供小学五年级上学期至六年级下学期,每学期一册之用","日记十二册,供小学一年级上学期至六年级下学期,每学期一册之用"②。这套《书信作法课本》的用法比较灵活,"每周于国语时间内,提出相当时间教学之或另设补习课教学,或指导儿童课外阅读,各校可看情形而定"③。

《书信作法课本》第1册的特点如下:1.从语言方面来说,《书信作法课本》"纯用

---

① 张匡. 书信作法课本[M]. 上海:北新书局,1936:编辑大意1.
② 同上注。
③ 同上注。

语体文,以便学生易于学习"①,这反映了当时白话文已经广为使用的实际。2. 从取材来说,"所用材料均为儿童经验以内的事物,以期切合儿童实际生活"②,这体现了儿童本位的观点。3. 从编法来看,"每课之末,详细解释本课之作法及注意点,使儿童于各别的实例中归纳到原理原则;将来应用此种原理原则,演绎到各别的事实上去,并于每篇之末,加以练习,使儿童多得整理的机会"③,这体现了由篇达类,注重学生写作实践的观点。4. 从容量来看,《书信作法课本》第 1 册有 45 篇课文,都是围绕学生的学校生活、家庭生活及社会生活来展开,体现为言语交往实践服务的理念。

下面以第一课来说明其结构特点。第 1 课是《报告到校》,其内容结构为:1. 书信范文示例。2. 类别说明:家信。3. 作法知识。4. 格式说明。5. 注意事项。《书信作法课本》第 1 册最后还附有"本册书信分类表""本册称谓一览表"。

从书信写作课本的选材内容来看,《书信作法课本》所选取的题材内容与清末时期、课程纲要时期的尺牍写作教材相比已经有了重大的变化。根据前文第四章的分析,清末尺牍教材以家族血缘关系占据绝对主流地位,反映学校生活的学缘关系只是陪衬、点缀,体现出浓厚的宗族文化色彩。课程纲要时期,随着文言文向白话文的转型,尺牍教材所反映的人际交往关系逐渐由家族血缘单一主题关系,转向家族血缘、学校学缘等多重社会关系相互交织的局面,民主、科学的现代文化不断渗透到教材编写之中。到课程标准时期,《书信作法课本》所反映的人际交往关系逐渐摆脱家族血缘关系和封建文化的束缚,形成以学生的生活事项为本位、以学缘关系为主体的人际交往状况,反映相对平等、民主的现代文化。如《书信作法课本》第 1 册共有 45 课,其中明显反映学生课内外生活主题的课文有 39 课,占全部课文的 87%。第 2 册共有 45 课,其中明显反映学生课内外生活主题的课文有 34 课,占全部课文的 76%。第 3 册共有 42 课,其中明显反映学生课内外生活主题的课文有 21 课,占全部课文的 50%。另外,《书信作法课本》从第 2 册开始强化爱国主义思想,以爱国主义为主题的课文,第 2 册有 6 课,第 3 册也有 6 课,这与当时中国所处的国内外形势是一致的。

总之,清末以来传统封闭式的社会结构逐渐解体,现代性的社会结构逐渐得以建构,儿童的社会地位不断提升,《书信作法课本》正好体现了现代社会大转型的文化特点和教育发展趋势。笔者在翻看《书信作法课本》这类"纯用语体文"的书信类写作教材时的心理感受,与翻看清末文言尺牍教材时很不一样。纯语体书信类教材与学生日常生活联系密切,显得生气勃勃,生活气息浓郁,读起来感觉轻松、随意。

---

① 张匡. 书信作法课本[M]. 上海:北新书局,1936:编辑大意 2.

② 同上注。

③ 同上注。

而文言尺牍教材反映复杂的家族宗法关系网络,承载了太多的封建伦常观念,读起来显得严肃有余,活泼不足,内心感觉古奥、沉重。不过,文言尺牍教材特别讲究炼字,文句显得紧凑、精练,不像白话文句显得相对松散。

1936年5月,汪漱碧编纂的《初级儿童白话信》由上海中央书店出版,属于初级小学生读物。主要内容包括:问安类、通候类、报告类、通知类、请求类、托办类、邀请类、集会类、介绍类、讨论类、询问类、规诫类、慰劝类、道歉类、馈赠类、借贷类、索取类、答谢类、祝贺类、吊唁类等20课,还附有"称谓须知表""信式格式"等。

1947年7月,洪为法编纂的《初级应用文》由正中书局出版,供中学写作教学之用。《初级应用文》设有13课,包括便条、演讲稿、书信文、简章、契据、讣文、呈文、广告文等应用文写作内容。

1936年9月,林西轶编纂的《应用文教本》由汉文正楷印书局出版,供中学写作教学之用。《应用文教本》详细介绍了书信、电报、广告、契约、章程、柬帖、公牍等应用文的文体知识、作法要点并举例说明,其中契约部分列举了租赁类、典契类、买卖类、借贷类、合股类、承揽类、聘雇类等实例,公牍部分介绍了上行公牍、平行公牍、下行公牍等内容,最后安排的是总练习题。

除上述记叙类、说明类、议论类、应用类写作教材之外,还包括文法修辞类写作教材,如皇甫钧编纂的《小学高年级国语副课本——文法和修辞》于1935年7月由中华书局出版,主要内容不仅包括名词、代名词、动词、形容词、副词、连词、介词、感发词、助词等词的种类及词性,还包括造句方法(单句造句、复句造句),句子种类,修辞知识等。这种编纂方式主要从行为主义的观点来理解"文法",如"文法就是作文的法则,好像打球有打球的法则,做计算有计算的法则,都是一样的。我们懂了文法,就会造通顺的句子,作成一篇优美的文章。所以要作好文章,必先懂文法"[①]。

还包括专门供学生写作练习之用的教材,如《低年级作文练习书》。这套书"依照教育部小学国语课程标准编辑,供小学一二年级学生练习作文之用。全部四册,每学期使用一册"[②]。从内容取材来看,《低年级作文练习书》完全遵循儿童本位的原则,"分日常生活、游戏动作、偶发事项、画片实物、故事等五方面","内容的选择,用字造句的进程,与现行国语、常识教科书的材料及生字相配合"[③]。这样能够保证小学低年级的写作练习建立在学生识字及一般语文学习的基础之上。这套书的作文练习,分为"自由发表""基本指导"两项。另外各册教材的底页,附有教材教法一览表,包括面数、题目、取材、指导要点、练习方法五项,供教师教学参考之用。这套书的使用方法,"第一册开始教学,宜在国语第一册授课约半册以后,其时儿童认识生

---

① 皇甫钧.小学高年级国语副课本——文法和修辞[M].上海:中华书局,1935:1.

② 朱翙新.低年级作文练习书(第3册)[M].上海:广益书局,1947:编辑大纲1.

③ 同上注。

字较多,应用较便。开始后每教学国语一课,指导本书一课。至二三四册,均可与国语课本同时并教,大约每教学国语二课,指导本书一课"①。通过这种方式将国语教学与写作教学紧密结合起来。

目前找到的《低年级作文练习书》第3册,于1947年10月由上海广益书局出版,供小学第二学年上学期用,其内容包括:1. 数数看;2. 演说会;3. 组句;4. 沙眼;5. 写几个字;6. 造句;7. 对不对;8. 用那一句;9. 老师问我回答;10. 长句改短句;11. 为什么;12. 连句;13. 怎样回答;14. 借书;15. 短句改长句;16. 请你回答;17. 猜谜儿;18. 这是游戏场;19. 雪人;20. 仿作。每一课都注重通过实物、故事情境、日常生活情境或偶发事项来设计写作练习。

专门供学生写作练习之用的教材还有宗亮寰编纂的《基本国语练习本》,于1947年8月由基本书局出版发行。这套写作教材共有四册,练习设计由"填字"练习依次发展到"造句"练习,一般五课一单元,每单元后设置测验活动。《基本国语练习本》这套教材,在从"填字"练习到"造句"练习的发展过程中,非常注意围绕学生生活来选择有趣的情境化题材、循序渐进的语言材料,以激发学生的写作兴趣。

第三节　课程标准时期的写作教学

一、课程标准时期的写作教学概貌

大众语运动是"五四"白话文运动发展的深化,白话文社会性写作获得新的发展,逐渐向全国各行各业渗透,现代汉语书面语逐渐走向成熟。基于标准语的语体文写作课程开始发展起来,文言写作教科书、言文对照的写作教科书越来越少,记叙类、说明类、议论类、应用类的写作教材逐渐增多,修辞知识类教材有所增加。以标准语体文为导向的写作教学逐渐发展起来,具体表现如语文练习要求"运用本国的标准语……以期全国语言相通"②。落实到写作练习,就要求"以近乎标准的语言为原则"③,以方便全国民众之间相互交流。"依据运用标准语学习语体文的原则,文字组织等,以标准语法为准,诗歌押韵等,以标准音韵为准。"④不仅语文学习要求应用标准语,基础教育各学科都倡导使用标准语,如"在可能范围内,应充分用和标准语

① 朱翙新. 低年级作文练习书(第3册)[M]. 上海:广益书局,1947:编辑大纲1.
② 课程教材研究所. 20世纪中国中小学课程标准·教学大纲汇编·语文卷[M]. 北京:人民教育出版社,2001:16.
③ 同上书,第20页。
④ 同上书,第27页。

相近的语言,做各科教授用语"①。由此可见,标准语体文的写作教学是历史发展的大趋势,其基本特征如下:

(一) 写作教学突出学生的主体地位

在写作教学过程中,学生有无主体地位,关键看学校是否允许、鼓励学生用自己的语言来说话,说自己的话。在文言八股时代,儿童不仅要经过 14 年苦读圣贤经书的"折磨",而且还要遵从"代圣人立言"的规矩,在这种残酷的应试强制训练环境下难以书写心灵,难以书写自我。这种写作教学实际上否定了学生的主体地位。新文化运动以来,杜威的教育思想逐渐为国人所接受,以儿童为目标指向的观念广为传播。课程标准时期,儿童的主体地位在写作教学中得以彰显。

这时期专门设置说话教学,与阅读、写作、写字等比肩而立。从小学一年级到六年级均安排说话教学内容,第一、二学年每周 60 分钟,第三、四学年每周 30—60 分钟,第五、六年每周 30 分钟②,这是一大飞跃。在强化说话教学的同时,将口语表达练习导入写作教学范畴,逐渐向书面语表达转化。第一、二学年安排图画故事的口述说明,故事和日常事项的口述;第三、四学年安排图画、模型、实物、实事等的口述,与此同时还要进行类似题材的同步笔述练习。后来第一、二学年又安排了日记练习,简单记叙文、实用文练习,还有演说辩论稿等文体的撰写。通过口语表达与书面语表达相互促进,逐渐引导学生养成"言文一致"的书写习惯。这种写作教学就是要引导学生学会话怎么说,就怎么写,培养书写所见所闻所感的能力,培养言语交往的能力。在交往实践过程中,每一位学生都是交往主体。初中、高中阶段的写作教学中也安排了口语练习,如演说或辩论等,鼓励学生自由发表意见。

除通过加强口语表达教学,促进学生用自己的语言写作,凸显学生的主体地位之外,口述或笔述,"都要注重内容的价值,而不仅着眼于方式";口述和笔述的材料,"以儿童经验所及想像所及的为依归"③。这显然是站在儿童的立场来设计写作教学。

写作评改环节也应尊重儿童的主体地位,如"批改成绩应认真,应多保留儿童本意,并予儿童以共同批改研究的机会"④,这里提倡的"保留儿童本意"就充分体现了对小作者的尊重。另外还鼓励学生自己修改,如"高年级中酌用'订正符号',使儿童自己修改"⑤。其实除写作教学外,当时的教材编写也尽量尊重儿童的主体地位,如

---

① 课程教材研究所.20 世纪中国中小学课程标准·教学大纲汇编·语文卷[M].北京:人民教育出版社,2001:16.
② 同上书,第 17 页。
③ 同上书,第 20 页。
④ 同上书,第 29 页。

⑤ 同上书,第 27 页。

《小学课程标准国语》(1932 年)规定,"依据儿童心理,尽量使教材切于儿童生活"①,具体如"以儿童或儿童切近的人物为教材中的主角","将抽象的大事,编辑成具体的片段事实","文字深浅,恰合儿童程度"②。这些教材编写特点,会反过来促进写作教学尊重儿童的主体地位,促进儿童用自己的话来书写。

(二) 突出写作练习的主干作用

注重写作练习一直是我国写作教学的传统经验,文言文向白话文转化以后,这个写作教学经验继续延续下来,不过内涵已经有所发展。现在不仅重视书面表达练习,而且全面重视口语表达练习,写作练习的形式更加多样,且呈现系统化趋势。比如《小学课程暂行标准小学国语》(1929 年)所持的基本精神,就是语文学习要充分练习,而且语文练习偏向对语言形式规律的掌握,"语言文字多须充分的练习","练习的方法要多变换,练习的机会要普遍均匀","整个的欣赏材料,不宜熟习。应熟习的,以文字文法为限"③。值得注意的是,各项语文练习"都须有自然的动机,明确的目的;作文写字,尤需以实际的需要为动机"④。这是防止语文练习机械化的关键所在,这其实也体现了语文练习要尊重学生主体需要的理念,注重从练习的内容上激发学生的表达兴趣。

小学国语课程专门设置作业类别和各学年作业要项,如看图说话、看图配文字说明练习,模型实物实事的口述或笔述练习,讲故事练习,日常事项的口述或笔述练习,偶发事项的笔述练习,日记随笔练习,读书笔记、书信练习,儿童刊物、学级新闻、学校新闻拟稿练习,演说辩论稿拟写、剧本编辑、对某事的计划撰写、整理思想练习,临时命题作文练习,自由发表练习,各种文体的格式结构、文法、修辞等的分析练习,还包括简易记叙文、实用文的练习研究,普通文的练习研究等。针对临时命题作文练习,书中还专门提到:命题应有趣味,应多出题,以备选择,应常由儿童自己命题等。⑤

针对不同年级还考虑采用不同的写作教学法,如"低年级作文的指导可多用'助作法',中年级可多用'共作法'"⑥。还"可将容易错误的文法句法,用听写法、仿作法等充分练习"⑦。还特别注重开展讲演会、展览会、作文比赛、刊物投稿等课外活动。

---

① 课程教材研究所. 20 世纪中国中小学课程标准·教学大纲汇编·语文卷[M]. 北京:人民教育出版社,2001:27.
② 同上注。
③ 同上书,第 20 页。
④ 同上注。
⑤ 见《小学课程暂行标准小学国语》有关规定,同上注。
⑥ 同上注。
⑦ 见《小学课程暂行标准小学国语》有关规定,同上注。

（三）显现出科学化的趋势

《小学课程暂行标准小学国语》（1929 年）在写作评价环节体现科学化的追求。"读书作文写字等各项作业成绩的批评指导，应充分利用现成的量表，使儿童知道自己的程度和进步量"①。毕业最低限度上，要求初级结束"作文能作语体的书信和简单的记叙文，而文法没有重大的错误。或作文标准测验分数在 4.5 以上"②；要求高级毕业"作文能作语体的实用文、普通文而文法没有错误，或作文标准测验分数在 6.5 以上"③。使用量表来进行作文教学评价这点，就能体现出写作教学的科学化特征。

（四）指向儿童的生活世界

清末时期，随着白话文写作教学的萌芽，低年级的儿童写作提倡与生活实践及其他学科相联系。经过新文化运动以及杜威等人的现代教育思想的输入，儿童主体的教育观念逐渐深入人心，儿童主体地位在写作教学中逐渐被确立起来，带动了写作教学与儿童生活的有机联系。随着这种联系不断丰富、细密，到课程标准时期，中小学写作教学呈现出以儿童生活为本位的趋势，倡导我手写我口、写我心，写我的见闻、我的生活感受，我的思想、情感等，写作教学内容逐渐摆脱古圣贤话语，转向"写实主义"。过去那种以经典选文为轴心，"以读代写""为写择读"的文言写作教学模式逐渐被淡化，写作教学不再鼓励重复古人话语，不再强调"宏大叙事"，注重从身边生活中的小事出发，倡导书写真实，逐渐走出一条新的路子。

具体表现如，写作练习首先从儿童口语表达入手，然后逐渐过渡到书面语表达，有利于儿童书写自我。在口语表达练习阶段，又有特别要求，如"说话要自然（不可拘泥于文字的斟酌而受文字的束缚）。并且要注意儿童语和成人语的不同"，"说话要生动，有情景；教学和动作，要结合表现；已经讲过的故事，最好要使儿童表演"，"会话的语料，要集中于一件有趣味的事情上，而且有一个有趣味的题目"④。

要注意将口语表达与书面语表达相联系，通过文字传达作者的心灵。如"口述应和笔述常相联络。例如同一题材，先演讲（口述），继以记述（笔述），再继以讨论（研究）；或先演讲，继以记述；或先记述，继以讨论"⑤。

在正式书面作文的起步阶段，设计一些记录当前活动的写作练习，指导日记写作练习，从反映学生自己的生活开始。如《小学课程标准国语》（1932 年）规定，"开始练习作文时，就应指导儿童练习日记"⑥，1936 年《小学国语课程标准》规定，"开始练

---

① 见《小学课程暂行标准小学国语》有关规定，出处：课程教材研究所. 20 世纪中国中小学课程标准·教学大纲汇编·语文卷［M］. 北京：人民教育出版社，2001：20。
② 同上书，第 21 页。
③ 同上注。
④ 同上书，第 36 页。
⑤ 同上书，第 37 页。
⑥ 课程教材研究所. 20 世纪中国中小学课程标准·教学大纲汇编·语文卷［M］. 北京：人民教育出版社，2001：29.

习作文时,就应指导儿童笔记当前的活动"①。

在课堂教学中,写作教学通过做学科笔记、听课笔记、实验报告、活动计划、总结等多种方式与各科教学相互联络。课外活动中,写作教学与学校社团、学校媒介互动,从而参与到学校语言生活中来,如让学生进行学校新闻稿、学级新闻稿的撰写活动。如《小学国语课程标准》(1936年)规定,"作文须与各科(如笔记各科的讲述等)联络,并须与课外活动(如学校新闻、学级刊物的拟稿等)联络"②。写作教学还特别注重与社会生活的联络,如新闻报纸已经被纳入语文教学资源体系,学生通过读报等方式了解社会动态,并以这种方式将写作教学与社会生活联系起来。总之,写作教学逐渐与学生的课堂生活、课外活动及社会生活有机联系,学生通过写作活动记录着自己的生命成长,反映着社会现实生活。

(五) 孕育个性化的教学思想

指向儿童的生活世界,逐渐孕育出个性化写作的教学思想。"'执笔作文',是我们自己要作文章。既是自己要作文章,便须作自己的文章。模仿他人的文章,抄袭他人的文章,便不是作自己的文章,而是作他人的文章了"③,同时在引述瞿昆湖④观点的基础上,对不良的写作现象进行批判,"作文须从心苗中流出。初时觉难,久之自易:盖熟极自能生巧也。今之后生,专去翻阅腐烂时文,以为得法。抑知吾有至宝,不去寻求,而取给他人口吻,以为活命之资,真可叹矣!更有一题到手,辄取旧文以为式样。初时以为省力,不知耳目增垢,心志转昏。自家本来灵性,反被封闭,不得透出,即能成文,亦平庸敷浅,不足观矣"⑤。对过去一味注重模仿的写作方式提出批评,提倡遵从"自家本来灵性"来进行写作,也就是个性化写作。

从学生个性出发,不同类型的学生侧重于练习不同的文体,理想的写作教学应该因材施教。"所谓灵性也者,就是现在所谓个性。只就作文说:有的人个性宜作议论文,有的人个性宜作叙事文。各人因各人性之所近,不能相强的。也只有依各人性之所近,用力下去,才能达到成功的地步"⑥,"各人个性不同,我有我的个性,只有发挥我自己的个性去写文章,文章才写得成功"⑦。现代写作教学需要的是从学生自身特点出发,展示学生的个性特点。

---

① 课程教材研究所.20世纪中国中小学课程标准·教学大纲汇编·语文卷[M].北京:人民教育出版社,2001:38.
② 同上注.
③ 徐蔚南.作文一要[J].世界杂志,1931,1(1):71.
④ 瞿昆湖,即瞿景淳,明常熟人,字师道,号昆湖。嘉靖二十三年进士,官至礼部侍郎,兼翰林院学士。总校《永乐大典》,修《嘉靖实录》,卒谥文懿,《明史》有传。
⑤ 徐蔚南.作文一要[J].世界杂志,1931,1(1):72.
⑥ 同上注.
⑦ 同上书,第73页。

二、课程标准时期的写作教学进展

（一）课程标准时期写作教学的阶段性特征

1. 课程标准前期的写作教学

1928 年到 1936 年间，文言文或文言对照的写作教材已经很少见了，根据课程标准时期中小学写作教科书目录（1928—1949 年）可知，这段时期笔者只发现一册言文对照的写作教材，即《言文对照初学论说精华》（第 1—4 册），此书作者陆保璿，由广益书局出版。在其余的白话文写作教材中，学生模范作文渐渐多了起来，如 1928 年凤玉贞编辑的《女学生模范日记》（1 册），上海国光书店出版；1936 年黄晋父编辑的《模范作文》（1 册）；1936 年马崇淦编辑的《全国现代初中作文精华》（第 1—4 册），勤奋书局出版。这在一定程度上淡化了过去一味模仿古文名篇的传统做法，在平时的作文教学中越来越重视学生自己的文章。从某种意义上说，这反映出学生在写作过程中主体地位的提升。

根据这时期写作教材的特点，参照课程标准关于使用本国标准语的有关规定，可以推断出课程标准前期已经开始走向以标准语为导向的写作教学实践。

2. 课程标准后期的写作教学发展

1937 年到 1949 年间，写作教材类型的出版情况与第一阶段大致相同，只是数量明显减少。从写作教材层面反映的信息来看，这时期的写作教学实践延续前一阶段的做法，并没有新的突破。考虑到抗日战争、三年内战等外部因素，可以说这时期写作教学事业实际上遭受了重创，"40 年代国统区的写作教育处于困顿期……这一时期，国统区的写作教育发展缓慢，国文界有识之士仍致力于白话文写作教育的改进，对一些重要问题的思考也有所深化和拓展"[1]。

在语体文写作教学研究方面，课程标准时期有了进一步发展，出版了不少相关著作，如 1929 年，王森然的《中学国文教学概要》由上海商务印书馆出版，其中包含写作教学内容。1930 年，黄洁如的《文法与作文》由开明书店出版；1933 年，宋文翰的《小学作文教学概论》、徐子长的《小学作文教学法》均由上海商务印书馆出版；1934 年，胡怀琛等人的《文章作法全集》由世界书局出版；1934 年，夏丏尊、叶圣陶合编的《文心》出版；1935 年，张石樵的《开明实用文讲义》由开明函授学校（上海）出版；1938 年，夏丏尊、叶圣陶的《阅读与写作》出版；1939 年，唐弢的《文章修养》由文化生活出版社出版；1948 年，张粒民的《小学作文科教材和教法》由上海商务印书馆出版。

比较而言，这时期阮真的写作教学研究具有典型性、代表性。阮真著《中学作文

---

① 潘新和. 中国现代写作教育史［M］. 福州：福建人民出版社，1997：349.

教学研究》(1929 年)、《中学国文各学程教学研究》(1930 年),均由上海民智书局出版;他的《中学国文教学法》(1936 年)由正中书局出版。

3. 标准语体文导向的写作教学结构

总体而言,课程标准时期的白话文写作教学获得进一步发展,其地位得到巩固。这时期中小学写作教学以标准语体文为导向,致力于培养每一位公民的写作能力,逐渐形成以口语表达教学,实用文写作教学,普通文写作教学(记叙文、说明文、议论文),诗歌、故事、剧本、小说等文学作品创作教学为主体结构,包括日记、译文、野外写生、笔记、报告、演讲稿、新闻稿等多种形式,兼顾简单文言文写作教学的总体结构,整个写作教学总体上体现民族精神、爱国主义、公民道德等精神追求。比较而言,这个写作教学框架的突出特点是追求以标准国语为写作语言,面向每一个公民,提出文学作品试作要求,以"培养学生创造新语、新文学之能力"[①],"培养学生创造国语新文学之能力"[②]。

以标准语体文为导向的写作教学框架大体上由四个层面构成:第一个层面是标准口语表达教学;第二个层面是简单的实用文、简单的普通文及文艺文写作教学;第三个层面是复杂的实用文、复杂的普通文及文艺文写作教学;第四个层面是培养学生自由运用语体文写作的能力,增加专题论文写作、文章批评写作,继续文艺文习作,兼顾文言文写作教学,培养学生运用平易文言文叙事说理、表情达意的技能,包括古文诗词仿作等。

需要说明的是,这里的普通文、实用文是特定的概念,有具体规定,如《小学课程暂行标准小学国语》(1929 年)规定:"普通文为记叙文、说明文、议论文的总称,或称'通用文'。实用文为书信条告的总称,或称'特用文'。"[③]其中记叙文、说明文、议论文属于教学文体,真实的言语交往实践中没有完全相对应的名称。记叙文涉及的内容很丰富,包括生活故事、自然故事、历史故事、童话、传说、小说、寓言、日记、游记等。[④] 由此可见,记叙文的概念内涵具有模糊性,有些文章难以判断是不是记叙文。实用文也是如此,大体上具有特殊实际用途的文章都可以算是实用文,除了书信、通告、广告之外,计划、总结、报告、收据、契约、章则(或章程)、宣言、公文书札[⑤]、新闻稿、演讲稿等都是实用文,其实对日常生活、偶发事项的笔述,会议记录等也算是实用文。清末以来,实用文的内涵发生了很大变化,更加丰富,更有现代气息。

---

① 课程教材研究所. 20 世纪中国中小学课程标准·教学大纲汇编·语文卷[M]. 北京:人民教育出版社,2001:293. 另外与此相应的是,这时期儿童文学对语文教学的影响越来越大,《小学国语课程标准》(1936 年)规定"读书教材,应以儿童文学为主体",总体来说,读写是相互照应的。见《20 世纪中国中小学课程标准·教学大纲汇编·语文卷》第 32 页。

② 同上书,第 301 页。

③ 同上书,第 18 页。

④ 同上书,第 32—33 页。

⑤ 契据、章则(或章程)、宣言、公文书札等在当时又被称为应用文件,也属于实用文。

课程标准时期,小学阶段就开始安排文艺文试作练习,如诗歌、故事的试作练习,剧本的编辑及试作;中学阶段的文艺文试作有所发展,"凡小说,诗歌,戏剧,各种散文,皆可令学生试作。其有特别天才者,当就其性情所近,指示他多读名家作品,以作模范"①,还包括古文诗词仿作练习②。

总体来说,课程标准时期,中小学写作教学是以自由运用规范的语体文表情达意作为首要目标。在这个前提下,中学高年级兼习文言文写作,还包括古诗文写作。课程标准时期中小学写作教学结构框架,详见下面的表格。

表4－12　课程标准时期中小学写作教学发展结构表

层级	写作教学类型			培养目标: 公民的写作能力
4 高级层	自由运用语体文写作,增加专题论文写作,文章批评写作,继续文艺文习作,兼顾文言文写作,包括古文诗词仿作。			中学阶段
3 中级层	复杂普通文	复杂实用文	文艺文试作	
2 基础层	简单普通文	简单实用文	文艺文试作	小学阶段
1 基础层	标准口语表达教学			
人文基础	民族精神、爱国主义、公民道德			

(二) 记叙文写作教学

在大众语运动的推动下,以标准语体文为导向的写作教学获得进一步发展。学生在完成标准口语表达学习之后,开始过渡到简单普通文、简单实用文和简单文艺文的学习阶段。其中,从属于普通文的简单记叙文逐渐成为小学阶段写作学习最重要的文体。记叙文写作教学一直要延续到高中毕业,最终达到自由写作复杂记叙文的水平层次。语体文写作教学最基本的目标是教会学生掌握记事、记人的写作能力,这是现代写作教学受现实主义创作影响的反映。但是清末时期,小学阶段(主要是高小)还是以文言论说文写作教学为主导,或者说文言文篇章写作入门的阶段是学习论说文。到课程标准时期,论说文写作教学已经延迟,主要安排在高中阶段来教学,现代语体文写作教学入门的阶段已经变成学习记叙文。"许多教员们叫学生入手就做议论文,这是没有脱去科举时代的陋习,初学作议论文,是容易走入空疏俗滥的路上去。我以为初学作文应该从描写文和记叙文入手,这两种文做好了,议论文是很容易做的。"③可见随着白话文的发展,记叙文写作教学的地位不断获得提升,

---

① 课程教材研究所. 20世纪中国中小学课程标准·教学大纲汇编·语文卷[M]. 北京:人民教育出版社,2001:288.

② 同上书,第311页。

③ 张裕光. 国文精选(2)[M]. 南京:正中书局,1948:99.(第29课为朱光潜的《谈作文》)

最终成为现代语体文写作教学入门阶段的第一文体。

记叙文写作教学与学生日常生活的联系更加密切。记叙身边的人、周围的事，反映自己的常态生活逐渐成为记叙文写作教学的基本理念，从而彻底改变过去一上手就要求阐释经文、写作策论的痼疾。写作的源头，"就是我们的充实的生活。生活充实，才会表白出、发抒出真实的深厚的情思来"①；充实生活的方法，就是知行合一。现存最早的茅盾作文手稿，是清宣统元年（1909）茅盾在家乡浙江桐乡乌镇高等小学念书时的两册作文本，他当时 13 岁。这两册作文本共有 37 篇习作，其中只有 1 篇记事文，题目是《选举投票放假纪念——四月十五日浙江谘议局初选举投票日期》；1篇散文，题目是《悲秋》；其余的多是策论、史论或阐释经书的文字，如《武侯治蜀王猛治秦论》《宋太祖杯酒释兵权论》《燕太子丹使荆轲刺秦王论》《汉武帝杀勾弋夫人论》《文不爱财武不惜死论》《汉明帝好佛论》《善不积不足以成名善，恶不积不足以灭身义》等。② 语文教师的批语如"此语一针见血"，"慨今慨古、无限悲怆！"③，"笔意得宋唐文胎息，词旨近欧苏两家，非致力于古文辞者不办"④，等等。

到课程标准时期，中小学生模范作文不论从写作题材，还是文章整体风格、文化气息来看都已经发生巨大的变革，下面以《中学模范作文》⑤（朱平君编，上海国光书店，1946 年再版）第一编"记叙文"为例来说明。《中学模范作文》共选录学生模范记叙文 20 篇，具体篇目如下：1.《求学生活的片段》，2.《投考本校的动机》，3.《往事》，4.《母校》，5.《记电影音乐演奏会》，6.《校庆纪念会花絮》，7.《国都观光记》，8.《玄武湖畔》，9.《春游》，10.《记扫墓》，11.《西湖记胜》，12.《苏州虎丘山游记》，13.《记雷雨前后》，14.《紧急集合》，15.《记采集标本的经过》，16.《端午节的习俗》，17.《七月十五日》，18.《漫谈过年》，19.《老师的追忆》，20.《值得钦佩的青年》。⑥

从作文标题来看，上述模范记叙文所反映的题材多是学生的日常生活，如"求学生活""投考""母校""校庆纪念会""观光""春游""游记""扫墓""采集标本""端午节""过年""老师""钦佩的青年"等，体现鲜明的平等观念，充溢民主色彩和现代气息。学生写作题材的变化，传递的信息是"人的解放""儿童解放"，学生的主体地位获得进一步提升，从此他们可以书写自己的故事，而不是仅仅满足于为帝王、圣贤作注。出于这个原因，记叙文写作教学与学生日常生活的联系更加密切，课堂教学、课外活

---

① 刘国正，陶伯英. 中国近现代名家作文论［M］. 郑州：文心出版社，1992：659.
② 参考毛华轩标点注释《茅盾少年时代作文》中的目录页及出版说明等内容，北京光明日报出版社，1984 年版。
③ 茅盾，毛华轩. 茅盾少年时代作文［M］. 北京：光明日报出版社，1984：出版说明 2.
④ 同上书，第 54 页。
⑤《中学模范作文》共设七编，分别是第一编记叙文，第二编描写文，第三编抒情文，第四编说明文，第五编议论文，第六编应用文，第七编其它。可见，《中学模范作文》所指的记叙文范围比现在所理解的记叙文要更狭窄，当时的教学文体分类更细，现在常常将记叙文、描写文、抒情文都糅合在一块。
⑥ 朱平君. 中学模范作文［M］. 上海：国光书店，1946：目录页.

动、参观游览、家庭活动、节庆假日等逐渐成为学生作文的主题,写作活动也就自然成为儿童生命活动的反映。这为真正培养学生内在的写作兴趣创设了必要的条件。

随着写作内容及教育对象的变化,记叙文写作逐渐以反映儿童生活世界为主。学生人数也越来越多,过去那种"精耕细作""师傅带徒弟式"的文言写作教学方法变得不太现实。于是记叙文写作教学由过去偏重写作外在规范、写作章法等"形式"因素,转向鼓励学生自由练笔,留心观察,有心得、体会随时记录,写作实践不再如过去那般"神圣"或"正式",逐渐嵌入日常生活实践过程中,演变为一项日常生活技能。"在从前,文字是特殊阶级的享用品,因而写作成为了不起的事。书塾里的学生开始作文,有个特定的名称说叫做'开笔',必得预先翻看历书,选一个吉利的日子;这时候,送给先生的束脩也要加多了。到现在,文字逐渐成为大众的工具;……大众识了字,自然要提起笔来写作,用来代替一部分的说话。于是写作这件事毫无什么了不起,写作只是另一方式的说话罢了。"①在这种情形之下,"现在小学中学里头作文的时候,只要教师不是顽固透顶的人物,总教学生写自己周围的事物以及自己所有的情意。这两个出发点显然不同。前者负担着道学传统的空架子,实际是玩一套文字的把戏;发展到极点,就来了答截题,集锦体,诗钟,灯谜种种花样。后者则把写作回复到生活方面来,让它跟说话处于同等地位;这当然切实有用,绝非点缀人生的玩意儿"②。于是培养学生的日常写作习惯,逐渐成为记叙文写作教学的重点内容之一。

"文字既然是社会上一种传达的工具,应用文字又是属于社会生活的一部分,所以文字的系统,成为社会行为的一种习惯","儿童学习本国语……就是要养成某一种社会行为的习惯"。③ 练习日记写作,便是培养习惯的一个重要方面。黎锦熙曾经提出"日札优于作文"④的教学原则。"日记的材料是个人每天的见闻、行动以及感想,包括起来说,就是整个生活。我们写日记,写作这件事就跟生活发生了最密切的联系。……我们从日记练习写作,这就跟现代语文教学同其步趋。"⑤

从写作教学方式来看,记叙文写作教学指导法、实验法受到重视。教师通过有选择地组织各种活动,如参观、游览、比赛等,来创设写作情境,安排写作练习。在学

---

① 叶圣陶,刘国正.叶圣陶教育文集(3)[M].北京:人民教育出版社,1994:368.

② 同上注。

③ 张世禄《读书与作文》,原载于《国文杂志》第二卷第二期(1943年),详见顾黄初,李杏保.二十世纪前期中国语文教育论集[M].成都:四川教育出版社,1991:699.

④ 参见黎锦熙《各级学校作文教学改革方案》,原载于《国文月刊》第五十二期(1947年),另见顾黄初,李杏保.二十世纪前期中国语文教育论集[M].成都:四川教育出版社,1991:875.黎锦熙认为,"日记札记,有内容,重资源,比之堂上限时作文,偏重语文形式之正确无误者,当然益处更多,效用较大。日记札记,包括堂上拟题写作等,应当积极的有目标有用处,不像堂上作文仅是消极的备考核,供改订而已"。

⑤ 叶圣陶,刘国正.叶圣陶教育文集(3)[M].北京:人民教育出版社,1994:368—369.

生练习写作之前，教师特别注重有关方法的指导，练习之后还有写作讲评环节。另外还特别注重通过教学实验的方法来探索、尝试新的写作教学方法。如20世纪30年代，吴震春就尝试用比较实验的方法来改进对小学生作文的指导，他"建立了一个指导儿童作文的新办法，名曰'轮廓抒写合一作文法'"①，通过比较对照实验的方式来改进写作教学，提高作文教学质量。在写作教学实验过程中还推广使用俞氏小学缀法量表，陈氏小学默读测验，廖氏团体智力测验等测评工具。吴震春还提到其他写作教学实验，如安徽中心小学实验，上海西成小学实验，浙江十中附小实验，上海务本附小实验，安徽中小实小实验，南昌省会实验小学实验等。② 总之，这时期记叙文写作教学在科学化方面迈出一大步。

从教学文体分类的角度来看，当时记叙文的概念比现在的要更为狭窄，与记叙文相关的还有叙事文、记事文（包括人物描写、环境描写等内容）；除此之外，还区分描写文、抒情文、散文、小品文、传记等，而现在常常将描写、抒情与记叙杂糅在一起，称之为复杂的记叙文。另外散文、小品文（有点如现在的随笔）、传记等也常常被视为记叙类文字。相比过去，记叙文越来越具有包容性及综合特征。

（三）说明文写作教学

课程标准时期，说明文写作教学越来越深入，对说明文的分类呈现体系化趋势。胡怀琛《文章作法全集》（上海世界书局，1934年11月）第二部分专门谈说明文作法③。说明文可划分为五类："1、说明一件东西的性质，及其功用、价值。2、说明某件事情和我们的关系，或和另一件事的因果关系。3、说明某种学理。4、解释某个字的意义，或说明某个名词的界说。5、注解古书，或同时人的著作。"④在与其他文体比较的基础上，进一步阐释说明文的特点，如"记实文和叙事文是具体的，说明文是偏于抽象的"，"抒情文是完全抒发自己的情感……说明是替人家解说，一定要人家能够了解"，"论辩文大半是人家和自己立在对峙的地位，互相辩驳讨论；说明文完全是自己立在指导的地位"。⑤ 对说明文功能的认识，相比过去已经有了进一步提高⑥，这反映了说明文教学实践的深入发展。

说明文写作教学与世俗生活的联系更加密切，体现为现实人生服务的现代精

---

① 吴震春. 作文指导方法的比较实验[J]. 教育杂志，1935，25（4）：223.

② 同上书，第222页.

③ 夏丏尊、刘熏宇的《文章作法》第四章也是专门探讨说明文作法问题。比较而言，胡怀琛对此的探讨要更加深入。

④ 胡怀琛. 文章作法全集[M]. 上海：世界书局，1934：1.

⑤ 同上书，第5页.

⑥ 夏丏尊、刘熏宇合编的《文章作法》（开明书店，1926年）对说明文的分类没有这么深入、细致，只是简单列举了"教师的讲义，科学的教科书，大半是说明文，固不必说；就是学术上的定义，字典上的解释，古书上的注解，事实真象的传达，凡足以使人得到明确的观念和理解的，都要用到说明文"。详见夏丏尊. 夏丏尊文集（文心之辑）[M]. 杭州：浙江文艺出版社，1983：44.

神。下面以《中学模范作文》①第四编"说明文"为例来说明,包括 20 篇模范说明文,它们是《青年的处世精神》《青年的修养原则》《怎样做个好学生》《谈谈我们的课外作业》《星期日的工作》《暑假社会服务计划》《我的读书经验》《研究历史的方法》《研究自然科学的方法》《谈文》《谈创作》《读报的益处》《科学和真理》《冷和热》《影片制成的步骤》《养蜂的方法》《牵牛花》《新女性的三格》《恋爱的意义》《选择配偶的标准》。这些模范说明文反映的主要内容包括青年的为人处世,学习、研究方法,读写实践,科学知识,制作养殖,婚姻恋爱等多方面的问题,这些主题都紧紧围绕着青年人的世俗生活展开,与同期记叙文写作教学、议论文写作教学联系生活、注重实用的特点完全一致。

说明文写作教学可能涉及的说明方法主要包括:1. 正面说明法;2. 反面说明法;3. 正反对照说法;4. 用譬喻法;5. 引证法;6. 互相问答法;7. 补充说明法;8. 解剖成文法等。② 从上述情况来看,课程标准时期的说明文写作教学实践已经向纵深发展。

(四)议论文写作教学

清末以来议论类写作教学最初从小学开始抓,高小阶段学生练得最多的往往就是史论写作、策论写作等,如上文提及的茅盾高小作文练习就是如此。到课程纲要时期,随着国语设科,小学阶段开始普及记叙类、说明类、应用类的写作教学,议论类写作教学被"提拔"到初中阶段,且语体文与文言文并重。到课程标准时期,随着社会性白话文写作逐渐走向普及,议论类写作教学再次被"提拔"到高中阶段,于是培养学生的议论文写作能力成为高中阶段主要的写作教学目标。总之,议论文写作教学从小学阶段逐渐发展到高中阶段,由文言文逐渐过渡到白话文。

课程标准时期,议论文写作教学在内容题材方面发生了很大改变。总体来说,从清末到民国时期,议论文写作教学由过去偏重文章形式转向注重文章内容,崇尚写出思想,写出独特的见解。过去文言论说时代那种注重沿袭圣贤话语,偏重外在文章形式的特征,逐渐被淡化。比如议论文写作"起承转合"的规范,又如"起""承""转""合"分别有多少笔法也比较繁多;还有八股文写作的起讲、入手等规范也比较复杂,通过这些规范把一篇文章开头如何、承接如何、中间如何、结尾如何等规定得十分严格。但是不允许学生表达自己的独立见解,不允许学生违背封建意识形态,这类文言议论文写作教学实质上是要限制学生的自由思想,通过僵化而严厉的外在形式来灌输"忠孝"文化。这种写作教学显然偏重文章的形式框架,忽视作者的主体思想和情感表达。

由于这一变化,议论文写作教学的整体精神面貌发生深刻的变革,实现由经学

---

① 朱平君. 中学模范作文[M]. 上海:国光书店,1946.
② 胡怀琛. 文章作法全集[M]. 上海:世界书局,1934.

文化向现代共和思想的过渡。从这个意义上说,议论文写作教学的主题变化与现代社会思潮息息相关。同样以《中学模范作文》为例来说明,第五编"议论文"包括 10 篇课文,分别是第 71 课《学生的使命》,第 72 课《爱国与爱家》,第 73 课《怎样找寻出路》,第 74 课《怎样选择职业》,第 75 课《怎样服务》,第 76 课《青年与道德的训练》,第 77 课《改革教育的意见》,第 78 课《解放青年烦闷的商榷》,第 79 课《妇女解放的要求》,第 80 课《论妇女解放的途径》。① 从标题来看,这些模范作文涉及民族国家、职业人生、社会服务、教育改革、青年成长、妇女解放等主题内容,都是现代社会生活的反映,而且与青年生活关系密切。其中还特别突出妇女解放的主题,体现出这些话题都是现代社会发展到一定阶段的产物。这些模范作文与宣统元年(1909)茅盾读高小时写的 37 篇习作②相比,无论是思想内涵,还是风格特质都有本质上的区别。从《茅盾少年时代作文》来看,作文所反映的主题多是帝王诸侯、文臣武将、圣贤经典、历史典故等;从时间维度来看,大部分习作都是反映先秦两汉时期,反映清代的只有第 1 课《学部定章学生毕业以学期为限论》、第 23 课《学堂卫生策》,反映作者生活的只有第 32 课《选举投票放假纪念——四月十五日浙江谘议局初选举投票日期》。由此可见,茅盾少年时代所接受的议论文写作教学,不仅远离学生的生活,而且远离现世生活,安排少年儿童进行这样的写作练习,很容易出现议论文写作教学脱离学生的生命体验、脱离学生可感知的真实生活世界等不良倾向,从而导致"下笔千言"而不知自己何言的尴尬境地,这样的议论文写作教学严格地说只能属于"伪写作"。在课程标准时期,语体文写作教学尽力回避这一陋习,"有一层最宜注意的,就是学生所写的必须是他们所积蓄的"③,"写作的本意原不在代他人说话,而在于发表自己的积蓄"④,"倘若并非他们所积蓄,而从依样葫芦、临时剽窃得来的,虽属于胜义精言,也要不得"⑤。

从议论文写作教学方式来看,这时期更加注重发挥学生的主体精神、独立判断能力,特别注意鼓励学生表达自己的真实观点、独立见解。相应地,对学生写作练习的限制条件越来越少。议论文写作教学方式的变革,与当时的社会思潮、学生主体性及语言变革都很有关系。随着启蒙思潮的传播,学生的主体地位不断提升,每个人都是平等的主体,都有言论自由的权利。"我写作是我说我的话,你写作是你说你的话。并没有话而勉强要说话,或者把别人的话拿来,当作自己的话,都是和写作的

① 朱平君. 中学模范作文[M]. 上海:国光书店,1946:目录页.
② 详见茅盾,毛华轩. 茅盾少年时代作文[M]. 北京:光明日报出版社,1984.
③ 刘国正,陶伯英. 中国近现代名家作文论[M]. 郑州:文心出版社,1992:740. 源自叶圣陶《论写作教学》,原载于 1941 年 2 月 16 日《国文月刊》第 1 卷第 6 期.
④ 同上书,第 741 页.
⑤ 同上书,第 740 页.

本意相违背的。"①另外,自文言文向白话文转化以来,汉字的权威性、神秘感逐渐被消解了,标准语体文导向的写作教育追求"言文一致""明白如话",于是"写作"也就逐渐成为一件极普通、极平常的事。"写作所以同衣食一样,成为生活上不可缺少的一个项目,原在表白内心,与他人相感通。"②在这种背景之下,议论文写作教学逐渐走出皇权话语、圣贤话语等"霸权话语"体系,引导学生体察身边的世俗生活,评议具体问题,勇于表达自己的真实想法。下面以《女学生模范日记》③为例来说明,这些模范文共分七类,分别是"关于读书问题的日记""关于修养问题的日记""关于妇女问题的日记""关于职业问题的日记""关于恋爱问题的日记""关于结婚问题的日记""关于家庭问题的日记"。这些学生模范作文都针对女生,仅涉及世俗生活、具体实用,与过去的帝王诸侯、文臣武将、圣贤经典等策论文章相比,在为文的话语境界上面已经有了根本上的区别。

(五) 语体文写作教学研究的探索

随着大众语运动的开展,标准语导向的语体文写作教学实践越来越普遍,基于标准语的语体文写作教学的理论探讨呈主流趋势,越来越深化,出现一大批写作教学研究者及研究成果。如王森然《中学国文教学概要》(上海商务印书馆,1929)第五篇专门探讨"作文与试验",体现作者对写作教学科学化的追求。赵欲仁的《小学国语科教学法》(1930年,上海商务印书馆)注重用"科学研究精神"来研究作文教学,提倡正确使用"作文量表"和注重平时的考查。李涵、何思翰的《小学作文的命题》(1948年,商务版)对小学作文命题进行科学研究。陈子展的《应用文作法讲话》(上海北新书局,1931年8月初版,1933年4月五版)试图对应用文进行科学分类,既包括公牍文、书启文、联语文、契据文、题署文等传统应用文分类,也包括规约文、电报文、广告文等现代应用文分类,初步建构现代应用文写作教学体系,"是中国现代写作史上第一次专门系统地阐述应用文写作理论的著作"④。朱滋萃的《文章写作论》(商务印书馆,1937)、袁静安的《白话文研究法》(上海教育书店出版社,1937)、黎锦熙的《各级学校作文教学改革方案》(载于《国文月刊》第52期,1947年)等都反映了新的探索,其中黎锦熙提出"写作重于讲读""改错先于求美""日札优于作文"等思想,"作文仍以讲读为基,讲读教学方法若不改革,习作必受其影响"。⑤ 而对讲读教学,黎锦熙主张严格区分白话文和文言文的教法,二者内在理路不同。⑥ 相比之下,

---

① 刘国正,陶伯英.中国近现代名家作文论[M].郑州:文心出版社,1992:749.源自叶圣陶《写作是极平常的事》,原载于1941年11月5日《中学生》战时半月刊第50期。
② 同上书,第740页。
③ 凤玉贞.女学生模范日记[M].上海:国光书店,1928:目录页.
④ 郭小珮,武小睿.明新旧之变,示时地之宜——评陈子展《应用文作法讲话》[J].写作,2009(9):22.
⑤ 顾黄初,李杏保.二十世纪前期中国语文教育论集[M].成都:四川教育出版社,1991:874—875.
⑥ 同上书,第860,862页。

这时期关于文言文写作教学方面的研究越来越弱化。总体而言,这时期语体文写作教学理论研究至少显现两个主要发展趋势:语体文写作教学生活化趋势和语体文写作教学科学化趋势,在这两个方面,叶圣陶与阮真①的研究具有典型意义。

　　语体文写作教学的生活化研究。叶圣陶既有深厚的传统学问根柢,又深受现代启蒙思潮影响,他的写作教学思想趋新但不过激,有传统情怀又不守旧,具有温和的特征。他很早就加入北大学生组织的新潮社,很早就发表白话文章;后来又参与发起成立文学研究会,主张"为人生"的文学观,崇尚现实主义的写作方法。在这种文学创作思想的影响下,叶圣陶主张写作本身即是一种生活方式,写作教学要为现实人生服务。他主张"修辞立其诚",诚实地说自己的话,写作只是说话的延伸,写作"必须探到根本,讨究思想、情感的事"②,"思想、情感的具体化完成了的时候,一篇文字实在也就已经完成了,馀下的只是写下来与写得适当不适当的问题而已"③,可见学生自己的生命体验、思想情感才是写作的根本,至于写作过程,就是把作者自己的意象、采集到的材料,通过语言文字表现出来。于是叶圣陶提出以儿童生活为本位的写作教学理论,当然这也是受儿童主体教育思想影响的结果。根据这种写作教学思想,叶圣陶认为,"语言的发生本是为着在人群中表白自我,或者要鸣出内心的感兴"④,也就是说,写作时要"确实有了自己的表白与感兴才动手去写"⑤,"果真确有要说的话,用以作文,就是写出自己的东西了","这些文字的生命是由作者给与的,终竟是唯一的独创的东西"⑥;"勉强去写,这就是一种无聊又无益的事"⑦;总括起来,也就是"我们作文,要写出诚实的、自己的话"⑧。要做到这一点,"不用外求,操持由己,就是我们的充实的生活。生活充实,才会表白出、发抒出真实的深厚的情思来","作文原是生活的一部分呵。我们的生活充实到某程度,自然要说某种的话,也自然能说某种的话"⑨,"要使生活向着求充实的路,有两个致力的目标,就是训练思想与培养情感","这二者也是互相联涉,分割不开的"⑩。在写作具体方法、技术方面,叶圣陶不认为有固定模式,也反对机械训练的教学方法。关于写作的探讨,"并不能揭示一种唯一的固定的范式,好像算学的公式那样。它只是探察怎样的道路是

---

① 阮真(1896—1965),别号乐真,浙江省绍兴人。先后在广州中山大学、上海暨南大学、无锡国学专科学校、无锡师范等处教授国文和国文教学法课程。详见张玉春.百年暨南人物志[M].广州:暨南大学出版社,2006:296.

② 叶圣陶,刘国正.叶圣陶教育文集(3)[M].北京:人民教育出版社,1994:294.

③ 同上注。

④ 同上书,第296页。

⑤ 同上书,第297页。

⑥ 同上书,第298页。

⑦ 同上书,第297页。

⑧ 同上书,第300页。

⑨ 同上书,第300—301页。

⑩ 同上书,第301页。这一部分内容都来源于《作文论》,1929年10月发表。

应当遵循的,怎样的道路是能够实现我们的希望的;道路也许有几多条,只要可以达到我们的目的地,我们一例认为有遵循的价值"。可见,他倡导开放式、探究性的写作教学方法。

总之,叶圣陶的写作教育思想已经回到学生本身,回到学生的现实人生,反对"人形鹦鹉",反对"代圣人立言"。这显然体现了现代教育的基本价值理性,以人格平等为基础,追求人性的自由解放。这种以儿童生活为本位的写作教学理论,与我国古代写作教学观念具有根本上的区别,如孔子提倡"述而不作",刘勰也明确提出"道沿圣以垂文,圣因文而明道",并将之作为"文之枢纽"。韩愈主张"文以载道",废除六朝以来的骈体文,恢复先秦两汉的散体文,力图维护儒家经典的典范价值。桐城派也提倡"义理、考据、辞章",并以"义理"为首、为纲,弘扬儒家思想。从儿童生活本位出发,叶圣陶认为,写作教学要顺应学生的自然交往需求,命题作文要充分尊重儿童的兴趣。

后来,叶圣陶又提出写作习惯养成学说。在《论写作教学》(1940年12月23日作)一文中,叶圣陶认为,"国文科写作教学的目的,在养成学生两种习惯:(一)有所积蓄,须尽量用文字发表;(二)每逢用文字发表,须尽力在技术上用功夫","因在现代做人,写作已经同衣食一样,是生活上不可缺少的一个项目,这两种习惯非养成不可"。[①] "学生经过多年这样的训练,习惯养成了,有所积蓄的时候,虽没有教师命题,也必用文字发表;用文字发表的时候,虽没有教师的指点,也能使技术完善。这便是写作教学的成功"[②],"好文章的基本条件,必须积蓄于胸中的充实而深美,又必须把这种积蓄化为充实而深美的文字,这种能力的培植却责无旁贷,全在写作教学"[③]。从这层意思出发,教学生阅读时就考虑为写作习惯的养成服务,为此要理解、吸收文章所表现的积蓄,以及领会作者是如何来表达他的积蓄的。可见,这种基于语体文的读写关系,在基本内涵上与文言时代的读写关系是根本不同的。

语体文写作教学的科学化研究。课程标准时期,对科学化的追求已然成为语文学科教育的普遍趋势,写作教学也不例外。这时期在探索写作教学科学化方面最突出的人物就是阮真。"他十分注重调查研究,注重对资料的搜集、分析、统计和整理。可以肯定地说,在自觉运用教育科学研究方法于语文教学研究这一点上,同时代的国文界是无人可与阮真相提并论的"[④],他对"几乎所有国文教育中的问题作分门别类的最基础的研究……形成了自己对语文教育的系统化的认识"[⑤]。在写作教学研

---

① 叶圣陶,刘国正.叶圣陶教育文集(3)[M].北京:人民教育出版社,1994:370.
② 同上书,第371页。
③ 同上书,第372页。
④ 潘新和.中国现代写作教育史[M].福州:福建人民出版社,1997:327—328.
⑤ 同上书,第334页。

究方面，阮真出版了《中学作文教学研究》《中学作文题目研究》等专著，另外他的《中学国文教学之问题》《中学国文校外阅读研究》《中学国文各学程教学研究》《中学读文教学研究》《中学国文教学法》等专著，也都涉及写作教学研究。其中《中学国文教学法》（正中书局，1936）"自序"有言："其间所论，多为前著各书之精粹处与作者八年来研究之心得。"①可见这册书具有"集大成"的意义，可视为阮真的代表作。

从写作教学的目的来说，阮真认为初中阶段总的目的，是要把标准语体文写通，没有文法错误，"人人能用国语或国语文自由发表思想情感"，"作文演说没有文法上的错误，并有层次、有条理"②。具体教学目的包括："1. 就学生的生活环境及经验所及者，能为简明而有层次的叙事文、说明文。2. 能写述故事，新闻，饶有兴趣。3. 能为生活职业上必要的应用文，合乎格式而畅达情意。4. 做简短的论说文，有明晰正确的思维。5. 所作文字能思想清晰，文意切题，语法通顺，辞意切当，段落分明，标点清楚。"③高中阶段总的要求是"人人能作通顺的文言文及应用文字"，"培养极少数的天才生能仿做古文、诗歌及其他文艺"④。具体教学目的包括："1. 作描写记述的文字，能有情趣而曲尽其态。2. 作论说文能有合乎逻辑的思考判断。3. 为职业上社交上的应用文，能简明修洁，情文兼至。4. 所作文言文字，能文法通顺，论理正确，见解切合，结构谨严，修辞雅洁。5. 一部分学生能了解修辞原则，应用于作文。6. 一部分学生能略习各种文章作法，应用于作文。7. 极少数的天才生能为几种文艺作品之模仿或创作。"⑤

然后依据上述写作教学目的，进行写作教学标准化研究，具体包括"教学进程标准""作文批分标准""作文的拟题""作文的练习法""作文的规约及指导""作文的批改及发回"六个专题，每个专题又根据各个教学环节，设计细密的教学标准，从而推进写作教学标准化建设。如"教学进程标准"的拟定思路，是先根据作文教学目的，拟定十条标准，"复按初高中各年级，分别拟定教学进程标准"⑥。根据教学进程标准，又"拟定了初高中各年级的作文批分标准"，制定初、高中作文评分表，以克服作文评分的随意性。希望由他个人提出的这份作文批分标准出发，鼓励大家去深入研究，"将来可以定出一致公认的标准，则于学生及格、升级、毕业的标准，比较有些把握"⑦。在"作文的拟题"方面，从"拟题的预备，拟题的方法，题面的修辞，题目的限

---

① 阮真. 中学国文教学法［M］. 南京：正中书局，1936：自序 3.
② 同上书，第 2 页。
③ 同上书，第 5 页。
④ 同上书，第 3 页。阮真对写作教学的要求，明显高于课程标准的规定，初中阶段就提出了语体文作法课程、文言文作法课程。
⑤ 同上书，第 5—6 页。
⑥ 同上书，第 109 页。
⑦ 同上注。

制"①四个方面来设计标准。"作文的练习法"方面,分别从练习的方法、口语练习与写作练习的关系、练习的时间与次数、文体及字数的限制等方面来设计教学标准。对于作文的规约,分"用具、形式、内容、习惯"四方面,"详细订定二十二条"②;对于作文的指导,分"搜集材料、组织文章、结构文句三项,均有适当的指示"③。在"作文的批改及发回"方面,作者对于"改文的详略问题,增删问题,附号标改问题,均有详细的指示",对于批文、发文也有适切的指示。在上述写作教学研究方面,不仅注重各个教学环节的操作性指导,而且注重教学理论的探索,所以对于一线教师及相关研究者都有所帮助。

在写作教学研究过程中,阮真也注重将写作教学与阅读教学、辅助学程教学(包括语法、文法、写作知识)等结合起来,综合考虑。还专门探讨了初中、高中的特设学程教学,如普通应用文教学、公牍应用文教学。

---

① 阮真. 中学国文教学法[M]. 南京:正中书局,1936:5—6.
② 同上书,第110页。
③ 同上注。

下　篇／

新中国教学大纲时期的写作课程

第五章　教学大纲时期的写作课程发展（1949—1999）

第一节　教学大纲时期写作课程的育人价值转型

一、教学大纲时期的语文改革运动

（一）新中国成立初期的语言文字工作跃进

"语文"名称的确立。1949 年春，华北人民政府教育部成立教科书编审委员会，叶圣陶担任主任委员。为迎接新中国、编制全国范围内使用的新教材，经组织研讨，有人建议把"国语""国文"更名为"语文"，以白话文学习为主，文言文为辅，作文要求一律写白话文。"彼时同人之意，以为口头为'语'，书面为'文'。文本于语，不可偏指，故合言之。亦见此学科'听'、'说'、'读'、'写'宜并重，诵习课本，练习作文，固为读写之事，而苟忽于听说，不注意训练，则读写之成效亦将减损。"[①]1949 年 8 月，叶圣陶起草《中学语文科课程标准草稿》，把国文、国语更名为"语文"，开启了写作课程的新时代。

《小学语文课程暂行标准（草案）》（1950 年 8 月）规定："所谓语文，应是以北京音系为标准的普通话和照普通话写出的语体文。少数民族小学，除教学本民族语文外，教学汉语汉文时，也应以此为标准。""使儿童通过说话、写作的研究、练习，能正确地用普通话和语体文表达思想感情"，专门注明"语体文，指依照普通话写出来的白话文"，"普通话，是以北京音系为标准的普通语言"。[②] 总之，现代汉民族的共同语是以北方话为基础方言，以北京语音为标准音的普通话，这是语文时代写作课程建设的语言基础与前提条件，新中国的语体文写作课程必须基于以普通话为语言标准（包括语音、词汇、语法都有相当的标准或规范）进行系统建构。

---

① 顾黄初. 中国现代语文教育百年事典［M］. 上海：上海教育出版社，2001：292.

② 课程教材研究所. 20 世纪中国中小学课程标准·教学大纲汇编·语文卷［M］. 北京：人民教育出版社，2001：65，62，71.

当然，随着语文新时代的到来，现代汉语自身的建设也迫在眉睫。1949 年 10 月 10 日，中国文字改革协会在北京正式成立，主要负责组织对拉丁化汉语拼音文字方案的研究。1954 年 12 月 23 日，中国文字改革委员会正式成立，作为国务院直属机构，吴玉章任主任委员。"文改会的三项任务：推广普通话，整理和简化汉字，制订和推行《汉语拼音方案》，是经毛主席提出，周总理在一次政协扩大会上宣布的。"①

1955 年 10 月 15 日至 23 日，教育部、中国文字改革委员会联合召开全国文字改革会议，"这是我们中国历史上第一次召开这样的会议，全盘地来讨论文字改革的问题"②。这次会议重点解决两个问题：第一，满足群众需要，简化汉字，通过《汉字简化方案》。"汉字简化成为一个国家的工作，我们这次还是第一次，过去历史上没有做过这样的工作。这是反映了我们国家政权的变化。"③第二个问题，推广以北京语音为标准音的普通话。推广普通话是在原有基础上的进一步发展，"只有我们的时代，推广普通话才成为我国国家的生活里面，汉民族人民的政治、经济、文化各方面的生活里面一个尖锐的问题。"只有我们才会"要用国家的力量，有系统地进行这个工作"，更好地解决这个"尖锐的问题"。④ 因为这真正体现了人民群众的根本利益。这次会议决议，各级学校使用简化汉字，全国各地中小学、各级师范学校大力推广普通话，"指示各地教育行政部门有计划地分批调训各级学校语文教师学习普通话"⑤。

紧接着，中国科学院召开"现代汉语规范问题学术会议"，配合"全国文字改革会议"，侧重于从学术方面来探讨汉语的进一步规范化。当时已经确定"促进汉字改革、推广普通话、实现汉语规范化"三大任务。"我们需要有一个规范明确的统一的民族共同语，以便于我们在一切的活动中调节我们的共同的意识和行动。""这两次会议的接连召开，是我国人民文化生活中划时代的大事，它标志着中国文字改革和汉语规范化工作的开端。"⑥

与此相应，在学校及社会两个层面积极推广普通话、推行简化汉字及加强汉语规范化使用。1956 年 2 月，国务院发布《关于推广普通话的指示》，"要求从 1956 年秋季起，除少数民族地区外，在全国小学和中等学校的语文课内一律开始教学普通话"⑦。"从 1956 年开始，国家组织了专门机构对普通话的异读词进行审订，审订过程中，尤其是对北京话的土音做了'去粗取精'和'去伪存雅'，从而规定了普通话的

---

① 《胡乔木传》编写组编. 胡乔木谈语言文字[M]. 北京：人民出版社，2015：261.
② 同上书，第 89 页。
③ 同上书，第 97 页。
④ 同上注。
⑤ 顾黄初. 中国现代语文教育百年事典[M]. 上海：上海教育出版社，2001：359.
⑥ 同上书，第 361 页。
⑦ 《中国教育事典》编委会. 中国教育事典（初等教育卷）[M]. 石家庄：河北教育出版社，1994：29.

标准读音。"①全国推广普通话的具体工作主要是教育部负责。教育部已经颁布《关于举办小学语文教师标准语语音训练班的通知》，规定于 1956 年秋季开始，中小学和各级师范学校开始教学北京语音，用普通话进行教学。由此，普通话在全国中小学校快速推广使用。

这时期还要求全国各省、市报刊以及公文往来开始采用简化汉字，推广横写、横排。1955 年 11 月 21 日，教育部要求"全国中小学和各级师范学校以及工农业余学校的教学、学生作业和日常书写布告、函件等，必须使用简化汉字。原有繁体字课本，阅读时仍可教繁体字，书写时不再要求用繁体字"。"各级教育行政部门和各级学校的公文、函件、出版物、印刷物等应该逐步地使用简化汉字，并应逐步横排、横写。学生的作业本、试卷等也应尽量横排、横写。"②这为学校"新语文"改革创设了极为有利的社会基础。

1958 年 1 月 10 日，周恩来就当前文字改革的任务做了重要报告，对文字改革的三大任务"简化汉字，推广普通话，制定和推行汉语拼音方案"作了全面阐述。1958 年 2 月 11 日，国家正式批准《汉语拼音方案》，并通过《全国人民代表大会关于汉语拼音方案的决议》，酝酿已久的《汉语拼音方案》终于诞生。

1958 年，普通话推广从学校走向社会，3 月 20 日中央推广普通话工作委员会向各省市发出《一九五八年推广普通话工作计划纲要》，推广普通话形成高潮。"文革"期间，文字改革处于低潮之中。

(二) 改革开放以来语言文字工作的恢复、巩固与发展

粉碎"四人帮"以后，文字改革工作得到恢复，依据《第二次汉字简化方案（草案）》，1978 年秋季全国统编中小学各科教材开始试用新的简化汉字。同时，教育部发出《关于加强学校普通话和汉语拼音教学的通知》，强调必须贯彻"大力提倡，重点推行，逐步普及"的推普方针。为适应汉字信息化的时代趋势，开始展开汉字编码的研究工作。

1982 年 1 月 23 日，中国社会科学院院长和中共中央书记处书记胡乔木就文字改革问题发表重要讲话，主要围绕推广普通话问题、汉语拼音方案问题与汉字简化问题展开反思，注重适应新的形势需要，尤其是对于汉字的信息化处理，强调通盘考虑、科学稳妥地推进，批评"急于实现拼音文字"的冒进想法。其中，汉字信息化问题逐渐成为汉语发展及语文写作发展的热点问题，也是严峻挑战。同年，"国家推广全国通用的普通话"被写入《中华人民共和国宪法》；《汉语拼音方案》成为世界文献中拼写有关中国的专有名词和词语的国际标准。

① 金汕. 当代北京语言史话[M]. 北京：当代中国出版社，2007：50.
②《中国教育事典》编委会. 中国教育事典（初等教育卷）[M]. 石家庄：河北教育出版社，1994：3.

这时期强调简化汉字、汉语拼音共同为社会主义现代化建设服务。1985 年 12 月 16 日，中国文字改革委员会改名为国家语言文字工作委员会。新时期国家语言文字工作的主要任务是"做好现代汉语规范化工作，大力推广和积极普及普通话；研究和整理现行汉字，制订各项有关标准；进一步推行《汉语拼音方案》，研究并解决它在实际使用中的有关问题"①等，进一步促进语言文字规范化、标准化，进一步研究汉语汉字信息化问题，更好地服务社会主义现代化建设。"我们建国初期，语言文字工作曾经有过跃进，取得很大的成绩。当然，这种跃进并不是突如其来的，是千百年来我国的语言文字工作者和广大的人民群众长期努力的结果。我们现在的任务，就是要充分消化、充分巩固、充分发展这些已经取得的巨大成果。"②

2000 年 10 月 31 日，国家通过《中华人民共和国国家通用语言文字法》，要求自 2001 年 1 月 1 日起施行。从维护国家主权和民族尊严的高度，《中华人民共和国国家通用语言文字法》明确规定，"国家通用语言文字是普通话和规范汉字"，"国家推广普通话，推行规范汉字"，"公民有学习和使用国家通用语言文字的权利"，"国家颁布国家通用语言文字的规范和标准"，"国家机关以普通话和规范汉字为公务用语用字"，"学校及其他教育机构以普通话和规范汉字为基本的教育教学用语用字"，"学校及其他教育机构通过汉语文课程教授普通话和规范汉字。使用的汉语文教材，应当符合国家通用语言文字的规范和标准"，"国家通用语言文字以《汉语拼音方案》作为拼写和注音工具"，"初等教育应当进行汉语拼音教学"，"凡以普通话作为工作语言的岗位，其工作人员应当具备说普通话的能力"，"公共服务行业以规范汉字为基本的服务用字"，"提倡公共服务行业以普通话为服务用语"，"广播电台、电视台以普通话为基本的播音用语"，等等。

这是中国历史上第一部"国家通用语言文字法"，其间凝聚了一百多年以来无数人的期盼与努力。"四海同音"的梦想终将成为现实！这为现代民族国家实现语言规范建设提供了强大的法律支撑，也为规范学校语文的前进方向、依法执教写作提供了基本的法律依据，真可谓意义非凡！

二、确立以人民为中心③的写作课程价值取向

（一）学校教育确立以人民为中心的办学方向

自新中国成立之日起，整个教育系统便确立了以人民为中心的教育价值取向。1949 年 10 月 1 日，中央人民政府主席毛泽东发布政府公告，指出以《中国人民政治

---

① 黄伯荣，廖序东. 现代汉语[M]. 北京：高等教育出版社，1991：13—14.
② 《胡乔木传》编写组编. 胡乔木谈语言文字[M]. 北京：人民出版社，2015：261.
③ 人民话语兴起，一切为了人民成为整个教育工作的价值导向，也成为写作课程的根本价值导向。

协商会议共同纲领》为施政方针。该纲领规定,新中国的文化教育是"民族的、科学的、大众的文化教育","人民政府的文化教育工作,应以提高人民文化水平,培养国家建设人才,肃清封建的、买办的、法西斯主义的思想,发展为人民服务的思想为主要任务"。[①] 同年 12 月 23 日召开的第一次全国教育工作委员会,也明确改革旧教育的方针、发展新教育的方向,确定全国教育工作的总方针,"这种新教育是民族的、科学的、大众的教育,其方法是理论与实际一致,其目的是为人民服务,首先是为工农兵服务,为当前的革命斗争与建设服务。建设新教育要以老解放区新教育经验为基础,吸收旧教育某些有用的经验,特别要借助苏联教育建设的先进经验"。强调"教育必须为国家建设服务,学校必须为工农开门"。"教育应着重为工农服务,学校要为工农子弟和工农青年开门。""普及以工农兵为主要对象,但也不放松一般儿童教育的推行。"[②]这为各级各类学校确定以人民为中心的办学方向定了基调,奠定了基础。这是我国历史上第一次在全国范围内将办学重心下移,真正面向工农兵大众实施"开门办学",中国教育真正开启以人民为中心的教育新时代。

1950 年 9 月 20 日,召开第一次全国工农教育会议,会议强调"加强工农教育是巩固和发展人民民主专政"的必要条件,"没有工农文化教育的普及和提高,也就没有文化建设的高潮"。[③] 还提出"贯彻群众路线",开展工农教育的方法。1954 年 10 月,小学语文教育确立社会主义的发展目标,"小学教育的目的在以社会主义思想和现代科学知识教育儿童,培养他们成为社会主义社会全面发展的成员"[④],基于这个总体目标,训练儿童的表达能力,发展儿童语言。《小学语文教学大纲草案(初稿)》(1955 年)也强调"小学语文科是以社会主义思想教育儿童的强有力的工具"[⑤]。在社会主义改造完成之后,1957 年 2 月,毛泽东明确指出社会主义的教育方针:"我们的教育方针,应该使受教育者在德育、智育、体育几个方面都得到发展,成为有社会主义觉悟有文化的劳动者。"[⑥]从此坚持社会主义的办学方向成为我国学校教育的根本属性,以人民为中心的价值取向具有了新的内涵特征。

1978 年 4 月,邓小平在全国教育工作会议上强调,要提高教育质量,更好地为社会主义建设服务;学校要造就有社会主义觉悟的一代新人。

1985 年 5 月《中共中央关于教育体制改革的决定》公布,强调建设有中国特色的社会主义的战斗纲领,"教育必须为社会主义建设服务,社会主义教育必须依靠教

---

① 《中国教育事典》编委会. 中国教育事典(初等教育卷)[M]. 石家庄:河北教育出版社,1994:3.

② 同上书,第 4 页。

③ 同上书,第 9 页。

④ 课程教材研究所. 20 世纪中国中小学课程标准·教学大纲汇编·语文卷[M]. 北京:人民教育出版社,2001:73.

⑤ 同上书,第 81 页。

⑥ 《中国教育事典》编委会. 中国教育事典(初等教育卷)[M]. 石家庄:河北教育出版社,1994:32.

育"。总之,以人民为中心的社会主义价值方向一直延续至今,薪火相传、不断发展。这些都在宏观层面深刻影响"新语文""新写作"的前进方向。

(二) 社会性文艺写作强调以人民为中心的价值导向

早在1942年5月,从"打倒我们民族的敌人,完成民族解放的任务"出发,毛泽东在《在延安文艺座谈会上的讲话》中就指出,"要使文艺很好地成为整个革命机器的一个组成部分,作为团结人民、教育人民、打击敌人、消灭敌人的有力的武器",文艺工作者应"站在无产阶级的和人民大众的立场","文艺工作的对象是工农兵及其干部",强调我们的文艺"必须站在无产阶级的立场上",为人民大众服务,尤其是为工农兵服务,这是"一个根本的问题,原则的问题";强调"文艺服从于政治,这政治是指阶级的政治、群众的政治";强调文艺"大众化",要求"我们的文艺工作者的思想感情和工农兵大众的思想感情达成一片。而要达成一片,就应当认真学习群众的语言"。还强调"人民生活"是文学艺术的源泉、原料,人民文艺家"必须到群众中去,必须长期地无条件地全心全意地到工农兵群众中去,到火热的斗争中去,到唯一的最广大最丰富的源泉中去,观察、体验、研究、分析……"[①]这种以人民大众为根本立场的"文艺大众化",实质上就是以人民为中心的价值导向。新中国成立以来,这种根本的价值导向继续延续下来,强调文学创作要为工农兵大众服务,要用人民群众的语言,表达人民群众的思想感情,反映人民大众的生活。

"文艺大众化"原则深刻影响到"新语文"教材的选编,《毛主席与工人》《毛泽东同志的青年时代》《见列宁去》《列宁在学校里》《星期六义务劳动日》《苏联少年先锋队队员给中国少年儿童队队员的信》《人民歌手》《朱德的扁担》《南京路上好八连》《谁是最可爱的人》《梁生宝买稻种》《白洋淀边》《多收了三五斗》《一件小事》《李有才板话》等文章纷纷被选入语文新教材,这既深刻影响着"新阅读",也深刻影响着"新写作"的发展方向。因为语文教材以读写结合为鲜明特点,这些体现"以人民为中心"的选文篇目,既是阅读材料,也是写作模仿的范文。

(三) 语文课(含写作课)强调以人民为中心的价值前提

新中国成立以来,整个学校教育体系转向"为工农兵服务",社会性文艺写作强调以人民为中心的价值导向,在这样宏观的时代背景下,语文课(含写作课)也极为强调以人民为中心的价值前提。这也是对解放区语文课程探索的传承与发扬。1949年叶圣陶研制《中学语文科课程标准草稿》,当时未经发表,供内部传阅,以及陕甘宁边区政府制定的《国文课程标准(草案)》等,都强调以人民为主的价值导向。20世纪50—60年代,突出强调"文章是阶级斗争和生产斗争的武器","人们运用语言

---

① 中共中央文献研究室.毛泽东选集(第3卷)[M].北京:人民出版社,1991:848,850,851,855,857,861,863,866.

文字来进行写作的时候,就成了斗争的武器。……我们则把文章看作是革命的武器,用它来传播马克思列宁主义和毛泽东思想,口诛笔伐,彻底打击帝国主义和现代修正主义,培养人民的共产主义精神,促进社会主义建设事业的发展"。"我们写文章,不管是运用哪一种样式,也不管篇幅长短,都应该是有目的有方向的。我们的方向就是为工农兵服务,为社会主义事业服务。"①这是从文章根本属性的角度来强调写作文章必须"为工农兵服务,为社会主义事业服务",这是根本方向。还特别强调"写作必须具有无产阶级立场","文章是阶级斗争和生产斗争的武器,因此文章的好坏,首先要看它表达了什么样的世界观和立场,而不能离开这个前提单纯从文章的组织结构和表现形式、技巧等方面去衡量"。② 这其实就是强调毛泽东提出的"以政治标准放在第一位,以艺术标准放在第二位"。从这个立场观点出发,"文章能否写好的中心关键是世界观和立场问题"。文章写作,"首先要具有无产阶级世界观和立场,这是根本的;有了这个前提,才可以来谈表现技巧"③。也正是在这样的前提下,强调"写作必须注意文风",要树立"革命的、健康的新文风"。④ 上述关于文章写作的立场与观点,全面渗透到语文课(含写作课)的全过程,从根本方向上影响改变着语文课(含写作课)的前进,当时,"语文被认为'是反映社会现实,进行阶级斗争、生产斗争的有力工具',语文教学的首要任务是'用总路线精神教育学生','兴无灭资'。由于以这样的方式来突出语文的思想政治教育,进行空头政治的说教,忽视了语文的'双基'训练,教学质量大幅度滑坡"⑤,从而引发 1959 年关于语文性质、目的任务和文道关系的大讨论。

　　从 1959 年至 1961 年,《文汇报》先后组织开展关于语文教学目的和任务问题的讨论及怎样教好语文课的讨论,社会影响很大,"经过讨论,意见逐步趋于一致。大家认为:要教好语文课,必须正确理解党的教育工作方针与语文教学的目的任务之间的关系,正确处理语文教学中的语文知识教与学,并加强教学实践,逐步掌握教好语文课的客观规律和正确的教学方法"。"在讨论中,许多同志所提出的语文教学必须坚持政治挂帅,指的就是要坚持语文教学为无产阶级政治服务的方向,坚持党的教育工作方针。这是完全正确的。""教育为无产阶级政治服务,教育与生产劳动相结合,这是党对教育工作的根本方针,它指导着学校的一切工作。毫无疑问,语文教学也应当在这个根本方针指导下办事。"这些都是教好语文课的前提。⑥ 语文教学

① 胡文淑,李平,等.写作基础知识[M].上海:上海教育出版社,1960:1

② 同上书,第 3 页。

③ 同上书,第 5 页。

④ 同上书,第 7 页。

⑤ 课程教材研究所.20 世纪中国中小学课程标准·教学大纲汇编·语文卷[M].北京:人民教育出版社,2001:前言 5.

⑥ 顾黄初,李杏保.二十世纪后期中国语文教育论集[M].成都:四川教育出版社,2000:236—237.

(含写作)需要把"革命精神与科学精神结合起来","进一步提高语文教学的质量"既是业务发展需要,也是"党和人民交给语文教师的重大政治任务"。① 可见在新中国成立初期,写作课程必须坚持以人民为中心的价值前提,"坚持政治挂帅",坚持写作教学为无产阶级政治服务的方向,在此价值基础之上处理好写作知识、技能教学与思想政治教育之间的辩证关系。总体而言,这时期最突出的是政治功能,"使中、小学生正确、熟练地掌握和运用祖国的语言文字,**培养与提高他们的阅读和表达能力,是一项何等重大的政治任务!**很好地完成这个任务就是语文教学为无产阶级政治服务的最根本最主要的方面,也就是语文教师为无产阶级政治服务的最重大的责任"。语文教师"每改一篇作文,都与壮丽的社会主义事业密切联系着,语文教师的政治任务,实在是光荣而艰巨的"②。

1978年中国共产党第十一届三中全会之后,我国推行全面改革开放,工作重心从"政治挂帅"转移到经济建设上来,全力推进社会主义现代化建设事业。在新的形势下,写作课程改变过于注重"政治挂帅"的倾向,强调为培养"有社会主义觉悟的有文化的劳动者"及"又红又专的人才"服务。这时期的写作教学注重引导学生书写十一届三中全会以来的"山乡巨变",讴歌我们党的富民好政策等,学生作文焕发新的活力,呈现新的精神面貌。

1985年,《中共中央关于教育体制改革的决定》提出教育体制改革的根本目的是"提高民族素质,多出人才,出好人才"。提出培养"有理想、有道德、有文化、有纪律"的"四有新人"的目标,所有这些人才都需要"热爱社会主义祖国和社会主义事业,具有为国家富强和人民富裕而艰苦奋斗的献身精神,都应该不断追求新知,具有实事求是、独立思考、勇于创作的科学精神"。③ 毫无疑问,写作课程必须为"提高民族素质"服务,为培养"四有新人"服务,要渗透贯通"两热爱、两精神"的价值底色。

1990年,《中共中央关于制定国民经济和社会发展十年规划和"八五"计划的建议》中提出"教育必须为社会主义现代化建设服务,必须与生产劳动相结合,培养德、智、体全面发展的建设者和接班人"的方针。"'德、智、体全面发展的建设者和接班人'的这一表述,奠定了20世纪90年代以来我国教育目的的新基调。"④1999年,《中共中央国务院关于深化教育改革,全面推进素质教育的决定》提出,实施素质教育,"以提高国民素质为根本宗旨","以培养学生的创新精神和实践能力为重点"。1999年6月,江泽民在第三次全国教育工作会议上强调:"坚持教育为社会主义、为人民服务,坚持教育与社会实践结合,以提高国民素质为根本宗旨。""表述中第一次出现

---

① 顾黄初,李杏保. 二十世纪后期中国语文教育论集[M]. 成都:四川教育出版社,2000:245.

② 同上书,第238页。

③《教育学原理》编写组. 教育学原理[M]. 北京:高等教育出版社,2019:142.

④ 同上书,第143页。

了'教育为人民服务''教育与社会实践结合',是教育方针在新时期的发展。"①由此可见,写作课程作为基础教育阶段的核心内容,必须为社会主义服务、为人民服务,致力于培养社会主义事业的建设者和接班人,并"以提高国民素质为根本宗旨"。写作课程绝不能止步于写作知识传授、写作技能训练,绝不能囿于写作的"围城",必须从写作到育人,落实到人的素质提升,这才符合以人民为中心的基本精神。虽然这期间语文教学大纲等法规文件没有明确提出要以人民为中心的价值主张,可是从根本意义上来看,写作课程与教学坚持为社会主义服务的实质,就是要充分体现以人民为中心的育人精神,就是要真正体现人民群众的根本利益。从以人民为中心的价值诉求的角度来理解新中国成立以来写作课程改革的利益诉求都能理顺、联通。

总之,新中国成立以来,人民群众翻身做主人,各级学校都树立以人民为中心的育人立场,全部向工农大众开放;语文教科书也贯彻"文艺大众化"原则,充分体现以人民为中心的价值导向,写作课程也迎来崭新的时代,更强调"以社会主义思想和现代科学知识教育儿童,培养他们成为社会主义社会全面发展的成员","培养儿童能够在说话上写作上正确地自由地表达自己的思想感情"。这样我国现代写作课程的育人目标,从培养臣民的写作能力、国民(公民)的写作能力终于发展到"以人民为中心",致力于培养社会主义合格公民的写作能力、写作素养。我国写作课程有史以来首次真正面向工农大众开放,致力于训练全体人民的写作能力,真正体现以人民为中心的价值取向。

当然从写作课程的特殊性出发,在强调以人民为中心的价值前提下,批判了一些错误的偏向及其做法,即过于拔高写作课程的政治属性,严重忽视写作课程的独特价值。"有些同志由于思想方法的片面性……把政治挂帅和语文教学中进行思想政治教育两者等同起来,过分地、不恰当地强调思想性和结合实际,认为在语文课上着重向学生进行思想政治教育,多讲一些政治道理,就是为政治服务,就是政治挂帅。"②这就是广为诟病的将语文课、作文课上成"政治课","把本来不属于语文科的思想教育任务硬加在语文课上;表现在写作教学方面,往往是只重思想内容,不重文章作法,甚至连错别字病句也可不予改正"。"这样做的结果是,学生的语文阅读能力和表达能力并未得到培养与提高。这就难于达到语文教学为无产阶级政治服务的目的。"③由此出发,**从语用角度强调充分挖掘写作课程的工具技能属性,突出写作教学的"形式化"功能**。在坚持思想政治教育的价值前提下,从语文性质出发,认识到"它既是工具,就有作用的对象","语文这个工具不同于任何物质生产的工具;它

① 《教育学原理》编写组. 教育学原理[M]. 北京:高等教育出版社,2019:143—144.
② 顾黄初,李杏保. 二十世纪后期中国语文教育论集[M]. 成都:四川教育出版社,2000:240.
③ 同上书,第240—241页。

所作用的对象是人的思想,它是表达思想的工具"。让学生明白课文写了什么固然必要,"更重要的是使学生懂得作者是如何运用语文这个工具来表达其思想的,并通过基本训练,使学生学会如何运用语文来表达自己的思想"。"就写文章说,语言文字确是手段,而不是目的;是形式,而不是内容。""学会'手段',恰恰成了语文教学的重要目的;语言文字这个'形式'恰恰成了语文教学的重要内容。"①学会"手段"的重要载体或凭借就是教材范文,通过范文学习来提高阅读和表达能力,并通过教学内容来接受思想教育。这里强调的正是写作教学的"形式化""工具性"特点,强调基于范文阅读的写作学习。这种认识来之不易,其间有过曲折的经历,改革开放之后这种写作课程的基本观念依然延续并长期稳定下来。不过这种观念仅仅从学会"手段",从"形式化""技能化"来理解写作教学的个性特点及基本功能,未免过于窄化了写作课程的育人价值。从思维方法来看,这种观点起源于"形式与内容"这种静态、割裂式的分析框架,难以发现更为复杂的变化关系。这可能是写作教学长期难以跳出窠臼、获得长足进步的内在原因。

此外在强调以人民为中心的价值前提下,从新中国成立到改革开放前夕,特别突出写作课程的政治功能,"坚持政治挂帅",将语文教学(含写作)作为一项重要的政治任务来落实。在这样的历史语境下,写作课程被赋予了太多的政治属性、意识形态功能,承担了过于沉重的社会规范、社会教化的职责与任务,这就导致写作课程的育人功能过于窄化,高度规范化、共性化,忽视独特性、个性化。改革开放之后,写作课程所负荷的政治属性、意识形态功能有所减轻,更突出语文教学(含写作)的智育功能、思维发展。相比过去,写作课程促进学生差异发展、个性发展的功能越来越受到重视,在改革开放的精神感召之下,写作课程内容与教学方式方法都迎来了战略转型,从之前的革命精神与科学精神并重,到更侧重于追寻科学精神,以解放理性推动了诸多写作教学改革实验。

三、以人民为中心价值取向下的写作课程设计

新中国成立以来,除 1950 年发布的《小学语文课程暂行标准(草案)》之外,其余时期都是遵循语文教学大纲,故称这个阶段为"语文教学大纲时期"。这是我国写作课程真正摆脱文言文写作羁绊、阔步迈进语体文写作的跃进时期,是真正开始建构以普通话为语音标准、以规范汉字为书写文字的现代写作课程新时代。全国各级各类的写作课程真正开始面向工农大众开门授课,追求"以人民为中心"的价值取向。

---

① 顾黄初,李杏保.二十世纪后期中国语文教育论集[M].成都:四川教育出版社,2000:239,240,243.

教学大纲时期的写作课程发展大致划分为两个阶段。**第一个阶段是从 1949 年 10 月 1 日新中国成立到 1976 年,属于处于社会主义建立及探索期的写作课程发展阶段**。这时期坚持政治挂帅,推行社会主义改造,建立社会主义的教育事业。我们以国家力量来推行简化汉字,推广普通话及制定、推行《汉语拼音方案》,以举国之力来探索、建设基于普通话的语文课程(含写作)发展。基于普通话的写作课程进入积极探索及飞跃发展时期。**第二个阶段是从 1977 年到 1999 年,属于改革开放时期的写作课程发展阶段**。这时期从以政治为中心转移到以经济建设为中心,全面推进有中国特色的社会主义现代化事业,建立与之相适应的社会主义教育事业。这时期基于普通话的写作课程得到巩固与发展,积极建构以语文能力培养为目标的写作技能训练体系,写作课程建设迎来了发展的黄金时期。

从写作课程的指导纲要来看,第一个阶段:小学段包括《小学语文课程暂行标准(草案)》(1950 年),《改进小学语文教学的初步意见》(1954 年),《小学语文教学大纲草案(初稿)》(1955 年),《小学语文教学大纲(草案)》(1956 年),《全日制小学语文教学大纲(草案)》(1963 年);中学段包括《初级中学汉语教学大纲(草案)》《初级中学文学教学大纲(草案)》《高级中学文学教学大纲(草案)》(1956 年),《全日制中学语文教学大纲(草案)》(1963 年)。这时期最有代表性的政策文本是 1963 年颁布的《全日制小学语文教学大纲(草案)》与《全日制中学语文教学大纲(草案)》,能够体现该阶段写作课程探索的典型经验。

第二阶段:小学段包括《全日制十年制学校小学语文教学大纲(试行草案)》(1978 年),《全日制十年制学校小学语文教学大纲(试行草案)》(1980 年),《全日制小学语文教学大纲》(1986 年),《九年制义务教育全日制小学语文教学大纲(初审稿)》(1988 年),《中小学语文学科思想政治教育纲要(试用)》(1991 年),《九年制义务教育全日制小学语文教学大纲(试用)》(1992 年),《九年制义务教育全日制小学语文教学大纲(试用修订版)》(2000 年)。中学段包括《全日制十年制学校中学语文教学大纲(试行草案)》(1978 年),《全日制十年制学校中学语文教学大纲(试行草案)》(1980 年),《全日制中学语文教学大纲》(1986 年),《九年制义务教育全日制初级中学语文教学大纲(初审稿)》(1988 年),《全日制中学语文教学大纲(修订本)》(1990 年),《九年制义务教育全日制初级中学语文教学大纲(试用)》(1992 年),《全日制普通高级中学语文教学大纲(供实验用)》(1996 年),《九年制义务教育全日制初级中学语文教学大纲(试用修订版)》《全日制普通高级中学语文教学大纲(试用修订版)》(2000 年)。这时期最有代表性的政策文本是 1992 年发布的《九年制义务教育全日制小学语文教学大纲(试用)》与《九年制义务教育全日制初级中学语文教学大纲(试用)》,以及 1996 年发布的《全日制普通高级中学语文教学大纲(供实验用)》,这些文本均能体现该阶段写作课程探索的典型经验。

（一）新中国成立至改革开放前夕的写作课程设计

1. 新中国成立之初的写作课程设计

新中国成立不久，写作课程就确立了基于普通话的儿童语体文发展之路。这是对民国时期白话文写作课程发展历史的扬弃与超越。1950年8月发布的《小学语文课程暂行标准（草案）》规定："使儿童通过说话、写作的研究、练习，能正确地用普通话和语体文表达思想感情。"①1955年发布的《小学语文教学大纲草案（初稿）》强调以社会主义思想教育儿童，"指导儿童运用口头语言和书面语言来表达自己的思想"；强调写作的语言基础是普通话，"这种语言就是以北京语音为标准音、以北方话为基础方言、以典范的现代白话文著作为语法规范的普通话"，"教给儿童的语言必须是规范化的汉民族的共同语言"。② 这为以后各个时期的写作课程改革指明了方向，提出明确的语音、词汇及语法规范要求。

2. 20世纪50年代初的写作课程设计

这时期的写作课程具有鲜明的儿童观念，说话与写作紧密联系。1)写作教学具有鲜明的儿童观念与实践意识。写作法教材要体现读写结合的原则，"配合语文课本，依儿童年级程度，把如何造句，如何写便条、书信和其他应用文，如何记日记周记，如何做说明文，如何做记叙文，如何写演讲稿，如何编墙报等的内容、形式，都系统地详细举例，比较、分析和说明"。此外在作文拟题上面，也要充分考虑儿童的特点，如"具体而为儿童所习知的""易于所发挥的""有计划性便于儿童设计的"。③ 总之，写作教学体现鲜明的儿童观念，注意从儿童实际出发，"教师必须十分注意使儿童正确了解"，"要从综合的实践中进行教学，使儿童手脑并用。使儿童具有从感性认识提高到理性认识的基本习惯，并能随时发现问题"。④ 2)写作与听说、阅读紧密联络。这时期语文教学是以阅读为中心，阅读课本的选择上要有意识地扩充儿童的眼界，增加儿童的语汇。这体现了写作与阅读的内在关联。写作教学还紧密关联听说，强调在听熟的基础上学说，在会说的基础上再写出来。"第一、二学年的说话教学，要注意先听后说，务使儿童听熟之后，再学说；说熟之后，再换新材料。"写作教学还要"充分和说话教学联系。写作教学尤其要使儿童牢不可破地和说话结合在一起，在会说的基础上，逐渐用笔写出来"⑤。语汇、语法要力求合于普通口语，避免方言土语，这是基于普通话的白话文写作。

---

① 课程教材研究所. 20世纪中国中小学课程标准·教学大纲汇编·语文卷[M]. 北京：人民教育出版社，2001：62.
② 同上书，第81—82页。
③ 同上书，第67页。
④ 同上书，第68页。
⑤ 同上书，第69—70页。

3. 汉语与文学分科时期的写作课程设计

1956 年秋季,全国中学和师范学校开始试行汉语与文学分科教学实验。1958 年分科教学实验被取消,从 1958 年秋季开始重新合并为语文课。汉语与文学分科的教学实验前后进行了 3 个学期,这在现代语文课程史上具有独特的意义,可惜对这次分科实验的认识尚有分歧,莫衷一是。

1953 年 12 月,中央语文教学问题委员会主任胡乔木在给中共中央的请示报告中就提到:“我国中小学的语文教学,历来都是把语言和文学混在一起教。这样教学的结果,不论从语言方面看,从文学方面看,都遭到很大的失败。”“语文混合教学的结果是语言教育和文学教育两败俱伤,都不能得到应有的效果。这是因为语言与文学虽有密切的联系,但毕竟是两种独立的学科,而这两种学科教学除了一定的共同责任之外,应有各自的独特任务,把两个担负不同任务的学科混淆在一起教学,当然得不到良好的效果。”①据此便把语文分为语言与文学两种独立的学科进行教学,从一定意义上说这种理解混淆了大学的语言学科、文学学科与中学语文课的性质,“语文”不是“语言 + 文学”,中学语文课更需要基于儿童经验、成长需要来整合语言与文学的相关知识内容,基于育人需要实现语言与文学的融通转化是关键,教书与育人的融通转化是灵魂。

汉语与文学分科很大程度上是学习借鉴苏联课程模式的结果,“这一阶段课程改革的基本动因主要是意识形态上的需要,所以摒弃了民国时期实施已久并比较完善的中学课程结构,而转向采用前苏联的中学课程模式。这个转变完全是从政治、经济出发”②。实际上,写作课程最应该扎根民族文化土壤,尤其是中文写作课程,因为优秀的中华文化传统是中文写作课程的根基与命脉;写作课程绝不仅仅是书面表达的技能训练,还是人自身存在的确证,是民族文化创造活力生生不息的需要。

汉语科、文学科共同为提高学生写作能力服务。“提高学生的写作能力是文学教学和汉语教学的共同的、综合的任务。为了很好地完成这个任务,除去文学教学中有计划地进行作文教学之外,在汉语教学的每个阶段里必须进行有计划的工作。”③汉语教学侧重于为写作能力的提高夯实基础,包括训练语音、语感,积累词汇、学习语法修辞等。“语音教学中要很好地结合朗读作品的训练;词汇教学和词法教学中要尽可能用整个的句子、而不是孤立的词作为练习材料;在词汇教学、语法教学、修辞教学中也要结合教材内容适当地布置成段、成篇的口头或者书面作业。”④文

① 《胡乔木传》编写组. 胡乔木谈语言文字[M]. 北京:人民出版社,2015:64—65.
② 熊明安. 中国近现代教学改革史[M]. 重庆:重庆出版社,1999.
③ 课程教材研究所. 20 世纪中国中小学课程标准·教学大纲汇编·语文卷[M]. 北京:人民教育出版社, 2001:326.
④ 同上注。

学教学负责有计划、具体地训练写作能力。总之,汉语科、文学科共同为写作能力的提高服务。

4. 1963年中小学写作课程设计

依据教学大纲的内容比较,新中国成立以来的第一个阶段,写作课程发展最完备的设计方案集中体现在1963年发布的语文教学大纲里面。无论是《全日制小学语文教学大纲(草案)》,还是《全日制中学语文教学大纲(草案)》都集中反映了这个阶段先进的课程理念、作文课程内容及相应的教学要求,所有这些写作课程要素都集中体现了社会主义的思想特色及以人民为中心的价值取向。当然也体现出了这时期写作课程建设所存在的具有普遍性的历史局限及典型问题。

(1)小学写作课程的整体设计

1)总体教学目标:将语文作为革命干部最基本的交往工具或本领,必须"刻苦努力,多读多练",课文选文要"反映阶级斗争,生产斗争和科学实验,表达进步的思想和健康的情感",要"有计划地讲读这些文章,就可以使学生不断提高觉悟,增长知识,在多读多练中真正掌握语言文字这个工具,并且运用这个工具更好地为革命事业服务"。[①] 这里突出反映写作为革命事业服务的价值取向,体现人民的价值立场。

2)总体教学要求:"会写一般的记叙文和应用文,语句通顺,注意不写错别字,会用标点符号。"[②]这是从教学文体的角度提出要求,是教学大纲时期的共性要求。

3)写作教学内容:从普通话作文教学的具体要求出发,"作文要从写话入手,要注意口头表达能力的培养",按照普通话的语法规范来作文。小学作文首先要注意夯实基础,组织加强"用词、造句、篇章结构的综合训练",进而主要对记叙文作文、应用文作文提出具体要求,如:"要教学生学写记叙文,逐步学会把耳闻目见的事物记下来。有关记叙文的写作方法,如观察事物,确定中心,选取材料,组织材料等等,要通过课文的讲读和作文的指导讲评,分别年级,陆续教给学生。在高年级还要教学生学写简单的论说文。""要教学生学写应用文,初步学会常用的应用文的写法。要教给学生应用文的格式,用途和习用的词语。"[③]上述所有写作教学内容要求都是基于普通话及革命事业需要提出来的。

4)写作教学要求及内容要点的年级安排:这时期小学作文教学分准备期及正式学习期,一、二年级是作文准备期,练习看图写话,也包括书面回答问题等。三年级正式练习作文,包括课堂作文及课外练笔,"作文以写记叙文为主,并加强应用文

---

① 课程教材研究所. 20世纪中国中小学课程标准·教学大纲汇编·语文卷[M]. 北京:人民教育出版社,2001:154.

② 同上注。

③ 同上书,第155页。

的习作,高年级学写简单的论说文"①。

表5-1　小学写作课程要求及内容要点的年级安排表(1963年5月)

一年级		
1	教学要求	1. 能清楚地说话,能口头叙述简单的故事。逐步学会用学过的词汇写简单的句子。能写请假条。能用句号和问号。 2. 学习应用文示例,能写请假条。
2	教学内容	1.依据课本进行抄写、听写、默写等练习,问答、造句、看图说话等练习。2.依据课本进行运用句号和问号的练习,用词造句的练习,看图说话的练习,写请假条的练习。
3	要点补充	课文选取《工人农民》《中华人民共和国万岁》《国旗》《社会主义好》《永远向着共产党》《孔融让梨》等,可视为作文教学价值导引。
二年级		
1	教学要求	能简单地口述所见所闻。能写简单的句子。并能用几个连贯的句子。能写便条和简单的日记。认识常用的标点符号,能用感叹号和逗号。
2	教学内容	1.模仿学习4篇应用文,包括留言条、借条、收条,日记、入队申请书。2.依据课文进行答问、看图说话等练习。3.写简短的句子、看图写话的练习。4.写留言条、借条、收条、简单的日记、便条等应用文的练习。5.标点符号的练习除复习句号、问号外,注意运用感叹号和逗号。
3	要点补充	课文选取《听话要听党的话》《毛主席看戏的故事》《列宁的大衣》《听警察叔叔的指挥》《解放以前我家的生活》《我们搬进了工人新村》《我要做个庄稼汉》《中国人民志愿军战歌》等,可视为作文教学价值导引。
三年级		
1	教学要求	能口述所见所闻,说得连贯而有条理,能写简短的记叙文。能写简短的书信。能用冒号和引号。
2	教学内容	1.模仿学习记叙文、应用文,应用文包括广告、告白、通知、启事和简短的慰问信。2.看图写短文、听故事写短文的练习。3.写通知、启事、简单的书信、一般书信、证明信等应用文的练习。4.用词、造句、运用标点符号的练习等。造句练习注意辨别句子是否完整。标点符号的练习注意运用冒号和引号。
3	要点补充	课文选取《我爱伟大的祖国》《我当了一次记工员》《朱德的扁担》《列宁在理发室里》《处处为别人着想》《生的伟大,死的光荣》《英勇不屈的赵一曼》《党是我的亲娘》《社会主义好》等,可视为作文教学价值导引。
四年级		
1	教学要求	能当众报告自己的见闻。能写简短的记叙文,要求段落清楚,语句大致通顺,注意不写错别字。能写一般书信和介绍信、表扬信等。能用常用的标点符号。

---

① 课程教材研究所.20世纪中国中小学课程标准·教学大纲汇编·语文卷[M].北京:人民教育出版社,2001:154.

2	教学内容	1.造句练习,注意运用常用的单句。2.造句练习,注意常用单句的运用,纠正常见的病句。3.阅读与写作的练习。4.指导有条理地写人、写事,记叙景物。5.写公约、表扬信、单据、挑战书、应战书、读书笔记等应用文。6.理解指导写作的说明文课文《多写作多修改》。7.标点符号的练习,注意句号、逗号、问号、感叹号、冒号、引号的综合应用。
3	要点补充	课文选取《雷锋练投弹》《八一的枪声》《毛主席参加劳动》《列宁和卫兵》《放牛的孩子》《美国佬滚回去》《我要当个社员》《好不过人民当了家》《因为有了共产党》《同周总理在一起劳动》《方志敏烈士》《英雄黄继光》等,可视为作文教学价值导引。

五年级		
1	教学要求	1.能当众报告自己的见闻,发表自己的意见。2.能写一般的记叙文。3.能写简单的计划、报告、讲演稿、倡议书等应用文,语句通顺,注意不写错别字。4.除已经学会的六种标点符号以外,能用顿号、分号、破折号、省略号、书名号、括号等标点符号,了解引号的特殊用法。
2	教学内容	1.学习理解论说文《写作的中心和条理》。2.练习写计划、书信、春联、讲演稿、报告、倡议书等应用文。3.进行扩句、缩句和改变句式的练习。4.复句的练习,修改病句的练习。5.注意读写能力的培养,进行编写段落大意、拟提纲、仿作、改写、当众报告见闻以及写计划、书信等应用文的练习。6.除已经学会的六种标点符号以外,能用顿号、分号、破折号、省略号、书名号、括号等标点符号,了解引号的特殊用法。
3	要点补充	课文选取《列宁小学》《十八勇士》《我跟爸爸当红军》《反动派不打不倒》《全靠部队哺育大》《奴隶英雄》等,可视为作文教学价值导引。

六年级		
1	教学要求	1.能当众报告自己的见闻,发表自己的意见。2.能写一般的记叙文,能写电报、合同等应用文,语句通顺,注意不写错别字,会用标点符号。
2	教学内容	1.学习理解论说文《向哪里找材料》。2.练习写柬帖、电报、合同。3.复句的练习,修改病句的练习。4.注意读写能力的培养,进行写人、写事、记叙景物、发表意见、申述主张、摘记文章要点、写读后感等练习。5.写黑板报、记录、通讯报道等应用文的练习。6.练习标点符号,特别是常用标点符号的综合运用。
3	要点补充	课文选取《怎样对待体力劳动》《飞夺泸定桥》《长征的意义》《永远跟着毛泽东》《列宁参加义务劳动》《高尔基的童年》《马克思和恩格斯》《为人民服务》《我的战友邱少云》《好八连的故事》《雷锋日记》《我们需要更多的"傻子"》等,可视为作文教学价值导引。
备注		依据《全日制小学语文教学大纲(草案)》(1963年5月)整理,来源:课程教材研究所.20世纪中国中小学课程标准·教学大纲汇编·语文卷[M].北京:人民教育出版社,2001。

（2）中学写作课程的整体设计

1）总体教学目标：与小学阶段一致，强调"不仅做好革命工作和学好革命理论需要掌握语文工具，参加生产劳动和进行日常工作也同样需要掌握语文工具"。还强调语文也是学好各门学科最基本的工具。从语文的多重工具属性出发，"要学好语文必须刻苦努力，多读多写"，"中学阶段，一定要在小学的基础上加强语文基本训练，对学生严格要求，使他们踏踏实实地掌握语文这个工具，否则必然会产生难以估计的不良影响"。① 从工具属性来强调写作能力的培养，强调"道"与"文"统一，强调写作能力培养"不仅是语言文字问题，也有思想问题"，学会运用语文这个工具"更好地为革命事业服务"。这是写作能力培养的价值归宗。

2）总体教学要求：①初中阶段：在小学基础上，进一步提高写作能力，"基本掌握现代语文，作文能够段落分明，语意清晰，用词适当，正确地使用标点符号，字写得端正，不写错别字"。②高中阶段：继续提高写作能力，"正确地理解和运用现代语文，作文能够思路畅达，文理通顺，用词确切"。②

3）写作教学内容：基于普通话的作文教学，强调课文不仅是培养阅读能力的材料，也是培养写作能力的主要教材，体现读写结合，甚至读写一体化的特点。为此，"课文必须是范文"，"就思想内容而言，应该注意选取有助于培养坚强的革命后代的文章。注意对学生进行爱国主义和国际主义的教育，进行社会主义建设总路线、大跃进、人民公社三面红旗的教育，进行社会主义和共产主义的阶级观点、劳动观点、群众观点和辩证唯物主义观点，培养学生的共产主义道德品质和革命意志，反对和防止资产阶级思想和其他反动思想的侵蚀，为逐步树立马克思列宁主义的世界观打下基础"。③ 这也是指导写作教学内容选择的灵魂。

具体的写作教学内容主要是从文体与文章的思路来设计，语法修辞逻辑等知识也要有机融入到作文教学之中。在文体方面，"初中阶段，要求能写记叙文、应用文和简单的说明文、议论文。高中阶段，要求能写比较复杂的记叙文、应用文和一般的说明文、议论文"，中学阶段强调必须培养学生的议论文写作能力，还尤其强调写作内容的综合特点，"作文是识字写字、用词造句、布局谋篇的综合训练，是运用语言文字表达思想感情的综合训练。学生语文学习得怎样，作文可以作为衡量的尺度"。④ 所有这些写作教学内容都服从、服务于总体价值定位，体现人民价值取向。

4）写作教学要求及内容要点的年级安排：中学阶段写作教学的内容安排，是在读写结合的基础上以培养写作能力的顺序为主要线索，组成循序渐进的体系。具体顺序，是与阅读内容匹配，"逐步理解和掌握写作的基本方法，从词句到篇章，从比较单纯的方法到比较复杂的方法"，"逐步理解和掌握记叙、说明、议论等主要的表达方

---

① 课程教材研究所.20世纪中国中小学课程标准·教学大纲汇编·语文卷［M］.北京：人民教育出版社，2001：415，416.
② 同上书，第417页。
③ 同上书，第418页。
④ 同上书，第417页。

式和常用的几种体裁的文章的写法"。采用读写结合的单元教学形式,突出重点,又灵活多样,"各课的练习、提示和关于读写知识的短文也是单元的组成部分"①。要把文章写作的基本训练与课文讲读有机结合,把课内写作学习与课外写作指导有机结合。

表5-2　中学写作课程要求及内容要点的年级安排表(1963年5月)

		初中一年级
1	教学要求	1. 从读写结合出发,着重培养记叙文写作能力,理解记叙的要素以及观察和记叙的关系,写记叙文力求中心明确、条理清楚。 2. 培养写应用文的能力,学会通知、书信等的写法。
2	教学内容	1. 学习读写知识短文《记叙的要素》《观察和记叙》《材料和中心》《记叙的顺序》《记叙的详略》《记叙的连贯和照应》,着重进行记叙能力的训练。 2. 学习应用文《便条和单据》《通知和启事》《书信》《专用的书信》,学会便条、单据、通知、启事、书信及几种专用书信的写法。
3	要点补充	课文选取《同志的信任》《延安第一课》《中华民族》《全心全意为革命》等,可视为作文教学价值导引。
		初中二年级
1	教学要求	1. 积累词汇,提高用词造句和使用标点符号的能力。 2. 着重培养说明能力,理解和掌握说明事物的一些要点和方法,说明事物力求准确清晰,有条有理。 3. 继续培养记叙能力,学习记人和写环境。 4. 继续培养写应用文的能力,学会记录、报告等的写法。
2	教学内容	1. 学习读写知识短文《笔记》《说明事物的特征》《记人和写环境》。 2. 学习读写知识短文《说明事物的本质》《说明的方法》,着重进行说明能力的训练,继续进行记叙能力的训练。 3. 学习应用文知识短文《公约和规则》《记录》《报告》《电报》,学会公约、规则、记录、报告、电报的写法。 4. 学习运用词组作句子成分,构造比较复杂的单句。学习构造几类常用的复句。
3	要点补充	课文选取《多收了三五斗》《斗争韩老六》《在烈日和暴雨下》《批评和自我批评》《西伯利亚的纺织工人》《最后一次的讲演》《大渡河畔英雄多》《继续地保持艰苦奋斗的作风》《做敢想敢说敢做的人》等,可视为作文教学价值导引。
		初中三年级
1	教学要求	1. 积累词汇,提高用词造句和使用标点符号的能力。 2. 着重培养写议论文的能力,理解立论、驳论和论证的方法。 3. 继续培养记叙和说明的能力。 4. 继续培养写应用文的能力,学会合同、表格、计划等的写法。 5. 继续学习一些语法知识,理解比较复杂的句子的构造,能构造多重复句,并学习一些修辞知识。

---

① 课程教材研究所. 20世纪中国中小学课程标准·教学大纲汇编·语文卷[M]. 北京:人民教育出版社,2001:418.

2	教学内容	1. 学习读写知识短文《记叙中的议论和抒情》《立论——论点和论据》《论证的方法》《驳论》《论证的条理》。 2. 学习知识短文《合同》《表格》，学习合同和表格的写法；学习知识短文《计划》《墙报》，学会拟订计划和编写墙报。 3. 着重进行议论能力的训练，继续进行记叙和说明能力的训练。
3	要点补充	课文选取《天安门赞歌》《青年运动的方向》《知识青年参加体力劳动的问题》《用雷锋的学习态度学习雷锋》《紧密联系群众》《相信群众自己解放自己》《国际歌》《呼吁世界人民联合起来反对美国帝国主义的种族歧视、支持美国黑人反对种族歧视的斗争的声明》《海燕》《谁说鸡毛不能上天》《坏事能否变成好事？》《地下党员》《关于中小学毕业生参加农业生产问题》《方腊起义》《普通劳动者》等，可视为作文教学价值导引。

高中一年级		
1	教学要求	1. 在初中的基础上，进一步提高现代语文的阅读能力和写作能力，掌握比较复杂的记叙方法，培养记叙、说明、议论综合运用的能力。 2. 注意记叙复杂事物时能够详略得当，条理清楚，用词造句正确。 3. 能够根据文章内容的性质，配合运用说明、议论、抒情等表达方法。
2	教学内容	1. 学习读写知识短文《工具书的使用》《复杂的记叙》《谈修改文章》《关于写文章》《各种表达方法的综合运用》。 2. 注意用词造句正确，熟悉多重复句和长句的结构并能正确地运用；正确运用句引号、破折号等标点符号。 3. 熟悉多重复句和长句的结构并能正确地运用，正确运用冒号、括号等标点符号。 4. 在阅读和写作中，着重学习比较复杂的记叙文的选材和组织，着重学习比较复杂的记叙文的剪裁、布局和与议论、抒情的配合运用。
3	要点补充	课文选取《关心群众生活，注意工作方法》《从实际出发》《"友谊"，还是侵略？》《反对自由主义》《个人和集体》《从破坏历来的旧制度到创造新制度》《向全国进军的命令》《包身工》等，可视为作文教学价值导引。

高中二年级		
1	教学要求	1. 培养比较复杂的议论能力，理解和掌握论证的方法和步骤。 2. 注意概念准确，判断严密，推理合乎逻辑，能够有理有据地发表意见。
2	教学内容	1. 学习读写知识短文《正确地用词造句》《准确的概念》《严密的判断》《推理——归纳和演绎》《论断的根据》《常见的逻辑错误》。 2. 在阅读和写作中，学习各种论证方法，学习议论文的篇章结构和归纳、演绎的运用。
3	要点补充	课文选取《六亿人民的大会堂》《我们时代的本质》《文艺为工农兵服务》《文艺批评的标准》《为什么说资产阶级右派是反动派？》《论毛泽东思想》《什么是列宁主义》《质问国民党》《评战犯求和》《"丧家的""资本金的乏走狗"》《驳资产阶级人性论》《一个极其重要的政策》《永远保持艰苦奋斗的革命精神》等，可视为作文教学价值导引。

高中三年级		
1	教学要求	1. 进一步巩固和提高各种表达能力，掌握比较复杂的议论方法。 2. 注意观点正确鲜明，材料充实可靠，论证严密，语言简练。

2	教学内容	1. 写作训练注意观点和材料的统一,掌握论证的各种方式。 2. 写作训练进一步注意观点和材料的统一,掌握论证的各种方式。
3	要点补充	课文选取《湖南农民运动考察报告》《在全国文教群英大会上的祝词》《中国无产阶级革命文学和前驱的血》《人的阶级性》《别了,司徒雷登》《无产阶级是资产阶级的掘墓人》《共产主义事业是人类历史上空前伟大而艰难的事业》《改造我们的学习》《反对党八股》《关于百花齐放、百家争鸣》《马克思墓前演讲》《悼列宁》《伟大的创举》《项链》《守财奴》等,可视为作文教学价值导引。
备注		依据《全日制中学语文教学大纲(草案)》(1963年5月)整理,来源:课程教材研究所. 20世纪中国中小学课程标准·教学大纲汇编·语文卷[M].北京:人民教育出版社,2001。

(二) 改革开放时期的写作课程设计

改革开放以来,我们国家的中心工作开始回归到社会主义现代化建设。全国中小学教育事业服从、服务于社会主义现代化建设的实际需要成为时代主旋律,邓小平提出"三个面向"的思想指引着教育发展的新方向。现代写作课程也跳出"阶级斗争为纲"的藩篱,在基于普通话的作文教学改革之路上越走越远,现代写作课程在反思过去教训、继承以往有益经验的基础上,开启新的规划与设计,迎来发展的黄金时期。

根据上文可知,从1977年至1999年,国家先后发布多个全日制中小学语文教学大纲,每个教学大纲都从听说读写整体的角度提出作文教学的新要求、新规划。比较而言,聚焦这个时期写作课程的系统设计,1992年发布的《九年制义务教育全日制小学语文教学大纲(试用)》《九年制义务教育全日制初级中学语文教学大纲(试用)》及1996年发布的《全日制普通高级中学语文教学大纲(供试验用)》更加具有典型意义,下面主要以这两个文件为依据来介绍该时期的写作课程设计。

1. 小学写作课程的整体设计

(1) 总体教学目标:一改过去的革命话语,开始从建设社会主义物质文明及精神文明的角度来看待语文课程,不仅强调其工具性,也非常强调其思想性,提出从提高民族素质、培养社会主义公民的角度来规划小学语文课程,夯实语文学习的根基。总体目标:"指导学生正确地理解和运用祖国的语言文字,使学生具有初步的听说读写能力;在听说读写训练的过程中,进行思想政治教育和道德品质教育,发展学生的智力,培养良好的学习习惯。"[①]相较于之前,这时期侧重从人的发展的角度来整体推进听说读写训练。

(2) 总体教学要求:在学会普通话的基础上,从语体文写作方向出发,"能写简

---

① 课程教材研究所. 20世纪中国中小学课程标准·教学大纲汇编·语文卷[M].北京:人民教育出版社,2001:232.

单的记叙文,做到有中心,有条理,内容具体,语句通顺,感情真实,思想健康;能写常用的应用文;书写工整,注意不写错别字;会用常用的标点符号"。同时在教学过程中,"使学生受到辩证唯物主义的启蒙教育和社会主义道德品质的教育;逐步加深热爱祖国、热爱中国共产党、热爱社会主义的思想情感;陶冶爱美的情趣;锻炼观察、思维、想象、记忆的能力;养成良好的意志品格和学习习惯"[①]。这样突出体现了写作课程教学为人民服务的鲜明价值取向。

（3）写作教学内容:基于普通话作文教学的发展需要,注重在听话、说话训练基础上促进读写能力的提高与思维发展。"小学生作文就是练习把自己看到的、听到的、想到的内容或亲身经历的事情,用恰当的语言文字表达出来。""小学以学写记叙文为主,也要学写常用的应用文。""作文要做到观察、思维、表达密切结合。"[②]

（4）写作教学要求及内容要点的年级安排:基于普通话的小学作文教学要逐步做到有具体内容,有真情实感,有中心,有重点,展开想象,注意选词用语,写完后要修改。从不同学段来看,"低年级着重练习写话,要有内容,语句要完整、连贯;中年级着重练习写片段,内容要真实具体,语句要通顺连贯;高年级着重练习写成篇的作文,要有中心,有条理,达到小学阶段的要求"。此外还强调"指导学生作文,要从内容入手。教师要引导学生接触自然,接触社会,指导学生留心观察和分析周围的事物,养成观察和思考的习惯"[③]。这表明小学作文教学越来越向儿童的生活回归,更加注重作文教学的育人功能。还注重作文教学与听说、阅读的有机融通,注重与其他学科及课外活动的有机联络,相互配合,协调发展,从而呈现出新的生态关系、新的发展气象。

表5-3　小学写作教学的年级要求安排表(1992年)

一年级		
教学要求	1	能用学过的部分词语写通顺的句子。
	2	学习观察简单的图画和事物,练习写句子。
	3	学习使用句号、问号。
二年级		
教学要求	1	能用学过的部分词语写通顺的句子。能理顺次序错乱的句子。
	2	学习按一定顺序观察图画和简单事物,写几句意思连贯的话。能写留言条。
	3	学习使用逗号、感叹号。

---

① 课程教材研究所.20世纪中国中小学课程标准·教学大纲汇编·语文卷[M].北京:人民教育出版社,2001:233.
② 同上书,第236页。
③ 同上注。

		三年级
教学要求	1	能用学过的部分词语写通顺的句子。
	2	学习有顺序地比较细致地观察图画和事物,写出内容比较具体的片段。学写简单的日记。
	3	能修改有明显错误的句子。
		四年级
教学要求	1	练习用学过的部分词语写句子。
	2	初步能有顺序有重点地观察图画和周围的事物,培养留心观察周围事物的兴趣和习惯。学习写内容真实具体、条理比较清楚的简单记叙文。学写书信。
	3	学习使用顿号。
	4	能修改有错误的句子。能理顺段落错乱的短文。
		五年级
教学要求	1	能用学过的部分词语写句子。
	2	观察事物能抓住重点,并适当展开想象。初步养成观察周围事物的习惯。练习按要求或自拟题目作文。学习编写作文提纲。能写有中心、有条理、有真情实感的简单记叙文。学写表扬稿。
	3	学习使用书名号、省略号。认识破折号。
	4	学习从内容、词句、标点等方面修改自己的作文。
		六年级
教学要求	1	能用正确的语句表达自己的思想。
	2	观察事物注意抓特点。养成观察周围事物的习惯。
	3	能按要求或自拟题目作文。能根据要求选择材料,编写作文提纲,写出有中心、有条理、有真情实感的简单记叙文。学写会议记录和读书笔记。
	4	初步会用句号、问号、感叹号、逗号、冒号、引号、顿号、书名号和省略号。认识分号。
	5	能初步修改自己的作文。

备注:依据《全日制中学语文教学大纲(草案)》(1963 年 5 月)整理,来源:课程教材研究所. 20 世纪中国中小学课程标准·教学大纲汇编·语文卷[M]. 北京:人民教育出版社,2001:245—251.

2. 初级中学写作课程的整体设计

(1)总体教学目标:强调以马克思主义为指导,强调从为社会主义物质文明和精神文明建设服务的角度来夯实语文的工具技能性,使学生"具有基本的阅读、写作、听话、说话的能力,养成学习语文的良好习惯",注重在写作教学过程中"开拓学生的视野,发展学生的智力,激发学生热爱祖国语文的感情,培养健康高尚的审美情趣,培养社会主义思想品质和爱国主义精神"。① 由此可见,这时期注重从听说读写整体融通的角度来发展写作,注重从学生的个性化与社会化整合的角度来推进写作。

(2)总体教学要求:"能写记叙文,简单的说明文、议论文和一般应用文,做到思想感情真实、健康,内容具体,中心明确,条理清楚,文字通顺,不写错别字,正确使用标点符号,格式正确,书写规范、工整。初步养成修改文章的习惯。"②特别重视在语文训练(含写作训练)中进行思想教育,"要着重于思想感情的陶冶,道德品质的培养,使学生提高社会主义觉悟,初步具有辨别是非、善恶、美丑的能力。熏陶渐染,潜移默化,循环往复,逐步加深"③。采用过程渗透的方式,重在春风化雨、润物无声。

(3)写作教学内容:强调依托课文来传授写作知识,训练写作能力,同时进行思想教育,培养审美情趣。课文要文质兼美,"在用词、造句、布局、谋篇等方面具有典范性","题材和体裁应该丰富多样,能激发学生的学习兴趣","要重视选取反映建国以来的社会生活和时代精神的现代文",这些从整体上都会影响到写作教学的价值内涵。

写作训练的内容要点:

1)训练形式方面:要求书写工整、规范,卷面整洁,行款格式正确,正确使用标点符号。还包括语言文字形式训练,如经常性的片段训练;"对文字材料作缩写、扩写、改写、续写";"根据目的、对象、场合,选择比较恰当的语句"等。

2)训练内容方面:打破之前以教学文体分类作文的框架,侧重从学生主体表达与交流的角度来设计。①从观察、积累、思维的角度提出要求,如"观察、分析周围的事物,用自己的话写出观察的结果和感受","随时收集、积累语言材料","根据写作需要,确定表达的内容和中心","选择恰当的表达方式,比较准确地表达自己的意思","运用联想或想象,丰富表达的内容"。②渗透表达方式,结合文体写作。如"记事写人,内容具体,有真情实感";"选用恰当的说明方法,有条理地说明事物的特征";"发表自己的看法,有一定的根据,作一些简单的分析";"学写一般的应用文"等。④

(4)写作教学实践的关键点:要注重从听说读写四种能力协调发展的角度来推进写作教学,努力做到读写结合、口语表达与书面表达贯通,实现写作与听说、阅读联动发展。还特别重视写作教学与观察、思维、想象融通,通过写作教学促进学生的智力发展。注重课内写作学习与课外活动、课外练笔有机结合。注重写作教学与激发

---

① 课程教材研究所.20世纪中国中小学课程标准·教学大纲汇编·语文卷[M].北京:人民教育出版社,2001:524.
② 同上书,第525页。
③ 同上注。
④ 同上书,第526页。

学生兴趣、养成习惯相结合,促进学生可持续发展。这些都是超越过去的宝贵经验。

3. 高级中学写作课程的整体设计

因即将启动新课程改革,要研制新的学科课程标准,1996年发布的《全日制普通高级中学语文教学大纲(供试验用)》比较简略。在写作课程的总体目标与要求上,高中写作课程的要求与初中、小学是一致的,可谓一脉相承。

(1) 写作课程结构的改进

在课程结构上有些改变,增加了学生的选择性与教师的分类指导。高中语文学科课程分为必修课、限定选修课和任意选修课。针对文科生,"在必修课的基础上,侧重于提高学生的语言、文学修养、写作能力",可以开设写作的选修课。针对理科生,"在必修课的基础上,侧重于提高学生阅读科普论著能力和写作实验报告、科学小论文能力",可以开设科学小论文写作课。针对预备就业的学生,"在必修课的基础上,侧重于提高学生听说能力和写作常用应用文能力",可以开设应用写作课。基于学生差异开设不同专题的写作课,这种理念顺应了时代发展的新趋势。

(2) 写作教学内容的提升

在初中写作教学内容及要求上,高中写作教学进一步引导学生加强"观察、积累、养成习惯";"理清思路,确定中心和写法";"根据需要,展开联想和想像";"用规范、简明、连贯、得体的语言表情达意";"恰当地运用各种表达方式写一般实用文(45分钟能写600字左右的文章)";"高中阶段作文一般不少于25次,文字总量一般不少于2万字,其他各类练笔不少于3万字"。① 总体而言,高中阶段写作教学内容及要求比较笼统,当然方向很明确,与初中阶段写作教学要求保持一致。

第二节　教学大纲时期基于普通话的写作教材发展

一、教学大纲时期的写作教材概貌

新中国成立以来,听说读写训练都归属于语文课程,语文教科书进入统编通用教材的历史时期。在加强统一、集中模式的背景下,之前众多、细分的写作教材往往被整合到统一规范的语文教材系统之中,一般情况下写作教学往往要依托统编通用的语文课本来进行。这不仅有利于巩固新生的人民政权,发展社会主义的教育事业,也有利于加强听说读写的联合(尤其是读写结合),推进语文整体化教学。随着

---

① 课程教材研究所. 20世纪中国中小学课程标准·教学大纲汇编·语文卷[M]. 北京:人民教育出版社,2001:538.

普通话的不断推广,依托语文课本,紧密结合社会形势来推进写作教学逐渐成为新的传统。

随着形势的发展以及写作教学的实际需要,人们发现仅凭借通用统一的语文教科书来教授作文明显不够用,难以满足语文教师的作文教学需要,也难以适应学生作文发展需要,为此配合或补充语文教科书的辅助类作文教材开始变得越来越多。特别是改革开放以后,人们摆脱了"阶级斗争为纲"的干扰,在邓小平"三个面向"教育思想的指引下,全国语文教育迅速转向正轨,作文教学也不例外。具体表现之一就是有关写作教学的辅助教材的出版呈现井喷状态,依据目前搜集到的写作教学辅助教材数据,从新中国成立到 1977 年,写作教学的相关辅助教材出版了 191 种,可是从改革开放到 1999 年,写作教学的辅助教材已经出版 970 多种,后者种类是前者的 5 倍多。改革开放之后,写作教学的辅助教材不仅种类越来越多,内容也越来越丰富多样,与此同时也产生了大量雷同且水平不高的作品。

当然借助统编通用的语文教科书,配合使用写作教学的辅助教材,使得全国写作教学的总体质量长期以来较为堪忧,学生也对写作文越来越缺乏兴趣,甚至有相当一部分学生还产生了畏惧作文的不良心理,严重影响到学生作文水平的持续发展。有鉴于此,有些专业研究机构积极探索写作教材独立发展的路径,还尝试编写独立分编的写作教科书,积极建构作文教学教材的新体系。在这些方面,无论是在理论还是在实践上都取得了一定的成绩,可是因为缺乏长期、持续的跟踪研究,独立编写的写作教科书还很不成熟,有待继续研究、完善。

(一) 通用语文教科书举例

新中国成立以后,在全国范围内采用统一通用的语文教科书来教授语文、教授写作已经成为新的潮流。这样写作课程内容主要就包括在语文教科书里面,按照年级层次来逐渐排布、螺旋式上升。在编辑的总体思路上,主要采用的是读写结合的大思路,采用作文教学文体的编排方式。记得 2011 年 11 月 30 日,人民教育出版社资深编审周正逵先生在北京师范大学做题为"语文教材改革任重而道远"的学术演讲,他认为:新中国成立以来,人民教育出版社编写的语文教科书主要是采用读写结合的编写思路,突出阅读教学;不过换个角度看,长期以来语文教科书还可以理解为"只有写作,没有阅读",因为"读什么""怎么读"往往都是考虑学生作文的需要,按照作文教学文体的序列来排列,比如"小学阶段是简单记叙文、说明文、议论文,初中阶段是一般的记叙文、说明文、议论文,高中阶段是复杂的记叙文、说明文、议论文,都是根据写作文体的角度来编写。这就容易造成阅读与写作'两伤'的局面"[1]。也就

---

[1] 周正逵先生于 2011 年 11 月 30 日晚上在北京师范大学教九 403 讲演,他讲演的标题是"语文教材改革任重而道远"。依据当时的笔记整理。

是说,新中国成立以来虽然总体上体现出阅读教学本位的特点,不过"阅读教材"的文本类型及序列还是着眼于学生作文。这是全国通用语文教科书编写的突出特征。从作文教学文体的内容特点来看,所体现的都是基于普通话的文本类型特征,尽可能体现以人民为中心的价值导向。这个特点显著区别于之前的语文教科书,也总体上影响当代写作教学的发展方向与精神气质。

根据陈先云先生研究,"自新中国成立至20世纪80年代中后期,我国的中小学教材由国家规划或委托统一编写,基本上统一使用由人民教育出版社编写的教材。严格意义上说,全国通用的小学语文教材共有7套"①。具体包括:(1)新中国成立初期改编自老解放区课本的《初级小学国语课本》《高级小学国语课本》。这套课本虽然是过渡性教材,但全国中小学由此逐步迈入"一纲一本"的时代。(2)五年一贯制《小学课本语文》。"这套教材的主要特点是教材内容丰富,重视思想教育内容安排的系统性;编排形式多样,重视听、说、读、写训练,体现科学性与启发性。"(3)"四二制"《初级小学语文课本》《高级小学语文课本》。"初级小学课本阅读、汉语不分编,一、二年级以识字为重点,三、四年级增加了常识课文。高级小学课本阅读课和汉语课分编,阅读课本以文学作品为主,汉语课本单独编写了《语文练习》。1956年小学语文教材进入实质性改革阶段,《初级小学语文课本》1955年秋季试教试用,历时十年多。《高级小学语文课本》1957年秋季使用,历时8年多。这是人民教育出版社编写的第一套完整的小学语文教材。"(4)《十年制学校小学语文(试用本)》。"1960年下半年开始,根据'适当缩短学制,适当提高程度,适当控制学时,适当增加劳动'的指示精神,全日制中小学的年限缩短为10年。这套教材的主要特点有:采用集中识字法编写识字教材,继承'先识字,后读书'的传统语文教育经验;贯彻多读多写原则;重视扩大学生的知识领域。"(5)《十二年制学校小学语文课本》。"这套教材是根据1963年颁布的小学暂行工作条例和教学大纲的要求编写的,其显著特色是'以培养学生的读写能力的顺序为主线',重视基础知识传授和基本技能训练,注重知识的系统性,体现语文学科的工具属性。由于'文化大革命'爆发,只出版了6册。"(6)依据1978年颁布的大纲(试行草案)编写的《全日制十年制学校小学语文课本(试用本)》。"教材将课文分成讲读、阅读、独立阅读课文,逐步提高独立阅读能力。编排的读写例话、习作例文,由具体到抽象提高读写能力。每个单元之后'基础训练'的安排,突出加强字、词、句的训练和听说读写的综合训练,发展语言运用能力。"这套语文教科书特别注重引导学生进行扎扎实实的语言训练及作文训练。(7)《五年制小学课本语文》《六年制小学课本(试用本)语文》。"这两套教材总结了十年制小学

① 陈先云.新中国成立以来小学语文课程教材的发展历程与经验[EB/OL].(2019-10-23)[2021-05-20].https://www.sohu.com/a/349016774_387107.

语文教材的经验,并进行适当的调整和改进。从选材内容上,消除了'紧跟形势'的痕迹;从编排体例上,教学内容安排更加科学,识字教材、各种类型的课文和基础训练、读写训练点,都更加符合小学生学习语文的规律。"这时期更加注重编织作文技能训练点的序列或体系,已经摆脱过去一味进行作文知识教学的窠臼。[①] 当时,编写出版的语文教科书种类不多,可是随着人民教育普及事业的不断发展,语文课本的印刷数量却是非常多,且增长快,普及非常广泛。

表5-4　教学大纲时期语文教科书(举例)

序号	中小学语文课本
1	《初级小学国语课本》(1—8 册),人民教育出版社,1951 年; 《高级小学国语课本》(1—4 册),人民教育出版社,1951 年。
2	《高级小学国语课本》(1—4 册),人民教育出版社,1956 年; 《初级小学语文课本》(1—8 册),人民教育出版社,1956 年。
3	《初级小学语文课本》(1—8 册),人民教育出版社,1963 年; 《高级小学国语课本》(1—4 册),人民教育出版社,1963 年。
4	《全日制十年制学校小学课本》(1—10 册),人民教育出版社,1978 年。
5	《五年制小学课本语文》(1—10 册),人民教育出版社,1982 年。
6	《六年制小学课本语文》(1—12 册),人民教育出版社,1987 年。
7	《义务教育小学语文教科书实验本及试用本》(1—12 册),人民教育出版社,1992 年。
备注	未完,待补充。

(二) 专门的写作教科书举例

除国家组织统一编写、全国通用的语文教科书之外,还有少量经专业研究机构编写的专门写作教科书,往往与配套的阅读教科书一起使用。一般而言,这些专门编写的写作教科书是供教学实验用的,供一些学校选择使用。有些写作教科书有几百所学校选用。

已经出版的专门写作教材,例如:初中实验课本《作文》(1—6 册),中央教育科学研究所教改实验小组编写,教育科学出版社,1981 年 8 月起陆续出版发行。还有六年制重点中学初中语文课本《写作》(1—6 册),人民教育出版社中学语文编辑室,1982 年 2 月起陆续出版发行。三年制初级中学语文课本(试用本)《作文·汉语》(1—6 册),人民教育出版社语文一室编写,1987 年 6 月起陆续出版发行。

---

① 陈先云. 新中国成立以来小学语文课程教材的发展历程与经验[EB/OL]. (2019 - 10 - 23)[2021 - 05 - 20]. https://www.sohu.com/a/349016774_387107.

表 5-5　教学大纲时期写作教科书(举例)

序号	中小学语文课本
1	初中实验课本《作文》(1—6 册),中央教育科学研究所教改实验小组编写,教育科学出版社,1981 年 8 月起陆续出版发行。
2	六年制重点中学初中语文课本《写作》(1—6 册),人民教育出版社中学语文编辑室,1982 年 2 月起陆续出版发行。
3	三年制初级中学语文课本(试用本)《作文·汉语》(1—6 册),人民教育出版社语文一室编写,1987 年 6 月起陆续出版发行。
4	高中语文实验课本《写作与说话》(1—6 册),人民教育出版社中学语文编辑室编,人民教育出版社出版发行,1996 年。
5	《作文三级训练手册》(1—3 册),高原、刘朏朏,开明出版社,1991 年 1 月起陆续出版发行。
6	《"观察—分析—表达"三级训练体系作文课本》,高原、刘朏朏,北京师范学院出版社,1986 年。
备注	未完,待补充。

(三) 写作教学的辅助教材

从新中国成立到 20 世纪末,关于这类写作教学的辅助教材目前已经搜集到 1 160 多种的著作信息(其中包括一些新中国成立之前的写作教材,重新出版)。与上述两类语文教材、写作教材比较,这部分的写作教学辅助教材,无论是种类分布,还是内容丰富性都是非常可观的,远远超过前面两类,从侧面反映出当时社会对写作辅助教材的实际需求是十分热切的,也反映出写作教学或写作教材内涵具有丰富复杂的一面,相关研究也复杂多样,分类广泛。实际上,虽然当时已经出版如此众多的中小学写作教材或辅助教材,可是仍然有许多中小学写作的实质性问题、深层次问题并没有研究清楚,相关研究方法也有待进一步改进提升。

大致而言,写作教学的辅助教材可以划分为如下几个类别:

(1)写作范文或写作示例类。主要是供学生模仿学习的范文或示例,包括不少为语文考试、作文竞赛服务的文章示范。

(2)作文教学经验总结或教学示范。主要是供普通语文教师借鉴参考的作文教学经验,从中可以了解当代优秀教师的作文教学情况。

(3)作文教学的资源类教材。这类作文教学辅助教材,既有供学生使用的手册、辞典等工具书,也有供教师使用的作文教学参考资料等。

(4)作文教学的专门研究类教材。其中既有行政主管部门为加强教学质量管理而进行的专门研究,也有高校教师、一些优秀教师围绕作文教学问题而展开的专门的学术类研究。

(5) 作文教学的相关知识类,如围绕语法、修辞与作文相关性问题进行专门的研究,这部分有一些大家的作品。

(6) 国外作文教学的译介类,包括介绍苏联、日本、美国等的作文教学经验及研究成果的。

小结:总体而言,教学大纲时期随着普通话的普及,基于普通话的写作教材从不同方面相继展开编写或研究,在不同程度上都推进了现代写作教材的发展,为真正彻底地解决困扰中小学的写作教学问题创造了基础条件,也为当今建构高质量的写作课程及教学体系提供了多方面的丰富的实践经验。不过因为基于普通话的写作教材建设缺乏系统科学的全面设计,也缺乏针对现代汉语普通话的自觉意识,各方面研究力量"各自为政"或忽视接力发展,导致这时期写作教材建设还缺乏集成效应,总体质量还有待进一步提升。

二、教学大纲时期的写作教材分析

(一) 初中实验课本《作文》(中央教科所编)

20 世纪 80 年代初,在初中语文教改实验中,中央教育科学研究所教改实验小组分别编写了一套名为《阅读》的实验课本和一套名为《作文》的实验课本。"作文过去一直没有教材,上课无本可依,也无序可循。因此,试编这套作文教材,对我们来说,是一项新的工作。""这套课本只能是探索性的,先做到从无到有,以供试用,然后再反复修改,逐步提高。"①可见,这套《作文》的编写,属于"摸着石头过河",边做边改进。实验课本《作文》共分 6 册,供初中三个学年使用,每学期一册。因为有了《作文》作为凭借,作文教学目标能够比较好地落实下去,避免语文课只抓"阅读",导致"作文"落空的尴尬状况。

1. 实验课本《作文》的基本特点

(1) 读写配合,说写并进。"语文教学要全面地培养学生听、说、读、写的能力。阅读教学和作文教学有密切联系,但又有各自不同的任务。我们试编的这两套教材尽可能地互相配合,互相补充。作文教材以写的训练为主,同时也注意培养说的能力。"②这体现出从听、说、读、写的语文整体思维来把握"作文"定位,以阅读理解与口头表达助力书面表达。这种在联络中突出"作文"、发展"作文"的大思路是可取的,"作文"要跳出泥淖、脱胎换骨,必然是基于联系与发展的角度实现系统集成,实现日常化过程。

---

① 中央教育科学研究所教改实验小组. 作文(1)[M]. 北京:教育科学出版社,1981:说明 1.
② 同上注。

（2）基本目标预设。"初中毕业时，要求学生会写一般的记叙文、说明文和比较简单的议论文；文章中心明确，内容具体，层次清楚，病句很少，不出现常用字中的错别字，标点准确，书写整齐。"①这反映了当时初中作文教学的基本文体，即会写"一般的记叙文、说明文和比较简单的议论文"，与新中国成立以来人教版初中课本《语文》的思路是相通的，侧重从教学文体的角度来安排内容框架。从目标预设来看，这套教材的要求是偏低的，"文章中心明确，内容具体，层次清楚，病句很少，不出现常用字中的错别字"等都是白话文写作的基本要求，从侧面可见当时写作教学的质量不高。此外，这样的目标预设其实就是通用语文课本的作文教学目标，两者是同水平的目标要求，区别是达成的路径与方法不同。

（3）采用以训练为重点的单元教学组织。"每册教材按训练项目组元，先易后难，循序而进。一般每一单元都有作文指导、示例和练习三个部分。作文指导部分只是提纲挈领的短文，不是面面俱到的'作文讲话'。每一单元只突出一两个重点，把作文知识、方法和对学生的实际要求结合起来，目的在于指导实践，用以对学生进行实际训练，而不是把作文课变成作文知识的讲授课。凡是前面单元向学生提出的要求，在学习后面单元的时候，都要贯彻始终。""练习力求重点明确，讲究实效。重点的作文练习，要求反复修改，甚至重写几次。每单元的练习量，教师可根据具体情况适当掌握。各单元的课时安排只供教师参考。"②可见，这是典型的以写作知识为导引，以范文模仿为凭借，以训练为重点，以追求实际效果为方向，明确反对把作文课变成"知识课""讲授课"。与《语文》相比，在范文示例方面更有弹性、灵活性，"示例中我们选了一些学生的作文，是供借鉴用的，不要束缚学生的思想。如果本校有更合适的例文，教师还可选用"③。在许多情形下，同龄人或本校学生的例文对学生来说更有亲切感。此外，这种专题式单元教学组织浓缩了过去半个多世纪作文教材编写的精华，一定程度上体现了学生作文学习过程的基本特点，至今仍给人以启迪。

2. 实验课本《作文》的内容要点

（1）内容定位在满足社会书面交往的实际需要。在实验课本《作文》的内容选择上主要是从实际出发、追求实用性，所体现的教育理念是为未来生活做准备，供谋生应世之需。"我们考虑，绝大多数初中毕业生，以至所有各级各类学校的毕业生，他们走出校门后都是要做实际的。不论是在农村、工厂、学校、机关、部队或科学研究单位，也不论是做一个直接在生产第一线的劳动者还是做管理人员、研究人员，都需要能够把遇到的事实、情况、问题和自己的意见、道理等说清楚写清楚。这是一种普遍的、基本的需要。初中作文就是要努力适应这种需要，至少是要为学生能够适

---

① 中央教育科学研究所教改实验小组.作文(1)[M].北京:教育科学出版社,1981:说明 1.

② 同上书,说明 1—2。

③ 同上书,说明 2。

应这种需要打下良好的基础。"①正是基于非常实际的功能预期，本套教材的基本设想是，"希望学生初中毕业时，在说和写的能力上，能够适应我们国家社会生活的基本要求，能够解决他们在学习、工作、生活中遇到的需要用语言文字表达的实际问题。具体地说，要求学生初中毕业时，能具备一般的记叙、说明和比较简单的议论能力；掌握日常应用文体；表达时，中心明确，内容具体，意识明白，条理清楚，病句很少；书写时，既要有一定的速度，又要整齐清楚，标点准确，不出现常用字中的错别字"②。这就将社会功能预期转化为教材功能定位，即实用价值理性。

（2）注重作文形式训练的基础价值。基于上述内容定位，《作文》在内容选择上不仅注重实际价值，还特别注重作文形式训练的基础价值。在内容选择的基础上，考虑到学生实际的作文学习情况，这套教材还是从最基本的训练开始。"从目前的实际情况看，一般说刚升入初中的小学毕业生，虽然在小学已学过一些作文的基本知识，但并不一定都能掌握，实际作文水平参差不齐，有不少学生作文能力很差。"③为此，有必要"从头学起"，从最基本的开始。即便是一些内容已经学过，还可以继续夯实、提高。"有些要求，虽然小学已经提过，学过，练过，但学生升入中学后，随着年龄的增长和头脑的开阔，实际上是一种在新的发展阶段和新的情况条件下所进行的新的训练。这种新的训练，由于内容的充实和发展，自然要比小学提高了，但仍然是基本训练，是为了打好坚实的基础。"④由此可见，本套教材内容的核心其实是一种框架性、形式化的基础设计，兼容小学与初中的内容要求，比如记叙、说明、议论等技能训练，小学及初中都可以进行，都有进一步提升的需要。

（3）兼顾学生的问题及个性需要。在追求实用价值功能的前提下，《作文》在内容选择上也考虑到学生的实际情况及个性化需要，体现了作文内容选择的针对性特征。"有的放矢，有针对性地教学，才能更好地达到预期的效果。我们希望这套教材能够有些针对性。这就是，希望能够针对学生对作文的糊涂认识或错误认识，针对学生在作文时感到的困难，并且针对他们在作文时常犯的一些毛病，力求能帮助他们解决一些这类的问题。因此，在确定单元、单元训练重点以及作文指导的时候，我们没有象有的专讲写作知识的书本那样，面面俱到，而是突出一、二个重点，提纲挈领，把作文知识、方法和对学生训练的实际要求结合起来，以便更好地有针对性地指导实践，落实训练。"⑤这里的"针对性"就是针对学生的问题、突出重点，从而设计作文单元教学内容要点，体现鲜明的问题意识及学情意识。

---

① 中央教育科学研究所教改实验小组.作文（5）[M].北京:教育科学出版社,1981:说明 1.
② 同上书,说明 1—2。
③ 同上书,说明 2。
④ 同上注。
⑤ 同上书,说明 2—3。

小结：这种实用至上的价值理性，以及教学为未来做准备的育人理想，源自西学东渐，肇始于清末，贯通民国，一直绵延至此。其根源可对接斯宾塞在《什么知识最有价值》中所提出的实用理性价值，强调对适应社会生存有用，也可以对接工业革命初期夸美纽斯的教育观即为未来生活做准备。随着后工业社会的来临，上述价值理性显然落后于时代需要，落后于世界潮流。

3. 实验课本《作文》的结构特点

注重体现作文教学的独特"序列"。《作文》的编者承认"作文有很大的综合性。学生作文能力的提高，因素是复杂的"。作文教学"不可能象某些自然科学那样，一环紧扣一环，有一个严密的精确的序"。不过，《作文》的编者强调"作文教学有序可循"，具体考虑有三，即"一是由易到难，由简单到复杂；二是划分单元，一个单元有一个单元的训练重点和具体要求；三是有阶段性，一个阶段有一个阶段的基本要求，阶段提高"。① 这理应是所有课程教学的共通性要求。

为此，《作文》侧重从两个方面来编织教学结构。1）作文内容结构：从作文内容来看，初中三年分成三个大阶段，每个学年突出一个作文重点要求，拾阶而进。"记叙、说明、议论能力的训练，围绕学年基本要求，按照先易后难的原则，三管齐下，交叉安排。"其中，"记叙训练是整个初中阶段作文教学的重点"②。2）思维训练结构："学生作文能力的形成，除了生活经验、知识基础、语言等因素以外，很重要的一条，就是取决于思维训练。思维训练（包括形象思维和逻辑思维）必须贯穿整个作文教学的始终。"③

具体安排如下。

第一学年：基本要求是通顺、清楚。记叙方面，第一、二册是"一件事"。说明方面，第一册是"实物说明"，第二册是"程序说明"。议论训练，第二册开始接触，"一事一议"。思维训练方面，一年级重点是"打开思路"。

第二学年：要求是"有条理，结构完整"。记叙方面，第三册是"几件事"，第四册是"比较复杂的事"。说明方面，第三册是"事理说明"，第四册是"平实性说明文（指一至三册的说明训练）综合练习"。议论方面，第三册是"学读后感和怎样发表意见"，第四册是参加辩论实践。思维训练方面，二年级重点是"整理思路"。

第三学年：全面要求，"重点在内容充实，思想清晰，表达确切，并力求鲜明生动"。记叙方面，第五、六册是"综合训练"。说明方面，第五册是"文艺性说明文"。议论方面，第五、六册是学写议论文。思维训练方面，三年级重点是"综合概括、分析

---

① 中央教育科学研究所教改实验小组. 作文(5)[M]. 北京：教育科学出版社，1981：说明 3.
② 同上书，说明 4。
③ 同上注。

推理"。①

　　这种将文体写作与思维训练结合起来考虑的作文教学方式,比单纯的文体作文教学要更深入,在当时具有典型性及代表性。可是这种结构思路严重忽视了写作的社会语境及社会功能,也严重忽视了写作教学的多重育人价值的挖掘。当然,《作文》的编者其实也考虑到了写作教学与社会活动的连接,考虑到要挖掘写作教学的育人价值,例如,提出"要将进行这些文体的写作训练同培养学生实际活动(如参观、访问、调查研究、收集资料等)的能力结合起来。为此,需要有目的有计划地组织和指导学生进行上述实际活动,并且要在这些实际活动和整个写作训练过程中把培养学生实事求是的科学精神和探求新知的好学精神放在突出重要的地位"②。只是这方面的努力还很不充分。

表 5-6　初中实验课本《作文》的单元主题表

《作文》序列	实验课本《作文》的单元主题
第一册	第一单元　作文的重要性和基本要求 第二单元　日记 第三单元　作文的一般过程(一)列提纲 第四单元　作文的一般过程(二)写初稿、修改 第五单元　"静物写生" 第六单元　叙事训练(一)怎样写清楚一件事 第七单元　叙事训练(二)两种叙述方法 第八单元　说明训练(一)实物说明文 第九单元　书信
第二册	第一单元　打开思路 第二单元　叙事训练(三)材料的取舍和详写、略写 第三单元　叙事训练(四)叙述的顺序 第四单元　写人训练(一)人物概括介绍 第五单元　写人训练(二)通过一件事写一个人 第六单元　一事一议 第七单元　说明训练(二)程序说明文 第八单元　消息 第九单元　通知和启事
第三册	第一单元　收集和积累材料 第二单元　叙事训练(五)一篇文章写几件事——中心和层次 第三单元　叙事训练(六)一篇文章写几件事——过渡和照应 第四单元　叙事训练(七)一篇文章写几件事——开头和结尾 第五单元　说明训练(三)事理说明文 第六单元　读后感 第七单元　怎样发表意见 第八单元　壁报

----

① 中央教育科学研究所教改实验小组. 作文(5)[M]. 北京:教育科学出版社,1981:说明 3,4,5。
② 同上书,说明 6—7。

《作文》序列	实验课本《作文》的单元主题
第四册	第一单元 叙事训练(八)怎样写清楚一件比较复杂的事 第二单元 叙事训练(九)叙事中的描写 第三单元 叙事训练(十)叙事中的议论和抒情 第四单元 说明训练(四)平实性说明文的综合练习 第五单元 记录 第六单元 辩论
第五册	第一单元 参观记 第二单元 访问记 第三单元 调查报告 第四单元 议论文(一) 第五单元 说明训练(五)文艺性说明文
第六册	第一单元 语言和文风 第二单元 审题和构思 第三单元 议论文(二)短评 附:议论文学习参考资料 第四单元 总结报告 第五单元 总复习和总练习 关于总复习和总练习的建议
备注	依据初中实验课本《作文》资料整理。

(二) 写作教学的辅助教材分析

1. 写作范文或写作示例类

这部分主要是学生的范文,既包括平时的学生佳作,也包括语文考试或作文竞赛的范文。这类写作辅助教材旨在供学生模仿、领悟,注重引导学生采用模仿学习的方式来练习作文,充分挖掘学生的差异性资源,促进"学生教学生"。结合语文课本的编写特点,非常注重读写结合,课文更多的是通过名家名篇来引导学生作文。可是名家名篇与学生作文的水平层级实在相差太远,那么阅读学生范文,尤其是特定分类的范文,就成为一种自然倾向。在平时的作文课堂教学中,语文教师往往还会挑选本班学生的佳作,作为范文,供全班同学借鉴学习。这种凭借范文来传递作文经验的做法已然成为长久以来中小学作文教学的一种常态。只是这种教学方法的效果难以评估,尤其是针对水平不同的学生如何有效施行,还是一个难题。

从搜集到的相关文献来看,这类写作范文在新中国成立到改革开放期间所占比例特别高,有81种,占比为31.8%。这反映出从新中国成立到改革开放期间,写作教学的辅助教材还非常贫乏,种类不多,老师、学生可选择的范围非常有限。不过通过这种方式,可以让后人大致了解在那个以"阶级斗争为纲"的年代各地的中小学生在写些什么、想些什么,而不是全部沦为历史中"沉默的大多数"。从这些学生的作文范文来看,作文内容与"火热"的时代生活息息相关,主要讴歌新中国、新时代、社会主义,反映出中国人民站起来之后的豪情万丈。在习作范文中还包括改革开放之前极少数特殊主体的范文,例如1956年上海人民出版社编辑的《我难忘的一件事

（工人作文选辑)》（人民出版社），1974年北京市宣武区教育局、中学生《开门办学作文选》编选组编的《教育革命开新花　开门办学作文选》（北京人民出版社），1975年呼和浩特市教育局选编的《红小兵作文选》（内蒙古人民出版社）。这些范文具有深深的时代烙印，只是其中所表现的童趣、童真、童味还略显单薄，时代的社会属性过于强烈。改革开放之后，这类作文范文类辅助教材逐渐减少，尤其是所占比例越来越低，写作教学的辅助教材越来越丰富多样。

表 5-7　写作范文类辅助教材举例（1949—1980 年）

序号	教材信息	时间
1	《小学模范作文》，周忠治，南光书店。	1949
2	《高小作文精华》，赵时，明智书店。	
3	《新模范作文》，西贝，文达书店。	1950
4	《模范作文读本》，瞿世镇，宝文堂书局。	
5	《新模范作文》（初集)，张寿康，建业书局。	1951
6	《少年儿童作文选》，方旦，祖国出版社。	1954
7	《我难忘的一件事（工人作文选辑)》，上海人民出版社编辑，人民出版社。	1956
8	《一件激动人心的事　1958 年高考福建省考生作文选编》，福建教师进修学院编，福建人民出版社。	
9	《儿童模范作文》，作者不详，陕西人民出版社。	
10	《范文选讲》，长沙市第一中学高中语文教研组，湖南人民出版社。	
11	《儿童模范作文》，陕西省教育厅，陕西人民出版社。	1958
12	《小学生作文选》，山西省教育厅，山西人民出版社。	
13	《农业中学学生作文选》，作者不详，江苏人民出版社。	
14	《小学生作文选》，北京市宣武区教育局少年之家，北京市宣武区教育局。	
15	《小学生模范作文选》，郑州师范学校，河南人民出版社。	1960
16	《兰州市小学生作文选》，兰州市教育局，甘肃人民出版社。	
17	《小学生作文选》，吉林人民出版社。	
18	《小学生作文选》，广西壮族自治区人民出版社。	
19	《中学生作文选》，福建人民出版社。	1961
20	《1960 年高考福建省考生作文选》，福建教育学院编，福建人民教育出版社。	
21	《小学生精彩作文（参观游记篇)》，雨林、华景主编，中国发展出版社。	
22	《新少年模范作文》（第 1—2 册)，陕西省教育厅、共青团陕西省委编，陕西人民出版社。	
23	《青年报学生作文比赛:优秀习作选》，上海教育出版社编，上海教育出版社。	1962
24	《儿童文学作文选集》，少年儿童出版社编著，少年儿童出版社。	

序号	教材信息	时间
25	《高中学生作文选》,浙江师范学院教学研究部,浙江人民出版社。	1963
26	《初中学生作文选》,浙江师范学院教学研究部,浙江人民出版社。	
27	《少年习作选讲》,少年文艺编辑部编,少年儿童出版社。	
28	《上海市高中学生作文选》,上海市中小学生作文选评选委员会,上海教育出版社。	
29	《中学生作文选》,内蒙古教育出版社编,内蒙古教育出版社。	
30	《中学生作文选》(第二集),南宁市教育局教研室语文教研组,广西壮族自治区人民出版社。	
31	《上海市小学生作文选——1963》,上海市中小学生作文选评选委员会,上海教育出版社。	1964
32	《中学生作文选》,湖南人民出版社编,湖南人民出版社。	1965
33	《小学生作文选》,湖南人民出版社编,湖南人民出版社。	
34	《河南少年作文选》,河南人民出版社编,河南人民出版社。	
35	《小学生作文选》,辽宁人民出版社编,辽宁人民出版社。	1966
36	《中学生作文选》,淄博市革命委员会教育局。	1973
37	《小学生作文选》,烟台地区革命委员会政治部教育组,山东人民出版社。	
38	《中学生作文选》,乌鲁木齐市革委会文教处,新疆人民出版社。	
39	《中学生作文讲评》,上海人民出版社编,上海人民出版社。	
40	《中学生作文选》(第一集),山西人民出版社。	
41	《中学生作文选》,内蒙古教育局,内蒙古人民出版社。	
42	《中学生作文选》,湖南师范学院中文系编,出版社不详。	
43	《育苗——中学生作文选》,广西中小学教材编写组,广西人民出版社。	
44	《中学生作文讲评》,上海人民出版社编,上海人民出版社。	
45	《幼苗——小学生作文选》,广西中小学教材编写组,广西人民出版社。	
46	《小学生作文选》(第一辑),山西人民出版社编,山西人民出版社。	1974
47	《新苗》,昆明师范学院中文系写作教研组,云南人民出版社。	
48	《教育革命开新花　开门办学作文选》,北京市宣武区教育局、中学生《开门办学作文选》编选组编,北京人民出版社。	
49	《金色的葵花——中学生作文选》,安徽省教育局教材编写组选,安徽人民出版社。	
50	《幼苗苗壮——小学生作文选》,宁波地区教育局教改调研小组,浙江人民出版社。	
51	《小学生作文选》(第二辑),山西省中小学教材编审组,山西人民出版社。	1975
52	《红小兵作文选》,呼和浩特市教育局,内蒙古人民出版社。	
53	《小学生作文选》,淄博市教育局《小学生作文选》编选组,山东人民出版社。	1977
54	《小学生作文选》(第三辑),山西省中小学教材编审室编,山西人民出版社。	

序号	教材信息	时间
55	《中学生作文选 1977》,福建人民出版社编,福建人民出版社。	
56	《中学生作文选 1977》,泰安地革委教育局《中学生作文选》编选组编,山东人民出版社。	
57	《高考作文例析 1977》,南化二中编写。	
58	《中学生作文选评》,钟晓雨,内蒙古人民出版社。	
59	《梧桐树下的"小邻居"1978 年少年暑期作文比赛得奖作品集》,少年报社编,少年报社。	
60	《建国以来上海市中学生习作选》,上海教育出版社。	
61	《中学生作文讲评》,上海教育出版社编,上海教育出版社。	1978
62	《山西省高考作文选》,山西人民出版社编,山西人民出版社。	
63	《我在这战斗的一年里作文讲评》,北京市教材编写组《我在这战斗的一年里》编写小组编,北京人民出版社。	
64	《高考优秀作文试析》,丹阳县革委会文教局教研室。	
65	《作文讲评》,长春市宽城区教师进修学校编,吉林人民出版社。	
66	《中学生作文讲评》(第 1 集),上海教育出版社编,上海教育出版社。	
67	《中学作文选读(2)》,南京市教育局教研室中学作文选读编辑组编。	
68	《小学生作文讲评》,内蒙古教育局教研室选编,钟晓雨讲评,内蒙古人民出版社。	
69	《一九七九年高考语文复习资料作文例说》,石首县教育局教研室沙市一中语文组。	
70	《优秀作文选》,中央人民广播电台青少年部,中国少年儿童出版社。	
71	《中学生作文选》,郑州市教育局教研室,河南人民出版社。	
72	《作文选评》,张冠英,旅大市沙河口区教师进修学校。	
73	《中学生作文选》,晓宇,内蒙古人民出版社。	
74	《小学生作文选》,天山区,新疆人民出版社。	1979
75	《上海市小学生作文选》,上海市小学生作文选评选委员会,上海教育出版社。	
76	《小学生作文选》(第四辑),山西省中小学教材编审室语文组,山西人民出版社。	
77	《中学生作文选》,安庆地区教育局,安徽人民出版社。	
78	《上海市中学生作文比赛得奖作品选》,青年报社编,青年报社。	
79	《中学生作文选 1978》,福建人民出版社编,福建人民出版社。	
80	《1979 高考语文复习资料作文例说》,武汉市江汉区教育局教研室编。	
81	《优等国中作文 汇集全省优秀作文范文专辑》,许文源,大众书局。	
备注	新中国成立至改革开放时期是写作范文类辅助教材占比最高的时期,故以此为采样时间段。	

2. 作文教学经验总结或教学示范类

从提高作文教学业务工作质量的角度学习借鉴优秀教师的作文教学经验或教学案例,这是自然而然的事情。教学大纲时期,这方面的写作教学辅助教材还是比较多的,其中包括不少名家的作文教学经验,甚至包括译介苏联作文教学的宝贵经验。如果同样以新中国成立到改革开放期间为比较跨度,关于语文教师作文教学经验总结的相关辅助教材已经有77种,占比是30%。自改革开放以后,这类优秀教师的作文教学经验类教材陆续推出,连绵不绝。可见这类作文教学实践的优秀经验一直受到一线语文教师的欢迎,在一定程度上可以满足语文教师作文教学需要,促进其专业发展。不过这类作文教学经验类教材的质量良莠不齐,有些作文教学经验也难以迁移模仿。

另外,针对优秀教师作文教学经验所进行的更高层次的学术研究及其专门成果还是非常少见的,基于作文教学经验总结而提出的科学概念、理论命题也是凤毛麟角。由此可知,语文教师借鉴优秀教师的作文教学经验,总体上还处在比较低的经验模仿层次,比较缺乏相关的专门理论的科学指导。这或许是全国范围内作文教学质量还难有大面积提升的深层次原因。

小结:关于学生写作范文类及作文教学经验总结类的辅助教材,在所有中小学写作教学的辅助教材中居主流,具有重要的地位。如果以新中国成立到改革开放为样本的比较期间,上述两类写作教学的辅助教材合计158种,占比高达62%。在一定程度上可以反映出当时写作教学发展的实际状况,作文及作文教学的经验模仿发挥了重要的作用。

表5-8 作文教学经验类辅助教材举例(1949—1999年)

序号	教材信息	时间
1	《写作指导选辑》,山东省人民政府教育厅,山东新华书店。	1949
2	《识字与作文教学经验》,贺文腾、张治平,生活・读书・新知三联书店。	1950
3	《谈批改作文》,语文教学社编辑,大众书店。	1952
4	《怎样教作文》,徐亚倩,启明书局。	1953
5	《阅读写话教学经验介绍》(第2版),山西省人民政府扫盲委员会办公室编辑,山西人民出版社。	
6	《写作教学实例》,施承基,春明出版社。	
7	《工农兵写作教学的初步经验》,白川,工人出版社。	1954
8	《改进语言教学提高学生写作水平》,江西省教育厅编辑,江西人民出版社。	1956
9	《我怎样指导中学高年级作文》,(苏)李特维诺夫著,金初高译,人民教育出版社。	
10	《苏联小学的叙述和作文教学》,(苏)查柯茹尔尼柯娃著,汪浦译,人民教育出版社。	

序号	教材信息	时间
11	《怎样进行作文和表情朗读教学》,徐泽民、陈文若,贵州人民出版社。	1958
12	《改进小学高年级阅读教学和作文教学》,山东省教育厅教学研究室编,山东人民出版社。	
13	《小学作文教学经验选辑》,作者不详,江苏人民出版社。	
14	《中学作文教学经验》,曾铎,上海教育出版社。	
15	《小学五、六年级下学期作文教学参考资料》,上海市教育局编,上海教育出版社。	1959
16	《小学作文教学经验》,贵州人民出版社编,贵州人民出版社。	
17	《小学高年级作文教学经验》,李国才、缪咏禾,上海教育出版社。	1960
18	《甘肃师范大学1964年研究生毕业论文:李景兰作文教学经验的研究》,王永惠,甘肃师范大学出版社。	1964
19	《评改两篇作文》,叶圣陶,北京出版社。	
20	《中小学作文教学经验汇编》,云南省教育厅审编,云南人民出版社。	1965
21	《文章修改与作文教学资料汇编》,四川师范学院中文系写作教研组编。	1975
22	《作文教学经验选编》,云南曲靖师范巡回函授组编。	1977
23	《中学写作教学杂记》,楚立安,湘潭地区教师辅导站。	1978
24	《小学低年级作文教学笔记》,王有声,天津人民出版社。	1979
25	《怎样指导学生造句》,王有声,福建人民教育出版社。	1981
26	《小学语文读写教学札记》,王有声,山东教育出版社。	1982
27	《教与写　特级教师作文教学经验片段》,沈蘅仲,上海教育出版社。	
28	《和小学教师谈作文教学》,朱景衡,湖南教育出版社。	1984
29	《小学语文读写结合法》,丁有宽,广东教育出版社。	1985
30	《王有声作文教学教案选》,王有声,山东教育出版社。	1986
31	《作文讲评五十例》,于漪,山东教育出版社。	
32	《小学作文教学札记》,王有声,北京教育出版社。	
33	《作文教学漫笔》,高宗达,广西师范大学出版社。	1989
34	《和小学教师谈作文批改》,邓治安,北方妇女儿童出版社。	1990
35	《作文指导设计与施教　福建省小学作文优质课例析》,福建省小学作文指导优质课电视评比组委会编,福建教育出版社。	
36	《小学作文教学设计》,谈鸿声,华东师范大学出版社。	1992
37	《小学语文读写结合系列训练法》,丁有宽,广东教育出版社。	

序号	教材信息	时间
38	《特级教师陈文彰作文指导百篇》，陈文彰，天津大学出版社。	1993
39	《言之成理　金老师教议论文》，金志浩，复旦大学出版社。	1994
40	《作文教学指要》，江苏省写作学会，南京师范大学出版社。	1995
41	《张平南阅读教学教例与作文教学实验》，张平南，人民日报出版社。	1996
42	《漫话小学作文教学》，王有声，开明出版社。	1997
43	《情境作文教与学》，任建溪，湖南师范大学出版社。	
44	《杨初春快速作文之潮》，郭韧希、王占奇，漓江出版社。	
45	《高中语文写作指导教学要点精讲》，上海市松江二中语文教研组，华东理工大学出版社。	
46	《作文循序教学法》，包全杰，辽宁人民出版社。	1998
47	《情趣作文教学》，刘恕成，百家出版社。	
48	《高中议论文写作》，章熊，北京出版社。	1999

3. 作文教学的资源类辅助教材

这类资源类的辅助教材，主要是为师生提供有效作文"教"与"学"方面的工具书、参考资料等，通过作文教学的资源补给来优化作文教学过程，提供作文学习质量。从搜集到的文献资料看，这类作文教学的资源类辅助教材涉及多种类型、多个方面，需要加以有效开发与综合利用。

表5-9　作文教学资源类辅助教材举例（1949—1999年）

序号	教材信息	时间
1	《作文成语辞典》，吴瑞书，春明书店。	1949
2	《注音·求解·辨字·作文学习小字典》，王慕文，北京书店。	1950
3	《学生作文手册》，曾可述，新星书店。	1952
4	《作文应用词语手册》，许谊，明华出版公司。	1955
5	《作文辞海》，姚乃麟，万象书店。	
6	《学生作文手册》，海藻，世界出版社。	1957
7	《作文的基础知识》，张福深，河北人民出版社。	
8	《作文基本知识》，徐辉南，江苏人民出版社。	1959
9	《作文描写辞典》，于世达，大众书局。	1974
10	《中学作文手册》，梅沙、张美妮，四川人民出版社。	1985
11	《中学作文描写辞典》，程维民、吴茵，福建人民出版社。	

序号	教材信息	时间
12	《作文技法小百科》,金怡弟等编,陕西人民教育出版社。	1987
13	《写作技法词典》,徐汉华,陕西人民教育出版社。	
14	《学生作文中外范例辞典》,陈伯吹、潘天祥,浙江教育出版社。	1988
15	《学生作文辞典》,李振村,中国矿业大学出版社。	
16	《各体写作文鉴》,王继志,南京大学出版社。	1989
17	《写作技巧手册》,薛梦得,中国妇女出版社。	
18	《文章技法例话》,臧博平,湖北教育出版社。	
19	《中学生写作手册》,傅岩、钟建文,四川辞书出版社。	1990
20	《小学生作文词典》,吴志洪,辽宁人民出版社。	
21	《小学生作文技法手册》,夏太富,齐鲁书社。	
22	《小学生作文描写辞典》,钱玉林、江更,齐鲁书社。	
23	《小学生作文描写词典》,赵振钧、阎乾福,原子能出版社。	
24	《小学生作文多用大全》,王有声,中国卓越出版公司。	
25	《小学生作文语库》,曹剑尘、冯寿鹤,广东教育出版社。	
26	《微型小学生作文系列手册》,牟文正,明天出版社。	1991
27	《少年作文描写辞典》,孙树松,东北师范大学出版社。	
28	《应用写作范例辞典》,郭成,南海出版公司。	
29	《写人·记事提示手册》,赵振钧,北京工业大学出版社。	
30	《写作常用词句分类词典》,郑万泽,上海教育出版社。	1992
31	《作文题目辞典　范文篇》,艾海客,海洋出版社。	
32	《作文题目辞典　题目篇》,高原,海洋出版社。	
33	《学生作文成语用法词典》,周士琦,中国国际广播出版社。	1993
34	《小学生作文小辞典》,罗玉圃、赵玉琦,中央民族学院出版社。	
35	《中学作文手册》(第2版),梅沙,四川人民出版社。	
36	《作文构思辞典》,裘樟鑫,中国国际广播出版社。	
37	《作文用句手册》,王大东、盛红昱,中国青年出版社。	
38	《中学作文指导辞典》,齐宗金,海峡文艺出版社。	1994
39	《初中生作文辞典》,北京市海淀区教师进修学校,北京师范大学出版社。	
40	《小学生作文实用手册》,卢笛,江苏少年儿童出版社。	
41	《学生写作词语分类辞典》,金正扬,文汇出版社。	
42	《写作名言辞典》,苑广才,长春出版社。	
43	《新编学生写作句典》,田力、辛勤,科学普及出版社。	

序号	教材信息	时间
44	《小学生语词语段写作手册》，钱玉林、忻佩贞，上海远东出版社。	1995
45	《小学生写作技巧手册》，王必辉、周静芝，上海远东出版社。	
46	《小学生看图作文写作手册》，梁丽玲、朱耀成，上海远东出版社。	
47	《中国中学生议论文写作大全》，陆惠芳，上海远东出版社。	
48	《小学生给材料写作手册》，常真、陈茵，上海远东出版社。	
49	《初中生作文手册》，唐国耀，中国大百科全书出版社。	
50	《小学生写作宝典》，东屋，山西高校联合出版社。	1996
51	《学生作文实用辞典》，马俊杰、甘国辉，中国国际广播出版社。	
52	《作文题解辞典》，黄庆炎，浙江教育出版社。	
53	《中学阅读写作词典》，刘家桢，华夏出版社。	
54	《小学作文教学实用手册》，徐家良，上海教育出版社。	
55	《小学生记叙文应用文写作手册》，陈必辉、陈建萍，上海远东出版社。	
56	《写作成语典故手册》，陈良璜、喻旭初，江苏少年儿童出版社。	
57	《初中作文学习手册》，孙移山，辽宁教育出版社。	1997
58	《中学作文材料借鉴辞典》，秦兆基，语文出版社。	
59	《作文构思辞典》，上海市教师写作研究会，上海教育出版社。	
60	《学生写作同义成语谚语词典》，余友三，湖南文艺出版社。	1999
61	《小学作文写作手册》，楠夫，新疆青少年出版社。	
62	《初中生应试作文写作宝典》，王平川，延边大学出版社。	
63	《学生应用文写作辞典》，阳扬，四川文艺出版社。	
64	《小学生记叙文辞典》，田千彦，汉语大词典出版社。	

　　此外，还有作文教学的专门研究类教材。如《小学作文教学目标与训练》，上海市教育科学研究所小学作文教育质量评价研究组编，上海科学技术出版社出版。《中学各年级作文教学纲要》，广东市教育局教研室编，广东人民出版社出版。这种教材主要是从提升作文教学质量、加强规范管理来进行专门的研究，对于大面积提升区域作文教学质量很有帮助。还有偏向学术类的作文教学研究，如《中国现代写作教育史》，潘新和著，福建人民出版社出版。《中国写作教育思想论纲》，潘新和著，人民教育出版社出版。《小学作文素描教学》，吴立岗著，浙江教育出版社出版。《当代中国小学作文教学风格》，杨再隋、雷实著，广西人民出版社出版。《高原刘朏朏作文教学论著选》，马振国、张启民著，内蒙古大学出版社出版。《作文教学法》，李保初、周靖著，测绘出版社出版。《中学写作教学概论》，张传宗著，辽宁教育出版社出版。《小学作文教学原理与方法》，秦锡纯著，黑龙江教育出版社出版。《小学低年级

说话写话教学》,上海教育出版社编,上海教育出版社出版。这类研究主要是由高校教师来推动,也包括一些作文教学改革的先驱者,对于夯实作文教学实践的学术根基,加强学科建设很有帮助。此外,还包括一些跨学科的专门研究,如《小学作文教学心理学》,朱作仁著,福建教育出版社出版。此类研究从心理学与作文教学相结合的角度来进行跨学科的专门研究,值得继续推进。

在作文教学的相关知识类教材方面也有推进,如《语法和作文》,俞敏著,中国青年出版社出版。《语法·修辞·作文》,朱德熙著,上海教育出版社出版,这不仅推进了中小学作文教学,而且也对社会语文生活产生积极而广泛的影响。

在国外作文教学的译介类辅助教材方面,也有一批有影响力的作品,如:《苏联小学的叙述和作文教学》,查柯茹尔尼柯娃著,汪浦译,人民教育出版社出版。《我怎样指导中学高年级作文》,李特维诺夫著,金初高译,人民教育出版社出版。《提高写作技能》,威廉·W.韦斯特著,章熊、章学淳译,福建教育出版社出版。《国外作文教学》,鲁宝元著,文心出版社出版。《外国写作教学理论辑评》,刘锡庆著,内蒙古教育出版社出版。他山之石,可以攻玉,这类译介类作文教学的辅助教材不仅开拓了作文教学的改革思路,对作文教学的学术研究也有积极作用。

第三节　教学大纲时期基于普通话的写作教学探索

一、教学大纲时期的写作教学概貌

新中国成立以来,白话文写作课程迈入崭新的发展阶段,进入基于普通话的写作教学新时代。这是我国历史上第一次全面开启面向每一位公民、使用普通话来练习作文的新时期。现代意义的写作教学真正开始走向寻常百姓家、走向千千万万"工农兵"家庭的子弟,其功甚伟,意义非凡。四海同音会有时,使用普通话、简化字(后称为规范汉字)来表情达意,超越了方言、民族、地域等的局限,逐渐实现整个国家范围内的沟通与交际,在促进每个孩子健康成长,中华文化实现重心下移、文化普及,中华民族大家庭凝心聚力、更加团结等方面都具有独特而深远的价值。基于普通话的写作教学改革,看似"小儿科",实际上具有战略意义。客观地说,新中国成立以来,基于普通话的写作教学虽然走了不少弯路,但也确实取得了很大进步,尤其是在普及推广教学方面。从写作教学的发展状况来看,大致可以划分为两个阶段:

(一)侧重于语文学科本位的基础知识及基本技能阶段。在传承解放区、国统区已有写作教学经验的基础之上,新中国成立以来写作教学改革积极向苏联学习,把俄语课上的作文教学体系引进来,建构了一个"八大块"作文教学新体系,即侧重从"主题、材料、结构、表现方法、语言、文风、修改、文体"八个方面来组织开展作文教学工作,总体而言作文课主要还是围绕文章写作来展开,命题作文是最主要的作文形式。这一阶段还非常重视发挥语法知识、修辞知识对作文教学的积极促进作用,朱德熙、吕叔湘等语言学家参与到作文知识的生产过程之中。随着普通话的普及,以普通话为语法规范的作文教学体系逐渐建立起来。在"以阶级斗争为纲"的时期,作文教学受政治等外在因素的干扰太多,作文课的育人功能还比较偏狭,过去强调"社本意志",比较忽视儿童的年龄特征,导致学生作文内容同质化严重,儿童色彩淡化;作文课的主体育人功能被忽视,作文课的主体育人价值没能彰显。

(二)探索超越学科,从人的能力、素质发展的角度来训练写作能力。改革开放以来,解放思想的春风吹遍语文教学领域,写作教学的改革探索迎来发展的春天。在新时期,写作教学改革开始超越语文学科局限,超越"八大块"的文章写作框架,侧重通过提升人的素质来训练学生的作文能力。"我们为赶上世界教学改革发展的潮流,适应现代化建设培养人才的需要,教学方法必须从因循守旧、墨守成规中解脱出来,把改革的侧重点放在教会学生如何学习上,放在发展智力、培养能力上,使学生能主动地参加'知识的生产',而不是被动地接受知识。"①这就提出超越"双基教学",从学生个体差异出发,把写作教学与培养能力、发展智力有机结合起来,通过写作教学来陶冶个性、品格,促进学生的素质发展。这样的写作教学更加注重从观察、思维到表达的过程性指导,更加注重作文训练的直观化、情境化,注重课内作文教学与课外活动、广泛阅读相结合,注重从模仿走向创造。这个阶段的写作教学改革还非常注重与儿童心理学有机结合,通过这两者的结合来改进作文教学方法,不断提高写作教学质量。当然,这一阶段基于普通话的写作教学总体水平还不高,未来发展空间巨大。

二、教学大纲时期的写作教学发展

(一) 写作教学与听说结合

新中国成立以来,白话文写作已经被赋予了新的内涵。从文言写作的"言文分离"到白话文运动时期追求"言文一致",此时白话文写作终于迈出历史性的跨越,要求依据以北京音系为标准的普通语言来写作,唯有如此才被视为合法、合规的白话文写作范畴。

1950年8月颁布的《小学语文课程暂行标准(草案)》规定:"所谓语文,应是以北

---

① 朱作仁.小学语文教学心理学和教学法问题[M].沈阳:辽宁少年儿童出版社,1985:9.

京音系为标准的普通话和照普通话写出的语体文。少数民族小学,除教学本民族语文外,教学汉语汉文时,也应以此为标准。""使儿童通过说话、写作的研究、练习,能正确地用普通话和语体文表达思想感情",专门注明"语体文,指依照普通话写出来的白话文","普通话,是以北京音系为标准的普通语言"。① 这是笔者所见对白话文的最新界定,也是第一次正式将"以北京音系为标准的普通语言"作为写作课程的核心元素。虽然从整个基础教育改革系统来看,这个"小小"的改变好像并不起眼,可是从语言属性与民族国家的建设来看,这个改变具有极为深刻的历史意义。从某种程度上来说,将"北京音系标准"嵌入白话文写作全过程、全结构恰如秦始皇当年的"书同文""车同轨",必将影响深远,遍及全国。

被重新界定的白话文写作教学与儿童听说活动先天具有新的逻辑关系,即将部分儿童听说活动整合到白话文写作教学范畴。新中国成立后,不仅开设专门的说话课,编写各种说话教材,还特别强调写作教学和说话教学紧密联系,"写作教学尤其要使儿童牢不可破地和说话结合在一起,在会说的基础上,逐渐用笔写出来"②。这种与说话紧密结合,从说到写、用笔记录的写作练习现在被称为写话,这是基于普通话写作教学的第一个教学阶段。这样的写作训练从小学一年级就开始着手推进。

1955 年颁布的《小学语文教学大纲草案(初稿)》中设有专门的汉语课,大纲规定"小学语文科汉语教学的任务是:教儿童学习以北京语音为标准音、以北方话为基础方言、以典范的现代白话文著作为语法规范的普通话——民族共同语,能够基本上掌握汉语的语音规范,能够听懂普通话,能够用普通话朗读课文,复述课文,回答问题,发表意见"③等。中学作文教学在小学基础上继续发展,这时期文言文写作正式退出写作教学的历史舞台。

到 1963 年,写作教学与儿童说话的辩证关系开始产生一些新的变化。这时期能够比较客观地看到儿童听说具有自身的特点及独立属性,语体文写作与儿童口语表达有联系,也有区别,儿童作文并非完全是怎么说就怎么写,为此将一、二年级的口语表达、看图写话等归为作文准备期,三年级才正式进行作文练习。当然这还是从文章写作层面来界定的作文练习。

基于普通话的白话文教学还与拼音识字、提前读写有机结合。20 世纪 80 年代进行了小学语文"注音识字,提前读写"教学实验。1984 年 5 月,教育部和中国文字改革委员会联合发出《关于小学"注音识字,提前读写"实验的几个问题的通知》。1984 年 7 月 1 日至 5 日,黑龙江省佳木斯市召开全省"注音识字,提前读写"实验工

---

① 课程教材研究所. 20 世纪中国中小学课程标准·教学大纲汇编·语文卷[M]. 北京:人民教育出版社,2001:96,97,99,98.
② 同上注。
③ 同上注。

作汇报会,总结交流经验。同年7月21日至30日,教育部、中国文字改革委员会在黑龙江省佳木斯市举办"注音识字,提前读写"教学研究班,有19个省、市的330多名小学教师代表和有关教育研究者参加。"注音识字,提前读写"的实验经验向全国其他地方辐射,譬如湖南湘西土家族苗族自治州吉首民族师范学校附属小学就设有相应的实验班,进行改革探索。他们的具体做法是:"首先学好汉语拼音后,大量阅读拼音和注音读物,通过造句、听写、仿写、记述、命题作文和写信、记日记、办板报等方式练习写作,在不到一年的时间里,实验取得了显著的成绩,特别是在拼音学话和注音识字方面成绩最好。"①

20世纪80年代以来,全面推进素质教育的理念,更加强调学生的个性培养,这也促进了学生表达自我、放飞自我,从而给新时期的写作教学注入动力源泉与时代活水。写作教学在发生许多微妙而影响深远的改变,譬如写作教学更注重学生生命的完整意义,更注重学生个性化的发展。在这样的背景下,语文教学更加注重听说读写的整体融通,写作与听说、阅读更充分地联络起来,形成整体合力,促进学生思维发展、素质提升。比较而言,20世纪80、90年代对于写作与阅读的关系并没有过去那么看重,写什么、怎么写并不强调非要从文本阅读中来,更加强调学生的观察、思考,更加强调写作与听说的有机关联,因为听说更能体现主体原初性,从听说到写作更有利于促进学生言说自我,表达自我的独特存在与主观体验。基于普通话的作文教学拥有了表达自我的广阔空间,也促进了真实性写作发展,这是时代的进步。1998年启动的新概念作文大赛,强调"新思维""新表达""真体验",从侧面反映了当代白话文写作教学的新趋势,即作文教学与儿童生命体验结合得越来越紧密。

(二) 写作教学与阅读结合

1. 确立阅读本位的教学模式

新中国成立以来,语文教学形成依托语文课本,以阅读为本位的教学模式,于是阅读开始占据语文教学的核心地位,从阅读到写作,读写结合便成为最重要、最稳定的关联。从实际操作来看,阅读教学依据课文选文有序推进,可谓"扎扎实实",形成以讲读为中心的教学模式,相对而言,写作教学呈现逐渐边缘化的趋势。总体而言,阅读与写作一手"硬",一手"软",这种局面的形成意味着文言文时代以写作为中心的整体局面一去不复返,普通话时代的白话文写作越来越突出政治化、社会同质化。改革开放之后,社会思潮巨变,整个社会的话语体系已经发生重大的改变,写作教学也开始转向世俗化、个性化,虽然在强大的应试思维的影响下,个性化的写作教学并未能真正落地生根,但写作教学以阅读为本位,依附于阅读教学的偏狭状况依旧存在。只是在特殊情境下或局部地方,也有人提出"作文教学中心论"的观点,或进行

---

① http://guoqing.china.com.cn/2012-11/03/content_26991968.htm.

相关实验研究。譬如,新中国成立前夕,黎锦熙曾提出"写作重于讲读","以作文为中心,以阅读为基础",20世纪60年代起,有些学校(如景山学校)还进行了相应的教材教法实验,不过"作文教学中心论"的观点并没有获得普遍认同。其实无论是阅读本位的教学模式,还是"作文教学中心论"的观点都有问题,这些观点体现的都是点状、割裂式的思维方式,素质教育理念下的语文教学应该是听说读写协同发展、整体推进,应该是自由发展、体现个性特色,而不应当以某个点为中心,形成固定的教学模式。

改革开放之后,语文界围绕读写结合做了许多有益探索,也取得了不少令人振奋的成绩,可是过去所形成的阅读本位的教学模式并没有发生根本上的改变,在语文学科范围内写作依附阅读的格局依旧存在,乃至语文学科本位的观念也依然根深蒂固。

2."双基"教学与读写结合

(1)"双基"渗透与读写转化

新中国成立之初,读写教学质量参差不齐,亟待提升。解决的主要思路是通过基础知识与基本技能的转化来加强读写结合,既突出语文工具技能性的基本特点,又强调突出政治意识形态的时代特色。1959年,根据刘培坤的研究可知,这时期中学语文教学"初步克服了忽视政治、脱离生产、脱离实际的现象,取得很大的成绩"。即便如此,"学生的语文程度相差很远,具体表现在多数学生的阅读能力和表达能力高低悬殊"。"无可讳言,还有许多学生的写作水平是很低的。""最主要的原因还是他们的学习态度和方法存在着问题。""一言以蔽之曰:'听得多、读得少、写得少、记得更少。'"①阅读与写作的"运动量"都太少,语文知识就难以转化为读写能力。"我认为'听得多、读得少、写得少、记得更少'是今天中学生学习语文所存在的基本问题。以这种态度和方法来学习语文,不会消化巩固的。""从常识上也可以推知理解、记忆与运用是互相关联的,能理解,就便于记忆;能记忆,才可以得心应手地运用。掌握知识,把知识转化为技能和熟练技巧,这三个过程是缺一不可的。三者之中,最被今天学生忽视的是记忆与运用。"②为此,他提出"必须扭转学生'读得少、写得少、记得更少'的偏向",要加强多样化的读写方式,如加强朗读、背诵、视写、听写、默写等活动,要进一步加强写作课与阅读课(当时实际指讲读课)结合,研究读写结合。从语文学科的工具性特点出发,强调从基础知识、基本技能及其相互转化的角度来强化读写结合,提高读写效率与质量,在读写过程中渗透政治思想教育,完成政治任务。

总之,这种从语文工具技能性的特点出发,通过基础知识与基本技能的转化来展开读写结合的思路得到广泛认同,并逐渐化为日常实践,并由此逐渐走向一条侧

---

① 顾黄初,李杏保. 二十世纪后期中国语文教育论集[M]. 成都:四川教育出版社,2000:209—210.
② 同上书,第210—211页。

重突出语言形式的发展路径,也就是依托语言学视角的字词、句段、篇章结构来设计组织读写活动,帮助学生实现从读文章到写文章的跨越。

不过这种侧重言语形式及突出工具技能性的读写结合思路,没能把写作教学引入广阔的新天地,而是越走越局限。探究其背后的原因,应该是这种类型的读写结合训练很容易导致一个误区,即严重遮蔽儿童对自我存在的独特感知,严重阻碍儿童生命原初性话语的意义生成与积极建构,而这些恰恰是儿童写作的生命所系。这也正是现代白话文写作的独特性所在,引导学生书写自我、自由表达,完成写作主体的理性建构,这是现代白话文写作教学的历史文化基因。20世纪90年代初,小学语文名师叶多嘉曾触及过这个问题。在探讨文章中心如何形成时,她认为:"文章的中心不是作者在动笔写文章时随随便便拟定出来的。它是由作者在生活中长期地进行观察、认识,把所得到的材料进行分析、思考、归纳而形成的。""打个比方,钢铁是从铁矿石等原料中,经过冶炼而提取出来的。它去掉了杂质,存留了有用的、精华的东西。俗话说'百炼成钢'就是这个意思。文章中心的提炼也是这个道理。文章中心提炼的过程,就是对身边的事不断观察、反复思考、不断加深认识的过程。"①正因如此,陆游所言"汝果欲学诗,工夫在诗外",可谓至理名言。无论是大作家写作,还是儿童作文,源头、内核其实都是置身性的观察、领悟、提炼的过程,都是"工夫在诗外"的积累与修养的不断提高等。读写结合要拥有恒久的生命活力,就必须突破"外在形式"的束缚,对接儿童生命的源头活水。

(2)范文示范与仿作训练

这个过程注重范文示范与仿作训练相结合,也有利于巩固以阅读为本位的教学模式。"仿作训练的方式是丰富多采的,有的着眼于内容生成,有的着力于写法的借鉴,有的从观察角度去点化,有的受课文原型启发而展开联想,有的以学习章法为主,有的以吸收妙辞佳句为用等等。叶多嘉把'仿作'称为'照猫画虎法'是十分形象的。如她教完《春》这篇课文让学生写《秋》,教完《蝉》,让学生写《青蛙》等等。""模仿作文要注意实际教学效果,强调一篇(也可以是一个片段)一得,逐步提高。总结有关老师的教学途径,仿学可有三种方式:1)仿其文:仿用范文的部分语言文字,包括词语、句式、警句、格言及部分自然段。2)仿其格:模仿文章的结构、布局或写作思路、记叙的顺序。3)仿其法:仿照并掌握范文的写作方法或者作者的思考方法、观察角度。"②同时,善于使用范文,也是模仿学习的关键所在。"一般来说,供学生仿作参考的范文有四类:一是课文,课文中的典型作品,特别是'习作例文'以及'基础训练'中的仿作练习都包括在这一类,这是最常用、数量较多的一类;二是课外读物,可由

---

① 叶多嘉. 四年级作文[M]. 北京:中国文联出版公司,1992:4.
② 朱作仁. 小学语文教学法原理[M]. 上海:华东师范大学出版社,1988:488.

教师选择或学生自己选出适合于仿写练习的文章；三是学生的优秀作品，来源可以是本班学生或前几届的同级学生的作文，这类范文切近学生实际，易被接受；最后一类是教师的'下水文'。"①

3. 丁有宽读写结合的典型经验

在读写结合方面，丁有宽的实践探索与成果经验具有典型意义。丁有宽的读写结合思想与文言时代有根本上的区别，更能体现白话文时代"语言学习"的根本特点，他认为读写结合"要坚持以发展语言为中心，体现练语言、练思维、练思想感情三者统一的教学思想，做到文道交融，读写结合"，要避免三个误区，即"第一，脱离语言文字片面强调创造性思维的培养；第二，脱离语言文字生硬地进行思想品德教育；第三，脱离思想和思维孤立地进行语言文字的训练"。② 他的基本主张是"读为基础，从读入写，以写促读；从仿到作，从说到写"③。这 20 个字的基本主张，言简义丰，主要的思路是从口头表达到书面表达，从模仿到创作，上述转化过程中突出"读"的作用，以"语言形式"为抓手，大体依照字词、句篇来推进从阅读到写作的转化，实现读写结合。

从书面语言形式的理解与表达来看，丁有宽把读写关系理解为同质而"互逆"的过程，他认为"读和写是个互逆的过程。它们之间既相对独立，又密切联系着。读是理解吸收，写是理解表达。有理解性的吸收，才会有理解性的表达。反之，表达能力强了，又促进理解吸收能力的提高。抓住它们之间的联系点，即读写对应性，也是读写迁移的基本因素。系统地对学生进行读写训练，不仅是提高作文能力行之有效的途径，而且是提高学生听、读、说、写各项能力达到全面发展的重要途径"④。为此，他从读写的"联结点"出发，对阅读课文进行精加工，梳理归纳出一系列不同类型的读写"联结点"，从而"取消了语文课每周专设的两节作文课，把语文课程中的阅读课和习作课有机地融合在一起，在阅读教学过程中指导学生进行读写训练，读中有写，写中有读，阅读与写作融为一体"⑤。由此出发，他还提炼出读写结合的 6 种教学模式，即：1)"阅读、观察、思考、表达一体化"模式；2)"读写同步，读、仿、写三步转换"模式；3)"读写结合五(六)步系列训练"模式；4)"单元分组导练教学"模式；5)"三类课文课堂教学过程"模式；6)"课堂教学为主，课内外结合"模式。这在很大程度上是对"以阅读为本位"教学模式的纠偏，难能可贵。不过总体而言，由于过于强调基于"语言形式"的读写结合训练，无形中把"写作"的主体性与独特性给消解掉了，从而显得读

① 朱作仁. 小学语文教学法原理[M]. 上海：华东师范大学出版社，1988：489.
② 丁有宽. 丁有宽与读写导练[M]. 北京：北京师范大学出版社，2006：30.
③ 同上书，第 32 页.
④ 同上书，第 45 页。
⑤ 黄朝霞. 丁有宽语文教学艺术研究[M]. 福州：福建教育出版社，2017：56.

写"工具技能性"有余,人文独特内涵不够,很容易把学生的原初性独特话语给遮蔽掉,这也是当时写作教学的通病。

4. 读写结合的单元教学

新中国成立以来,语文单元教学有了更加深入的发展,语文教材大多采用单元结构安排。一般来说,读写结合往往是依托语文教材的单元结构来进行。

语文教学单元是"根据语文教材体系的内部联系,将教学内容和教学时间,划分为若干个相对独立而又前后关联的综合教学单位","每个单元有比较集中的训练点,各单元的训练点连接起来,组成教材的训练体系"。具体包括如下项目:1)单元教学要求;2)课文,每单元4至5篇,可分为讲读课文、自读课文(含课内自读课文、课外自读课文);3)课文学习重点和课文提示(含自读提示、预习提示);4)课文注释、插图;5)课文思考和练习;6)单元知识和训练(含作文训练、作文片段训练、听说训练、应用文练习、语文知识短文)。"小学语文课文的教学单元包括:1)看图学文;2)课文,每单元3至5篇,分为讲读课文、阅读课文、独立阅读课文;3)读写例话;4)基础训练。"①由此可见,依托语文教材的单元设计来推进读写结合,这样读写结合教学就拥有了"统一预制"的结构特征。这样一方面可以方便全国统一推进读写结合教学,另一方面因缺乏弹性空间,加上按照单元结构来教学难度比较大,有不少老师仍然是以课文来教学,并未充分发挥单元教材的独特优势,教学随意性比较大,教学效果难以把握。

不过,对读写结合也需要作辩证分析及独立判断。随着实践的不断深入,人们对读写结合有了新的看法。1990年,基于作文三级训练体系实验的深入发展,"大家对读写关系和教读、教写之间的联系有了新的认识。越来越多的同志认识到了所谓'读写结合'只能是一种教学的方法,如果适当地运用也可以取得良好的效果,但如果把'读写结合'当作一个'教学原则'来对待,使其具有普遍的约束力,那就会束缚住教师的手脚,不利于深入研究阅读与写作能力各自的形成规律。由于认识到'读写结合'是教学方法而不是教学原则,这就大大地解放了实验教师的思想,出现了以多种形式实事求是地处理教读与教写的辩证统一关系的新作法"②。由此可见,教读与教写,有分又有合,针对学生差异、适应变化情境,从而体现各自独特的转化与形成规律,而不是将"读写结合"异化为教条。

(三) 写作教学与活动结合

1. 写作教学与活动结合的必要性

改革开放以来,整个基础教育越来越重视对能力、素质的培养,写作教学与儿童

---

① 朱绍禹. 语文教育辞典[M]. 延吉:延边人民出版社,1991:63—64.
② 马振国,张启民. 高原刘胐胐作文教学论著选[M]. 呼和浩特:内蒙古大学出版社,1993:569—570.

心理发展结合得越来越紧密。从联系学生的生活出发,写作教学越来越重视从情境、活动的角度进行探索改革。朱作仁认为,"训练和发展儿童的语言,要直观化和情境化,学生的表达必须在活动之后,有了活动,他就有了经验表象,这是早期作文训练必要的条件"①。"直观化有看图说话和写话,看人说话和写话,看物说话和写话等形式。所谓情境化,与直观化相联系,指的是把语文教学的听、说、读、写训练与学习主体所处的客观情境状态密切结合起来的一种教学方法。它可以通过实验、演示、模拟事物、人物动作表情、语言形象以及想象等手段来进行。语文教学有一条基本原则,**即通过在情境中运用语言来学习语言**。换句话说,语言只有在学生有意识应用时才能掌握住,并导致智力发展,机械背诵则会阻碍智力的发展。"②

这种从情境活动的角度来推进写作教学的思想,对于激发儿童写作兴趣、有效组织写作活动、促进写作能力与思维发展都起到积极作用,通过情境中的写作实践来学习写作,这个道理已经为不少语文教师的实践经验所验证。譬如,"课堂素描"作文教学法。"课堂素描原是美术教学中的一种方法,就是按照某种客观事物的本来面貌不加雕饰地把它描述出来。它对于早期作文训练不失为行之有效的经验。"在此基础之上,还发展出"谈天说地作文课",这种作文课的范围很广泛,"不但有间接经验的交流,还有学生自己亲身实践的直接经验的描述。如有一位小朋友喜欢养甲鱼,他在这种课上就把实物带上台,讲甲鱼的习性、价值以及如何养它等等,这是真正的、实实在在的自己知识的表述,而不是背诵"③。在口头表达基础上,再来组织书面表达的训练,扎扎实实,循序渐进,不仅可以提高学生的表达能力,而且通过生生交流、师生互动,可以开阔眼界、丰富知识,促进思维能力以及社会化的发展。

总之,写作教学与活动结合的关键,就是要将写作活动直接作用于具体情境下的思维训练,带动写作能力的发展。正如章熊所言:"我以为就语文课的思维训练而言,它必须:一反映学科特点,二具有可操作性。换句话说,就是要通过语文活动,直接作用于语文能力的提高。"④语文课的思维训练如此,写作课的思维训练亦然,通过活动创设为顺利开启写作思维训练,激发动机、提供素材、教给方法及提供反馈等,从而直接促进写作能力的生成。

2. 贾志敏写作与活动结合教学的典型经验

贾志敏先生从事小学语文教学 60 年,他不仅擅长教阅读,而且擅长教小朋友写作文。"贾老师教作文"的典型经验就是将学生作文与有趣的活动相结合,通过创设

---

① 朱作仁. 小学语文教学心理学和教学法问题[M]. 沈阳:辽宁少年儿童出版社,1985:132.
② 同上书,第 131—132 页。
③ 同上书,第 132 页。
④ 章熊. 高中议论文写作[M]. 北京:北京出版社,1999:前言 2.

有趣的活动来激发表达欲望、积累表达素材,从而将表达练习紧贴学生的独特感受及经验,让学生持之以恒地反复练习,使其熟能生巧,让"笔头"越练越活,避免"空头"训练,"为赋新词强说愁"。

(1)"素描"作文训练法

"素描"作文训练主要是指教师引导学生观察实物、动作或场面,指导学生学会观察、捕捉特点,依据"知觉特征"来摹写的表达方法,可以是句段练习,也可以是篇章练习。这种作文训练最大的优点是有效解决了"写什么"的问题,避免学生无从下笔,从而或胡编乱造,或抄袭复制。吴立岗先生是"首倡素描作文"的教授。贾志敏先生在写作教学探索的起步阶段,常用的方法也是"素描"作文训练法。

1978年,贾志敏进行"包班"教学实验。为有效提高学生的作文成绩,他要求学生每天都写点什么。可是没有写作素材怎么办呢? 他就找一些物品让学生观察,做一些动作给学生看,看完就要求学生练习"素描"作文。"事与态都是摆在眼前的,极具体而有可观性,比较容易捉摸,好比习画写生,模特儿摆在面前,看着它一笔一笔地模拟,如果有一笔不像,还可以随看随改。紧抓住实事实物,决不至坠入空洞肤泛的恶习。"①对初学者来说,这是文字表达的基本功。随着学生观察能力的逐步提高,教师引导学生留心观察校园生活、社会生活,用文字记录自己的观察与感受,把"素描"作文向社会生活的海洋拓展、延伸。

通过"素描"作文训练,学生们逐步学会用自己的眼睛去观察生活、发现生活,学会用儿童的眼光、思维、语言来表现自己独特的生活体验,从而走向小学生书面表达的正道、大道。贾志敏经常说起一篇文章,题目是《看爸爸刮胡子》,一共三句话,第一句:"爸爸脸上,长了密密麻麻的胡子。"第二句:"每天早上他都要对着镜子刮胡子。"第三句:"每当他刮胡子的时候,我就会想起老师教的诗句'野火烧不尽,春风吹又生'。"②这就是"素描"作文训练后,一年级小朋友写的作文,充满童真、童趣。"素描"作文训练,不仅训练学生的观察能力,而且帮助学生养成真写作、勤作文的好习惯。

(2)情境活动训练法

情境活动训练法强调写作要贴近生活,来源于生活。情境活动设计是作文课堂与社会生活关联的媒介。"虽然'情境作文'和'素描作文'都是对某个情境的描写,都是培养学生观察事物能力的目的,但是二者却各有侧重。首先,'素描作文'侧重对静物的描写,而'情境作文'则更多的是对景色、活动、情节的描写。其次,'情境作文'还承载着对学生进行审美教育的目的,素描作文则没有。……最后,情

---

① 朱光潜.谈写作[M].北京:北京教育出版社,2014:21.
② 贾志敏.小学作文怎么教[J].语文建设,2012(7—8):12.

境作文教育可以贯穿整个小学教育阶段,而素描作文教育只在三、四年级进行。"①贾志敏在活动作文中非常注重活动情境的设计,通过巧妙创设情境与活动来生成一些"敏感点""兴奋点""话题点",从而抓住孩子们的心,激发表达欲望,提供写作素材。通过情境活动的创设,既紧密联系学生的生活体验,又在教学过程中挖掘生成意义的源泉。由于挖得深、挖得准,学生心灵世界有所感兴、有所触动,源头活水也就汩汩而来。如此展开书面表达的练习与交流,写作教学才会有吸引力、有魅力、有效果。

情境活动训练过程充盈美好的人文意蕴,学生会在教师营造的活动情境中接受熏陶,获得心灵滋养,教师再辅之以观察方法、思考方法的指导,学生的"感受器"渐渐打开,心灵世界悄悄开启、活跃,自然可以说出自己的心里话,写下自己的心声。这正是现代小学写作教学追求的胜境。据此可见,贾志敏的作文教学训练是渐渐融入式的,是依托情境活动与学生经验稳步推进的过程,而非简单的灌输或机械的规训。

通过创设生动的活动情境,贾志敏也会深入浅出地教一些逻辑知识,融入书面表达。"语言是思维的物质外壳",学生在言语表达过程中时常会遇到一些逻辑知识等抽象内容,为了让学生在理解的基础上学会运用,贾老师经常采用创新活动情境的方法,深入浅出,效果明显。譬如 1985 年,于永正在安徽省马鞍山市听了贾志敏上的两节"保护青蛙"的作文课,其中有一个极为精彩的教学片段,正是贾老师通过巧妙创设课堂情境来教抽象逻辑知识的典范。

师:能说说我们为什么要保护青蛙吗?

生:青蛙是庄稼的保护神。

生:青蛙是人类的好朋友。

生:青蛙是捉虫能手。

(教师把上述三句话重复了一遍,予以肯定。然后请一高一矮两位学生到讲台前,一个站在教师前面,一个站在贾老师后面)

师:我们三个这样站队好吗?

生:不好。应该按高矮个儿站。矮个儿站前面。(按同学说的,重新站队)

师:这样站好,是吗? 那么,刚才同学说的三句话应该怎样排列呢?

(生恍然大悟,纷纷举手)

生:应该先说"青蛙是捉虫能手",再说"青蛙是庄稼的保护神",最后说"青

---

① 杨丽. 贾志敏作文教学思想研究[D]. 上海:上海师范大学,2014:38.

蛙是人类的好朋友"。因为青蛙是捉虫能手,所以才说它是庄稼的保护神;因为它是庄稼的保护神,所以才说它是人类的好朋友。……

在上述作文教学片段中,贾志敏通过现场创设的课堂情境,"把逻辑学上的一个深奥的类概念和种概念的主从关系竟讲得如此浅显易懂。'深入'而能'浅出',这是一种更高的教学艺术"①。

(3)表演与写作训练法

贾志敏的作文课堂充分尊重学生的身心体验,常常通过创设情境、表演活动来引导学生积极参与;在参与的过程中让学生获得新的学习经验、身心感受。学生获得的新经验、新感受与他已有的生活经验形成鲜明的反差,从而激活学生的思维,引起他们的表达欲望。教师再相机诱导,铺路搭桥,让学生口头分享各自的新感受、新认识,从而为学生的书面表达奠定基础。教师所创设的表演活动,形式多种多样,其中表演小品就是常用的方式。教师既当导演,又做演员,学生分角色参与、体验,在表演的过程中自然会获得新的身心感受,学生的心灵世界会在转换角色的体验过程中获得新的意义,这就成为表达训练的"源头活水"。

譬如1984年秋天在安徽蚌埠,贾志敏就采用表演小品的方法执教2节作文课。作文课上,教师请几位学生和他一起即兴表演:几位小朋友在马路上踢球,其中有一位小朋友不小心撞到了一位盲人(盲人由教师扮演)。撞人的学生赶忙向"盲人"道歉,没想到"盲人"生气地说:"什么'对不起'!我瞎了眼你也瞎了眼吗?"把撞他的小学生说得一愣一愣的。旁边的小男孩说话了:"叔叔,你怎么能这么说!我们确实不是故意的!"而撞人的小学生却说:"对叔叔说话要有礼貌。——叔叔,这都怪我们!我们不该在马路上踢球。撞得厉害吧?让我们送您回家吧!……"几句话,把"盲人"的"气"说"消"了。接着,让全班同学把这件事写下来。学生的兴致之高,自不待说。②

表演小品的作文训练法注重的是现场生成、自然导向,注重的是每个学生各自的心理感受、意义获得,由此展开作文表达训练,这会彻底改变过去那种长期让学生"记一件有趣的事""写一个难忘的人"等单调、乏味的命题作文形式,从根源上改变学生重复、抄袭作文的"伪作文"现象,改变"宿构作文"现象,从而推动学生自如地书写自己的观感,书写自己内心的真实感受。另外采用表演小品的作文训练法,不仅有助于引导学生进行真实性写作,而且有助于培养学生更好地待人接物、为人处世,有机融入课程德育。比如在上面小品表演的作文案例中,"盲人"的斥责、不高

---

① 贾志敏. 贾老师教语文[M]. 上海:上海教育出版社,2000:336.
② 同上书,第333—334页.

兴，显然是想考验学生的应变能力，考验学生的思想。在整个教学过程中，又是在告诉全班学生该如何为人、如何处事……"贾老师把社会搬进了课堂。他把'教书'和'育人'有机地揉在了一起。"①将作文与做人有机融通，这才是作文教学的康庄大道。

贾志敏还常常提及，他通过"扮演结巴说话""扮演酒鬼说案情"等活动，来教学生如何将口语表达转化为书面表达，如何将"颠三倒四"的表达转化为"条理畅达"的表达，他每次都会说："这种作文练习，没有一个小朋友不喜欢的。"教师的表演活动，成为学生将口语表达转化提升为书面表达的关键性"介质"，教师教的价值也就彰显无遗。在表演与写作结合的环节，教师还善于将口头表达、朗读训练与书面表达相结合，让学生在训练的过程中获得新的感受，然后转化为规范的书面表达。

(四) 写作教学改革实验与体系建构

新中国成立之后，有一些写作教学实验出现，可是真正取得比较大的成果，产生广泛影响的却不多。写作教学实验的春天也是改革开放之后的事情。改革开放以来，中小学写作教学改革风起云涌，涌现出多种多样的写作教学改革实验。这些写作教学实验有一个共同特点，即在系统论思想影响下，大家想方设法致力于通过改革实验来建构作文教学体系。写作教学改革实验积极推动基于普通话的写作教学发展，其中有不少经验或教训还亟待总结提炼。

1. "分进合击"的实验改革思路

从语文整体性改革着眼，张志公于 1978 年提出"分进合击"的实验方案。其基本意图是，针对母语学习的特点，让儿童受到与他们的智力发展、思维水平相匹配的语文训练，书面语言与口头语言相协调，使语文学习尽可能促进儿童整体发展。此外还充分考虑到初学汉字的困难，化解汉字学习的困难与阻碍。

"分进合击"的具体做法是：小学 5 年分两段进行。第一阶段（1—3 年级），以语言训练、识字训练、写字训练"三线分进"来推进。其中语言训练包括口头语言训练、书面阅读训练及写作训练，这是"三线训练"最重要的构成。"三线训练"先后开始，分头前进，不要互相牵扯、拖累。"第一条线：语言训练。从小学入学的第一学期开始，到三年级结束。利用汉语拼音提供与上述各项能力、水平、愿望相当的阅读材料（不再是那种内容十分贫乏，远远落后于儿童实际的课文），有计划地进行语言规范训练，并进行带有语法性质、修辞性质、逻辑性质的训练（但不讲理论，靠语言实践），培养语言能力、思维能力。一年级阅读材料的起点，与幼教语言训练的成果相衔接。第二条线：识字训练。从第二学期开始，进行识字教学，完全按照汉字的识字规律独

---

① 贾志敏. 贾老师教语文[M]. 上海：上海教育出版社，2000：334.

立进行,成堆成堆地、成组成组地学。第二条线不与第一条线结合进行。第三条:写字训练。稍晚于第二条线进行(第二学期或第三学期进行)。完全按照写字规律进行,先练基本笔画点、横、竖、撇、捺等,然后是简单的单体字,较复杂的单体字,简单的合体字,繁杂的合体字。第三条线不与第二条线过早地'结合'。"

第二阶段(4—5年级)为"三线合拢"阶段。"到四年级,三条线自然靠拢,先是第三条线赶上第二条线,尔后是第二条线赶上第一条线。三线合拢后,到了五年级,进行全面整理,巩固提高。"①

"分进合击"的改革思路打破阅读本位的教学模式,注重从儿童语文学习实际出发,充分体现辩证思维方法。这种改革思路将写作训练整合到语言训练整体当中,充分考虑到口头语言、书面阅读与写作训练的辩证关系,体现出很强的创新精神。不过这对相应的语文教材编写、教师执教都提出了很高的要求,如相互衔接与切换的能力不够,很难处理写作训练与其他方面的动态关系。这种"分进合击"的改革思路在后来的语文教学改革当中产生了比较深远的影响。

2. "观察—分析—表达"训练体系

1977年,高原、刘朏朏开始提出并实验新的作文教改,1979年建构"观察—分析—表达"三级训练体系,随后编写实验教材,在全国组织大规模的联合实验研究。从1977至1984年间先后参加作文三级训练体系改革实验的学校有数十所,教学班接近100个。从1985年组织开展作文三级训练体系的联合实验以来,"仅仅三年的时间,参加实验的学校就发展到两千多所,报名参加实验的教师达到了三千五百多人,实验班由第一年的不足两千个发展到第三年超过了六千个,遍及28个省市自治区"②。

1981年,高原、刘朏朏在《光明日报》上发表《对作文教学的序的探讨》,提出作文教学"要作体系的改革"的思想,陆续发表"观察""分析""表达"三个训练教程。1986年在《北京师范大学学报》上发表《作文三级训练体系简介》,对"观察—分析—表达"三级训练体系作了全面的阐述。还编写《"观察—分析—表述"三级训练体系作文课本》供实验学校使用,各地的实验研究联合体还自办刊物《实验通讯》,彼此交流。

"观察—分析—表达"三级训练体系的简要介绍。(1)指导思想。跳出静态的文章写作理论,这种文章写作理论对写作活动的作品作要素还原分析,从而归纳出文章构成要素及其技法规律,例如从文章、文本出发,将写作划分为记叙文、议论文、说明文等不同的教学文体,再切分出记叙文六要素,讲记叙方法知识,如顺叙、倒叙、插

---

① 顾黄初,李杏保. 二十世纪后期中国语文教育论集[M]. 成都:四川教育出版社,2000:477.
② 马振国,张启民. 高原刘朏朏作文教学论著选[M]. 呼和浩特:内蒙古大学出版社,1993:567.

叙、补叙等,然后按照这些文章知识点来组织训练。作文三级训练体系改变了这种思路,从写作主体出发来建构新的学习主线,即从"物"到"意",再从"意"到"文"。"我们认为,作文能力是认识能力与表达能力辩证统一的一种智力技能。由'物'到'意',再由'意'到'文',是写作活动主体进行写作的一般规律。按此规律,构筑一个科学的训练系统,帮助学生完成由'物'到'意'再由'意'到'文'这两种飞跃,这是作文教学整体改革欲达之目标。"①作文三级训练体系就是要达成这个目标,解决这个问题。

(2) 总体设想。1)强调从认识论出发,重视学生认识能力的培养,处理好作文过程中认识与表达的辩证关系。2)以学生作文的心理规律为依据,安排训练的步骤与计划。3)以提高基本的作文能力为目标,将学生作文与解决实际问题有机结合。通过作文实验,达到训练作文与教学生做人有机统一。作文教学的主线,从"文"到"人",追求思维与表达的统一,从而将作文教学规律的认知推进一大步。

(3) 总体结构。"观察—分析—表达"三级训练体系,包括"三级、六段、四十四步",具体如下。

表 5 - 10　作文三级训练总体结构

第一级训练		
第一段:一般观察训练	1. 观察与记观察日记;	2. 定向观察与机遇观察;
	3. 热爱大自然;	4. 留心身边的科学现象;
	5. 注意平凡的日常生活;	6. 要重视观察人;
	7. 努力了解人的内心世界;	8. 观察日记的多种表达方式;
	9. 学习观察与记观察日记的收获。	
第二段:深入观察训练	1. 深入观察与记观察笔记;	2. 全面观察与细致观察;
	3. 比较观察与反复观察;	4. 观察与体验;
	5. 观察与调查;	6. 观察与阅读;
	7. 观察与联想;	8. 观察与想象;
	9. 观察日记与笔记的编选。	
第二级训练		
第三段:分析的起步训练	1. 分析与记分析笔记;	2. 命题分析与选题分析;
	3. 分析的基本方法之一:提出问题,给予解答;	4. 分析的基本方法之二:了解情况,实事求是;
	5. 要研究分析的具体方法;	6. 分析的角度之一:条件分析;
	7. 分析的角度之二:因果分析;	8. 分析的角度之三:演变分析。

① 马振国,张启民. 高原刘朏朏作文教学论著选[M]. 呼和浩特:内蒙古大学出版社,1993:553.

第四段：分析的入门训练	1. 多角度分析；	2. 分析的重点之一：特点分析；
	3. 分析的重点之二：本质分析；	4. 分析的重点之三：意义分析；
	5. 分析与知识；	6. 分析与联想；
	7. 分析与情感；	8. 学习分析的小结。
第三级训练		
第五段：作文的语感训练	1. 加强语言的修养；	2. 分寸感的训练；
	3. 畅达感的训练；	4. 情味感的训练；
	5. 形象感的训练。	
第六段：章法训练	1. 要在章法上下功夫；	2. 角度的选择；
	3. 剪裁的设计；	4. 层次的安排；
	5. 衔接的处理。	

备注：来源于马振国，张启民. 高原刘朏朏作文教学论著选［M］. 呼和浩特：内蒙古大学出版社，1993：555—557.

（4）基本课型。根据作文三级训练体系的指导思想，作文课堂强调"实事求是，灵活变化"，要求教师既要明确教学目标，钻研教材的要求和熟悉学生实际，又要根据教学的实际需要，灵活应变，寻求最佳的课型。

表5-11　作文三级训练的课型表

序号	基本课型	基本特点
1	讲练型	以讲为主，边讲边练（读）。多适用于学生生疏又难以掌握练习要领的内容。
2	读议型	以读为主，边读边议。多适用于学生自学而能理解、掌握的内容。
3	答疑型	以答为主，边问边答。多适用于学生感触较深或有歧义的内容。
4	评议型	以评为主，边评边议。多适用于需要通过研究实例来掌握练习要领的内容。
5	示范型	典型引路，以点带面。或由学生出题，教师演示。多适用于练习难点较为集中的内容。
6	交流型	交流作业相互启发，或交流经验取长补短。多适用于需要打开思路或需要再认识的内容。
7	活动型	组织实验、观看录像、参观资料、图片展览，做"请进来"的调查、采访，收听录音及广播，进行演讲及表演活动，等等，在有限的课堂内，为学生创造进行观察、分析、表达的实地练习的机会，使作文课堂教学更加生动活泼。

备注：来源于马振国，张启民. 高原刘朏朏作文教学论著选［M］. 呼和浩特：内蒙古大学出版社，1993：563—564.

从"观察—分析—表达"三级训练体系发展到七种基本课型,作文教学实验可谓迈出了一大步。依据不同的课型来实施教学,作文教学的针对性更强,教师能够更好地把握。从实施效果来看,作文三级训练体系采用"程序编码积分法",依据训练程序中各级、各段、各步的总目标及具体要求,来把握训练效果,控制训练进程,同时通过运用积分的手段来调动学生的积极性及效果反馈。

刘国正曾经对作文三级训练体系有过积极评价,他认为"刘朏朏、高原两位老师研究试验的作文'观察—分析—表达'三级训练,最大的特色是把作文教学同学生的生活联系起来","'三级训练'很重视指导学生把提高思想认识同从生活中提取写作的材料、捕捉切身的感受结合起来。这不能不说是突破了传统的藩篱。这一着棋下得好,使作文教学全局皆活了。看看书中引用的作文,生动活泼,一点八股气也没有,就是很好的证明。两位老师结合自己的教学实践,做了长期的、认真的研究和试验,初步搞出了一套教学程序,总结了许多有效的教学方法,已在许多学校推广试验,取得了好的效果"。①

总之,作文三级训练体系从教学思想、教学结构、基本课型及效果评价等方面作了系统建构,使教学实验思想与教学实践双向互动,产生了广泛的影响,可惜对此的学理研究还很不够。与文章写作、文体写作比较,作文三级训练体系能够更好地体现语体文的写作特点,从人的认识到自主表达,注重依据心理学的规律性知识,解放感官、解放思维,有助于学生形成基本的观察能力、思维能力与表达能力,从而实现认识思维与书面表达的整合融通。不过仅从认知维度来打通表达路径,显然不够;追求作文教学的"序",没有问题,不过追求建构作文的"教学程序",既不符合语体文作文的本义,也不符合教学的实践逻辑。对话理念是作文教学的要义,生命的歌唱是作文应有的姿态,教授作文与深度育人的有机融通,才是作文教学的理想之路。

3. 素描作文教学实验

1979 年秋季起,吴立岗先生运用系统方法在上海市几所小学进行素描作文的教学实验,经过 5 年左右的时间,逐步推广到全国许多省、市,受到广泛欢迎。

素描作文教学实验的独特之处,首先是从科学研究的方法层面突破,体现研究的自觉,区别于对作文经验的总结提炼。吴立岗认为,对于小学三到六年级的作文教学之序,当时有两种观点,或强调作文教学的工具性,从形式训练来建构序列,如句、段、篇作文训练;或强调作文教学对智力开发的功能,"主张作文训练的顺序应是从观察入门——发展形象思维(想象)能力——培养抽象思维和创造性思维能力"。这两种作文教学思路都是从作文能力的一个侧面来研究问题,缺乏整合与关联,这

---

① 刘国正. 实和活——刘国正语文教育论集[M]. 北京:人民教育出版社,1995:293.

样"无法摆脱传统的分析方法的束缚,不可能科学地确定小学作文训练的体系"①。从整体联系、结构关联的方法出发,吴立岗与实验班的老师一起创立了一种素描训练作文体系,最初供小学三、四年级使用。"小学作文教学中的素描训练,是以观察实物作为途径,以片段和简短的篇章作为形式,将描写和叙述结合起来(即运用'白描'手法)反映周围生活的记叙文训练,目的是帮助儿童认识周围世界,培养观察和思维能力以及语言表达的基本功。"②吴立岗认为,"素描是三、四年级作文训练的最佳形式",也"是培养独立写作能力的基础"。③

表5-12　素描作文训练的要点(三、四年级)

三年级	
年级目标	1. 通过训练,逐步发展学生有顺序的、精确的观察能力,主次分明的、灵活的思维能力和大胆、合理的想象能力; 2. 帮助学生掌握片段的写作技能; 3. 积累日常生活各个局部的知识和词汇; 4. 能够写出思想健康、内容具体、条理比较清楚、语句比较通顺的一段话或几段话。
训练类型	分类的片段素描训练
训练单元	1. 静物素描　2. 自然景物素描 3. 人物动作素描　4. 人物对话素描 5. 人物外貌素描　6. 小动物素描 7. 房间陈设和周围环境素描
教学要点	1. 每个单元安排3—4次训练;7个单元共安排25次训练,每次训练大约需要3—4个教时,一共需要80—90个教时才能学完。 2. 根据整体发展的观点,把握三个结合: (1) 把发展观察能力、形象思维能力与发展抽象思维能力相结合;每次训练在发展智力方面确定一个重点。 (2) 把发展智力与落实"双基"(即作文的基础知识和基本技能)相结合;每次训练在掌握"双基"上确定一个重点,既注意积累各个方面的专门知识和常用词汇,又注意掌握片段的写作技能。 (3) 把发展智能与发展情感、意志相结合。
单元体例	每一次训练包含:例文、例文简析、素描要求、词语学习(或语言训练)、习作参考等内容。注重传承"范文引路,读写结合"的传统经验。
四年级	
年级目标	1. 帮助学生扎扎实实地掌握记叙文的基本功,完成从观察作文向命题作文的过渡; 2. 能够以观察作文或命题作文的形式,将自己的所见所闻和真情实感如实反映出来,写出思想健康、具有中心、内容具体、条理清楚、语句比较通顺的简短记叙文。

---

① 吴立岗. 小学作文素描教学[M]. 杭州:浙江教育出版社,1984:前言1.

② 同上书,前言2.

③ 同上书,第2,11页。

训练类型	叙事类篇章的素描训练	
训练单元	1. 完整地记叙一件事	2. 正确地确定和表现中心思想
教学要点	1. 每个单元安排 3 组训练。 2. 每一组训练，大约需要 6 教时，包括学习例文 1 教时，练习 1 教时，素描训练 2 教时，命题作文 2 教时。完成四年级 6 组训练大约需要 36 教时。 3. 根据整体发展的观点，把握三个结合（同上）。	
单元体例	1. 每组训练包括"例文学习""素描训练"与"命题作文"三个部分。 2. "例文学习"安排"例文""例文简析"（或"例文辨析"）与"练习"三项内容。	

备注：来源于吴立岗. 小学作文素描教学［M］. 杭州：浙江教育出版社，1984：49、50、51、133、134.

依据素描作文的教程，做好素描的指导。"素描教学的过程是教师和学生共同活动的过程，是在教师指导下学生通过观察实物学习写作的过程，因此，既要充分发挥教师的主导作用，又要充分调动学生学习的积极性和主动性。"①只有将教与学都充分调动起来，才会取得理想的育人效果。

素描指导的原则，可谓"教无定法而有定规"。吴立岗先生认为，一堂素描指导课大体包括如下步骤：1）讲清要求；2）观察实物或者师生的演示；3）讨论观察所得，进行重点指导；4）复习范文，借鉴范文；5）帮助学生理清思路，列出提纲；6）口头作文；7）书面作文。同时，他强调素描作文不能有固定不变的程式，上述步骤也可以灵活调整，关键是体现三条原则，即"认识事物第一，构思文章第二"，"要求明确，同中求异"，"从扶到放，循序渐进"。②通过素描作文指导，逐渐引导学生形成自主叙事的基础能力。

素描作文教学实验体现了非常好的研究方法论意识及跨学科思维方式，注重从儿童的心理发展及年龄特征出发，既讲究整体架构，又突出重点把握，素描教学单元结构设计精细，写作理论与教学实践有机融通。这在一定程度上超越了文体训练的作文教学体系，体现语体文写作教学的新特点，比较好地解决了小学作文"写什么"及"怎么教"的问题，有利于引导学生走向真实写作的大道。不过从总体方向来看，素描作文教学最终还是走向与命题作文接轨的道路，可谓"起于素描，终于命题"，并没有将独立写作、自由写作及创意写作引向深入。此外，从观察入手，到叙事为止，这只涉及作文教学的很小一部分，而且主要还是从学生认识的维度来看作文教学，从作文育人的角度看还有很长的路需要探索。

4. 写作教学实验与体系建构的反思

新中国成立以来，随着普通话的推广普及，我们的写作教学在多角度、多路径方

① 吴立岗. 小学作文素描教学［M］. 杭州：浙江教育出版社，1984：27.

② 同上书，第 28 页。

面做了许多实验探索。在积极建构作文教学的训练体系方面,我们已经积累了不少经验,也走了不少弯路,有过教训。总体而言,我们的写作教学探索更多停留在"浅层"探索上,还不曾"走远""走深",还留有许多问题值得总结反思。

(1) 作文教学呈现有序化、结构化、体系化的趋势

从新中国成立以来,尤其是 20 世纪 80 年代随着系统论思想的推广,我国作文教学呈现出有序化、结构化、体系化的趋势。这既有我国历来重视整体化的思维方式的影响,也有西方科学理性的分析型思维的影响。

根据朱绍禹的研究,随着作文教学和作文教学研究的推进,作文教学体系不断完备化和多样化。主要有 4 种类型:1)**"模仿—创造体系"**,这种作文教学体系非常看重"范文引路","指导作文总以一篇或几篇文章为范例,或模仿其全部,或模仿其局部,进行借鉴性依傍性训练。这种体系的长处,主要是写作易于上路,和利于读写结合"。2)**"观察—思维体系"**,"依据这种体系指导作文者认为,写作源于生活,培养写作能力的第一步是汲取生活素材问题。因此他们强调扩大生活领域,加深对事物的观察,进而培养思考力。这种体系的长处,主要是能加深学生对生活的认识,和提高观察力、思考力"。3)**"文体—综合体系"**,"依据这种体系指导作文者认为文体包含了各种写作因素,指导学生掌握常用文体是实现作文教学目标的重要之点。他们强调不同文体的不同写法和文体的固有训练顺序(先记叙文、次说明文,再议论文、后综合交替训练),进行分阶段的集中训练。这种体系的长处,主要是相对的集中,较易见效,有利于读写联结"。4)**"知识—能力体系"**,"依据这种体系指导作文者认为,具有写作知识是掌握写作能力的重要前提之一,要自觉的写作就需要有相关的知识。他们以写作知识贯穿写作训练过程,组成以写作知识专题为轴的写作单元,依次重点进行训练。比如组成取材单元、构思单元、人物描写单元、景物描写单元,以及略写详写单元等。这种体系的长处,主要是发挥知识促进能力的作用,使写作训练受到理性的指导"。[①]

在高校研究者当中,"知识—能力体系"的影响比较大,"写作能力"成为重要的研究对象,也是作文教学体系的核心概念。这时期已经能够从"过程转化"与"还原分析"的角度来深入理解"写作能力"。

根据韩雪屏的研究(1991),从"过程转化"来看,基于普通话的作文能力包括作者认识并加工生活的"摄制力",与作者将观念情感外化为书面语言的"表现力"。"所谓'摄制力'就是摄取、制作的能力。它包括观察、捕捉的能力,感受、体验的能力,想象、概括的能力,提炼、开掘的能力,等等,也叫写作的心理能力、一般能力。""所谓'表现力',就是驾驭文字再现意识的能力。它包括谋篇、定体的能力,选技、用

---

① 朱绍禹. 语文教育辞典[M]. 延吉:延边人民出版社,1991:338.

笔的能力,遣词、造句的能力,也叫写作的语言能力、专门能力。""无论是写作的心理能力还是写作的语言能力,又都是由一些更基本的心理的或技巧的因素所构成。因此,写作能力是一个由多因素构成的有机整体。"[①]从这个角度来看,"知识—能力体系"更具有包容性、学理性。

当然在实际教学过程中,上述 4 种类型的作文教学序列也是彼此相关的,常常相互借用或融合,比如:"模仿—创造"与"文体—综合"经常相互利用,围绕文体作文教学需要来选择范文进行示范,通过模仿,走向"仿中创"。又如,"观察—思维"与"知识—能力"相互穿插,在指导学生从观察、思维到作文的过程中渗透观察、思维等方法性知识。"文体—综合"与"知识—能力"也经常彼此借用、相互渗透,因为关于记叙文、说明文、议论文以及综合交替训练,要取得比较好的教学效果,其实都离不开记叙文、说明文、议论文等相关知识,"文体—综合"也寄希望于从写作知识向写作能力转化,如果离开知识与能力的框架,文体学习与综合训练的合法性很难自证。

上述 4 种类型的作文教学系统都是新中国成立以来,基于普通话的写作教学改革实验积极建构的结果。这对于改变作文教学的随意、无序、繁乱等状况可以起到积极作用,很大程度上推进了作文教学改革。尤其是从儿童心理的角度,通过整合"观察—思维"与"知识—能力"的科学因素,积极推进儿童作文教学科学化进程,是基于普通话的作文教学改革的重要成果。在这个方面,朱作仁、吴立岗、韩雪屏、刘淼等前辈的作文教学研究都有很好的探索与推进。

此外,在作文教学体系研究方面,我们也受到苏联作文教学研究的深刻影响。"苏联的《俄语课上作文教学的体系(4—8 年级)》总结出写作能力的七种因素,即:1)审题能力;2)确定中心思想的能力;3)搜集材料的能力;4)系统整理材料的能力;5)修改文章的能力;6)语言表达能力;7)选择文章体裁的能力。"这些苏联作文教学的理论知识,与我国写作界 20 世纪 50—60 年代俗称的"八大块"体系有异曲同工之处。"八大块"体系,即"主题、材料、结构、表现方法、语言、文风、修改、文体"[②]。无论是"七种因素"还是"八大块",都是以"文章写作"为中心来切分,忽视了"儿童表达"的不成熟与阶段性,也忽视了"儿童作文"的教育属性与复杂情境。

总之,因时代局限,上述作文教学的体系化建构,多是基于科学主义的思想观点。所建构的作文教学体系总体上趋向"本质化"与"定型化",很难适应全国各地复杂多变的"本土化"与"校本化",在推广辐射的过程中逐渐走向"机械化",从而影响育人效果的达成。从研究方法论层面来看,作文教学体系化的理性探索,严重忽视

---

① 朱绍禹.语文教育辞典[M].延吉:延边人民出版社,1991:338.
② 莫恒全.不应全盘否定"八大块"[J].语文学习,1993(9).

中小学作文教学存在与发展的复杂性,试图用一种所谓"科学"的线性思维来"匡正"学生写作学习,终将成为一种徒劳的努力。学生的应试作文训练一定程度上可以做到体系化,可是学生真实的写作能力的形成过程无法做成一个"单质体系",其形成过程及影响因素极为复杂。不过虽然直面学生真实的写作发展,无法"体系化",可是却可以也应该"结构化"。这方面过去的探索也是有一定价值的,不过总体而言面临困境,期待用新的思维来突破"瓶颈"而获得新的发展。

(2)超越文章、文体写作藩篱,指向促进人的发展

新中国成立以来,我们曾经建构起文章、文体写作教学的框架,20世纪80年代以来,随着我们视野开拓,走出索绪尔的"结构框架",跳出"作文"看到人发展的广阔天地,看到情境、意义与表达的动态关联,我们开始超越文章写作、文体写作的藩篱,从促进智力开发及人的发展的角度来探索新的路径。为此,我们有了作文三级训练体系实验、素描作文教学实验等非常有特色的教学改革,作文教学探索迈出新的步伐。

长期拘泥于文章写作、文体作文确实束缚了师生的手脚,限制了师生的思维。章熊认为"分析写作可以有许多角度,指导写作也可以有许多角度。比如,可以从文体的角度(这是最常见的一种),可以从题型的角度(这是最时髦的),可以从语言锤炼的角度(这是古人比较重视的),还可以从应试的角度⋯⋯等等。说实在的,我不大赞成像现在那样地强调文体分类——把'文体'抬高到过于突出的位置,而且'议论文'、'说明文'、'记叙文'之间划分得泾渭分明。作为表达方式,'记叙'、'描写'、'说明'、'议论'、'抒情'是客观存在的;但是在表达过程中,它们往往是相互依存的。从世界文坛的发展看,我们心目中的这几种文体正呈现着相互融合的趋势,所以国外更倾向于功能分类;从中学生能力发展的轨迹看,在早期,这种分类对他们掌握写作的基本模式也许有一定好处;到了高中,过于强调这种文体的差异对他们的创造力可能是一种限制和束缚"[①]。可见,从作文与育人的辩证关系来说,从儿童高阶思维培养来看,我国写作教学改革超越文章、文体的写作藩篱是必然趋势,从而指向促进人的发展。

(3)超越认识论框架,面向生命的多维存在与独特表达

新中国成立以来,我们所有的写作教学实验与体系建构几乎都在传统认识论的框架内展开,采用主客二分的方法,通过反映认知来建构意义与表达意义。作文三级训练体系、素描作文教学实验、分格作文教学实验等几乎都是如此。这种传统的认识框架与意义建构很容易遮蔽个体生命的具体情境,忽视学生的多维存在价值,忽视学生对世界意义主动积极的建构与独特的表达。在这种传统认识论的框架内,

① 章熊.高中议论文写作[M].北京:北京出版社,1999:前言1.

人的主体性往往是被压抑的存在,独特的意义建构与生命表达往往缺乏肥沃的土壤及合适的生长环境。基于普通话的写作教学,迫切需要突破传统的认识论框架,转换视角来看待人的意义建构与生命表达,不断培育人的主体性,在具体情境与多模态的生态空间中书写。

附录 1:清末小学阶段的语文教科书目录①(1902—1911)

1902 年

1.《蒙学读本全书》(1—7 编),无锡三等公学堂,上海文明书局,光绪 28.3[1902.3]年出版,语文课—小学教材。

2.《初等国文教授》(上下编),王立才著、育材书塾编辑,上海开明书店,光绪 28.11[1902.11]年出版,语文课—小学教材。

1903 年

1.《绘图儿童过渡》(1—4 册),朱维梁,上海彪蒙书室,光绪癸卯[1903]年出版,语文课—小学教材。

2.《新订蒙学课本》(二编),作者不详,上海南洋公学,光绪 29.11[1903.11]年出版,蒙学课—小学教材。

3.《国文教授进阶》,王建善,上海作新社,光绪 29.5[1903.5]年出版,语文课—小学—教学参考资料。

4.《蒙学文法教科书》(上中下),朱树人,上海文明书局,光绪 29.6[1903.6]年出版,蒙学课—小学—教材。

1904 年

1.《速通文法教科书》(上下),王绍翰编辑,上海新学会社②,光绪 30.11[1904.11]年出版,语文课—小学—教材。

2.《桐城吴氏文法教科书》,吴闿生,上海文明书局,光绪甲辰 6[1904.6]年出版,语文课—小学—教材。

3.《最新初等小学国文教科书教授法》(1、2、6、7、8、9 册),上海商务印书馆,语文课—小学—教学参考资料。(说明:第 1 册,庄俞等编纂,光绪 30.6[1904.6]年出版;第 2 册,蒋维乔、庄俞编纂,光绪 31.2[1905.2]年出版;第 6 册,蒋维乔编纂,光绪 33.10[1907.10]年出版;第 7 册,蒋维乔编纂,光绪 33.10[1907.10]年出版;第 8 册,蒋维乔编纂,光绪 34[1908]年出版;第

---

① 语文教科书出版时间说明,如果是套书(或丛书),取其中出版年代最早的那一册编排。具体类别包括阅读类、写作类、识字习字类、综合类等及教学参考书。

② 新学会社 1898 年创办于宁波,后移到上海,创办人为奉化孙锵和江起鲲,与留日学生交往较多,主要翻译日文教科书及参考书。

9 册,蒋维乔、庄俞编纂,光绪 33[1907]年出版。)

4.《蒙学新教育课本》(1、2 编),陈大复,上海新学会印行,光绪 30. 12[1904. 12]年出版,蒙学课—小学—教材。

5.《千家诗音释》,作者不详,文池堂梓,光绪 30. 4[1904. 4]年出版,蒙学课—小学—教材。

6.《训蒙新读本》(初编),庄景仲,上海新学会社,光绪 30. 4[1904. 4]年出版,语文课—小学—教材。

1905 年

1.《论说入门》(1—4 册),程宗启,上海彪蒙书室,光绪 31[1905]年出版。

2.《绘图蒙学造句实在易》(1—4 册),作者不详,上海彪蒙书室,光绪 31[1905]年出版,语文课—小学—教材。

3.《绘图速通虚字法·初编》(第 1 册),施崇恩,上海彪蒙书室,光绪 31[1905]年出版,语文课—小学—教材。

4.《绘图速通虚字法·续编》(第 5 册),施崇恩,上海彪蒙书室,光绪 31[1905]年出版,语文课—小学—教材。

5.《蒙学文法教科书》(上、中),朱树人,上海文明书局,光绪 31. 4[1905. 4]年出版,语文课—小学—教材。

6.《高等小学国文读本》(3、4 册),顾倬,上海文明书局,光绪 31. 12[1905. 12]年出版,语文课—小学—教材。

7.《绘图文学初阶》(从卷一至卷六),杜亚泉,上海商务印书馆,光绪 31. 4[1905. 4]年出版;其中卷三,光绪 31. 2[1905. 2]年出版;卷五,光绪 31. 5[1905. 5]年出版;卷六,光绪 31. 2[1905. 2]年出版。语文课—小学—教材。

8.《最新初等小学国文教科书》(1—10 册),庄俞等,上海商务印书馆,光绪 31. 6[1905. 6]年出版,语文课—小学—教材。(说明:第 2 册,光绪 31. 10[1905. 10]年出版;第 3 册,光绪 32. 3[1906. 3]年出版;第 4 册,光绪 32. 8[1906. 8]年出版;第 5 册,光绪 31. 7[1905. 7]年出版;第 7 册,光绪 32. 8[1906. 8]年出版;第 8 册,光绪 32. 6[1906. 6]年出版;第 9 册,光绪 32. 6[1906. 6]年出版;第 6 册、第 10 册数据缺乏)

9.《绘图蒙学习字实在易》(1—4 册),何明生,上海彪蒙书室,光绪 31[1905]年出版,语文课—小学—教材。

10.《经学教科书》(第 1 册),国学保存会编辑,上海国粹学报馆,光绪 31. 9[1905. 9]年出版,蒙学课—小学—教材。

11.《高等小学国文读本》(1—4 册),顾倬,上海文明书局,其中第 1 册光绪 33. 12[1907. 12]年出版,第 2 册宣统 3. 2[1911. 2]年出版,第 3 册光绪 31. 12[1905. 12]年出版、宣统 3. 3[1911. 3]年再版,第 4 册光绪 33. 12[1907. 12]年出版、宣统 1. 1[1909. 1]年再版,语文课—小学—教材。

12.《初等小学国文教科书》(2—10 册),上海春风馆编,上海南洋官书局,光绪 31. 12[1905. 12]年出版,语文课—小学—教材。

13.《初等小学国文教科教授法》(第 1 册下),上海春风馆编,上海南洋官书局,光绪 31. 12 [1905.12]年出版,语文课—小学—教学参考资料。

1906 年

1.《蒙学尺牍教科书》(中下册),彪蒙编译所,上海彪蒙书室,光绪 32.2[1906.2]年出版, 语文课—小学—教材。

2.《初等小学读本》(一、二、三、四编),丁福保,上海文明书局,光绪 32.1[1906.1]年出版, 语文课—小学—教材。

3.《高等小学读本》(第 3 编),丁福保,上海文明书局,光绪 32.6[1906.6]年出版,语文 课—小学—教材。

4.《最新初等小学国文教科书》(第九册),戴克让,上海彪蒙印局,光绪 32.12[1906.12]年 出版,语文课—小学—教材。

5.《最新初等小学国文教科书》(第 6、9、10 册),戴克让,上海彪蒙印局,其中第 6 册,宣统 1.1[1909.1]年出版;第 9 册,光绪 32.12[1906.12]年出版;第 10 册,光绪 34.6[1908.6]年出 版,语文课—小学—教材。

6.《三字经图说》,(宋)王应麟,上海春记书庄,光绪 32.5[1906.5]年出版,蒙学课—小 学—教材。

7.《绘图增释百家姓》,作者不详,上海公兴铅板印书局,光绪 32[1906]年出版,蒙学课— 小学—教材。

8.《初等小学国文①教科书》(第 1—5 册),学部编译图书局编,上海学部编译图书局,宣统 2.12[1910.12]年出版,另外还有第 3 册光绪 33.5[1907.5]年出版,第 4 册光绪 32.11[1906. 11]年出版,语文课—小学—教材。

1907 年

1.《初等小学国文教授法》(第 1 册),戴克让,上海彪蒙书室,光绪 33.2[1907.2]年出版, 语文课—小学—教学参考资料。

2.《最新国文教科书》(1—10 册),蒋维乔、庄俞,上海商务印书馆,光绪 33.6[1907.6]年 出版,语文课—小学—教材。(说明:第 3 册,光绪 33.5[1907.5]年出版;第 4 册,光绪 33.1 [1907.1]年出版;第 5 册,宣统 2.3[1910.3]年出版;第 6 册,宣统 1.2[1909.2]年出版;第 7 册,宣统 1.3[1909.3]年出版;第 8 册,光绪 34.6[1908.6]年出版;第 9 册,光绪 34.6[1908.6] 年出版;第 10 册,光绪 34.9[1908.9]年出版)

3.《最新国文教科书》(1—5 册),上海商务印书馆,其中第 1 册高凤谦等编纂,光绪 34.1 [1908.1]年出版;第 2 册高凤谦等编纂,光绪 33.2[1907.2]年出版;第 4 册蒋维乔等编纂,宣 统 1.2[1909.2]年出版;第 5 册高凤谦、张元济等编纂,宣统 2.10[1910.10]年出版,语文课— 小学—教材。

---

① 可见在民间,"国文""国语"的课程名称早就有了,只有到了 1912 年民国教育部规定使用"国文",1920 年又将"国文"改为"国语"之后,"国文""国语"作为课程名称才具有了法定的意义。

4.《初等小学国文教授本》（第 1—8 册），朱树人编，上海中国图书公司，其中第 1 册宣统 1.2[1909.2]年出版，第 2 册光绪 33.6[1907.6]年出版，第 3 册光绪 33.11[1907.11]年出版，第 4 册宣统 1.11[1909.11]年出版，第 5 册宣统 2.4[1910.4]年出版，第 6 册宣统 2.11[1910.11]年出版，第 7 册宣统 3.1[1911.1]年出版，第 8 册宣统 3.6[1911.6]年出版，语文课—小学—教学参考资料。

1908 年

1.《论说入门二集》（第 1—4 册），彪蒙编译所，上海彪蒙书室，光绪 34.8[1908.8]年出版。

2.《初等小学中国文学教科·文法总教授法》，著者不详，上海国粹研究会，光绪 34[1908]年出版，语文课—小学—教材。

3.《最新初等小学国文教科书》（第 10 册），戴克让，上海彪蒙印局，光绪 34.6[1908.6]年出版，语文课—小学—教材。

4.《最新国文教科书》（第 1、2、4、5 册），上海商务印书馆，其中第 1 册，高凤谦等编纂，光绪 34.1[1908.1]年出版；第 2 册，高凤谦等编纂，光绪 33.2[1907.2]年出版；第 4 册，蒋维乔等编纂，宣统 1.2[1909.2]年出版；第 5 册，高凤谦、张元济等编纂，宣统 2.10[1910.10]年出版，语文课—小学—教材。

5.《最新女子初等小学国文教科书》（第 1—8 册），何琪编纂、李士贞校订，上海会文学社，光绪 34.9[1908.9]年出版，其中第 2 册宣统 2[1910]年出版，第 4 册光绪 33.8[1907.8]年出版，语文课—小学—教材。

6.《小学教科初等国文教科书》（第 9—16 册），黄守孚著，上海集成图书公司，其中第 9 册宣统 3.1[1911.1]年出版，第 10 册光绪 34.8[1908.8]年出版，第 11 册宣统 3.7[1911.7]年出版，第 12 册宣统 1.1[1909.1]年出版，第 13 册宣统 2.1[1910.1]年出版，第 14 册宣统 2.2[1910.2]年出版，第 15 册宣统 1.5[1909.5]年出版，第 16 册宣统 1.5[1909.5]年出版，语文课—小学—教材。

7.《高等小学国文课本》（第 3、4 册），华国铨编，上海中国图书公司，其中第 3 册光绪 34.9[1908.9]年出版，第 4 册宣统 3.2[1911.2]年出版，语文课—小学—教材。

8.《初级古文选本》（初编上、下），陆基编，上海中国图书公司，光绪 34.9[1908.9]年出版，语文课—小学—教材。

9.《初等小学国文教授书》（第 1 册），学部编译图书局，上海学部编译图书局，光绪 34.8[1908.8]年出版，语文课—小学—教学参考资料。

1909 年

1.《论说入门三集》（第 1—2 册），彪蒙编译所，宣统 1.2[1909.2]年出版。

2.《论说入门四集》（第 1—2 册），程宗裕，钱宗翰，宣统 1.2[1909.2]年出版。

3.《论说入门五集》（第 1—2 册），程宗裕，钱宗翰，宣统 1.2[1909.2]年出版。

4.《初等小学国文读本》（卷三），俞复、丁宝书，上海文明书局，宣统 1.7[1909.7]年出版，语文课—小学—教材。

5.《初等小学国文课本》（第 4、5 册），朱树人，上海中国图书公司，其中第 4 册宣统 1.5

[1909.5]年出版,第 5 册宣统 3.6[1911.6]年出版,语文课—小学—教材。

6.《初等小学国文读本》(卷二、卷三),俞复、丁宝书,上海文明书局,其中卷二宣统 3.3 [1911.3]年出版,卷三宣统 1.7[1909.7]年出版,语文课—小学—教材。

7.《第一种简易识字课本教授书》(第 1 编上册),学部编译图书局,上海学部编译图书局, 宣统 1.11[1909.11]年出版,语文课—小学—教学参考资料。

1910 年

1.《论说入门初集》(第 1—4 册),程宗启,上海彪蒙书室,宣统 2.10[1910.10]年出版。

2.《最新作文教科书教授法》(第 2 册),戴克敦,上海商务印书馆,宣统 2.11[1910.11]年 出版,作文课—小学—教材。

3.《新体高等小学国文读本》(第 2—4 册),国民教育社编,上海文明书局,宣统 2.2[1910. 2]年出版。

4.《新体高等小学国文读本》(第 5、6 册),国民教育社编,上海文明书局,宣统 2.3[1910. 3]年出版。

5.《新体高等小学国文读本》(第 2—7 册),国民教育社编,上海文明书局,其中第 2、3、4 册宣统 2.2[1910.2]年出版,第 5、6 册宣统 2.3[1910.3]年出版,第 7 册宣统 2.4[1910.4]年出 版,语文课—小学—教材。

6.《简明国文教科书》(第 2、4、5、7、8 册),戴克敦等,上海商务印书馆。其中第 2 册,宣统 2.7[1910.7]年出版;第 4 册,宣统 3.7[1911.7]年出版;第 5 册,宣统 2.12[1910.12]年出版; 第 7 册,宣统 3.1[1911.1]年出版;第 8 册,宣统 2.5[1910.5]年出版;第 1、3、6 册数据缺乏。 语文课—小学—教材。

7.《初等小学国文课本》(第 2 编下卷,第 3 编下卷),陶守恒等编,上海中国图书公司,宣 统 2.1[1910.1]年出版,语文课—小学—教材。

8.《初等小学国文教授本》(第 1 编上下、第 2 编上下、第 3 编上下、第 4 编上下),陶守恒 等编,上海中国图书公司,其中第 1 编上下、第 2 编上下宣统 2.7[1910.7]年出版,第 3 编上下 宣统 2.12[1910.12]年出版,第 4 编上宣统 3.1[1911.1]年出版,第 4 编下宣统 3.3[1911.3]年 出版,语文课—小学—教学参考资料。

9.《第一种简易识字课本》(第一编上下册),学部编译图书局,上海学部编译图书局,其中 第一编上册宣统 2.9[1910.9]年出版,第一编下册宣统 2.2[1910.2]年出版,语文课—小学— 教材。

10.《简易识字课本》,学部编译图书局,浙江学务公所,宣统 2.1[1910.1]年出版,语文 课—小学—教材。

11.《古文读本》①(上、下),城东女学社,上海时中书局,宣统 2[1910]年出版,语文课—小 学—教材。

———————————

① 1923 年 1 月,中华书局出版新中学教科书《初级古文读本》,沈星一编,沈颐、黎锦熙、金兆梓校。古文 读本一直沿用下来。

12.《详注高等小学国文新读本》(第 1 册),何荣桂编,上海科学书局,宣统 2.6[1910.6]年出版,语文课—小学—教材。

1911 年

1.《论说启悟集初编》(上、下册),程宗启,上海彪蒙书室,宣统 3.1[1911.1]年出版。

2.《论说启悟集二编》(第 1—4 册),程宗启,上海彪蒙书室,宣统 3.2[1911.2]年出版。

3.《论说启悟集三编》(第 1—4 册),程宗启,上海彪蒙书室,宣统 3.6[1911.6]年出版。

4.《高等小学国文读本》(第 1—2 册),三等公学堂编纂,上海文明书局,宣统 3.2[1911.2]年出版,语文课—小学—教材。

5.《初等小学国文读本》(卷二),俞复、丁宝书,上海文明书局,宣统 3.3[1911.3]年出版,语文课—小学—教材。

6.《高等小学国文教科书》(第 1—8 册),学部编译图书局编纂,北京京华印书局,宣统 3.4[1911.4]年出版,语文课—小学—教材。

附录 2:清末中学阶段的语文教科书目录(1902—1911)

1902 年

《汉文典》,(日)猪狩幸之助著,仁和、王克昌译,杭州东文学社,光绪 28.8[1902.8]年出版,语文课—中学—教材。

1903 年

1.《汉文教授法》(1—2 册),伟庐主人编译,上海商务印书馆,光绪 29.6[1903.6]年出版,作文课—中学—教材。

2.《中等国文读本》,陈东极、许朝贵,上海文明书局,光绪 29.1[1903.1]年出版,语文课—中学—教材。

1904 年

1.《南洋公学课文汇选—作文选》,张美翊,上海南洋公学,光绪 30.2[1904.2]年出版,语文课—中学—教材。

2.《中学文粹》(初编、二编、三编、四编卷上下),上海文明书局,其中初编,许贵编辑,出版年不详;二编、三编,苏民编,光绪 31.5[1905.5]年出版;四编卷上,苏民编,光绪 30.12[1904.12]年出版;四编卷下,许贵编,宣统 1.4[1909.4]年出版;语文课—中学—教材。

1905 年

1.《女子新读本》,杨千里,上海文明书局,光绪 31.12[1905.12]年出版,语文课—中学—教材。

2.《高等教育国文读本》,丁福保,上海文明书局,光绪 31.8[1905.8]年出版,语文课—中学—教材。

3.《中学教科书国学讲义》(上、中编),江起鹏编,上海新学会社,光绪 31.3[1905.3]年出版,语文课—中学—教材。

1906 年

1.《国文读本粹化新编》,王纳善著,上海群学会,光绪 32.2[1906.2]年出版,语文课—中学—教材。

2.《国粹教科书》(前、后编),廉泉,上海文明书局,光绪 32.8[1906.8]年出版,语文课—中学—教材。

3.《高等国文读本》(1—5 册),潘博编,上海广智书局,其中第 1、2、5 册光绪 32.3[1906.

3]年出版,第 3 册光绪 34.9[1908.9]年出版,第 4 册宣统 1.4[1909.4]年出版,语文课—中学—教材。

4.《国文新选读本》(上卷),吴筠,上海时中书局,光绪 32.9[1906.9]年出版,语文课—中学—教材。

5.《篆学教科书》,董金南编,上海会文书局,光绪 32.1[1906.1]年出版,语文课—中学—教材。

1907 年

1.《中等女子尺牍教本》,顾鸣盛,上海文明书局,光绪 33.5[1907.5]年出版,作文课—中学—教材。

2.《最新商务尺牍教科书》(正集下集),正集,周天鹇著,绍兴奎照楼书坊,光绪 33.3[1907.3]年出版;下集,周嗳著,绍兴聚奎堂,光绪 33.5[1907.5]年出版;作文课—中学—教材。

3.《最新应用女子尺牍教科书》(上下编),杜芝庭,上海会文学社,光绪 33.4[1907.4]年出版。

4.《澡德学堂中学国文课本》(初编上、下),马仿周评,北京茹薏书室,光绪 33.3[1907.3]年出版,语文课—中学—教材。

1908 年

1.《中学国文教科书二集》(第 2 册),(清)吴曾祺评选;上海商务印书馆(上海),光绪 34[1908]年出版,1908 年 9 月初版 211 页。

2.《中学国文教科书》(1—4 册),(清)吴曾祺评选;许国英重订,商务印书馆,民国 2—3[1913—1914]年出版,第 1 册 1913 年 3 月订正 8 版 249 页;第 2 册 1914 年 2 月订正 10 版 260 页;第 3 册 1914 年 2 月订正 10 版 259 页;第 4 册 1914 年 2 月订正 10 版 245 页。

1909 年

1.《高等国文读本》(第 1—4 册),唐文治,上海文明书局,卷 1、卷 2,宣统 1.1[1909.1]年出版;卷 3、卷 4,宣统 1.5[1909.5]年出版,语文课—中学—教材。

2.《中学文粹》(四编,卷下),许贵,上海文明书局,宣统 1.4[1909.4]年出版,语文课—中学—教材。(初编,出版年不详)

3.《中学国文示范》(1 册),缪文功、蔡国璜编,上海中国图书公司,宣统 1.2[1909.2]年出版,语文课—中学—教材。

4.《中学国文读本》(第 2—10 册),林纾评选,上海商务印书馆;第 2 册,国朝文,第 3 册,元明文,第 4 册,宋文,宣统 3.8[1911.8]年出版;第 5 册,宋文,宣统 2.6[1910.6]年出版;第 6、7 册,唐文,宣统 1.9[1909.9]年出版;第 8 册,宣统 2.1[1910.1]年出版;第 9、10 册,周秦汉魏文,宣统 2.11[1910.11]年出版;语文课—中学—教材。

1910 年

1.《国文教科文典》(1 册),汤振常编,上海中国图书公司,宣统 2.3[1910.3]年出版,语文课—中学—教材。

2.《国文教科书》(第 1—5 册),吴曾祺评选,上海商务印书馆,宣统 2.11[1910.11]年出版,语文课—中学—教材。

1911 年(数据缺)

附录3：课程纲要时期小学阶段语文教科书目录（1912—1927）

1912 年

1.《共和论说进阶》(1—3 册)，费有容，上海神州图书局，民国 1.9[1912.9]年出版。作文课—小学—教材。

2.《第一简明论说启蒙》(下册)，胡朝阳，新学会社，民国 1[1912]年出版。作文课—小学—教材。

3.《初学论说必读》(第 1 册)，孔宪彭，上海会文堂粹记，民国 1.5[1912.5]年出版。作文课—小学—教材。

4.《中华高等小学国文教科书》(1—8 册)，何振武、汪渤，中华书局，第 1 册是民国 1.1[1912.1]年、民国 2.5[1913.5]年出版，第 2 册是民国 1.4[1912.4]年、民国 2.3[1913.3]年出版，第 3 册是民国 1.10[1912.10]年、民国 2.3[1913.3]年出版，第 4 册是民国 1.10[1912.10]年、民国 2.5[1913.5]年出版，第 5、6 册是民国 1.12[1912.12]年出版，第 7 册是民国 1.5[1912.5]年出版，第 8 册是民国 1.11[1912.11]年出版。语文课—小学—教材。

5.《中华初等小学国文教授书》(1—8 册)，中华书局，第 1 册，汪家栋，出版年不详；第 2 册，汪家栋，民国 2.2[1913.2]年出版；第 3 册，吴廷璜(下同)，民国 2.3[1913.3]年出版；第 4 册，民国 1.6[1912.6]年出版；第 5 册，民国 1.8[1912.8]年出版；第 6 册，民国 2.2[1913.2]年出版；第 7 册，民国 2.5[1913.5]年出版；第 8 册，出版年不详。语文课—小学—教学参考资料。

6.《中华高等小学国文教授书》(1,3—8 册)，许昭、王鸿飞，中华书局，第 1、3—5 册是民国 1.8[1912.8]年出版，第 6 册是民国 1.9[1912.9]年出版，第 7、8 册是民国 1.12[1912.12]年出版。语文课—小学—教学参考资料。

7.《最新国文教科书》(1、2、4—10)，庄俞、蒋维乔，商务印书馆，第 1 册是民国 1.6[1912.6]年出版，第 2 册是民国 1.8[1912.8]年出版，第 4 册是民国 3.6[1914.6]年出版，第 5 册是民国 3.7[1914.7]年出版，第 6 册是民国 2.10[1913.10]年出版，第 7 册是民国 1.5[1912.5]年出版，第 8 册是民国 2.9[1913.9]年出版，第 9、10 册是民国 3.7[1914.7]年出版。语文课—小学—教材。

8.《简明国文教科书》(第 4、6 册)，庄俞，商务印书馆，第 4 册是民国 2.1[1913.1]年出版，第 6 册是民国 1.1[1912.1]年出版。语文课—小学—教材。

9.《新国民国文教授本》(第 1 册)，中国图书公司编著，中国图书公司，民国 1.4[1912.4]年出版。语文课—小学—教学参考资料。

10.《共和国教科书新国文》(1、2、4、5、6、8 册)，沈颐、庄俞，商务印书馆，第 1、2 册是民国 1.4[1912.4]年出版，第 4 册是民国 1.10[1912.10]年出版，第 5 册是民国 1.8[1912.8]年出版，第 6 册是民国 1.9[1912.9]年出版，第 8 册是民国 1.9[1912.9]年出版。语文课—小学—教材。

11.《共和国教科书新国文》(甲种第 2、3、4 册，乙种第 1、2、4—8 册)，沈颐、庄俞，商务印书馆，甲种第 2、3、4 册是民国 2.2[1913.2]年出版，乙种第 1、2、4—8 册是民国 1.12[1912.12]年出版。语文课—小学—教材。

12.《共和国教科书新国文教授法》(1—8 册)，秦同培，商务印书馆，第 1 册是民国 1.10[1912.10]年、民国 5.7[1916.7]年出版，第 2 册是民国 1.6[1912.6]年、民国 2.5[1913.5]年、民国 10.8[1921.8]年出版，第 3 册是民国 1.9[1912.9]年、民国 2.5[1913.5]年、民国 15.12[1926.12]年出版，第 4 册是民国 2.5[1913.5]年、民国 14.2[1925.2]年出版，第 5 册是民国 2.5[1913.5]年、民国 12.5[1923.5]年出版，第 6 册是民国 2.9[1913.9]年、民国 11.3[1922.3]年出版，第 7 册是民国 2.8[1913.8]年、民国 11.3[1922.3]年出版，第 8 册是民国 2.8[1913.8]年、民国 15.2[1926.2]年出版。语文课—小学—教学参考资料。

13.《初等小学新国文》(第 7 册)，庄俞、沈颐，商务印书馆，民国 1.9[1912.9]年出版。语文课—小学—教材。

14.《中华初等小学国文教科书》(1—8 册)，华鸿年、何振武，中华书局，第 1、3、5 册是民国 1.4[1912.4]年出版，第 2、4 册是民国 1.7[1912.7]年出版，第 6、8 册是民国 1.8[1912.8]年出版，第 7 册是民国 1.9[1912.9]年出版。语文课—小学—教材。

15.《新制中华国文教科书》(第 1 册)，沈颐，中华书局，民国 9.3[1920.3]年出版。语文课—小学—教材。

16.《新国民国文课本》(1—3 册)，上海中国图书公司编著，上海中国图书公司，第 1、3 册是民国 1.2[1912.2]年出版，第 2 册是民国 1.6[1912.6]年出版。语文课—小学—教材。

17.《初等小学国文课本》(4、7 册)，朱树人，上海中国图书公司，民国 1.3[1912.3]年出版。语文课—小学—教材。

18.《初等小学国文教科书》(1、2 册)，张继熙、张步青，武昌共和编译社，第 1 册是民国 1.11[1912.11]年出版，第 2 册是民国 2.1[1913.1]年出版。语文课—小学—教材。

19.《简明国文教科书》(1、2、3、5、6)，蒋维乔，商务印书馆，民国 1.3[1912.3]年出版。语文课—小学—教材。

20.《最新国文教科书》(1—8 册)，蒋维乔，商务印书馆，第 1、5 册是民国 1.1[1912.1]年出版，第 2、4、6、7、8 册是民国 1.5[1912.5]年出版，第 3 册是民国 3.10[1914.10]年出版。语文课—小学—教材。

21.《中华初等小学习字帖》(1—8 册)，第 1—4 册编著者是何维朴，第 5—8 册是张荫椿，中华书局,第 1、3 册是民国 1.4[1912.4]年出版,第 2 册是民国 2.4[1913.4]年出版,第 4 册是民国 1.3[1912.3]年出版,第 5、6 册是民国 4.3[1915.3]年出版,第 7、8 册是民国 4.8[1915.8]年出版。语文课—小学—教材。

22.《女子国文教科书》(1—8 册),(清)戴克敦等编纂,高凤谦、张元济校订,商务印书馆,民国 1—2[1912—1913]年出版,第 1 册 1913 年 1 月 18 版 40 叶;第 2 册 1913 年 1 月 16 版 41 叶;第 3 册 1913 年 1 月 12 版 35 叶;第 4 册 1912 年 12 月订本 11 版 36 叶;第 5 册 1912 年 3 月订正初版 40 叶;第 6 册 1913 年 5 月 12 版 40 叶;第 7 册 1912 年 9 月订正 8 版 40 叶;第 8 册 1912 年 4 月订正初版 44 叶;本书于 1908 年 4 月初版。初等小学使用。

23.《中华高等小学国文教科书》(2—8 册),(清)汪渤、何振武编辑,中华书局,民国 1[1912]年出版,本书于 1912 年 1 月初版;第 2 册 1912 年 10 月 11 版 29 叶;第 3 册 1912 年 5 月 7 版 33 叶;第 4 册 1912 年 4 月 4 版 36 叶;第 5 册 1912 年 10 月 9 版 24 叶;第 6 册 1912 年 9 月 6 版 26 叶;第 7 册 1912 年 7 月 3 版 34 叶;第 8 册 1912 年 11 月 4 版 33 叶。

1913 年

1.《新撰女学生尺牍》(上册),作者不详,上海广益书局,民国 2[1913]年出版。作文课—小学—教材。

2.《女子论说文范》(第 1—4 册),邵伯棠,上海会文堂粹记,第 1—3 册出版年不详,第 4 册是民国 2.10[1913.10]年出版。作文课—小学—教材。

3.《共和论说升阶》(上、下册),费有容,上海神州图书局,民国 2.3[1913.3]年出版。作文课—小学—教材。

4.《论说入门初集》(第 1—4 册),彪蒙编译所,上海彪蒙书室,民国 2.2[1913.2]年出版。作文课—小学—教材。

5.《论说入门二集》(第 1、3、4 册),彪蒙编译所,上海彪蒙书室,民国 2.2[1913.2]年出版。作文课—小学—教材。

6.《最新作文教科书》(第 1 册),戴克敦,商务印书馆,民国 2.5[1913.5]年出版。作文课—小学—教材。

7.《新制中华国文教授书》(第 1—12 册),屠元礼,中华书局,第 1、4 册是民国 2.7[1913.7]年出版;第 2—3 册是民国 2.10[1913.10]年出版;第 5、6 册是民国 2.5[1913.5]年出版;第 7、10 册是民国 2.8[1913.8]年出版;第 8、11 册是民国 2.9[1913.9]年出版;第 9 册是民国 2.9[1913.9]年出版;第 12 册是民国 2.11[1913.11]年出版。语文课—小学—教学参考资料。

8.《新制中华国文教授书》(第 1—9 册),杨喆、方钧,中华书局,第 1 册是民国 2.6[1913.6]年出版,第 2 册是民国 2.8[1913.8]年出版,第 3、4 册是民国 2.7[1913.7]年出版,第 5 册是民国 2.9[1913.9]年出版,第 6 册是民国 2.10[1913.10]年出版,第 7、8、9 册是民国 2.9[1913.9]年出版。语文课—小学—教学参考资料。

9.《新制中华国文教科书》(第 1—12 册),(清)沈颐等编,中华书局,民国 2—4[1913—1915]年出版。

10.《新制中华国文教科书》(第 1—12 册),屠元礼编,(清)沈颐等阅,中华书局,民国 2—3

[1913—1914]年出版。

11.《初级小学国文教授书》(第 1 册)，李步青、向大锦，武昌共和编译社，民国 2.1[1913.1]年出版。语文课—小学—教学参考资料。

12.《新编国文教授法》(第 4 册)，新学会社，民国 2.12[1913.12]年出版。语文课—小学—教学参考资料。

13.《共和国教科书新国文教授法》(第 1—6 册)，谭廉，商务印书馆，第 1 册是民国 3.3[1914.3]年、民国 11.2[1922.2]年出版；第 2 册是民国 2.9[1913.9]年、民国 2.10[1913.10]年出版；第 3 册是民国 2.11[1913.11]年、民国 2.12[1913.12]年出版；第 4 册是民国 2.10[1913.10]年、民国 11.6[1922.6]年出版；第 5 册是民国 2.6[1913.6]年、民国 2.9[1913.9]年出版；第 6 册是民国 2.10[1913.10]年、民国 2.11[1913.11]年出版。语文课—小学—教学参考资料。

14.《新编中华国文教科书》(第 1—8 册)，戴克敦，中华书局，第 1 册是民国 12.5[1923.5]年出版，第 2、3、4、6 册是民国 9.3[1920.3]年出版，第 5 册是民国 11.3[1922.3]年出版。语文课—小学—教材。

15.《新编中华国文教科书》(第 1—8 册)，(清)刘傅厚，中华书局，第 1 册是民国 2.12[1913.12]年出版，第 2 册是民国 3.7[1914.7]年出版，第 3 册是民国 2.12[1913.12]年出版，第 4 册是民国 4.6[1915.6]年出版，第 5 册是民国 4.2[1915.2]年出版，第 6、8 册是民国 4.6[1915.6]年出版，第 7 册是民国 4.3[1915.3]年出版。语文课—小学—教材。

16.《初等小学新国文教科书》(第 1—8 册)，(清)刘傅厚、庄适，上海中国图书公司，民国 2.5[1913.5]年出版。语文课—小学—教材。

17.《初等小学新国文教授书》(第 1 册)，(清)刘传厚、庄适编；中国图书公司，民国 2[1913]年教育部审定。第一学年第一学期秋季始业教师用书。

18.《中华民国新国文》(第 1—5 册)，张景良，文明书局，第 1、4、5 册是民国 2.8[1913.8]年出版，第 2 册出版年不详，第 3 册是民国 3.7[1914.7]年出版。语文课—小学—教材。

19.《五族共和新百家姓》(1 册)，陆肇鼎，上海鸿才书社，民国 2.8[1913.8]年出版。语文课—小学—教材。

20.《女子新国文》(第 1—6 册)，庄俞、沈颐，商务印书馆，第 1 册是民国 3.6[1914.6]年出版，第 2、3、4、6 册是民国 2.4[1913.4]年出版，第 5 册是民国 14.5[1925.5]年出版。语文课—小学—教材。

21.《女子国文教科书》(第 1—4 册)，(清)戴克敦，商务印书馆，第 1 册是民国 2.7[1913.7]年出版，第 2 册是民国 3.4[1914.4]年出版，第 3 册是民国 5.11[1916.11]年出版，第 4 册是民国 2.11[1913.11]年出版。语文课—小学—教材。

22.《共和国教科书新国文》(第 1—7 册)，庄俞、沈颐，商务印书馆，第 1 册是民国 2.3[1913.3]年出版，第 2 册是民国 2.4[1913.4]年出版，第 3 册是民国 2.4[1913.4]年、民国 2.8[1913.8]年出版，第 4 册是民国 2.3[1913.3]年出版，第 5 册是民国 2.3[1913.3]年、民国 2.4[1913.4]年出版，第 6 册是民国 2.3[1913.3]年出版，第 7 册是民国 3.10[1914.10]年出版。

语文课—小学—教材。

23.《共和国教科书新国文》(乙种1—4册),庄俞、樊炳清,商务印书馆,第1册是民国2.4[1913.4]年出版,第2、4册是民国2.6[1913.6]年出版,第3册是民国2.1[1913.1]年出版。语文课—小学—教材。

24.《新制中华国文教科书》(第1—9册),缪徵麟,中华书局,第1册是民国2.3[1913.3]年、民国5.11[1916.11]年出版,第2册是民国2.2[1913.2]年出版,第3册是民国2.3[1913.3]年、民国8.5[1919.5]年出版,第4册是民国8.7[1919.7]年出版,第5册是民国2.4[1913.4]年、民国8.2[1919.2]年出版,第6册是民国2.4[1913.4]年、民国2.6[1913.6]年出版,第7册是民国2.4[1913.4]年、民国2.6[1913.6]年出版,第8册是民国2.4[1913.4]年出版,第9册是民国2.6[1913.6]年、民国2.8[1913.8]年出版。语文课—小学—教材。

25.《高等小学国文课本》(第1、2册),华国铨,中国图书公司,第1册是民国2.6[1913.6]年出版,第2册是民国1.7[1912.7]年出版。语文课—小学—教材。

26.《中华民国新国文》(第1—4册),张景良,文明书局,第1册是民国2.8[1913.8]年出版,第2册是民国2.10[1913.10]年出版,第3册是民国3.2[1914.2]年出版,第4册是民国3.6[1914.6]年出版。语文课—小学—教材。

27.《共和国教科书新国文教授法》(第6、7、8册),秦同培编纂,庄俞、樊炳清校订,商务印书馆,民国2—3[1913—1914]年出版,初等小学教员春季始业用;本书于1912年6月初版;第6册1913年5月20版57叶;第7册1914年2月45版62叶;第8册1913年3月初版62叶;教育部审定。

28.《共和国教科书新国文教授法》(第1—2册),秦同培编纂,庄俞校订,商务印书馆,民国2[1913]年出版,第1册1913年5月12版35叶;第2册1913年5月12版。初等小学校第一学年教员秋季始业用。

29.《共和国教科书国文教授法》(第3册),秦同培,商务印书馆,民国2.3[1913.3]年出版。语文课—小学—教学参考资料。

30.《单级国文教科书》(第2—12册),(清)庄适、郑朝熙编,陈宝泉等校订,商务印书馆,民国2—3[1913—1914]年出版。

31.《新制中华国文教科书》(1—9册),(清)郭成爽等编,戴克敦等阅,中华书局,民国2—4[1913—1915]年出版,本书于1913年1月初版;教育部审定。

32.《共和国教科书新国文教授法》(1、2、3、5、6册),(清)谭廉编纂,高凤谦、庄俞校订,商务印书馆,民国2[1913]年出版。高等小学校秋季始业教员用。

33.《共和国教科书新国文教授法》(第4册),(清)谭廉编纂,高凤谦、庄俞校订,商务印书馆,民国2[1913]年出版,1913年3月初版,46叶。高等小学春季始业教员用。

34.《共和国教科书新国文》(第1—6册),(清)庄俞、沈颐编纂,高凤谦、张元济校订,商务印书馆,民国2[1913]年出版。本书于1912年6月初版;教育部审定。高等小学校学生春季始业用。

35.《共和国教科书新国文》(1—6册),(清)樊炳清、庄俞编纂,高凤谦、张元济校订,商务印书馆，民国 2—10［1913—1921］年出版；第 1 册 1921 年 10 月 82 版 23 叶；第 2 册 1913 年 4 月 5 版 33 叶；第 3 册 1913 年 6 月 25 版 26 叶；第 4 册 1921 年 9 月 55 版 32 叶；第 5 册 1913 年 4 月 6 版 26 叶；第 6 册 1920 年 7 月 43 版 37 叶。本书于 1913 年 1 月初版；教育部审定。高等小学校秋季始业；第一至三学年学生用。

1914 年

1.《初学论说轨范》（第 1—4 册），邹登泰，上海天一书局，第 1 册是民国 13.3［1924.3］年出版。第 2、3、4 册是民国 3.7［1914.7］年出版。作文课—小学—教材。

2.《最新小学作文捷径》（下册），施崇恩，上海新新书局，民国 3.8［1914.8］年出版。作文课—小学—教材。

3.《初学论说文范》（第 1—4 册），邵伯棠，上海会文堂粹记，第 1—3 册出版年不详，第 4 册是民国 3.8［1914.8］年出版。作文课—小学—教材。

4.《高等小学作文示范》，李昧青，商务印书馆，民国 3.3［1914.3］年出版。作文课—小学—教材。

5.《高等小学作文示范》（中、下册），宋文蔚，商务印书馆，中册是民国 5.10［1916.10］年出版，下册是民国 3.10［1914.10］年出版。作文课—小学—教材。

6.《高等小学论说文范》（第 1—4 册），邵伯棠，上海会文堂粹记，民国 3.10［1914.10］年出版。作文课—小学—教材。

7.《单级国文教授书》（第 7 册），谭廉、费焯，商务印书馆，民国 3.10［1914.10］年出版。语文课—小学—教学参考资料。

8.《新编中华国文教授书》（第 1—8 册），刘傅厚、杨喆，中华书局，第 1 册是民国 3.1［1914.1］年出版，第 2 册是民国 3.4［1914.4］年出版，第 3 册是民国 3.2［1914.2］年出版，第 4 册是民国 3.10［1914.10］年出版，第 5 册是民国 3.2［1914.2］年出版，第 6 册是民国 3.5［1914.5］年出版，第 7 册是民国 3.3［1914.3］年出版，第 8 册是民国 3.6［1914.6］年出版。语文课—小学—教学参考资料。

9.《新制单级国文教授书》（第 1—12 册），钱玘、董文，中华书局，1、4 册合编是民国 3.6［1914.6］年出版；2、5 册合编是民国 3.7［1914.7］年出版；3、6 册合编是民国 3.8［1914.8］年出版；甲编七册，民国 3.10［1914.10］年出版；甲编八册，民国 3.11［1914.11］年出版；甲编九册、乙编八册、乙编九册，民国 3.12［1914.12］年出版；乙编七册，民国 3.10［1914.10］年出版。语文课—小学—教学参考资料。

10.《女子国文教科书详解》（第 1—4 册），胡君复，商务印书馆，第 1 册是民国 3.1［1914.1］年出版，第 2、4 册是民国 3.5［1914.5］年出版，第 3 册是民国 3.2［1914.2］年出版。语文课—小学—教学参考资料。

11.《新编中华国文教授书》（第 1—6 册），杨喆，中华书局，第 1 册是民国 3.2［1914.2］年出版，第 2、5 册是民国 3.3［1914.3］年出版，第 3、4 册是民国 3.4［1914.4］年出版，第 6 册是民国 3.5［1914.5］年出版。语文课—小学—教学参考资料。

12.《南洋公学新国文》（第 4 册），唐文治，苏州振新书社，民国 3.7［1914.7］年出版。语文课—小学—教材。

13.《最新国语教科书》(第1册),王永炘,商务印书馆,民国3.8[1914.8]年出版,语文课—小学—教材。

14.《单级国文教科书》(第9册),庄适、郑朝熙,商务印书馆,民国3.6[1914.6]年出版,语文课—小学—教材。

15.《单级中华国文教科书》(第3册),刘復厚,中华书局,民国3.1[1914.1]年出版,语文课—小学—教材。

16.《国文教科书》(第1册),许国英,商务印书馆,民国3.3[1914.3]年出版,语文课—小学—教材。

17.《新制单级国文教科书》(甲编第7册),刘傅厚,中华书局,民国3.8[1914.8]年出版,语文课—小学—教材。

18.《高等小学国文选本》(第1—6册),诸宗元,商务印书馆,民国3.7[1914.7]年出版,语文课—小学—教材。

19.《中华女子国文教科书》(第1—6册),(清)范源廉等编,中华书局,民国3—4[1914—1915]年出版,第1册1915年4月2版18叶;第2册1915年4月2版21叶;第3册1915年4月2版33叶;第4册1915年4月2版30叶;第5册1915年4月2版31叶;第6册1915年4月2版36叶。高等小学校用。

20.《单级国文教授书》(第3、6册),(清)谭廉、费焯编纂,蒋维乔等校订,商务印书馆,民国3[1914]年出版,第3册1914年7月初版64页;第6册1914年10月7版78页。初等小学教员用。

21.《新编中华国文教科书》(第1—8册),(清)范源廉、沈颐等编,中华书局,民国3—4[1914—1915]年出版。春季始业;初等小学用。

22.《新编中华国文教授书》(第1—8册),(清)刘传厚、杨喆编,沈颐阅,中华书局,民国3—4[1914—1915]年出版,第1册1914年1月初版80叶;第2册1914年7月3版71叶;第3册1914年2月4版81叶;第4册1914年10月3版79叶;第5册1915年3月3版90叶;第6册1915年2月3版90叶;第7册1915年2月4版108叶;第8册1915年7月5版124叶。春季始业,初等小学用。

23.《新编中华国文教授书》(第1—6册),(清)杨喆编,徐俊、沈颐阅,中华书局,民国3—4[1914—1915]年出版,第1册1915年2月3版58叶;第2册1915年3月再版64叶;第3册1915年3月再版74叶;第4册1915年2月2版75叶;第5册1915年2月2版76叶;第6册1915年6月3版76叶;本书于1914年2月初版。春季始业,高等学校用。

24.《中华女子国文教科书》(第1—6册),杨喆,中华书局,民国3.8[1914.8]年出版,语文课—小学—教材。

1915年

1.《新撰初学论说指南》(第1册),广益书局,出版者不详,民国4.10[1915.10]年出版。作文课—小学—教材。

2.《初学论说轨范》（第3、4册），邹登泰，出版者不详，民国4.2［1915.2］年出版。作文课—小学—教材。

3.《论说新编初集》（第1、3、4册），雷瑊，扫叶山房，第1册是民国6［1917］年出版，第3册出版年不详，第4册是民国4.8［1915.8］年出版。作文课—小学—教材。

4.《小学文法初阶》（上、下册），王蕆，商务印书馆，民国4.6［1915.6］年出版。语文课—小学—教材。

5.《作文初步》（第1册），江山渊，上海文明书局，民国4.12［1915.12］年出版。作文课—小学—教材。

6.《新式国文教授书》（第1—8册），吴研蕙，中华书局，第1—4册是民国4.12［1915.12］年出版，第5册是民国5.3［1916.3］年出版，第6册是民国5.6［1916.6］年出版，第7—8册是民国12.5［1923.5］年出版。语文课—小学—教学参考资料。

7.《女子国文教授书》（第1—6册），钱巩，中华书局，第1册是民国4.5［1915.5］年出版，第2册是民国4.10［1915.10］年出版，第3—4册是民国5.3［1916.3］年出版，第5—6册是民国5.7［1916.7］年出版。语文课—小学—教学参考资料。

8.《中华女子国文教授书》（第1—6册），杨喆，中华书局，第1册是民国4.1［1915.1］年出版，第2册是民国4.5［1915.5］年出版，第3册是民国4.4［1915.4］年出版，第4、6册是民国4.7［1915.7］年出版，第5册是民国4.8［1915.8］年出版。语文课—小学—教学参考资料。

9.《实用习字教授书》（第1、3册），俞粲，商务印书馆，民国4.12［1915.12］年出版。语文课—小学—教学参考资料。

10.《女子国文教科书》（第1—8册），沈颐、刘傅厚，中华书局，第1册是民国4.1［1915.1］年、民国4.12［1915.12］年出版，第2册是民国4.2［1915.2］年、民国8.3［1919.3］年出版，第3册是民国4.9［1915.9］年出版，第4、5、6册是民国4.10［1915.10］年出版，第7册是民国5.7［1916.7］年出版，第8册是民国10.11［1921.11］年出版。语文课—小学—教材。

11.《实用国文教科书》（第1—6、8册），北京教育图书社编，商务印书馆，第1册是民国11.9［1922.9］年出版，第2、5、6册是民国4.12［1915.12］年出版，第3、4册是民国5.4［1916.4］年出版，第8册是民国4.12［1915.12］年出版。语文课—小学—教材。

12.《实用国文教授书》（第1—6册），北京教育图书社编著，商务印书馆，第1—4册是民国4.12［1915.12］年出版；第5、6册是民国5.4［1916.4］年出版。语文课—小学—教学参考资料。

13.《评注古文读本》（第1—6册），林景亮，中华书局，第1册是民国4.10［1915.10］年出版，第2册是民国8.12［1919.12］年出版，第3册是民国16.1［1927.1］年出版，第4册是民国5.11［1916.11］年出版，第5册是民国5.8［1916.8］年出版，第6册是民国5.12［1916.12］年出版。语文课—小学—教材。

14.《普通教科书新国文》（第3册），（清）庄适编纂，商务印书馆，民国4［1915］年出版。

15.《实用国文教科书》（第2—6册），北京教育图书社编纂，（清）邓庆澜等校订，商务印书馆，民国4［1915］年出版。第2册1915年12月初版28叶；第3册1915年12月17版28叶；第

4 册 1915 年 12 月初版 33 叶;第 5 册 1915 年 12 月 11 版 29 叶;第 6 册 1915 年 12 月 8 版 30 叶。高等小学校学生用。

16.《实用国文教授书》(第 4、5 册),北京教育图书社编纂,(清)陈宝泉等校订,商务印书馆,民国 4[1915]年出版,第 4 册 1915 年 12 月 12 版 56 叶;第 5 册 1915 年 12 月 10 版 59 叶。全套共有 8 册,国民学校春季始业,教员用。

17.《新编中华国文教科书》(第 1—6 册),(清)沈颐、杨喆编,范源廉等校订,中华书局,民国 4[1915]年出版,本书于 1913 年 12 月初版;第 1 册 1915 年 2 月 6 版 44 叶;第 2 册 1915 年 6 月 5 版 44 叶;第 3 册 1915 年 2 月 3 版 28 叶;第 4 册 1915 年 6 月 5 版 31 叶;第 5 册 1915 年 6 月 5 版 30 叶;第 6 册 1915 年 6 月 5 版 38 叶。春季始业;高等小学校用。

18.《新制单级国文教科书》(第 1—6 册,甲编 7—9 册,乙编 7—9 册),(清)范源廉、刘传厚等编著,中华书局,民国 4[1915]年出版,第 1 册 1915 年 3 月 8 版 24 叶;第 2 册 1915 年 3 月 6 版 18 叶;第 3 册 1915 年 7 月 7 版 18 叶;第 4 册 1915 年 6 月 7 版 20 叶;第 5 册 1915 年 2 月 6 版 17 叶;第 6 册 1915 年 6 月 7 版 17 叶;第 7 册甲编 1915 年 6 月 5 版 22 叶;第 7 册乙编 1915 年 6 月 7 版 22 叶;第 8 册甲编 1915 年 6 月 7 版 20 叶;第 8 册乙编 1915 年 3 月 5 版 21 叶;第 9 册甲编 1915 年 3 月 5 版 20 叶;第 9 册乙编 1915 年 6 月 6 版 21 叶。

19.《新制单级国文教授书》(第 1—6 册,甲编 7—9 册,乙编 7—9 册),(清)董文、钱巩编,沈颐、李步青阅,中华书局,民国 4[1915]年出版,第 1—4 册合编 1915 年 6 月再版 76 叶;第 2—5 册合编 1915 年 6 月 2 版 74 叶;第 3—6 册合编 1915 年 6 月再版 76 叶;甲编第 7 册 1915 年 3 月 3 版 74 叶;甲编第 8 册 1915 年 3 月 2 版 61 叶;甲编第 9 册 1915 年 7 月 3 版 65 叶;乙编第 7 册 1915 年 6 月 3 版 82 叶;乙编第 8 册 1915 年 2 月 2 版 66 叶;乙编第 9 册 1915 年 6 月 3 版。

1916 年

1.《实用国文教授书》(第 7 册),北京教育图书社编,商务印书馆,民国 5.6[1916.6]年出版。语文课—小学—教学参考资料。

2.《新式国文教授书》(第 1—6 册),沈颐,中华书局,第 1—3 册是民国 5.8[1916.8]年出版,第 4、5 册是民国 5.9[1916.9]年出版,第 6 册是民国 6.1[1917.1]年出版。语文课—小学—教学参考资料。

3.《共和国教科书新国文》(第 1、3、4、6、7、8 册),沈颐、庄俞,商务印书馆,第 1 册是民国 5.7[1916.7]年、民国 13.8[1924.8]年出版,第 3 册是民国 2.4[1913.4]年、民国 5.8[1916.8]年、民国 10.6[1921.6]年出版,第 4 册是民国 14.2[1925.2]年出版,第 6 册是民国 6.9[1917.9]年出版,第 7 册是民国 12.4[1923.4]年、民国 9.5[1920.5]年出版,第 8 册是民国 2.4[1913.4]年、民国 10.9[1921.9]年、民国 11.6[1922.6]年出版。语文课—小学—教材。

4.《新制单级国文教科书》(甲编 7—9 册、乙编 7—9 册),范源廉、沈颐,中华书局,甲编第 7 册是民国 10.7[1921.7]年出版;甲编第 8 册是民国 8.8[1919.8]年出版;甲编第 9 册是民国 5.12[1916.12]年出版;乙编第 7 册是民国 5.12[1916.12]年出版;乙编第 8 册是民国 10.7[1921.7]年出版;乙编第 9 册是民国 8.8[1919.8]年出版。语文课—小学—教材。

5.《小学字课图释》（第1、2册），广仓学窘，上海中华书局，第1册是民国5.12[1916.12]年出版；第2册是民国6.2[1917.2]年出版。语文课—小学—教材。

6.《浅深递进国文读本》（第1—6册），林纾，商务印书馆，第1册是民国5.10[1916.10]年出版；第2—6册出版年不详。语文课—小学—教材。

7.《新式国文教科书》（第1—6册），吕思勉，中华书局，第1、2册是民国5.1[1916.1]年出版；第3册是民国11.2[1922.2]年出版；第4册是民国6.2[1917.2]年出版；第5册是民国11.10[1922.10]年出版；第6册是民国5.4[1916.4]年出版。语文课—小学—教材。

8.《新编中华国文教科书》（第1—6册），杨喆、沈颐，中华书局，第1册是民国3.6[1914.6]年出版；第2册是民国9.12[1920.12]年出版；第3—6册是民国3.2[1914.2]年出版。语文课—小学—教材。

9.《国民学校习字帖》（第1—8册），屠元礼，中华书局，第1册是民国5[1916]年出版；第2册是民国5.12[1916.12]年出版；第3册是民国6.2[1917.2]年出版；第4册是民国10.10[1921.10]年出版；第5、6册是民国6.3[1917.3]年出版；第7、8册是民国6.9[1917.9]年出版。语文课—小学—教材。

10.《新式国文教授书》（第1—6册），（清）周世勋等编校，中华书局，民国5—9[1916—1920]年出版，本书于1916年8月初版；第1册1917年7月4版84叶；第2册1921年5月10版70叶；第3册1917年1月再版78叶；第4册1919年5月6版76叶；第5册1921年11月11版64叶；第6册1920年5月8版67叶。教育部审定；高等小学用。

11.《高等小学国文读本》（1册），顾倬编，文明书局，民国5[1916]年出版。

1917年

1.《高等小学作文范本》（第1—3册），林景亮，中华书局，第1册是民国8.7[1919.7]年出版；第2册是民国9.6[1920.6]年出版；第3册是民国6.2[1917.2]年出版。作文课—小学—教材。

2.《新制国文教案》（第1—9册、第12册），周本培，中华书局，第1册是民国6.8[1917.8]年出版；第2、3、5册是民国7.1[1918.1]年出版；第4、7册是民国6.9[1917.9]年出版；第6册是民国7.3[1918.3]年出版；第8册是民国7.2[1918.2]年出版；第9册是民国8.11[1919.11]年出版；第12册是民国7.4[1918.4]年出版。语文课—小学—教学参考资料。

3.《新式国文教科书》（第1—8册），吴研蘅，中华书局，第1—3册是民国6.7[1917.7]年出版；第4册是民国7.3[1918.3]年出版；第5册是民国7.8[1918.8]年出版；第6册是民国7.9[1918.9]年出版；第7册是民国7.8[1918.8]年出版；第8册是民国7.11[1918.11]年出版。语文课—小学—教材。

4.《共和国教科书新国文读法复习分类表》（第1册），谢开勳，商务印书馆，民国6.1[1917.1]年出版。语文课—小学—教学辅助资料。

5.《范字教材教授书》（第2、4册），（清）费焯、蒋昂编纂，范祥善校订，商务印书馆，民国6—11[1917—1922]年出版，第2册1917年11月初版44叶；第4册1922年8月再版44叶，全套计8册。

6.《习字教授法》(全 1 册),(清)屠元礼编辑,顾树森校阅,中华书局,民国 6.2[1917.2]年出版。

7.《共和国教科书新国文教案》(第 7 册),(清)庄适、范祥善编纂,施毓麒等校订,商务印书馆,民国 6[1917]年出版,第 7 册 1917 年 6 月 1 版 116 页。

1918 年

1.《初学论说入门》(第 2 册),彪蒙书室,民强书局,民国 7.7[1918.7]年出版。作文课—小学—教材。

2.《范字教材教授书》(第 1、2、5—8 册),蒋昂、费焯,商务印书馆,第 1 册是民国 7.11[1918.11]年出版;第 2 册是民国 9.2[1920.2]年出版;第 5、6 册是民国 7.4[1918.4]年出版;第 7、8 册是民国 7.7[1918.7]年出版。语文课—小学—教学参考资料。

3.《分级古文读本》(甲编、乙编上下册、丙编上下册、丁编上下册),吕珮芬,中华书局,甲编是民国 20.3[1931.3]年出版;乙编上、丙编上、丁编上出版年不详;乙编下册民国 7.7[1918.7]年出版;丙编下册民国 21.11[1932.11]年出版;丁编下册民国 8.8[1919.8]年出版。语文课—小学—教材。

4.《新制中华国文教授书》(第 8、9 册),(清)屠元礼编,沈颐、戴克敦等阅,中华书局,民国 7[1918]年出版,第 8 册 1918 年 2 月 7 版 51 叶;第 9 册 1918 年 1 月 8 版 57 叶。

5.《千字文》(1 册),作者不详,学福堂梓,民国 7[1918]年出版。语文课—小学—教材。

1919 年

1.《小学作文入门》(第 1—3 册),第 1 册由秦同培编辑,第 2、3 册由胡君复编辑,商务印书馆,第 1 册民国 8.8[1919.8]年出版,第 2 册民国 8.2[1919.2]年出版,第 3 册出版年不详。作文课—小学—教材。

2.《女子实用尺牍教本》(第 3 册),严渭渔,苏州振新书社,民国 8.10[1919.10]年出版。作文课—小学—教材。

3.《共和论说进阶》(第 1、4 册),费有容,上海神州图书局出版,民国 8.3[1919.3]年出版。作文课—小学—教材。

4.《小学论说精华》(第 1—4 册),胡君复,商务印书馆,第 1、2 册是民国 8.5[1919.5]年出版;第 3 册是民国 10.9[1921.9]年出版;第 4 册是民国 8.11[1919.11]年出版。作文课—小学—教材。

5.《初学论说文法规范》(第 3、4 册),第 3 册编者、出版等信息不详,第 4 册编著者是陆保璇,广益书局,民国 8.10[1919.10]年出版。作文课—小学—教材。

6.《新式国文教授书》(1、2、3、4、6、7 册),江燿堂,中华书局,第 1 册民国 7.9[1918.9]年出版;第 2 册民国 8.1[1919.1]年出版;第 3 册民国 8.2[1919.2]年出版;第 4 册民国 8.5[1919.5]年出版;第 6 册民国 8.9[1919.9]年出版;第 7 册民国 8.11[1919.11]年出版。语文课—小学—教学参考资料。

7.《绘图训蒙教儿经》(1 册),作者不详,上海鍊石书局,民国 8[1919]年出版。语文课—小学—教材。

8. 《龙文鞭影·初集》(1 册)，作者不详，上海锦章图书局，民国 8[1919]年出版。语文课—小学—教材。

9. 《改良绘图四言杂字》(1 册)，作者不详，上海鍊石书局，民国 8[1919]年出版。语文课—小学—教材。

10. 《最新绘图六言杂字》(1 册)，作者不详，上海鍊石书局，民国 8[1919]年出版。语文课—小学—教材。

11. 《复式学级国文教科书》(乙编 1—8 册)，庄俞等，商务印书馆，乙编第 1 册是民国 9.6[1920.6]年出版；乙编第 2 册是民国 8.11[1919.11]年出版；乙编第 3、4 册是民国 9.1[1920.1]年出版；第 5 册是民国 9.3[1920.3]年出版；第 6、7 册是民国 8.6[1919.6]年出版；第 8 册是民国 8.10[1919.10]年出版。语文课—小学—教材。

12. 《新式国文教科书》(第 1—8 册)，陆费逵，中华书局，第 1 册是民国 8.10[1919.10]年出版；第 2、5 册是民国 8.6[1919.6]年出版；第 3 册是民国 8.9[1919.9]年出版；第 4 册是民国 8.7[1919.7]年出版；第 6 册是民国 10.12[1921.12]年出版；第 7、8 册是民国 8.8[1919.8]年出版。语文课—小学—教材。

13. 《新式国文教授书》(第 2、4—7 册)，(清)杨宝森等编，吴研因等校阅，中华书局，民国 8—9[1919—1920]年出版，第 2 册是 1919 年 1 月初版；第 4 册是 1919 年 5 月初版；第 5 册是 1919 年 8 月初版；第 6 册是 1920 年 6 月 3 版；第 7 册是 1919 年 9 月初版。

1920 年

1. 《言文对照初等作文新范》(第 1—4 册)，作者不详，上海广文书局，民国 9.12[1920.12]年出版。作文课—小学—教材。

2. 《高等小学国文新课本》(第 5、6 册)，上海徐家汇圣教杂志社，上海徐家汇土山湾印书馆，第 5 册是民国 8.12[1919.12]年出版；第 6 册是民国 9.4[1920.4]年出版。语文课—小学—教材。

3. 《新法国语教科书》(第 1—8 册)，庄适，商务印书馆，第 1 册是民国 10.4[1921.4]年、民国 10.9[1921.9]年出版；第 2 册是民国 10.2[1921.2]年、民国 10.8[1921.8]年出版；第 3 册是民国 10.8[1921.8]年、民国 10.12[1921.12]年出版；第 4 册是民国 10.9[1921.9]年出版；第 5 册是民国 11.10[1922.10]年出版；第 6 册是民国 11.6[1922.6]年出版；第 7 册是民国 11.5[1922.5]年出版；第 8 册是民国 13.3[1924.3]年出版。语文课—小学—教材。

4. 《新法国文教科书》(第 1—8 册)，庄俞、范祥善，商务印书馆，第 1、2、3、4 册是民国 9.1[1920.1]年出版；第 5 册是民国 10.2[1921.2]年出版；第 6 册是民国 12.1[1923.1]年出版；第 7 册是民国 10.3[1921.3]年出版；第 8 册是民国 13.9[1924.9]年出版。语文课—小学—教材。

5. 《女子国文教科书》(第 1—8 册)，庄俞、沈颐，商务印书馆，第 1 册是民国 16.6[1927.6]年出版；第 2 册是民国 15.10[1926.10]年出版；第 3 册是民国 15.1[1926.1]年出版；第 4 册是民国 13.7[1924.7]年出版；第 5 册是民国 15.11[1926.11]年出版；第 6 册是民国 13.5[1924.5]年出版；第 7 册是民国 9.2[1920.2]年出版；第 8 册是民国 9.9[1920.9]年出版。语文课—

小学—教材。

6.《新教材教科书国语读本》(第 1—8 册),黎均荃、陆衣言,中华书局,第 1 册是民国 9.3 [1920.3]年出版;第 2 册是民国 9.4[1920.4]年出版;第 3 册是民国 9.5[1920.5]年出版;第 4 册是民国 9.8[1920.8]年出版;第 5 册是民国 9.12[1920.12]年出版;第 6 册是民国 10.7 [1921.7]年出版;第 7、8 册是民国 11.2[1922.2]年出版。语文课—小学—教材。

7.《新教育教科书国语读本》(第 1—8 册),杨达权,中华书局,第 1 册是民国 9.6[1920.6] 年出版;第 2 册是民国 9.7[1920.7]年出版;第 3 册是民国 10.1[1921.1]年出版;第 4 册是民国 9.12[1920.12]年出版;第 5、6 册是民国 10.1[1921.1]年出版;第 7、8 册是民国 10.2[1921. 2]年出版。语文课—小学—教材。

8.《新教育教科书国语读本》(第 1—8 册),胡舜华,中华书局,第 1、3、4、5、6 册是民国 10.1[1921.1]年出版;第 2 册是民国 10.8[1921.8]年出版;第 7、8 册是民国 10.2[1921.2]年出版。语文课—小学—教材。

9.《新法国语教科书》(第 2、4 册),王国元,商务印书馆,民国 9.10[1920.10]年出版。语文课—小学—教材。

10.《共和国教科书新国文》(第 2—4 册),庄俞、樊炳清,商务印书馆,第 2 册是民国 9.8 [1920.8]年出版;第 3 册是民国 5.9[1916.9]年出版;第 4 册是民国 10.9[1921.9]年出版。语文课—小学—教材。

11.《高等小学国文读本》(第 1 册),顾倬,中华书局,民国 9.9[1920.9]年出版。语文课—小学—教材。

12.《新体国语教科书》(第 1—7 册),庄适编纂,黎锦熙等校订,商务印书馆,民国 9[1920]年出版,第 1 册 1920 年 7 月 63 版;第 2 册 1920 年 7 月 53 版;第 3 册 1920 年 6 月 40 版;第 4 册 1920 年 7 月 50 版;第 5 册 1920 年 7 月 27 版;第 6 册 1920 年 7 月 27 版;第 7 册 1920 年 10 月 15 版。语文课—小学—教材。

13.《新法国语教科书》(第 1—6 册),戴杰等编校,商务印书馆,民国 9—10[1920—1921]年出版,第 1 册 1920 年 9 月 15 版;第 2 册 1920 年 9 月 15 版;第 3 册 1920 年 12 月 15 版;第 4 册 1921 年 4 月 25 版;第 5 册 1921 年 2 月 5 版;第 6 册 1921 年 7 月 20 版;本书于 1920 年 7 月初版。高等小学校学生秋季始业用,语文课—小学—教材。

14.《新教材国语读本说明书》(第 1—3 册),黎均荃、陆衣言,中华书局,第 1—2 册是民国 9.4[1920.4]年出版;第 3 册是民国 9.9[1920.9]年出版。语文课—小学—教学参考资料。

15.《新法国语教授书》(第 1—6 册),王国元等编纂,商务印书馆,民国 9—11[1920—1922]年出版,第 1 册 1920 年 12 月初版;第 2 册 1921 年 1 月 3 版;第 3 册 1921 年 8 月 3 版;第 4 册 1921 年 10 月 4 版;第 5 册 1922 年 5 月 6 版;第 6 册 1922 年 10 月初版。语文课—小学—教学参考资料。

1921 年

1.《言文对照初学新文范》(第 1、2 册),作者不详,上海广益书局,民国 10.1[1921.1]年出版。作文课—小学—教材。

2.《作文百法》（第1—3册），许德邻，上海崇文书局，民国10.10［1921.10］年出版。作文课—小学—教材。

3.《作文秘诀》（第1—4册），曹载春，普文学会，民国10.5［1921.5］年出版。作文课—小学—教材。

4.《新法国语教科书》（第1册），庄适编纂，黎锦熙等校订，商务印书馆，民国10［1921］年出版，第8册1921年12月5版。国民学校学生用，春季始业，语文课—小学—教材。

5.《共和国教科书新国文》（第2—8册），（清）庄俞、沈颐编纂，高凤谦、张元济校订，商务印书馆，民国10—15［1921—1926］年出版，第2册1926年9月193版；第3册1922年3月149版；第4册1925年3月161版；第5册1921年7月108版；第6册出版年不详；第7册1926年9月105版；第8册1921年9月73版。语文课—小学—教材。

6.《新法会话读本》（第1—4册），范祥善，商务印书馆，民国10.2［1921.2］年出版。语文课—小学—教材。

7.《新教育教科书国语课本》（第1—8册），胡舜华，中华书局，第1、2册是民国10.12［1921.12］年出版；第3、4册是民国11.1［1922.1］年出版；第5册是民国11.2［1922.2］年出版；第6册是民国11.5［1922.5］年出版；第7、8册是民国11.6［1922.6］年出版。语文课—小学—教材。

8.《新制单级国文教科书》（1—6册），范源廉、沈颐，中华书局，第1册是民国10.3［1921.3］年出版；第2册是民国10.7［1921.7］年出版；第3、4册是民国10.8［1921.8］年出版；第5册是民国10.6［1921.6］年出版；第6册是民国10.3［1921.3］年出版。语文课—小学—教材。

9.《新法国语教科书》（1—6册），第1—3册编著者是刘大绅，第4—6册编著者是王国元，商务印书馆，第1册民国10.7［1921.7］年出版；第2册是民国11.8［1922.8］年出版；第3册是民国10.7［1921.7］年出版；第4册是民国9.12［1920.12］年出版；第5册是民国10.11［1921.11］年出版；第6册是民国10.4［1921.4］年出版。语文课—小学—教材。

10.《新教育教科书国音课本》（1册），陆衣言、黎锦晖，中华书局，民国10.12［1921.12］年出版。语文课—小学—教材。

11.《新法国文教科书》（第1—6册），庄适等编纂，高凤谦、庄俞校订，商务印书馆，民国10［1921］年出版，第1册1921年5月5版；第2册1921年6月5版；第3册1921年7月5版；第4册1921年7月5版；第5册1921年12月5版；第6册1921年12月5版。高等小学学生用，语文课—小学—教材。

12.《新式国文教科书》（第1—6册），（清）吕思勉编辑，范源廉等阅，中华书局，民国10—11［1921—1922］年出版，第1册1922年1月5版；第2册1921年8月42版；第3册1921年11月36版；第4册1922年1月38版；第5册1921年6月34版；第6册1921年3月28版。语文课—小学—教材。

13.《新教育教科书国文读本》（第1—6册），任熔等编辑，中华书局，民国10—11［1921—1922］年出版，第1册1921年7月5版；第2册1921年3月3版；第3册1921年7月初版；第4册1921年11月再版；第5册1922年2月初版；第6册1922年5月初版。语文课—小学—

教材。

14.《新法国文教授书》(第1—6册),周服等编纂,沈圻等校订,商务印书馆,民国10—11〔1921—1922〕年出版,第1册1921年11月4版;第2册1922年1月6版;第3册1922年1月6版;第4册1922年2月6版;第5册1922年4月6版;第6册1922年6月6版。语文课—小学—教材。

15.《新法国文教授案》(第1—8册),范祥善,商务印书馆,第1册是民国10.10〔1921.10〕年出版;第2册是民国11.4〔1922.4〕年出版;第3册是民国11.1〔1922.1〕年出版;第4册是民国11.2〔1922.2〕年出版;第5—7册出版年不详;第8册是民国11.7〔1922.7〕年出版。语文课—小学—教学参考资料。

16.《新法国语教授案》(第1—8册),樊平章,商务印书馆,第1册是民国11.1〔1922.1〕年出版;第2册是民国10.9〔1921.9〕年出版;第3册是民国10.10〔1921.10〕年出版;第4册是民国11.1〔1922.1〕年出版;第5册是民国11.2〔1922.2〕年出版;第6册是民国11.2〔1922.2〕年出版;第7册是民国11.4〔1922.4〕年出版;第8册是民国11.6〔1922.6〕年出版。语文课—小学—教学参考资料。

17.《新教育教科书国语读本教案》(第1—8册),顾公毅,中华书局,第1册是民国9.10〔1920.10〕年、民国10.2〔1921.2〕年出版;第2册是民国10.1〔1921.1〕年、民国10.2〔1921.2〕年出版;第3册是民国10.2〔1921.2〕年、民国10.7〔1921.7〕年出版;第4册是民国10.7〔1921.7〕年、民国10.8〔1921.8〕年出版;第5册是民国10.8〔1921.8〕年、民国11.7〔1922.7〕年出版;第6册是民国10.12〔1921.12〕年、民国11.1〔1922.1〕年、民国11.8〔1922.8〕年出版;第7册是民国10.1〔1921.1〕年、民国11.1〔1922.1〕年出版;第8册是民国11.2〔1922.2〕年、民国11.8〔1922.8〕年出版。语文课—小学—教学参考资料。

18.《新法国语教授书》(第1—6册),田广生,商务印书馆,第1册是民国10.2〔1921.2〕年出版;第2册是民国10.3〔1921.3〕年出版;第3册是民国11.1〔1922.1〕年出版;第4册是民国10.10〔1921.10〕年出版;第5册是民国11.5〔1922.5〕年出版;第6册是民国11.10〔1922.10〕年出版。语文课—小学—教学参考资料。

19.《新教育教科书国文教案》(第1—2、4—6册),易作霖,中华书局,第1册是民国10.2〔1921.2〕年出版;第2册是民国10.7〔1921.7〕年出版;第4册是民国11.3〔1922.3〕年出版;第5册是民国11.7〔1922.7〕年出版;第6册是民国11.11〔1922.11〕年出版。语文课—小学—教学参考资料。

20.《新教育教科书国文教案》(第1—6册),周靖等编校,中华书局,民国10—11〔1921—1922〕年出版,第1册1921年8月3版;第2册1922年7月3版;第3册1922年2月再版;第4册1922年3月初版;第5册1922年7月初版;第6册1922年11月初版。语文课—小学—教学参考资料。

21.《共和国教科书新国文教授法》(第4册),秦同培编纂,庄俞、樊炳清校订,商务印书馆,民国10〔1921〕年出版,第4册1921年78版。语文课—小学—教学参考资料。

1922 年

1. 《语体作文材料》（第 1—4 册），作者不详，上海广益书局，民国 11. 11〔1922. 11〕年出版。作文课—小学—教材。

2. 《新法国文教科书》（第 1—6 册），庄俞，商务印书馆，第 1 册是民国 11. 9〔1922. 9〕年出版；第 2 册是民国 10. 7〔1921. 7〕年出版；第 3 册是民国 11. 3〔1922. 3〕年出版；第 4 册是民国 11. 10〔1922. 10〕年出版；第 5 册是民国 11. 9〔1922. 9〕年出版；第 6 册是民国 11. 5〔1922. 5〕年出版。语文课—小学—教材。

3. 《新教育教科书国文读本》（第 1—6 册），李直，中华书局，第 1—4 册是民国 11. 1〔1922. 1〕年出版；第 5、6 册是民国 11. 7〔1922. 7〕年出版。语文课—小学—教材。

4. 《儿童文学读本教学法》（第 1—3 册），周尚志、王芝九等编纂，庄适等编订，商务印书馆，民国 11—12〔1922—1923〕年出版，第 1 册 1922 年 9 月初版；第 2 册 1923 年 6 月 3 版；第 3 册 1923 年 6 月 3 版。

5. 《新法国文教授书》（第 1—6 册），郑士枌，商务印书馆，第 1 册是民国 10. 11〔1921. 11〕年出版；第 2、3 册是民国 11. 1〔1922. 1〕年出版；第 4 册是民国 11. 2〔1922. 2〕年出版；第 5 册是民国 11. 4〔1922. 4〕年出版；第 6 册是民国 11. 6〔1922. 6〕年出版。语文课—小学—教学参考资料。

6. 《新小学教科书国文读本教授书》（第 1—4 册），朱文叔，中华书局，第 1 册是民国 13. 3〔1924. 3〕年出版，第 2 册是民国 17. 3〔1928. 3〕年出版，第 3 册是民国 14. 11〔1925. 11〕年出版，第 4 册是民国 16. 1〔1927. 1〕年出版。语文课—小学—教学参考资料。

1923 年

1. 《言文对照女子新尺牍》（1 册），广文书局编辑所，世界书局，民国 12. 12〔1923. 12〕年出版。作文课—小学—教材。

2. 《言文对照高等论说新范》（1 册），秦同培，世界书局，民国 12. 1〔1923. 1〕年出版。作文课—小学—教材。

3. 《国民尺牍教本》（1 册），范天英，苏州振新书社，民国 12. 6〔1923. 6〕年出版。作文课—小学—教材。

4. 《新小学教科书国语读本》（第 1—4 册），黎锦晖等编，戴克敦等校，中华书局，民国 12—15〔1923—1926〕年出版，第 1—4 册 1926 年 4 月 15 版。语文课—小学—教材。

5. 《新法国语教科书》（第 2—4 册），沈圻编纂，庄俞校订，商务印书馆，民国 12〔1923〕年出版，第 2 册 1923 年 3 月 16 版；第 3 册 1923 年 3 月 7 版；第 4 册 1923 年 4 月 17 版。语文课—小学—教材。

6. 《新法国语教科书》（第 1—4 册），沈圻，商务印书馆，第 1、4 册是民国 12. 3〔1923. 3〕年出版；第 2 册是民国 13. 5〔1924. 5〕年出版；第 3 册是民国 13. 8〔1924. 8〕年出版。语文课—小学—教材。

7. 《新小学教科书国文读本》（第 1—5 册），第 1—4 册编者是刘佩琥，第 5 册编者是黎锦晖、陆费逵，中华书局，第 1 册是民国 15. 11〔1926. 11〕年出版；第 2 册是民国 17. 4〔1928. 4〕年出版;第3、4册是民国13.7[1924.7]年出版;第5册是民国12.4[1923.4]年出版。语文课—小学—教材。

8.《新学制国语教科书》(第1—8册),庄俞,商务印书馆,第1、2、4、5册是民国12.7[1923.7]年出版;第3册是民国12.6[1923.6]年出版;第6册是民国12.8[1923.8]年出版;第7册是民国12.9[1923.9]年出版;第8册是民国12.10[1923.10]年出版。语文课—小学—教材。

9.《新小学教科书国语读本》(第1—8册),黎锦晖、陆费逵,中华书局,第1册是民国13.12[1924.12]年出版;第2册是民国17.4[1928.4]年出版;第3册是民国12.10[1923.10]年出版;第4册是民国12.2[1923.2]年出版;第5、7册是民国13.7[1924.7]年出版;第6册是民国12.6[1923.6]年出版;第8册是民国12.9[1923.9]年出版。语文课—小学—教材。

10.《新法会话教科书》(第1—4册),马昌期,商务印书馆,民国12.9[1923.9]年出版。语文课—小学—教材。

11.《新小学教科书国语读本教授书》(第1—4册),陈醉云,中华书局,第1册是民国12.5[1923.5]年出版;第2册是民国13.2[1924.2]年出版;第3册是民国16.1[1927.1]年出版;第4册是民国14.11[1925.11]年出版。语文课—小学—教学参考资料。

12.《新学制国语教授书》(第1—8册),沈圻编纂,朱经农、吴研因校订,商务印书馆,民国12[1923]年出版。语文课—小学—教学参考资料。

13.《新法国语教授书》(第1—4册),计志中,商务印书馆,第1册是民国12.10[1923.10]年出版;第2册是民国13.2[1924.2]年出版;第3册是民国13.6[1924.6]年出版;第4册是民国12.11[1923.11]年出版。语文课—小学—教学参考资料。

14.《新法国语教授书》(第1册),许志中编纂,朱经农、周予同校订,商务印书馆,民国12[1923]年出版,第1册1923年5月6版。语文课—小学—教学参考资料。

15.《新法国语文教授书》(第1—4册),计志中,商务印书馆,第1册是民国12.7[1923.7]年出版;第2册是民国12.9[1923.9]年出版;第3册是民国12.11[1923.11]年出版;第4册是民国13.1[1924.1]年出版;语文课—小学—教学参考资料。

1924年

1.《新学制国语教科书》(1—4册),吴研因编纂,高梦旦等校订,商务印书馆,民国13—15[1924—1926]年出版,第1册1926年2月60版;第2册1926年3月55版;第3册1924年4月25版;第4册1924年6月10版。语文课—小学—教材。

2.《新学制国语教授书》(第1—8册),沈圻、计志中编纂,朱经农、吴研因校订,商务印书馆,民国13—15[1924—1926]年出版,第1册1926年2月50版,第2册1924年7月32版,第3册1924年1月20版,第4册1925年2月26版,第5册1925年6月30版,第6册1924年5月20版,第7册1925年8月23版,第8册1925年8月23版。

3.《新学制国语教科书》(第1—4册),庄适、吴研因,商务印书馆,第1、2册是民国13.4[1924.4]年出版;第3册是民国13.3[1924.3]年出版;第4册是民国13.5[1924.5]年出版。语文课—小学—教材。

4.《新撰国文教科书》(第 1—4 册)，缪天绶编纂，朱经农校订，商务印书馆，民国 13—16 [1924—1927]年出版，第 1 册 43 页；第 2 册 1924 年 8 月初版；第 3 册 1924 年 8 月初版；第 4 册 1927 年 9 月 65 版。语文课—小学—教材。

5.《益幼杂字》(1 册)，作者不详，上海刘德记书局，民国 13[1924]年出版。语文课—小学—教材。

6.《新学制小学教科书初级国文读本》(第 1—8 册)，杨喆、范祥善，世界书局，第 1、3、5、8 册是民国 13.12[1924.12]年出版；第 2、6、7 册是民国 14.1[1925.1]年出版；第 4 册是民国 13.11[1924.11]年出版。语文课—小学—教材。

7.《新学制小学教科书初级国文读本》(第 1、6 册)，魏冰心，世界书局，第 1 册是民国 17.6 [1928.6]年出版；第 6 册是民国 13.12[1924.12]年出版。语文课—小学—教材。

8.《实验国语教科书》(第 1—5 册)，北京师范大学附属小学校教科书编纂会，北京平民书局，第 1、4、5 册是民国 13.3[1924.3]年出版；第 2 册是民国 13.8[1924.8]年出版；第 3 册是民国 14.2[1925.2]年出版。语文课—小学—教材。

9.《国民学校国文新课本》(第 5 册)，圣教杂志社，土山湾慈母堂，民国 13.1[1924.1]年出版。语文课—小学—教材。

10.《新小学教科书国语读本》(第 1—8 册)，黎锦晖、陆费逵编辑，戴克敦校订，民国 13—14[1924—1925]年出版，第 1 册 1925 年 11 月 45 版；第 2 册 1924 年 5 月 19 版；第 3 册 1924 年 5 月 24 版；第 4 册 1925 年 11 月 32 版；第 5 册 1924 年 11 月 24 版；第 6 册 1924 年 5 月 16 版；第 7 册 1924 年 11 月 23 版；第 8 册 1924 年 5 月 13 版。语文课—小学—教材。

11.《新撰国文教授书》(第 1—4 册)，缪天绶，商务印书馆，第 1 册是民国 14.1[1925.1]年出版；第 2 册是民国 13.9[1924.9]年出版；第 3 册是民国 14.2[1925.2]年出版；第 4 册是民国 14.1[1925.1]年出版。语文课—小学—教学参考资料。

12.《新学制国语教授书》(1 册)，沈圻编纂，吴研因、朱经农校订，商务印书馆。民国 13—14[1924—1925]年出版，第 1 册 1924 年 5 月初版；第 2 册 1924 年 7 月 10 版；第 3 册 1924 年 8 月初版；第 4 册 1925 年 5 月 9 版。语文课—小学—教学参考资料。

13.《新学制国语教授书》(第 1—8 册)，沈圻，商务印书馆。其中，第 1 册是民国 13.5 [1924.5]年、民国 16.7[1927.7]年出版；第 2 册是民国 16.1[1927.1]年出版；第 3 册是民国 16.4[1927.4]年、民国 16.8[1927.8]年出版；第 4 册是民国 14.5[1925.5]年、民国 16.1 [1927.1]年出版；第 5 册是民国 15.11[1926.11]年出版；第 6 册是民国 14.8[1925.8]年出版；第 7 册是民国 13.4[1924.4]年出版；第 8 册是民国 13.4[1924.4]年出版。语文课—小学—教学参考资料。

14.《新小学教科书国语读本教授书》(第 1—4 册)，朱麟编，陈醉云、黎锦晖校，中华书局。民国 13[1924]年出版，1924 年 6 月再版。语文课—小学—教学参考资料。

1925 年

1.《绘图儿童白话尺牍》(第 2 册)，作者不详，世界书局。民国 14.11[1925.11]年出版。作文课—小学—教材。

2.《言文对照高等作文新范》(第1—4册),第1册编者不详、出版者不详、出版年不详,第2、3册编者张祖贤、周祝封,世界书局,民国14.9[1925.9]年出版;第4册编者秦同培,世界书局,民国14.2[1925.2]年出版。作文课—小学—教材。

3.《言文对照新时代学生文范》(第3、4册),张云石、黄克宗,上海世界书局。第3册是民国10.10[1921.10]年出版;第4册是民国14.3[1925.3]年出版。阅读课—小学—教材。

4.《新小学教科书国文读本》(第1—4、6—8册),戴克敦、逾復,中华书局。第1、2册是民国14.6[1925.6]年出版;第3册是民国14.7[1925.7]年出版;第4、6、7册是民国14.8[1925.8]年出版;第8册是民国17.6[1928.6]年出版。语文课—小学—教材。

5.《新小学教科书国语文学读本》(第1—8册),李步青,中华书局。第1册是民国14.9[1925.9]年出版;第2册是民国14.10[1925.10]年出版;第3册是民国15.2[1926.2]年出版;第4、5、6册是民国15.7[1926.7]年出版;第7册是民国16.3[1927.3]年出版;第8册是民国16.6[1927.6]年出版。语文课—小学—教材。

6.《新国民国语教科书》(第1—4,7、8册),第1—4册编者张景文、刘藻,第7、8册编者蒋昂、严会,上海国民书局。第1—4册是民国14.2[1925.2]年出版;第7册是民国14.8[1925.8]年出版;第8册是民国14.12[1925.12]年出版。语文课—小学—教材。

7.《新法国语文教科书》(第2、3册),范祥善,商务印书馆。第2册是民国14.5[1925.5]年出版;第3册是民国15.2[1926.2]年出版。语文课—小学—教材。

8.《新学制小学教科书高级国语读本》(第1、2、4册),秦同培、陈和祥,世界书局。第1册是民国14.6[1925.6]年、民国15.6[1926.6]年出版;第2册是民国15.1[1926.1]年出版;第4册是民国14.6[1925.6]年、民国16.4[1927.4]年出版。语文课—小学—教材。

9.《新法国语文教科书》(1册),庄适等编纂,唐钺等校订,商务印书馆。民国14[1925]年出版。语文课—小学—教材。

10.《实验国语教科书》(1册),北京师范大学附属小学校编辑,平民书局。民国14[1925]年出版。语文课—小学—教材。

11.《新学制小学教科书高级国语文读本》(第1、2册),魏冰心编辑,杨喆等校订,世界书局。民国14—15[1925—1926]年出版,第1册1926年5月13版;第2册1925年6月4版,总共有4册。语文课—小学—教材。

12.《新学制小学教科书高级国文读本》(第1—4册),秦同培、陈和祥编辑,杨喆、张肇熊校订,世界书局。民国14—15[1925—1926]年出版,第1册1926年4月75版;第2册1925年7月7版;第3册1925年7月9版;第4册1925年7月6版。语文课—小学—教材。

13.《新学制小学教科书高级国语读本》(第1册),魏冰心,世界书局。民国14.5[1925.5]年、民国17.6[1928.6]年出版。语文课—小学—教材。

14.《新学制小学教科书初级国语读本》(1册),姜长麟等编辑,范祥善等校订,世界书局。民国14[1925]年出版。语文课—小学—教材。

15.《新学制国语教科书》(第1—8册),吴研因等编纂,高梦旦等校订,商务印书馆。民国14—21[1925—1932]年出版,第1册1932年7月国难后10版;第2册1926年7月425版;第

3 册 1926 年 12 月 425 版；第 4 册 1928 年 2 月 430 版；第 5 册 1925 年 4 月 157 版；第 6 册 1927 年 4 月 270 版；第 7 册 1926 年 4 月 206 版；第 8 册 1925 年 8 月 130 版。语文课—小学—教材。

16.《新学制小学教科书初级国语读本》（第 1—8 册），魏冰心编辑，胡仁源等参订，世界书局。民国 14—16[1925—1927]年出版，第 1 册 1927 年 5 月 62 版；第 2 册 1926 年 1 月 26 版；第 3 册 1927 年 5 月 44 版；第 4 册 1925 年 5 月 24 版；第 5 册 1926 年 12 月 44 版；第 6 册 1925 年 6 月 26 版；第 7 册 1926 年 6 月 34 版；第 8 册 1924 年 12 月 12 版。语文课—小学—教材。

17.《初级国文读本教学法》（1 册），戴渭清等编辑，范祥善等校订，世界书局。民国 14 [1925]年出版。语文课—小学—教学参考资料。

18.《新撰国文教授书》（第 1、2、7 册），沈圻、计志中编纂，王岫庐、朱经农校订，商务印书馆。民国 14—15[1925—1926]年出版，第 1 册 1925 年 10 月 5 版；第 2 册 1925 年 10 月 5 版；第 7 册 1925 年 10 月初版。语文课—小学—教学参考资料。

19.《高级国语文读本教学法》（1 册），魏冰心等编辑，范祥善校，世界书局。民国 14 [1925]年出版。语文课—小学—教学参考资料。

1926 年

1.《新学制作文教科书》（第 3 册），计志中，商务印书馆。民国 15.2[1926.2]年出版。作文课—小学—教材。

2.《新撰国文教科书》（第 1—8 册），沈圻、胡怀琛，商务印书馆。第 1 册是民国 17.1 [1928.1]年出版；第 2 册是民国 15.4[1926.4]年出版；第 3 册是民国 17.1[1928.1]年出版；第 4 册是民国 16.1[1927.1]年出版；第 5 册是民国 16.9[1927.9]年出版；第 6 册是民国 15.9 [1926.9]年出版；第 7 册是民国 15.2[1926.2]年出版；第 8 册是民国 15.7[1926.7]年出版。语文课—小学—教材。

3.《新撰国文教科书》（第 1—8 册），庄适、胡怀琛，商务印书馆。第 1 册是民国 16.2 [1927.2]年出版；第 2 册是民国 14.1[1925.1]年出版；第 3 册是民国 16.6[1927.6]年出版；第 4 册是民国 15.9[1926.9]年出版；第 5 册是民国 16.2[1927.2]年出版；第 6 册是民国 15.11 [1926.11]年出版；第 7 册是民国 16.4[1927.4]年出版；第 8 册是民国 16.1[1927.1]年出版。语文课—小学—教材。

4.《新体幼学句解》（1 册），文明书局编著，文明书局。民国 15.3[1926.3]年出版。语文课—小学—教材。

5.《新撰国文教科书》（第 1—4 册），缪天绶，商务印书馆。第 1 册是民国 16.5[1927.5]年出版；第 2 册是民国 14.9[1925.9]年出版；第 3 册是民国 16.6[1927.6]年出版；第 4 册是民国 15.12[1926.12]年出版。语文课—小学—教材。

6.《初级国语会话教科书》（第 1—8 册），戴标，无锡光华书局。民国 15.1[1926.1]年出版。语文课—小学—教材。

7.《新小学教科书国语读本》（第 1—4 册），黎锦晖，中华书局。第 1 册是民国 17.4[1928. 4]年出版；第 2 册是民国 15.12[1926.12]年出版；第 3、4 册是民国 15.11[1926.11]年出版。语文课—小学—教材。

8.《共和国教科书新国文》(第1—8册),(清)庄俞、沈颐编纂,高凤谦、张元济校订,商务印书馆。民国15—16[1926—1927]年出版,第1册1927年1月2686版;第3册1927年1月2206版;第4册1926年11月1897版;第5册1927年9月1641版;第6册1926年11月1365版;第8册1927年1月946版。语文课—小学—教材。

9.《新撰国文教授书》(第1—8册),沈坼编纂,王岫庐、朱经农校订,商务印书馆。民国15—16[1926—1927]年出版。语文课—小学—教学参考资料。

10.《新小学教科书国文读本教授书》(第5、6册),陈白,中华书局。民国15.2[1926.2]年出版。语文课—小学—教学参考资料。

11.《新撰国文教授书》(第3、4册),刘完如、缪天绶等编纂,商务印书馆。民国15[1926]年出版,第3册1926年1月5版;第4册1926年1月5版。语文课—小学—教学参考资料。

1927年

1.《绘图白话注解千字文》(1册),高馨山,上海中原书局。民国16.1[1927.1]年出版。语文课—小学—教材。

2.《新时代国语教科书》(第1—8册),胡贞惠,新时代教育社。第1—5册是民国16.8[1927.8]年出版;第6册是民国16.9[1927.9]年出版;第7册是民国16.9[1927.9]年出版;第8册是民国16.8[1927.8]年出版。语文课—小学—教材。

3.《新小学教科书国语文学读本》(第1—4册),李步青,中华书局。第1册是民国16.7[1927.7]年出版;第2册是民国16.11[1927.11]年出版;第3、4册是民国17.4[1928.4]年出版。语文课—小学—教材。

4.《新撰国文教授书》(第1—8册),沈坼,商务印书馆。第1册是民国16.1[1927.1]年、民国15.9[1926.9]年出版;第2—3册是民国15.9[1926.9]年出版;第4册是民国16.9[1927.9]年、民国15.9[1926.9]年出版;第5册是民国16.9[1927.9]年出版;第6册是民国15.8[1926.8]年出版;第7册是民国15.12[1926.12]年出版;第8册是民国15.9[1926.9]年出版。语文课—小学—教学参考资料。

5.《高级小学国语新读本教学法》(第1—4册),魏冰心,世界书局。第1册是民国20.6[1931.6]年、民国28.7[1939.7]年出版;第2册是民国16.6[1927.6]年出版;第3册是民国20.2[1931.2]年、民国28.7[1939.7]年出版;第4册是民国20.2[1931.2]年出版。语文课—小学—教学参考资料。

附录 4：课程纲要时期中学阶段语文教科书目录（1912—1927）

1912 年

1.《中等新论说文范》(第 1—4 册)，作者不详，上海会文堂书局，民国 1.8[1912.8]年出版。语文课—中学—教材。

2.《中华中学国文教科书》(第 1—4 册)，刘法曾、姚汉章，中华书局。第 1 册是民国 1.8[1912.8]年出版；第 2 册是民国 2.2[1913.2]年出版；第 3 册是民国 1.11[1912.11]年出版；第 4 册是民国 1.12[1912.12]年出版。语文课—中学—教材。

3.《中学新国文》(第 1、2 册)，陆基，中国图书公司。民国 2.8[1913.8]年出版。语文课—中学—教材。

4.《初级古文选本》(第 3 编上、下册)，作者不详，出版者不详。民国 1.12[1912.12]年出版。语文课—中学—教材。

1913 年

1.《共和国教科书国文读本》(第 1—4 册)，许国英，商务印书馆。民国 2.8[1913.8]年出版。语文课—中学—教材。

2.《共和国教科书国文读本》(1—8 册)，许国英编纂，张元济等校订，商务印书馆。民国 2[1913]年出版，第 1 册《清文》，第 2 册《元明文》，民国 2.3[1913.3]年出版；第 3 册《宋文》，民国 2.4[1913.4]年出版；第 4 册《宋文》，民国 2.3[1913.3]年出版；第 5、6 册《唐文》，第 7 册《六朝文》，民国 2.3[1913.3]年出版；第 8 册《秦汉三国文》，民国 2.4[1913.4]年出版。语文课—中学—教材。

3.《国文教科书》(前、后编)，潘武，中华书局。前编是民国 10.1[1921.1]年出版；后编是民国 2.11[1913.11]年出版。语文课—中学—教材。

4.《中学国文读本》(第 1—8 册)，林纾评选，许国英重订，商务印书馆。民国 2—4[1913—1915]年出版，第 1 册 1915 年 11 月订正 11 版；第 2 册 1914 年 3 月订正 10 版；第 3 册 1915 年 1 月重订 8 版；第 4 册 1915 年 5 月订正 7 版；第 5 册 1915 年 11 月订正 9 版；第 6 册 1913 年 3 月订正 5 版；第 7 册 1914 年 5 月订正 7 版；第 8 册 1915 年 11 月订正 8 版。语文课—中学—教材。

5.《中学国文教科书》(第 1—4 册)，(清)吴曾祺评选，许国英重订，商务印书馆。民国 2—3[1913—1914]年出版，第 1 册 1913 年 3 月订正 8 版；第 2 册 1914 年 2 月订正 10 版；第 3 册

1914 年 2 月订正 10 版;第 4 册 1914 年 2 月订正 10 版。语文课—中学—教材。

1914 年

1.《新制国文教本》(第 1—4 册),谢蒙编,范源廉、姚汉章校阅,中华书局。民国 3—4[1914—1915]年出版,第 1 册 1914 年 8 月初版;第 2 册 1914 年 8 月初版;第 3 册 1915 年 10 月再版;第 4 册 1914 年 8 月初版。语文课—中学—教材。

2.《国文读本》(第 1—4 册),刘宗向编辑,黎锦熙、刘翰良校阅,宏文图书社,民国 3[1914]年出版。第 1 册 1914 年 4 月初版;第 2 册 1914 年出版;第 3 册 1914 年 7 月初版;第 4 册 1914 年 7 月初版。语文课—中学—教材。

3.《中学国文教科书》(第 1—4 册),吴曾祺,商务印书馆。第 1 册是民国 6.8[1917.8]年出版;第 2 册是民国 3.2[1914.2]年出版;第 3、4 册是民国 3.2[1914.2]年出版。语文课—中学—教材。

4.《国文教科书》(第 1、2 册),潘武评辑,戴克敦等译,中华书局,民国 3[1914]年出版。第 1 册是 1914 年 8 月 3 版;第二册是 1914 年 6 月 3 版。语文课—中学—教材。

5.《文字源流参考书》(1 册),张之纯、庄庆祥,商务印书馆。民国 3.10[1914.10]年出版。语文课—中学—教学参考资料。

1915 年

1.《湖北省学校国文成绩》(1 册),作者不详,上海进步书局。民国 4.7[1915.7]年出版。语文课—中学—教材。

2.《江苏省学校国文成绩》(第 6 册),作者不详,上海进步书局。民国 6.8[1917.8]年出版。语文课—中学—教材。

3.《共和国教科书国文读本评注》(第 1—4 册),许国英评注,蒋维乔校订,商务印书馆,民国 4—10[1915—1921]年出版。第 1 册 1915 年 2 月 3 版;第 2 册 1919 年 8 月 21 版;第 3 册 1920 年 2 月 17 版;第 4 册 1921 年 3 月 15 版。语文课—中学—教材。

4.《江苏各校国文成绩精华》(第 1—6 册),邹登泰,苏州振新书社、上海扫叶山房。民国 4.12[1915.12]年出版。语文课—中学—教材。

1916 年

1.《常识文范》(1—4 册),梁启超,中华书局。第 1、2 册是民国 18.11[1929.11]年出版;第 3 册是民国 5.11[1916.11]年、民国 18.11[1929.11]年出版;第 4 册是民国 5.11[1916.11]年、民国 18.11[1929.11]年出版。语文课—中学—教材。

2.《共和国教科书国文读本评注》(第 1—4 册),许国英,商务印书馆。第 1 册是民国 11.3[1922.3]年出版;第 2 册是民国 5.4[1916.4]年出版;第 3 册是民国 9.9[1920.9]年出版;第 4 册是民国 10.9[1921.9]年出版。语文课—中学—教材。

3.《中国文学史参考书》(1 册),王梦曾,商务印书馆。民国 5.10[1916.10]年出版。语文课—中学—教学参考资料。

1917 年

《新制国文教本评注》(第 1—4 册),谢无量,中华书局。第 1 册是民国 6.1[1917.1]年出版；第 2 册是民国 7.2〔1918.2〕年出版；第 3 册出版年不详；第 4 册是民国 13.6〔1924.6〕年出版。语文课—中学—教材。

1918 年

1.《国文模范·吴下英才集》（甲编 1 册），交通图书馆。民国 7.10〔1918.10〕年出版。语文课—中学—教材。

2.《清诗详注读本》（下册），王文濡，进步书局。民国 7.7〔1918.7〕年出版。语文课—中学—教材。

3.《注音字母国语讲义》（1 册），王璞、陈恩荣校阅，注音字母报社，民国 7〔1918〕年出版。语文课—中学—教材。

1919 年

1.《简易国文讲义》（第 2 册），苦海余生，中华编译社。民国 8.4〔1919.4〕年出版。语文课—中学—教材。

2.《共和国教科书文字源流》（全 1 册），张之纯、庄庆祥编纂，蒋维乔校订，商务印书馆。民国 8.10〔1919.10〕年出版。语文课—中学—教材。

1920 年

1.《白话文范》（第 1—4 册），商务印书馆。第 1 册编者洪北平，民国 10.4〔1921.4〕年出版；第 2、3、4 册编者何仲英，第 2 册是民国 10.3〔1921.3〕年出版；第 3 册是民国 9.10〔1920.10〕年出版；第 4 册是民国 10.7〔1921.7〕年出版。语文课—中学—教材。

2.《评点历代白话文选》（3、4 册），江蔭香，广文书局。民国 9.12〔1920.12〕年出版。语文课—中学—教材。

3.《国语文类选》（第 1—4 册），朱毓魁，中华书局。民国 9.9〔1920.9〕年出版。语文课—中学—教材。

1921 年

1.《全国学生国文成绩》（上卷），作者不详，出版者不详。民国 10〔1921〕年出版。语文课—中学—教材。

2.《共和国教科书文法要略》（第 1—2 册），庄庆祥编纂，蒋维乔校订，商务印书馆。民国 10—13〔1921—1924〕年出版，第 1 册是 1924 年 9 月 13 版；第 2 册是 1921 年 11 月 9 版。语文课—中学—教材。

1922 年

1.《中等国文典》（全 1 册），章士钊，商务印书馆。民国 11.7〔1922.7〕年出版，本书于 1907 年 4 月初版，1925 年 1 月 12 版，中等师范教材，语文课—中学—教材。

2.《国文法之研究》（1 册），金兆梓，中华书局。民国 11.11〔1922.11〕年出版。语文课—中学—教材。

3.《全国学校国文成绩大观》（上、下册），毕公天，上海国学书局。上册是民国 11.8〔1922.8〕年出版；下册是民国 14.9〔1925.9〕年出版。语文课—中学—教材。

4.《详注中华高等学生尺牍》（下册），中华书局。民国 11.3〔1922.3〕年出版。语文课—中学—教材。

1923 年

1.《全国中学国文成绩学生新文库》(乙编卷一至卷二、乙编卷三至卷四、乙编卷九至卷十三),作者不详,世界书局。民国 12[1923]年出版。语文课—中学—教材。

2.《全国学校文府》(第 1—4 册),邹登泰,出版者不详。民国 12[1923]年出版。语文课—中学—教材。

3.《中国语法讲义》(1 册),孙俍工编,亚东图书馆。民国 12[1923]年出版。1923 年 4 月 3 版,语文课—中学—教材。

4.《新学制国语教科书》(第 1—6 册),王岫庐等校订,商务印书馆。第 1 册编者周予同、范祥善,民国 12.2[1923.2]年出版;第 2—6 册编者叶绍钧、顾颉刚,第 2 册民国 13.4[1924.4]年出版;第 3 册是民国 14.5[1925.4]年出版;第 4 册是民国 13.1[1924.1]年出版;第 5 册是民国 13.12[1924.12]年出版;第 6 册是民国 13.4[1924.4]年出版。初级中学用,语文课—中学—教材。

5.《新中学教科书初级古文读本》(第 1—3 册),沈星一,中华书局。第 1 册是民国 12.1[1923.1]年出版;第 2 册是民国 13.12[1924.12]年出版;第 3 册是民国 13.8[1924.8]年出版。语文课—中学—教材。

6.《共和国教科书中国文学史》(1 册),王梦曾,商务印书馆。民国 12.11[1923.11]年出版。语文课—中学—教材。

7.《国音新教本》(全一册),方宾观、章寿栋编纂,刘儒校阅,商务印书馆。民国 12[1923]年出版。语文课—中学—教材。

8.《初级中学国语文读本》(第 1—6 册),孙俍工、沈仲九编辑,民智书局。民国 12—15[1923—1926]年出版。第 1 册 1924 年 1 月出版;第 2 册 1926 年 9 月 4 版;第 3 册 1926 年 10 月 3 版;第 4 册 1926 年 8 月再版;第 5 册 1926 年 12 月再版;第 6 册 1923 年 3 月初版。语文课—中学—教材。

9.《中学国语文读本》(第 1—4 册),秦同培选辑,世界书局。民国 12[1923]年出版。教科自修适用,语文课—中学—教材。

10.《新著国语文学史》(第 1 册),凌独见编纂,商务印书馆。本书于民国 12.2[1923.2]年初版。语文课—中学—教材。

1924 年

1.《中学国文成绩精华》(第 4 册),张廷华,大东书局。民国 13.2[1924.2]年出版。语文课—中学—教材。

2.《读文法》(上、下册),唐文治,天一书局。民国 13.5[1924.5]年出版。语文课—中学—教材。

3.《现代初中教科书国文》(第 1—6 册),庄适,商务印书馆。第 1 册是民国 13.7[1924.7]年出版;第 2 册是民国 13.2[1924.2]年出版;第 3 册是民国 16.7[1927.7]年出版;第 4 册是民国 13.6[1924.6]年出版;第 5、6 册是民国 13.12[1924.12]年出版。语文课—中学—教材。

4.《新中学教科书初级国语读本》(第1—3册),沈星一,中华书局。第1册是民国13.8[1924.8]年出版;第2册是民国14.3[1925.3]年出版;第3册是民国14.8[1925.8]年出版。语文课—中学—教材。

5. 新学制高级中学国语读本《古白话文选》(第1—2册),郑次川、吴遁生编辑,王岫庐校阅,商务印书馆。民国13.3[1924.3]年初版,1927年6月4版。语文课—中学—教材。

6. 新学制高级中学国语读本《近人白话文选》(上、下册),郑次川、吴遁生,商务印书馆。民国13.8[1924.8]年出版。语文课—中学—教材。

7.《新中学教科书国学必读》(上、下),钱基博,中华书局。民国13.4[1924.4]年出版。语文课—中学—教材。

8.《新编国文读本》(第1—6册),雷瑨,扫叶山房。第1—3册是民国13[1924]年出版,第4—6册出版年不详。语文课—中学—教材。

9. 新中学教科书《国学必读》(上、下册),钱基博编,中华书局。民国13—21[1924—1932]年出版,上册1932年6月6版;下册1924年4月初版;高级中学用;语文课—中学—教材。

10.《新中学古文读本》(第1—3册),沈星一编,黎锦熙等校,中华书局。民国13—18[1924—1929]年出版,第1册1926年5月14版;第2册1929年8月15版;第3册1924年7月再版。初级中学用,语文课—中学—教材。

1925 年

1.《戏剧作法讲义》(全一册),孙俍工著,亚东图书馆。民国14.3[1925.3]年出版,中学及师范学校适用,语文课—中学—教材。

2.《初中模范文读本》(第1、2册),刘大白,世界书局。民国14.5[1925.5]年出版。语文课—中学—教材。

3.《新著国语文法》(全一册),黎锦熙编纂,商务印书馆。民国14[1925]年出版,本书于1924年2月初版,1925年12月3版。语文课—中学—教材。

4.《新中教科书高级国语读本》(第1册),穆济波,中华书局。民国14.9[1925.9]年出版。语文课—中学—教材。

5.《新中学教科书初级国语读本》(第1—3册),沈星一编纂,黎锦熙、沈颐校订,中华书局。民国14—18[1925—1929]年出版,第1册1929年7月11版;第2册1925年3月初版;第3册1929年7月9版。初级中学用,语文课—中学—教材。

6.《初级中学国语文读本》(第1、3、4册),孙俍工,民智书局。第1册是民国15.9[1926.9]年出版;第3册是民国14.8[1925.8]年出版;第4册是民国15.8[1926.8]年出版。语文课—中学—教材。

7.《新中学教科书高级古文读本》(第1—3册),穆济波,中华书局。第1册是民国14.9[1925.9]年出版;第2册是民国14.8[1925.8]年出版;第3册是民国16.1[1927.1]年出版。语文课—中学—教材。

1926 年

1.《修辞学讲义》(上册),董鲁安著,文化学社。民国15.3[1926.3]年出版。高级中学、旧制中学、师范学校选科之用,语文课—中学—教材。

2.《新著中国文字学大纲》(全1册),何仲英编,商务印书馆。民国15[1926]年出版,本书于1922年2月初版,1926年2月6版。教育部审定,语文课—中学—教材。

3.《初中国文选读》(第9册),北京孔德学校编,编者自刊,民国15.8[1926.8]年出版。语文课—中学—教材。

1927年

1.《应用文》(全一册),张须编纂,庄适校订,商务印书馆。民国16.3[1927.3]年初版。语文课—中学—教材。

2.《共和国教科书文字源流》(1册),张之纯、庄庆祥,商务印书馆。民国16.5[1927.5]年出版。语文课—中学—教材。

3. 新学制高中国语读本《词选》(全1册),胡适选注,商务印书馆。民国16.7[1927.7]年出版,1928年5月再版。语文课—中学—教材。

附录 5：课程标准时期小学阶段语文教科书目录（1928— 1949）

1928 年

1.《新小学国语文学读本》(第 1—8 册)，李步青，中华书局。民国 17.4[1928.4]年出版。语文课—小学—教材。

2.《新中华教科书国语读本》(第 1—8 册)，黎明，新国民图书社。第 1 册是民国 18.2[1929.2]年出版；第 2 册是民国 18.1[1929.1]年出版；第 3 册是民国 18.5[1929.5]年出版；第 4 册是民国 16.9[1927.9]年出版；第 5 册是民国 17.6[1928.6]年出版；第 6 册是民国 19.2[1930.2]年出版；第 7 册是民国 17.6[1928.6]年出版；第 8 册是民国 17.11[1928.11]年出版。语文课—小学—教材。

3.《新时代国语教科书》(第 1、2、4 册)，胡贞惠，商务印书馆。第 1、4 册是民国 18.4[1929.4]年出版；第 2 册是民国 17.10[1928.10]年出版。语文课—小学—教材。

1929 年

1.《新中华国语读本》(第 1—8 册)，王祖廉，中华书局。第 1、3 册是民国 21.5[1932.5]年出版；第 2 册是民国 21.6[1932.6]年出版；第 4 册是民国 21.4[1932.4]年出版；第 5 册是民国 20.6[1931.6]年出版；第 6 册是民国 21.5[1932.5]年出版；第 7 册是民国 19.9[1930.9]年出版；第 8 册是民国 20.3[1931.3]年出版。语文课—小学—教材。

2.《新主义教科书前期小学国语读本》(第 1—8 册)，魏冰心，世界书局。第 1、2、4 册是民国 19.4[1930.4]年出版；第 3 册是民国 19.5[1930.5]年出版；第 5 册是民国 18.12[1929.12]年出版；第 6 册是民国 18.8[1929.8]年出版；第 7 册是民国 18.10[1929.10]年出版；第 8 册是民国 19.4[1930.4]年出版。语文课—小学—教材。

3.《新主义教科书前期小学国文读本》(第 1、2 册)，朱剑芒、陈蔼麓，世界书局。民国 16.7[1927.7]年出版。语文课—小学—教材。

4.《新中华教科书国语读本》(第 1—4 册)，朱文叔，新国民图书社。第 1、4 册是民国 18.10[1929.10]年出版；第 2、3 册是民国 18.11[1929.11]年出版。语文课—小学—教材。

5.《新国音课本》(1 册)，马国英，中华书局。民国 18.7[1929.7]年出版。语文课—小学—教材。

6.《新中华国语读本》(第 1—8 册)，黎锦晖等著，吴稚晖校阅，新国民图书社。民国 18—

21〔1929—1932〕年出版。语文课—小学—教材。

7.《新时代国语教授书》(第1—8册),沈白华,商务印书馆。第1册是民国18.12〔1929.12〕年出版;第2、3册是民国21.7〔1932.7〕年出版;第4册是民国21.10〔1932.10〕年出版;第5册是民国19.9〔1930.9〕年出版;第6册是民国20.6〔1931.6〕年出版;第7册是民国18.7〔1929.7〕年出版;第8册是民国18.10〔1929.10〕年出版。语文课—小学—教学参考资料。

8.《新时代国语教授书》(第1—4册),王志瑞,商务印书馆。第1、2、4册是民国18.8〔1929.8〕年出版;第3册是民国18.3〔1929.3〕年出版。语文课—小学—教学参考资料。

9.《新中华教科书国语读本教授书》(第1—4册),方钦照,中华书局。第1、2、4册是民国19.12〔1930.12〕年出版;第3册是民国19.9〔1930.9〕年出版。语文课—小学—教学参考资料。

10.《新中华教科书国语读本教授书》(第1—4册),喻守真,新国民图书社。第1册是民国18.12〔1929.12〕年出版;第3册是民国18.10〔1929.10〕年出版;第4册是民国18.3〔1929.3〕年出版。语文课—小学—教学参考资料。

11.《新时代国语教科书》(第3—5册),胡贞惠编纂,蔡元培、王云五校订,商务印书馆。民国18—21〔1929—1932〕年出版,第3册是民国18.7〔1929.7〕年出版;第4册是民国18〔1929〕年出版;第5册是民国18.4〔1929.4〕年出版。语文课—小学—教材。

12.《新时代国语教授书》(第1—4册),王志瑞编辑,商务印书馆。民国17—18〔1928—1929〕年出版,第1册1929年8月20版;第2册1929年8月18版;第3册出版年不详;第4册1928年11月8版。语文课—小学—教材。

1930 年

1.《新主义国语读本》(第1—4册),魏冰心、吕伯攸编辑,范祥善校订,世界书局。民国19〔1930〕年出版,第1册1930年3月26版;第2册1930年3月30版;第3册1930年3月36版;第4册1930年4月23版。小学高级学生用,语文课—小学—教材。

2.《新主义国语读本》(1册),魏冰心等编,范祥善校订,世界书局。民国19—20〔1930—1931〕年出版。语文课—小学—教材。

1931 年

1.《新中华国语读本》(第1—4册),朱文叔,中华书局。第1册是民国20.4〔1931.4〕年出版;第2册是民国21.6〔1932.6〕年出版;第3册是民国21.4〔1932.4〕年出版;第4册是民国21.3〔1932.3〕年出版。语文课—小学—教材。

2.《国语标准读本教钥》(第3、4册),马静轩、张君南、顾诗灵编辑,吴研因、张国人校订,民智书局。民国20〔1931〕年出版。小学校初级使用,语文课—小学—教材。

3.《民智新课程高级小学国语教科书》(第1、3、4册),薛天汉编,吴研因校订,民智书局。民国20〔1931〕年出版,第1册1931年7月初版;第3册1931年7月初版;第4册1931年7月初版。语文课—小学—教材。

4.《基本教科书国语》(第1—5、7、8册),沈百英编辑,蔡元培、吴研因校订,商务印书馆。民国20—21〔1931—1932〕年出版,第1册1931年7月初版;第2册1932年5月国难后12版;

第 3 册 1932 年 5 月国难后 13 版；第 4 册 1931 年 5 月初版；第 5 册 1931 年 7 月初版；第 7 册 1931 年 7 月初版；第 8 册 1931 年 7 月初版。语文课—小学—教材。

5.《基本教科书国语》（第 1—4 册），戴洪恒编纂，吴敬恒、吴研因校订，商务印书馆。民国 20—21［1931—1932］年出版，第 1 册 1932 年 9 月国难后 20 版；第 2 册 1932 年 9 月国难后 20 版；第 3 册 1932 年 9 月国难后 20 版；第 4 册 1931 年 8 月初版。语文课—小学—教材。

6.《新标准教科书国语标准读本》（第 3—8 册），吴研因编，民智书局。民国 20—21［1931—1932］年出版，语文课—小学—教材。

7.《初小国语教科书》（第 1、2 册），教育总署编审会著，著者自刊。民国 20—31［1931—1942］年出版，第 1 册 1941 年 8 月出版；第 2 册 1942 年 10 月出版。语文课—小学—教材。

8.《基本教科书高小国语教学法》（第 1—4 册），戴洪恒编辑，商务印书馆。民国 20—22［1931—1933］年出版，第 1 册 1931 年 8 月初版；第 2 册 1933 年 2 月国难后 3 版；第 3 册 1931 年 8 月初版；第 4 册 1931 年 11 月初版。语文课—小学—教学参考资料。

9.《基本教科书初小国语教学法》（第 1—5 册），沈百英等编，商务印书馆。民国 20—21［1931—1932］年出版，第 1 册 1932 年 7 月国难后 3 版；第 2 册 1932 年 7 月国难后第 3 版；第 3 册 1931 年 8 月初版；第 4 册 1931 年 8 月初版；第 5 册 1931 年 8 月初版。语文课—小学—教学参考资料。

10.《基本教科书初小国语教学法》（第 2—8 册），王鸿文，商务印书馆。第 2—3 册是民国 21. 11［1932. 11］年出版；第 4—5 册是民国 20.8［1931.8］年出版；第 6 册是民国 20. 12［1931. 12］年出版；第 7 册是民国 21. 12［1932. 12］年出版；第 8 册是民国 22.6［1933.6］年出版。语文课—小学—教学参考资料。

11.《前期小学国语读本教学法》（第 2—8 册），魏冰心、殷叔平，世界书局。第 2、3 册是民国 20.5［1931.5］年出版；第 4、8 册是民国 20.8［1931.8］年出版；第 5、6 册是民国 20.6［1931.6］年出版；第 7 册是民国 20.7［1931.7］年出版。语文课—小学—教学参考资料。

12.《基本教科书高小国语教学法》（第 1—4 册），戴洪恒，商务印书馆。第 1—3 册是民国 20.8［1931.8］年出版；第 4 册是民国 20. 11［1931. 11］年出版。语文课—小学—教学参考资料。

13.《小学国语科教学法》（全 1 册），沈荣龄编，中华书局。民国 20.2［1931.2］年出版。语文课—小学—教学参考资料。

1932 年

1.《新学制国语教科书》（第 1—8 册），吴研因，商务印书馆。民国 21. 11［1932. 11］年出版。语文课—小学—教材。

2.《新小学国语读本》（1 册），黎锦晖、陆费逵，中华书局。民国 21.5［1932.5］年出版。语文课—小学—教材。

3.《新主义国语读本》（1 册），魏冰心，世界书局。民国 21.6［1932.6］年出版。语文课—小学—教材。

4.《儿童国语教科书》（第 1—3、7 册），陈鹤琴、盛振声，上海儿童书局。第 1 册是民国

21.3[1932.3]年出版;第 2、3 册出版年不详;第 7 册是民国 25.3[1936.3]年出版。语文课—小学—教材。

5.《新儿童教科书高级国语》(第 1—4 册),邱祖深,儿童书局。第 1 册是民国 21.6[1932.6]年出版;第 2 册是民国 22.1[1933.1]年出版;第 3 册是民国 21.8[1932.8]年出版;第 4 册出版年不详。语文课—小学—教材。

6.《新中华国语读本》(第 1—4 册),朱文叔编纂,陈棠、张相校订,新国民图书社。民国 21[1932]年出版,第 1 册 1932 年 6 月 45 版;第 2 册 1932 年 6 月 39 版;第 3 册 1932 年 5 月 29 版;第 4 册 1932 年 3 月 22 版。语文课—小学—教材。

7.《新选国语读本》(第 1—3 册),国立北平师范大学附属第二小学编,编者自刊。民国 21—24[1932—1935]年出版,第 1 册 1932 年 9 月出版;第 2 册 1935 年 1 月出版;第 3 册 1932 年 9 月出版。语文课—小学—教材。

8.《开明国语课本》(第 1—8 册),叶绍钧编,丰子恺绘,开明书店。民国 21—22[1932—1933]年出版,第 1 册 1932 年 7 月再版;第 2 册 1932 年 7 月再版;第 3 册 1932 年 8 月 3 版;第 4 册 1932 年 8 月 3 版;第 5 册 1932 年 8 月 3 版;第 6 册 1933 年 6 月 11 版;第 7 册 1933 年 6 月 11 版;第 8 册 1933 年 6 月 11 版。语文课—小学—教材。

9.《民智新课程高级小学国语教钥》(第 3 册),薛天汉编辑,民智书局。民国 21.7[1932.7]年初版。语文课—小学—教材。

10.《国语标准读本教钥》(第 1—8 册),顾诗灵编辑,张国人校订,民智书局。民国 21[1932]年出版。小学初级用,语文课—小学—教材。

11.《汉蒙合璧国语教科书》(第 1 册),教育部编辑,编者自刊。民国 21[1932]年出版。语文课—小学—教材。

12.《北新国语教本教授书》(第 1—4 册),李少峰等编,北新书局。民国 21—22[1932—1933]年出版,第 1 册 1932 年 8 月初版;第 2 册 1933 年 2 月初版;第 3 册 1933 年 2 月初版;第 4 册 1933 年 1 月初版。语文课—小学—教学参考资料。

13.《新中华国语读本教授书》(第 3 册),新国民图书社。民国 21[1932]年出版。语文课—小学—教学参考资料。

14.《开明国语课本教学法》(第 1—8 册),韦息予等编,开明书店。民国 21—22[1932—1933]年出版,第 1 册 1932 年 8 月初版;第 2 册 1933 年 1 月初版;第 3 册 1932 年 10 月初版;第 4 册 1933 年 8 月再版;第 5 册 1933 年 8 月初版;第 6 册 1933 年 8 月初版;第 7 册 1933 年 8 月初版;第 8 册 1933 年 8 月初版。语文课—小学—教学参考资料。

1933 年

1.《复兴国语教科书》(第 1—8 册),沈百英、沈秉廉,商务印书馆。第 1、2 册是民国 24.4[1935.4]年出版;第 3 册是民国 22.11[1933.11]年出版;第 4 册是民国 22.12[1933.12]年出版;第 5 册是民国 24.3[1935.3]年出版;第 6 册是民国 22.11[1933.11]年出版;第 7 册是民国 23.5[1934.5]年出版;第 8 册是民国 22.8[1933.8]年出版。语文课—小学—教材。

2.《复兴国语教科书》(第 2、4、5—8 册),沈百英、沈秉廉编著,王云五、何炳松校订,商务印书馆。民国 22—24[1933—1935]年出版。第 2 册 1935 年 6 月 615 版；第 4 册 1934 年 11 月 335 版；第 5 册 1934 年 12 月 335 版；第 6 册 1933 年 7 月 30 版；第 7 册 1935 年 2 月 300 版；第 8 册 1933 年 7 月初版。小学校初级用，语文课—小学—教材。

3.《复兴国语教科书》(第 1—4 册)，丁翼音、赵欲仁编著，王云五、何炳松校订，商务印书馆。民国 22[1933]年出版，第 1 册 1933 年 8 月 40 版；第 2 册 1933 年 8 月 20 版；第 3 册 1933 年 11 月 75 版；第 4 册 1933 年 7 月 20 版。语文课—小学—教材。

4.《儿童文学读本》(第 3 册)，大学院编著，商务印书馆。民国 22.1[1933.1]年出版。语文课—小学—教材。

5.《国语读本》(第 1—4 册)，朱文叔，中华书局。第 1、3 册是民国 24.12[1935.12]年出版；第 2 册是民国 24.10[1935.10]年出版；第 4 册是民国 25.4[1936.4]年出版。语文课—小学—教材。

6.《小学国语读本》(第 1—4 册)，朱文叔，中华书局。第 1 册是民国 23.1[1934.1]年出版；第 2 册是民国 22.5[1933.5]年出版；第 3 册出版年不详；第 4 册是民国 22.8[1933.8]年出版。新课程标准高级适用，语文课—小学—教材。

7.《复兴说话教本》(第 1—8 册)，黎锦熙，商务印书馆。第 1—7 册是民国 22.7[1933.7]年出版；第 8 册是民国 23.4[1934.4]年出版。新课程标准适用，小学校初级用，语文课—小学—教材。

8.《复兴说话教科书》(第 1—4 册)，齐铁恨，商务印书馆。第 1 册是民国 22.5[1933.5]年出版；第 2 册是民国 22.8[1933.8]年出版；第 3 册是民国 22.5[1933.5]年出版；第 4 册是民国 22.7[1933.7]年出版。新课程标准适用，小学高级用，语文课—小学—教材。

9.《复兴说话范本》(第 2—4 册)，齐铁恨编著，何炳松校订，商务印书馆。民国 22—23[1933—1934]年出版，第 2 册 1934 年 4 月 48 版；第 3 册 1934 年 4 月 48 版；第 4 册 1934 年 4 月 44 版。新课程标准适用，小学高级用，语文课—小学—教材。

10.《基本教科书国语》(第 1—8 册)，沈百英，商务印书馆。第 1 册是民国 22.2[1933.2]年出版；第 2、3、5 册是民国 22.5[1933.5]年出版；第 4 册是民国 21.7[1932.7]年出版；第 6 册是民国 22.1[1933.1]年出版；第 7、8 册是民国 21.10[1932.10]年出版。语文课—小学—教材。

11.《新生活教科书国语》(第 1—8 册)，沈百英等编辑，张令涛绘图，大东书局。民国 22[1933]年出版，第 2 册 1933 年 6 月 105 版；第 3 册 1933 年 6 月 15 版；第 4 册 1933 年 6 月 120 版；第 5 册 1933 年 6 月 80 版；第 6 册 1933 年 6 月 15 版；第 7 册 1933 年 6 月 30 版；第 8 册 1933 年 6 月 95 版。语文课—小学—教材。

12.《开明国语课本》(第 1—8 册)，叶绍钧，上海开明书店。第 1 册是民国 22.6[1933.6]年出版；第 2 册是民国 22.7[1933.7]年出版；第 3、4、5、7、8 册是民国 22.8[1933.8]年出版；第 6 册是民国 24.1[1935.1]年出版。语文课—小学—教材。

13.《标准国音国语留声片课本，附小学国语读本选读》(1 册)，白涤洲，中华书局。民国 22.12[1933.12]年出版。语文课—小学—教材。

14.《高小国语读本》(第1—4册),李小峰、赵景深编纂,周作人、吴研因校订,青光书局。民国22—23[1933—1934]年出版,第1册1934年1月30版,1935年1月95版;第2册1933年7月2版,1935年1月出版;第3册1933年7月2版,1936年1月70版,1933年9月15版。根据新课程标准编辑,语文课—小学—教材。

15.《国语读本》(第1—4册),朱翊新编辑,范祥善校订,世界书局。民国22[1933]年出版,第1册1933年8月9版;第2册1933年11月16版;第3册1933年9月14版;第4册1933年7月3版。语文课—小学—教材。

16.《国语读本》(第1—8册),小学教科书改进社编辑,世界书局。民国22[1933]年出版,第1册1933年3月28版;第2册1933年3月11版;第3册1933年8月35版;第4册1933年7月30版;第5册1933年4月19版;第6册1933年4月5版;第7册1933年9月23版;第8册1933年8月18版。新课程标准教科书,初小一至四年级用。语文课—小学—教材。

17.《国语新读本》(第1—8册),吴研因编著,世界书局,民国22[1933]年出版,第1册1933年9月45版;第2册1933年11月44版;第3册1933年9月21版;第4册1933年11月44版;第5册1933年8月21版;第6册1933年11月31版;第7册1933年9月29版;第8册1933年12月28版。语文课—小学—教材。

18.《小学北新文选》(第2、3、6册),林兰、陈伯吹编选,北新书局。民国22[1933]年出版,第2册1933年9月再版;第3册1933年7月出版;第6册1933年7月出版。新课程标准教科书,初小一至四年级用,语文课—小学—教材。

19.《小学国语读本》(第1—4册),朱文叔等编,孙世庆等校,中华书局。民国22—23[1933—1934]年出版,第1册1934年1月50版;第2册1933年5月10版;第3册1934年1月27版;第4册1933年6月7版。新课程标准高级适用,语文课—小学—教材。

20.《复兴说话教科书》(第1—4册),齐铁恨编著,何炳松校订,商务印书馆。民国22[1933]年出版,第1册1933年6月8版;第2册1933年8月28版;第3册1933年8月28版;第4册1933年8月24版。新课程标准适用,小学高级用,语文课—小学—教材。

21.《复兴说话教本》(第1—8册),黎锦熙等编著,何炳松校订,商务印书馆。民国22—23[1933—1934]年出版,第1册1933年7月初版;第2册1933年7月初版;第3册1933年7月初版;第4册1933年7月初版;第5册1934年4月13版;第6册1933年7月初版;第7册1933年7月初版;第8册1933年7月初版。新课程标准适用,小学校初级用,语文课—小学—教材。

22.《高小国语读本教学法》(第1—4册),赵景深等编辑,青光书局。民国22—23[1933—1934]年出版,第1册1934年1月再版;第2册1934年1月再版;第3册1934年1月再版;第4册1933年8月初版。语文课—小学—教材。

23.《小学国语读本教学法》(1册),吕伯攸、杨复耀编纂,朱文叔校订,中华书局。民国22—23[1933—1934]年出版。语文课—小学—教学参考资料。

24.《复兴国语教学法》(第1—4册),俞焕斗,商务印书馆。第1册是民国23.12[1934.12]年出版;第2、3册是民国22.12[1933.12]年出版;第4册是民国23.5[1934.5]年出版。语文课—小学—教学参考资料。

25.《小学国语读本教学法》(第1—4册),喻守真等编,朱文叔等校,中华书局。民国22—23[1933—1934]年出版,第1册1933年7月初版;第2册1933年9月再版;第3册1934年1月再版;第4册1934年1月再版。小学高级用,语文课—小学—教学参考资料。

26.《新生活教科书国语教学做法》(第2、4、5、8册),冯鼎芬等编辑,沈百英、蒋息岑校订,大东书局。民国22[1933]年出版,第2册1933年8月3版;第4册1933年8月3版;第5册1933年8月3版;第8册1933年6月初版。语文课—小学—教学参考资料。

27.《小学国语读本教学法》(第1—8册),吕伯攸、杨复耀,中华书局。第1册是民国22.4[1933.4]年出版;第2册是民国22.6[1933.6]年出版;第3册是民国23.1[1934.1]年出版;第5册是民国23.11[1934.11]年出版;第6册是民国24.4[1935.4]年出版;第7册是民国24.7[1935.7]年、民国24.8[1935.8]年出版;第8册是民国23.1[1934.1]年出版。语文课—小学—教学参考资料。

28.《初小国语教学法》(第4册),顾君璞,世界书局。民国22.10[1933.10]年出版。语文课—小学—教学参考资料。

29.《复兴国语教学法》(第1—8册),顾志贤,商务印书馆。第1—3册是民国22.7[1933.7]年出版;第4册是民国24.3[1935.3]年出版;第5册是民国24.2[1935.2]年出版;第6—8册是民国22.8[1933.8]年出版。另外第1—8册,民国26.7[1937.7]年重新出版。语文课—小学—教学参考资料。

30.《复兴国语教学法》(第1—4册),俞焕斗编著,沈秉廉校订,商务印书馆。民国22[1933]年出版,第1册1933年8月初版;第2册1933年8月初版;第3册1933年8月初版;第4册1933年11月初版。语文课—小学—教学参考资料。

31.《高小国语教学法》(第1—4册),黄人济等编,朱翊新校订,世界书局。民国22—23[1933—1934]年出版,第1册1934年4月再版;第2册1933年12月初版;第3册1934年2月再版;第4册1934年2月初版。新课程标准,高级小学教员用,语文课—小学—教学参考资料。

32.《初小国语教学法》(第1—8册),钱耕莘编,朱翊新校订,世界书局。民国22—23[1933—1934]年出版,第1册1933年12月3版;第2册1934年4月4版;第3册1934年6月5版;第4册1934年4月再版;第5册1934年5月4版;第6册1933年10月初版;第7册1934年4月再版;第8册1934年8月5版。新课程标准,初级小学用,语文课—小学—教学参考资料。

33.《初小国语教学法》(第1—8册),魏冰心编辑,世界书局。民国22—23[1933—1934]年出版,第1册1933年8月再版;第2册1933年10月再版;第3册1933年10月再版;第4册1934年1月初版;第5册1933年11月初版;第6册1934年2月初版;第7册1934年1月再版;第8册1934年3月初版。语文课—小学—教学参考资料。

34.《初小国语教学法》(第1—8册),金润青等编辑,施仁夫等校订,世界书局。民国22—23[1933—1934]年出版。第1册1934年6月初版;第2册1933年10月再版;第3册1934年

1月3版;第4册1933年10月初版;第5册1933年8月初版;第6册1933年11月初版;第7册1933年12月再版;第8册1933年10月初版。新课程标准教科书教员用,语文课—小学—教学参考资料。

35.《后期小学北新国语教本教授书》(第3册),陈伯吹,北新书局。民国22.2[1933.2]年出版。语文课—小学—教学参考资料。

36.《小学国语读本教学法》(1册),吕伯攸、杨复耀编纂,朱文叔校订,中华书局。民国22—25[1933—1936]年出版,语文课—小学—教学参考资料。

1934年

1.《三字经注解备要》(1册),作者不详,上海沈鹤记书局。民国23[1934]年出版。语文课—小学—教材。

2.《复兴说话范本》(第1—8册),王向,王云五校订,商务印书馆。第1、4册是民国23.6[1934.6]年出版;第2、3、6册是民国23.8[1934.8]年出版;第5、8册是民国28.12[1939.12]年出版;第7册是民国23.11[1934.11]年出版。语文课—小学—教材。

3.《分部互用儿童教科书儿童北部国语》(第1—4册),陈鹤琴、陈剑恒主编,刘德瑞校阅,儿童书局。民国23[1934]年出版,第1册1934年7月20版;第2册1934年7月20版;第3册1934年7月20版;第4册1934年7月20版。语文课—小学—教材。

4.《分部互用儿童教科书儿童南部国语》(第1—8册),陈鹤琴、梁士杰主编,徐晋助校阅,儿童书局。民国23[1934]年出版,第1册1934年7月20版;第2册1934年7月20版;第3册1934年7月20版;第4册1934年7月20版;第5册1934年7月20版;第6册1934年7月20版;第7册1934年7月20版;第8册1934年7月20版。语文课—小学—教材。

5.《分部互用儿童教科书儿童中部国语》(第1、3—8册),陈鹤琴编著,儿童书局。民国23[1934]年出版,第1册1934年7月20版;第3册1934年7月20版;第4册1934年7月20版;第5册1934年7月20版;第6册1934年7月20版;第7册1934年7月20版;第8册1934年7月20版。语文课—小学—教材。

6.《小学国语读本》(第1—8册),朱文叔、吕伯攸、尚仲衣编纂,孙世庆等校订,中华书局。民国23—24[1934—1935]年出版,第1册1934年1月3版;第2册1934年1月再版;第3册1934年11月再版;第4册1934年11月3版;第5册1934年11月3版;第6册1934年11月再版;第7册1934年11月3版;第8册1935年1月初版。新课程标准适用,春季始业初级用,语文课—小学—教材。

7.《国语读本》(第1—8册),魏冰心、苏兆骧编,朱翱新改编,薛天汉、范祥善校订,世界书局。民国23[1934]年出版,第1册1934年4月91版;第2册1934年3月69版;第3册1934年3月72版;第4册1934年3月64版;第5册1934年3月55版;第6册1934年5月50版;第7册1934年1月37版;第8册1934年1月33版。语文课—小学—教材。

8.《开明国语课本》(第1—4册),叶绍钧编,丰子恺绘,开明书店。民国23[1934]年出版,第1册1934年6月初版;第2册1934年6月初版,1935年1月7版;第3册1934年6月初版;第4册1934年6月初版,1935年1月7版。语文课—小学—教材。

9.《复兴国语课本》(第 2—6 册)，王云五主编，陈伯吹等编校，商务印书馆。民国 23—24〔1934—1935〕年出版，第 2 册 1934 年 2 月初版；第 3 册 1935 年 4 月 65 版；第 4 册 1934 年 7 月初版；第 5 册 1935 年 4 月 60 版；第 6 册 1934 年 9 月 20 版。语文课—小学—教材。

10.《复兴国语教学法》(第 1—8 册)，顾志贤编著，沈百英校订，商务印书馆。民国 22—23〔1933—1934〕年出版，第 1 册 1934 年 5 月 22 版；第 2 册 1934 年 2 月 22 版；第 3 册 1934 年 5 月 24 版；第 4 册 1934 年 6 月 24 版；第 5 册 1934 年 3 月 17 版；第 6 册 1934 年 2 月 17 版；第 7 册 1933 年 8 月初版；第 8 册 1933 年 11 月 16 版。语文课—小学—教学参考资料。

11.《复兴国语指导法》(第 1—3,5—8 册)，王云五主编，蒋品珍等编著，沈秉廉等校订，商务印书馆。民国 23—24〔1934—1935〕年出版，第 1 册 1934 年 2 月初版；第 2 册 1934 年 8 月初版；第 3 册 1935 年 1 月初版；第 5 册 1935 年 6 月 7 版；第 6 册 1935 年 1 月初版；第 7 册 1935 年 1 月初版；第 8 册 1935 年 3 月初版。语文课—小学—教学参考资料。

12.《分部互用儿童教科书儿童北部国语教学法》(第 1—7 册)，周刚甫编著，儿童书局。民国 23〔1934〕年出版，第 1 册 1934 年 8 月出版；第 2 册 1934 年 10 月出版；第 3 册 1934 年 8 月出版；第 4 册 1934 年 11 月出版；第 5 册 1934 年 10 月出版；第 6 册 1934 年 11 月出版；第 7 册 1934 年 12 月出版。语文课—小学—教学参考资料。

13.《分部互用儿童教科书儿童南部国语教学法》(第 1 册)，梁士杰著，儿童书局。民国 23.7〔1934.7〕年出版。语文课—小学—教学参考资料。

14.《复兴说话教学法》(第 1—4 册)，齐铁恨、关实之编著，沈百英校阅，商务印书馆。民国 23〔1934〕年出版，第 1 册 1934 年 2 月初版；第 2 册 1934 年 6 月初版；第 3 册 1934 年 2 月初版；第 4 册 1934 年 6 月初版。语文课—小学—教学参考资料。

15.《开明国语课本教学法》(第 1—4 册)，开明书店。第 1 册，钱耕莘，民国 23.8〔1934.8〕年出版；第 2 册，钱耕莘，民国 24.1〔1935.1〕年出版；第 3 册，卢芷芬，民国 23.8〔1934.8〕年出版；第 4 册，卢芷芬，民国 24.1〔1935.1〕年出版。语文课—小学—教学参考资料。

1935 年

1.《日记作法》(第 1、2 册)，吴增芥，商务印书馆。第 1、2 册是民国 24.12〔1935.12〕年出版。作文课—小学—教材。

2.《小学中年级国语副课本——日用文作法》(1 册)，胡赞平，中华书局。民国 24.7〔1935.7〕年出版。语文课—小学—教材。

3.《小学高年级国语副课本——怎样作文》(1 册)，皇甫钧，中华书局。民国 24.7〔1935.7〕年出版。语文课—小学—教材。

4.《小学高年级国语副课本——文法和修辞》(1 册)，皇甫钧，中华书局。民国 24.7〔1935.7〕年出版。语文课—小学—教材。

5.《小学高年级国语副课本——怎样使用标点符号》(1 册)，皇甫钧，中华书局。民国 24.7〔1935.7〕年出版。语文课—小学—教材。

6.《小学中年级国语副课本——小报馆》(1 册)，瞿芑丰，中华书局。民国 25.5〔1936.5〕年出版。语文课—小学—教材。

7.《国语读本》(第 3 册),朱翊新、杨振华,世界书局。民国 24.1[1935.1]年出版。语文课—小学—教材。

8.《复兴国语课本》(第 1—4 册),王云五,商务印书馆。第 1、3 册是民国 24.2[1935.2]年出版;第 2、4 册是民国 24.3[1935.3]年出版。语文课—小学—教材。

9.《小学高年级国语副课本——怎样读书》(1 册),彭惠秀,中华书局。民国 24.7[1935.7]年出版。语文课—小学—教材。

10.《小学中年级国语副课本——一个小演说家》(1 册),朱震西,中华书局。民国 24.7[1935.7]年出版。语文课—小学—教材。

11.《小学高年级国语副课本——怎样学简字》(1 册),徐则敏,中华书局。民国 24.7[1935.7]年出版。语文课—小学—教材。

12.《小学高年级国语副课本——怎样检查字典和词典》(1 册),谢广详,中华书局。民国 25.5[1936.5]年出版。语文课—小学—教材。

13.《小学高年级国语副课本——文字源流简说》(1 册),皇甫钧,中华书局。民国 25.4[1936.4]年出版。语文课—小学—教材。

14.《小学中年级国语副课本——小书法家》(1 册),瞿苣丰,中华书局。民国 24.10[1935.10]年出版。语文课—小学—教材。

15.《注音符号传习小册》(第 1 册),教育部编审处,中华书局。民国 24.11[1935.11]年出版。语文课—小学—教材。

16.《开明国语课本》(第 1—4 册),叶绍钧,开明书店。第 1 册是民国 25.8[1936.8]年出版;第 2 册是民国 25.2[1936.2]年出版;第 3 册是民国 24.9[1935.9]年出版;第 4 册是民国 25.7[1936.7]年出版。语文课—小学—教材。

17.《大众教科书国语》(第 6、8 册),中国教科书研究会编辑,廉行撰稿,戴渭清校订,大众书局。民国 24[1935]年出版,第 6 册 1935 年 8 月 3 版;第 8 册 1935 年 8 月 3 版。语文课—小学—教材。

18.《复兴国语课本》(第 2—4 册),沈百英等编校,商务印书馆。民国 24[1935]年出版,第 2 册 1935 年 1 月初版;第 3 册 1935 年 1 月初版;第 4 册 1935 年 3 月 20 版。语文课—小学—教材。

19.《国语新读本》(第 4 册),吴研因,世界书局。民国 24.9[1935.9]年、民国 27.5[1938.5]年出版。语文课—小学—教材。

20.《复兴国语指导法》(第 1—8 册),蒋品珍,商务印书馆。第 1 册是民国 24.6[1935.6]年出版;第 2 册是民国 24.5[1935.5]年出版;第 3 册是民国 24.1[1935.1]年出版;第 4—6 册是民国 24.6[1935.6]年出版;第 7 册是民国 24.1[1935.1]年出版;第 8 册是民国 24.3[1935.3]年出版。语文课—小学—教学参考资料。

21.《开明国语课本教学法》(第 1 册),宗亮晨,开明书店。民国 24.8[1935.8]年出版。语文课—小学—教学参考资料。

22.《小学国语读本教学法》(第 1—4 册),喻守真等编纂,朱文叔等校订,中华书局。民国

24［1935］年出版，第 1 册 1935 年 1 月初版；第 2 册 1935 年 3 月初版；第 3 册 1935 年 2 月初版；第 4 册 1935 年 3 月初版。语文课—小学—教学参考资料。

23.《复兴国语指导法》（第 4 册），俞焕斗等编著，商务印书馆。民国 24.3［1935.3］年初版。语文课—小学—教学参考资料。

1936 年

1.《书信作法课本》（第 1、2、3、5、6、7 册），张匡，北新书局。第 6 册是民国 25.7［1936.7］年出版；第 7 册是民国 25.12［1936.12］年出版，其余出版年不详。作文课—小学—教材。

2.《初级儿童白话信》（1 册），汪漱碧，中央书店。民国 25.5［1936.5］年出版。作文课—小学—教材。

3.《模范作文》（1 册），黄晋父，民国 25.10［1936.10］年出版。作文课—小学—教材。

4.《国文故事选读》（1 册），陶孟和，上海亚东图书馆。民国 25.2［1936.2］年出版。阅读课—小学—教材。

5.《实验国语教科书》（第 1—4 册），国立编译馆，商务印书馆等七家出版社联合出版。第 1、2 册是民国 25.10［1936.10］年出版；第 3 册出版年不详；第 4 册是民国 25.11［1936.11］年出版。语文课—小学—教材。

6.《注音符号课本》（1 册），蒋镜芙，中华书局。民国 25.8［1936.8］年出版。语文课—小学—教材。

7.《高小国语汇选》（第 2、4 册），于卫廉、刘瑞斌等选辑，赵玉笙编订，国立北平师范大学附属第一小学出版编委会出版。民国 25［1936］年出版，第 2 册 1936 年 2 月出版；第 4 册 1936 年 2 月出版。语文课—小学—教材。

8.《国语读本》（第 1、2 册），国立编译馆编辑，商务印书馆。民国 25—26［1936—1937］年出版，第 1 册 1936 年 8 月初版；第 2 册 1937 年 4 月初版。语文课—小学—教材。

9.《小学国语读本教学法》（第 4 册），喻守真等编，朱文叔等校，中华书局。民国 25.5［1936.5］年 5 版。语文课—小学—教学参考资料。

10.《国语读本教学法》（第 1、2 册），杨复耀、高念修编纂，蒋镜芙、吕伯攸校订，世界书局。民国 24—25［1935—1936］年出版，第 1 册 1935 年 8 月初版；第 2 册 1936 年 2 月初版。语文课—小学—教学参考资料。

1937 年

1.《言文对照初学论说精华》（第 1—4 册），作者不详，广益书局。民国 26.7［1937.7］年出版。作文课—小学—教材。

2.《国语新读本》（第 2 册），吴研因，世界书局。民国 26.1［1937.1］年出版。语文课—小学—教材。

3.《初小国语读本》（第 5 册），魏冰心，世界书局。民国 26.6［1937.6］年出版。语文课—小学—教材。

4.《国语读本》（第 5 册），魏冰心，世界书局。民国 26.6［1937.6］年出版。语文课—小学—教材。

5.《初级小学国语新读本》(第5—8册),吴研因,世界书局。民国26.6[1937.6]年出版。语文课—小学—教材。

6.《复兴教科书国语》(第1册),王云五主编,沈百英等编校,商务印书馆。民国26[1937]年出版,1937年7月80版。语文课—小学—教材。

7.《高小国语读本》(第1—4册),朱翊新编辑,范祥善校订,世界书局。民国26[1937]年出版,第1册1937年4月改编;第2册1937年4月改编;第3册1937年4月改编;第4册1937年4月改编。语文课—小学—教材。

8.《新编高小国语读本》(第1、2、4册),朱文叔等编校,中华书局。民国26[1937]年出版,第1册1937年2月5版;第2册1937年7月7版;第4册1937年7月6版。语文课—小学—教材。

9.《新编初小国语读本》(第1—8册),吕伯攸编,朱文叔校,中华书局。民国26[1937]年出版,第1册1937年8月50版;第2册1937年7月42版;第3册1937年7月11版;第4册1937年7月9版;第5册1937年7月33版;第6册1937年7月18版;第7册1937年7月36版;第8册1937年7月19版。语文课—小学—教材。

10.《实验国语教授书》(第2册),国立编译馆,商务印书馆。民国26.2[1937.2]年出版。语文课—小学—教学参考资料。

11.《新编高小国语读本教学法》(第1、3册),中华书局。第1册由马精武编著;民国26.7[1937.7]年出版;第3册由卢冠六编著;民国28.12[1939.12]年出版。语文课—小学—教学参考资料。

12.《复兴国语教学法》(第2、6册),王云五主编,顾志贤等编校,商务印书馆。民国26[1937]年出版,第2册1937年7月改编本1版;第6册1937年7月改编本1版。语文课—小学—教学参考资料。

1938年

1.《文范》(第4册),席涤尘,大众书局。民国27.5[1938.5]年出版。阅读课—小学—教材。

2.《高级小学校国语教科书》(第1—4册),第1—3册是民国27.8[1938.8]年出版;第4册是民国37.8[1948.8]年出版。维新政府教育部,语文课—小学—教材。

3.《修正初小国语教科书》(第1—8册),教育部编审会编印,编者自刊。民国27—28[1938—1939]年出版,第3册1938年7月初版;第4册1938年12月初版;第5册1938年12月初版;第6册1938年2月15版;第7册1938年7月初版;第8册1939年12月初版。语文课—小学—教材。

4.《修正短期国语读本》(第1—5册),教育总署编审会编印,编者自刊。民国27[1938]年出版。语文课—小学—教材。

5.《初小国语教科书》(第1—8册),教育部编审会著,著者自刊,民国27—30[1938—1941]年出版,第1册1938年8月初版;第2册1938年12月初版;第3册1939年12月3版;第4册1939年12月初版;第5册1940年6月修正版;第6册1939年12月初版;第7册1940

年 8 月初版；第 8 册 1941 年 4 月初版。语文课—小学—教材。

6.《初小国语教学法》（第 2—7 册），教育部编审会著，著者自刊。民国 27—30［1938—1941］年出版，第 2 册 1938 年 12 月初版；第 3 册 1940 年 9 月 5 版；第 4 册 1940 年 8 月初版；第 5 册 1941 年 8 月初版；第 6 册 1941 年 12 月初版；第 7 册 1941 年 7 月初版。语文课—小学—教学参考资料。

1939 年

1.《实用文读本》（第 4 册），盛幼宣，大川书店。民国 28.8［1939.8］年出版。语文课—小学—教材。

2.《部编战时补充教材小学国语》（第 1、2 册），教育部教科用书编译委员会，正中书局。第 1 册是民国 28.8［1939.8］年出版；第 2 册是民国 29.1［1940.1］年出版。语文课—小学—教材。

3.《小学战时国语补充读本》（第 3 册），教育部教科用书编译委员会，正中书局。民国 29.8［1940.8］年出版。语文课—小学—教材。

4.《复兴国语教科书》（第 1—4 册），王云五，商务印书馆。第 1、2、4 册是民国 28.10［1939.10］年出版；第 3 册是民国 28.12［1939.12］年出版。语文课—小学—教材。

5.《国语教科书》（第 6 册），作者不详，出版者不详。民国 28.2［1939.2］年出版。语文课—小学—教材。

6.《修正高小国语教科书》（第 1—4 册），教育部编审会著，新民印书馆。民国 28［1939］年出版，第 1 册 1939 年 12 月 3 版；第 2 册 1939 年 12 月再修正；第 3 册 1939 年 12 月 3 版；第 4 册 1939 年 12 月初版。语文课—小学—教材。

7.《抗战建国读本战时儿童保育会》（第 2—8 册），白桃等编，生活书店（上海）。民国 28—29［1939—1940］年出版，第 2 册 1939 年 7 月再版；第 3 册 1940 年 5 月 3 版；第 4 册 1940 年 5 月 3 版；第 5 册 1940 年 5 月 3 版；第 6 册 1940 年 5 月 3 版；第 7 册 1940 年 5 月 3 版；第 8 册 1940 年 5 月 4 版。语文课—小学—教材。

8.《教学做儿童千字课》（第 2—4 册），王耀真主编，戴珍珠校阅，昌黎美令小学教育股（河北）。民国 28—29［1939—1940］年出版，第 2 册 1940 年 10 月再版；第 3 册 1938 年 9 月初版；第 4 册 1939 年 5 月初版。语文课—小学—教材。

1940 年

1.《复兴初小国语教科书》（第 6、7、8 册），赵景源，商务印书馆。民国 29.11［1940.11］年出版。语文课—小学—教材。

2.《新编高小国语读本》（第 1—4 册），朱文叔、徐亚倩，中华书局。第 1 册是民国 29.5［1940.5］年出版；第 2 册是民国 29.12［1940.12］年出版；第 3 册是民国 30.1［1941.1］年出版；第 4 册是民国 29.9［1940.9］年出版。语文课—小学—教材。

3.《部编战时补充教材小学国语》（第 3 册），教育部教科用书编译委员会，正中书局。民国 29.1［1940.1］年出版。语文课—小学—教材。

4.《国定教科书高小国语》（第 1—4 册），教育部编审委员会，华中印书局。第 1 册是民国

29.8［1940.8］年出版；第2、3册是民国32.7［1943.7］年出版；第4册是民国32.1［1943.1］年出版。语文课—小学—教材。

5.《修正高小国语教科书》（第3册），教育总署编审会，新民印书馆。民国29.6［1940.6］年出版。语文课—小学—教材。

6.《高小国语教科书》（第1、2册），教育总署编审会，新民印书馆。民国29—30［1940—1941］年出版，第1册1940年8月初版；第2册1941年3月初版。语文课—小学—教材。

7.《抗战建国读本特册》（全1册），战时儿童保育会主编，孙铭勋、陆维特编著，生活书店。民国29［1940］年出版。语文课—小学—教材。

1941年

1.《国语常识混合编制抗建读本》（1、3、5），吴子我，正中书局。第1册是民国31.8［1942.8］年出版；第3册是民国30.12［1941.12］年出版；第5册是民国32.1［1943.1］年出版。语文课—小学—教材。

2.《中国语读本》（第1册），正木求，华北日本教育会北京分会。民国30.5［1941.5］年出版。语文课—小学—教材。

3.《小学生诗选》（第1册），田泽芝、叶绍钧，民国30.12［1941.12］年出版，四川省教育厅。阅读课—小学—教材。

4.《国语常识混合编制抗建读本教学指导书》（第3、5册），正中书局。第3册由白动生编著，民国30.11［1941.11］年出版；第5册由吴鼎编著，民国31.7［1942.7］年出版。语文课—小学—教学参考资料。

1942年

1.《普益国语课本》（第2、3、5册），叶绍钧，成都普益图书公司。第2册是民国31.10［1942.10］年出版；第3册是民国32.2［1943.2］年出版；第5册是民国32.3［1943.3］年出版。语文课—小学—教材。

2.《高小国语教学法》（1册），教育总署编审会著，新民印书馆。民国31［1942］年出版，语文课—小学—教学参考资料。

1943年

1.《国定教科书初小国语》（第3、4、7、8册），教育部编审委员会，华中印书局。第3册是民国32.7［1943.7］年出版；第4册是民国32.12［1943.12］年出版；第7册是民国31.7［1942.7］年出版；第8册是民国32.1［1943.1］年出版。语文课—小学—教材。

2.《高级小学国语课本》（第1—4册），第1、2册编著者是教育部教科用书编译委员会，第3、4册，吴鼎，国定中小学教科书七家联合供应处。第1册是民国32.7［1943.7］年出版；第2册是民国32.11［1943.11］年出版；第3册是民国34.9［1945.9］年出版；第4册是民国34.7［1945.7］年出版。语文课—小学—教材。

3.《国语副课本》（第1—4册），徐子长，上海万叶书店。第1册是民国37.8［1948.8］年出版；第2册是民国38.2［1949.2］年出版；第3册是民国37.10［1948.10］年出版；第4册是民国32.6［1943.6］年出版。语文课—小学—教材。

4.《初级小学国语常识教学指引》（第1—8册），教育部教科用书编译委员会，国定中小学教科书七家联合供应处。第1、3、4、5、7册是民国32.7［1943.7］年出版；第2、6、8册是民国35.2［1946.2］年出版。语文课—小学—教学参考资料。

1944 年

《国语副课本》（第2、3、4、6、8册），王修和、钱君匋，万叶书店。第2册是民国33.8［1944.8］年出版；第3册出版年不详；第4册是民国33.10［1944.10］年出版；第6册是民国38.2［1949.2］年出版；第8册是民国38.1［1949.1］年出版。语文课—小学—教材。

1945 年

1.《复兴说话范本》（第1—4册），齐铁恨，商务印书馆。民国36.1［1947.1］年出版。语文课—小学—教材。

2.《初级小学国语常识课本》（第1—8册），国立编译馆。其中1—6册由正中书局出版；第7、8册由国定中小学教科书七家联合供应处出版。第1册是民国37.5［1948.5］年出版；第2册出版年不详；第3册是民国34.9［1945.9］年出版；第4册是民国36.11［1947.11］年出版；第5册是民国37.8［1948.8］年出版；第6册是民国37.12［1948.12］年出版；第7册是民国35.7［1946.7］年出版；第8册是民国36.12［1947.12］年出版。语文课—小学—教材。

3.《国语新选》（第1—3册），余再新，儿童书局。第1、2册是民国35.10［1946.10］年出版；第3册是民国34.9［1945.9］年出版。语文课—小学—教材。

1946 年

1.《高级小学国语课本》（第2、4册），吴鼎，国立编译馆。民国35.1［1946.1］年出版。语文课—小学—教材。

2.《高级小学国语课本》（第2册），教育部教科用书编译委员会，民国35.2［1946.2］年出版。语文课—小学—教材。

3.《高级小学国语》（第1—3册），国立编译馆，国定中小学教科书七家联合供应处。第1—2册民国35.12［1946.12］年出版；第3册是民国35.8［1946.8］年出版。语文课—小学—教材。

4.《高级小学国语》（第1—4册），国立编译馆主编，吴鼎等编辑，金兆梓等修订，国定中小学教科书七家联合供应处（上海）。民国35—36［1946—1947］年出版，第1册1947年1月修订本150版；第2册1946年12月修订本2版；第3册1947年7月修订本10版；第4册1946年12月修订本4版。语文课—小学—教材。

5.《少年国语文选》（第1—4册），陆静山、杨明志，实验书店。民国35.9［1946.9］年出版。语文课—小学—教材。

6.《国文自习书》（1册），文慕超、蒋志贤，出版者不详。民国35.10［1946.10］年出版。语文课—小学—教材。

7.《国文读本》（第1册），辽宁行政公署教育处审定，编者自刊。1946年，高级小学二年级适用，语文课—小学—教材。

8.《国语课本》（第2册），晋察冀边区行政委员会教育处审定，新华书店晋察冀分店（张家口）。第 2 册 1946 年 6 月初版。语文课—小学—教材。

1947 年

1. 《低年级作文练习书》(第 3 册)，作者不详，上海广益书局。民国 36.10[1947.10]年出版。作文课—小学—教材。

2. 《万叶国文选》(第 1、2、4 册)，朱炳熙，万叶书店。民国 36.3[1947.3]年出版。阅读课—小学—教材。

3. 《暑期国语常识课本》(第 5 册)，卢冠六，春秋书社。民国 36.6[1947.6]年出版。语文课—小学—教材。

4. 《国语新课本——注音符号》(第 1 册)，李文浩、王杏生，开明书店。民国 36.7[1947.7]年出版。语文课—小学—教材。

5. 《国语新课本——声韵练习》(第 2 册)，李文浩、王杏生，开明书店。民国 37.2[1948.2]年出版。语文课—小学—教材。

6. 《国语新课本——词语研究》(第 3 册)，李文浩、王杏生，开明书店。民国 37.3[1948.3]年出版。语文课—小学—教材。

7. 《国语新课本——国语浅说》(第 4 册)，李文浩、王杏生，开明书店。民国 37.7[1948.7]年出版。语文课—小学—教材。

8. 《初级小学国语常识课本》(第 1—8 册)，国立编译馆，世界书局。第 1—4 册是民国 36.12[1947.12]年出版；第 5、6、7、8 册是民国 37.1[1948.1]年出版。语文课—小学—教材。

9. 《初级小学国语常识课本》(第 1—8 册)，国立编译馆，大东书局。民国 36.5[1947.5]年出版。语文课—小学—教材。

10. 《初级小学国语常识课本》(第 1—8 册)，国立编译馆编著，国立编译馆。第 1—3，5—7 册是民国 37.8[1948.8]年出版；第 4 册是民国 38.1[1949.1]年出版；第 8 册是民国 38.3[1949.3]年出版。语文课—小学—教材。

11. 《初级小学国语常识课本》(第 1、2、4—8 册)，国立编译馆，中国文化服务社。第 1、5、7 册是民国 37.8[1948.8]年出版；第 2、4、6、8 册是民国 36.10[1947.10]年出版。语文课—小学—教材。

12. 《初级小学国语常识课本》(第 1、6 册)，国立编译馆，建国书店。第 1 册是民国 36.8[1947.8]年出版；第 6 册出版年不详。语文课—小学—教材。

13. 《高级小学国语课本》(第 1—4 册)，国立编译馆，商务印书馆。第 1、3 册是民国 37.4[1948.4]年出版；第 2、4 册是民国 36.5[1947.5]年出版。语文课—小学—教材。

14. 《高级小学国语》(第 1—4 册)，国立编译馆，大东书局。第 1、3、4 册是民国 36.5[1947.5]年出版；第 2 册是民国 36.12[1947.12]年出版。语文课—小学—教材。

15. 《高级小学国语》(第 1—4 册)，国立编译馆，广益书局。第 1 册是民国 36.5[1947.5]年出版。语文课—小学—教材。

16. 《高级小学国语》(第 1—3 册)，国立编译馆，建国书店。第 1、3 册是民国 36.8[1947.8]年出版；第 2 册是民国 38.1[1949.1]年出版。语文课—小学—教材。

17.《高级小学国语课本》（第 1—4 册），国立编译馆，春明书店。民国 36.5［1947.5］年出版。语文课—小学—教材。

18.《基本国音读本》（第 1 册），沈秉廉，基本书局。民国 36.3［1947.3］年出版。语文课—小学—教材。

19.《基本国语练习本》（第 1—4 册），宗亮寰，基本书局。民国 36.8［1947.8］年出版。语文课—小学—教材。

20.《高小国语复习》（第 1 册），潘仁，正中书局。民国 36.6［1947.6］年出版。语文课—小学—教材。

21.《高小国语》（第 3、4 册），东北政委会编审委员会编，光明书店。民国 36［1947］年出版；第 3 册 1947 年出版；第 4 册 1947 年出版。语文课—小学—教材。

22.《高小国语》（第 1—3 册），东北政委会编审委员会编，东北书店。民国 36［1947］年出版；第 1 册 1947 年出版；第 2 册 1947 年出版；第 3 册 1947 年出版。语文课—小学—教材。

23.《少年国语读本》（第 3、4 册），叶圣陶撰，开明书店（上海）。第 3 册 1947 年 7 月初版 74 页；第 4 册 1949 年 2 月平 1 版 78 页。语文课—小学—教材。

1948 年

1.《初级小学国语常识课本》（第 1—4 册），教育部编审委员会，教育部出版。第 1、3 册是民国 37.9［1948.9］年出版；第 2、4 册是民国 37.12［1948.12］年出版。语文课—小学—教材。

2.《小学暑期补习课本国语》（1—5 册），于人骧，正中书局。民国 37.7［1948.7］年出版。语文课—小学—教材。

3.《春秋文选》（第 3 册），赵馀动、卢冠六，春秋书社。民国 37.3［1948.3］年出版。语文课—小学—教材。

4.《儿童国语读本》（第 1—4 册），叶圣陶，上海开明书店。民国 37.8［1948.8］年出版。语文课—小学—教材。

5.《国民学校副课本国语》（第 1—8 册），许书绅，大东书局。第 1—4 册是民国 38.2［1949.2］年出版；第 5 册是民国 37.11［1948.11］年出版；第 6、7、8 册是民国 37.11［1948.11］年出版。语文课—小学—教材。

6.《基本小学副课本国语》（第 1—8 册），沈秉廉，基本书局。第 1 册是民国 37.8［1948.8］年出版；第 2、4 册是民国 38.2［1949.2］年出版；第 3、5 册是民国 37.8［1948.8］年出版；第 6 册是民国 37.7［1948.7］年出版；第 7 册是民国 37.1［1948.1］年出版；第 8 册是民国 38.2［1949.2］年出版。语文课—小学—教材。

7.《少年国语读本》（第 1—4 册），叶圣陶，开明书店。第 1 册是民国 37.6［1948.6］年出版；第 2、4 册是民国 37.1［1948.1］年出版；第 3 册是民国 37.6［1948.6］年出版。语文课—小学—教材。

8.《高级小学国语》（第 1—4 册），国立编译馆，正中书局。第 1 册是民国 37.5［1948.5］年出版；第 2、4 册是民国 37.12［1948.12］年出版；第 3 册是民国 37.5［1948.5］年出版。语文课—小学—教材。

9.《高级小学国语课本》(1—4册),国立编译馆。民国37.8[1948.8]年出版。语文课—小学—教材。

10.《初小国语》(1—2册),东北政委会编审委员会编,东北书店。第1册民国37[1948]年出版;第2册1948年出版。语文课—小学—教材。

11.《国语课本》(第1—3册),东方明等编,新华书店。民国37[1948]年出版,晋绥边区行政公署民教处审定,第1册1948年6月再版;第2册1948年10月初版;第3册1948年6月再版。小学校初级用,语文课—小学—教材。

12.《国语课本》(第2、3、5册),德俯等编辑,秦征绘图,新华书店。民国37—38[1948—1949]年出版;第2册1948年出版;第3册1949年出版;第5册1949年出版。语文课—小学—教材。

13.《高级小学国语》(第1、3册),国立编译馆主编,俞焕斗、金兆梓等编校,中华书局。民国37[1948]年出版,第1册1948年5月1—18版;第3册1948年5月1—10版。语文课—小学—教材。

14.《高级小学国语教学法》(第3册),国立编译馆主编,俞焕斗编辑,世界书局。民国37[1948]年出版。语文课—小学—教学辅助资料。

15.《初级小学国语常识教学法》(第1—4册),国立编译馆,正中书局。第1、3、4册是民国37.8[1948.8]年出版;第2册是民国37.9[1948.9]年出版。语文课—小学—教学参考资料。

16.《高级小学国语教学法》(第1、2册),国立编译馆,商务印书馆。民国37.7[1948.7]年出版。语文课—小学—教学参考资料。

17.《高级小学国文教学法》(第1—3册),国立编译馆,中华书局。民国37.6[1948.6]年出版。语文课—小学—教学参考资料。

18.《少年国语读本指导书》(第1—4册),徐逢伯、韦息予,开明书店。第1、3册是民国37.8[1948.8]年出版;第2、4册是民国38.2[1949.2]年出版。语文课—小学—教学参考资料。

1949年

1.《复兴说话范本》(第3—8册),作者不详,商务印书馆。民国38.1[1949.1]年出版。语文课—小学—教材。

2.《复兴说话范本》(第1、2、4册),作者不详,商务印书馆。民国38.10[1949.10]年出版。语文课—小学—教材。

3.《复兴国语教科书》(第1—8册),作者不详,商务印书馆。民国38.1[1949.1]年出版。语文课—小学—教材。

4.《复兴国语教科书》(第1—4册),作者不详,商务印书馆。民国38.10[1949.10]年出版。语文课—小学—教材。

5.《幼童国语读本》(第1—4册),叶圣陶,上海开明书店。民国38.1[1949.1]年出版。语文课—小学—教材。

　　6.《初级小学副课本新国语》(第1—4册),朱翊新,世界书局。民国38.3[1949.3]年出版。语文课—小学—教材。

　　7.《儿童国语读本》(第4册),叶圣陶撰,开明书店。民国38.3[1949.3]年出版;第4册1949年3月平2版。语文课—小学—教材。

　　8.《新编高级小学国语课本》(第1、3册),刘松涛等原编,华北人民政府教育部教科书编审委员会修订,彦涵绘图,联合出版社(华北)。第1册1949年8月12版;第3册1949年8月6版。语文课—小学—教材。

附录6:课程标准时期中学阶段语文教科书目录(1928—1949)

1928 年

1.《女学生模范日记》(1 册),凤玉贞,上海国光书店。民国 17.8[1928.8]年出版。语文课—中学—教材。

2.《新中华教科书国语与国文》(第 1—6 册),朱文叔编,陈棠校阅,新国民图书社。民国 17—18[1928—1929]年出版,第 1 册 1928 年 8 月初版;第 2 册 1929 年 7 月出版;第 3 册 1929 年 4 月初版;第 4 册 1929 年 7 月初版;第 5 册 1929 年 9 月初版;第 6 册 1929 年 9 月初版。初级中学用,语文课—中学—教材。

3.《国语旗语》(1 册),乐嗣炳,中华书局。民国 17.8[1928.8]年出版。语文课—中学—教材。

1929 年

1.《初中记事文教学本》(1 册),张九如编纂,蒋维乔、庄适校阅,商务印书馆。民国 18[1929]年出版,本书于 1927 年 3 月初版。语文课—中学—教材。

2.《新中华教科书国语与国文》(第 2、4、5、6 册),朱文叔,新国民图书社。第 2 册是民国 18.1[1929.1]年出版;第 4 册是民国 18.7[1929.7]年出版;第 5 册出版年不详;第 6 册是民国 18.9[1929.9]年出版。语文课—中学—教材。

3.《新学制高级中学教科书国文读本》(第 1 册上、下),郑次川、吴遹生,商务印书馆。民国 18.9[1929.9]年出版。

4.《初中国文》(第 1—6 册),朱剑芒编辑,魏冰心校订,世界书局。民国 18[1929]年出版。语文课—中学—教材。

5.《新学制初级中学教科书国语》(第 1—6 册),周予同、顾颉刚、叶绍钧编辑,商务印书馆,民国 18—31[1929—1942]年出版,第 1 册 1932 年 6 月国难后第 5 版;第 2 册 1932 年 10 月国难后第 11 版;第 3 册 1929 年 3 月 65 版;第 4 册 1932 年 10 月国难后第 9 版;第 5 册 1942 年 6 月国难后第 2 版;第 6 册 1932 年 6 月国难后第 7 版。语文课—中学—教材。

6.《新时代国语教科书》(第 1—6 册),陈彬龢等编辑,蔡元培等校订,商务印书馆。民国 18[1929]年出版,本书于 1928 年 1 月初版,第 1 册 1929 年 3 月 25 版;第 2 册 1929 年 3 月 15 版;第 3 册 1929 年 4 月 10 版;第 4 册 1929 年 4 月 10 版;第 5 册 1929 年 6 月初版;第 6 册

1929 年 7 月 15 版。初级中学用，语文课—中学—教材。

1930 年

1.《现代初中教科书国语》（第 1—6 册），庄适，商务印书馆。第 1 册是民国 19. 11［1930. 11］年出版；第 2、3 册是民国 21.5［1932.5］年出版；第 4、6 册是民国 19.10［1930.10］年出版；第 5 册是民国 21.12［1932.12］年出版。语文课—中学—教材。

2.《初中国文》（第 2—6 册），朱剑芒，世界书局。第 2 册是民国 21.11［1932.11］年出版；第 3 册是民国 21.6［1932.6］年出版；第 4、6 册是民国 19.4［1930.4］年出版；第 5 册出版年不详。语文课—中学—教材。

3.《高中国文》（第 1 册上下，第 2 册下，第 3 册上），朱剑芒编，徐蔚南校订，世界书局。第 1 册上下、第 2 册下是民国 19.7［1930.7］年出版；第 3 册上 1930 年 1 月再版。语文课—中学—教材。

4.《初级中学混合国语教科书》（第 1—6 册），赵景深，北新书局。民国 20—21［1931—1932］年出版，第 1 册 1931 年 7 月 3 版；第 2 册 1931 年 2 月初版；第 3 册 1931 年 7 月初版；第 4 册 1932 年 6 月再版；第 5 册 1932 年 6 月再版；第 6 册 1932 年 5 月初版。语文课—中学—教材。

5.《南开中学初三国文教本》（第 1、2 册），南开中学编辑，编者自刊。民国 19—20［1930—1931］年出版，第 1 册是 1931 年出版；第 2 册是 1930 年出版。

6.《新中华国文》（第 1—6 册），沈颐编著，喻璞等注，新国民图书社。民国 19—23［1930—1934］年出版，第 1 册 1930 年 7 月初版；第 2 册 1934 年 6 月 6 版；第 3 册 1932 年 10 月 3 版。语文课—中学—教材。

7.《新学制高级中学教科书国文读本》（第 1—4 册），江恒源编辑，商务印书馆。民国 19［1930］年出版，本书于 1928 年 5 月初版，第 1 册（上）1930 年 8 月；第 1 册（下）1930 年 8 月 7 版。语文课—中学—教材。

1931 年

1.《中等国文法》（全 1 册），汪震著，文化学社（北平）。民国 20［1931］年出版，本书于 1928 年 9 月初版，1931 年 9 月 3 版。语文课—中学—教材。

2.《修辞学》（全 1 册），董鲁安著，文化学社（北平）。民国 20［1931］年出版，1931 年 10 月 4 版，高级中学、旧制中学、师范学校选科国文之用，语文课—中学—教材。

3.《新中学古文读本》（第 1—3 册），沈星一，中华书局。第 1 册是民国 20.7［1931.7］年出版；第 2 册是民国 21.6［1932.6］年出版；第 3 册是民国 21.10［1932.10］年出版。语文课—中学—教材。

4.《新中学古文读本》（第 1—3 册），穆济波、戴克敦、张相校，中华书局。第 1、2 册是民国 23.11［1934.11］年出版；第 3 册是民国 20.4［1931.4］年出版。高级中学用，语文课—中学—教材。

5. 初级中学《北新文选》（第 1—6 册），姜亮夫、赵景深选注，北新书局。民国 20—22［1931—1933］年出版，第 1 册 1931 年 7 月 3 版；第 2 册 1933 年 7 月 3 版；第 3 册 1932 年 9 月再版;第 4 册 1932 年 9 月再版;第 5 册 1932 年 9 月再版;第 6 册 1933 年 7 月 3 版。语文课—中学—教材。

6. 高级中学《北新文选》(第 1—6 册),姜亮夫编,北新书局。民国 20—22[1931—1933]年出版。语文课—中学—教材。

7. 《国文读本》(第 1、2、4 册),北平文化学社编,文化学社。民国 20—21[1931—1932]年出版,第 1 册出版年不详;第 2 册 1932 年 6 月出版;第 4 册 1931 年 1 月出版。初级中学用,语文课—中学—教材。

8. 《初中国文读本》(第 1—6 册),北师大附中选订,文化学社。民国 20[1931]年出版,第 3 册 1932 年 6 月出版;第 4 册 1931 年 1 月出版;第 5 册 1931 年 7 月出版。语文课—中学—教材。

9. 《基本教科书国文》(第 1—6 册),傅东华、陈望道编辑,商务印书馆。民国 20—22[1931—1933]年出版,第 1 册 1931 年 12 月初版;第 2 册 1932 年 11 月初版;第 3 册 1932 年 12 月初版;第 4 册 1933 年 2 月初版;第 5 册 1933 年 2 月初版;第 6 册 1933 年 2 月初版。初级中学用,语文课—中学—教材。

10. 《新学制中学国文教科书初中国文》(第 1—6 册),王侃如等编注,江苏省扬州中学国文分科会议编辑,江苏省中学国文学科会议联合会校订,南京书店。民国 20—21[1931—1932]年出版,第 1 册 1932 年 9 月再版;第 2 册 1931 年 10 月初版;第 3 册 1931 年 10 月初版;第 4 册 1931 年 10 月初版;第 5 册 1931 年 1 月初版;第 6 册 1935 年 4 月初版。语文课—中学—教材。

11. 《新中华国语与国文》(第 1—6 册),朱文叔,新国民图书社。第 1 册是民国 21.8[1932.8]年出版;第 2 册是民国 21.5[1932.5]年出版;第 3 册是民国 20.12[1931.12]年出版;第 4 册是民国 20.6[1931.6]年出版;第 5 册是民国 21.6[1932.6]年出版;第 6 册是民国 20.12[1931.12]年出版。语文课—中学—教材。

12. 《新学制中学国文教科书高中国文》(第 1—6 册),徐公美等编注,江苏省中学国文学科会议联合会校订,南京书店。民国 20—22[1931—1933]年出版,第 1 册 1931 年 9 月初版;第 2 册 1932 年 8 月初版;第 4 册 1933 年 2 月初版;第 5 册 1933 年 6 月初版;第 6 册 1933 年月初版。语文课—中学—教材。

13. 《初中国文教本》(第 1—6 册),张弓,大东书局。第 1 册是民国 21.6[1932.6]年出版;第 2 册是民国 22.3[1933.3]年出版;第 3 册是民国 21.6[1932.6]年出版;第 4 册是民国 21.1[1932.1]年出版;第 5 册是民国 21.7[1932.7]年出版;第 6 册是民国 20.1[1931.1]年出版。语文课—中学—教材。

14. 《开明语体文选类编》(第 1 册,论说文),开明书店编译所,开明书店。民国 22.3[1933.3]年出版。语文课—中学—教材。

15. 《开明语体文选类编》(第 3 册,小说甲集),开明书店编译所,开明书店。民国 23.6[1934.6]年出版。语文课—中学—教材。

16. 《开明语体文选类编》(第 4 册,小说乙编),开明书店编译所,开明书店。民国 20.6

［1931.6]年出版。语文课—中学—教材。

17.《开明语体文选类编》（第 5 册，文艺论），开明书店编译所，开明书店。民国 20.6
［1931.6]年出版。语文课—中学—教材。

18.《开明语体文选类编》（第 6 册，学术文），开明书店编译所，开明书店。民国 22.3
［1933.3]年出版。语文课—中学—教材。

19.《开明古文选类编》（第 1 册，论说文），开明书店编译所，开明书店。民国 23.6[1934.
6]年出版。语文课—中学—教材。

20.《开明古文选类编》（第 2 册，记叙文甲集），开明书店编译所，开明书店。民国 20.7
［1931.7]年出版。语文课—中学—教材。

21.《开明古文选类编》（第 3 册，记叙文乙集），开明书店编译所，开明书店。民国 20.7
［1931.7]年出版。语文课—中学—教材。

22.《开明古文选类编》（第 5 册，文论），开明书店编译所，开明书店。民国 23.6[1934.6]
年出版。语文课—中学—教材。

23.《开明古文选类编》（第 6 册，学术文），开明书店编译所，开明书店。民国 20.7[1931.
7]年出版。语文课—中学—教材。

24.《开明活页文选注释》（第 1—10 册），开明书店。第 1 册编者是张同光、宋云彬，民国
22.3[1933.3]年出版；第 2—4 册编者是宋云彬，第 2 册是民国 20.10[1931.10]年出版；第 3
册是民国 21.9[1932.9]年出版；第 4 册是民国 22.3[1933.3]年出版；第 5、6 册编者是蒋伯潜，
第 5 册是民国 22.3[1933.3]年出版；第 6 册是民国 22.7[1933.7]年出版；第 7 册编者是韩楚
原，民国 22.8[1933.8]年出版；第 8 册编者是王伯祥，民国 22.11[1933.11]年出版；第 9 册编
者是蒋伯潜，民国 32.11[1943.11]年出版；第 10 册编者是韩楚原、周振甫，民国 23.9[1934.9]
年出版。语文课—中学—教材。

25.《初中国文指导书》（第 1—6 册），朱剑芒、陈霭麓编辑，范祥善校阅，世界书局。民国
20—21[1931—1932]年出版，第 1 册 1931 年 4 月出版；第 2 册 1932 年 5 月出版；第 3 册
1932 年 8 月出版。初级中学教师及学生用，语文课—中学—教学参考资料。

1932 年

1.《应用文》（1 册），张须，商务印书馆。民国 21.8[1932.8]年出版。语文课—中学—
教材。

2.《初级中学应用文》（全 1 册），张鸿来编著，文化学社。本书于 1926 年 8 月初版；1932
年 11 月 7 版。语文课—中学—教材。

3.《最新应用文》（全 1 册），胡怀琛编著，世界书局。民国 21.10[1932.10]年出版。高中
大学适用，语文课—中学—教材。

4.《初中写景文教学本》（1 册），张九如，商务印书馆。民国 21.8[1932.8]年出版。语文
课—中学—教材。

5.《修辞学》（全 1 册），王易著，商务印书馆。1932 年 6 月国难后第 1 版。新学制高级中
学参考书，语文课—中学—教学参考材料。

6.《基本教科书国文》(第1、2、3、6册),傅东华、陈望道,商务印书馆。第1册是民国22.2[1933.2]年出版;第2册是民国21.11[1932.11]年出版;第3册是民国21.12[1932.12]年出版;第6册是民国22.2[1933.2]年出版。语文课—中学—教材。

7.《新中学国语读本》(第1、3册),沈星一,中华书局。第1册是民国21.5[1932.5]年出版;第3册是民国21.10[1932.10]年出版。语文课—中学—教材。

8.《新亚教本初中国文》(第1、2、3册),陈椿年,上海新亚书店。第1、3册是民国21.8[1932.8]年出版;第2册是民国21.9[1932.9]年出版。语文课—中学—教材。

9.《中学生文学读本》(第2册应用文集),洪超,中学生书局。民国21.8[1932.8]年出版。语文课—中学—教材。

10.《中学生文学读本》(第6册诗歌戏曲集),洪超,中学生书局。民国21.8[1932.8]年出版。语文课—中学—教材。

11.《初级中学国文读本》(第1—6册),张鸿来、卢怀琦选注,北平师大附中国文丛刊社。民国21—24[1932—1935]年出版,第1册1932年8月初版。语文课—中学—教材。

12.《初中国文》(第1—6册),朱剑芒编辑,魏冰心、陆翔校订,世界书局。民国21[1932]年出版,第1册1932年6月13版;第2册1932年11月10版;第3册1932年10月9版;第4册1932年6月7版;第5册1932年9月7版;第6册1932年7月5版。语文课—中学—教材。

13.《初中混合国语》(第1—6册),赵景深编辑,青光书局,民国21—23[1932—1934]年出版,本书于1930年9月初版,依照新课程标准编辑,教育部审定,第1册1932年8月10版;第2册1934年1月10版;第3册1934年6月4版;第4册1934年6月4版;第5册1934年6月4版;第6册1934年6月4版。语文课—中学—教材。

14.《新中学国学必读》(上册),钱基博,中华书局。民国21.6[1932.6]年出版。语文课—中学—教材。

15.《新中华国文》(第1—3册),沈颐,新国民图书社。第1册是民国21.5[1932.5]年出版;第2册是民国21.1[1932.1]年出版;第3册是民国21.10[1932.10]年出版。语文课—中学—教材。

16.《创造国文读本》(第1—6册),徐蔚南编辑,世界书局。民国21—23[1932—1934]年出版,第1册1932年8月再版;第2册1933年1月再版;第3册1933年4月再版;第4册1931年2月出版;第5册1931年9月再版;第6册1934年1月再版。语文课—中学—教材。

17. 初中一年级《国文读本》(第2、3、4册),北平文化学社编,文化学社。民国21[1932]年出版,第2册1932年1月出版;第3册1932年1月出版;第4册1932年1月出版。语文课—中学—教材。

18. 初中三年级《国文读本》(第2—6册),北平文化学社编,文化学社。民国21[1932]年,第2册1932年6月出版;第3册1932年6月出版;第4册1932年出版;第5册1932年出版;第6册1932年出版。语文课—中学—教材。

19.《中国文字学概要》(全1册),贺凯,文化学社。民国21.3[1932.3]年再版,高中文科及师范用课本。语文课—中学—教材。

20.《国文教科书》(第1—6册),孙俍工编辑,神州国光社。民国21[1932]年出版,第2册1932年6月出版;第3册1932年3月出版;第4册1932年6月出版。初级中学用,语文课—中学—教材。

21.《国文教科书》(第1—6册),孙俍工编辑,神州国光社。民国21[1932]年出版,第1册1932年3月出版;第2册1932年6月出版;第3册1932年3月出版;第4册1932年6月出版;第5册1932年5月出版;第6册1932年7月出版。高级中学用,语文课—中学—教材。

22.《开明国文读本》(第1—6册),王伯祥编,开明书店。民国21—22[1932—1933]年出版,第1册1932年7月初版;第2册1932年8月初版;第3册1933年1月再版;第4册1932年11月初版;第5册1933年4月初版;第6册1933年4月初版。初级中学学生用,语文课—中学—教材。

23.《新亚教本初中国文》(第1—3册),陈椿年编纂,新亚书店。民国21—22[1932—1933]年出版,第1册1932年8月初版;第2册1932年9月初版;第3册1933年8月初版。语文课—中学—教材。

24.《基本教科书国文教本》(第1—4,6册),周颐甫编,蔡元培校订,商务印书馆。民国21[1932]年出版,第1册1932年10月初版;第2册1932年10月初版;第3册1932年10月初版;第6册1932年10月初版。初级中学用,语文课—中学—教材。

25.《开明国文读本参考本》(第1—3册),王伯祥,开明书店。第1册是民国21.9[1932.9]年出版;第2册是民国22.3[1933.3]年出版;第3册是民国22.9[1933.9]年出版。语文课—中学—教学参考资料。

1933 年

1.《应用文教本》(全1册),林轶西编辑,上海汉文正楷印书局。本书于1933年7月初版;1933年9月再版。中等学校适用,语文课—中学—教材。

2.《国文研究读本》(第1—4册),史本直选辑,朱宇苍校订,大众书局(上海)。民国22.6[1933.6]年初版。中学适用,语文课—中学—教材。

3.《中学国文特种读本》(第1、2册),孙俍工,国立编译馆。民国22.9[1933.9]年出版。

4.《初中国文教本》(第1、2、4、6册),开明书店。第1、2册编者是夏丏尊、叶绍钧,民国26.6[1937.6]年出版;第4、6册编者是王伯祥,第4册是民国22.8[1933.8]年出版,第6册是民国22.4[1933.4]年出版。语文课—中学—教材。

5.《初中标准国文》(第1—6册),江苏省教育厅修订中学国文科教学进度表委员会编订,王德林等释注,中学生书局。民国23—24[1934—1935]年出版。语文课—中学—教材。

6.《言文对照国文读本》(第1—3册),秦同培编辑,世界书局。本书初版于1923年,1933年5月13版。初级中学用,语文课—中学—教材。

7.《朱氏初中国文》(第1—5册),朱剑芒,世界书局。第1、2册是民国22.8[1933.8]年出版;第3、5册是民国25.6[1936.6]年出版;第4册是民国22.12[1933.12]年出版。语文课—中学—教材。

8.《国语精华》(上、下),中华书局编著,中华书局。上册出版年不详,下册民国 22.2[1933.2]年出版。语文课—中学—教材。

9.《初级中学国语教科书》(第1—6册),戴叔清编,文艺书局(上海)。民国 22[1933]年出版,依照国文课程新标准编辑,第 1 册 1933 年 2 月再版;第 2 册 1933 年 1 月出版;第 3 册 1933 年 1 月出版;第 4 册 1933 年 1 月出版;第 5 册 1933 年 1 月出版。语文课—中学—教材。

10.《复兴初级中学教科书国文》(第1—6册),傅东华编著,商务印书馆。民国 22—24[1933—1935]年出版,本书于 1933 年 5 月初版,新课程标准适用,第 1 册 1933 年 9 月 30 版;第 2 册 1934 年 6 月 55 版;第 3 册 1933 年 12 月 30 版;第 4 册 1933 年 9 月初版;第 5 册 1934 年 9 月 12 版;第 6 册 1935 年 2 月 11 版。语文课—中学—教材。

11.《杜韩两氏高中国文》(第1—6册),杜天縻、韩楚原编辑,世界书局。民国 22—23[1933—1934]年出版,第 1 册 1933 年 9 月再版;第 2 册 1934 年 1 月再版;第 3 册 1933 年 9 月初版;第 4 册 1933 年 11 月初版;第 5 册 1933 年 12 月初版;第 6 册 1934 年 1 月初版。高级中学学生用,语文课—中学—教材。

12.《初中国文教本》(第1—6册),张弓编著,蔡元培、江恒源校阅,大东书局。民国 22[1933]年出版,第 1 册 1933 年 5 月 11 版;第 2 册 1933 年 1 月 5 版;第 3 册 1933 年 5 月 5 版;第 4 册 1933 年 1 月 4 版;第 5 册 1933 年 5 月 4 版;第 6 册 1933 年 2 月再版。初级中学学生用,语文课—中学—教材。

13.《初中国文教科书》(第1、3册),马厚文编著,柳亚子、吕思勉校订,光华书局。民国 22[1933]年出版,第 1 册 1933 年 8 月出版;第 3 册 1933 年 8 月出版。语文课—中学—教材。

14.《初中国文读本》(第1—6册),朱文叔编著,舒新城、陆费逵校订,中华书局。民国 22—23[1933—1934]年出版,第 1 册 1933 年 7 月初版;第 2 册 1933 年 12 月 5 版;第 3 册 1934 年 5 月初版;第 4 册 1934 年 9 月 7 版;第 5 册 1934 年 8 月初版;第 6 册 1934 年 10 月 5 版。语文课—中学—教材。

15.《初中国文选本注解》(第1册),崔新民等编,立达书局(北平)。第 1 册 1933 年 8 月初版。语文课—中学—教材。

16.《初中国文选本》(第1—6册),罗根泽、高远公编著,黎锦熙校订,立达书局。民国 22[1933]年出版,第 1 册 1933 年 8 月初版;第 2 册 1933 年 8 月初版;第 3 册 1933 年 8 月初版;第 4 册 1933 年 8 月初版;第 5 册 1933 年 8 月初版;第 6 册 1933 年 8 月初版。语文课—中学—教材。

17.《高中国文选本》(第1—3册),罗根泽、高远公编著,黎锦熙校订,立达书局。民国 22[1933]年出版,第 1 册 1933 年 8 月初版;第 2 册 1933 年 8 月初版;第 3 册 1933 年 8 月初版。本书遵照 1932 年 10 月颁布的初中国文课程标准编成,专供高中及同等学校国文教科教学之用,语文课—中学—教材。

18.《民族文选》(1册),江苏省立镇江中学国文学科编辑,民智书局。民国 22[1933]年出版,语文课—中学—教材。

19.《初中国文选本》(第1册),罗根泽、高远公,立远书局。民国 22.8[1933.8]年出版。

语文课—中学—教材。

20.《世界初中活页文选（叙事诗）》（1 册），刘大白，世界书局。民国 22.3［1933.3］年出版。语文课—中学—教材。

21.《初中国文读本参考书》（1—6 册），张文治等编著，朱文叔校订，中华书局。民国 22—26［1933—1937］年出版，第 1 册 1933 年 9 月初版；第 2 册 1934 年 7 月初版；第 3 册 1935 年 4 月初版；第 4 册 1936 年 5 月再版；第 5 册 1936 年 9 月再版；第 6 册 1937 年 1 月初版。语文课—中学—教学参考材料。

1934 年

1.《文章作法》（全 1 册），朱绍曾，上海中央书店。民国 23.10［1934.10］年出版。语文课—中学—教材。

2.《初中应用文教本》（全 1 册），胡怀琛编，大华书局。1934 年 7 月初版，新课程标准适用，本书供初级中学或简易师范、初级职业学校等作教本之用，语文课—中学—教材。

3.《中学生文学读本·小品文集》（第 3 册），洪超，中学生书局。民国 23.3［1934.3］年出版。语文课—中学—教材。

4.《复兴初级中学教科书国文》（第 1、2、4、5、6 册），傅东华，商务印书馆。第 1 册是民国 23.2［1934.2］年出版；第 2 册是民国 27.10［1938.10］年出版；第 4 册是民国 24.6［1935.6］年出版；第 5 册是民国 24.7［1935.7］年出版；第 6 册是民国 24.4［1935.4］年出版。语文课—中学—教材。

5.《初中国文读本》（第 1—6 册），朱文叔，中华书局。第 1、2 是民国 23.6［1934.6］年出版；第 3 册是民国 25.1［1936.1］年出版；第 4 册是民国 23.7［1934.7］年出版；第 5 册是民国 23.8［1934.8］年出版；第 6 册是民国 23.8［1934.8］年出版。语文课—中学—教材。

6.《初级中学国文教科书》（第 1—6 册），孙怒潮，中华书局。民国 23.7［1934.7］年出版。教育部审定，新课程标准适用，语文课—中学—教材。

7. 初级中学教科书《国文》（第 1—6 册），叶楚伧主编，汪懋祖编校，孟宪承校订，汪定奕选注，正中书局。民国 23［1934］年出版，新课程标准适用，语文课—中学—教材。

8. 初级中学教科书《国文》（第 2、4 册），众教学会编辑，崇慈女子中学（北平）。民国 23［1934］年出版，第 2 册 1934 年 2 月出版；第 4 册 1934 年 2 月出版。新课程标准适用，语文课—中学—教材。

9. 新生活初中教科书《国文》（第 4 册），周祜、黄骏如，大东书局。民国 23.9［1934.9］年出版。语文课—中学—教材。

10.《初级中学国文》（第 1—6 册），叶楚伧主编，汪懋祖选校，孟宪承校订，正中书局。民国 23—25［1934—1936］年出版，第 1 册 1935 年 8 月 33 版；第 2 册 1935 年 4 月初版；第 3 册 1935 年 8 月 22 版；第 4 册 1936 年 8 月 22 版；第 5 册 1934 年 8 月初版；第 6 册 1935 年 4 月初版。语文课—中学—教材。

11.《初级中学国文读本》（第 1—6 册），张鸿来、卢怀琦、汪震、王述达选注，北平师大附中国文丛刊社。民国 23—25［1934—1936］年出版，第 1 册 1934 年 8 月再版；第 2 册 1935 年 1 月再版;第 3 册 1934 年 8 月再版;第 4 册 1935 年 1 月再版;第 5 册 1934 年 8 月再版;第 6 册 1936 年 1 月再版。语文课—中学—教材。

12.《初中当代国文》(第 1—5 册),施蛰存,柳亚子等校订,上海中学生书局。第 1 册是民国 25.4[1936.4]年出版;第 2 册是民国 25.6[1936.6]年出版;第 3 册是民国 23.8[1934.8]年出版;第 4 册是民国 23.1[1934.1]年出版;第 5 册是民国 23.7[1934.7]年出版。语文课—中学—教材。

13.《国语文》(第 1 册),马国英,中华书局。民国 23.4[1934.4]年出版。语文课—中学—教材。

14.《高中国文读本》(第 1 册),宋文翰、张文治,中华书局。民国 23.5[1934.5]年出版。语文课—中学—教材。

15.《高中当代国文》(第 1、2、4—6 册),江苏省教育厅,中学生书局。第 1 册是民国 23.8[1934.8]年出版;第 2 册是民国 23.2[1934.2]年出版;第 4 册是民国 23.1[1934.1]年出版;第 5 册是民国 23.8[1934.8]年出版;第 6 册是民国 23.2[1934.2]年出版。语文课—中学—教材。

16.《初中标准国文》(第 1、4 册),江苏省教育厅修订中学国文科教学进度表委员会,上海中学生书局。第 1 册是民国 23.8[1934.8]年出版;第 4 册是民国 24.1[1935.1]年出版。语文课—中学—教材。

17.《高中标准国文》(第 1—5 册),江苏省教育厅修订中学国文科教学进度表委员会编订,王德林等释注,中学生书局。民国 23—24[1934—1935]年出版,第 1 册 1934 年 8 月出版;第 2 册 1935 年 1 月出版;第 3 册 1934 年 8 月出版;第 4 册 1935 年 1 月出版;第 5 册 1934 年 8 月出版。语文课—中学—教材。

18.《复兴高级中学教科书国文》(第 1、2、4、5 册),傅东华编著,商务印书馆。民国 23—36[1934—1947]年出版,第 1 册 1934 年 9 月 6 版;第 2 册 1935 年 3 月初版;第 4 册 1946 年 12 月 39 版;第 5 册 1947 年 1 月 39 版。语文课—中学—教材。

19.《高中当代国文》(第 1—6 册),薛无兢等注释,柳亚子等校订,中学生书局。民国 23[1934]年出版,第 1 册 1934 年 8 月再版;第 2 册 1934 年 2 月再版;第 3 册 1934 年 8 月初版;第 4 册 1934 年 2 月再版;第 5 册 1934 年 8 月初版;第 6 册 1934 年 1 月初版。语文课—中学—教材。

20.《高中国文读本》(第 1 册),刘劲秋、朱文叔编,张文治注,中华书局。第 1 册 1934 年 7 月再版。语文课—中学—教材。

21.《国文读本》(第 2 册下,第 3 册上下),河北省省立北平高级中学编,编者自刊。民国 23[1934]年出版。语文课—中学—教材。

22.《中学国语补充教材》(1 册),李慎言编辑,和济印书局。民国 23[1934]年出版。教授自修适用,语文课—中学—教材。

23.《朱氏初中国文》(1—6 册),朱剑芒编辑,韩霭麓、韩慰农注释,世界书局。民国 23[1934]年出版,新课程标准适用,世界中学教本,语文课—中学—教材。

24. 天津南开中学高一《国文教本》(上册),南开中学编,南开中学编印。民国 23[1934]年出版。语文课—中学—教材。

25.《试验初中国文读本》(第 1—5 册),沈荣龄等编选,汪懋祖等审校,大华书局。民国 23—24[1934—1935]年出版。语文课—中学—教材。

26.《开明国文讲义》(第 1—3 册),夏丏尊等编,开明书店。民国 23[1934]年出版,第 1 册 1934 年 11 月初版;第 2 册 1934 年 11 月初版;第 3 册 1934 年 11 月初版。语文课—中学—教材。

1935 年

1.《开明实用文讲义》(全 1 册),张石樵编,开明函授学校(上海)。民国 24[1935]年出版。语文课—中学—教材。

2.《初中国文》(第 1、3—6 册),江苏省教育厅修订中学国文科教学进度表委员会,上海中学生书局。第 1 册是民国 26.7[1937.7]年出版;第 3 册是民国 24.8[1935.8]年出版;第 4 册是民国 25.1[1936.1]年出版;第 5 册是民国 24.8[1935.8]年出版;第 6 册是民国 25.1[1936.1]年出版。语文课—中学—教材。

3.《高中国文》(第 1—3、5),江苏省教育厅修订中学国文科教学进度表委员会,中学生书局。第 1 册是民国 24.8[1935.8]年出版;第 2 册是民国 26.1[1937.1]年出版;第 3 册是民国 24.8[1935.8]年出版;第 5 册出版年不详。语文课—中学—教材。

4.《高级中学国文》(第 1—6 册),叶楚伧,正中书局。第 1 册是民国 37.3[1948.3]年出版;第 2 册是民国 24.10[1935.10]年出版;第 3 册是民国 27.2[1938.2]年出版;第 4 册是民国 24.10[1935.10]年出版;第 5 册是民国 28.7[1939.7]年出版;第 6 册是民国 35.11[1946.11]年出版。语文课—中学—教材。

5.《初中精读国文范程》(1 册),潘尊行,国立编译馆。民国 24.4[1935.4]年出版。语文课—中学—教材。

6.《标准国文选》(第 1—3 册),马厚文编著,柳亚子、吕思勉校订,大光书局。民国 24[1935]年出版。语文课—中学—教材。

7.《初级中学教科书国文》(第 2、4、6 册),正中初中国文教科书编辑委员会编辑,正中书局。民国 24[1935]年出版。语文课—中学—教材。

8. 南开中学初一《国文教本》(上册),南开中学编,编者自刊。民国 24[1935]年出版。语文课—中学—教材。

9. 南开中学初二《国文教本》(上册),南开中学编,编者自刊。民国 24[1935]年出版。语文课—中学—教材。

10. 南开中学初三《国文教本》(上册),南开中学编,编者自刊。民国 24[1935]年出版。语文课—中学—教材。

11.《复兴高级中学国文课本》(第 1—6 册),何炳松、孙俍工编著,商务印书馆。民国 24[1935]年出版。语文课—中学—教材。

12.《初中国文教科书》(第 1—4 册),颜友松编辑,大华书局。民国 24[1935]年出版。遵照国民政府教育部颁布新课程标准,广东省教育厅颁布的教学进度大纲编定,语文课—中学—教材。

13.《高中混合国文》(第1—3册),赵景深编著,北新书局。民国24—25[1935—1936]年出版。语文课—中学—教材。

14.《高中国文补充读本》(全1册),郑业建编纂,孙俍工校订,商务印书馆。1935年6月初版。语文课—中学—教材。

15.《高级中学国文》(第1—6册),叶楚伧主编,汪懋祖、叶溯中校订,许梦因选注,正中书局。民国24—25[1935—1936]年出版。新课程标准适用,语文课—中学—教材。

16.《初中国文读本》(第1—4册),朱文叔、宋文翰编著,张文治等注释,舒新城、陆费逵校订,中华书局。民国24—25[1935—36]年出版。语文课—中学—教材。

17.《实验高中国文》(第1册),沈维钧等编著,大华书局(上海)。民国24.6[1935.6]年出版。语文课—中学—教材。

18.《国文读本》(第2—6册),志成中学国文学科编辑委员会编,震东印书馆。民国24[1935]年出版。高级中学用,语文课—中学—教材。

1936年

1.《全国现代初中作文精华》(第1—4册),马崇淦,勤奋书局。第1册是民国25.9[1936.9]年出版;第2、3、4册是民国28.2[1939.2]年出版。语文课—中学—教材。

2.《应用文教本》(1册),林西轶,汉文正楷印书局。民国25.9[1936.9]年出版。语文课—中学—教材。

3.《国语文法》(1册),黎明,中华书局。民国23.4[1934.4]年出版。语文课—中学—教材。

4.《新式标点符号使用法》(1册),马国英,中华书局。民国25.2[1936.2]年出版。语文课—中学—教材。

5.《国语普通会话》(1册),马国英,中华书局。民国25.2[1936.2]年出版。语文课—中学—教材。

6.《国语交际会话》(1册),马国英,中华书局。民国25.1[1936.1]年出版。语文课—中学—教材。

7.《初中国文读本》(普及本,1—6册),朱文叔,中华书局。第1册是民国25.6[1936.6]年出版;第2—6册是民国25.4[1936.4]年出版。语文课—中学—教材。

8.《初中国文读本》(第2、3、5册),中华书局。第2册编者是宋文翰,民国28.2[1939.2]年出版;第3、5册编者是朱文叔、宋文翰,第3册是民国25.2[1936.2]年出版,第5册是民国25.10[1936.10]年出版。语文课—中学—教材。

9.《初级中学国文》(第1—6册),叶楚伧,正中书局。第1册是民国26.9[1937.9]年出版;第2册是民国26.11[1937.11]年出版;第3册是民国26.5[1937.5]年出版;第4册是民国25.11[1936.11]年出版;第5册是民国26.7[1937.7]年出版;第6册是民国26.12[1937.12]年出版。语文课—中学—教材。

10.《初中混合国语》（第 2、3 册），赵景深，青光书局。第 2 册是民国 35.7［1946.7］年出版；第 3 册是民国 25.2［1936.2］年出版。语文课—中学—教材。

11.《复兴高级中学教科书国文》（第 1—6 册），傅东华，商务印书馆。第 1 册是民国 37.5［1948.5］年出版；第 2 册是民国 35.12［1946.12］年出版；第 3 册是民国 36.1［1947.1］年出版；第 4 册是民国 36.12［1947.12］年出版；第 5 册是民国 25.8［1936.8］年出版；第 6 册是民国 35.12［1946.12］年出版。语文课—中学—教材。

12.《初中新国文》（第 1—4、6 册），朱剑芒编辑，世界书局。民国 25—26［1936—1937］年出版。新课程标准世界中学教本，初级中学学生用，语文课—中学—教材。

1937 年

1.《清文评注读本》（第 1—4 册），作者不详，出版者不详。民国 26.5［1937.5］年出版。语文课—中学—教材。

2.《蒋氏初中新国文》（第 1、2 册），蒋伯潜，世界书局。第 1 册是民国 26.4［1937.4］年出版；第 2 册是民国 26.7［1937.7］年出版。语文课—中学—教材。

3.《初中新国文》（第 1—6 册），朱剑芒，世界书局。第 1 册是民国 26.6［1937.6］年出版；第 2、6 册是民国 26.5［1937.5］年出版；第 3、5 册是民国 26.6［1937.6］年出版；第 4 册是民国 26.4［1937.4］年出版。语文课—中学—教材。

4.《高中国文教本》（3 册），陈介白编，贝满女子中学（北平）。民国 26［1937］年出版。语文课—中学—教材。

5.《新编初中国文》（第 1—4、6 册），宋文翰著，朱文叔校订，中华书局。第 1、2 册是民国 26.7［1937.7］年出版；第 3 册是民国 27.1［1938.1］年出版；第 4 册是民国 26.3［1937.3］年出版；第 6 册 1946 年 8 月出版。语文课—中学—教材。

6.《初中国文教本》（3 册），陈介白编，贝满女子中学（北平）。民国 26［1937］年出版。语文课—中学—教材。

7.《初中新国文指导书》（第 1、2 册），朱剑芒编著，世界书局。民国 26［1937］年出版，第 1 册 1937 年 5 月初版；第 2 册 1937 年 6 月初版。语文课—中学—教学参考材料。

1938 年

1.《叙述文范》（1 册），谭正璧，中华书局。民国 27.10［1938.10］年出版。语文课—中学—教材。

2.《战时国语读本》（1 册），特种教育社编，特种教育社，民国 27.5［1938.5］年出版。语文课—中学—教材。

3.《战时初中国文》（1 册），汪馥泉，救亡出版部。民国 27.2［1938.2］年出版。语文课—中学—教材。

4.《初中国文》（第 2、6 册），中等教育研究会编纂，华北书局（天津）。民国 27［1938］年出版。语文课—中学—教材。

5.《高中国文》（第 4、6 册），中等教育研究会编纂，华北书局（天津）。民国 27［1938］年出版，第 4 册 1938 年 3 月出版；第 6 册 1938 年 3 月出版。语文课—中学—教材。

1939 年

1.《模范作文读本》(1 册),瞿世镇,春江书局。民国 28.9[1939.9]年出版。语文课—中学—教材。

2.《古今名人书牍选》(第 1、2 册),王云五,商务印书馆。民国 28.9[1939.9]年出版。语文课—中学—教材。

3.《评注古文读本》(第 1、2 册),林景亮,中华书局。民国 28.8[1939.8]年出版。语文课—中学—教材。

4.《中学国文选本》(第 2—4 册),无锡县立中学,无锡县立中学出版。第 2、4 册是民国 28.2[1939.2]年出版;第 3 册是民国 27.9[1938.9]年出版。语文课—中学—教材。

5.《高中国文》(第 1—6 册),教育总署编审会,编者自刊。民国 28.8[1939.8]年出版。语文课—中学—教材。

1943 年

1.《新体编制初级应用文》(1 册),洪为法,正中书局。民国 32.8[1943.8]年出版。语文课—中学—教材。

2.《北新混合国语》(第 5 册),赵景深,北新书局。民国 32.8[1943.8]年出版。语文课—中学—教材。

1944 年

1.《国文作法》(1 册),谭正璧,世界书局。民国 33.11[1944.11]年出版。语文课—中学—教材。

2.《国文文法》(1 册),谭正璧,世界书局。民国 33.11[1944.11]年出版。语文课—中学—教材。

3.《国文修辞》(1 册),谭正璧,世界书局。民国 33.11[1944.11]年出版。语文课—中学—教材。

4.《国文入门》(1 册),谭正璧,世界书局。民国 33.11[1944.11]年出版。语文课—中学—教材。

5.《国文阶梯》(1 册),谭正璧,世界书局。民国 33.11[1944.11]年出版。语文课—中学—教材。

6.《国文进修》(1 册),谭正璧,世界书局。民国 33.11[1944.11]年出版。语文课—中学—教材。

7.《中学国文读本》(第 1、3、5、6 册),瞿世镇、卢冠六,春江书局。第 3 册是民国 33.1[1944.1]年出版;第 1、5、6 册出版年不详。语文课—中学—教材。

8.《北新文选》(第 1—5 册),赵景深、姜亮夫,北新书局。第 1 册是民国 33.7[1944.7]年出版;第 2—5 册出版年不详。语文课—中学—教材。

1945 年

《国语新选》(1 册),余再新编选,陈伯吹校订,儿童书局。民国 34—35[1945—1946]年出版。语文课—中学—教材。

1946 年

1.《初中模范日记》(1 册)，瞿世镇，三民图书公司。民国 35.6［1946.6］年出版。语文课—中学—教材

2.《中学模范作文》(1 册)，朱平君，上海国光书店。民国 35.10［1946.10］年出版。语文课—中学—教材。

3.《标准文选》(第 1、2 册)，吴拯寰，三民图书公司。民国 35.6［1946.6］年出版。语文课—中学—教材。

4.《开明新编国文读本》(甲种 1—6 册)，叶圣陶、周予同，开明书店。第 1 册是民国 36.8［1947.8］年、民国 38.2［1949.2］年出版；第 2 册是民国 35.12［1946.12］年、民国 37.10［1948.10］年出版；第 3 册是民国 36.8［1947.8］年、民国 37.12［1948.12］年出版；第 4 册是民国 36.2［1947.2］年、民国 36.4［1947.4］年出版；第 5 册是民国 36.8［1947.8］年、民国 37.3［1948.3］年出版；第 6 册是民国 36.7［1947.7］年、民国 37.10［1948.10］年出版。语文课—中学—教材。

5.《开明新编国文读本》(乙种 1—3 册)，叶圣陶、徐调孚，开明书店。第 1 册是民国 37.6［1948.6］年出版；第 2 册是民国 37.5［1948.5］年出版；第 3 册是民国 37.9［1948.9］年出版。语文课—中学—教材。

6.《初级中学国文甲编》(第 1—6 册)，教育部教科书编辑委员会编辑，国立编译馆校订，重庆国定中小学教科书七家联合供应处。民国 35［1946］年出版。语文课—中学—教材。

7.《高中文选》(第 1、2 辑)，合江省政府教育厅编审委员会编审，东北书店。民国 35［1946］年出版，第 1 辑 1946 年 10 月出版；第 2 辑 1946 年 10 月出版。语文课—中学—教材。

8.《初级中学国文》(甲编 1—6 册)，方阜云，国定中小学教科书七家联合供应处。第 1 册民国 35.7［1946.7］年出版；第 2 册是民国 35［1946］年出版；第 3—5 册出版年不详；第 6 册是民国 35.12［1946.12］年出版。语文课—中学—教材。

9.《蒋氏高中新国文》(第 1—6 册)，蒋伯潜，世界书局。第 1 册是民国 35.8［1946.8］年出版；第 2 册是民国 36.1［1947.1］年出版；第 3 册是民国 36.5［1947.5］年出版；第 4 册是民国 36.2［1947.2］年出版；第 5 册是民国 35.8［1946.8］年出版；第 6 册是民国 36.2［1947.2］年出版。语文课—中学—教材。

10.《杜韩两氏高中国文》(第 3 册)，杜天縻、韩楚原，世界书局。民国 22.9［1933.9］年出版。语文课—中学—教材。

11.《略读指导举隅》(1 册)，叶绍钧、朱自清，商务印书馆。民国 35.12［1946.12］年出版。语文课—中学—教学参考资料

12.《国定本初级中学国文辅导书》(1、2 册)，陆殿扬，大中国图书局。第 1 册是民国 35.7［1946.7］年出版；第 2 册是民国 36.2［1947.2］年出版。语文课—中学—教学参考资料。

1947 年

1.《初级应用文》(1 册)，洪为法，正中书局。民国 36.7［1947.7］年出版。语文课—中学—教材。

2.《开明国文讲义》(第 1—3 册)，夏丏尊、叶圣陶，开明书店。第 1 册是民国 36.8［1947.

8]年出版;第2、3册是民国36.12[1947.12]年出版。语文课—中学—教材。

3.《初级中学国文》(甲编1—5册),徐世璜、桑继芬,国立编译馆。第1册出版年不详;第2册是民国36.2[1947.2]年出版;第3册是民国36.1[1947.1]年出版;第4册是民国36.4[1947.4]年出版;第5册是民国36.1[1947.1]年出版。语文课—中学—教材。

4.《新编高中国文》(第1—6册),宋文翰、张文治,中华书局。第1册出版年不详;第2、3、5册是民国36.5[1947.5]年出版;第4册是民国36.2[1947.2]年出版;第6册是民国37.8[1948.8]年出版。语文课—中学—教材。

5.《中华文选》(第1—6册),宋文翰,中华书局。第1册是民国36.6[1947.6]年出版;第2册是民国36.11[1947.11]年出版;第3册是民国37.8[1948.8]年出版;第4册是民国37.4[1948.4]年出版;第5册是民国36.11[1947.11]年出版;第6册是民国37.8[1948.8]年出版。语文课—中学—教材。

6.《开明新编国文读本注释本》(甲种,1—3册),叶圣陶等合编,开明书店,民国36—37[1947—1948]年出版,第1册1947年7月3版;第2册1948年3月4版;第3册1947年3月初版。语文课—中学—教材。

7.《精读指导举隅》(1册),叶绍钧、朱自清,商务印书馆。民国36.2[1947.2]年出版。语文课—中学—教学参考资料。

1948年

1.《文章法则》(1册),宋文翰,中华书局。民国37.8[1948.8]年出版。语文课—中学—教材。

2.《初级中学国文》(第1—5册),桑继芬,商务印书馆。第1—4是民国37.4[1948.4]年出版;第5册是民国37.5[1948.5]年出版。语文课—中学—教材。

3.《国文》(第3—5册),付东华,商务印书馆。民国37.6[1948.6]年出版。语文课—中学—教材。

4.《初级中学国文》(甲编2、4、5册),中华书局。第2册编者是徐世璜,民国37.11[1948.11]年出版;第4册编者是徐世璜、桑继芬,民国37.1[1948.1]年出版;第5册编者是桑继芬,民国37.5[1948.5]年出版。语文课—中学—教材。

5.《初级中学国文》(第6册),徐世璜、桑继芬,国立编译馆。民国37.7[1948.7]年出版。语文课—中学—教材。

6.《初级中学国文》(第1—6册),桑继芬,正中书局。第1—5是民国37.6[1948.6]年出版;第6册是民国37.12[1948.12]年出版。语文课—中学—教材。

7.《开明新编高级国文读本》(第1、2册),朱自清、吕叔湘、叶圣陶,开明书店。第1册是民国37.11[1948.11]年出版;第2册是民国38.8[1949.8]年出版。语文课—中学—教材。

8.《开明文言读本》(第1—3册),朱自清、吕叔湘、叶圣陶,开明书店。第1、2册是民国37.11[1948.11]年出版;第3册是民国38.6[1949.6]年出版。语文课—中学—教材。

9.《国文精选》(第1—6册),张裕光,正中书局。第1册是民国37.8[1948.8]年出版;第2册是民国37.10[1948.10]年出版;第3册是民国37.8[1948.8]年出版;第4册是民国37.10

［1948.10］年出版；第 5 册是民国 37.4［1948.4］年出版；第 6 册是民国 37.10［1948.10］年出版。语文课—中学—教材。

10.《国文教学》(1 册)，叶绍钧、朱自清，开明书店。民国 37.11［1948.11］年出版。语文课—中学—教学参考资料。

1949 年

1.《新编初中精读文选·文章作法篇》(1 册)，王任书等编辑，文化供应社。1949 年出版。语文课—中学—教材。

2.《新编初中精读文选·语法篇》(1 册)，王任书等编辑，文化供应社。1949 年出版。语文课—中学—教材。

3.《前进初中国文》(第 1—6 册)，作者不详，大东书局。1949 年出版。语文课—中学—教材。

附录7:教学大纲时期写作教学辅助教材目录表(1949—1999)

时间(年)	中小学写作教材目录
1949	1.《小学模范作文》,周忠治,南光书店。 2.《作文成语辞典》,吴瑞书,春明书店。 3.《阅读与写作》(第11版),夏丏尊、叶绍钧,开明书店。 4.《写作指导选辑》,山东省人民政府教育厅,山东新华书店。
1950	5.《高小作文精华》,赵时,明智书店。 6.《新模范作文》,西贝,文达书店。 7.《模范作文读本》,瞿世镇,宝文堂书局。 8.《识字与作文教学经验》,贺文腾、张治平,生活·读书·新知三联书店。 9.《新少年作文讲话》,李静,学生书局。 10.《注音·求解·辨字·作文学习小字典》,王慕文,北京书店。
1951	11.《儿童作文》,西北人民出版社编辑部。 12.《作文指导》,朱德熙,开明书店。 13.《革新作文讲话》,秦淑文,革新书店。 14.《小学生写话》,黄一德,光华书局。 15.《作文法讲义》,陈望道,开明书店。 16.《写话教学法》,赵平生,山东新华书店。 17.《新模范作文》(初集),张寿康,建业书局。
1952	18.《学生作文手册》,曾可述,新星书店。 19.《写作方法初步》,杜拉,初步书店。 20.《谈批改作文》,语文教学社编辑,大众书店。
1953	21.《谈批改作文》,张守谦,大众书店。 22.《怎样教作文》,徐亚倩,启明书局。 23.《写作初步》,谭正璧,棠棣出版社。 24.《写作初步》,孙席珍、王荣初,普文出版社。 25.《作文八讲》,鲁汀,益昌书局。 26.《写话批改四讲》,廖奇,普文出版社。 27.《怎样作文》,赵月朋,文达书局。 28.《阅读写话教学经验介绍》(第2版),山西省人民政府扫盲委员会办公室编辑,山西人民出版社。 29.《初学作文的常识》(第4版),张鸿举,山东人民出版社。 30.《怎样指导小学生作文》,张鸿举、齐望川,山东人民出版社。 31.《写作教学实例》,施承基,春明出版社。

时间（年）	中小学写作教材目录
1954	32.《阅读与作文》，赵月朋，文达书局。 33.《与青年谈作文》，史振晔，文达书局。 34.《写作初步》，尚镇国，新人出版社。 35.《怎样写话》，胡叔循，通俗读物出版社。 36.《少年儿童作文选》，方旦，祖国出版社。 37.《谈谈作文》，钱遥，儿童读物出版社。 38.《工农兵写作教学的初步经验》，白川，工人出版社。
1955	39.《作文辞海》，姚乃麟，万象书店。 40.《和小林谈作文》，刘大鸣，山东人民出版社。 41.《怎样学习作文》，张铸时，河南人民出版社。 42.《读书和作文》，何新之，上海书局。 43.《怎样批改作文》，王养斋、李洲，河北人民出版社。 44.《修辞与作文》，冯定山，学文书店。 45.《作文常犯的毛病》，王健，通俗读物出版社。 46.《作文应用词语手册》，许谊，明华出版公司。 47.《语法和作文》，俞敏，中国青年出版社。
1956	48.《语法和作文》，俞敏，新知识出版社。 49.《通俗作文讲话》，汤作铭，辽宁人民出版社。 50.《我难忘的一件事（工人作文选辑）》，上海人民出版社编辑，人民出版社。 51.《作文讲话略稿》，何家槐，中共中央高级党校出版社。 52.《怎样学作文》，石文鉴，通俗读物出版社。 53.《小学作文教学》，（苏）麦尔尼科夫等编，丁酉成、张翠英译，人民教育出版社。 54.《改进语言教学提高学生写作水平》，江西省教育厅编辑，江西人民出版社。 55.《苏联小学的叙述和作文教学》，（苏）查柯茹尔尼柯娃著，汪浦译，人民教育出版社。 56.《我怎样指导中学高年级作文》，（苏）李特维诺夫著，金初高译，人民教育出版社。 57.《谈作文教学》，江西上饶师范语文教研组，新知识出版社。 58.《作文教学与课外阅读》，何林天，湖北人民出版社。
1957	59.《作文指导》，张福深，辽宁人民出版社。 60.《作文的评改》，王健，通俗读物出版社。 61.《小学作文教学讲话》，周魁萍、侯文运，山东人民出版社。 62.《小学作文教学问题》，陆静山，新知识出版社。 63.《中学生作文例话》，张文风，辽宁人民出版社。 64.《中学教学经验选集》，安徽省教育厅视察研究室编，安徽人民出版社。 65.《作文浅谈》，金践之，重庆人民出版社。 66.《学生作文手册》，海藻，世界出版社。 67.《作文教学》，殷锤毓，辽宁人民出版社。 68.《作文教学》，朱敬本，山东人民出版社。 69.《苏联小学作文教学》，库兹米娜、凯敏诺娃合编，丁酉成，张翠英译，人民教育出版社。 70.《中学作文教学》，福建教师进修学院编，福建人民出版社。 71.《作文的基础知识》，张福深，河北人民出版社。 72.《中学生作文病句分析》，张文风，山西人民出版社。 73.《小学作文教学研究》，肖懋燕，新知识出版社。

时间（年）	中小学写作教材目录
1958	74.《怎样进行作文和表情朗读教学》，徐泽民、陈文若，贵州人民出版社。 75.《改进小学高年级阅读教学和作文教学》，山东省教育厅教学研究室编，山东人民出版社。 76.《和小学生谈作文》，穆一编，江苏人民出版社。 77.《小学生作文指导》，金慈舟，河北人民出版社。 78.《济南市各中等学校写作教学改进计划（上）》，济南市教育局编，山东人民出版社。 79.《一件激动人心的事 1958 年高考福建省考生作文选编》，福建教师进修学院编，福建人民出版社。 80.《儿童模范作文》，作者不详，陕西人民出版社。 81.《范文选讲》，长沙市第一中学高中语文教研组，湖南人民出版社。 82.《儿童模范作文》，陕西省教育厅，陕西人民出版社。 83.《小学生作文选》，山西省教育厅，山西人民出版社。 84.《农村中学的作文教学》，潘容等，江苏人民出版社。 85.《小学作文教学问题》，陆静山，上海教育出版社。 86.《政治论文的教学问题》，作者不详，江苏人民出版社。 87.《农业中学学生作文选》，作者不详，江苏人民出版社。 88.《小学作文教学经验选辑》，作者不详，江苏人民出版社。 89.《小学生作文选》，北京市宣武区教育局少年之家，北京市宣武区教育局。 90.《小学语文教学经验》，郭林，新知识出版社。 91.《王老师讲作文》，彭先初，湖北人民出版社。 92.《作文基础知识讲话》，何家槐，上海教育出版社。 93.《小学作文教学》，教育半月刊社，河南人民出版社。 94.《中学作文教学经验》，曾铎，上海教育出版社。
1959	95.《小学五、六年级下学期作文教学参考资料》，上海市教育局编，上海教育出版社。 96.《济南市各中等学校写作教学改进计划（初稿）》，济南市教育局编，山东人民出版社。 97.《小学作文教学法讲话》，作者不详，辽宁人民出版社。 98.《小学作文教学经验》，贵州人民出版社编，贵州人民出版社。 99.《论说文分析》，张毕来，上海教育出版社。 100.《谈谈小学作文教学》，王有声，河北人民出版社。 101.《小学作文教学法讲话》，孙乃川，辽宁人民出版社。 102.《小学生习作》，保定地区人民出版社，保定地区人民出版社。 103.《作文讲话》，萧东，上海教育出版社。 104.《作文指导讲话》，董遂平，河北人民出版社。 105.《作文基本知识》，徐辉南，江苏人民出版社。 106.《小学作文教学参考书》，山东省教育厅编，山东人民出版社。
1960	107.《小学生模范作文选》，郑州师范学校，河南人民出版社。 108.《小学作文教学参考书》，山东省教育厅，山东人民出版社。 109.《兰州市小学生作文选》，兰州市教育局，甘肃人民出版社。 110.《小学高年级作文教学经验》，李国才、缪咏禾，上海教育出版社。
1961	111.《作文教学》，朱敬本，山东人民出版社。 112.《小学生作文选》，吉林人民出版社。 113.《小学生作文选》，广西壮族自治区人民出版社。 114.《中学生作文选》，福建人民出版社。 115.《1960 年高考福建省考生作文选》，福建教育学院编，福建人民教育出版社。 116.《小学生精彩作文（参观游记篇）》，雨林、华景主编，中国发展出版社。

时间（年）	中小学写作教材目录
1962	117.《新少年模范作文》（第 1—2 册），陕西省教育厅、共青团陕西省委编，陕西人民出版社。 118.《谈作文教学》，湖南师范学院中文系函授教研组编，湖南人民出版社。 119.《青年报学生作文比赛：优秀习作选》，上海教育出版社编，上海教育出版社。 120.《作文知识讲话》，刘厚明，中国少年儿童出版社。 121.《作文教学简论》，唐霁，湖南人民出版社。 122.《儿童文学作文选集》，少年儿童出版社编著，少年儿童出版社。
1963	123.《作文常识》，曾宪荣，新疆青年出版社。 124.《高中学生作文选》，浙江师范学院教学研究部，浙江人民出版社。 125.《初中学生作文选》，浙江师范学院教学研究部，浙江人民出版社。 126.《少年习作选讲》，少年文艺编辑部编，少年儿童出版社。 127.《上海市高中学生作文选》，上海市中小学生作文选评选委员会，上海教育出版社。 128.《教师学习参考资料第 21 集：作文教学专集》，青海人民出版社编辑，青海人民出版社。 129.《中学生作文选》，内蒙古教育出版社编，内蒙古教育出版社。 130.《中学生作文选》（第二集），南宁市教育局教研室语文教研组，广西壮族自治区人民出版社。 131.《王老师和小学生谈作文》，王有声，河北人民出版社。 132.《作文教学》，河北省戏曲学校，中国戏剧出版社。
1964	133.《甘肃师范大学 1964 年研究生毕业论文：李景兰作文教学经验的研究》，王永惠，甘肃师范大学出版社。 134.《作文批改二十例》，北京教师进修学院"教师之家"复制。（1960 年左右，《北京晚报》举办了一届中学生作文比赛，叶圣陶先生从 50 篇获奖作文中精选了 20 篇，逐篇进行精心修改。这 20 篇作文的修改稿，被北京语文教育方面的同志拿了去，用刻蜡版的方法，用黑红两种颜色，记录成册。当时这本油印的册子，在北京的中小学语文教师中广为流传，作为为孩子们修改作文的范本。"文革"后开明出版社又出版了这本书，书名为《叶圣陶中小学生作文评改举例》。转自《叶圣陶批改作文二十例》） 135.《小学一年级上学期学生写话心理研究》，张伯万，甘肃师范大学出版社。 136.《怎样纠正病句》，杨岱励，上海教育出版社。 137.《上海市小学生作文选——1963》，上海市中小学生作文选评选委员会，上海教育出版社。 138.《评改两篇作文》，叶圣陶，北京出版社。
1965	139.《中小学作文教学经验汇编》，云南省教育厅审编，云南人民出版社。 140.《小学高年级课外阅读文选》（上下），上海教育出版社编，上海教育出版社。 141.《应用文和应用文教学》，吉林教育学院编，吉林人民出版社。 142.《中学生作文选》，湖南人民出版社编，湖南人民出版社。 143.《小学生作文选》，湖南人民出版社编，湖南人民出版社。 144.《河南少年作文选》，河南人民出版社编，河南人民出版社。
1966	145.《小学生作文选》，辽宁人民出版社编，辽宁人民出版社。
1967	146.《作文分类教学法》，苏鸿猷，台湾省教育厅主编，台湾书局。
1968—1970	空缺

时间（年）	中小学写作教材目录
1971	147.《毛主席论写作》，辽宁师范学院中文系"写作实践"组编。 148.《写作教学资料》，广西师范学院中文系编，广西师范大学出版社。
1972	149.《谈小评论的写作》，南开大学中文系写作课教学小组，天津人民出版社。 150.《写作教学资料》，江苏师范学院中文系写作教学小组编。
1973	151.《写作常识》，北京师范大学中文系写作指导组编，北京师范大学出版社。 152.《记叙文》，北京师范大学中文系写作指导组编，北京师范大学出版社。 153.《修改文章》，北京师范大学中文系写作指导组编，北京师范大学出版社。 154.《语文教学参考材料汇编3：写作知识》，徐州市教育局连云港市文教局中学语文教参编写组。 155.《中学生作文选》，淄博市革命委员会教育局。 156.《小学生作文选》，烟台地区革命委员会政治部教育组，山东人民出版社。 157.《中学生作文选》，乌鲁木齐市革委会文教处，新疆人民出版社。 158.《中学生作文讲评》，上海人民出版社编，上海人民出版社。 159.《中学生作文选》（第一集），山西人民出版社。 160.《关于中学作文教学》，山东省临沂师专中文科，出版社不详。 161.《中学生作文选》，内蒙古教育局，内蒙古人民出版社。 162.《中学生作文选》，湖南师范学院中文系编，出版社不详。 163.《作文教学》，湖南省常德师范学校教育组编，出版社不详。 164.《生动的一课》，《北京少年》编辑组，北京人民出版社。 165.《育苗——中学生作文选》，广西中小学教材编写组，广西人民出版社。 166.《常用文体写作知识》，辽宁大学中文系文选写作教研室编，辽宁人民出版社。 167.《中学生作文讲评》，上海人民出版社编，上海人民出版社。 168.《记叙文和记叙文教学》，太原市教师业余进修辅导站，出版社不详。 169.《幼苗——小学生作文选》，广西中小学教材编写组，广西人民出版社。 170.《作文评改》，新金县夹河公社中学语文组编，辽宁人民出版社。
1974	171.《写作知识》，安徽省教育局教材编写组编，安徽人民出版社。 172.《小学生作文选》（第一辑），山西人民出版社编，山西人民出版社。 173.《新苗》，昆明师范学院中文系写作教研组，云南人民出版社。 174.《中学生作文》，内蒙古教育局编，内蒙古人民出版社。 175.《教育革命开新花　开门办学作文选》，北京市宣武区教育局、中学生《开门办学作文选》编选组编，北京人民出版社。 176.《金色的葵花——中学生作文选》，安徽省教育局教材编写组选，安徽人民出版社。 177.《中学作文指导》，江上峰，文化图书公司。 178.《幼苗茁壮——小学生作文选》，宁波地区教育局教改调研小组，浙江人民出版社。 179.《作文描写辞典》，于世达，大众书局。
1975	180.《小学生作文选》（第二辑），山西省中小学教材编审组，山西人民出版社。 181.《红小兵作文选》，呼和浩特市教育局，内蒙古人民出版社。 182.《文章修改与作文教学资料汇编》，四川师范学院中文系写作教研组编。 183.《中小学作文教学》，湖南省第三师范学校编，湖南省第三师范学校。
1976	184.《作文教学：语文函授学习辅导材料》，哈尔滨师范学院中文系函授短训组。

时间(年)	中小学写作教材目录
1977	185.《作文教学经验选编》,云南曲靖师范巡回函授组编。 186.《中小学语文教学参考资料:作文教学专集》,黑龙江省黑河地区教育局教研室编。 187.《小学生作文选》,淄博市教育局《小学生作文选》编选组,山东人民出版社。 188.《小学生作文选》(第三辑),山西省中小学教材编审室编,山西人民出版社。 189.《作文教学讲话》,浙江省建德师范学校函授部编。 190.《中学生作文1977》,福建人民出版社编,福建人民出版社。
1978	191.《中学生作文选1977》,泰安地革委教育局《中学生作文选》编选组编,山东人民出版社。 192.《写作教学资料2》,云南民族学院汉语文系写作教学组编。 193.《高考作文例析1977》,南化二中编写。 194.《写作与教学》,华南师院中文系函授教研组编。 195.《中学写作教学杂记》,楚立安,湘潭地区教师辅导站。 196.《中学生作文选评》,钟晓雨,内蒙古人民出版社。 197.《梧桐树下的"小邻居" 1978年少年暑期作文比赛得奖作品集》,少年报社编,少年报社。 198.《建国以来上海市中学生习作选》,上海教育出版社编,上海教育出版社。 199.《中学生作文讲评》,上海教育出版社编,上海教育出版社。 200.《山西省高考作文选》,山西人民出版社编,山西人民出版社。 201.《中学作文教学指导》,廊坊师范专科学校中文科编。 202.《中学作文教学》,广西梧州地区八步师范中文科。 203.《作文知识讲话》,刘厚明,中国少年儿童出版社。 204.《师范语文教学参考资料:小学作文教学部分》,北京市教育局教材编写组编,北京人民出版社。 205.《中学作文教学研究(资料汇编)》,梧州地区八步师范中文科编。 206.《和青年学生谈作文》,田嬰编述,上海书局有限公司。 207.《中学作文教学浅谈》,贵阳师范学院中文系《中学作文教学浅谈》编写组。 208.《写作教学资料3:论说文》,广西民族学院中文系写作教研组编。 209.《中学作文指导》,沈阳市教育学院现代文选写作组编,辽宁人民出版社。 210.《我在这战斗的一年里作文讲评》,北京市教材编写组《我在这战斗的一年里》编写小组编,北京人民出版社。 211.《高考优秀作文试析》,丹阳县革委会文教局教研室。 212.《小学记叙文教学资料》,上海市第六师范学校语文教研编,上海教育出版社。 213.《作文讲评》,长春市宽城区教师进修学校编,吉林人民出版社。 214.《谈语文教学》,王威宣等,山西人民出版社。 215.《和少年朋友谈作文》,王俊峰等,山西人民出版社。 216.《中学作文指导与批改》,沈辉,上海教育出版社。 217.《中学作文教学》,新乡地区教育局教研室、《中学作文教学》编写组编,河南人民出版社。 218.《中学生作文讲评》(第1集),上海教育出版社编,上海教育出版社。 219.《怎样学好作文》,通化市教师进修学校翻印。 220.《中学作文选读(2)》,南京市教育局教研室中学作文选读编辑组编。 221.《和小林谈作文》(第3版),刘大鸣,山东人民出版社。 222.《作文教学参考资料》,江苏省如皋师范学校语文组。

时间(年)	中小学写作教材目录
1979	223.《文章修改:中学作文教学参考资料》,韶关师专中文科编。 224.《小学生作文讲评》,内蒙古教育局教研室选编,钟晓雨讲评,内蒙古人民出版社。 225.《作文入门:从观察学习开始》,高原,新蕾出版社。 226.《阅读与写作》,安徽省教育局教材编审室编,安徽人民出版社。 227.《一九七九年高考语文复习资料作文例说》,石首县教育局教研室沙市一中语文组。 228.《优秀作文选》,中央人民广播电台青少年部,中国少年儿童出版社。 229.《中学生作文选》,郑州市教育局教研室,河南人民出版社。 230.《作文选评》,张冠英,旅大市沙河口区教师进修学校。 231.《中学生作文选》,晓宇,内蒙古人民出版社。 232.《小学生作文选》,天山区,新疆人民出版社。 233.《上海市小学生作文选》,上海市小学生作文选评选委员会,上海教育出版社。 234.《小学生作文选》(第四辑),山西省中小学教材编审室语文组,山西人民出版社。 235.《语文教学参考资料1:作文教学漫谈》,黄石教师进修学院编。 236.《中学生作文选》,安庆地区教育局,安徽人民出版社。 237.《上海市中学生作文比赛得奖作品选》,青年报社编,青年报社。 238.《漫谈中学语文教学》,查良圭,新疆人民出版社。 239.《与中学生谈作文》,路德庆,河南人民出版社。 240.《中学生作文浅说》,邓启光,唐山地区行政公署教育局。 241.《小学作文基本功训练》,朱敬本,山东人民出版社。 242.《小学低年级作文教学笔记》,王有声,天津人民出版社。 243.《中学生作文选1978》,福建人民出版社编,福建人民出版社。 244.《中学生作文指导》,王冰,安徽人民出版社。 245.《谈谈作文》,徐镌,黑龙江人民出版社。 246.《作文漫谈》,王运生,云南人民出版社。 247.《作文辅导资料》,宁夏固原行政公署文教局教研室编。 248.《小学生作文指导》,《少年报》选编,施雁冰讲评,少年儿童出版社。 249.《作文训练》,漳州市中学语文校际教研组编。 250.《王教师和小学生谈作文》,王有声,河北人民出版社。 251.《中学生作文评改》,延安大学中文系写作教研组编。 252.《1979高考语文复习资料作文例说》,武汉市江汉区教育局教研室编。 253.《优等国中作文 汇集全省优秀作文范文专辑》,许文源,大众书局。
1980	254.《谈谈小学作文教学》,《谈谈小学作文教学》编写组,浙江人民出版社。 255.《中学作文指导》,杨昌江,湖北人民出版社。
1981	256.《观察与写作》,王必辉、陈亦冰、刘勇强,安徽人民出版社。 257.《怎样指导学生造句》,王有声,福建人民教育出版社。 258.《常用文体写作知识》,李嘉耀、庞蔚群,上海教育出版社。 259.《小学作文教学》,王国兴,安徽人民出版社。 260.《中学作文讲话》,北京四中语文教研组,黄庆发、顾德希等执笔,北京出版社。 261.《小学作文教学研究》,肖懋燕,上海教育出版社。 262.《小学生作文评讲与教学》,梁捷灵,宁夏人民出版社。 263.《学生作文语病浅析》,郑文贞、余纲,陕西人民出版社。 264.《中学作文教学漫谈》,林飞,广西人民出版社。 265.《小学低年级说话写话教学》,上海教育出版社编,上海教育出版社。

时间（年）	中小学写作教材目录
1982	266.《作文教学论集》，张定远，新蕾出版社。 267.《作文有秘诀吗》，孟吉平，中国少年儿童出版社。 268.《中学作文指导实例　辛苦耕耘出佳作》，《语文学习》编辑部，上海教育出版社。 269.《家长如何辅导孩子作文》，孙思堂、穆振荣，福建人民出版社。 270.《苏联的作文教学》，Т. А. 拉德任斯卡雅，吴立岗编译，教育科学出版社。 271.《中学议论文写作分步教学》，大庆市教育学院语文组。 272.《中学作文教学讲座》，谢竹友、杨达英，福建教育出版社。 273.《小学生作文指导》，张成新、曹秀莉、史敏编，少年儿童出版社。 274.《中学生作文常识》，曲阜师范学院中文系写作教研室，山东教育出版社。 275.《作文法概要》，李景隆，辽宁人民出版社。 276.《中学各年级作文教学纲要》，广东市教育局教研室，广东人民出版社。 277.《小学语文读写教学札记》，王有声，山东教育出版社。 278.《谈批改作文》，语文教学社编，天津大众书店。 279.《作文技巧》，李忠义，中国农业机械出版社。 280.《习作知识讲话》，北京教育学院师范教研室，北京出版社。 281.《小学生作文批改》，王有声，河北人民出版社。 282.《文章讲话》，夏丏尊、叶圣陶，湖北人民出版社。 283.《小学作文四步训练》，李昌斌、马兆铭，山东教育出版社。 284.《作文知识十一讲》，刘高礼，内蒙古人民出版社。 285.《怎样写作文》，周康明，原子能出版社。 286.《作文练笔举要》，李德身，陕西人民出版社。 287.《教与写　特级教师作文教学经验片段》，沈蘅仲，上海教育出版社。 288.《作文教学法》，李保初、周靖，测绘出版社。
1983	289.《写作论谭》，刘锡庆、朱金顺、李维国等，中央广播电视大学出版社。 290.《小学作文指导》，史建中、李春旺，农村读物出版社。 291.《文选与习作》，辽、吉、黑、湘四省教材协编组，辽宁人民出版社。 292.《写作通论》，刘锡庆、朱金顺，北京出版社。 293.《作文纵横谈》，周思源，国防工业出版社。 294.《文体与作文》，丁传泰、丁元生，安徽人民出版社。 295.《写作语林》，俞长江、高起祥、吕晴飞，山东教育出版社。 296.《记叙文习作教程》，朱作仁、李卫民，江西人民出版社。 297.《文章例话》，叶圣陶，生活·读书·新知三联书店。
1984	298.《小学作文教学》，陈正南，江苏人民出版社。 299.《和小学教师谈作文教学》，朱景衡，湖南教育出版社。 300.《写与读》，老舍著，吴怀斌、曾广灿选编，湖南人民出版社。 301.《观察与作文》，刘胐胐，河南教育出版社。 302.《中学议论文教学》，伏正华，贵州人民出版社。 303.《记叙文的写作与教学》，徐惠元，山东教育出版社。 304.《小学生作文 17 讲》，张成新，四川少年儿童出版社。 305.《小学生学作文》，徐珊，浙江教育出版社。 306.《作文常见病例话》，单传夫、辛科，山东教育出版社。 307.《习作例文及其教学》，佘同生、李中璋，湖南教育出版社。 308.《趣话学作文》，王凤泉、张祖馨，青海人民出版社。 309.《作文杂谈》，张中行，人民教育出版社。 310.《作文示范和练笔》，蔡林兴、李祥杰、刘大同等，福建人民出版社。 311.《语法·修辞·作文》，朱德熙，上海教育出版社。

时间（年）	中小学写作教材目录
	312.《作家谈作文》，崔锡臣、吴思敬、方位津，河南教育出版社。 313.《提高写作技能》，威廉·W.韦斯特著，章熊、章学淳译，福建教育出版社。 314.《文体各异教法不同　小学语文教学漫笔》，周一贯，浙江教育出版社。 315.《小学作文素描教学》，吴立岗，浙江教育出版社。
1985	316.《小学语文读写结合法》，丁有宽，广东教育出版社。 317.《作文能力训练》，任兴声，复文图书出版社。 318.《文章章法与阅读写作》，夏绍臣，人民日报出版社。 319.《作文起步》，宋立、唐述英，安徽少年儿童出版社。 320.《小学生作文指导》，蔡宪法，江西教育出版社。 321.《简单论文写作》，章熊，四川教育出版社。 322.《中学作文技法》，金道行，湖北教育出版社。 323.《小学生作文知识十谈》，郝亦民，河北少年儿童出版社。 324.《演讲稿写作概要》，高瑞卿，东北师范大学出版社。 325.《中国古代写作理论》，刘九洲、张声怡，华中工学院出版社。 326.《中学生现场命题作文指导》，《语文学习》编辑部，上海教育出版社。 327.《小学片段作文指导》，北京教育学院西城分院、小学作文教学研究班，原子能出版社。 328.《少年观察作文》，廖祥林、王书荣、黎昭，广西人民出版社。 329.《小学生作文描写示例》，汪群，河北少年儿童出版社。 330.《说明文一百题》，于漪、陶本一，陕西人民出版社。 331.《小学作文教学新探》，沙衍孙、王磊，山东教育出版社。 332.《中学作文手册》，梅沙、张美妮、朱家钰等，四川人民出版社。 333.《中学作文描写辞典》，程维民、吴茵，福建人民出版社。 334.《写作教学与智力发展》，严杰，东北师范大学出版社。
1986	335.《王有声作文教学教案选》，王有声，山东教育出版社。 336.《中小学生作文描写入门》，钟文，甘肃人民出版社。 337.《小学作文指导和讲评》，林东豪，福建人民出版社。 338.《作文讲评五十例》，于漪，山东教育出版社。 339.《写作技法八讲》，张继缅，中国青年出版社。 340.《作文考试指导》，张福深，辽宁少年儿童出版社。 341.《怎样写作文》，周康明，原子能出版社。 342.《诗词习作与欣赏》，宙浩，人民日报出版社。 343.《陆鉴三谈作文》，陆鉴三，浙江教育出版社。 344.《作文构思例话》，周丹枫、韩厉观，湖北教育出版社。 345.《作文评语举例》，王进祥，漓江出版社。 346.《写作与作文教学研究》，吴永华、张福深，辽宁教育出版社。 347.《分析与作文》，刘胐胐、高原、张伯华、张大成，河南教育出版社。 348.《写作与作文教学》，十一所教育学院编写组，云南教育出版社。 349.《小学生看图作文辅导》，王有声，明天出版社。 350.《作文病例讲析》，杜功乐、张穆荫，上海教育出版社。 351.《国外作文教学》，鲁宝元，文心出版社。 352.《初中作文教学设计》，顾黄初、张泽民，北京师范大学出版社。 353.《写作与作文评改》，朱伯石，高等教育出版社。 354.《作文疑难二十解》，文丕显、李同福、李斌成，未来出版社。 355.《200种应用文写作方法》，冯广珍，重庆出版社。 356.《怎样写好作文》，吴正吉，文津出版社。

时间（年）	中小学写作教材目录
	357.《作文开窍》，程逸如、唐晓云、姜美玲，语文出版社。 358.《千字文写作》，闵贵云、张光鳞，北京航空学院出版社。 359.《条件作文命题二百例》，何宝民，文心出版社。 360.《小学生怎样学作文》，王诩仁，福建少年儿童出版社。 361.《文章写作原理》，管金麟，河南大学出版社。 362.《怎样学习写文章》，徐仲华，科学技术文献出版社。 363.《作文讲评札记》，刘传夫、李慧志，山东教育出版社。 364.《论文写作指要》，江霞，江苏人民出版社。 365.《小学作文指导》，中央电化教育馆、卫星电视教育教材办公室主编，北京师范大学出版社。 366.《构思与结尾》，王守勋、邓丕照，对外贸易教育出版社。 367.《议论文的写作训练》，王序良，广东教育出版社。 368.《议论文教学》，王伟，东北师范大学出版社。 369.《讲故事学作文》，毛志成，中国少年儿童出版社。 370.《小学作文教学札记》，王有声，北京教育出版社。
1987	371.《作文基础训练》，郎岱坤、佟腾芳，农村读物出版社。 372.《中学生作文与创造思维》，施羽尧，黑龙江少年儿童出版社。 373.《作文的命题与指导》，夏太富、高波琴，上海教育出版社。 374.《初中作文构思八十例》，东成，陕西人民教育出版社。 375.《怎样写事》，黄志伟，北京少年儿童出版社。 376.《示范作文与作文写法》，郭以格，广西教育出版社。 377.《漫谈修辞与作文》，耿文辉，辽宁人民出版社。 378.《作文训练教程》，及树楠、刘德铭，南开大学出版社。 379.《作文技法小百科》，金怡弟等编，陕西人民教育出版社。 380.《小学作文教学的时代特征》，第三次小学作文训练协作研究会学术组，文心出版社。 381.《作文步步高》，《中学生学习报》编辑部，河南大学出版社。 382.《选材与表达》，董长青、海青、薛治国，对外贸易教育出版社。 383.《作文入门》，孙峤，武汉大学出版社。 384.《小学生怎样写作文》，史建中，中国广播电视出版社。 385.《高考作文取胜法》，余辉瑾，百花文艺出版社。 386.《修辞写作丛谈》，张寿康，宁夏人民出版社。 387.《语文教学中的读写结合》，叶多嘉，北京日报出版社。 388.《作文指南》，毛汉华、毛文汉，中国妇女出版社。 389.《论文写作指要》，张继缅、索立歌，教育科学出版社。 390.《作文教学原理》，杨成章，福建人民出版社。 391.《小学生作文审题技巧》，何山、汪群，河北少年儿童出版社。 392.《不会作文怎么办》，陈伯吹，上海教育出版社。 393.《语文老师谈写作文》，曾仲珊，湖南少年儿童出版社。 394.《少年作文学习门径》，王有声，黑龙江少年儿童出版社。 395.《写作技法词典》，徐汉华，陕西人民教育出版社。 396.《文章学基础》，程福宁，湖南大学出版社。 397.《小学作文教学心理新探》，《湖北教育》编辑部、黄石市教学研究室编，广西师范大学出版社。 398.《初中作文训练》，张厚感、顾振彪、赵丕杰等，北京出版社。 399.《怎样修改你的习作》，朱希祥、陆成祥，语文出版社。 400.《写作知识与训练》，左文光、贾陆原、李恩荣，辽宁教育出版社。 401.《中学作文训练体系和方法》，都本忱，东北师范大学出版社。

时间（年）	中小学写作教材目录
1988	402.《作文应试方法与技巧》，李锋主编，王镫令等编，文心出版社。 403.《小学生作文入门》，吴凯、徐正纲，北方妇女儿童出版社。 404.《中学生作文序列训练》，罗厚泽，中国少年儿童出版社。 405.《快速作文法及实例》，田家骅，中国国际广播出版社。 406.《学生作文中外范例辞典》，陈伯吹、潘天祥，浙江教育出版社。 407.《好作文的写法》，翟军、玉章，文心出版社。 408.《作家谈作文》，林从龙，四川教育出版社。 409.《写作漫话》，赵玉林、赵朕，新蕾出版社。 410.《怎样辅导小学生做作文》，胡孟炎，冶金工业出版社。 411.《作文速成200法》，余忠培、黄征旺，广西民族出版社。 412.《怎样诱导作文　作文三级跳与诱导法》，潘万辉，文心出版社。 413.《说明文的写作训练》，王序良、于慧中，广东教育出版社。 414.《低年级起步作文》，徐永森、查振坤，文心出版社。 415.《当代中国小学作文教学风格》，杨再隋、雷实，广西人民出版社。 416.《快速作文助导》，景树泉，吉林人民出版社。 417.《作文结构技巧》，阎银夫，江西少年儿童出版社。 418.《作文指路》，方仁工、林炜彤、过忠传等，江苏教育出版社。 419.《学会写小作文》，夏太富，少年儿童出版社。 420.《中学生多角度作文技巧训练》，杨金泉、秦歌，陕西师范大学出版社。 421.《中学作文教学概论》，庄涛、方伯荣、刘清涌、戴华惠，上海文化出版社。 422.《作文的批改与讲评》，夏大富、邓九如，上海教育出版社。 423.《初中作文教学程序》，《上海教育》编辑部编，华东师范大学出版社。 424.《文章新潮》，曾祥芹、洪珉，河南教育出版社。 425.《学作文和教作文》，徐锟、朱纪松，科学普及出版社。 426.《作文技能训练》，王培铎，东北财经大学出版社。 427.《议论文写作导引》，吴祖兴，清华大学出版社。 428.《中学作文难点求解》，胡吉章，文心出版社。 429.《启发式批改作文法》，张鼎盛，四川教育出版社。 430.《高中情境作文构思与写作》，周风、赵保纬，天津人民出版社。 431.《作文教改集锦》，宫汝惠、高宗达，广西师范大学出版社。 432.《小学生怎样写片段作文》，史建中、张金钟，光明日报出版社。 433.《作文题析》，张春林、金志浩，浙江教育出版社。 434.《作文审题技巧示例》，何山、汪群，河北少年儿童出版社。 435.《学生作文辞典》，李振村，中国矿业大学出版社。 436.《读写教法荟萃》，刘积琳，东北师范大学出版社。 437.《小学生作文能力的培养》，张效梅，光明日报出版社。 438.《一题多体作文评释》，陆北，沈阳出版社。 439.《比较作文概论》，赵杰，河南教育出版社。 440.《中学语文段落教学》，姚德矅，光明日报出版社。 441.《作文教学园地》，高宗达、宫汝惠，广西师范大学出版社。 442.《初中学生看图作文指导与训练》，刘侠民，江西人民出版社。
1989	443.《学作文学做人》，刘承发，同济大学出版社。 444.《作文教学漫笔》，高宗达，广西师范大学出版社。 445.《小学生作文一题多作指引》，潘天祥、程逸汝、钱关康，上海教育出版社。 446.《学会看图作文》，陆军，上海社会科学院出版社。 447.《文章结构学》，吴应天，中国人民大学出版社。 448.《作文练笔方法谈》，方欣、庄幼娟，青岛出版社。

时间(年)	中小学写作教材目录
	449.《中学议论文三向定作思维训练》,黄双喜、向多智、刘长林、谢德宏,湖南大学出版社。 450.《中学生最佳作文法》,张明标,陕西师范大学出版社。 451.《作文构思五十例》,阎银夫,黑龙江教育出版社。 452.《唐宋八大家散文技法》,朱世英、郭景春,长江文艺出版社。 453.《小学作文教学论》,高宗达,广西师范大学出版社。 454.《各体写作文鉴》,王继志,南京大学出版社。 455.《说明文写作技巧》,闻林毓,四川文艺出版社。 456.《写作技巧手册》,薛梦得,中国妇女出版社。 457.《小学作文教学目标与训练》,上海市教育科学研究所小学作文教育质量评价研究组,上海科学技术出版社。 458.《中学写作教学概论》,张传宗,辽宁教育出版社。 459.《作家教你写作文》,智仁勇,文心出版社。 460.《中学作文对比指导》,吴明宇、薛生,中国国际广播出版社。 461.《开发创造性作文法》,廖爱清,天津教育出版社。 462.《阅读课内的作文指导》,王有声,光明日报出版社。 463.《小学作文指导大全》,北京市《小学作文指导大全》编写组,北京师范学院出版社。 464.《多角度立意作文指导》,王宝贵,辽宁大学出版社。 465.《学生作文心理优势培植》,朱邦国,陕西人民出版社。 466.《修辞·语法·文章》,秦旭卿、王希杰,湖南教育出版社。 467.《小学作文训练大全》,张庆,江苏教育出版社。 468.《授文千法》,廖涵,湖南教育出版社。 469.《作文开窍》,陈耀华,科学出版社。 470.《小学生作文 50 法》,王新燕、李鸿鹄,明天出版社。 471.《文章技法例话》,臧博平,湖北教育出版社。 472.《作文三级训练体系概论》,刘胐胐、高原,光明日报出版社。 473.《小学生谈学习作文》,吴立岗,少年儿童出版社。 474.《中学生临场快速作文法》,湘人、郑晏为,北京师范大学出版社。 475.《中学作文对比指导》,李淦华,语文出版社。 476.《写作教学心理学》,钟为永,上海文艺出版社。 477.《写作过程论》,刘智祥,学苑出版社。 478.《多角度作文》,张人石,中南工业大学出版社。 479.《作文构思三百例》,王正贵,北京出版社。 480.《小学生怎样写作文》,魏学成、范宗武,济南出版社。 481.《小学生作文失误例谈》,伍岳良,新世纪出版社。 482.《怎样写好毕业升学作文》,燕慈、晓薇,海潮出版社。 483.《快速作文技巧》,《语文学习》编辑部,上海教育出版社。 484.《基础写作法新探》,袁志勇,学苑出版社。 485.《怎样写好作文　写作能力纵横谈》,周长秋,明天出版社。 486.《记叙文写作导引》,吴祖兴,清华大学出版社。 487.《文话七十二讲》,夏丏尊、叶圣陶,上海教育出版社。 488.《作文入门三编》,刘胐胐、高原,新蕾出版社。
1990—1999	关于中小学作文教学方面的著作,共找到 670 余本。具体书名从略。

备注:上表中关于作文教学的著作,仅以中国大陆出版为限。

参考文献

A. 专著、论文集、学位论文

[1] 鲍尔生. 德国教育史[M]. 滕大春,滕大生,译. 北京:人民教育出版社,1986.

[2] 威廉·冯·洪堡特. 语言与人类精神[M]. 钱敏汝,译. 北京:北京师范大学出版社,1997.

[3] 伊曼努尔·康德. 实用人类学[M]. 邓晓芒,译. 重庆:重庆出版社,1987.

[4] 海德格尔. 海德格尔选集[M]. 孙周兴,译. 上海:上海三联书店,1996.

[5] 林格伦. 课堂教育心理学[M]. 章志光,译. 昆明:云南人民出版社,1983.

[6] 约翰·杜威. 民主主义与教育[M]. 王承绪,译. 北京:人民教育出版社,2001.

[7] 皮特·科德. 应用语言学导论[M]. 上海外国语学院外国语言文学研究所,译. 上海:上海外语教育出版社,1983.

[8] 爱德华·萨丕尔. 萨丕尔论语言、文化与人格[M]. 高一虹,等,译. 北京:商务印书馆,2011.

[9] 中共中央文献研究室. 毛泽东选集(第3卷)[M]. 北京:人民出版社,1991.

[10] 郑国民. 从文言文教学到白话文教学——我国近现代语文教育的变革历程[M]. 北京:北京师范大学出版社,2000.

[11] 郑国民. 新世纪语文课程改革研究[M]. 北京:北京师范大学出版社,2003.

[12]《胡乔木传》编写组编. 胡乔木谈语言文字[M]. 北京:人民出版社,2015.

[13] 王荣生. 语文科课程论基础[M]. 上海:上海教育出版社,2003.

[14] 荣维东. 交际语境写作[M]. 北京:语文出版社,2016.

[15] 董小玉. 现代写作教程[M]. 北京:高等教育出版社,2000.

[16] 章熊. 语言和思维的训练[M]. 上海:上海教育出版社,1983.

[17] 章熊. 高中议论文写作[M]. 北京:北京出版社,1999.

[18] 潘新和. 中国现代写作教育史[M]. 福州:福建人民出版社,1997.

[19] 潘新和. 中国写作教育思想论纲[M]. 北京:人民教育出版社,1998.

[20] 潘新和. 语文:表现与存在[M]. 福州:福建人民出版社,2004.

[21] 潘新和. 语文:回望与沉思[M]. 福州:福建人民出版社,2008.

[22] 朱绍禹. 语文教育辞典[M]. 延吉:延边人民出版社,1991.

[23] 张鸿苓. 简明语文教育辞典[M]. 长春:吉林教育出版社,1992.

[24] 朱作仁. 小学语文教学心理学和教学法问题[M]. 沈阳:辽宁少年儿童出版社,1985.

[25] 朱作仁. 小学语文教学法原理[M]. 上海:华东师范大学出版社,1988.

[26] 吴立岗. 小学作文素描教学[M]. 杭州:浙江教育出版社,1984.

[27] 胡文淑,李平,等. 写作基础知识[M]. 上海:上海教育出版社,1960.

[28] 熊月之. 西学东渐与晚清社会(修订版)[M]. 北京:中国人民大学出版社,2011.

[29] 熊明安. 中国近现代教学改革史[M]. 重庆:重庆出版社,1999.

[30] 赵家璧. 中国新文学大系·建设理论集[M]. 上海:上海良友图书公司,1935—1936.

［31］顾黄初.中国现代语文教育百年事典［M］.上海：上海教育出版社,2001.

［32］顾黄初,李杏保.二十世纪前期中国语文教育论集［M］.成都：四川教育出版社,1991.

［33］顾黄初,李杏保.二十世纪后期中国语文教育论集［M］.成都：四川教育出版社,2000.

［34］顾黄初.现代语文教育史札记［M］.南京：南京出版社,1991.

［35］北京大学.文学运动史料选［M］.上海：上海教育出版社,1979.

［36］北京图书馆.民国时期总书目(1911—1949)［M］.北京：书目文献出版社,1986.

［37］毕苑.中国近代教科书研究［D］.北京：北京师范大学,2007.

［38］马振国,张启民.高原刘朏朏作文教学论著选［M］.呼和浩特：内蒙古大学出版社,1993.

［39］蔡元培.蔡元培选集［M］.北京：中华书局,1959.

［40］蔡元培著,高叔平编.蔡元培教育论著选［M］.北京：人民教育出版社,1991.

［41］陈必祥,王华敏.中国现代语文教育发展史［M］.昆明：云南教育出版社,1987.

［42］陈景磐.中国近代教育史(第2版)［M］.北京：人民教育出版社,1983.

［43］陈黎明,林化君.二十世纪中国语文教学［M］.青岛：海洋大学出版社,2002.

［44］陈青之.中国教育史［M］.上海：商务印书馆,1936.

［45］陈望道.修辞学发凡［M］.上海：复旦大学出版社,2008.

［46］陈侠.近代中国小学课程演变史［M］.上海：商务印书馆,1944.

［47］陈学恂.中国近代教育大事记［M］.上海：上海教育出版社,1981.

［48］陈学恂.中国近代教育文选［M］.北京：人民教育出版社,1983.

［49］陈翊林.最近三十年中国教育史［M］.上海：太平洋书店,1930.

［50］陈元晖,李桂林,戚名琇,钱曼情.中国近代教育史资料汇编——普通教育［M］.上海：上海教育出版社,1995.

［51］璩鑫圭,唐良炎.中国近代教育史资料汇编——学制演变［M］.上海：上海教育出版社,1991.

［52］陈元晖,璩鑫圭.中国近代教育史资料汇编——鸦片战争时期教育［M］.上海：上海教育出版社,1990.

［53］陈元晖,高时良,黄仁贤.中国近代教育史资料汇编——洋务运动时期教育［M］.上海：上海教育出版社,1992.

［54］陈子褒.教育遗议［M］.台北：文海出版社,1973.

［55］陈子展.应用文作法讲话［M］.上海：北新书局,1933.

［56］程稀.夏丏尊语文教育思想研究［D］.上海：华东师范大学,2008.

［57］程千帆,程章灿.程千帆全集(第十二卷)·程氏汉语文学通史［M］.石家庄：河北教育出版社,2000.

［58］丛立新.课程论问题［M］.北京：教育科学出版社,2000.

［59］刁晏斌.现代汉语史［M］.福州：福建人民出版社,2006.

［60］董远骞.中国教学论史［M］.北京：人民教育出版社,1998.

［61］杜福磊.中国写作学理论研究与发展［M］.北京：中国编译出版社,2004.

［62］杜草甬.叶圣陶论语文教育［M］.郑州：河南教育出版社,1986.

［63］范远波.民国小学语文教材研究［D］.上海：华东师范大学,2007.

［64］方明生.日本生活作文教育研究［D］.上海：华东师范大学,2000.

［65］张岱年,陈飞,徐国利.回读百年:20世纪中国社会人文论争(第1卷)［M］.郑州：大象出版社,1999.

［66］郜元宝.汉语别史:现代中国的语言体验［M］.济南：山东教育出版社,2010.

［67］何九盈.中国现代语言学史［M］.广州：广东教育出版社,1995.

［68］何明.写作语言学［M］.长春：东北师范大学出版社,1998.

［69］何以聪.语文教学评论集［M］.上海：学林出版社,1989.

［70］洪宗礼,柳士镇,倪文锦.母语教材研究(1—4卷)［M］.南京：江苏教育出版社,2007.

[71] 胡怀琛. 文章作法全集[M]. 上海：世界书局，1934.

[72] 胡适. 胡适文存二集(卷二)[M]. 上海：亚东图书馆，1925.

[73] 胡适. 胡适文存(卷一)[M]. 上海：亚东图书馆，1925.

[74] 姜义华. 胡适学术文集·新文学运动[M]. 北京：中华书局，1993.

[75] 胡适. 中国新文学大系·建设理论集[M]. 上海：上海良友图书公司，1935.

[76] 胡适，朱文华. 反省与尝试：胡适集[M]. 上海：上海文艺出版社，1998.

[77] 胡适. 胡适论教育[M]. 合肥：安徽教育出版社，2006.

[78] 胡裕树. 现代汉语(重订本)[M]. 上海：上海教育出版社，1995.

[79] 胡明扬. 西方语言学名著选读(第 2 版)[M]. 北京：中国人民大学出版社，1999.

[80] 华东师范大学教育系. 中国现代教育文选[M]. 北京：人民教育出版社，1998.

[81] 黄济，王策三. 现代教育论[M]. 北京：人民教育出版社，1996.

[82] 黄霖，蒋凡. 中国历代文论选新编：精选本[M]. 上海：上海教育出版社，2008.

[83] 霍松林. 古代文论名篇详注[M]. 上海：上海古籍出版社，1986.

[84] 霍松林. 中国近代文论名篇详注[M]. 贵阳：贵州人民出版社，1986.

[85] 蒋纯焦. 一个阶层的消失：晚清以降塾师研究[M]. 上海：上海书店出版社，2007.

[86] 教育部. 第一次中国教育年鉴[M]. 上海：开明书店，1934.

[87] 教育部教育年鉴编纂委员会. 第二次中国教育年鉴[M]. 上海：商务印书馆，1948.

[88] 金林祥. 中国教育制度通史(第六卷)[M]. 济南：山东教育出版社，2000.

[89] 经亨颐. 最近教育思潮[M]. 杭州：浙江省教育学会，1917.

[90] 课程教材研究所. 20 世纪中国中小学课程标准·教学大纲汇编·语文卷[M]. 北京：人
民教育出版社，2001.

[91] 蓝少成. 中国散文写作史[M]. 南宁：广西教育出版社，1990.

[92] 黎锦熙. 国语运动史纲[M]. 上海：商务印书馆，1934.

[93] 黎锦熙，杨庆蕙. 黎锦熙语言文字学论著选集[M]. 北京：北京师范大学出版社，2002.

[94] 黎锦熙. 新著国语文法[M]. 上海：商务印书馆，1924.

[95] 黎泽渝，马嘯风，李乐毅. 黎锦熙语文教育论著选[M]. 北京：人民教育出版社，1996.

[96] 李伯棠. 小学语文教材简史[M]. 济南：山东教育出版社，1985.

[97] 李景隆，高瑞卿. 应用文体写作概要[M]. 沈阳：辽宁人民出版社，1983.

[98] 李杏保. 语文学科教育参考资料类编[M]. 北京：高等教育出版社，1996.

[99] 李杏保，顾黄初. 中国现代语文教育史[M]. 成都：四川教育出版社，2000.

[100] 梁启超. 中国历史研究法[M]. 上海：上海古籍出版社，1987.

[101] 林可夫. 高等师范写作教程[M]. 福州：福建教育出版社，1991.

[102] 林治金，等. 中国小学语文教学史[M]. 济南：山东教育出版社，1995.

[103] 刘光成. 百年写作命题研究[D]. 长沙：湖南师范大学，2010.

[104] 叶圣陶，刘国正. 叶圣陶教育文集(1—5)[M]. 北京：人民教育出版社，1994.

[105] 刘国正，陶伯英. 中国近现代名家作文论[M]. 郑州：文心出版社，1992.

[106] 刘国正. 实和活——刘国正语文教育论集[M]. 北京：人民教育出版社，1995.

[107] 刘进才. 语言运动与中国现代文学[M]. 北京：中华书局，2007.

[108] 刘绍春. 晚清教育改革之研究：科举制的废除与新教育的兴起[D]. 北京：北京师范大
学，1999.

[109] 刘锡庆. 基础写作学[M]. 北京：人民教育出版社，2007.

[110] 刘锡庆. 中国写作理论辑评(古代部分，现代部分，近代部分，当代部分)[M]. 呼和浩
特：内蒙古教育出版社，1992.

[111] 刘增人. 叶圣陶研究资料[M]. 北京：北京十月文艺出版社，1988.

[112] 鲁迅. 呐喊[M]. 上海：鲁迅全集出版社，1941.

[113] 鲁迅. 华盖集[M]. 北京：北新书局，1926.

[114] 鲁迅先生纪念委员会. 鲁迅全集[M]. 上海：鲁迅全集出版社,1938.

[115] 刘坚. 20 世纪的中国语言学[M]. 北京：北京大学出版社,1998.

[116] 吕达. 课程史论[M]. 北京：人民教育出版社,1999.

[117] 吕达. 陆费逵教育论著选[M]. 北京：人民教育出版社,2000.

[118] 吕达,刘立德. 舒新城教育论著选[M]. 北京：人民教育出版社,2004.

[119] 马建忠. 马氏文通[M]. 北京：商务印书馆,2008.

[120] 茅盾,毛华轩. 茅盾少年时代作文[M]. 北京：光明日报出版社,1984.

[121] 宋承圆. 少年茅盾作文译评[M]. 长春：北方妇女儿童出版社,1998.

[122] 茅盾. 我走过的道路（上）[M]. 北京：人民文学出版社,1997.

[123] 倪海曙. 清末汉语拼音运动编年史：切音字运动[M]. 上海：上海人民出版社,1959.

[124] 启功,张中行,金克木. 说八股[M]. 北京：中华书局,2000.

[125] 钱竞,王飚. 中国 20 世纪文艺学学术史（第一部）[M]. 上海：上海文艺出版社,2001.

[126] 秦和平. 基督宗教在四川传播史稿[M]. 成都：四川人民出版社,2006.

[127] 饶杰腾. 近现代中学语文教育的发展[M]. 广州：广东教育出版社,2008.

[128] 饶杰腾. 中学语文单元教学模式[M]. 北京：开明出版社,1992.

[129] 任重. 文言、白话、大众语论战集[M]. 上海：民众读物出版社,1934.

[130] 阮真. 中学国文校外阅读研究[M]. 上海：民智书局,1929.

[131] 阮真. 中学作文教学研究[M]. 上海：民智书局,1929.

[132] 阮真. 中学国文各学程教学研究[M]. 上海：民智书局,1930.

[133] 阮真. 中学国文教学法[M]. 南京：正中书局,1936.

[134] 阮真. 中学读文教学研究[M]. 上海：中华书局,1940.

[135] 商金林. 叶圣陶传论[M]. 合肥：安徽教育出版社,1995.

[136] 商金林. 叶圣陶年谱长编（第一、二卷）[M]. 北京：人民教育出版社,2004.

[137] 商金林. 叶圣陶年谱长编（第三、四卷）[M]. 北京：人民教育出版社,2005.

[138] 商务印书馆. 商务印书馆九十年：我和商务印书馆（1897—1987）[M]. 北京：商务印书馆,1987.

[139] 申小龙. 人文精神,还是科学主义？——20 世纪中国语言学思辨录[M]. 上海：学林出版社,1989.

[140] 申小龙. 汉语与中国文化[M]. 上海：复旦大学出版社,2008.

[141] 胡絜青. 老舍写作生涯[M]. 天津：百花文艺出版社,1981.

[142] 高瑞泉. 中国近代社会思潮[M]. 上海：上海人民出版社,2007.

[143] 顾长声. 从马礼逊到司徒雷登——来华新教传教士（修订版）[M]. 上海：上海人民出版社,1985.

[144] 《教育学原理》编写组. 教育学原理[M]. 北京：高等教育出版社,2019.

[145] 施雪华. 政治科学原理[M]. 广州：中山大学出版社,2001.

[146] 石鸥,吴小鸥. 百年中国教科书图说（1897—1949）[M]. 长沙：湖南教育出版社,2009.

[147] 史成明. 中国现代语文教育的早期路向[D]. 上海：华东师范大学,2006.

[148] 舒新城. 近代中国教育思想史[M]. 上海：中华书局,1932.

[149] 舒新城. 中国近代教育史资料（上中下）[M]. 北京：人民教育出版社,1961.

[150] 索绪尔. 普通语言学教程[M]. 高名凯,译. 岑麒祥,叶蜚声,校注. 北京：商务印书馆,2002.

[151] 谭彼岸. 晚清的白话文运动[M]. 武汉：湖北人民出版社,1956.

[152] 谭家健. 中国古代散文史稿[M]. 重庆：重庆出版社,2006.

[153] 韩兆琦. 中国古代散文专题[M]. 北京：高等教育出版社,2008.

[154] 汤景泰. 宁鸣而死,不默而生：胡适的言论写作研究[M]. 成都：巴蜀书社,2010.

[155] 陶东风. 文体演变及其文化意味[M]. 昆明：云南人民出版社,1994.

[156] 陈学恂,田正平. 中国教育史研究(近代分卷)[M]. 上海:华东师范大学出版社,2001.

[157] 童庆炳. 二十世纪中国文论经典[M]. 北京:北京师范大学出版社,2004.

[158] 童庆炳. 童庆炳谈文体创造[M]. 开封:河南大学出版社,2008.

[159] 汪家熔. 中国出版史料·近代部分(第一、二、三卷)[M]. 武汉:湖北教育出版社,2004.

[160] 汪家熔. 民族魂——教科书变迁[M]. 北京:商务印书馆,2008.

[161] 王炳照,郭齐家,刘德华. 简明中国教育史[M]. 北京:北京师范大学出版社,2007.

[162] 王德春,孙汝健,姚远. 社会心理语言学[M]. 上海:上海外语教育出版社,1995.

[163] 王建军. 中国近代教科书发展研究[M]. 广州:广东教育出版社,1996.

[164] 王凯符. 古代文章学概论[M]. 武汉:武汉大学出版社,1983.

[165] 王力. 王力汉语散论[M]. 北京:商务印书馆,2002.

[166] 王力. 汉语史稿(重排本)[M]. 北京:中华书局,2004.

[167] 王力. 中国语言学史[M]. 上海:复旦大学出版社,2006.

[168] 王伦信. 清末民国时期中学教育研究[D]. 上海:华东师范大学,2003.

[169] 王森然. 中学国文教学概要[M]. 上海:商务印书馆,1929.

[170] 王有朋. 中国近代中小学教科书总目[M]. 上海:上海辞书出版社,2010.

[171] 王正. 现代写作范畴论[M]. 南京:南京大学出版社,2010.

[172] 王志彬. 20世纪中国写作理论史[M]. 南京:南京大学出版社,2002.

[173] 文振庭. 文艺大众化问题讨论资料[M]. 上海:上海文艺出版社,1987.

[174] 吴洪成. 中国小学教育史[M]. 太原:山西教育出版社,2006.

[175] 吴研因,舒新城. 小学国语教学法概要[M]. 上海:商务印书馆,1925.

[176] 吴艳兰. 北京师范大学图书馆馆藏师范学校及中小学教科书书目(清末至1949年)[M]. 北京:北京师范大学出版社,2002.

[177] 吴玉章. 文字改革文集[M]. 北京:中国人民大学出版社,1978.

[178] 夏丏尊,叶圣陶. 文章讲话[M]. 上海:开明书店,1946.

[179] 夏丏尊,刘熏宇. 文章作法[M]. 北京:教育科学出版社,2007.

[180] 夏丏尊. 夏丏尊文集(文心之辑)[M]. 杭州:浙江文艺出版社,1983.

[181] 夏志清. 人的文学[M]. 沈阳:辽宁教育出版社,1998.

[182] 向熹. 简明汉语史[M]. 北京:高等教育出版社,1993.

[183] 萧承慎. 教学法三讲[M]. 福州:福建教育出版社,2009.

[184] 刑福义. 文化语言学[M]. 武汉:湖北教育出版社,2000.

[185] 徐林祥,武玉鹏. 历史追问:语文教育发展篇[M]. 济南:山东教育出版社,2008.

[186] 徐时仪. 汉语白话发展史[M]. 北京:北京大学出版社,2007.

[187] 许慎. 说文解字[M]. 上海:中华书局,1963.

[188] 许慎,段玉裁. 说文解字注[M]. 上海:上海古籍出版社,1981.

[189] 薛绥之,张俊才. 林纾研究资料[M]. 福州:福建人民出版社,1983.

[190] 闫苹,段建宏. 中国现代中学语文教材研究[M]. 郑州:文心出版社,2007.

[191] 闫苹,张雯. 民国时期小学语文教科书评价[M]. 北京:语文出版社,2009.

[192] 闫苹. 民国时期小学语文教科书评介[M]. 北京:语文出版社,2009.

[193] 叶多嘉. 四年级作文[M]. 北京:中国文联出版公司,1992.

[194] 王栻编. 严复集[M]. 北京:中华书局,1986.

[195] 姚小平. 洪堡特:人文研究和语言研究[M]. 北京:外语教学与研究出版社,1995.

[196] 叶圣陶. 文章例话[M]. 上海:上海文艺出版社,1999.

[197] 尹逊才. 从"词章"到"语文"——由名称演变看语文课程内容的递嬗[D]. 北京:北京师范大学,2009,

[198] 于龙. 现代语文课程话语考论[D]. 上海:上海师范大学,2008.

[199] 李国钧,王炳照,于述胜. 中国教育制度通史(第七卷)[M]. 济南:山东教育出版

社,2000.

[200] 俞筱尧,刘彦捷.陆费逵与中华书局[M].北京:中华书局,2002.

[201] 袁晖,宗廷虎.汉语修辞学史[M].合肥:安徽教育出版社,1990.

[202] 张百熙.钦定学堂章程·钦定蒙学堂章程[M].台北:文海出版社,1985.

[203] 张静庐.在出版界二十年[M].上海:上海杂志公司,1938.

[204] 张静庐.中国近现代出版史料·近代初编·近代二编·现代甲编·现代乙编·现代丁编(上、下)·现代丙编·补编(8册)[M].上海:上海书店出版社,2003.

[205] 张隆华.中国语文教育史纲[M].长沙:湖南师范大学出版社,1991.

[206] 张隆华,曾仲珊.中国古代语文教育史[M].成都:四川教育出版社,2000.

[207] 张向东.语言变革与现代文学的发生[M].北京:人民文学出版社,2010.

[208] 张煜明.中国出版史[M].武汉:武汉出版社,1994.

[209] 张哲英.清末民国时期语文教育观念考察[D].上海:华东师范大学,2009.

[210] 张之洞.奏定学堂章程[M]//沈云龙.近代中国史料丛刊三编(第七十三).台北:文海出版社,1972.

[211] 张之洞.奏定学堂章程·初级师范学堂章程[M].台北:文海出版社,1985.

[212] 张志公.传统语文教育初探[M].上海:上海教育出版社,1962.

[213] 张志公.传统语文教育教材论——暨蒙学书目和书影[M].上海:上海教育出版社,1992.

[214] 张中行.作文杂谈[M].北京:中华书局,2007.

[215] 朱光潜.谈写作[M].北京:北京教育出版社,2014.

[216] 郑逸梅.艺海一勺续编[M].天津:天津古籍出版社,1996.

[217] 中国史学会.洋务运动[M].上海:上海人民出版社,上海:上海书店出版社,2000.

[218] 《中国百科大辞典》编委会.中国百科大辞典·第3卷(第2版)[M].北京:中国大百科全书出版社,2004.

[219] 中华书局.中华书局图书馆基本教育图书教具展览目录[M].上海:中华书局,1947.

[220] 中央教育科学研究所.叶圣陶语文教育论集[M].北京:教育科学出版社,1980.

[221] 中央教育科学研究所.朱自清论语文教育[M].郑州:河南教育出版社,1985.

[222] 钟文芳.西方近代初等教育史[M].上海:上海科技教育出版社,2006.

[223] 《中国教育事典》编委会.中国教育事典(初等教育卷)[M].石家庄:河北教育出版社,1994.

[224] 周泓.小学生写作能力研究[D].重庆:西南师范大学,2002.

[225] 周铭三,冯顺伯.中学国语教学法[M].上海:商务印书馆,1926.

[226] 周士琦.周祖谟语言文字论集[M].北京:人民教育出版社,2000.

[227] 周有光.中国语文的时代演进[M].北京:人民文学出版社,2009.

[228] 丁有宽.丁有宽与读写导练[M].北京:北京师范大学出版社,2006.

[229] 黄朝霞.丁有宽语文教学艺术研究[M].福州:福建教育出版社,2017.

[230] 周予同.中国现代教育史[M].上海:良友图书印刷公司,1934.

[231] 周振甫.文心雕龙选译[M].北京:中华书局,1980.

[232] 周振甫.中国文章学史[M].北京:中国文联出版公司,1994.

[233] 周作人.中国新文学的源流[M].长沙:岳麓书社,1989.

[234] 周光庆.汉语与中国早期现代化思潮[M].哈尔滨:黑龙江教育出版社,2001.

[235] 朱经农.近代教育思潮七讲[M].上海:商务印书馆,1941.

[236] 朱有瓛.中国近代学制史料[M].上海:华东师范大学出版社,1983.

[237] 朱红文,高宁.人文社会科学导论[M].北京:教育科学出版社,2011.

B. 教材

［1］曹芝清. 新式作文范本（上下）［M］. 上海：世界书局，1932.

［2］陈望道. 作文法讲义［M］. 上海：民智书局，1922.

［3］陈君馥. 语体作文材料［M］. 上海：广益书局，1922.

［4］董坚志. 现代作文材料活用法［M］. 上海：上海大文书局，1937.

［5］戴克敦. 汉文教授法［M］. 上海：劝学会社，1903.

［6］杜亚泉. 绘图文学初阶（卷五）［M］. 上海：商务印书馆，1905.

［7］杜芝庭. 最新应用女子尺牍教科书（上）［M］. 上海：会文学社，1907.

［8］费有容. 共和论说进阶（第一册）［M］. 上海：上海神州图书局，1912.

［9］费有容. 共和论说升阶（上册·卷一）［M］. 上海：上海神州图书局，1913.

［10］范天英. 国民尺牍教本［M］. 苏州：振新书社，1923.

［11］世界书局编辑所. 言文对照儿童新尺牍［M］. 上海：世界书局，1926.

［12］顾鸣盛. 中等女子尺牍教本［M］. 上海：文明书局，1907.

［13］桂绍于. 初级学生作文成绩［M］. 上海：中华书局，1947.

［14］何志涵. 学生写作指导［M］. 上海：环球书局，1936.

［15］洪炎秋. 读书与作文（台版）［M］. 台北：国语日报出版社，1978.

［16］胡怀琛. 作文门径［M］. 上海：上海中央书店，1947.

［17］杜亚泉. 绘图文学初阶（卷一）［M］. 上海：商务印书馆，1905.

［18］黄洁如. 文法与作文［M］. 上海：开明书店，1930.

［19］黄晋父. 增订模范作文（革新本）［M］. 无锡：民生印书馆，1937.

［20］皇甫钧. 小学高年级国语副课本·文法和修辞［M］. 上海：中华书局，1935.

［21］火光波. 中学模范作文［M］. 上海：上海合众书局，1936.

［22］江山渊. 作文初步（上册）［M］. 上海：文明书局，1917.

［23］计志中. 新学制作文教科书（第三册）［M］. 上海：商务印书馆，1926.

［24］嵇毅复，李味青. 高等小学作文示范［M］. 上海：商务印书馆，1914.

［25］京华编辑社. 小学模范作文［M］. 北平：京华出版社，1943.

［26］孔宪彭. 初学论说必读（第1册）［M］. 上海：上海会文堂粹记，1912.

［27］李纪. 标准模范作文（小学国语补充读物）［M］. 上海：国华书局，1947.

［28］刘树屏，吴子城. 澄衷蒙学堂字课图说［M］. 上海：澄衷蒙学堂，1901.

［29］吕珮芬. 分级古文读本［M］. 上海：中华书局，1932.

［30］林景亮. 教育部审定高等小学·作文范本（第三册）［M］. 上海：中华书局，1927.

［31］林景亮. 高等小学作文范本（全三册）［M］. 上海：中华书局，1936.

［32］林任. 评注论说轨范（初集）［M］. 上海：商务印书馆，1918.

［33］卢寿. 全国学校国文成绩文库·民国高小学生优秀作文选本（卷六）［M］. 上海：上海崇文书局，1932.

［34］雷瑊. 论说新编初集［M］. 上海：扫叶山房，1915.

［35］甯秀山. 现代小学适用·作文与日记［M］. 上海：亚东图书馆，1944.

［36］秦同培. 小学作文入门［M］. 上海：商务印书馆，1919.

［37］瞿世镇. 模范作文读本［M］. 上海：上海春江书局，1936.

［38］瞿世镇. 新编初中模范作文（修订版）［M］. 上海：上海春江书局，1943.

［39］瞿世镇. 初中模范作文（胜利版）［M］. 上海：三民图书公司，1946.

［40］上海中原书局译注. 言文对照现代作文初范（上下）［M］. 上海：上海中原书局，1928.

［41］邵伯棠. 高等小学论说文范（1—4）［M］. 上海：上海会文堂粹记，1914.

［42］邵伯棠. 初学论说文范（第1册）［M］. 上海：上海会文堂粹记，1914.

［43］施崇恩. 初等作文捷诀（全四册）［M］. 上海：广益书局，1919.

［44］施崇恩. 蒙学求通虚字实在易［M］. 上海：彪蒙书室，1908.

[45] 商务印书馆编译所. 初级师范学校教科书·中国文典[M]. 上海：商务印书馆，1906.

[46] 宋文翰. 初中学生文库·虚字使用法[M]. 上海：中华书局，1935.

[47] 宋文蔚. 高等小学作文示范[M]. 上海：商务印书馆，1916.

[48] 田仲济. 作文修辞讲话[M]. 上海：上海教育书店，1947.

[49] 王德孚. 怎样作文[M]. 上海：上海大众书局，1934.

[50] 王文濡. 作文初步（两册全）[M]. 上海：文明书局，1931.

[51] 王易. 新学制高级中学参考用书·修辞学[M]. 上海：商务印书馆，1932.

[52] 王任叔. 新编初中精读文选·文章作法篇进[M]. 不详：文化供应社，1949.

[53] 王一鸣. 言文对照小学生新尺牍（上下册合订本）[M]. 上海：上海大东书局，1933.

[54] 王绍翰. 速通文法教科书[M]. 上海：新学会社，1904.

[55] 王应麟. 三字经图说[M]. 上海：上海春记书庄，1906.

[56] 伟庐主人. 汉文教授法（卷三）[M]. 上海：商务印书馆，1903.

[57] 吴继铨. 小学模范作文[M]. 上海：三民图书公司，1936.

[58] 吴瑞书. 作文成语辞典[M]. 上海：上海春明书店，1948.

[59] 吴增芥. 日记作法（第1册）[M]. 上海：商务印书馆，1935.

[60] 吴闿生. 桐城吴氏文法教科书[M]. 上海：文明书局，1904.

[61] 夏丏尊，叶绍钧. 阅读与写作[M]. 上海：开明书店，1949.

[62] 许德邻. 作文百法（卷二，卷三）[M]. 上海：上海崇文书局，1921.

[63] 许德邻. 学生新文库（甲编）·民国中小学生优秀作文选本（卷9—20）[M]. 上海：上海崇文书局，1933.

[64] 许有成. 作文百日通[M]. 上海：上海中央书店，1936.

[65] 席涤尘. 文范（第四册）[M]. 上海：上海大众书局，1938.

[66] 叶绍钧. 作文论[M]. 上海：商务印书馆，1929.

[67] 张定远. 作文教学论集[M]. 天津：新蕾出版社，1982.

[68] 张匡. 书信作法课本[M]. 上海：北新书局，1936.

[69] 周服. 作文基础[M]. 上海：商务印书馆，1929.

[70] 周侯于. 作文述要[M]. 上海：商务印书馆，1930.

[71] 周天籁. 作文正误两用字辨[M]. 成都：文光书局，1940.

[72] 周天鹃. 最新商务尺牍教科书（正集）[M]. 绍兴：奎照楼书坊，1907.

[73] 无锡三等公学堂. 蒙学读本全书（一编）[M]. 上海：文明书局，1902.

[74] 俞复. 蒙学读本（第8次印刷）[M]. 上海：文明书局，1904.

[75] 朱树人. 蒙学文法教科书（上）[M]. 上海：文明书局，1903.

[76] 邹登泰. 初学论说轨范（第1册）[M]. 上海：上海天一书局，1914.

[77] 计志中. 新学制作文教科书（第三册）[M]. 上海：商务印书馆，1924.

[78] 著者不详. 现代小学作文百法（第四册）[M]. 上海：广益书局，1931.

[79] 著者不详. 新撰女学生尺牍（上册）[M]. 上海：广益书局，1913.

[80] 广文书局编辑所编. 绘图儿童白话尺牍[M]. 上海：世界书局，1925.

[81] 著者不详. 初等小学中国文学教科·文法总教授法（第一册）[M]. 上海：国粹研究会，1908.

[82] 中央教育科学研究所教改实验小组. 作文[M]. 北京：教育科学出版社，1981.

C. 期刊、报纸

[1] 王荣生. 我国的语文课为什么几乎没有写作教学[J]. 语文教学通讯，2007(35).

[2] 陈荣衮. 论报章宜改用浅说[J]. 知新报，111册，1900(11).

[3] 陈望道. 大众语论[J]. 文学，1934，3(2).

[4] 陈子展. 文言、白话、大众语[N]. 申报·自由谈，1934-06-18.

［ 5 ］傅刚.《文选》的编者及编纂年代考论[J].中国社会科学院研究生院学报,1999(1).

［ 6 ］傅斯年.怎样做白话文[J].新潮,1919,1(2).

［ 7 ］龚启昌.读了《禁习文言与强令读经》以后[J].时代公论,1934:113,197.

［ 8 ］顾月琴,张红峰.杂字(中国民间识字教材)在日本的流传及影响[J].国家教育行政学院学报,2008(7).

［ 9 ］顾月琴.明清时期民间识字教材——杂字[J].历史教学问题,2008(2).

［10］何言宏.语言生命观和语言本体观——20世纪90年代以来中国作家的语言自觉[J].甘肃社会科学,2003(4).

［11］李锐.语言自觉的意义[J].天涯,1998(6).

［12］李永东.语体文的欧化与大众化之辩——评1934年的大众语论争[J].湘潭大学学报(哲学社会科学版),2007(5).

［13］林默涵.写作是全国各族人民都要注意的大事[J].写作,1984(2).

［14］刘正伟.现代性:语文教育的百年价值诉求[J].教育研究,2008(1).

［15］陆有铨.对当前教育改革的反思[J].基础教育,2011(3).

［16］茅盾(署名仲亢).白话文的清洗和充实[N].申报·自由谈,1934-08-20.

［17］裘廷梁.论白话为维新之本[N].中国官音白话报(5期前称《无锡白话报》),1898-8-27.

［18］钱理群.对话与发现——中小学写作教育断想[J].教师之友,2003(2).

［19］王风.文学革命与国语运动之关系[J].中国现代文学研究丛刊,2001(3).

［20］王剑.胡适与杜威的中国之行[J].社会科学研究,2003(1).

［21］王正.写作一词的文化学探源[J].内蒙古教育学院学报,2000,13(1).

［22］王理嘉.汉语拼音运动的回顾兼顾及通用拼音问题[J].中国语文,2002(2).

［23］吴福辉."五四"白话之前的多元准备[J].中国现代文学研究丛刊,2006(1).

［24］徐林祥.中国现代语文教育的历史回顾[J].中学语文教学参考,1999(8—9).

［25］余国瑞.写作本质再探索[J].写作,1991(6).

［26］余秋雨.写作是构建现代文明的重要素质[J].写作,1994(5).

［27］袁进.重新审视欧化白话文的起源[J].文学评论,2007(1).

［28］张志公.辞章学?修辞学?风格学?[J].中国语文,1968(8).

［29］张志公.谈辞章之学[J].新闻业务,1962(2).

［30］郑敏.世纪末的回顾:汉语语言变革与中国新诗创作[J].文学评论,1993(3).

［31］郑国民.胡适对白话文教学的贡献[J].教育研究,1999,20(5).

［32］教育世界,1901—1908.

［33］教育杂志,1909—1948.

［34］中华教育界,1912—1948.

后 记

本书即将正式出版，内心满是感激，还有一些感慨和遗憾。

回首当年以初生牛犊不怕虎的勇气选择以"清末民国中小学写作教育转型"作为我博士论文的选题，后来又以"20世纪中小学写作课程百年演变研究"为题申报全国教育科学"十三五"规划教育部重点课题，而今课题研究成果即将出版，转眼间已有十余年。这让我感悟岁月飘忽，而成事不易。在成长成事的道路上，个人努力固然十分重要，可是如果离开了老师、前辈的指导与帮助，离开了一些热心仁爱的朋友、同仁的默默支持，可谓举步维艰，难有作为。同时我也深感庆幸，一路走来，遇到许多良师、益友，有机会得到他们的宝贵指导与支持，对此我满怀感激、感恩。

首先要感谢我的导师郑国民先生对我研究的悉心指导与鼓励。如果当年没有郑老师收我为徒，我可能至今还在学术圈外游荡；如果没有郑老师对我研究选题的肯定与鼓励，我可能早就换了其他选题或研究方向。感谢上海师范大学王荣生先生对我专业发展的指导与帮助，如果没有王老师的鼎力支持，我无法获得这次的出版资助，"本书"什么时候有机会出版也将是个未知数。还要感谢福建师范大学潘新和先生对我写作课程研究的指导与鼓励，潘老师对现代写作教育史的研究让我受益很多。此外，要感谢在本课题研究过程中李政涛先生、吴忠豪先生、李海林先生、董蓓菲教授、叶丽新教授、张心科教授、谈永康特级教师等给予我的指导与支持。当然本书能够顺利出版，要感谢华东师范大学出版社的编辑老师们，他们的高效、专业与责任感，值得我学习、致敬。也要谢谢师文编辑的"牵线搭桥"，看似是小事，其实很关键。永远不会忘记的还有人民教育出版社图书馆的江丽霞馆长、张向群老师、李莉老师，在我一筹莫展之际，诸位老师为我提供借阅方便和特别关照，从而使本研究在起步阶段得以顺利推进。

本课题研究进程中我也生发了一些感慨。百年来我国中小学写作课程教学事业取得辉煌成绩，面向每一位儿童的现代写作教学体系已经建成，这是了不起的历史进步。不过从教育高质量发展的视角来看，百年来中小学写作课程的实践探索还存在一些值得高度重视的问题，譬如：

(1)百年来写作课程教学的创新与传承难以贯通，严重失衡。

在西学东渐的特殊历史时期,清廷废止八股取士与科举制度,清末学堂开启从文言文写作向白话文写作的转型。百年来我们有无数前辈投入这项新的事业之中,编写出版大量的写作教材,探索新的课堂教学,耗费无数宝贵的人力物力,还有宝贵的时间空间成本,可是对上述教育史实,至今为止我们仍缺乏全面、系统、扎实的梳理与研究。我们不断地强调求新求变,强调引进,可却严重忽视了历史性反思,忽视了立足自身"坚实的土地"、温故知新、熟能生巧,从而导致中小学写作课程教学的创新与传承严重失衡,难以产生累积效应,以致百年来我们仍没有建构起适合现代汉语特质的写作课程教学的本土"新传统"。

(2)百年来写作课程教学中的文言与白话断裂,忽视融通与转化。

作为中华文化传承方式的白话写作教学与文言写作教学本应一脉相承,浑然一体。可是"五四"白话文运动以来,中小学写作课程教学中的白话文写作与文言文写作出现断裂,百年来二者长期相互排斥,忽视融通与转化。这一方面导致极为丰厚且独具魅力的文言写作经验难以创造性转化为白话文写作教学的根基与资源,另一方面导致"新雅言"导向的白话写作教学体系难以有效推进。"美丽中国"不仅需要建设秀美山川,更需要培育优雅表达,陶冶美丽心灵。这就需要加强白话写作与文言写作的有机融通与转化,毕竟"罗马不是一天建成的",优质典雅的白话文写作需要汲取文言写作的精髓。

(3)百年来写作课程教学过于强调单一的实用功能,忽视丰富的育人价值。

在民族国家救亡图存的倒逼之下,百年来从文言文教学到白话文教学的转型,我们采纳一种实用理性的总思路,不断强化中小学写作课程教学的交往工具性价值,走上一条注重写作知识传授与技能训练的认知道路,忽视了深入挖掘现代写作课程教学所蕴含的丰富育人价值,难以达成"教书"和"育人"的有机融通。当今是建构高质量教育体系的时代,迫切需要写作课程教学超越唯学科本位及实用功能,探索基于核心素养目标的写作课程教学新格局,做到以中化西、融通古今,真正开辟现代汉语写作教学的新境界。

经历整个研究过程,重新打量这颗小小的果实,虽然其间浸透了自己的心血与汗水,可是因本人愚钝、学识有限,还是留下了不少遗憾和不足。本项研究工作暂且完成,可是中小学写作课程教学研究值得我终身投入、持续推进,期待如"首倡素描作文的教授"吴立岗先生那样矢志不渝,醉心于作文研究,期待未来的研究工作可以结出更甜美的果实,回馈社会,反哺教育。书中如有不妥或错误之处,恳请方家批评指正。

李重

2023年6月19日

于上海金山文心阁